JÉSUS-CHRIST

JÉSUS-CHRIST

ELLEN G. WHITE

Safeliz

Titre : **JÉSUS-CHRIST**
L'auteur : Ellen G. White
Titre original en anglais : *The Desire of Ages*

Coordination du projet : Editorial Safeliz, S. L.
L'image de la couverture : Stock.xchng/Fotolia
Dessin de la couverture : Bezalel&Aoliabe Design

Pradillo, 6 Pol. Ind. La Mina
E-28770 Colmenar Viejo, Madrid (Espagne)
Téléphone : [+34] 91 845 98 77
admin@safeliz.com · www.safeliz.com
www.safelizbibles.com

Octobre 2024 : 2ème impression de la 2ème édition

ISBN : 978-84-7208-580-0

IMPRIMÉ EN CHINE
IMP12

Table des matières

Préface

A quelque race ou à quelque condition qu'appartienne un homme, celui-ci éprouve un irrésistible attrait vers des biens qu'il ne possède pas. Le Dieu de bonté a mis cette aspiration dans notre nature, pour qu'aucune chose, mauvaise, bonne, ou même excellente – parmi celles qui nous sont accessibles, ne puisse nous procurer une entière satisfaction. Dieu veut que l'homme cherche les biens les meilleurs et qu'en eux il trouve le bonheur éternel.

Ce livre a pour but de montrer que seul Lui répond à toutes nos aspirations. Il est vrai qu'il existe déjà bien des « Vie du Christ », ouvrages excellents, bien documentés, contenant de savantes dissertations sur la chronologie, les faits contemporains, les coutumes, le milieu historique, ainsi que sur les enseignements et les multiples aspects de la vie de Jésus de Nazareth. Avouons néanmoins que l'on n'a pas tout dit et qu'il nous reste beaucoup à apprendre.

Disons cependant que cet ouvrage n'a pas pour but d'offrir une harmonie des évangiles, ni même de placer dans un ordre rigoureusement chronologique les événements importants et les merveilleuses leçons qui se dégagent de la vie du Christ. Le but est de présenter l'amour de Dieu révélé en son Fils, la beauté divine de la vie du Christ, à laquelle tous peuvent participer, plutôt que de chercher à satisfaire la curiosité ou à répondre aux objections de la critique. Par la bonté de son caractère, Jésus attirait à lui ses disciples ; par sa présence, par la vive sympathie qu'il manifestait à l'égard de leurs infirmités et de leurs besoins, il faisait passer leur caractère du plan terrestre au plan céleste, de l'égoïsme au sacrifice, de l'étroitesse de cœur – fruit de l'ignorance et du préjugé – à une ouverture qui les poussait à connaître et à aimer intensément les hommes de toutes nations et de toutes races. Dans le même esprit, cet ouvrage se propose d'établir un contact direct entre le lecteur et le divin Rédempteur, Jésus tout-puissant, capable de sauver complètement et de transformer à son image tous ceux qui, par lui, s'approchent de Dieu. Mais combien il est difficile de raconter la vie du Christ ! C'est tenter de peindre l'arc-en-ciel sur la toile, ou de reproduire sur le papier une musique mélodieuse.

Dans les pages qui suivent, l'auteur – une femme ayant une longue et profonde expérience des choses divines – a mis en évidence les beautés inédites contenues dans la vie de Jésus. Elle tire simplement de l'écrin quelques pierres précieuses. Dans ce trésor infini elle puise, à l'intention du lecteur, des richesses insoupçonnées. Ainsi plus d'un passage familier, dont on croyait connaître toute la portée, projette un nouveau jet de lumière glorieuse. Jésus-Christ y est révélé comme l'aboutissement des désirs et des espoirs de tous les siècles.

En présentant ce livre au public, nous demandons à Dieu que son message devienne parole de vie pour beaucoup de lecteurs dont les aspirations et les désirs n'ont pas encore été exaucés.

LES EDITEURS

Chapitre 1

Dieu avec nous

« On lui donnera le nom d'Emmanuel : ... Dieu avec nous [1]. » La lumière de « la connaissance de la gloire de Dieu » resplendit « sur la face de Christ ». Dès les jours de l'éternité le Seigneur Jésus-Christ était un avec le Père ; il était « l'image de Dieu », l'image de sa grandeur et de sa majesté, « le rayonnement de sa gloire [2] ». C'est pour manifester cette gloire qu'il est venu en ce monde. Sur une terre obscurcie par le péché il est venu révéler la lumière de l'amour de Dieu ; il a été « Dieu avec nous ». C'est pour cela que la prophétie avait annoncé : « On lui donnera le nom d'Emmanuel. »

En venant demeurer parmi nous, Jésus allait révéler Dieu à la fois aux hommes et aux anges. Il était la Parole de Dieu, – la pensée de Dieu devenant perceptible à l'oreille. Dans la prière qu'il a formulée en faveur de ses disciples il a dit : « Je leur ai fait connaître ton nom, » – « miséricordieux et compatissant, lent à la colère, riche en grâce et en fidélité, » – « afin que l'amour dont tu m'as aimé soit en eux, et que moi, je sois en eux [3]. » Cette révélation n'était pas destinée seulement aux enfants de cette terre. Notre petit monde est le livre de texte de l'univers. Le merveilleux dessein de grâce de Dieu, le mystère de son amour rédempteur: voilà le thème sur lequel « les anges voudraient se pencher [4] » et qui sera le sujet de leurs méditations à travers les âges sans fin. Les rachetés, et avec eux les êtres qui n'ont pas péché, trouveront dans la croix du Christ leur science et leur chant. On verra que la gloire qui resplendit sur la face du Christ c'est la gloire de l'amour qui se sacrifie. On verra, à la lumière du Calvaire, que la loi de l'amour qui renonce à soi-même est la loi de la vie pour la terre et pour le ciel ; que l'amour qui « ne cherche pas son intérêt [5] » a sa source dans le cœur de Dieu ; et qu'en celui qui est doux et humble se manifeste le caractère de celui qui habite une lumière dont aucun homme ne peut s'approcher.

Au commencement, Dieu était manifesté dans toutes les œuvres de la création. C'est le Christ qui a déployé les cieux et jeté les fondements de la terre. Sa main a placé les mondes dans l'espace et formé les fleurs des champs. C'est lui qui « soutient les montagnes par sa force ». « A lui appartient la mer, – car c'est lui qui l'a créée [6]. » C'est lui qui a rempli la terre de beauté et l'air de chant. Sur tout ce qui se trouve sur la terre, dans les airs, et dans le ciel, il a gravé le message de l'amour du Père.

Bien que le péché ait souillé l'œuvre parfaite de Dieu, ce message subsiste. Maintenant encore toutes les choses créées annoncent la gloire des perfections divines. A part le cœur égoïste de l'homme, il n'est rien qui vive pour soi-même. Aucun oiseau ne fend les airs, aucune bête ne se meut sur le sol sans servir à entretenir quelque autre vie. La plus simple feuille d'arbre, le plus humble brin d'herbe exerce un ministère. Chaque arbre, chaque bourgeon, chaque feuille produit un élément vital sans lequel aucun homme, aucune bête pourrait vivre ; en retour, chaque homme, chaque bête contribue à entretenir la vie de l'arbre, du bourgeon, de la feuille. Les fleurs émettent leur parfum et déploient leur beauté pour le bonheur de l'humanité. Le soleil répand sa clarté pour la joie de milliers de mondes. L'océan lui-même, source de tous nos cours d'eau et de toutes nos fontaines, ne reçoit l'eau de tous les fleuves que pour la restituer. Les vapeurs qui s'élèvent de son sein redescendent sur le sol en ondées fécondantes.

Les anges de gloire donnent avec joie leur amour et leur vigilance inlassable en faveur d'êtres déchus et souillés. Des êtres célestes réconfortent le cœur des hommes ; ils apportent à ce monde enténébré la lumière des parvis célestes ; par un ministère aimable et patient ils exercent une action sur l'esprit humain pour amener les âmes perdues à une communion avec le Christ plus étroite que celle qu'ils peuvent expérimenter eux-mêmes.

Mais laissons de côté ces manifestations moins importantes pour contempler Dieu en Jésus. En regardant à Jésus nous comprenons que c'est la gloire de notre Dieu de donner. « Je ne fais rien de moi-même », affirmait le Christ ; « le Père qui est vivant m'a envoyé, et... je vis par le Père ». « Je ne cherche pas ma gloire », mais la gloire de celui qui m'a envoyé [7]. Ces paroles mettent en évidence le grand principe qui est la loi de la vie pour l'univers. Le Christ a tout reçu de Dieu, et il l'a pris pour le donner. Il en est ainsi du ministère qu'il exerce dans les parvis célestes en faveur de toutes les créatures: par l'intermédiaire du Fils bien-aimé la vie du Père se répand sur tous ; elle retourne par l'intermédiaire du Fils sous forme de louanges et de joyeux service, telle une vague d'amour, vers la grande Source universelle. Ainsi à travers le Christ le circuit bienfaisant est complet, représentant le caractère du grand Donateur, la loi de la vie.

C'est dans le ciel même que cette loi a été violée. Le péché a eu son origine dans la recherche de soi-même. Lucifer, le chérubin protecteur, voulut être le premier dans le ciel. Il s'efforça de gagner à sa cause des êtres célestes, de les éloigner de leur Créateur et d'assurer leur hommage à sa personne. Pour cela il présenta Dieu sous un faux jour, l'accusant d'orgueil. Il prêta à un Créateur aimant ses propres mauvaises caractéristiques. Il réussit de cette manière à tromper d'abord les anges, puis les hommes. Il les amena à douter de la parole de Dieu, à ne plus se fier à sa bonté. Parce que Dieu est un Dieu de justice, environné d'une majesté redoutable, Satan a fait voir en lui un être sévère, sans pitié. Il entraîna ainsi les hommes dans sa révolte contre Dieu et dès lors une nuit de malheur descendit sur le monde.

Parce que Dieu a été méconnu, les ténèbres ont envahi la terre. Pour dissiper ces ombres lugubres, pour ramener le monde à Dieu, il fallait briser le pouvoir trompeur de Satan. L'emploi de la force ne pouvait produire ce résultat, car cet emploi s'oppose aux principes du gouvernement divin. Dieu n'accepte qu'un service d'amour ; or l'amour ne se commande pas ; il ne s'obtient pas par l'usage de la force ou de l'autorité. L'amour seul éveille l'amour. Connaître Dieu c'est l'aimer ; son caractère se manifeste en opposition avec celui de Satan. Cette œuvre ne pouvait être accomplie que par un seul Etre, unique dans tout l'univers. Celui-là seul qui connaissait la hauteur et la profondeur de l'amour de Dieu était capable de le révéler. Sur la sombre nuit enveloppant le monde devait se lever « le Soleil de justice qui porte la santé dans ses rayons [8] ».

Il ne faut pas voir dans le plan de la rédemption le produit d'une réflexion tardive, consécutive à la chute d'Adam. Il s'agit de « la révélation du mystère tenu secret dès l'origine des temps [9] ». Cette révélation dévoila les principes qui dès les âges éternels sont à la base du trône de Dieu. Dieu et le Christ ont prévu dès le commencement l'apostasie de Satan et la chute de l'homme, amenée par le pouvoir trompeur de cet apostat. Dieu n'est pas l'auteur du péché, mais il en a prévu l'existence et il s'est préparé à faire face à cette terrible éventualité. Si grand était son amour pour le monde qu'il s'est engagé à donner son Fils unique, « afin que quiconque croit en lui ne périsse pas, mais qu'il ait la vie éternelle [10] »

Lucifer avait dit: « J'élèverai mon trône au-dessus des étoiles de Dieu... Je serai semblable au Très-Haut [11]. » Mais le Christ, « dont la condition était celle de Dieu,... n'a pas estimé comme une proie à arracher d'être égal avec Dieu, mais il s'est dépouillé lui-même, en prenant la condition d'esclave, en devenant semblable aux hommes [12] ».

Il y a eu là un sacrifice volontaire. Jésus eût pu demeurer au côté du Père. Il pouvait conserver la gloire du ciel et l'hommage des anges. Il a préféré remettre le sceptre entre les mains du Père et descendre du trône de l'univers pour apporter la lumière à ceux qui en étaient privés, la vie à ceux qui périssaient.

Voici près de deux mille ans qu'une voix mystérieuse émanant du trône de Dieu a été entendue dans le ciel: « Tu n'as voulu ni sacrifice, ni offrande ; mais tu m'as formé un corps... Voici, je viens – dans le rouleau du livre il est écrit à mon sujet – pour faire, ô Dieu, ta volonté [13]. » Ces paroles annonçaient l'accomplissement du dessein tenu caché de toute éternité. Le Christ était sur le point de visiter notre monde et de s'incarner. « Tu m'as formé un corps », dit-il. S'il s'était montré revêtu de la gloire qu'il partageait avec le Père avant que le monde fût, nous n'eussions pu supporter la lumière de sa présence. Pour que nous pussions le contempler sans être détruits, la manifestation de sa gloire a été voilée. Sa divinité a été revêtue du voile de l'humanité, – la gloire invisible sous une forme humaine visible.

Ce grand dessein a été annoncé au moyen de figures et de symboles. Le buisson ardent dans lequel le Christ se montra à Moïse faisait connaître Dieu. Le symbole choisi pour représenter la divinité était un simple buisson n'ayant rien d'attrayant. L'Infini y était enserré. Le Dieu tout-compatissant enveloppa sa gloire dans cette humble représentation, pour que Moïse pût la regarder et vivre. De même, dans la colonne de nuée de jour et dans la colonne de feu de nuit, Dieu entrait en communication avec Israël, faisant connaître aux hommes sa volonté et répandant sur eux sa grâce. La gloire de Dieu était adoucie, sa majesté voilée, afin que les faibles yeux d'êtres finis pussent les contempler. C'est ainsi que le Christ allait venir, semblable aux hommes, pour transformer « notre corps avili [14] ». Il n'avait aucune beauté qui pût le recommander aux yeux des hommes il était néanmoins Dieu incarné, lumière du ciel et de la terre. Sa gloire était voilée, sa grandeur et sa majesté étaient cachées pour lui permettre de s'approcher des hommes affligés et tentés.

Dieu commanda à Israël, par l'intermédiaire de Moïse: « Ils m'élèveront un sanctuaire, et j'habiterai au milieu d'eux [15]. » Et il habita dans le sanctuaire, au milieu de son peuple. Le symbole de sa présence les accompagna dans tous leurs voyages harassants dans le désert. Ainsi le Christ dressa son tabernacle au milieu du campement humain. Il planta sa tente à côté de celles des hommes, afin de demeurer parmi nous, et de nous familiariser avec son divin caractère et sa vie. « La Parole a été faite chair, et elle a habité parmi nous, pleine de grâce, et de vérité ; et nous avons contemplé sa gloire, une gloire comme celle du Fils unique venu du Père [16]. »

Dès lors que Jésus est venu habiter parmi nous, nous savons que Dieu connaît nos épreuves et compatit à nos souffrances. Tout fils, toute fille d'Adam est à même de comprendre que notre Créateur est l'ami des pécheurs. Car en toute doctrine de grâce, en toute promesse de joie, en tout acte d'amour, dans tout ce qui nous attire quand nous méditons sur la vie terrestre du Sauveur, nous voyons « Dieu avec nous ».

Satan transforme la loi d'amour de Dieu en une loi d'égoïsme. Il nous fait croire qu'il est impossible d'obéir à ses préceptes. Il rend le Créateur responsable de la chute de nos premiers parents et de tous les malheurs qui ont suivi ; Dieu devient ainsi l'auteur du péché, de la souffrance, de la mort. Jésus devait démasquer cette tromperie. Devenu semblable à nous, il allait donner l'exemple de l'obéissance. Pour cela il revêtit notre nature et fit nos propres expériences. « Aussi devait-il devenir, en tout, semblable à ses frères [17]. » S'il nous fallait subir quelque chose que Jésus n'ait pas eu à supporter, Satan pourrait en tirer argument pour nous montrer que la puissance de Dieu est insuffisante en ce qui nous concerne. C'est pourquoi Jésus « a été tenté comme nous à tous égards [18] ». Il a enduré toutes les épreuves qui peuvent nous survenir. Il n'a pas fait appel pour lui-même à une puissance qui nous serait refusée. En tant qu'homme il a fait face à la tentation et l'a vaincue par la force que Dieu lui a donnée. Il dit : « C'est mes délices, ô mon Dieu, de faire ce qui est ton bon plaisir, et ta loi est au dedans de mes entrailles [19]. » Alors qu'il allait de lieu en lieu en faisant du bien, guérissant tous ceux que Satan affligeait, il donnait à connaître aux hommes le caractère de la loi de Dieu et la nature de son service. Il atteste par sa vie que nous avons aussi la possibilité d'obéir à la loi de Dieu.

Par son humanité le Christ est venu en contact avec l'humanité ; par sa divinité il saisit le trône de Dieu. En tant que Fils de l'homme il nous a donné un exemple d'obéissance ; en tant que Fils de Dieu il nous confère le pouvoir d'obéir. C'est le Christ qui du milieu du buisson ardent du Mont Horeb disait : « *Je suis celui qui dit : Je suis.* ... Tu parleras ainsi aux enfants d'Israël : *Celui qui est,* l'Eternel, m'envoie vers vous [20]. » Tel était le gage de la délivrance d'Israël. Ainsi, quand il vint en se rendant « semblable aux hommes », il s'est déclaré *Celui qui est.* L'enfant de Bethléhem, le doux et humble Sauveur, était Dieu « manifesté en chair [21] ». Et il nous dit : « *Je suis* le bon berger. » « *Je suis* le pain vivant. » « *Je suis* le chemin, la vérité et la vie. » « Tout pouvoir m'a été donné dans le ciel et sur la terre [22]. » Je suis le garant de toutes les promesses. *Je suis,* ne craignez rien. « Dieu avec nous » : ainsi notre délivrance du péché est rendue certaine, le pouvoir d'obéir à la loi du ciel nous est assuré.

En s'abaissant jusqu'à revêtir notre humanité, le Christ a manifesté un caractère opposé à celui de Satan. Mais il est descendu encore plus bas sur le sentier de l'humiliation. « Après s'être trouvé dans la situation d'un homme, il s'est abaissé lui-même en devenant obéissant jusqu'à la mort, la mort de la croix [23]. » Tel le souverain sacrificateur qui déposait son riche vêtement pontifical pour officier dans l'habit de lin du simple sacrificateur, le Christ a pris la forme de serviteur et a offert son sacrifice, à la fois sacrificateur et victime. « Il a été meurtri à cause de nos péchés, brisé à cause de nos iniquités. Le châtiment qui nous donne la paix est tombé sur lui [24]. »

Le Christ a été traité selon nos mérites afin que nous puissions être traités selon ses mérites. Il a été condamné pour nos péchés, auxquels il n'avait pas participé, afin que nous puissions être justifiés par sa justice, à laquelle nous n'avions pas participé. Il a souffert la mort qui était la nôtre, afin que nous puissions recevoir la vie qui est la sienne. « C'est par ses meurtrissures que nous avons la guérison [25] »

Par sa vie et par sa mort, le Christ a fait plus que de simplement réparer les ruines causées par le péché. Satan voulait séparer à jamais l'homme de Dieu ; or en Christ nous devenons unis à Dieu plus étroitement que si nous n'avions jamais péché. En assumant notre nature le Sauveur s'est rattaché à l'humanité par un lien qui ne sera jamais brisé, qui subsistera d'âge en âge. « Dieu a tant aimé le monde qu'il a donné son Fils unique [26]. » Ce n'est pas seulement pour porter nos péchés, pour mourir en sacrifice pour nous, qu'il a été donné ; Dieu l'a donné pour toujours à l'humanité déchue. Pour assurer son conseil de paix immuable, Dieu a donné son Fils unique comme partie intégrante de la famille humaine, pour toujours participant de notre nature. Ainsi se trouve garanti l'accomplissement de la parole divine. « Un enfant *nous* est né, un fils *nous* a été donné ; l'empire a été posé sur son épaule. » En la personne de son Fils, Dieu a adopté la nature humaine et l'a transportée au plus haut des cieux. C'est le « Fils de l'homme » qui partage le trône de l'univers. C'est ce « Fils de l'homme » à qui on donne pour nom: « le Conseiller admirable, le Dieu fort, le Père d'éternité, le Prince de la paix [27]. » Le *Je suis* est l'arbitre placé entre Dieu et l'humanité, posant sa main sur l'un et sur l'autre. Bien que « saint, innocent, sans souillure, séparé des pécheurs », il n'a pas honte de nous appeler ses frères [28]. En Christ la famille de la terre et celle des cieux sont reliées l'une à l'autre. Le Christ glorifié est notre frère. Le ciel est enchâssé dans l'humanité, l'humanité est enlacée au sein de l'Amour infini. Dieu dit, au sujet de son peuple : « Ils seront tous comme les pierres d'un diadème, brillant dans la terre sainte. De quelle beauté, de quel éclat on les verra resplendir [29] ! » La hauteur à laquelle seront élevés les rachetés sera un témoignage éternel rendu à la miséricorde de Dieu. « Dans les siècles à venir » il montrera « la richesse surabondante de sa grâce par sa bonté envers nous en Christ-Jésus... Désormais les principautés et les pouvoirs dans les lieux célestes connaissent par l'Eglise la sagesse de Dieu dans sa grande diversité, selon le dessein éternel qu'il a réalisé par le Christ-Jésus notre Seigneur [30]. »

Le gouvernement de Dieu se trouve justifié grâce à l'œuvre rédemptrice du Christ. Le Dieu tout-puissant est révélé en tant que Dieu d'amour. Les accusations de Satan sont réfutées, son vrai caractère démasqué. Toute nouvelle révolte devient impossible. Le péché ne pourra plus jamais entrer à nouveau dans l'univers. Tous seront préservés d'apostasie à travers l'éternité. Les habitants de la terre et du ciel sont désormais unis à leur Créateur par des liens indissolubles.

L'œuvre de la rédemption sera complète. Où le péché avait abondé, la grâce de Dieu va surabonder. La terre elle-même, que Satan réclame comme étant son fief, sera non seulement rachetée mais exaltée. Notre monde si petit, tache noire dans la glorieuse création, sous la malédiction du péché, sera honoré par-dessus tous les autres mondes de l'univers de Dieu. Ici-bas, où le Fils de Dieu a dressé sa tente au sein de l'humanité, où le Roi de gloire a vécu, a souffert, a subi la mort, – ici-bas, quand Dieu fera toutes choses nouvelles, le tabernacle de Dieu sera parmi les hommes. « Il habitera avec eux, ils seront son peuple, et Dieu lui-même sera avec eux [31]. » Marchant à la lumière du Seigneur, pendant l'éternité, les rachetés lui rendront grâce pour son don ineffable :

Emmanuel, *« Dieu avec nous »*.

[1] Matthieu 1.23. [2] Corinthiens 4.6 ; Hébreux 1.3. [3] Exode 34.6 ; Jean 17.26. [4] 1 Pierre 1.12. [5] 1 Corinthiens 13.5. [6] Psaumes 65.7 ; 95.5. [7] Jean 8.28 ; 6.57 ; 8.50 ; 7.18. [8] Malachie 4.2. [9] Romains 16.25. [10] Jean 3.16. [11] Esaïe 14.13-15. [12] Philippiens 2.6, 7. [13] Hébreux 10.5-7. [14] Philippiens 3.21. [15] Exode 25.8. [16] Jean 1.[14] 17. Hébreux 2.17. [18] Hébreux 4.15. [19] Psaume 40.8 (version Darby). [20] Exode 3.14. [21] 1 Timothée 3.16. [22] Jean 10.11 ; 6.51 ; 14.6 ; Matthieu 28.18. [23] Philippiens 2.8. [24] Esaïe 53.4. [25] Esaïe 53.5. [26] Jean 3.16. [27] Esaïe 9.5, 6. [28] Hébreux 7.26 ; 2.12. [29] Zacharie 9.16, 17. [30] Ephésiens 2.7 ; 3.10, 11. [31] Apocalypse 21.3.

Les citations bibliques de l'Ancien Testament sont tirées de la version synodale. Celles du Nouveau Testament proviennent de la traduction de Louis Segond, 1962.

Chapitre 2

Le peuple élu

Le peuple juif avait attendu la venue du Sauveur pendant plus de mille ans. Il avait fait reposer sur cet événement ses plus brillantes espérances. Le nom de ce Sauveur avait été enchâssé dans ses chants et ses prophéties, dans les rites du temple et dans les prières du foyer. Néanmoins, il ne le reconnut pas quand il se présenta à lui. Le Bien-aimé du ciel fut pour lui « comme un rejeton... qui sort d'une terre desséchée. Il n'avait ni beauté, ni éclat pour attirer » les regards. Il est venu chez les siens, et les siens ne l'ont pas reçu [1].

Pourtant Dieu avait choisi Israël. Il l'avait chargé de conserver parmi les hommes la connaissance de sa loi, ainsi que les symboles et les prophéties annonçant le Sauveur. Il voulait faire de lui une source de salut pour le monde. Ce qu'avait été Abraham dans le pays où il séjourna, ce que Joseph avait été en Egypte, et Daniel à la cour de Babylone, le peuple hébreu devait l'être au milieu des nations. Il lui incombait de faire connaître Dieu aux hommes.

Le Seigneur avait adressé un appel à Abraham en ces termes : « Je te bénirai,... et tu seras une cause de bénédiction... et toutes les familles de la terre seront bénies en toi [2]. » Le même enseignement fut renouvelé par les prophètes. Même après qu'Israël eut été dévasté par la guerre et la captivité, cette promesse lui était faite : « La partie survivante de Jacob sera, au milieu de nombreux peuples, comme une rosée qui vient de l'Eternel, comme les gouttes de pluie sur le gazon, lequel n'attend rien de l'homme et n'espère rien des enfants des hommes [3]. » Le Seigneur déclarait par Esaïe, au sujet du temple de Jérusalem : « Ma maison sera appelée la maison de prière de tous les peuples [4]. »

Cependant les Israélites fixèrent leurs espoirs sur des grandeurs mondaines. Dès leur entrée au pays de Canaan ils abandonnèrent les commandements de Dieu pour suivre les voies des païens. Dieu leur envoya des avertissements par ses prophètes : en pure perte. Les souffrances que leur infligèrent les païens qui les opprimaient furent vaines. Chaque tentative de réforme était bientôt suivie d'une apostasie plus complète.

Si Israël avait été fidèle à son Dieu, il eût pu accomplir le dessein divin dans l'honneur et la gloire. S'il avait marché dans la voie de l'obéissance, Dieu lui eût donné « la prééminence en gloire, en renom et en splendeur », « sur toutes les nations qu'il a créées ». Moïse avait prédit : « Tous les peuples de la terre verront que le nom de l'Eternel est invoqué sur toi et ils te craindront. » Les peuples qui entendraient parler de toutes ses lois diraient : « Cette grande nation est le seul peuple sage et intelligent [5]. » Leurs infidélités firent que le dessein de Dieu ne put se réaliser qu'à travers des adversités et des humiliations continuelles.

Ils furent assujettis à Babylone et dispersés à travers les pays païens. L'affliction en amena quelques-uns à renouveler leur alliance avec Dieu. Alors que, leurs harpes suspendues aux saules, ils pleuraient sur les ruines du saint temple, la lumière de la vérité brillait grâce à eux et la connaissance du vrai Dieu se répandait parmi les nations. Les rituels des sacrifices païens étaient une perversion de celui que Dieu avait établi ; nombre d'observateurs sincères des rites païens apprirent des Hébreux la signification du service divin et saisirent par la foi la promesse du Rédempteur.

Beaucoup d'exilés subirent la persécution. Un assez grand nombre perdit la vie pour avoir refusé de transgresser le sabbat et de célébrer les fêtes païennes. Tandis que des idolâtres tentaient d'écraser la vérité, le Seigneur plaçait ses serviteurs en présence de rois et de gouverneurs, leur offrant la possibilité de recevoir, avec leur peuple, la lumière. A plusieurs reprises les plus grands monarques durent proclamer la suprématie du Dieu servi par leurs captifs hébreux.

La captivité babylonienne eut pour effet de guérir complètement les Israélites du culte des images. Au cours des siècles suivants ils furent opprimés par des ennemis païens, si bien que la conviction s'établit en eux que leur prospérité dépendait de l'obéissance à la loi de Dieu. Chez un trop grand nombre, toutefois, l'obéissance n'avait pas l'amour pour mobile. Leur motif était égoïste. Ils rendaient à Dieu un service extérieur en vue d'obtenir la grandeur nationale. Au lieu d'être la lumière du monde, ils s'excluaient du monde pour échapper à la tentation de l'idolâtrie. Moïse avait donné des instructions par lesquelles Dieu limitait leurs rapports avec les idolâtres ; mais cet enseignement donna lieu à de fausses interprétations. Le but était de les empêcher de se conformer aux usages des païens. Mais on s'en servit pour dresser un mur de séparation entre Israël et les autres nations. Les Juifs considéraient Jérusalem comme leur paradis et ils veillaient jalousement à priver les Gentils des grâces du Seigneur.

De retour de Babylone, on voua une grande attention à l'instruction religieuse. Des synagogues furent construites dans toutes les parties de la contrée ; la loi y était exposée par des prêtres et des scribes. Des écoles furent établies ; outre les arts et les sciences on y enseignait les principes de la justice. Mais ces institutions se corrompirent. Pendant la captivité, bien des personnes avaient subi l'influence des idées et des coutumes païennes, et cela fut introduit dans le service religieux. On se conforma à bien des égards aux usages des idolâtres.

En s'éloignant de Dieu les Juifs perdirent presque complètement de vue l'enseignement que recélait le service rituel, service que le Christ lui-même avait institué. Dans toutes ses parties ce service était un symbole se rapportant au Christ ; à l'origine, il était plein de vitalité et de beauté spirituelle. Mais les Juifs perdirent la vie spirituelle, tout en retenant leurs cérémonies comme des choses mortes. Ils plaçaient leur confiance dans les sacrifices et les ordonnances plutôt que de s'appuyer sur celui que ces choses annonçaient. Pour suppléer à ce qu'ils avaient perdu, les prêtres et les rabbins multiplièrent leurs propres exigences ; plus ils devenaient rigides, moins ils faisaient place à l'amour de Dieu. Ils mesuraient le degré de leur sainteté par la multitude de leurs cérémonies alors que leurs cœurs étaient remplis d'orgueil et d'hypocrisie.

Avec leurs prescriptions détaillées et accablantes, l'observation de la loi devenait impossible. Ceux qui désiraient servir Dieu et qui s'efforçaient en même temps d'observer les préceptes rabbiniques peinaient sous un lourd fardeau. Leur conscience troublée ne leur laissait aucun repos. Par ce moyen Satan s'efforçait de décourager le peuple, de donner une fausse conception du caractère de Dieu et de jeter le mépris sur la foi d'Israël. Il espérait fournir la preuve de ce qu'il avait prétendu quand il s'était révolté dans le ciel : que les exigences divines sont injustes et inacceptables. Il affirmait qu'Israël lui-même n'observait pas la loi.

Les Juifs désiraient la venue du Messie, mais n'avaient pas une juste conception de sa mission. Ils cherchaient à être délivrés du joug des Romains plutôt que d'être délivrés de leurs péchés. Ils attendaient un Messie conquérant, qui briserait le pouvoir de l'oppresseur et conférerait à Israël une domination universelle. Ils étaient ainsi tout prêts à rejeter le Sauveur.

Au moment de la naissance du Christ, la nation piaffait d'impatience sous l'autorité de ses maîtres étrangers ; elle était travaillée par des luttes intérieures. On avait permis aux Juifs de maintenir une certaine autonomie, mais rien ne leur faisait oublier qu'ils étaient soumis au joug romain, et il leur était difficile d'accepter les limitations apportées à leur puissance. Les Romains s'attribuaient le droit de désigner et de déposer leur souverain sacrificateur, et souvent cet office s'obtenait par la fraude, la corruption, voire par le meurtre. Le sacerdoce devenait de plus en plus corrompu. Néanmoins les prêtres conservaient un pouvoir étendu et s'en servaient pour des fins égoïstes et mercenaires. Le peuple était pressuré impitoyablement par eux et soumis à de lourdes taxes par les Romains. D'où un mécontentement général. Il se produisait de fréquentes émeutes. L'avidité et la violence, la méfiance et l'apathie spirituelle s'attaquaient au cœur même de la nation.

Par haine des Romains, par orgueil national et spirituel, les Juifs s'attachèrent fermement à leurs formes de culte. Les prêtres essayaient de s'assurer une réputation de sainteté en donnant une attention scrupuleuse aux cérémonies religieuses. Le peuple, maintenu dans l'ignorance et l'oppression, et ses chefs avides de pouvoir, soupiraient après la venue de celui qui devait vaincre leurs ennemis et restaurer le royaume d'Israël. Ils avaient étudié les prophéties sans en discerner le sens spirituel. Ils négligèrent par conséquent les passages de l'Ecriture décrivant l'humiliation du Christ à sa première venue et appliquèrent mal à propos ceux qui se rapportaient à la gloire de sa seconde venue. Leur vue fut obscurcie par l'orgueil. Les prophéties furent interprétées en accord avec leurs désirs égoïstes.

---

[1] Esaïe 53.2 ; Jean 1.11. [2] Genèse 12.2, 3. [3] Michée 5.6. [4] Esaïe 56.7. [5] Deutéronome 26.19 ; 28.10 ; 4.6.

Chapitre 3

La plénitude des temps

« Lorsque les temps furent accomplis, Dieu a envoyé son Fils... afin de racheter ceux qui étaient sous la loi, pour que nous recevions l'adoption [1]. »

La venue du Sauveur avait été annoncée en Eden. Quand Adam et Eve eurent entendu la promesse, ils s'attendirent à un prompt accomplissement. Leur premier-né fut reçu avec joie, dans l'espoir qu'il serait le Libérateur. Mais l'accomplissement fut différé. Ceux qui avaient été les premiers à recevoir la promesse moururent sans la voir réalisée. Depuis les jours d'Enoch la promesse fut répétée par l'entremise des patriarches et des prophètes, de manière à maintenir vive l'espérance de son apparition, mais il ne vint pas encore. La prophétie de Daniel fit connaître le moment de son avènement, mais le message ne fut pas bien compris de tous. Les siècles succédèrent aux siècles ; enfin la voix des prophètes se tut. Alors que la main de l'oppresseur pesait sur Israël plusieurs étaient prêts à s'écrier « Les jours passent et toute prophétie demeure sans effet [2]. »

Semblables aux étoiles parcourant, en vastes orbites, la voie qui leur a été tracée, les desseins de Dieu ne connaissent ni hâte ni retard. Par le symbole des épaisses ténèbres et de la fournaise fumante, Dieu avait prédit à Abraham la servitude d'Israël en Egypte et il avait fixé à quatre cents ans la durée de leur séjour. « Ensuite – avait-il dit – ils sortiront avec de grandes richesses [3]. » Toute la puissance de l'orgueilleux empire des Pharaons s'opposa vainement à l'accomplissement de cette parole. « Le même jour [celui que la promesse avait fixé par avance] toutes les armées de l'Eternel sortirent du pays d'Egypte [4]. » De même, l'heure de la venue du Christ avait été décidée dans le conseil céleste. Et quand la grande horloge des siècles marqua l'heure indiquée, Jésus naquit à Bethléhem.

« Lorsque les temps furent accomplis, Dieu a envoyé son Fils. » La Providence avait dirigé les mouvements des nations, les vagues des impulsions et des influences humaines, si bien que le monde était mûr pour l'apparition du Libérateur. Les nations se trouvaient réunies sous un même gouvernement. Une langue unique était largement répandue et généralement adoptée comme langue littéraire. De tous les pays, les Juifs dispersés se rassemblaient à Jérusalem à l'occasion des fêtes annuelles. De retour chez eux, il leur serait facile de répandre, à travers le monde, la nouvelle de la venue du Messie.

A cette époque les religions païennes perdaient de leur ascendant sur le peuple. On était las de spectacles et de fables. On soupirait après une religion capable de satisfaire les besoins du cœur. Et, quoique la lumière de la vérité parût' être éloignée de l'humanité, il y avait cependant des âmes assoiffées de certitude, oppressées par l'angoisse et la douleur, des âmes qui, ardemment, désiraient le Dieu vivant et l'assurance d'une vie au-delà du tombeau.

La foi s'était affaiblie chez les Juifs, qui s'étaient éloignés de Dieu, et l'espérance avait cessé presque complètement d'illuminer l'avenir. On ne comprenait plus les paroles des prophètes. Les masses voyaient, dans la mort, un redoutable mystère et n'apercevaient, au-delà, que doute et obscurité. Les plaintes des mères de Bethléhem n'avaient pas seules, à travers les siècles, frappé l'oreille du prophète mais aussi le cri poignant de l'humanité tout entière: « Une clameur s'est fait entendre à Rama, des pleurs et beaucoup de lamentations. C'est Rachel qui pleure ses enfants ; elle n'a pas voulu être consolée, parce qu'ils ne sont plus [5]. »

Les hommes, assis sans consolation au « pays de l'ombre de la mort », leurs regards chargés malgré tout d'espoir, attendaient la venue du Libérateur qui devait dissiper les ténèbres et révéler le secret de l'avenir.

Des maîtres inspirés, avides de vérité, quoique n'appartenant pas à la nation juive, avaient annoncé l'apparition d'un instructeur divin. Ils s'étaient levés, l'un après l'autre, comme des étoiles dans un ciel obscur et leurs paroles prophétiques avaient allumé l'espérance dans le cœur de milliers de païens.

Depuis des centaines d'années, les Ecritures avaient été traduites en grec, langue alors très répandue dans l'empire romain. Les Juifs, dispersés en tous lieux, et, jusqu'à un certain point, les païens partageaient cette attente du Messie. Parmi ceux que les Juifs considéraient comme des païens, il s'en trouvait qui comprenaient mieux que les docteurs d'Israël les prophéties de l'Ecriture relatives au Messie. Ils attendaient celui-ci pour être délivrés du péché. Des philosophes s'efforçaient de sonder le mystère de l'économie hébraïque. Mais l'étroitesse d'esprit des Juifs empêchait la lumière de se répandre. Tout préoccupés de maintenir une barrière entre eux et les autres nations, ils n'étaient pas désireux de communiquer le peu de connaissances qui leur restait touchant le service symbolique. Il fallait donc que vînt le véritable Interprète, celui qui, seul, pouvait expliquer les symboles se rapportant à lui.

Dieu avait parlé au monde par la nature, par des figures et des symboles, par les patriarches et les prophètes. L'humanité avait besoin d'être instruite dans un langage humain. Le Messager de l'alliance devait parler. Sa voix devait se faire entendre dans son propre temple. Il fallait que le Christ prononce des paroles claires et intelligibles. L'auteur de la vérité devait dégager la vérité de la balle d'invention humaine, qui l'avait rendue sans effet. Il fallait que les principes du gouvernement divin et du plan de la rédemption soient clairement définis. Les leçons contenues dans l'Ancien Testament devaient être parfaitement exposées aux hommes.

Il y avait encore parmi les Juifs des âmes fortes, descendant de cette sainte lignée qui avait conservé la connaissance de Dieu. Ils restaient attachés à la promesse faite aux pères et appuyaient leur foi sur ces paroles de Moïse : « Le Seigneur votre Dieu vous suscitera d'entre vos frères un prophète comme moi ; vous l'écouterez en tout ce qu'il vous dira [6]. » Ils apprenaient comment le Seigneur devait oindre son Elu « pour porter la bonne nouvelle aux humbles », « pour guérir ceux qui ont le cœur brisé, pour annoncer aux captifs la liberté », et « pour proclamer, de la part de l'Eternel, une année de grâce [7] ». Ils apprenaient comment il devait établir « la justice sur la terre », et comment les nations devaient mettre « leur confiance en sa loi » ; comment les nations devaient être « attirées par sa lumière et les rois par l'éclat [8] » de ses rayons.

Ces paroles de Jacob mourant remplissaient leurs cœurs d'espérance : « Le sceptre ne sera point enlevé à Juda et le bâton du commandement n'échappera pas à son pouvoir, jusqu'à ce que vienne le

Pacifique [9]. » La puissance d'Israël, en s'évanouissant, attestait l'imminence de la venue du Messie. La prophétie de Daniel dépeignait la gloire de son règne devant succéder à tous les royaumes terrestres ; « et lui-même subsistera éternellement [10] », ajoutait le prophète. Ils étaient peu nombreux, il est vrai, ceux qui comprenaient la nature de la mission du Christ mais on attendait généralement un prince puissant venant établir son royaume en Israël et délivrer les nations.

Les temps étaient accomplis. La corruption de l'humanité, accrue d'âge en âge par la transgression des lois divines, rendait nécessaire la venue du Rédempteur. Satan s'était efforcé de creuser un gouffre infranchissable entre la terre et le ciel. Ses mensonges avaient enhardi les hommes dans le péché. Il se proposait de fatiguer la patience de Dieu, d'éteindre son amour pour l'homme et de l'amener à lui abandonner la juridiction de ce monde.

Satan cherchait à priver les hommes de la connaissance de Dieu, à détourner leur attention du temple de Dieu, en vue d'établir son propre royaume. Sa lutte pour la suprématie paraissait presque couronnée de succès. Il est vrai que dans chaque génération Dieu a eu des serviteurs. Il y avait, même parmi les païens, des hommes que le Christ employait pour élever le peuple au-dessus du péché et de la dégradation. Mais ces hommes furent méprisés et haïs. Beaucoup d'entre eux moururent de mort violente. Les noires ombres accumulées sur le monde par Satan s'épaississaient de plus en plus.

Pendant des siècles Satan s'était servi du paganisme pour détourner de Dieu les hommes ; mais son plus grand triomphe avait été la perversion de la foi d'Israël. En contemplant et en adorant leurs propres conceptions, les païens avaient perdu la connaissance de Dieu et s'étaient corrompus. Il en était de même en Israël. L'idée d'après laquelle un homme peut se sauver par ses œuvres se trouvait à la base de toutes les religions païennes ; cette idée, dont Satan est l'auteur, s'était maintenant introduite dans la religion juive. Partout où elle s'établit, elle renverse les digues qui s'opposent à l'envahissement du péché.

Le message du salut est communiqué aux hommes par des instruments humains. Mais les Juifs avaient tenté de monopoliser à leur profit la vérité qui assure la vie éternelle. Ils avaient amassé et mis en réserve la manne vivante, qui s'était corrompue. La religion dont ils avaient voulu s'accaparer était devenue malfaisante. Ils dérobèrent à Dieu sa gloire et frustrèrent le monde en lui offrant une contrefaçon de l'Evangile. Ayant refusé de se livrer à Dieu pour sauver le monde, ils devinrent des instruments de Satan pour le détruire.

Le peuple dont Dieu voulait faire la colonne et l'appui de la vérité avait fini par représenter Satan. Se conformant au désir de celui-ci, par sa conduite il présentait le caractère de Dieu sous un faux jour, et donnait l'impression que Dieu est un tyran. Les prêtres eux-mêmes, qui officiaient dans le temple, avaient perdu de vue la signification du service qu'ils accomplissaient. Ils avaient cessé de voir, au-delà du symbole, l'objet signifié. En offrant les sacrifices ils jouaient la comédie. Les ordonnances établies par Dieu furent transformées en moyens d'aveugler les esprits et d'endurcir les cœurs. Dieu ne pouvait plus agir en faveur des hommes par leur intermédiaire. Tout cela devait être balayé.

La duperie du péché avait atteint son comble. Tous les moyens susceptibles de pervertir les âmes humaines étaient à l'œuvre. Le Fils de Dieu, en contemplant le monde, ne voyait que souffrance et misère. Sa pitié fut émue, car il vit avec quelle cruauté Satan traitait ses victimes. Il considéra avec compassion ceux que l'on corrompait, assassinait et perdait. Le chef que les hommes s'étaient donné les enchaînait à son char comme des captifs. Egarés et trompés, ils s'avançaient en une triste procession vers une ruine éternelle – vers une mort sans espoir de retour à la vie, vers une nuit que ne suivrait aucun matin. Des agents de Satan s'emparaient de corps humains. Ces corps, destinés à être des habitations de Dieu, étaient envahis par des démons. Les sens, les nerfs, les facultés, les organes des hommes étaient employés par des puissances surnaturelles pour satisfaire les passions les plus viles. Des visages humains portaient l'empreinte des démons. Ils reflétaient les sentiments des légions du mal qui les possédaient. Voilà ce qui s'offrait au regard du Rédempteur du monde. Quel spectacle pour un Etre infiniment pur !

Le péché était devenu une science, le vice était consacré comme partie intégrante de la religion. La révolte avait jeté des racines profondes dans les cœurs, l'hostilité de l'homme contre le ciel était devenue virulente. Il était prouvé aux yeux de l'univers que l'humanité ne pouvait se relever sans Dieu. Un nouvel élément de vie et de puissance devait être communiqué par celui qui a créé le monde.

Les habitants des mondes non déchus regardaient avec un intérêt intense pour voir si Jéhovah n'allait pas se lever pour anéantir les habitants de la terre. Si Dieu avait agi ainsi, Satan était prêt à réaliser son dessein tendant à s'assurer l'allégeance des êtres célestes.

Satan avait prétendu que les principes du gouvernement divin rendent tout pardon impossible. Si le monde avait été détruit, il y aurait vu une preuve de la véracité de ses affirmations. Il osait accuser Dieu, et voulait propager sa révolte dans les mondes supérieurs. Or voici qu'au lieu de détruire le monde, Dieu envoya son Fils pour le sauver. Bien que la corruption et le mépris de Dieu fussent répandus partout dans cette province révoltée, un moyen de salut fut trouvé. Au moment critique où Satan paraissait sur le point de triompher, le Fils de Dieu vint chargé du message de la grâce divine. A chaque siècle, à chaque heure, l'amour de Dieu s'était manifesté envers la race déchue. Malgré la perversité des hommes, les marques de la miséricorde n'avaient pas cessé d'être prodiguées. Et quand les temps furent accomplis, la Divinité se glorifia en inondant le monde d'un flot de grâce salutaire qui ne devait jamais s'arrêter ni se retirer tant que le plan du salut ne serait pas accompli.

Satan était ravi, pensant qu'il avait réussi à avilir l'image de Dieu en l'homme. Jésus vint alors pour rétablir en l'homme l'image de son Créateur. Lui seul peut reconstituer un caractère ruiné par le péché. Il vint chasser les démons qui exerçaient une domination sur les volontés. Il vint nous arracher à la poussière et remodeler les caractères déformés, pour les rendre semblables au divin Modèle et leur communiquer la beauté de sa propre gloire.

---

[1] Galates 4.4, 5. [2] Ezéchiel 12.22. [3] Genèse 15.14. [4] Exode 12.41. [5] Matthieu 2.18. [6] Actes 3.22. [7] Esaïe 61.1, 2. [8] Esaïe 42.4 ; 60 : 3. [9] Genèse 49.10. [10] Daniel 2.44.

CHAPITRE 4

Un Sauveur vous est donné

LE ROI de gloire s'abaissa profondément pour revêtir l'humanité et vivre au milieu d'êtres souvent grossiers et repoussants. Il dut voiler sa gloire pour que la majesté de sa forme extérieure n'attirât pas les regards. Il évita tout déploiement extérieur. Ni les richesses, ni les honneurs mondains, ni la grandeur humaine ne peuvent sauver une âme de la mort ; Jésus voulut que rien dans sa nature terrestre n'attirât les hommes à ses côtés. Seule la beauté de la vérité céleste doit captiver ceux qui désirent le suivre. Longtemps à l'avance le caractère du Messie avait été décrit dans la prophétie, et il voulait être accepté des hommes sur le simple témoignage de la Parole de Dieu.

Les anges, extasiés devant le glorieux plan du salut, étaient impatients de voir comment le peuple de Dieu allait accueillir son Fils, caché sous le voile de l'humanité. Des anges vinrent visiter le pays du peuple élu. Les autres nations étaient absorbées par des fables et par l'adoration des faux dieux. Les anges vinrent donc dans le pays où la gloire de Dieu s'était manifestée, où la lumière de la prophétie avait brillé. Ils vinrent, invisibles, à Jérusalem, auprès des ministres de la maison de Dieu chargés d'expliquer les oracles sacrés. Déjà, le prêtre Zacharie, tandis qu'il officiait devant l'autel, avait appris que la venue du Christ était imminente. Déjà, le précurseur était né, sa mission attestée par le miracle et par la prophétie. La nouvelle de cette naissance et la signification étonnante de la mission du Baptiste s'étaient répandues aux alentours. Mais Jérusalem ne se préparait pas à accueillir son Rédempteur.

C'est avec étonnement que les messagers célestes constatèrent l'indifférence du peuple appelé par Dieu à communiquer au monde la lumière de la vérité sainte. La nation juive avait été conservée comme une preuve du fait que le Christ devait naître de la semence d'Abraham et de la lignée de David ; et voici qu'elle ne se rendait pas compte de l'imminente venue du Sauveur. Le sacrifice quotidien annonçait, matin et soir, dans le temple, l'Agneau de Dieu ; même ici cependant, aucun préparatif n'était fait pour le recevoir. Les prêtres et les docteurs ne comprenaient pas que le plus grand événement des âges était sur le point de se produire. Ils répétaient leurs vaines prières, et accomplissaient les rites du culte pour être vus des hommes ; mais à cause de leur soif de richesses et d'honneurs mondains ils étaient peu préparés à recevoir la révélation du Messie. Même indifférence dans le pays d'Israël, où les cœurs égoïstes et profanes étaient étrangers à la joie dont tressaillait le ciel tout entier. Quelques-uns seulement soupiraient après l'Invisible. C'est à ceux-ci qu'une ambassade céleste fut envoyée [1].

Des anges accompagnent Joseph et Marie, de Nazareth, leur lieu de séjour, à la cité de David. Le décret par lequel la Rome impériale ordonnait le recensement de tous les peuples de ses vastes domaines avait atteint les collines de la Galilée et leurs habitants. Tout comme Cyrus avait été appelé autrefois à l'empire du monde pour rendre la liberté aux captifs du Seigneur, César Auguste accomplira le dessein de Dieu d'amener à Bethléhem la mère de Jésus. Celle-ci appartient à la lignée de David, et c'est dans la cité de David que doit naître le Fils de David. De Bethléhem, avait dit le prophète, surgira « celui qui doit être le chef suprême d'Israël, celui dont l'origine remonte aux temps anciens, aux jours éternels [2] ». Mais Joseph et Marie ne sont ni reconnus, ni honorés dans leur cité royale. Las et sans abri, ils parcourent la longue rue étroite, depuis la porte de la cité jusqu'à son extrémité orientale, cherchant en vain un lieu de repos pour la nuit. Il n'y a pas de place pour eux dans l'auberge encombrée. Sous un grossier hangar servant d'abri au bétail, ils trouvent enfin un refuge, et c'est là que naîtra la joie. Un intérêt plus profond et plus tendre attire vers la terre les saints êtres qui peuplent le monde de la lumière. L'univers tout entier est illuminé de sa présence. Des foules d'anges se rassemblent sur les collines de Bethléhem. Ils attendent un signal pour annoncer au monde la bonne nouvelle. Si les conducteurs d'Israël avaient été fidèles à leur mandat, ils auraient eu le bonheur de participer à l'annonciation de la naissance de Jésus. Mais maintenant ils sont mis de côté.

Dieu dit : « Je répandrai des eaux sur le sol altéré et des ruisseaux sur la terre desséchée. » « La lumière se lève, même au sein des ténèbres, pour les hommes droits [3]. » Des rayons de splendeur, émanant du trône de Dieu, resplendiront sur ceux qui sont à la recherche de la lumière et disposés à l'accepter avec bonheur.

Dans les champs où le jeune David avait conduit ses troupeaux, des bergers veillaient, la nuit. Ils rompaient le silence des heures en s'entretenant du Sauveur promis, et ils priaient pour que le Roi montât sur le trône de David. « Un ange du Seigneur leur apparut, et la gloire du Seigneur resplendit autour d'eux. Ils furent saisis d'une grande crainte. Mais l'ange leur dit : Soyez sans crainte ; car je vous annonce la bonne nouvelle d'une grande joie pour tout le peuple : aujourd'hui, dans la ville de David, il vous est né un Sauveur, qui est le Christ, le Seigneur. »

Ces paroles remplissent l'esprit des bergers de visions de gloire. Le Libérateur est venu en Israël ! On a coutume d'associer à sa venue l'idée de puissance, de grandeur, de triomphe. Mais l'ange doit les préparer à reconnaître leur Sauveur dans la pauvreté et l'humiliation. « Et ceci sera pour vous un signe : vous trouverez un nouveau-né emmailloté et couché dans une crèche. »

Le céleste messager avait dissipé leurs craintes. Il leur avait dit comment ils trouveraient Jésus. Avec de tendres égards pour la faiblesse humaine, il leur avait donné le temps de s'accoutumer à l'éclat divin. Maintenant la joie et la gloire ne pouvaient pas rester cachées plus longtemps. Toute la plaine fut illuminée par le resplendissement des armées divines. La terre fit silence, et le ciel se pencha pour écouter le chant :

« Gloire à Dieu dans les lieux très hauts,

Et paix sur la terre parmi les hommes qu'il agrée ! »

Oh ! si la famille humaine pouvait aujourd'hui reconnaître ce chant ! La proclamation faite alors, la mélodie entonnée, retentira jusqu'à la fin des temps et jusqu'aux extrémités de la terre. Et quand le Soleil de justice se lèvera, ayant la guérison sous ses ailes, ce chant sera entonné à nouveau par la grande multitude, dont la voix pareille au bruit des grosses eaux dira : « Alléluia ! Car le Seigneur Dieu, le Tout-Puissant, a établi son règne [4]. »

Les anges disparus, la lumière s'évanouit et les ombres nocturnes enveloppèrent à nouveau les collines de Bethléhem. Mais la mémoire des bergers garda le souvenir du tableau le plus brillant qu'aucun œil humain ait jamais contemplé. « Lorsque les anges se furent éloignés d'eux vers le ciel, les bergers se dirent les uns aux autres : Allons donc jusqu'à Bethléhem, et voyons ce qui est arrivé, ce que le Seigneur nous a fait connaître. Ils y allèrent en hâte, et trouvèrent Marie, Joseph et le nouveau-né couché dans la crèche. » Tout joyeux ils s'en allèrent publiant ce qu'ils avaient vu et entendu. « Tous ceux qui les entendirent furent dans l'étonnement de ce que leur disaient les bergers. Marie gardait toutes ces choses et les méditait dans son cœur. Et les bergers s'en retournèrent, en glorifiant et louant Dieu. »

La distance qui sépare le ciel de la terre n'est pas plus grande aujourd'hui qu'au moment où les bergers entendirent le chant des anges. Tout autant qu'autrefois, quand des hommes d'humble origine et de modeste situation rencontraient des anges, à midi, et s'entretenaient avec des messagers célestes dans les vignes et les champs, l'humanité reste l'objet de la sollicitude céleste. Le ciel peut être très près de nous qui cheminons dans les difficiles sentiers de la vie. Des anges descendant des parvis célestes suivront les pas de ceux qui obéissent aux ordres de Dieu.

L'histoire de Bethléhem est un thème inépuisable. On y découvre la « profondeur de la richesse, de la sagesse et de la science de Dieu [5]». Nous nous étonnons devant le sacrifice du Sauveur qui échangea le trône du ciel contre la crèche, la société des anges qui l'adoraient contre la compagnie des bêtes de l'étable. Sa présence confond notre orgueil humain et notre propre suffisance. Et cependant ceci n'était que le commencement de son étonnante condescendance. C'eût été pour le Fils de Dieu une humiliation presque infinie de revêtir la nature humaine, même alors qu'Adam résidait en Eden dans son innocence. Jésus accepta l'humanité alors qu'elle était affaiblie par quatre millénaires de péché. Comme tout enfant d'Adam, il a accepté les résultats de la grande loi de l'hérédité. Ces résultats on peut les connaître en consultant l'histoire de ses ancêtres terrestres. C'est avec une telle hérédité qu'il vint partager nos douleurs et nos tentations, et nous donner l'exemple d'une vie exempte de péché.

Satan avait éprouvé de la haine pour le Christ à cause de la position que celui-ci occupait dans les parvis de Dieu. Quand il se vit détrôné, sa haine s'accrut envers celui qui avait pris l'engagement de racheter les pécheurs. Néanmoins Dieu permit à son Fils de venir dans un monde dont Satan se prétendait le maître, et d'y venir sous la forme d'un faible petit enfant, sujet aux infirmités humaines. Il lui permit d'encourir les dangers de la vie en commun avec tous les autres hommes, de livrer bataille comme tout enfant de l'humanité, au risque d'un insuccès et d'une perdition éternelle. Le cœur d'un père humain s'attendrit sur son fils. Il considère le visage du petit enfant, et tremble à la pensée des dangers que la vie lui réserve. Il désire protéger cet être chéri contre la puissance de Satan, et le préserver des tentations et des luttes. Dieu consentit à donner son Fils unique en vue d'un conflit plus redoutable et d'un risque plus effrayant, et cela, afin que le sentier de la vie devînt plus sûr pour nos enfants. « Voici en quoi consiste l'amour ! » Admirez, ô cieux ! et sois étonnée, ô terre !

---

[1] Ce chapitre est basé sur Luc 2.1-20. [2] Michée 5.2. [3] Esaïe 44.3 ; Psaume 112.4. [4] Apocalypse 19.6. [5] Romains 11.33.

Chapitre 5

La consécration

ENVIRON quarante jours après sa naissance, le Christ fut apporté à Jérusalem par Joseph et Marie, qui devaient, en offrant un sacrifice, le présenter au Seigneur [1]. Ceci était exigé par la loi juive, et le Christ, en tant que remplaçant de l'homme, devait se conformer à la loi dans ses moindres détails. Déjà, il avait été soumis au rite de la circoncision, comme gage de son obéissance à la loi.

Celle-ci exigeait que la mère offrît un agneau d'un an en holocauste, et un jeune pigeon ou une tourterelle en sacrifice pour le péché. Mais elle permettait aux parents trop pauvres pour apporter un agneau, de n'offrir qu'une paire de tourterelles ou deux pigeonneaux, l'un en holocauste, l'autre en sacrifice pour le péché.

Les animaux offerts au Seigneur devaient être sans défaut. Ils représentaient le Christ, et l'on voit par là que Jésus lui-même était exempt de difformité physique. Il était l'Agneau « sans défaut et sans tache [2] ». Au physique il était sans défaut ; son corps était robuste et sain. Pendant toute sa vie il se conforma aux lois de la nature. Au point de vue physique comme au point de vue spirituel il fut un exemple de ce que Dieu voulait que toute l'humanité atteigne en obéissant aux lois divines.

La coutume de consacrer les premiers-nés remontait à une haute antiquité. Dieu avait promis de donner le premier-né du ciel pour sauver le pécheur. Chaque famille devait reconnaître ce don par la consécration du premier-né, voué au sacerdoce, en qualité de représentant du Christ parmi les hommes.

L'ordre de consacrer les premiers-nés fut renouvelé lors de la délivrance d'Israël, hors d'Egypte. Alors que les enfants d'Israël étaient encore asservis par les Egyptiens, le Seigneur envoya Moïse auprès de Pharaon, roi d'Egypte, pour lui dire : « Ainsi parle l'Eternel : Israël est mon fils, mon premier-né. Je t'avais dit : Laisse partir mon fils, afin qu'il soit à mon service ; et tu as refusé de le laisser partir. Eh bien, je vais faire mourir ton fils premier-né [3] ! »

Moïse communiqua son message ; mais l'orgueilleux roi répondit : « Qui est l'Eternel, pour que j'obéisse à sa voix, en laissant partir Israël ? Je ne connais pas l'Eternel et je ne laisserai point partir Israël [4] » Le Seigneur opéra des signes et des prodiges en faveur de son peuple, et frappa Pharaon de terribles châtiments. A la fin, l'ange destructeur fut chargé d'exterminer les premiers nés parmi les hommes et parmi le bétail des Egyptiens. Les Israélites, pour être épargnés, devaient asperger, avec le sang d'un agneau immolé, les poteaux de leurs portes. Chaque maison recevait ainsi une marque, pour que l'ange, accomplissant sa mission de mort, pût passer par-dessus les demeures des Israélites.

Après que le Seigneur eut frappé l'Egypte, il dit à Moïse : « Tu me consacreras tout premier-né,... parmi les enfants d'Israël, aussi bien celui des hommes que celui des animaux : il m'appartient. » « Le jour où j'ai frappé tous les premiers-nés dans le pays d'Egypte, j'ai consacré à mon service tout premier-né en Israël, depuis les hommes jusqu'aux animaux ; ils seront donc à moi. Je suis l'Eternel [5]. » Lorsque le service du tabernacle eut été établi, le Seigneur choisit la tribu de Lévi pour officier dans le sanctuaire, à la place des premiers-nés de tout Israël. Mais l'on continua à considérer les premiers-nés comme appartenant au Seigneur, et il fallait les racheter à prix d'argent.

La présentation des premiers-nés acquit ainsi une signification particulière. Tout en servant de mémorial pour rappeler comment Dieu avait merveilleusement délivré les enfants d'Israël, elle annonçait une plus grande délivrance, devant être accomplie par le Fils unique de Dieu. Ainsi que le sang répandu sur les poteaux des portes a sauvé les premiers-nés d'Israël, le sang du Christ peut sauver le monde.

La présentation du Christ revêtait donc une profonde signification. Cependant le prêtre ne vit pas ce qui était derrière le voile ; il ne sut pas déchiffrer le mystère. La présentation des enfants était une chose ordinaire. Jour après jour, chaque fois qu'un enfant était présenté au Seigneur, le prêtre percevait le prix du rachat. Jour après jour, il accomplissait la série des cérémonies requises, sans beaucoup s'occuper des parents ou de l'enfant, excepté dans les cas où il s'agissait de parents riches ou jouissant d'une haute position. Joseph et Marie étaient pauvres ; et quand ils se présentèrent avec l'enfant, les prêtres ne virent qu'un homme et une femme vêtus comme de simples Galiléens. Rien dans leur apparence n'attirait l'attention, et ils n'apportaient que l'offrande des pauvres gens.

Le prêtre accomplit les cérémonies officielles. Prenant l'enfant, il le tint devant l'autel. Puis, l'ayant rendu à sa mère, il inscrivit son nom – Jésus – sur le registre des premiers-nés. Il était loin de penser qu'il avait tenu dans ses bras, sous la forme de ce petit enfant, la Majesté du ciel, le Roi de gloire. Il ne pensait pas que cet enfant fût celui dont Moïse avait dit : « Le Seigneur votre Dieu vous suscitera d'entre vos frères un prophète comme moi ; vous l'écouterez en tout ce qu'il vous dira [6]. » Il ne pensait pas que cet enfant fût celui dont Moïse avait désiré contempler la gloire. Le prêtre avait porté dans ses bras un plus grand que Moïse ; et quand il inscrivit le nom de l'enfant, il enregistra le nom de celui qui était le fondement de toute l'économie juive. Ce nom allait être l'acte de condamnation à mort de cette économie ; car le système des sacrifices et des offrandes était en train de vieillir ; le symbole et l'ombre avaient presque rejoint la réalité.

La Schékinah avait abandonné le sanctuaire, mais sous l'enfant de Bethléhem se cachait la gloire devant laquelle les anges se prosternent. Ce petit être inconscient était la postérité promise qu'annonçait le premier autel dressé à l'entrée de l'Eden, le Schilôh, le Pacificateur. C'est lui qui s'était nommé à moïse: JE SUIS. C'est lui qui avait conduit Israël dans la colonne de nuée et de feu. C'est lui que les voyants avaient dès longtemps annoncé : le Désiré de toutes les nations, la Racine et le Rejeton de David, l'Etoile brillante du matin. Le nom de ce faible enfant, consigné sur le registre d'Israël comme l'un de nos frères, c'était l'espérance de l'humanité déchue. Cet enfant, pour qui l'on paya le prix du rachat, c'est lui qui devait payer la rançon pour les péchés du monde entier. Il était le vrai « grand-prêtre établi sur la maison de Dieu », le chef d'un « sacerdoce non transmissible », l'intercesseur qui « s'est assis à la droite de la majesté divine au plus haut des cieux [7] ».

C'est spirituellement que l'on discerne les choses spirituelles. Dans le temple, le Fils de Dieu fut consacré à l'œuvre qu'il devait accomplir. Le prêtre vit en lui un enfant comme tous les autres enfants. Mais bien qu'il ne discernât rien d'inaccoutumé, l'acte par lequel Dieu avait donné son Fils au monde fut reconnu. A cette occasion le Christ ne passa pas totalement inaperçu. « Il y avait à Jérusalem un homme du nom de Siméon. Cet homme était juste et pieux, il attendait la consolation d'Israël, et l'Esprit-Saint était sur lui. Il avait été divinement averti par le Saint-Esprit qu'il ne verrait pas la mort avant d'avoir vu le Christ du Seigneur. »

En entrant dans le temple, Siméon aperçoit une famille présentant au prêtre un premier-né. Tout en elle trahit la pauvreté ; pourtant Siméon prête l'oreille aux avertissements de l'Esprit, et il a le sentiment très net que l'enfant présenté au Seigneur est la consolation d'Israël, celui qu'il a désiré voir. Aux yeux du prêtre étonné, Siméon paraît ravi en extase. Il prend l'enfant rendu aux bras de Marie et le présente à Dieu, et son âme est envahie d'une joie inconnue auparavant. Il s'écrie, en élevant vers le ciel l'enfant Sauveur :

« Maintenant, Maître, tu laisses ton serviteur
S'en aller en paix, selon ta parole.
Car mes yeux ont vu ton salut,
Que tu as préparé devant tous les peuples,
Lumière pour éclairer les nations,
Et gloire de ton peuple, Israël. »

Cet homme était animé de l'esprit de prophétie, et tandis que Joseph et Marie méditaient ses paroles à côté de lui, il les bénit, et dit à Marie : « Voici, cet enfant est là pour la chute et le relèvement de beaucoup en Israël, et comme un signe qui provoquera la contradiction, et toi-même, une épée te transpercera l'âme, afin que les pensées de beaucoup de cœurs soient révélées. »

La prophétesse Anne, elle aussi, vint confirmer le témoignage que Siméon avait rendu au Christ. Tandis que Siméon parlait, le visage d'Anne resplendissait d'une gloire divine, et elle exprima la gratitude de son cœur pour avoir pu contempler Christ le Seigneur.

Ces humbles adorateurs n'avaient pas étudié en vain les prophéties. Mais ceux qui occupaient en Israël la position de chefs et de prêtres, quoiqu'ils eussent aussi, devant eux, les précieuses déclarations, ne marchaient pas dans les voies du Seigneur, et leurs yeux ne pouvaient donc contempler la Lumière de la Vie.

Il en est de même actuellement. Des événements sur lesquels se concentre l'attention du ciel tout entier ne sont pas remarqués, et passent totalement inaperçus des conducteurs religieux et de ceux qui adorent dans la maison de Dieu. On rend hommage au Christ historique, on se détourne du Christ vivant. Pas plus aujourd'hui qu'il y a dix-huit cents ans, on ne reconnaît le Christ dans ses appels au sacrifice, dans les pauvres et les malheureux qui implorent du secours, ou dans une juste cause entraînant la pauvreté, les peines et l'opprobre.

Marie réfléchissait sur les paroles prophétiques de Siméon, si compréhensives et d'une si grande portée. Elle regardait l'enfant qui reposait sur son sein, se rappelant les paroles dites aux bergers de Bethléhem, et son cœur débordait d'une joie reconnaissante et d'une radieuse espérance. Les paroles de Siméon faisaient renaître en son esprit les déclarations prophétiques d'Esaïe : « Un rameau surgira du tronc d'Isaï, un rejeton naîtra de ses racines. L'Esprit de l'Eternel reposera sur lui, esprit de sagesse et d'intelligence, esprit de conseil et de force, esprit de connaissance et de crainte de l'Eternel... La justice sera la ceinture de ses reins et la vérité sera la ceinture de ses flancs. » « Le peuple, qui marchait dans les ténèbres, a vu briller une grande lumière ; et la lumière a resplendi sur ceux qui habitaient le pays de l'ombre de la mort... Car un enfant nous est né, un fils nous a été donné ; l'empire a été posé sur son épaule. On l'appellera le Conseiller admirable, le Dieu fort, le Père d'éternité, le Prince de la paix [8]. »

Cependant Marie ne comprenait pas quelle était la mission du Christ. Siméon avait déclaré qu'il serait la lumière des Gentils aussi bien que la gloire d'Israël. Les anges avaient également proclamé la naissance du Sauveur comme un sujet de joie pour tous les peuples. Dieu s'efforçait de corriger les conceptions étroites des Juifs concernant l'œuvre du Messie. Il voulait qu'on vît en lui, non seulement le Libérateur d'Israël, mais aussi le Rédempteur du monde. Mais bien des années devaient s'écouler avant que la mère de Jésus elle-même fût capable de comprendre la mission de son fils.

Marie pensait au règne futur du Messie sur le trône de David, mais elle n'apercevait pas le baptême de souffrance qui devait en être le prix. Siméon montra, par les paroles qu'il adressa à Marie, que le Messie ne devait pas se frayer un passage facile à travers le monde : « Et toi-même, une épée te transpercera l'âme. » La tendre pitié de Dieu fait ainsi pressentir à la mère de Jésus l'angoisse qu'elle commence à éprouver par amour pour lui.

Siméon avait dit : « Voici, cet enfant est là pour la chute et le relèvement de beaucoup en Israël et comme un signe qui provoquera la contradiction. » Il faut tomber pour se relever. Nous devons tomber sur le Rocher et nous y briser, si nous voulons être élevés en Christ. Le moi doit être détrôné, l'orgueil doit être abaissé, si nous voulons participer à la gloire du royaume spirituel. Les Juifs repoussaient les honneurs qu'il fallait payer par l'humiliation. Ils ne voulurent pas recevoir leur Rédempteur. Jésus fut pour eux un signe de contradiction.

C'est ainsi « que les pensées du cœur de beaucoup seront révélées ». A la lumière de la vie du Sauveur, tous les cœurs sont dévoilés, depuis celui du Créateur jusqu'à celui du prince des ténèbres. Satan a montré Dieu comme un être égoïste et tyrannique, exigeant tout, ne donnant rien, se servant de ses créatures uniquement pour sa propre gloire sans rien faire pour leur bien. Mais le don du Christ fait connaître le cœur du Père. Il atteste que les projets que Dieu a formés en notre faveur sont des « projets de paix et non de malheur [9] ». Il montre que si la haine que Dieu éprouve pour le péché est aussi forte que la mort, son amour pour le pécheur est plus grand que la mort. Après avoir entrepris l'œuvre de notre rédemption, il n'épargnera rien de ce qui lui est cher pour achever cette œuvre. Aucune vérité essentielle à notre salut n'est refusée, aucun miracle de grâce n'est négligé, aucun moyen divin ne reste sans emploi. Une grâce est ajoutée à une grâce, un don à un don. Tout le trésor du ciel s'ouvre pour ceux qu'il veut sauver. Ayant rassemblé les richesses de l'univers, et déployé les ressources de sa puissance infinie, il remet tout entre les mains du Christ, en lui disant : Tout ceci est pour l'homme. Use de ces dons pour lui apprendre qu'il n'y a pas de plus grand amour que le mien sur la terre ou dans les cieux. C'est en m'aimant qu'il trouvera son plus parfait bonheur.

A la croix du Calvaire, l'amour et l'égoïsme se dressent face à face. Là ils ont, l'un et l'autre, leur couronnement. Le Christ n'a vécu que pour soulager et bénir : en le mettant à mort, Satan démasque la malignité de sa haine envers Dieu, et son véritable but : détrôner Dieu et détruire celui en qui se manifeste l'amour divin.

C'est aussi par la vie et la mort du Christ que les pensées des hommes sont mises en lumière. La vie de Jésus, depuis la crèche jusqu'à la croix, nous invite à nous livrer et à participer à ses souffrances. C'est elle qui dévoile les pensées des hommes. Jésus apporta la vérité du ciel, et tous ceux qui étaient attentifs à la voix du Saint-Esprit furent attirés vers lui. Les adorateurs du moi ressortissaient au royaume de Satan. Par l'attitude prise à l'égard du Christ chacun fixe sa position et prononce ainsi sa propre sentence.

Au jour du jugement final, toute âme perdue comprendra pourquoi elle a rejeté la vérité. Même l'esprit obscurci par la transgression saisira le sens de la croix. Les pécheurs seront condamnés par la vue du Calvaire et de sa mystérieuse Victime. Tout prétexte mensonger sera balayé. Le caractère odieux de l'apostasie humaine se montrera. Les hommes verront quel aura été leur choix. Toutes les questions de vérité et d'erreur, agitées au cours de la controverse des siècles, seront alors éclaircies. Au jugement de l'univers, Dieu sera pleinement justifié en ce qui concerne l'existence et la permanence du mal. Il sera démontré que les décrets divins n'ont en aucune façon favorisé le péché. Rien n'était défectueux dans le gouvernement de Dieu, rien n'était de nature à causer du mécontentement. Quand seront révélées les pensées de tous les cœurs, fidèles et rebelles s'uniront pour déclarer : « Tes voies sont justes et véritables, roi des nations ! Seigneur, qui ne craindrait et ne glorifierait ton nom?... Parce que tes décrets de justice ont été manifestés [10]. »

---

[1] Ce chapitre est basé sur Luc 2.21-38. [2] 1 Pierre 1.19. [3] Exode 4.22, 23. [4] Exode 5.2. [5] Exode 13.2 ; Nombres 3.13. [6] Actes 3.22. [7] Hébreux 10.21 ; 7.24 ; 1.3. [8] Esaïe 11.1-5 ; 9.1-6. [9] Jérémie 29.11. [10] Apocalypse 15.3, 4.

CHAPITRE 6

Nous avons vu son étoile

« JESUS était né à Bethléhem de Judée, au temps du roi Hérode. Des mages d'Orient arrivèrent à Jérusalem et dirent : Où est le roi des Juifs qui vient de naitre ? Car nous avons vu son étoile en Orient et nous sommes venus l'adorer [1]. »

Ces mages d'Orient étaient des philosophes. Ils appartenaient à une classe nombreuse et influente, comprenant des hommes de haute naissance, ainsi que la plupart des riches et des savants de leur nation. Certains, parmi eux, abusaient de la crédulité du peuple ; d'autres, hommes droits, étudiant les vérités inscrites par la Providence dans la nature, étaient respectés à cause de leur intégrité et de leur sagesse. Parmi ces derniers se trouvaient les mages qui vinrent voir Jésus.

La lumière divine a toujours resplendi au sein des ténèbres du paganisme. En scrutant le ciel étoilé pour y découvrir le mystère caché dans ses sentiers lumineux, ces mages contemplaient la gloire du Créateur. Désireux d'obtenir une connaissance plus complète, ils se tournèrent vers les Ecritures hébraïques. On conservait précieusement, dans leur pays, des écrits prophétiques annonçant la venue d'un instructeur divin. Balaam appartenait à la classe des magiciens, bien qu'il fût, à un moment donné, prophète de Dieu. Sous l'influence du Saint-Esprit, il avait prédit la prospérité d'Israël et l'apparition du Messie ; la tradition conservait de siècle en siècle ses prophéties. Mais l'avènement du Sauveur se trouvait plus clairement révélé dans l'Ancien Testament. Les magiciens apprirent, avec bonheur, que la venue du Messie était proche, et que le monde entier allait être rempli de la connaissance de la gloire du Seigneur.

La nuit où la gloire de Dieu avait inondé les collines de Bethléhem, les mages avaient aperçu dans le ciel une lumière mystérieuse. Quand la lumière eut disparu, une brillante étoile apparut, s'attardant dans les cieux. Ce n'était ni une étoile fixe, ni une planète, et ce phénomène provoqua la plus vive curiosité. Cette étoile était formée par un groupe d'anges resplendissants se tenant à distance. Les mages n'en savaient rien, cependant ils eurent l'impression que l'étoile était là pour eux. Ils consultèrent des prêtres et des philosophes, ils fouillèrent d'anciens parchemins. Balaam, dans sa prophétie, avait dit : « Un astre sort de Jacob, un sceptre s'élève d'Israël [2]. » Cet astre étrange leur avait-il été envoyé comme un avant-coureur de celui qui était promis? Les mages avaient reçu avec empressement la lumière de la vérité envoyée par le ciel ; maintenant cette lumière brillait à leurs yeux d'un éclat plus vif. Des songes les poussèrent à la recherche du Prince nouveau-né.

Ainsi qu'Abraham était parti à l'appel de Dieu « sans savoir où il allait [3] », ainsi qu'Israël avait suivi par la foi la colonne de nuée qui devait l'amener à la terre promise, ainsi ces païens se mirent à la recherche du Sauveur annoncé. Les choses précieuses abondaient en Orient, et les mages ne partirent pas les mains vides. Se conformant à la coutume de faire, en hommage, des présents aux princes ou aux personnages de haut rang, ils se chargèrent des produits les plus riches du pays pour les offrir à celui en qui devaient être bénies toutes les familles de la terre. Marchant de nuit afin de pouvoir suivre l'étoile, les voyageurs trompaient la monotonie des heures en se remémorant les récits traditionnels et les oracles prophétiques se rapportant à celui qu'ils cherchaient. A chaque étape, aux heures de repos, ils faisaient une nouvelle étude des prophéties, et se convainquaient toujours davantage de la direction d'en haut. L'étoile leur servait de signe extérieur ; ils avaient le témoignage intérieur du Saint-Esprit influençant leurs cœurs et leur communiquant l'espérance. Leur long voyage fut un voyage heureux.

Les voici au pays d'Israël, descendant le mont des Oliviers, ayant Jérusalem sous leurs yeux. L'étoile qui les a guidés s'arrête au-dessus du temple, puis disparaît. Ils s'avancent, impatients, certains que la joyeuse nouvelle de la naissance du Messie est le sujet de toutes les conversations. Leurs recherches n'aboutissent pas. Entrant alors dans la cité sainte, ils se rendent au temple. A leur grand étonnement, personne ne paraît connaître le Roi nouveau-né. Leurs questions ne suscitent aucune expression de joie et provoquent même la surprise et la crainte, parfois le mépris.

Les prêtres, occupés à répéter les traditions, vantent leur religion et leur piété, dénoncent les Grecs et les Romains comme des païens, des pécheurs de la pire espèce. Les mages ne sont pas idolâtres ; aux yeux de Dieu, ils sont bien meilleurs que ses prétendus adorateurs ; néanmoins les Juifs les regardent comme des païens. Leurs questions anxieuses ne font vibrer aucune corde de sympathie même chez les gardiens attitrés des saints Oracles.

La nouvelle de l'arrivée des mages se répandit rapidement dans tout Jérusalem. Cette visite inattendue causa une grande excitation parmi le peuple, et le bruit en parvint jusqu'au palais du roi Hérode. L'idée qu'un rival pourrait surgir éveilla les craintes de l'astucieux Edomite. Son accès au trône avait été jalonné par des meurtres sans nombre. De sang étranger, objet de la haine du peuple soumis par force, sa seule sauvegarde était la faveur de Rome. Mais le nouveau prince avait des droits plus légitimes. Il était né pour régner.

Hérode soupçonna les prêtres de comploter avec les étrangers en vue de fomenter des troubles populaires pour le renverser du trône. Décidé à déjouer leur plan par la ruse, le roi dissimula sa défiance. Il convoqua les chefs des prêtres et les scribes, et les questionna sur l'enseignement des livres sacrés touchant le lieu de naissance du Messie.

L'orgueil des docteurs juifs fut blessé par cette enquête instituée par l'usurpateur du trône, sur la demande de ces étrangers. L'indifférence avec laquelle ils consultèrent les parchemins sacrés excita la colère du tyran envieux. Hérode s'imagina qu'ils voulaient lui cacher leurs connaissances sur ce sujet. Il essaya donc de les intimider, et leur commanda de faire de soigneuses recherches, et de lui désigner le lieu de naissance du Roi attendu. « Ils lui dirent : A Bethléhem de Judée, car voici ce qui a été écrit par le prophète : Et toi, Bethléhem, terre de Juda, tu n'es certes pas la moindre des principales villes de Juda, car de toi sortira un chef, qui fera paître Israël, mon peuple. »

Hérode voulut voir les mages en particulier. La colère et la crainte emplissaient son cœur ; il sut pourtant garder une contenance calme, et reçut les étrangers avec courtoisie. Il s'enquit du moment où l'étoile était apparue, et sembla se réjouir à la pensée de la naissance du Christ. Il dit à ses visiteurs : « Allez et prenez des informations précises sur le petit enfant ; quand vous l'aurez trouvé, faites-le moi savoir, afin que j'aille, moi aussi, l'adorer. » Ayant dit cela il les congédia et ils prirent le chemin de Bethléhem.

Les prêtres et les anciens n'étaient pas aussi ignorants qu'ils voulaient le faire croire, au sujet de la naissance du Christ. On avait apporté à Jérusalem la nouvelle de la visite des anges aux bergers, mais les rabbins n'avaient pas voulu y prêter attention. Ils auraient pu trouver Jésus, et conduire les mages à son lieu de naissance. Ce furent les mages, au contraire, qui durent attirer leur attention sur la naissance du Messie. « Où est le roi des Juifs qui vient de naître? » dirent-ils. « Car nous avons vu son étoile en Orient et nous sommes venus l'adorer. »

C'est l'orgueil et l'envie qui empêchèrent la lumière de se faire. Les prêtres et les rabbins pensaient qu'en accueillant les nouvelles apportées par les bergers et par les mages ils se placeraient dans une position difficile, et se disqualifieraient aux yeux des foules en tant qu'interprètes des vérités divines. Ces maîtres savants ne voulaient pas s'abaisser jusqu'à se laisser instruire par ceux qu'ils appelaient des païens. Il ne se pouvait pas, assuraient-ils, que Dieu eût passé à côté d'eux, pour communiquer avec des bergers ignorants et des incirconcis. Ils affichèrent donc du mépris pour les récits qui mettaient en effervescence le roi Hérode et la population de Jérusalem. Ils ne voulurent même pas se rendre à Bethléhem pour vérifier l'exactitude de ces récits. Ils traitèrent de fanatisme l'intérêt que Jésus avait suscité. Alors déjà les prêtres et les rabbins commençaient à rejeter le Christ. Dès ce moment, leur orgueil et leur obstination se transformaient en une véritable haine pour le Sauveur. Tandis que Dieu ouvrait la porte aux Gentils, les chefs du peuple juif se fermaient à eux-mêmes cette porte.

Les mages s'en allèrent seuls de Jérusalem. Les ombres de la nuit descendaient lorsqu'ils franchirent les portes de la ville. Après leur long voyage, déçus par l'indifférence des chefs du peuple juif, ils quittaient Jérusalem moins confiants qu'ils n'y étaient entrés ; ils eurent pourtant la joie de revoir l'étoile qui les dirigeait vers Bethléhem. L'humble condition de Jésus ne leur avait pas été révélée comme aux bergers. Quand ils arrivèrent à Bethléhem, aucune garde royale ne protégeait le Roi nouveau-né. Aucun homme influent ne faisait même antichambre. Jésus reposait, emmailloté, dans une crèche, entre des campagnards sans instruction, ses parents. S'agissait-il vraiment de celui dont il était dit qu'il serait « chargé de relever les tribus de Jacob et de ramener les débris d'Israël » ; qui devait être « la lumière des nations », et apporter le « salut... jusqu'aux extrémités de la terre [4] »?

« Ils entrèrent dans la maison, virent le petit enfant avec Marie sa mère, se prosternèrent et l'adorèrent. » Sous son humble déguisement, ils reconnurent en Jésus la présence de la Divinité. Ils lui donnèrent leur cœur comme à leur Sauveur, et lui présentèrent des dons : « de l'or, de l'encens et de la myrrhe. » Quelle foi que la leur ! On aurait pu dire d'eux ce qui fut dit plus tard du centenier romain : « En vérité, je vous le dis, je n'ai trouvé chez personne, en Israël, une si grande foi [5]. »

Les mages n'ayant pas deviné les projets d'Hérode concernant Jésus, se préparaient, après avoir rempli la mission qu'ils s'étaient proposée, à retourner à Jérusalem pour faire part au roi de leur succès. Mais un message divin, transmis en songe, leur interdit toute autre relation avec lui. Evitant donc Jérusalem, ils rentrèrent dans leur pays par un autre chemin.

Un songe aussi avertit Joseph. Il devait fuir en Egypte, avec Marie et l'enfant. L'ange lui dit : « Restes-y jusqu'à ce que je te dise (de revenir) ; car Hérode va rechercher le petit enfant pour le faire périr. » Joseph obéit sans délai, et se mit en route, de nuit, pour plus de sécurité.

Dieu, par l'intermédiaire des mages, attira l'attention du peuple juif sur la naissance de son Fils. Les recherches qu'ils firent à Jérusalem, la curiosité qu'ils excitèrent chez le peuple, et jusqu'à l'envie d'Hérode, tout cela força la réflexion des prêtres et des rabbins, et dirigea les esprits vers les prophéties concernant le Messie, et vers le grand événement récent.

Satan, décidé à empêcher la lumière divine de briller dans le monde, fit appel à toute sa ruse afin d'anéantir le Sauveur. Mais celui qui ne sommeille ni ne dort, veillait sur son Enfant bien-aimé. Celui qui avait fait pleuvoir la manne du ciel sur Israël, et qui avait nourri Elie en temps de famine, offrit un refuge, en terre païenne, à Marie et à l'enfant Jésus. Les dons apportés par les mages venus d'un pays païen, furent le moyen dont se servit la Providence pour défrayer les exilés de leur voyage en Egypte et de leur séjour dans un pays étranger.

Les mages s'étaient trouvés parmi les premiers à souhaiter la bienvenue au Rédempteur. Les premiers ils déposèrent un don à ses pieds. Quel bonheur ils eurent ainsi à le servir ! Dieu agrée l'offrande d'un cœur aimant, et il en tire le plus grand profit pour son service. Si nous avons donné nos cœurs à Jésus, nous lui apporterons aussi nos dons. A celui qui s'est donné pour nous, nous consacrerons généreusement nos biens terrestres les plus précieux, et nos meilleures facultés mentales et spirituelles.

Hérode attendait impatiemment à Jérusalem le retour des mages. Ses soupçons s'éveillèrent en voyant le temps passer sans qu'ils parussent. Ayant constaté le peu d'empressement des rabbins à lui indiquer le lieu de naissance du Messie, il en conclut que ceux-ci avaient deviné ses desseins, et que les mages l'avaient intentionnellement évité. Cette pensée le mit en fureur. Là où la ruse échouait, la force devait l'emporter. Il allait faire un exemple et montrer à ces orgueilleux Juifs comment seraient réprimées leurs tentatives de placer un nouveau monarque sur le trône.

Des soldats furent envoyés immédiatement à Bethléhem, avec l'ordre de mettre à mort tous les enfants âgés de deux ans et au-dessous. Les paisibles demeures de la cité de David furent témoins de scènes d'horreur, que le prophète avait entrevues six siècles auparavant:

« Une clameur s'est fait entendre à Rama,
Des pleurs et beaucoup de lamentations.
C'est Rachel qui pleure ses enfants ;
Elle n'a pas voulu être consolée,
Parce qu'ils ne sont plus. »

Les Juifs étaient responsables de ce malheur. S'ils avaient marché fidèlement et humblement devant lui, Dieu aurait désarmé la colère du roi, mais ils s'étaient séparés de Dieu par leurs péchés, ils avaient rejeté le Saint-Esprit, leur unique bouclier. Ce n'est pas avec le désir de se conformer à la volonté de Dieu qu'ils avaient étudié les Ecritures. Ils s'étaient mis à la recherche de prophéties pouvant être interprétées à leur propre avantage, pour montrer que Dieu dédaignait les autres nations. Ils prétendaient, orgueilleusement, que le Messie allait venir en qualité de roi, triomphant de ses ennemis, et foulant aux pieds, avec colère, les païens. En agissant ainsi ils avaient excité la haine de leurs dominateurs. Satan s'était proposé, en Faussant leurs conceptions de la mission du Christ, d'assurer la destruction du Sauveur mais ce fut sur leurs têtes que le mal retomba.

Cet acte de cruauté fut l'un des derniers qui assombrirent le règne d'Hérode. Peu après le meurtre des innocents, le roi lui-même dut se soumettre à la sentence inéluctable : il mourut d'une mort atroce.

Joseph, qui se trouvait encore en Egypte, fut invité par un ange de Dieu à rentrer au pays d'Israël. Comme il voyait en Jésus l'héritier du trône de David, il désirait fixer son domicile à Bethléhem ; mais apprenant qu'Archélaüs régnait en Judée, à la place de son père, il craignit que les desseins de celui-ci contre le Christ ne fussent exécutés par son fils. De tous les fils d'Hérode, Archélaüs était celui qui moralement ressemblait le plus à son père. Son accession au trône avait été marquée par un tumulte à Jérusalem : des milliers de Juifs avaient été massacrés par les soldats romains.

De nouveau un lieu de refuge fut indiqué à Joseph. Il retourna à Nazareth, son ancien domicile, et c'est là que Jésus demeura pendant près de trente ans, « afin que s'accomplisse ce qui avait été déclaré par les prophète : Il sera appelé Nazaréen ». La Galilée obéissait à l'un des fils d'Hérode, mais la population y était beaucoup plus mélangée qu'en Judée, de sorte que les affaires des Juifs y excitaient moins d'intérêt et les droits de Jésus risquaient moins de provoquer la jalousie de ceux qui détenaient le pouvoir.

Voilà l'accueil que fit la terre à son Sauveur ! Aucun lieu de repos où l'Enfant rédempteur fût en sureté ! Dieu ne pouvait confier aux hommes ce Fils bien-aimé, qui venait accomplir une œuvre de salut en leur faveur. Des anges furent chargés d'assister Jésus et de le protéger jusqu'à la fin de sa mission, jusqu'à l'heure où il mourrait par la main même de ceux qu'il était venu sauver.

---

[1] Ce chapitre est basé sur Matthieu 2. [2] Nombres 24.17. [3] Hébreux 11.8. [4] Esaïe 49.6. [5] Matthieu 8.10.

CHAPITRE 7

L'enfance de Jésus

L'ENFANCE et la jeunesse de Jésus s'écoulèrent dans un petit village de montagne. Tout lieu sur la terre eût été honoré par sa présence. C'eût été un honneur pour les palais des rois de le recevoir comme hôte. Mais il passa à côté des riches demeures, des cours royales, et des centres intellectuels que la science avait rendus célèbres, pour fixer sa demeure dans le village obscur et méprisé de Nazareth.

Le court récit de ses premières années est tout plein de signification : « Le petit enfant grandissait et se fortifiait ; il était rempli de sagesse, et la grâce de Dieu était sur lui. » Dans le rayonnement de la présence de son Père, « Jésus croissait en sagesse, en stature et en grâce, devant Dieu et devant les hommes [1] ». Son esprit était actif et pénétrant ; il était plus réfléchi et plus sage que les enfants de son âge. Son caractère avait un équilibre magnifique. Ses facultés intellectuelles et ses forces corporelles se développèrent graduellement, en harmonie avec les lois de l'enfance.

L'enfant Jésus se montrait particulièrement aimable. Il était toujours prêt à se mettre au service des autres. Rien ne pouvait lasser sa patience, et sa véracité était incorruptible. Tout en étant ferme comme un rocher dans ses principes, il manifestait dans sa vie la grâce d'une courtoisie désintéressée.

La mère de Jésus veillait avec la plus grande sollicitude sur le développement de ses capacités, et elle admirait la perfection de son caractère. Elle se faisait un plaisir d'encourager cet esprit vif et intelligent. Le Saint-Esprit lui donnait de la sagesse pour qu'elle pût, en coopération avec les esprits célestes, travailler au développement de cet enfant, qui ne reconnaissait que Dieu comme son père.

Dès les temps les plus reculés, les Israélites fidèles avaient donné les plus grands soins à l'instruction de la jeunesse. Le Seigneur avait ordonné que dès la plus tendre enfance on fût instruit au sujet de sa bonté et de sa grandeur, telles qu'elles sont révélées plus particulièrement dans sa loi, et illustrées par l'histoire d'Israël. Le chant, la prière, et l'enseignement des Ecritures devaient s'adapter aux jeunes intelligences. Pères et mères devaient enseigner à leurs enfants que la loi de Dieu est l'expression de son caractère, et que c'est en recevant dans le cœur les principes de la loi qu'on reproduit en soi-même l'image de Dieu. L'enseignement se faisait surtout oralement ; cependant, les enfants apprenaient aussi à lire les caractères hébraïques ; et les rouleaux de parchemin contenant l'Ancien Testament faisaient l'objet de leurs études.

Aux jours du Christ, une communauté n'offrant pas à la jeunesse une instruction religieuse était considérée comme frappée de malédiction divine. Mais l'enseignement était devenu routinier.

La tradition avait dans une large mesure supplanté les Ecritures. Une vraie instruction aurait pour effet d'amener les jeunes gens à chercher Dieu et à s'efforcer de « le trouver si possible, en tâtonnant [2] ». Mais les maîtres juifs s'occupaient surtout des cérémonies. On encombrait l'esprit de matériaux inutiles, jugés sans valeur dans l'école supérieure du ciel, et ce système d'éducation ne laissait point de place pour l'expérience que l'on obtient en acceptant personnellement la Parole de Dieu. Les élèves, retenus dans un engrenage de choses extérieures, ne trouvaient pas le temps nécessaire à la communion avec Dieu. Ils ne pouvaient entendre sa voix parlant à leurs cœurs. Tout en étant à la poursuite de la science, ils se détournaient de la source de la sagesse. Les éléments essentiels du service de Dieu se trouvaient négligés, les principes de la loi, obscurcis. Ce que l'on considérait comme une instruction supérieure était en réalité le plus grand obstacle à un développement normal. L'enseignement donné par les rabbins comprimait les facultés des jeunes gens, entravait et rétrécissait leur esprit.

Ce n'est pas dans les écoles de la synagogue que Jésus reçut son instruction. Sa mère fut son premier maître terrestre. De ses lèvres et des rouleaux des prophètes, il recueillit la connaissance des choses divines. Sur ses genoux il apprit les paroles mêmes qu'il avait données autrefois à Israël, par l'intermédiaire de Moïse. Plus tard, il ne fréquenta pas davantage les écoles des rabbins. L'instruction qu'il eût pu puiser à cette source ne lui était pas nécessaire, Dieu lui-même étant son instructeur.

De l'étonnement éprouvé par les Juifs au cours du ministère du Sauveur et exprimé en ces mots : « Comment connaît-il les Ecrits, lui qui n'a pas étudié [3]? » il ne faut pas conclure que Jésus ne savait pas lire, mais seulement qu'il n'avait pas reçu une instruction rabbinique. Il acquit sa connaissance ainsi que nous pouvons le faire nous-mêmes ; sa grande familiarité avec les Ecritures montre comment il s'est appliqué, dans ses premières années, à l'étude de la Parole de Dieu. La vaste bibliothèque des œuvres divines était aussi à sa disposition. Lui qui avait fait toutes choses, il étudiait maintenant les leçons gravées de sa propre main sur la terre, la mer et le ciel. A l'écart des souillures du monde, il tirait de la nature des trésors de connaissances scientifiques. Dès son jeune âge il fut animé d'un désir unique : celui de vivre pour faire du bien. A cet effet, la nature lui offrait ses ressources de nouvelles idées concernant les méthodes à suivre affluaient à son esprit tandis qu'il étudiait à cet effet la vie des plantes, des animaux et celle de l'homme. Il s'efforçait continuellement de tirer des choses observées des illustrations pouvant lui servir à rendre plus clairs les oracles vivants de Dieu. Les paraboles par lesquelles il aimait, pendant son ministère, à enseigner les leçons de la vérité, montrent à quel point son esprit fut ouvert aux influences de la nature, et combien de leçons spirituelles il sut tirer de son entourage quotidien.

La signification de la Parole et des œuvres de Dieu se dévoilait à Jésus, pendant qu'il s'efforçait de découvrir la raison des choses. Des êtres célestes l'assistaient, et son esprit était tout rempli de saintes pensées. Dès le premier éveil de son intelligence, il ne cessa de croître en grâce spirituelle et en connaissance de la vérité.

Tout enfant peut s'instruire comme Jésus l'a fait. Si nous nous efforçons d'apprendre à connaître notre Père céleste, au moyen de sa Parole, des anges s'approcheront de nous, pour fortifier nos esprits, pour ennoblir et élever nos caractères. Nous deviendrons semblables au Sauveur. La contemplation de tout ce qui est beau et grand dans la nature dirige nos affections vers Dieu. Une crainte salutaire envahit l'esprit, et l'âme reçoit une vigueur nouvelle, par le contact avec les œuvres de l'Infini. La communion avec Dieu, par la prière, développe les facultés mentales et morales, et les énergies spirituelles sont accrues par la méditation des choses spirituelles.

Jésus a vécu en harmonie avec Dieu. Enfant, il raisonnait et parlait comme un enfant ; mais jamais aucune trace de péché ne troubla l'image de Dieu qui était en lui. Il n'était cependant pas à l'abri des tentations. Les habitants de Nazareth étaient réputés pour leur méchanceté. On voit, par la question de Nathanaël, combien peu ils étaient estimés : « Peut-il venir de Nazareth quelque chose de bon [4]? » L'entourage de Jésus mettait à l'épreuve son caractère. Il dut faire des efforts constants pour préserver sa pureté et fut exposé à toutes les luttes dont nous faisons l'expérience, afin de devenir pour nous un exemple dans l'enfance, la jeunesse et la virilité.

Satan ne se lassait pas, dans ses efforts pour remporter la victoire sur l'Enfant de Nazareth. Jésus fut gardé par des anges célestes, dès ses premières années ; néanmoins sa vie fut une lutte sans trêve contre les puissances des ténèbres. La présence, sur la terre, d'une vie exempte de la souillure du péché était un sujet d'inquiétude et d'exaspération pour le prince des ténèbres. Il tendit à Jésus tous les pièges possibles. Aucun enfant de l'humanité n'aura jamais à vivre une vie sainte parmi des conflits moraux aussi formidables que ceux contre lesquels dut lutter notre Sauveur.

Les parents de Jésus étaient pauvres et obligés de gagner leur vie par un travail quotidien. Il fut donc familiarisé avec la pauvreté, le renoncement, les privations. Cette expérience lui servit de sauvegarde. Sa vie était trop remplie pour laisser place à l'oisiveté qui prépare le chemin aux tentations. Aucune heure inoccupée ne lui faisait rechercher des relations corruptrices. Autant que cela était possible, il fermait la porte au tentateur. Aucun gain, aucun plaisir, aucune louange, aucun blâme ne pouvait le faire consentir à commettre un acte mauvais. Il se montrait intelligent pour discerner le mal, fort pour lui résister.

Le Christ est le seul être qui ait vécu sur la terre sans péché ; cependant il a passé près de trente ans parmi les habitants de Nazareth. Ceci montre combien ont tort ceux qui pensent qu'une vie irréprochable n'est possible que dans certaines conditions de lieu, de fortune, ou de prospérité. Au contraire, la tentation, la pauvreté, l'adversité sont les moyens disciplinaires qui développent la pureté et la fermeté.

Jésus vécut dans une maison de campagnards, et il prit fidèlement et joyeusement sa part des fardeaux de la vie commune. Il avait été le chef des cieux, les anges avaient trouvé leur plaisir à lui obéir ; maintenant il se montrait un serviteur empressé, un fils aimant, obéissant. Il apprit un métier, et travailla de ses mains avec Joseph, dans l'échoppe de charpentier. Vêtu comme un simple ouvrier, il parcourut les rues du village, allant à son humble travail et en revenant. Jamais il ne fit usage de ses pouvoirs divins pour alléger ses charges ou diminuer ses peines.

Le travail contribua à développer le corps et l'esprit de Jésus pendant son enfance et sa jeunesse. Il n'employait pas ses forces physiques d'une manière téméraire, mais savait les maintenir en santé, afin d'accomplir le meilleur travail dans tous les domaines. Parfait comme ouvrier et comme homme, il n'admettait pas d'imperfection, même dans le maniement des outils. Par son exemple il a montré que nous devons être soigneux, et qu'un travail accompli avec exactitude est digne d'estime. L'exercice qui rend les mains habiles, et qui apprend aux jeunes gens à partager le faix commun, accroît les forces physiques et développe toutes les facultés. Chacun devrait se procurer une occupation utile à soi-même et aux autres. Dieu a voulu que le travail fût une bénédiction, et seul l'ouvrier diligent découvre la vraie gloire et la joie de la vie. Dieu accorde sa bienveillante approbation aux enfants et aux jeunes gens qui participent, en aidant leurs parents, aux devoirs de la maison. De tels enfants, quand ils auront quitté le foyer domestique, seront utiles à la société.

Pendant toute sa vie terrestre, Jésus fut un travailleur assidu. Il s'attendait à beaucoup, et il entreprenait beaucoup. Au cours de son ministère, il dit : « Il nous faut travailler, tant qu'il fait jour, aux œuvres de celui qui m'a envoyé ; la nuit vient où personne ne peut travailler [5]. » Jésus ne fuyait pas les soucis et les responsabilités, comme le font beaucoup de ceux qui se disent ses disciples. Plusieurs sont faibles et incapables parce qu'ils cherchent à se dérober à cette discipline. Ils peuvent se faire aimer et apprécier par certains traits de leur caractère, mais ils manquent d'énergie et sont presque inutiles quand il s'agit d'affronter des difficultés ou de surmonter des obstacles. C'est par les mêmes moyens disciplinaires qui ont agi en Christ que doivent être développées en nous l'énergie et la solidité du caractère du Christ. Et la grâce qu'il reçut nous est aussi accessible.

Aussi longtemps qu'il vécut parmi les hommes, le Sauveur partagea le sort des pauvres. Il connut par expérience leurs soucis et leurs misères, ce qui le rendait à même de réconforter tous les humbles ouvriers. Ceux qui ont une juste conception des enseignements se dégageant de sa vie ne penseront jamais qu'il y ait lieu de faire une distinction entre les classes de la société ; les riches n'ont aucun droit à être plus honorés que les pauvres.

Jésus mettait de la gaieté et du tact dans son travail. Il faut beaucoup de patience et de spiritualité pour introduire la religion de la Bible dans la vie domestique et dans l'exercice d'un métier, pour supporter l'effort qu'exigent les affaires et rester cependant uniquement préoccupé de la gloire de Dieu. C'est en cela que le Christ a pu nous aider. Il n'était jamais si absorbé par les soins de la terre qu'il n'eût point de temps pour penser aux choses célestes. Il lui arrivait souvent d'exprimer la joie de son cœur par le chant de psaumes et de célestes cantiques. Les habitants de Nazareth l'entendaient exprimer des louanges et des remerciements à Dieu. Il se tenait par le chant en communion avec le ciel ; et lorsque ses camarades éprouvaient la fatigue du travail, de douces mélodies sortant de ses lèvres venaient les réconforter. Ses louanges semblaient bannir les mauvais anges, et parfumer comme un encens le lieu où il était. L'esprit de ses auditeurs s'envolait de ce terrestre exil vers la patrie céleste.

Jésus était la source de la miséricorde guérissante pour le monde ; et au cours des années qu'il passa reclus à Nazareth, un courant de sympathie et de tendresse émanait de lui. Sa présence communiquait du bonheur à tous : aux vieillards, aux affligés, aux oppressés par le poids du péché, aux enfants livrés aux jeux innocents, même aux petits animaux et aux bêtes de somme. Celui dont la parole soutient les mondes pouvait s'abaisser pour ramasser un oiseau blessé. Rien ne lui paraissait indigne de son attention ou de ses services.

Ainsi, tandis que Jésus croissait en sagesse et en stature, il avançait aussi en grâce aux yeux de Dieu et des hommes. En étendant sa sympathie à tous, il gagnait celle de tous les cœurs. L'atmosphère d'espoir et de courage qui l'entourait faisait de lui une source de bénédiction pour chaque famille. Souvent, le jour du sabbat, dans la synagogue, on l'invitait à lire un fragment des prophètes, et les cœurs des auditeurs tressaillaient en voyant jaillir une nouvelle lumière des paroles connues du texte sacré.

Et cependant Jésus évitait tout éclat extérieur. Au cours des années qu'il passa à Nazareth, il ne déploya jamais son pouvoir miraculeux. Il ne recherchait pas une situation élevée et ne revendiquait aucun titre. Une leçon importante se dégage de son existence humble et calme, ainsi que du silence des Ecritures au sujet de ses premières années. Plus une vie d'enfant, exempte d'excitations artificielles, est tranquille et simple, en harmonie avec la nature, plus elle est favorable au développement de sa vigueur physique et mentale et de sa force spirituelle.

Jésus est notre modèle. Beaucoup de personnes s'arrêtent avec intérêt à considérer son ministère public, négligeant l'enseignement de ses premières années. C'est dans sa vie de famille qu'il est le modèle de tous les enfants, de tous les jeunes gens. Le Sauveur consentit à vivre pauvre, pour nous montrer combien nous pouvons vivre près de Dieu si modeste que soit notre sort. Il s'efforça de plaire à son Père, de l'honorer et de le glorifier dans les choses ordinaires de la vie. Il commença son œuvre en consacrant le simple métier de ceux qui sont obligés de gagner leur pain quotidien, se sentant au service de Dieu tout autant lorsqu'il travaillait à son banc de charpentier que plus tard, lorsqu'il accomplissait des miracles en faveur des foules. Tout jeune homme qui suit l'exemple du Christ, exemple de fidélité et d'obéissance au sein de la famille, peut s'appliquer les paroles que le Père a prononcées par l'Esprit saint : « Voici mon serviteur, celui que je tiens par la main ; mon élu, en qui mon âme prend plaisir [6]. »

[1] Ce chapitre est basé sur Luc 2.39, 40, 52. [2] Actes 17.27. [3] Jean 7.15. [4] Jean 1.46. [5] Jean 9.4. [6] Esaïe 42.1.

Chapitre 8

Visite de Pâque

CHEZ les Juifs, l'âge de douze ans servait de ligne de démarcation entre l'enfance et la jeunesse. L'Hébreu à cet âge était appelé fils de la loi, et aussi fils de Dieu. Certains avantages lui étaient accordés en ce qui concerne l'instruction religieuse : on l'admettait à participer aux fêtes sacrées et aux rites. Comme tous les Israélites pieux, Joseph et Marie allaient chaque année assister à la Pâque ; quand Jésus eut atteint l'âge fixé, pour se conformer aux usages, il accompagna ses parents [1].

Trois fois par année, à l'occasion des fêtes de Pâque, de Pentecôte et des Tabernacles, tous les hommes d'Israël devaient se présenter devant le Seigneur à Jérusalem. De ces trois fêtes, celle de Pâque rassemblait le plus de monde. Les Juifs y accouraient en grand nombre, de tous les pays où ils étaient dispersés. Beaucoup d'adorateurs venaient de toutes les parties de la Palestine. Il fallait plusieurs jours pour se rendre de la Galilée à Jérusalem, et les pèlerins voyageaient en groupes nombreux pour être en société et pour se défendre, à l'occasion. Les femmes et les vieillards chevauchaient des bœufs ou des ânes par des chemins abrupts et rocailleux ; les hommes forts et les jeunes gens allaient à pied. C'était la fin de mars ou le commencement d'avril : les fleurs et le chant des oiseaux égayaient la route. La vue de lieux mémorables dans l'histoire d'Israël, donnait aux parents l'occasion de raconter à leurs enfants les merveilles opérées par Dieu en faveur de son peuple, au cours des siècles écoulés. Le chant et la musique écourtaient la longueur du voyage, et quand, enfin, les tours de Jérusalem surgissaient à l'horizon, toutes les voix s'unissaient en cet hymne de triomphe :

« Nos pas s'arrêtent dans tes portes, ô Jérusalem !...

Que la paix soit clans tes murs et la sécurité dans tes palais [2] ! »

Le rite pascal fut institué lors de la naissance de la nation hébraïque. Dieu avait annoncé à Pharaon le châtiment final dont les Egyptiens allaient être frappés. La dernière nuit de servitude en Egypte, alors qu'aucun signe de délivrance n'était visible, Dieu donna aux Israélites l'ordre de se préparer pour un départ immédiat et de rassembler les membres de leurs familles à l'intérieur des maisons. Après avoir aspergé, du sang d'un agneau immolé, les poteaux de leurs portes, ils devaient manger l'agneau rôti avec du pain sans levain et des herbes amères. « Voici donc comment vous le mangerez, dit-il : vous aurez les reins ceints, les sandales aux pieds et le bâton à la main ; et vous le mangerez à la hâte. C'est la Pâque de l'Eternel [3]. » A minuit tous les premiers-nés parmi les Egyptiens furent tués. Alors le roi adressa ce message à Israël : « Levez-vous ! Sortez du milieu de mon peuple... Allez servir l'Eternel, comme vous l'avez dit. » Les Hébreux quittèrent l'Egypte comme une nation indépendante. Le Seigneur avait ordonné de célébrer la Pâque chaque année. Il avait dit:

« Quand vos enfants vous diront : Que signifie pour vous cette cérémonie? Vous répondrez : C'est le sacrifice de la Pâque, en l'honneur de l'Eternel, qui passa par-dessus les maisons des Israélites en Egypte lorsqu'il frappa les Egyptiens [4]. » Ainsi l'histoire de cette délivrance merveilleuse allait être répétée de génération en génération.

Une fête de sept jours, pendant lesquels on mangeait des pains sans levain, suivait la Pâque. Au second jour de la fête, on présentait au Seigneur une gerbe d'orge comme prémices de la moisson. Toutes les cérémonies de la fête étaient autant de symboles se rapportant à l'œuvre du Christ. La délivrance d'Israël hors d'Egypte offrait une image de la rédemption, à laquelle la Pâque faisait penser. Le Sauveur était représenté par l'agneau immolé, par les pains sans levain, par la gerbe des prémices.

Chez la plupart des contemporains du Christ, l'observation de cette fête avait dégénéré en formalisme. Mais quelle signification ne revêtait-elle pas aux yeux du Fils de Dieu !

Pour la première fois l'enfant Jésus vit le temple. Il aperçut les prêtres vêtus de blanc accomplissant leur ministère solennel. Il vit la victime sanglante sur l'autel du sacrifice. Il se prosterna pour prier avec les autres adorateurs tandis que la nuée d'encens montait vers Dieu. Il assista aux rites si impressionnants du service pascal. Et de jour en jour il en comprit mieux la signification. Chaque acte lui paraissait lié à sa propre vie. De nouveaux désirs s'éveillaient en lui. Silencieux et méditatif, il paraissait sonder un grand problème. Le Sauveur commençait à percer le mystère de sa mission.

Ravi par la contemplation de ces scènes, il s'éloigna de ses parents et chercha la solitude. Et lorsque les services de la Pâque furent terminés, il s'attarda dans les cours du temple, si bien qu'il fut laissé en arrière quand les adorateurs partirent de Jérusalem.

A l'occasion de cette visite à Jérusalem, les parents de Jésus désiraient le mettre en rapport avec les grands docteurs d'Israël. Quoiqu'il obéît à la Parole de Dieu dans tous les détails, il ne se conformait pas aux rites et usages des rabbins. Joseph et Marie espéraient qu'il fût possible de l'amener à révérer les savants rabbins et à prêter une attention plus diligente à leurs exigences. Mais, pendant sa visite au temple, Jésus avait été instruit par Dieu, et il commença immédiatement à enseigner ce qu'il avait reçu. Un local attenant au temple servait d'école sacrée, suivant l'usage des écoles de prophètes. Les principaux rabbins s'y rencontraient avec leurs élèves. Jésus entra dans cette salle. Assis aux pieds de ces hommes graves et savants, il écoutait leurs enseignements. Comme quelqu'un qui cherche à s'instruire, il interrogeait ces docteurs au sujet des prophéties et des événements se produisant à ce moment-là et annonçant la venue du Messie.

Jésus se présenta comme quelqu'un qui eût soif de la connaissance de Dieu. Ses questions suggéraient des vérités profondes, longtemps oubliées, et cependant vitales pour le salut des âmes. Chacune de ses interrogations, tout en découvrant combien étroite et superficielle était la science de ces prétendus sages, mettait devant eux une leçon divine et retraçait un nouvel aspect de la vérité. Les rabbins disaient que le Messie allait élever au plus haut degré la nation juive ; mais Jésus leur rappelait la prophétie d'Esaïe, et leur demandait la signification des passages annonçant les souffrances et la mort de l'Agneau de Dieu. A leur tour les docteurs le questionnèrent et s'étonnèrent de ses réponses. Il répéta les paroles de l'Ecriture avec une humilité enfantine, leur dévoilant un sens profond dont ces sages ne s'étaient pas doutés. Si les vérités sur lesquelles il appelait alors leur attention avaient été suivies, une réforme se serait accomplie dans la religion de ce temps-là, un profond intérêt pour les choses spirituelles eût été éveillé et plusieurs eussent été préparés à recevoir Jésus quand il commença son ministère.

Les rabbins savaient que Jésus n'avait pas fréquenté leurs écoles ; ils constataient cependant qu'il connaissait beaucoup mieux qu'eux-mêmes les prophéties. Ce jeune Galiléen, si réfléchi, leur parut plein de promesses. Ils désirèrent l'avoir comme élève, pour en faire un docteur en Israël. Ils voulaient se charger de son éducation, pensant qu'un esprit si original avait besoin d'être façonné par eux.

Leurs cœurs furent remués par les paroles de Jésus comme ils ne l'avaient jamais été par des paroles sortant de lèvres humaines. Dieu s'efforçait d'éclairer ces conducteurs d'Israël, et il employait pour cela le seul moyen efficace. Ces hommes orgueilleux auraient eu honte d'avouer qu'ils pouvaient être instruits par qui que ce soit. Si Jésus avait paru vouloir les éclairer, ils n'auraient pas daigné l'écouter. Mais ils s'imaginaient donner eux-mêmes des leçons, ou tout au moins examiner sa connaissance des Ecritures. Leurs préjugés se trouvaient désarmés par la modestie et la grâce juvénile de Jésus. Sans qu'ils s'en rendissent compte, leurs esprits s'ouvraient à l'influence de la Parole de Dieu, et le Saint-Esprit parlait à leurs cœurs.

Ils ne pouvaient s'empêcher de constater que leurs conceptions de l'œuvre du Messie n'étaient pas conformes aux prophéties ; cependant ils ne voulaient pas se résoudre à renoncer à des théories flattant leur ambition. Ils ne voulaient pas admettre d'avoir mal interprété les Ecritures qu'ils se chargeaient d'enseigner. Et ils se disaient l'un à l'autre : D'où lui viennent ces connaissances, lui qui n'a jamais étudié ? La lumière brillait dans les ténèbres ; mais « les ténèbres ne l'ont pas accueillie[5] ».

Pendant ce temps-là Joseph et Marie se trouvaient dans l'anxiété. En quittant Jérusalem, au milieu d'une grande confusion, ils avaient perdu de vue Jésus. Les caravanes provenant de Galilée comprenaient beaucoup de monde. Le plaisir de voyager avec des amis et de nouvelles connaissances retint quelque temps leur attention. A la tombée de la nuit seulement ils remarquèrent l'absence de Jésus. Au moment où ils s'arrêtèrent pour se reposer, la présence de leur enfant, toujours si prévenant, leur fit défaut. Ils ne s'étaient d'abord pas inquiétés, pensant qu'il était ailleurs dans la caravane. Ils avaient eu confiance en lui, malgré sa jeunesse, s'attendant à ce qu'il leur offrît ses services comme d'habitude. Peu à peu, cependant, leurs craintes s'éveillèrent. Ils le cherchèrent partout parmi leurs compagnons de route, mais en vain. Un tremblement les saisit lorsqu'ils pensèrent à la manière dont Hérode avait tenté de le supprimer lorsqu'il était encore un tout petit enfant. De sombres pressentiments alourdirent leur cœur. Ils s'adressèrent d'amers reproches.

Ils revinrent à Jérusalem afin d'y poursuivre leurs recherches. Le lendemain, tandis qu'ils se mêlaient aux adorateurs, dans le temple, une voix bien connue attira leur attention. Il n'y avait pas à s'y tromper : aucune voix ne ressemblait à la sienne, si sérieuse et si ardente, et en même temps si mélodieuse.

Ils trouvèrent Jésus dans l'école des rabbins. Si heureux qu'ils fussent, ils ne purent oublier le chagrin et l'angoisse qu'ils venaient d'éprouver. Quand Jésus les eut rejoints, sa mère ne put s'empêcher de lui dire, sur un ton de reproche : « Enfant, pourquoi nous as-tu fait cela ? Voici, ton père et moi, nous te cherchons avec angoisse. » Il leur répondit : « Pourquoi me cherchiez-vous ? Ne saviez-vous pas qu'il faut que je m'occupe des affaires de mon Père ? » Et comme ils ne semblaient pas comprendre ses paroles, il fit un signe dans la direction d'en haut. Sur son visage illuminé la divinité éclatait à travers son humanité. Au moment où ils l'avaient trouvé dans le temple, ils avaient assisté à son entretien avec les rabbins et avaient été étonnés de ses questions et de ses réponses. Ses paroles produisirent sur eux une impression ineffaçable.

Sa question contenait une leçon à leur intention. « Ne saviez-vous pas, leur dit-il, qu'il faut que je m'occupe des affaires de mon Père ? » Jésus poursuivait une œuvre pour laquelle il était venu dans le monde ; mais Joseph et Marie avaient négligé leur tâche. C'est un grand honneur que Dieu leur avait accordé en leur confiant son Fils. De saints anges avaient dirigé la conduite de Joseph pour préserver la vie de Jésus. Or ils l'avaient perdu de vue pendant un jour entier, alors qu'ils n'eussent pas dû l'oublier un seul instant. Quand leur anxiété eut pris fin, ils avaient fait retomber sur lui le blâme qu'ils avaient mérité.

Il était naturel que Joseph et Marie considérassent Jésus comme leur propre enfant : il était toujours avec eux, et ressemblait, sous bien des rapports, aux autres enfants ; il leur était donc difficile de se rendre compte de sa qualité de Fils de Dieu. Ils se trouvaient exposés au danger de ne pas apprécier le bienfait accordé par la présence du Sauveur du monde. Le chagrin de la séparation et le tendre reproche qu'impliquaient les paroles de Jésus avaient eu pour but de leur montrer combien était sacré le dépôt à eux confié.

Par la réponse qu'il fit à sa mère, Jésus montra pour la première fois qu'il comprenait quelle était sa relation avec Dieu. Avant sa naissance l'ange avait dit à Marie : « Il sera grand et sera appelé Fils du Très-Haut, et le Seigneur Dieu lui donnera le trône de David, son père. Il régnera sur la maison de Jacob éternellement, et son règne n'aura pas de fin [6]. » Marie avait médité sur ces paroles ; elle croyait que son enfant allait devenir le Messie d'Israël, mais elle ne comprenait pas sa mission. En ce moment elle ne comprit pas les paroles de Jésus ; elle vit cependant qu'il avait répudié toute parenté physique avec Joseph et s'était déclaré Fils de Dieu.

Jésus n'ignorait pas la nature de sa relation avec ses parents terrestres. Retourné de Jérusalem à son foyer il les aida dans leurs pénibles tâches. Cachant dans son cœur le mystère de sa mission, il attendit patiemment le moment qui lui était fixé pour commencer son œuvre. Au cours des dix-huit années qui suivirent le moment où il avait reconnu sa filialité divine, il reconnut le lien qui le rattachait au foyer de Nazareth, et il y accomplit ses devoirs de fils, de frère, d'ami, de citoyen.

Après que sa mission lui eut été révélée dans le temple, Jésus évita le contact avec les foules. Il désirait retourner paisiblement de Jérusalem avec ceux qui connaissaient le secret de sa vie. Par le service pascal Dieu s'efforçait de détourner son peuple des soucis terrestres et de lui rappeler les prodiges par lesquels il l'avait délivré de l'Egypte. Dans cette œuvre il voulait leur faire voir une promesse de délivrance du péché. De même que le sang de l'agneau immolé protégea les demeures d'Israël, le sang du Christ devait sauver leurs âmes ; mais ce salut par le Christ ne devenait effectif que si par la foi ils s'appropriaient sa vie. La seule vertu du service symbolique consistait à diriger les adorateurs vers le Christ comme leur Sauveur personnel. Dieu désirait les amener à étudier et méditer dans un esprit de prière ce qui touchait à la mission du Christ. Mais lorsque les foules quittaient Jérusalem, les émotions du voyage et les rapports sociaux absorbaient trop souvent leur attention et leur faisaient oublier le service auquel ils avaient assisté. Le Sauveur ne se sentait pas attiré vers cette société.

Seul avec Joseph et Marie, au retour de Jérusalem, Jésus se proposait de diriger leurs esprits vers les prophéties relatives aux souffrances du Sauveur. Au Calvaire il chercherait à adoucir la peine de sa mère. Il pensait déjà à elle en ce moment. Sachant que Marie devait assister à sa dernière agonie, Jésus désirait lui faire comprendre sa mission, afin de la fortifier et lui permettre de supporter le moment où une épée lui transpercerait l'âme. Tout comme Jésus avait été éloigné d'elle pendant trois jours d'affliction, elle devrait le perdre de nouveau pendant trois jours quand il serait offert pour les péchés du monde. Puis sa douleur ferait place à la joie quand il sortirait de la tombe. Mais elle aurait mieux supporté les angoisses de sa mort si elle avait pu comprendre les Ecritures qu'il s'efforçait maintenant de présenter à sa pensée.

Si Joseph et Marie étaient restés en étroite communion avec Dieu par la méditation et la prière, ils auraient reconnu le caractère sacré du dépôt qui leur avait été confié, et n'auraient pas perdu de vue Jésus. Un seul jour de négligence leur ravit le Sauveur ; pour le retrouver il leur fallut trois jours de recherches anxieuses. Nous-mêmes faisons semblable expérience : par des conversations oiseuses, des médisances, ou par la négligence de la prière, nous pouvons perdre en un jour la présence du Sauveur, et bien des jours de recherches douloureuses peuvent s'écouler avant que nous l'ayons retrouvé et que nous soyons rentrés en possession de la paix momentanément disparue.

Dans nos rapports les uns envers les autres, nous devons veiller à ne pas oublier Jésus, à ne pas poursuivre notre route sans nous rendre compte qu'il n'est pas avec nous. Quand nous nous laissons absorber par les intérêts mondains au point de ne plus penser à celui en qui se concentrent nos espoirs concernant la vie éternelle, nous nous séparons de Jésus et des anges du ciel.

Ces êtres saints ne peuvent demeurer là où la présence du Sauveur n'est pas désirée, où son absence n'est pas remarquée. Ceci explique pourquoi il y a si souvent du découragement chez ceux qui professent être des disciples du Christ.

Il y en a beaucoup qui assistent aux services religieux et se trouvent rafraîchis, réconfortés par la Parole de Dieu ; mais en négligeant la méditation, la vigilance et la prière, ils perdent la bénédiction obtenue et se retrouvent plus pauvres qu'auparavant. Il leur arrive souvent de s'imaginer que Dieu les a traités durement. Ils ne voient pas que la faute réside en eux-mêmes. En s'éloignant de Jésus ils se sont privés de la lumière de sa présence.

Il nous serait avantageux de passer, chaque jour, une heure dans la méditation et la contemplation de la vie du Christ. Il faudrait y penser d'une manière détaillée, s'efforçant, par l'imagination, d'en reproduire toutes les scènes, surtout les dernières. En méditant ainsi sur le grand sacrifice accompli pour nous, notre confiance en Christ se trouve affermie, notre amour est intensifié, et son Esprit nous pénètre plus complètement. C'est en apprenant à nous repentir et à nous humilier au pied de la croix, que nous serons finalement sauvés.

Nous pouvons être en bénédiction les uns pour les autres lorsque nous nous rencontrons. Si nous appartenons au Christ il sera l'objet de nos plus douces pensées. Nous aimerons à parler de lui ; alors que nous nous entretiendrons de son amour nos cœurs seront attendris par de divines influences. En contemplant la beauté de son caractère nous serons « transformés en la même image, de gloire en gloire [7] ».

[1] Ce chapitre est basé sur Luc 2.41-51. [2] Psaume 122.2, 7. [3] Exode 12.11. [4] Exode 12.31, 26, 27. [5] Jean 1.5. [6] Luc 1.32, 33. [7] 2 Corinthiens 3.18.

Chapitre 9

Jours de lutte

DES ses premières années l'enfant juif se voyait soumis aux exigences des rabbins. Des lois strictes réglaient tous les actes, jusqu'aux plus petits détails de la vie. Dans les synagogues les maîtres enseignaient à la jeunesse les innombrables règles auxquelles les Juifs orthodoxes étaient censés se conformer. Mais ces choses ne présentaient aucun intérêt pour Jésus. Dès son enfance il s'émancipa complètement des lois rabbiniques. Les Ecritures de l'Ancien Testament faisaient l'objet constant de son étude et les mots « Ainsi dit le Seigneur » étaient toujours sur ses lèvres.

Quand il commença à se rendre compte des conditions du peuple, il vit que les exigences de la société étaient constamment en conflit avec celles de Dieu. Les hommes abandonnaient la Parole de Dieu et vantaient des théories de leur propre invention. Ils observaient des rites traditionnels dépourvus de toute vertu. Leur culte consistait en vaines cérémonies ; les vérités sacrées qu'elles avaient pour but d'enseigner restaient cachées aux yeux des adorateurs. Il vit qu'ils ne trouvaient aucune paix dans ces services dépourvus de foi. Ils ignoraient la liberté d'esprit qu'ils eussent pu obtenir en servant Dieu en vérité. Venu pour enseigner la signification du culte divin, Jésus ne pouvait sanctionner ce mélange d'exigences humaines et de préceptes divins. Sans attaquer les préceptes et les usages des savants maîtres, il se contentait de se justifier par la Parole de Dieu quand on lui reprochait ses habitudes simples.

D'une manière aimable et sans prétention Jésus s'efforçait de plaire à son entourage. Connaissant son amabilité et sa complaisance, les scribes et les anciens s'imaginaient pouvoir l'influencer aisément par leur enseignement. Ils l'exhortèrent à recevoir les maximes et les traditions transmises par les anciens rabbins, mais il exigea des preuves tirées des saintes Ecritures. Prêt à écouter toute parole procédant de la bouche de Dieu, il refusait d'obéir aux inventions humaines. Jésus paraissait connaître les Ecritures d'un bout à l'autre, et il les présentait d'après leur vraie signification. Les rabbins étaient confus de recevoir des enseignements de la part d'un enfant. Ils soutenaient qu'il leur appartenait d'expliquer les Ecritures et que son rôle devait se borner à accepter leur interprétation. Son opposition suscitait leur indignation.

Ils savaient bien que l'Ecriture n'autorisait en rien leurs traditions. Ils étaient obligés d'admettre que la compréhension spirituelle de Jésus dépassait la leur de beaucoup. Mais ils s'irritaient parce qu'il ne se soumettait pas à leurs injonctions. Ne réussissant pas à le convaincre, ils se plaignirent à Joseph, et à Marie de ses refus et lui firent adresser des remontrances et des blâmes.

Dès sa plus tendre enfance Jésus avait commencé à agir de son propre chef pour la formation de son caractère ; le respect et l'amour qu'il portait à ses parents ne pouvaient le détourner de l'obéissance à la Parole de Dieu. « Il est écrit » : tel était le motif qui le faisait agir toutes les fois qu'il s'écartait des coutumes familiales. Mais l'influence des rabbins lui rendait la vie amère. Dès sa jeunesse il lui fallut apprendre les dures leçons du silence et de la patience.

Les fils de Joseph, considérés comme ses frères, prenaient le parti des rabbins. Ils insistaient pour que les traditions reçussent le même accueil que les exigences divines. Ils plaçaient les préceptes humains au-dessus de la Parole de Dieu et la pénétration avec laquelle Jésus savait clairement distinguer entre le vrai et le faux les indisposait. La rigueur avec laquelle il obéissait à la loi de Dieu leur paraissait de l'entêtement. La connaissance et la sagesse avec lesquelles il répondait aux rabbins les surprenaient. Ils savaient bien qu'il n'avait pas été à l'école des sages et ils étaient obligés de reconnaître qu'il leur en remontrait, que l'éducation qu'il avait reçue était supérieure à la leur. Ils ne savaient pas voir qu'il avait accès à l'arbre de vie, source de connaissance ignorée par eux.

Le Christ n'était pas exclusif et il avait gravement offensé les pharisiens par l'éloignement qu'il manifestait sous ce rapport à l'égard de leurs règles étroites. Il constata que le domaine religieux avait été entouré de barrières infranchissables, comme étant trop sacré pour entrer en contact avec la vie quotidienne. Il renversa ces barrières. Dans ses rapports avec d'autres hommes il ne leur demandait pas : Quel est votre crédo ? A quelle église appartenez-vous ? Il tendait une main secourable à tous ceux qui étaient dans le besoin. Loin de s'enfermer dans une cellule d'ermite pour montrer son caractère céleste, il travaillait avec ardeur au bien de l'humanité. Il s'appuyait sur ce principe : la religion de la Bible n'exige pas la mortification du corps. Il enseignait que la religion pure et sans tache n'est pas bornée à des temps fixés et à des occasions spéciales. En tout temps et partout il s'intéressait aux hommes avec amour, répandant autour de lui la lumière d'une piété enjouée. Tout ceci comportait un blâme pour les pharisiens. Cela tendait à démontrer que la religion n'est pas faite d'égoïsme et que l'ardeur avec laquelle ils cultivaient leurs propres intérêts n'avait rien de commun avec la vraie piété. Ceci suscitait de l'inimitié contre Jésus chez ceux qui voulaient à tout prix l'amener à se conformer à leurs règles de conduite.

Jésus s'efforçait de soulager toutes les souffrances dont il était le témoin. Il disposait de peu d'argent, mais il lui arrivait souvent de se priver de nourriture pour secourir ceux qui lui semblaient plus nécessiteux que lui. Ses frères voyaient que son influence neutralisait la leur. Il possédait un tact qu'aucun d'entre eux n'avait, et qu'ils ne se souciaient pas d'obtenir. Quand il leur arrivait d'adresser des paroles dures à de pauvres êtres dégradés, Jésus allait à la recherche de ceux-ci pour leur apporter des paroles d'encouragement. Aux nécessiteux il offrait un verre d'eau froide et gentiment plaçait dans leurs mains son propre repas. En même temps qu'il soulageait leurs souffrances, les vérités qu'il enseignait, associées à des actes de miséricorde, se trouvaient gravées d'une manière indélébile dans leur mémoire.

Tout ceci déplaisait à ses frères. Plus âgés que Jésus, ils s'attribuaient le droit de le commander. Ils l'accusaient de vouloir s'élever au-dessus d'eux ; ils lui reprochaient de vouloir même se placer au-dessus de leurs maîtres, des prêtres et des chefs du peuple. Souvent ils le menaçaient et tentaient de l'intimider, mais il passait outre, se guidant d'après la Parole de Dieu.

Jésus aimait ses frères et leur témoignait une bonté inlassable ; mais ils étaient envieux et manifestaient ouvertement leur incrédulité et leur mépris. Ils ne comprenaient rien à sa conduite. Ils voyaient en lui de grandes contradictions. Il était à la fois le divin Fils de Dieu et un enfant sans défense. Créateur des mondes, propriétaire de la terre, il côtoyait la pauvreté à chaque pas. Il possédait une dignité et une individualité exemptes de tout orgueil, de toute prétention ; il n'aspirait pas aux grandeurs mondaines ; il était satisfait dans les conditions les plus humbles. Ceci irritait ses frères, incapables de comprendre comment il pouvait garder sa sérénité au sein des épreuves et des privations. Ils ne savaient pas qu'il s'était « fait pauvre » « afin que par sa pauvreté » nous fussions « enrichis [1] ». Ils étaient aussi incapables de comprendre le mystère de sa mission que les amis de Job de comprendre l'humiliation et la souffrance de ce dernier.

Les frères de Jésus ne le comprenaient pas parce qu'il ne leur ressemblait pas. Leur idéal n'était pas le sien. En regardant aux hommes ils s'étaient détournés de Dieu et sa puissance ne se déployait pas dans leur vie. Les formes religieuses observées par eux étaient incapables de transformer le caractère. Ils payaient « la dîme de la menthe, de l'aneth et du cumin », mais ils négligeaient « ce qu'il y a de plus important dans la loi : le droit, la miséricorde et la fidélité [2] ». L'exemple de Jésus était pour eux une source continuelle d'irritation. Il ne détestait qu'une chose au monde : le péché. Il ne pouvait assister à une action, coupable sans manifester sa douleur. Entre les formalistes, qui dissimulaient l'amour du péché sous un masque de sainteté, et un caractère où prédominait sans cesse le souci de la gloire de Dieu, le contraste était évident. Parce que sa conduite condamnait le mal, Jésus rencontrait de l'opposition au foyer et au dehors. On tournait en dérision sa générosité et son intégrité. Sa patience et sa bonté étaient flétries comme preuves de lâcheté.

Toutes les amertumes qui constituent la part de l'humanité, le Christ les a subies. Il s'en trouva pour le mépriser en raison de sa naissance, et même dans son enfance il lui fallut supporter des regards moqueurs et de méchants chuchotements. Il ne serait pas pour nous un modèle parfait s'il s'était laissé aller à un mot ou à un geste impatient, s'il avait cédé à ses frères par le moindre acte coupable. Il n'aurait pas accompli le plan de la rédemption. S'il avait trouvé la moindre excuse pour le péché, Satan eût triomphé, le monde se serait perdu. Ce fut pour cette raison que Satan s'efforça de lui rendre la vie aussi difficile que possible, dans l'espoir de l'induire au péché.

Cependant pour chaque tentation il eut une réponse : « Il est écrit. » Rarement il réprimanda ses frères quand ils agissaient mal, mais il avait toujours pour eux une parole de Dieu. Il fut souvent accusé de lâcheté parce qu'il refusait de se joindre à ses frères dans un acte défendu ; sa réponse était invariablement : Il est écrit : « La crainte du Seigneur, voilà la sagesse ; se détourner du mal, voilà l'intelligence [3] ! »

Certains recherchaient sa compagnie, se sentant en paix en sa présence ; d'autres l'évitaient, se sentant repris par sa vie immaculée. De jeunes camarades l'invitaient à les imiter. Il était vif et gai ; ils éprouvaient du plaisir à le voir, et ils écoutaient volontiers ses suggestion ; mais ses scrupules provoquaient leur impatience ; ils le trouvaient étroit et guindé. Jésus répondait : Il est écrit : « Comment le jeune homme rendra-t-il pure sa conduite ? C'est en restant fidèle à ta parole. » « J'ai serré ta parole dans mon cœur, afin de ne pas pécher contre toi [4]. »

On lui demandait souvent: Pourquoi cherches-tu à te singulariser, à différer d'avec nous ? Il est écrit, disait-il : « Heureux ceux dont la conduite est intègre et qui suivent la loi de l'Eternel ! Heureux ceux qui obéissent à ses enseignements, qui le recherchent de tout leur cœur, qui ne commettent pas d'iniquité, mais qui marchent dans les voies de l'Eternel [5] ! »

Quand on lui demandait pourquoi il ne participait pas aux amusements de la jeunesse de Nazareth, il disait : Il est écrit : « Je trouve autant de joie à suivre tes enseignements qu'à posséder tous les trésors du monde. Je méditerai tes commandements. Et je fixerai mes regards sur tes sentiers. Je ferai mes délices de tes préceptes et je n'oublierai point tes paroles [6]. »

Jésus ne défendait pas âprement ses droits. Souvent sa tâche était rendue plus difficile qu'il n'était nécessaire à cause de sa complaisance et de son refus de se plaindre. Néanmoins il ne faiblissait pas, il ne cédait pas au découragement. Il vivait au-dessus de ces difficultés, comme à la clarté de la face de Dieu. Au lieu de se venger, quand on lui causait du tort, il supportait patiemment l'injure.

On ne cessait de lui demander : Pourquoi te laisses-tu ainsi maltraiter, même par tes frères ? Il est écrit, déclarait-il : « Mon fils, n'oublie pas mon enseignement et que ton cœur garde mes commandements : ils t'assureront de longs jours, des années de vie et de bonheur. Que la bonté et la vérité ne t'abandonnent point ; lie-les à ton cou, écris-les sur la table de ton cœur. Ainsi tu trouveras grâce et auras la vraie sagesse aux yeux de Dieu et des hommes [7]. »

A partir du moment où Jésus fut trouvé dans le temple par ses parents, sa conduite fut un mystère pour eux. Il évitait la controverse, mais son exemple constituait une leçon constante. Il paraissait mis à part. Son plus grand bonheur était de se trouver seul avec Dieu dans la nature. Toutes les fois qu'il en avait l'occasion, il s'éloignait du lieu de son travail ; il se rendait dans les champs, méditait dans les vertes vallées, goûtait la communion avec Dieu sur les pentes des montagnes ou au milieu des arbres de la forêt. Souvent on aurait pu le voir en un lieu solitaire, de bon matin, méditant, scrutant les Ecritures, ou en prière. Après ces heures tranquilles il rentrait au foyer pour reprendre ses tâches et donner l'exemple de la patience dans le travail.

La vie du Christ était caractérisée par le respect et l'amour dont il entourait sa mère. Marie croyait en son cœur que le saint enfant auquel elle avait donné le jour était le Messie promis depuis longtemps ; toutefois elle n'osait pas exprimer sa foi. Elle partagea les souffrances de ce fils aussi longtemps qu'il vécut sur la terre. Avec douleur elle fut témoin des épreuves qu'il eut à traverser pendant son enfance et sa jeunesse. Elle se mit parfois dans une position délicate en voulant défendre sa conduite qu'elle savait droite. Elle reconnaissait que les rapports de famille et les soins tendres et vigilants d'une mère ont une importance vitale pour la formation du caractère des enfants. Sachant cela, les fils et les filles de Joseph s'efforçaient, en éveillant son anxiété, d'amener Jésus à se conformer à leurs usages.

Souvent Marie adressait des remontrances à Jésus, le pressant de se conformer aux usages des rabbins. Mais rien ne pouvait le persuader de changer ses habitudes, de cesser de contempler les œuvres de Dieu et de chercher à soulager les souffrances des hommes et des animaux. Marie fut profondément troublée quand les prêtres et les instructeurs firent appel à son aide pour placer Jésus sous leur contrôle ; la paix revint dans son cœur quand il eut justifié sa conduite par des déclarations de l'Ecriture.

Parfois il arrivait à Marie d'hésiter entre Jésus et ses frères, ceux-ci ne croyant pas qu'il était l'Envoyé de Dieu. Il était évident, cependant, qu'il avait un caractère divin. Elle le voyait se sacrifier pour le bien d'autrui. Sa présence créait une atmosphère plus pure au foyer ; sa vie agissait comme un levain au sein de la société. Inoffensif et sans souillure, il marchait au milieu des insouciants, des êtres grossiers et impolis ; parmi les publicains injustes, les prodigues téméraires, les paysans grossiers, les Samaritains, les soldats païens et la multitude disparate. Ici et là il faisait entendre un mot de sympathie quand il voyait des hommes épuisés de fatigue, contraints de porter de lourds fardeaux. Il partageait ces fardeaux et répétait les leçons apprises au sein de la nature, concernant l'amour, la sollicitude, la bonté de Dieu.

Il enseignait à tous qu'ils devaient se considérer comme doués de talents précieux, dont un emploi judicieux pouvait leur assurer d'éternelles richesses. Il extirpait toute vanité de la vie, et par son exemple il montrait que tout moment est gros de conséquences éternelles ; qu'il doit être chéri comme un trésor et employé dans de saintes entreprises. Aucun être humain n'était jugé méprisable ; à chaque âme il cherchait à appliquer un remède salutaire. Dans quelque milieu qu'il se trouvât, il présentait une leçon appropriée au moment et aux circonstances. Il s'efforçait de communiquer de l'espoir aux personnes les plus rudes et dont on attendait le moins, les assurant qu'il leur était donné de devenir irréprochables et inoffensives, et d'acquérir un caractère attestant leur qualité d'enfants de Dieu. Il rencontrait souvent ceux qui avaient glissé sous le pouvoir de Satan et qui se voyaient incapables d'échapper à ses pièges. A de telles âmes, découragées, malades, tentées, déchues, Jésus adressait des paroles chargées de tendre pitié, paroles nécessaires et qui pouvaient être comprises. Il en rencontrait d'autres qui luttaient corps à corps avec l'ennemi des âmes. Il les encourageait à persévérer, étant donné que des anges se tenaient à leurs côtés pour leur faire remporter la victoire. Ceux qu'il avait aidés de cette manière étaient convaincus qu'ils pouvaient avoir une pleine confiance en lui et qu'il ne saurait trahir les secrets confiés à son oreille sympathique.

Jésus guérissait le corps aussi bien que l'âme. Il s'intéressait à toute douleur connue ; à toute âme souffrante il apportait du réconfort. Ses paroles aimables étaient comme un baume adoucissant. On ne pouvait dire qu'il avait accompli un miracle ; toutefois une vertu – une influence guérissante procédant de l'amour – émanait de lui en faveur du malade et de l'âme en détresse. Il opérait ainsi d'une manière discrète en faveur de la population, et cela dès son enfance. C'est pourquoi on l'écouta volontiers quand il eut commencé son ministère public.

Il faut dire, toutefois, qu'à travers son enfance, sa jeunesse, sa virilité, Jésus resta seul. Dans sa pureté et sa fidélité il foula seul au pressoir, sans l'aide de personne. Il portait un terrible fardeau de responsabilité pour le salut des hommes. Il savait que sans un changement radical de principes et de buts la race humaine tout entière était perdue. Cela pesait sur son âme, et personne ne pouvait imaginer de quel poids ce fardeau l'accablait. Animé d'un désir ardent, il poursuivait le dessein de sa vie, qui était de devenir la lumière des hommes.

---

[1] 2 Corinthiens 8.9. [2] Matthieu 23.23. [3] Job 28.28. [4] Psaume 119.9, 11. [5] Psaume 119.1-3. [6] Psaume 119.14-16. [7] Proverbes 3.1-4.

Chapitre 10

Une voix dans le désert

LE PRECURSEUR du Christ s'éleva parmi les fidèles d'Israël qui avaient longuement attendu la venue du Messie [1]. Le vieux prêtre Zacharie et sa femme Elisabeth étaient tous deux « justes devant Dieu ». Dans leur vie tranquille et sainte, la lumière de la foi brillait comme une étoile parmi les ténèbres de cet âge corrompu. Ce couple pieux reçut la promesse d'un fils, qui devait marcher « devant le Seigneur, pour préparer ses voies ».

Zacharie habitait dans « les montagnes de la Judée », mais il était monté à Jérusalem pour officier dans le temple pendant une semaine, un service exigé deux fois par an des prêtres de chaque classe. « Or, pendant son service sacerdotal devant Dieu, selon le tour de sa classe, il fut désigné par le sort, suivant la règle du sacerdoce, pour entrer dans le temple du Seigneur et pour y offrir le parfum. »

Il se tenait devant l'autel d'or dans le lieu saint du sanctuaire. Un nuage d'encens montait vers Dieu avec les prières d'Israël. Soudain il eut le sentiment d'une présence divine. Un ange du Seigneur se tenait « debout à droite de l'autel des parfums ». Cette position de l'ange indiquait des intentions favorables, mais Zacharie ne s'en rendit pas compte. Pendant bien des années Zacharie avait fait de la venue du Rédempteur l'objet de ses prières ; le ciel envoyait maintenant un messager pour lui annoncer que ses prières allaient être exaucées ; mais il ne pouvait croire à une si grande grâce de la part de Dieu. Il était tout craintif et se sentait condamné.

Ces paroles vinrent le rassurer: « Sois sans crainte, Zacharie ; car ta prière a été exaucée. Ta femme Elisabeth t'enfantera un fils, et tu l'appelleras du nom de Jean. Il sera pour toi un sujet de joie et d'allégresse, et beaucoup se réjouiront de sa naissance. Car il sera grand devant le Seigneur : il ne boira ni vin, ni boisson enivrante, il sera rempli de l'Esprit-Saint... et ramènera beaucoup des fils d'Israël au Seigneur, leur Dieu. Il marchera devant lui avec l'esprit et la puissance d'Elie, pour ramener le cœur des pères vers les enfants, et les rebelles à la sagesse des justes, et pour préparer au Seigneur un peuple bien disposé. Zacharie dit à l'ange : A quoi reconnaîtrai-je cela ? Car je suis vieux, et ma femme est d'un âge avancé. »

Zacharie savait qu'un enfant avait été accordé à Abraham dans un âge avancé parce qu'il avait cru que celui qui avait fait la promesse était fidèle. Mais pour l'instant le vieux prêtre arrêta sa pensée sur la faiblesse de l'humanité. Il oublia que Dieu est capable d'accomplir ce qu'il a promis. Quel contraste entre cette incrédulité et la douce foi enfantine de Marie, la jeune fille de Nazareth, qui à l'annonce étonnante de l'ange avait répondu : « Voici la servante du Seigneur ; qu'il me soit fait selon ta parole [2]. »

La naissance du fils de Zacharie, ainsi que celle du fils d'Abraham et celle du fils de Marie, renferment une grande vérité spirituelle, que nous sommes lents à apprendre et prompts à oublier. Par nous-mêmes nous sommes incapables de faire aucun bien ; mais ce que nous ne pouvons faire, la puissance de Dieu l'accomplira en toute âme soumise et croyante. C'est par la foi que fut donné l'enfant de la promesse. C'est également par la foi que la vie spirituelle est engendrée, et que nous sommes rendus capables d'accomplir des œuvres de justice.

En réponse à la question de Zacharie l'ange dit : « Moi, je suis Gabriel, celui qui se tient devant Dieu ; j'ai été envoyé pour te parler et t'annoncer cette bonne nouvelle. » Cinq cents ans auparavant, Gabriel avait fait connaître à Daniel la période prophétique devant s'étendre jusqu'à la venue du Christ. Sachant que cette période était près d'expirer, Zacharie s'était senti pressé de prier en vue de l'avènement du Messie. Maintenant le même messager qui avait apporté l'oracle à Daniel venait annoncer l'accomplissement.

Les paroles de l'ange : « Je suis Gabriel, celui qui se tient devant Dieu », montrent qu'il occupe une haute position d'honneur dans les parvis célestes. Un jour qu'il s'était présenté à Daniel porteur d'un message, il avait dit : « Il n'y a personne qui me soutienne contre les chefs ennemis, sinon Micaël [le Christ], votre propre chef [3]. » C'est à Gabriel que faisait allusion le Sauveur quand il disait, dans l'Apocalypse, « qu'il a fait connaitre » sa révélation « par l'envoi de son ange à son serviteur Jean [4] ». Et cet ange déclara à Jean : « Je suis ton compagnon de service, et celui de tes frères les prophètes [5]. » Magnifique pensée : c'est l'ange qui suit immédiatement le Fils de Dieu, quant au rang, qui a été choisi pour découvrir aux hommes pécheurs les desseins de Dieu.

Sorti pour bénir le peuple, « il se mit à leur faire des signes, et demeurait muet ». L'attente s'était prolongée, et l'on commençait à craindre qu'il eût été frappé par un jugement divin. Mais lorsqu'il sortit du lieu saint, son visage rayonnait d'une gloire divine « et ils comprirent qu'il avait eu une vision dans le temple ». Zacharie leur fit savoir ce qu'il avait vu et entendu. Puis, « lorsque ses jours de service furent achevés, il retourna chez lui ».

Sitôt que fut né l'enfant promis, la langue du père fut déliée, « il parlait et bénissait Dieu. La crainte saisit tous les habitants d'alentour, et, dans toutes les montagnes de la Judée, on s'entretenait de tous ces événements. Tous ceux qui en entendaient parler les prirent à cœur et dirent : Que sera donc ce petit enfant ? » Tout ceci avait pour but d'appeler l'attention sur la venue du Messie que Jean avait la mission de préparer. Le Saint-Esprit reposa sur Zacharie et lui inspira ces magnifiques paroles par lesquelles il retraça à l'avance la mission de son fils :

« Et toi, petit enfant, tu seras appelé prophète du Très-Haut ;
Car tu marcheras devant le Seigneur pour préparer ses voies ;
Pour donner à son peuple la connaissance du salut par le pardon de ses péchés,
Grâce à l'ardente compassion de notre Dieu.
C'est par elle que le soleil levant nous visitera d'en haut
Pour éclairer ceux qui sont assis dans les ténèbres et dans l'ombre de la mort,
Et pour diriger nos pas dans le chemin de la paix. »

« Or, le petit enfant grandissait et se fortifiait en esprit. Il demeurait dans les déserts, jusqu'au jour où il se présenta devant Israël. » L'ange avait dit, en annonçant la naissance de Jean : « Il sera grand devant le Seigneur : il ne boira ni vin, ni boisson enivrante, il sera rempli de l'Esprit-Saint. » Le fils de Zacharie avait été appelé à une œuvre importante, la plus importante que Dieu ait jamais confiée à des hommes. Pour accomplir cette œuvre, la coopération du Seigneur lui sera nécessaire. Et l'Esprit de Dieu ne l'abandonnera pas si les instructions de l'ange sont suivies.

Jean, messager de Jéhovah, apporte aux hommes la lumière divine. Par lui les pensées prennent une nouvelle direction. Il montre la sainteté des exigences divines et le besoin d'une justice parfaite venant de Dieu. Un tel messager doit être saint. L'Esprit de Dieu doit habiter en lui comme en un temple. L'accomplissement de cette mission demande une constitution physique normale et une grande vigueur mentale et spirituelle. Il faut donc qu'il sache dominer ses appétits et ses passions, et soit tellement maître de lui-même que les circonstances environnantes le laissent aussi ferme que les rochers et les montagnes du désert.

Au temps de Jean-Baptiste on était généralement avide de richesses et l'on aimait le luxe et l'ostentation. Les plaisirs sensuels, les festoiements et la boisson produisaient les maladies physiques et la dégénérescence, obscurcissant les perceptions spirituelles, diminuant la sensibilité au péché. Jean devait se présenter comme un réformateur. Sa vie d'abstinent et son vêtement simple devaient condamner les excès du temps. D'où les directions communiquées aux parents de Jean – une leçon de tempérance donnée par l'ange venu du trône des cieux.

Au cours de l'enfance et de la jeunesse le caractère est très impressionnable. C'est alors qu'il faut acquérir la maîtrise de soi-même. Au coin du feu et à la table familiale s'exercent des influences dont les résultats ont une durée éternelle. Bien plus que les dons naturels, les habitudes contractées dans les premières années décident si un homme sera victorieux ou vaincu dans la bataille de la vie. Le jeune âge est le temps des semailles. Il détermine la nature de la moisson pour la vie présente et pour la vie à venir.

En qualité de prophète, Jean devait « ramener le cœur des pères vers les enfants, et les rebelles à la sagesse des justes » afin de « préparer au Seigneur un peuple bien disposé ». Tout en préparant la voie devant le premier avènement du Christ, il représentait ceux à qui incombe la tâche de préparer un peuple pour la seconde venue de notre Seigneur. Le monde s'abandonne à la recherche de soi-même. Les erreurs et les fables abondent. Satan multiplie ses pièges pour détruire les âmes. Tous ceux qui désirent achever leur sanctification dans la crainte de Dieu doivent apprendre des leçons de tempérance et de maîtrise de soi-même. Les appétits et les passions doivent être assujettis aux plus nobles facultés de l'esprit. L'autodiscipline est indispensable pour obtenir une force mentale et un discernement spirituel permettant de comprendre et de mettre en pratique les vérités sacrées de la Parole de Dieu. Telle est la raison pour laquelle la tempérance trouve sa place dans l'œuvre de préparation en vue de la seconde venue du Christ.

Selon l'ordre naturel des choses, le fils de Zacharie aurait dû être préparé pour le sacerdoce. Mais l'instruction reçue dans les écoles rabbiniques l'eût disqualifié pour l'œuvre qui l'attendait. Dieu ne l'envoya pas auprès des professeurs de théologie pour y apprendre à interpréter les Ecritures. Il l'appela au désert afin qu'il y connût la nature et le Dieu de la nature.

Il élut domicile dans une région solitaire, parmi des collines stériles, des ravins sauvages, des grottes rocheuses. Par sa propre décision, il préféra aux plaisirs et aux luxes de la vie la sévère discipline du désert. Les choses qui l'entouraient favorisaient des habitudes de simplicité et de renoncement. Sans être troublé par les rumeurs du monde, il pouvait étudier les leçons de la nature, de la révélation, de la Providence. Les paroles adressées à Zacharie par l'ange avaient souvent été répétées à Jean par ses parents pieux. Sa mission lui avait été présentée dès son jeune âge, et il avait accepté ce saint dépôt. La solitude du désert lui permettait de s'évader loin de cette société où régnaient la suspicion, l'incrédulité, l'impureté. Il se défiait de ses propres moyens pour résister à la tentation, et fuyait le contact du péché par crainte de perdre le sens de son caractère excessivement péchant.

Consacré à Dieu dès sa naissance, en qualité de Nazaréen, Jean restera fidèle à son vœu, toute sa vie. Comme les anciens prophètes, il porte un vêtement de poils de chameau retenu par une ceinture de cuir. Il se nourrit de sauterelles et du miel sauvage qu'il trouve au désert, et boit l'eau pure descendant des collines.

La vie de Jean ne se passait pas, cependant, dans l'oisiveté, dans un sombre ascétisme, dans un isolement égoïste. De temps en temps il sortait pour se mêler à la foule ; il observait attentivement ce qui se passait dans le monde. De sa tranquille retraite il surveillait la marche des événements. Eclairé par l'Esprit divin, il étudiait le caractère des hommes, pour voir comment il pourrait atteindre les cœurs avec le message du ciel. Le fardeau de sa mission pesait sur lui. Dans la solitude, par la méditation et la prière, il équipait son âme en vue de l'œuvre qui l'attendait.

Bien que séparé du monde, il subit les assauts du tentateur. Autant qu'il est en lui, cependant, il ferme toutes les issues par lesquelles Satan pourrait entrer. Sa claire perception des choses spirituelles, son caractère ferme et décidé, et l'aide du Saint-Esprit lui font reconnaître l'approche de Satan et lui permettent de résister à son pouvoir.

Jean a fait du désert son école et son sanctuaire. Comme Moïse sur les montagnes de Madian, il jouit de la présence de Dieu et voit les preuves de sa puissance.

Il ne lui était pas donné d'habiter, comme le grand conducteur d'Israël, dans la solennelle majesté des solitudes montagneuses ; mais devant lui, au-delà du Jourdain, se dressaient les hauteurs de Moab, qui lui parlaient de celui qui a affermi les montagnes et les a revêtues de force. Le sombre et redoutable aspect de la nature désertique où il avait établi sa demeure offrait une peinture fidèle des conditions d'Israël. La vigne fertile du Seigneur était devenue une terre désolée. Mais au-dessus du désert les cieux apparaissaient lumineux et magnifiques. Les nuages qui s'assemblaient, chargés de tempêtes, étaient ornés de l'arc-en-ciel de la promesse. De même, au-dessus de là dégradation d'Israël resplendissait la gloire promise du règne messianique. Les nuages de la colère étaient accompagnés de l'arc-en-ciel de l'alliance de grâce.

Seul, dans le silence de la nuit, Jean lit la promesse par laquelle Dieu a annoncé à Abraham une postérité aussi nombreuse que les étoiles. Quand l'aurore se lève sur les montagnes de Moab, il pense à celui qui est comparé à « la splendeur du matin, au lever du soleil », à « un matin sans nuages [6] ». Sous l'éclat du soleil de midi il admire la splendeur de sa manifestation, quand « la gloire de l'Eternel sera manifestée et toutes les créatures, ensemble, en verront l'éclat [7] ». Saisi de crainte et cependant débordant de joie, il lit dans les rouleaux prophétiques, les révélations de la venue du Messie : la postérité promise écrasant la tête du serpent le Pacificateur paraissant avant l'extinction de la lignée de David. Maintenant le temps était arrivé. Un gouverneur romain siégeait dans le palais sur le Mont Sion. Selon des déclarations certaines du Seigneur, le Christ était déjà né.

Jour et nuit Jean étudie, dans le livre d'Esaïe, les portraits inspirés de la gloire du Messie : le rejeton de la racine d'Isaï ; le Roi de justice destiné à faire « droit aux humbles de la terre » ; à être « un abri contre le vent et un refuge contre l'orage..., comme l'ombre d'un grand rocher dans un pays désolé ». Grâce à lui Sion ne serait plus nommée « la délaissée », ni sa terre « la dévastée » ; mais on l'appellerait : « celle en qui j'ai mis mon plaisir » ; et sa terre : « l'épouse [8]. » Le cœur du solitaire exilé est inondé d'une glorieuse vision.

Il contemple le Roi dans sa beauté, et il en oublie le moi. La majesté de la sainteté lui fait sentir son incapacité et son indignité. Il est prêt à partir en qualité de messager du ciel, ne redoutant rien d'humain parce qu'il aperçoit le divin. Il peut rester debout, sans crainte, en présence des monarques de la terre, parce qu'il s'est prosterné devant le Roi des rois.

Jean ne comprenait pas parfaitement la nature du royaume messianique. Il s'attendait à ce qu'Israël fût délivré de ses ennemis nationaux ; mais la venue d'un Roi de justice, et l'établissement d'Israël en tant que nation sainte, voilà quel était le grand objet de son espérance. Il pensait que de cette manière s'accomplirait la prophétie donnée lors de sa naissance :

« Ainsi... se souvient-il de sa sainte alliance... Ainsi nous accorde-t-il, après avoir été délivrés de la main de nos ennemis, de pouvoir sans crainte lui rendre un culte dans la sainteté et la justice, en sa présence, tout au long de nos jours. »

Voyant son peuple trompé, satisfait de lui-même, endormi dans ses péchés, il désirait l'éveiller à une vie plus sainte. Le message dont il avait été chargé par Dieu se proposait de le tirer de sa léthargie et de lui communiquer un saint tremblement à la vue de sa grande méchanceté. Avant que la semence de la vérité pût se loger, le sol des cœurs devait être labouré. On ne chercherait la guérison auprès de Jésus qu'après avoir aperçu le danger provoqué par les blessures du péché.

Ce n'est pas pour flatter le pécheur que Dieu envoie ses messagers. Il ne délivre pas un message de paix susceptible de bercer les âmes non sanctifiées dans une fatale sécurité. Il fait peser de lourds fardeaux sur la conscience des malfaiteurs et transperce l'âme avec les flèches de la conviction. Par le ministère des anges les redoutables jugements de Dieu lui sont présentés afin de lui donner un sens aigu de son besoin et de lui arracher le cri : « Que dois-je faire pour être sauvé ? » Alors la même main qui l'avait humilié jusque dans la poussière relève le pénitent. La voix qui s'était élevée avec vigueur contre le péché, qui avait jeté la confusion sur l'orgueil et l'ambition, demande avec une tendre sympathie : « Que veux-tu que je fasse pour toi ? »

Quand le ministère de Jean commença, la nation se trouvait dans un état d'excitation et de mécontentement frisant la révolution. Archélaüs déposé, la Judée fut placée sous le contrôle direct de Rome. La tyrannie exercée par les gouverneurs romains, leurs exactions, leurs efforts renouvelés pour introduire des symboles et des usages païens, allumèrent la révolte qui fut étouffée dans le sang de milliers de héros israélites. Tout ceci rendait plus intense la haine nationale contre Rome et faisait désirer plus ardemment d'être délivré de son pouvoir.

Au milieu des querelles et des luttes, on entend une voix au désert, une voix éclatante et sévère, mais pleine d'espoir : « Repentez-vous, car le royaume des cieux est proche ! » Une puissance nouvelle, étrange, remue le peuple. Des prophètes ont annoncé la venue du Christ comme un événement éloigné ; maintenant, on annonce qu'il est tout proche. L'aspect original de Jean fait penser aux anciens voyants. Par ses manières et ses vêtements il rappelle le prophète Elie. C'est d'ailleurs dans l'esprit et avec la puissance d'Elie qu'il stigmatise la corruption nationale et flagelle les péchés dominants. Ses paroles sont claires, directes, convaincantes. On le prend parfois pour un prophète ressuscité des morts. Toute la nation est en effervescence. Des foules accourent au désert.

Jean annonce la venue du Messie, invitant le peuple à la repentance. Il baptise dans les eaux du Jourdain ; c'est là une image de la purification des péchés : autant dire que ceux qui prétendaient être le peuple choisi de Dieu étaient souillés par le péché, et que seule une purification du cœur et de la vie pouvait assurer une part au royaume du Messie.

Chefs et rabbins, soldats, publicains et paysans accouraient pour entendre le prophète. En un premier moment l'avertissement solennel de Dieu jeta l'alarme dans les esprits. Nombreux furent ceux qui se repentirent et furent baptisés. Des personnes de tout rang se soumettaient aux exigences du Baptiste dans l'espoir de participer au royaume annoncé.

Beaucoup de scribes et pharisiens venaient confesser leurs péchés et demander le baptême. Ils s'étaient fait passer pour meilleurs que les autres hommes et avaient entretenu une haute opinion de leur piété au sein du peuple ; maintenant les secrets de leurs vies coupables étaient dévoilés. Mais le Saint-Esprit fit comprendre à Jean que plusieurs de ces hommes n'avaient pas une réelle conviction du péché. Ils étaient opportunistes. Ils pensaient que l'amitié du prophète leur assurerait la faveur du Prince qui allait venir. En recevant le baptême des mains de ce jeune instructeur populaire, ils comptaient accroître leur influence auprès du peuple.

Jean les reçut avec ces paroles mordantes : « Race de vipères, qui vous a appris à fuir la colère à venir ? Produisez donc du fruit digne de la repentance. Et n'imaginez pas pouvoir dire en vous-mêmes : Nous avons Abraham pour père ; car je vous déclare que de ces pierres Dieu peut susciter des enfants à Abraham. »

Dieu s'était engagé à être toujours favorable à Israël ; les Juifs ont mal interprété cette promesse : « Ainsi parle l'Eternel, qui a créé le soleil pour donner de la lumière pendant le jour, qui a imposé ses lois à la lune et aux étoiles afin qu'elles brillent pendant la nuit ; qui soulève les flots de la mer et les fait mugir, lui qui s'appelle l'Eternel des armées : Si jamais ces lois-là venaient à être anéanties pour moi, dit l'Eternel, alors seulement la race d'Israël pourrait cesser pour toujours de former à mes yeux une nation. Ainsi parle l'Eternel Jamais, là-haut, les cieux ne pourront être mesurés, jamais ici-bas les fondements de la terre ne pourront être sondés ; jamais, non plus, je ne rejetterai la race entière des enfants d'Israël à cause de tout le mal qu'ils ont fait, dit l'Eternel [9]. » Les Juifs pensaient que leur descendance naturelle d'Abraham leur donnait le droit de revendiquer cette promesse. Ils oubliaient les conditions posées par Dieu même. La promesse avait été précédée de ces paroles : « Je mettrai ma loi au dedans d'eux et je l'écrirai dans leur cœur. Je serai leur Dieu et ils seront mon peuple... Car je pardonnerai leur iniquité et je ne me souviendrai plus de leur péché [10]. »

A un peuple qui a sa loi écrite dans les cœurs la faveur de Dieu est assurée. Ce peuple est étroitement uni à lui. Mais les Juifs s'étaient séparés de Dieu. Leurs péchés avaient attiré sur eux ses jugements. C'est pour cela qu'ils subissaient la domination d'une nation païenne. Leurs esprits étaient obscurcis par la transgression. Parce que Dieu leur avait été très favorable dans le passé, ils pensaient pouvoir excuser leurs péchés. Ils se flattaient d'être meilleurs que les autres hommes et de mériter les bénédictions divines.

Ces choses ont été écrites « pour nous avertir, nous pour qui la fin des siècles est arrivée [11] ». Combien souvent nous nous méprenons sur les bénédictions divines, nous imaginant que ce sont nos mérites qui nous gagnent la faveur de Dieu. Aussi Dieu ne peut faire pour nous ce qu'il désire. Ses dons sont employés pour notre propre satisfaction et ne servent qu'à endurcir nos cœurs dans l'incrédulité et le péché.

Jean déclara aux instructeurs d'Israël que leur orgueil, leur égoïsme, leur cruauté attestaient qu'ils étaient une race de vipères, une vraie malédiction pour le peuple, et non pas les enfants d'Abraham, le juste et obéissant. Compte tenu des lumières reçues de Dieu, ils étaient même pires que les païens auxquels ils se croyaient si supérieurs. Ils avaient oublié le rocher d'où ils avaient été taillés, la carrière d'où ils avaient été tirés. Dieu n'avait pas besoin d'eux pour réaliser son dessein. Tout comme il avait appelé Abraham à sortir d'un milieu païen, il pouvait en appeler d'autres à son service. Des cœurs qui paraissaient aussi privés de vie que les pierres du désert pouvaient, grâce à l'action de l'Esprit, être vivifiés et rendus capables d'accomplir sa volonté et de bénéficier de sa promesse.

Le prophète ajoutait : « Déjà la cognée est mise à la racine des arbres : tout arbre donc qui ne produit pas de bon fruit est coupé et jeté au feu. » Ce qui fait la valeur de l'arbre, ce n'est pas le nom qu'il porte, mais le fruit qu'il produit. Si le fruit est sans valeur, le nom ne saurait sauver l'arbre de la destruction. Jean dit aux Juifs que leur position devant Dieu dépendait de leur caractère et de leur vie. Une simple profession de foi est inutile. On n'est pas son peuple si la vie et le caractère ne sont pas en harmonie avec la loi de Dieu.

Ces paroles, qui sondaient les cœurs, amenaient la conviction chez les auditeurs. Ils s'adressaient à lui, lui demandant : « Que ferons-nous donc ? » Sa réponse était : « Que celui qui a deux tuniques partage avec celui qui n'en a pas, et que celui qui a de quoi manger fasse de même. » De plus, il mettait les publicains en garde contre l'injustice, les soldats contre la violence.

Il disait que tous les sujets du royaume du Christ sont appelés à donner des preuves de foi et de repentance. La bonté, l'honnêteté et la fidélité doivent se manifester dans leur vie. Ils doivent secourir les nécessiteux et apporter leurs offrandes à Dieu. Ils doivent protéger les gens sans défense, et donner un exemple de vertu et de compassion. C'est de cette manière que les disciples du Christ montreront la puissance transformatrice du Saint-Esprit. La justice, la miséricorde et l'amour de Dieu apparaîtront dans leur vie quotidienne. Sans cela ils ne seront que de la paille destinée à être jetée au feu.

« Moi, disait Jean, je vous baptise d'eau en vue de la repentance ; mais celui qui vient après moi est plus puissant que moi, et je ne mérite pas de porter ses sandales. Lui vous baptisera d'Esprit Saint et de feu [12]. » Le prophète Esaïe avait annoncé que le Seigneur purifierait son peuple de ses iniquités, « en y faisant passer un souffle de justice, un vent de destruction ». Cette parole du Seigneur s'adressait à Israël : « Je laisserai de nouveau tomber ma main sur toi ; je refondrai tes scories comme avec de la potasse et je te rendrai pure de tout alliage [13]. » Où que se rencontre le péché, « notre Dieu est aussi un feu dévorant [14] ». Chez tous ceux qui se soumettent à son action, l'Esprit de Dieu consume le péché. Mais si un homme se cramponne à son péché, il finit par s'identifier avec lui. Alors la gloire de Dieu qui détruit le péché doit aussi détruire le pécheur. Après la nuit où il avait lutté avec l'ange, Jacob s'écria : « J'ai vu Dieu face à face et ma vie a été sauvée [15] » Jacob s'était rendu coupable d'un grand péché dans sa conduite à l'égard d'Esaü ; mais il s'était repenti. Sa transgression avait été pardonnée, son péché lavé ; c'est pourquoi il pouvait supporter la présence de Dieu. Mais chaque fois que des hommes se présentèrent devant Dieu tout en chérissant volontairement le mal, ils ont été détruits. Lors du second avènement du Christ les méchants seront consumés « par le souffle de sa bouche » et anéantis « par l'éclat de son avènement [16] ».

La lumière de la gloire de Dieu, source de vie pour les justes, détruira les méchants. A l'époque de Jean-Baptiste, le Christ était sur le point de paraître afin de révéler le caractère de Dieu. Sa seule présence suffirait à montrer aux hommes leurs péchés. Ceux-là seuls qui seraient disposés à se laisser nettoyer du péché pourraient entrer en communion avec lui. Seuls les cœurs purs pourront subsister en sa présence.

Tel fut le message que le Baptiste apporta à Israël de la part de Dieu. Plusieurs prêtèrent attention à ses instructions. Plusieurs, sacrifiant tout, obéirent. Des foules suivirent le nouveau maître de lieu en lieu, et quelques-uns mêmes espérèrent trouver en lui le Messie. Mais alors que Jean voyait ses auditeurs s'attacher à sa personne, il ne perdait pas une occasion de diriger leur foi vers celui qui allait venir.

---

[1] Ce chapitre est basé sur Luc 1.5-23 ; 57-80 ; 3.1-18 ; Matthieu 3.1-12 ; Marc 1.1-8. [2] Luc 1.38. [3] Daniel 10.21. [4] Apocalypse 1.1. [5] Apocalypse 22.9. [6] 2 Samuel 23.4. [7] Esaïe 40.5. [8] Esaïe 11.4 ; 32.2 ; 62.4. [9] Jérémie 31.35-37. [10] Jérémie 31.33, 34. [11] 1 Corinthiens 10.11. [12] Matthieu 3.11. [13] Esaïe 4.4 ; 1.25. [14] Hébreux 12.29. [15] Genèse 32.30. [16] 2 Thessaloniciens 2.8.

Chapitre 11

Le baptême

LA RENOMMEE du prophète du désert et de sa proclamation étonnante se répand dans toute la Galilée. Le message arrive jusqu'aux paysans, dans les villages les plus éloignés, jusqu'aux pêcheurs, au bord de la mer : ces cœurs simples et ardents y répondent avec sincérité. On en parle, à Nazareth, dans l'échoppe du charpentier qui a appartenu à Joseph, et il en est un qui reconnaît l'appel. Son temps est venu. Abandonnant sa tâche quotidienne, il dit adieu à sa mère, et, avec beaucoup de gens du pays, il prend le chemin du Jourdain [1].

Jésus et Jean-Baptiste sont cousins et étroitement unis par les circonstances de leur naissance ; néanmoins ils ne se connaissent pas directement. Jésus a passé sa vie à Nazareth, en Galilée ; Jean a passé la sienne dans le désert de Juda. Ils ont vécu isolés, dans des milieux fort différents, sans avoir de communication l'un avec l'autre. C'est la Providence qui l'a voulu ainsi. Il ne fallait pas offrir de prétexte à ceux qui les auraient accusés d'avoir comploté ensemble, pour se prêter un appui mutuel.

Jean est au courant des événements qui ont signalé la naissance de Jésus. Il a entendu parler de la visite de Jésus à Jérusalem à l'âge de douze ans, et de sa rencontre avec les rabbins. Il connaît sa vie, exempte de péché, et il suppose que Jésus est le Messie, sans, toutefois, en être absolument sûr. Le fait que Jésus est resté tant d'années dans l'obscurité, sans donner de preuves particulières de sa mission, fait douter qu'il soit celui qui a été promis. Le Baptiste attend néanmoins, avec foi, sachant qu'au temps voulu Dieu mettra tout au clair. Il lui a été révélé que le Messie viendra lui demander le baptême, et qu'alors un signe marquera son caractère divin. Cela lui donnera l'occasion de le présenter au peuple.

Quand Jésus vient pour être baptisé, Jean reconnaît en lui une pureté de caractère qu'il n'a encore rencontrée en aucun homme. La sainte atmosphère qui se dégage de sa présence inspire de la crainte. Parmi les foules, rassemblées autour de lui près du Jourdain, Jean a entendu de sombres récits de crime, et il a vu des âmes courbées sous le poids d'innombrables péchés ; jamais encore il n'est entré en contact avec un être humain dégageant une influence aussi divine. Tout cela est en harmonie avec ce qui a été révélé à Jean, touchant le Messie. Cependant il hésite à faire droit à la requête de Jésus. Comment peut-il, lui, pécheur, baptiser cet être sans péché ? Et pourquoi faut-il que celui qui n'a pas besoin de repentance se soumette à un rite équivalant à une confession de culpabilité ?

Jésus ayant sollicité le baptême, Jean recule, s'écriant : « C'est moi qui ai besoin d'être baptisé par toi et c'est toi qui viens vers moi ! » Jésus répond avec autant de fermeté que de douceur :

« Laisse faire pour le moment, car il est convenable que nous accomplissions ainsi toute justice. » Jean cède, conduit le Sauveur dans les eaux du Jourdain, et l'y ensevelit. Dès qu'il est sorti de l'eau, Jésus voit les cieux s'ouvrir, et « l'Esprit de Dieu descendre comme une colombe et venir sur lui ».

Ce n'est pas pour confesser son propre péché que Jésus reçoit le baptême. Mais il s'est identifié avec les pécheurs, faisant les démarches que nous avons à faire, et accomplissant l'œuvre que nous devons accomplir. Sa vie de souffrance et d'endurance, à partir de son baptême, doit aussi nous servir d'exemple.

Après être sorti de l'eau, Jésus s'agenouilla pour prier au bord du fleuve. Une ère nouvelle et importante s'ouvrait devant lui. Les conflits qui allaient le mettre aux prises avec les hommes se dressaient devant lui. Bien qu'il fût, le Prince de la paix, sa venue devait dégainer une épée. Le royaume qu'il venait établir était tout l'opposé de ce que les Juifs désiraient. Lui, le fondement du rituel et de l'économie israélite, il allait en être considéré comme l'ennemi et le destructeur. Lui, qui avait promulgué la loi sur le Sinaï, il serait condamné comme un transgresseur. Il était venu pour briser la puissance de Satan, on l'appellerait Béelzébul. Jusqu'alors personne au monde ne l'avait compris, et il continuerait de marcher seul, durant son ministère. Aussi longtemps qu'il vécut, sa mère et ses frères ne saisirent pas le sens de sa mission. Ses disciples ne le comprenaient pas davantage. Ayant vécu jusqu'ici dans l'éternelle lumière, intimement uni à Dieu, il allait vivre, sur la terre, dans la solitude.

Il faut qu'il porte le fardeau de notre péché et de notre condamnation, puisqu'il est devenu un avec nous. L'Être sans péché doit éprouver la honte du péché. Le Pacifique doit vivre au milieu des querelles, la Vérité doit habiter au milieu des mensonges, la pureté doit coudoyer la bassesse. Péchés, discordes, désirs coupables : tous ces fruits de la transgression lui sont un supplice.

Seul il foulera le sentier ; seul il portera le fardeau. La rédemption du monde reposera sur lui qui a dépouillé sa gloire, acceptant les infirmités de la nature humaine. Il voit tout cela et il en souffre, mais il reste ferme dans sa décision. Le salut de la famille humaine réside dans son bras ; il étend la main pour saisir la main de l'amour tout-puissant.

Le regard du Sauveur paraît pénétrer dans le ciel tandis qu'il épanche son âme dans la prière. Il sait à quel point les cœurs des hommes ont été endurcis par le péché, et combien il leur sera difficile de discerner sa mission et d'accepter le don du salut. Il plaide auprès du Père pour obtenir la puissance qui vaincra leur incrédulité, qui brisera les chaînes que Satan a rivées autour d'eux, et qui pour eux amènera la défaite du destructeur. Il veut un témoignage de Dieu acceptant l'humanité, en la personne de son Fils.

Les anges n'ont jamais entendu une telle prière. Ils voudraient apporter à leur Chef bien-aimé un message rassurant et consolant. C'est le Père lui-même qui veut répondre à la supplication de son Fils. Les rayons de gloire jaillissent directement de son trône. Les cieux s'ouvrent et une forme de colombe toute resplendissante descend sur la tête du Sauveur : emblème bien approprié à celui qui est doux et humble.

Jean et quelques-uns seulement parmi ceux qui se trouvaient au Jourdain, aperçurent la vision céleste. Cependant l'assemblée sentit la solennité de la présence divine. Le peuple considérait le Christ en silence. Il paraissait baigné dans la lumière qui environne le trône de Dieu. Son visage, tourné vers le ciel, respirait une gloire qu'on n'avait jamais aperçue sur un visage humain. On entendit une voix venant du ciel, disant : « Celui-ci est mon Fils bien-aimé, objet de mon affection », paroles destinées à inspirer la foi aux témoins de cette scène, et à fortifier le Sauveur en vue de sa mission. Bien que les péchés d'un monde coupable reposassent sur le Christ, et malgré l'abaissement auquel il s'était soumis en revêtant notre nature déchue, la voix céleste le reconnaissait comme étant le Fils de l'Eternel.

Jean est profondément ému en voyant Jésus prosterné et suppliant, sollicitant avec larmes l'approbation du Père. Quand la gloire de Dieu l'environne et la voix céleste se fait entendre, Jean reconnaît le signe que Dieu lui a promis. Il vient de baptiser le Rédempteur du monde ! Le Saint-Esprit le saisit, et, la main tendue vers Jésus, il s'écrie : « Voici l'Agneau de Dieu, qui ôte le péché du monde. » Aucun des auditeurs, et pas même celui qui prononça ces mots : « l'Agneau de Dieu », n'en a compris toute la portée. Sur la montagne de Morija, Abraham avait entendu la question de son fils : « Mon père !... où est l'agneau pour l'holocauste ? » Le père avait répondu : « Mon fils, Dieu se pourvoira lui-même de l'agneau pour l'holocauste [2]. » Dans le bélier providentiellement substitué à Isaac, Abraham reconnut un symbole de celui qui devait mourir pour les péchés des hommes. Reprenant cette image, sous l'inspiration du Saint-Esprit, Esaïe prophétisa touchant le Sauveur : « Comme l'agneau qu'on mène à la boucherie,... il n'a pas ouvert la bouche. » « L'Eternel a fait retomber sur lui l'iniquité de nous tous [3]. » Mais cette leçon n'a pas été comprise en Israël. Beaucoup ont, concernant les sacrifices, la même conception que les païens : ils les considèrent comme des dons au moyen desquels la Divinité peut être rendue propice. Dieu veut leur montrer que c'est de son amour que procède le don par lequel il les réconcilie avec lui-même. La parole dite à Jésus au Jourdain : « Celui-ci est mon Fils bien-aimé, objet de mon affection », embrasse l'humanité tout entière. Dieu parle alors à Jésus en tant que notre représentant. Malgré tous nos péchés et nos faiblesses, nous ne sommes pas rejetés comme des êtres sans valeur. Sa grâce magnifique nous a été « accordée en son bien-aimé [4] ». La gloire qui enveloppe le Christ est un gage de l'amour que Dieu a pour nous. Elle atteste la puissance de la prière ; elle montre comment la voix humaine peut atteindre l'oreille de Dieu, comment nos supplications sont accueillies dans les parvis célestes. A cause du péché la terre a été séparée du ciel, elle est devenue étrangère à sa communion ; mais Jésus a rétabli la liaison avec la sphère de la gloire. Son amour a enveloppé l'homme et atteint les plus hauts cieux. La lumière qui, à travers les portiques, descend sur la tête du Sauveur, descendra aussi sur nous si, par la prière, nous demandons le secours nécessaire pour résister à la tentation. La voix qu'entend Jésus répétera à toute âme croyante : « Celui-ci est mon Fils bien-aimé, objet de mon affection. »

« Bien-aimés, nous sommes maintenant enfants de Dieu, et ce que nous serons n'a pas encore été manifesté ; mais nous savons que lorsqu'il sera manifesté, nous serons semblables à lui, parce que nous le verrons tel qu'il est [5]. » Notre Rédempteur a ouvert la voie par laquelle pourront trouver accès auprès du Père les plus grands pécheurs, les plus nécessiteux, les plus oppressés, les plus méprisés. Tous peuvent avoir une place dans les demeures que Jésus est allé nous préparer. « Voici ce que dit le Saint, le Véritable, celui qui a la clef de David, celui qui ouvre et personne ne fermera, celui qui ferme et personne n'ouvrira:... J'ai mis devant toi une porte ouverte que nul ne peut fermer [6]. »

---

[1] Ce chapitre est basé sur Matthieu 3.13-17 ; Marc 1.9-11 ; Luc 3.21, 22. [2] Genèse 22.7, 8. [3] Esaïe 53.7, 6. [4] Ephésiens 1.6. [5] 1 Jean 3.2. [6] Apocalypse 3.7, 8.

Chapitre 12

La tentation

« Jésus, rempli d'Esprit-Saint, revint du Jourdain et fut conduit par l'Esprit dans le désert. » Marc emploie des mots encore plus significatifs : « Aussitôt, l'Esprit poussa Jésus dans le désert. Il passa dans le désert quarante jours, tenté par Satan [1]. Il était avec les bêtes sauvages. » « Il ne mangea rien durant ces jours-là. »

Ce fut l'Esprit de Dieu qui conduisit Jésus au désert, pour y être tenté. Jésus n'allait pas à la recherche de la tentation. Il voulait être seul, méditer sur sa mission et son œuvre, et se préparer, par le jeûne et la prière, à fouler le sentier ensanglanté. Mais Satan, sachant que le Sauveur était allé au désert, pensa que le moment était favorable pour s'approcher de lui.

De grands intérêts étaient en jeu, pour le monde, au moment où le Prince de la lumière livra bataille au chef du royaume des ténèbres. Après avoir induit l'homme en tentation, Satan revendiqua la propriété de la terre et se donna le titre de prince de ce monde. Ayant rendu conformes à sa nature le père et la mère de notre race, il pensa établir ici son empire, déclarant que les hommes l'avaient désigné comme leur souverain. Par l'influence qu'il exerçait sur eux, il tenait le monde sous sa domination. La venue du Christ ruinait ses prétentions. En qualité de fils de l'homme, le Christ resterait fidèle à Dieu et démontrerait que Satan n'exerçait nullement un pouvoir absolu sur la race humaine et que les droits qu'il prétendait avoir sur le monde étaient faux. Tous ceux qui désireraient échapper à sa puissance seraient mis en liberté. La domination perdue par le péché d'Adam serait rétablie.

Depuis la prédiction faite au serpent, en Eden : « Je mettrai de l'inimitié entre toi et la femme, entre ta postérité et sa postérité [2] », Satan savait que son pouvoir sur le monde n'était pas absolu. Il sentait tout ce qui, chez les hommes, s'opposait à son emprise. C'est avec le plus vif intérêt qu'il observa Adam et ses fils offrant des sacrifices. Il reconnut, dans ces rites, un symbole de communion entre la terre et le ciel. Il entreprit d'interrompre cette communion. Il présenta Dieu sous un faux jour, donnant une interprétation erronée aux rites annonçant le Sauveur. Les hommes furent amenés à redouter Dieu comme un être qui prend plaisir à détruire ses créatures. Les sacrifices, destinés à révéler son amour, devinrent uniquement un moyen d'apaiser sa colère. Satan excita les plus basses passions humaines afin d'affermir son règne sur les hommes. Quand la Parole écrite de Dieu eut été donnée, Satan se mit à étudier les prophéties relatives à l'avènement du Sauveur. Il s'efforça d'aveugler l'esprit des générations successives en ce qui concerne ces prophéties, afin que le Christ fût rejeté lorsqu'il viendrait.

Lors de la naissance de Jésus, Satan comprit que cet Envoyé de Dieu était chargé de lui disputer sa domination. Il trembla en entendant le message de l'ange affirmant l'autorité du Roi nouveau-né. Satan connaissait fort bien la position que Christ avait occupée dans le ciel en qualité de Bien-aimé du Père. L'incarnation du Fils de Dieu le remplissait d'étonnement et de crainte. Il ne pouvait admettre un tel amour pour la race déchue. Les hommes n'ont qu'une faible idée de la gloire et de la paix du ciel, ainsi que du bonheur que procure la communion avec Dieu ; mais Lucifer, le chérubin protecteur, savait ce qu'il avait perdu et voulait se venger en entraînant à l'abîme les autres créatures. Pour arriver à ses fins, il amenait les hommes à sous-estimer les biens célestes et à s'attacher aux choses de la terre.

Quelle résistance allait trouver le Chef des êtres célestes en s'efforçant de gagner les âmes au Royaume ! Dès sa première enfance, à Bethléhem, Jésus fut l'objet des attaques du malin. L'image de Dieu se montrait en Christ, et, dans ses conciliabules, Satan avait décidé de le vaincre. Jusque-là aucun être humain n'avait réussi à échapper à la puissance du séducteur. Les forces du mal se coalisèrent contre le Christ.

Satan assista au baptême du Sauveur. Il vit la gloire du Père enveloppant son Fils. Il entendit la voix de Jéhovah attestant la divinité de Jésus. Depuis le péché d'Adam, la race humaine, privée de communion directe avec Dieu, n'avait maintenu ses relations célestes que par l'intermédiaire du Christ. Maintenant, Jésus étant venu « dans une chair semblable à celle du péché [3] », le Père lui-même faisait entendre sa voix. Il avait auparavant communiqué avec les hommes *par* le Christ ; il communiquait maintenant avec eux *en* Christ. Satan, après avoir espéré que l'horreur du péché créerait une éternelle séparation entre le ciel et la terre, voyait rétablies à cette heure les relations entre Dieu et l'homme.

Il fallait vaincre ou périr. Les intérêts engagés étaient trop considérables pour que Satan les laissât aux soins de ses associés. Il assuma personnellement la direction de la bataille. Toutes les énergies des rebelles se rallièrent contre le Fils de Dieu. Le Christ devint la cible de tous les traits de l'enfer.

Bien des personnes n'aperçoivent pas les conséquences qui découlent pour elles du conflit entre Christ et Satan ; et par conséquent elles s'y intéressent peu. Pourtant ce conflit se reproduit dans chaque cœur humain. Personne n'abandonne les rangs du mal pour entrer au service de Dieu sans devenir l'objet des attaques de Satan. Les séductions auxquelles le Christ eut à résister, sont celles contre lesquelles nous luttons avec tant de peine. Elles furent d'autant plus violentes que son caractère était supérieur au nôtre. Portant sur lui le poids effroyable des péchés du monde, le Christ fut soumis à l'épreuve de la convoitise, de l'amour du monde, et du désir de paraître qui fait tomber dans la présomption. Ces mêmes tentations avaient vaincu Adam et Eve, et elles ont raison de nous trop facilement.

Satan s'était servi du péché d'Adam pour soutenir que la loi divine est injuste et que l'on ne peut lui obéir. Revêtu de notre humanité, le Christ devait racheter la faute d'Adam. Mais lorsque Adam avait été l'objet des attaques du tentateur, il n'était pas encore soumis aux effets du péché. Dans la force de l'humanité normale, en possession d'une pleine vigueur mentale et physique, les gloires de l'Eden l'entourant, il communiait avec les êtres célestes. Ce n'est pas dans de telles conditions que Jésus entra au désert pour affronter Satan. Pendant quatre mille ans les forces physiques et mentales ainsi que la valeur morale de l'humanité étaient allées en décroissant ; et le Christ revêtit les infirmités d'une humanité dégénérée. C'est seulement ainsi qu'il pouvait racheter l'homme de sa profonde corruption.

Certains prétendent que le Christ ne pouvait être vaincu par la tentation. Mais il n'aurait pu alors occuper la position d'Adam et remporter la victoire où Adam était tombé. Il ne serait plus capable de nous secourir si nous avions à soutenir des conflits plus redoutables que les siens. Non, notre Sauveur a revêtu notre humanité avec tous ses dangers ; il a encouru la possibilité de céder à la tentation. Nous n'avons rien à supporter qu'il n'ait enduré lui-même.

La première grande tentation eut lieu sur le terrain de l'appétit aussi bien en ce qui concerne le Christ qu'en ce qui concerne le saint couple qui se trouvait en Eden. Notre rédemption a commencé à l'endroit même où avait commencé notre ruine. Tout comme Adam tomba en cédant à l'appétit, le Christ eut la victoire en y renonçant. « Il jeûna quarante jours et quarante nuits, puis il eut faim. Le tentateur s'approcha et lui dit : Si tu es Fils de Dieu, ordonne que ces pierres deviennent des pains. Mais Jésus répondit : Il est écrit L'homme ne vivra pas de pain seulement, mais de toute parole qui sort de la bouche de Dieu. »

Depuis Adam jusqu'à Jésus-Christ, les appétits et les passions s'étaient accrus d'une manière démesurée. Les hommes avilis, maladifs, étaient incapables de remporter la victoire par eux-mêmes. Le Christ triompha pour eux en se soumettant à la plus rude épreuve. Par amour pour nous il exerça sur lui-même une maîtrise plus forte que la faim ou la mort. Sa première victoire a rendu possible notre propre victoire dans tous les conflits avec les puissances des ténèbres.

Quand Jésus entra au désert, il y fut enveloppé de la gloire de son Père. Absorbé dans sa communion avec Dieu, il fut élevé au-dessus de la faiblesse humaine. Mais la gloire le quitta, le laissant aux prises avec la tentation. Celle-ci l'assiégeait à chaque instant. Sa nature humaine éprouvait de la répugnance pour la lutte qui l'attendait. Quarante jours durant il jeûna et pria. Affaibli et amaigri par la faim, épuisé et rendu hagard par l'angoisse, « son visage était défait, méconnaissable ; tant son aspect différait de celui des autres hommes [4] ». C'était là l'occasion que Satan attendait. Il pensa que le moment était venu où il pourrait remporter la victoire sur le Christ.

Comme en réponse aux prières du Sauveur, quelqu'un sous l'aspect d'un ange du ciel se présenta à lui, se disant chargé de lui annoncer de la part de Dieu que son jeûne était terminé. Ainsi que Dieu avait envoyé un ange pour empêcher Abraham de porter la main sur Isaac, ainsi, satisfait de l'obéissance du Christ, le Père envoyait un ange pour le délivrer. Tel était le message qui lui était communiqué. Le Sauveur était défaillant et affamé lorsque Satan survint tout à coup. Lui montrant les pierres qui jonchaient le sol du désert, et qui avaient l'apparence de pains, le tentateur lui dit : « Si tu es Fils de Dieu, ordonne que ces pierres deviennent des pains. »

Bien qu'il se présente sous les dehors d'un ange de lumière, ses premiers mots trahissent son caractère. « Si tu es Fils de Dieu. » Ces paroles ont pour but d'insinuer le doute. Obéir à la suggestion de Satan, ce serait, de la part de Jésus, admettre ce doute. Le tentateur se propose de renverser le Christ par les moyens qui lui ont si bien réussi auprès de la race humaine. Avec quelle habileté Satan s'était approché d'Eve en Eden ! « Quoi ? Dieu a-t-il vraiment dit : Vous ne mangerez les fruits d'aucun arbre du jardin [5] ? » Il y avait du vrai dans les paroles du tentateur ; mais sa façon de les prononcer dissimulait un certain mépris pour la parole de Dieu. C'était une manière indirecte de mettre en doute la véracité divine. Satan cherchait à insinuer, dans l'esprit d'Eve, la pensée que Dieu ne ferait pas ce qu'il avait dit ; qu'en les privant, Adam et elle, d'un fruit si magnifique, Dieu se mettait en contradiction avec son amour et sa compassion pour l'homme. Le tentateur s'efforce maintenant d'inspirer au Christ ses propres sentiments. « Si tu es Fils de Dieu. » Ces paroles traduisent l'amertume de son cœur. Le ton de sa voix exprime une complète incrédulité. Dieu infligerait-il à son Fils des traitements semblables ? L'abandonnerait-il seul, dans le désert, sans nourriture, sans réconfort, parmi les bêtes sauvages ? Il insinue que Dieu n'a jamais voulu laisser son Fils dans une pareille condition. « Si tu es Fils de Dieu », montre ta puissance en apaisant ta faim. Ordonne que ces pierres deviennent des pains.

Les paroles célestes : « Celui-ci est mon Fils bien-aimé, objet de mon affection [6] », retentissaient encore aux oreilles de Satan. Mais il voulait détruire en Christ la foi à ce témoignage. La parole de Dieu donnait au Christ l'assurance que sa mission parmi les hommes était divine. Cette même parole définissait sa relation avec le ciel. Le but de Satan était d'amener Jésus à douter de cette parole. Satan savait que, s'il réussissait à ébranler la confiance du Christ en Dieu, le grand conflit se terminerait à son avantage. Il espérait que, sous l'effet du découragement et de la faim, le Christ perdrait la foi en son Père, et accomplirait un miracle pour lui-même. Si cela était arrivé, le plan du salut eût été anéanti.

Quand Satan et le Fils de Dieu étaient entrés en lutte pour la première fois, le Christ était le chef des armées célestes ; alors Satan, qui avait dirigé la révolte dans le ciel, fut jeté dehors. Maintenant les rôles semblent être renversés, et Satan profite de ce qu'il considère comme son avantage. L'un des anges les plus puissants, dit-il, a été banni du ciel. Toutes les apparences montrent que Jésus est cet ange tombé, rejeté de Dieu et abandonné des hommes. Un être divin soutiendrait son droit en accomplissant un miracle : « Si tu es Fils de Dieu, ordonne que ces pierres deviennent des pains. » Un acte créateur de ce genre, assure le tentateur, fournirait une preuve concluante de divinité et mettrait fin à la controverse.

Il en coûtait à Jésus d'écouter en silence le grand tentateur. Mais le Fils de Dieu n'avait pas à prouver sa divinité à Satan, ni à lui expliquer le motif de son humiliation. En accordant au rebelle l'objet de sa requête, il n'aurait avancé en rien le bien de l'homme ou la gloire de Dieu. Si le Christ avait cédé à la suggestion de l'ennemi, Satan eût continué de dire : Montre-moi un signe pour que je puisse croire que tu es le Fils de Dieu. Aucune démonstration n'eût été capable de briser la puissance de la rébellion dans son cœur. De plus, le Christ ne devait pas exercer sa puissance divine pour son propre avantage. Il était venu pour supporter l'épreuve comme nous, afin de nous laisser un exemple de foi et de soumission. Ni à ce moment-là, ni à aucun autre moment de sa vie terrestre, Jésus n'a accompli un miracle en sa faveur. Toutes ses œuvres merveilleuses avaient pour but le bien d'autrui. Et quoique Jésus eût reconnu Satan dès l'abord, la provocation ne le fit pas entrer en controverse avec lui. Soutenu par le souvenir de la voix céleste, il se reposa dans l'amour de son Père, ne voulant pas parlementer avec le tentateur.

Jésus opposa à Satan les paroles de l'Ecriture. « Il est écrit », dit-il. Dans toutes ses tentations, la Parole de Dieu fut son arme unique. Satan demandait au Christ de lui donner un miracle comme signe de sa divinité. Mais quelque chose valait mieux que tous les miracles : une ferme confiance en ce qu'a dit le Seigneur, voilà le signe incontestable. Le tentateur ne pouvait obtenir aucun avantage aussi longtemps que le Christ restait sur cette position.

Au moment de sa plus grande faiblesse le Christ fut assailli par les tentations les plus terribles. Satan s'imaginait vaincre ainsi. Cette méthode lui avait réussi auparavant. Des hommes qui avaient combattu vaillamment et pendant longtemps pour le bien s'étaient trouvés vaincus quand leurs forces avaient subi une défaillance, quand leur volonté s'était affaiblie, quand leur foi avait cessé de se reposer sur Dieu. Moïse, las de quarante années de vie errante avec Israël, sentit sa foi chanceler. Il commit une faute au seuil de la terre promise. Tel fut aussi le cas d'Elie. Il resta ferme devant le roi Achab et fit face à toute la nation d'Israël conduite par les quatre cent cinquante prophètes de Baal. A la fin de la terrible journée passée sur le Carmel, le peuple promit d'obéir à Dieu et les faux prophètes furent exterminés. Ce même soir, cependant, Elie s'enfuit devant les menaces de Jézabel, afin de mettre sa vie en sureté ! C'est ainsi que Satan a toujours profité des faiblesses de l'humanité. Et il continue d'agir de la même manière. Dès qu'un homme est entouré de nuages, plongé dans la perplexité par les circonstances, ou affligé par la pauvreté ou le malheur, Satan est tout prêt à renouveler ses tentations. Il cherche les points faibles de notre caractère. Il s'efforce d'ébranler notre confiance en Dieu, qui tolère un tel état de choses. Nous sommes tentés de perdre confiance, de mettre en doute l'amour divin. Souvent le tentateur se présente à nous comme il se présenta au Christ, rangeant devant nous en ordre de bataille nos faiblesses et nos infirmités. Il espère nous décourager et nous faire lâcher prise. Alors il est sûr de sa proie. Mais si nous voulons lui résister comme l'a fait Jésus, nous échapperons à plus d'une défaite. Discuter avec l'ennemi, c'est lui donner l'avantage.

En disant au tentateur : « L'homme ne vivra pas de pain seulement, mais de toute parole qui sort de la bouche de Dieu », le Christ répéta les paroles qu'il avait adressées à Israël plus de quatorze siècles auparavant : « L'Eternel, ton Dieu, t'a fait marcher, pendant ces quarante ans, dans le désert.... Il t'a humilié ; il t'a fait souffrir de la faim et il t'a nourri de cette manne que tu ne connaissais pas et que n'avaient pas connue tes pères, afin de t'apprendre que l'homme ne vit pas de pain seulement, mais de tout ce qui sort de la bouche de l'Eternel [7] » Au désert, alors que tout autre moyen de subsistance faisait défaut, Dieu envoya du ciel la manne à son peuple, en quantité suffisante, et d'une manière constante. Il montrait ainsi qu'il ne l'abandonnerait pas aussi longtemps qu'il se confierait en Dieu et marcherait dans ses voies. Le Sauveur eut maintenant l'occasion de mettre en pratique la leçon qu'il avait enseignée à Israël. L'armée des Hébreux avait été secourue par la parole de Dieu, et Jésus allait être secouru par la même parole. Il attendit le moment fixé par Dieu pour la délivrance. C'est par obéissance à Dieu qu'il se trouvait au désert, et il ne voulut pas se procurer des aliments en suivant les suggestions de Satan. En présence de l'univers témoin de cette scène, il montra que c'est un moindre mal de souffrir quoi qu'il advienne, plutôt que de s'écarter, si peu que ce soit, de la volonté de Dieu.

« L'homme ne vivra pas de pain seulement, mais de toute parole qui sort de la bouche de Dieu. » Souvent le disciple du Christ est placé dans l'impossibilité de servir Dieu en même temps qu'il s'occupe avec succès de ses entreprises terrestres. Il pourra sembler parfois que l'obéissance à un commandement de Dieu, clairement révélé, aura pour effet de supprimer tout moyen d'existence. Satan voudra alors faire croire qu'il est préférable de sacrifier les convictions de la conscience. Mais il n'y a qu'une chose au monde à laquelle nous puissions nous fier : la Parole de Dieu. « Cherchez premièrement son royaume et sa justice ; et tout cela vous sera donné par surcroît [8]. » Même dans cette vie-ci il ne nous est pas avantageux de nous départir de la volonté de notre Père céleste. Si nous avons appris à connaître la puissance de sa Parole, nous ne suivrons pas les suggestions de Satan pour nous procurer de la nourriture ou pour sauver notre vie. Nous nous demanderons seulement : Qu'est-ce que Dieu a commandé ? Qu'a-t-il promis ? Ayant répondu à ces questions, nous obéirons au commandement, nous aurons foi à la promesse.

Dans la dernière phase du grand conflit avec Satan ceux qui resteront fidèles à Dieu seront privés de tout soutien terrestre. Parce qu'ils auront refusé de violer sa loi pour obéir aux pouvoirs terrestres, on leur interdira d'acheter ou de vendre. On finira par décréter qu'ils soient mis à mort [9]. Mais à ceux qui obéiront est faite cette promesse : « Celui-là habitera dans les lieux élevés ; la forteresse bâtie sur le rocher sera sa retraite ; son pain lui sera donné ; ses provisions d'eau ne lui manqueront point [10]. » Les enfants de Dieu vivront par cette promesse. Alors que la terre sera dévastée par la famine, ils seront nourris. « Ils ne seront pas confus au temps du malheur ; ils seront rassasiés au jour de la famine [11]. » Ce temps de détresse a été prévu par le prophète Habacuc, qui a exprimé la foi de l'Eglise en ces mots : « Alors le figuier ne fleurira pas et il n'y aura rien à récolter dans les vignes. Le fruit de l'olivier manquera et les champs ne donneront point de nourriture ; plus de brebis dans la bergerie, plus de bœufs dans les étables ! Néanmoins, je veux me réjouir en l'Eternel et tressaillir de joie dans le Dieu qui me délivrera [12]. »

De toutes les leçons qui se dégagent de la première grande tentation du Seigneur, aucune n'est plus importante que celle qui a trait à la domination des appétits et des passions. De tout temps, les tentations qui se sont adressées à la nature physique ont eu, sur l'humanité, l'effet le plus corrupteur et le plus dégradant. C'est par l'intempérance que Satan s'efforce de détruire les facultés mentales et morales inestimables dont Dieu a doté l'homme. Les hommes deviennent ainsi incapables d'apprécier les biens d'une valeur éternelle. Satan se sert de la sensualité pour effacer de l'âme humaine toute ressemblance divine.

Les excès qui ont existé lors de la première venue du Christ, et qui ont amené un état de maladie et de dégénérescence, se renouvelleront, intensifiés, avant sa seconde venue. Le Christ déclare que les conditions du monde seront alors celles qui ont précédé le déluge, et qui ont caractérisé Sodome et Gomorrhe. Toutes les pensées des hommes se porteront uniquement vers le mal. Nous vivons au seuil de ce temps redoutable, et nous devrions retenir la leçon renfermée dans le jeûne du Sauveur. L'angoisse inexprimable que le Christ a éprouvée nous permet d'estimer la mesure du mal qu'il y a à se livrer, sans frein, à une vie de plaisirs. Son exemple montre que notre seule espérance de vie éternelle réside dans la soumission des appétits et des passions à la volonté de Dieu.

Il nous est impossible, par nos propres forces, de résister aux désirs impérieux de notre nature déchue. C'est par là que Satan nous tente. Le Christ savait que l'ennemi s'approcherait de tout être humain, profitant de ses faiblesses héréditaires, et s'efforçant de prendre au piège de ses fausses insinuations tous ceux qui ne se confient pas en Dieu. En foulant le chemin que l'homme doit parcourir, le Seigneur a préparé la voie à notre victoire. Dieu n'ordonne pas que nous soyons en désavantage dans le conflit avec Satan. Il ne veut pas que nous soyons intimidés et découragés par les assauts du serpent. « Prenez courage, nous dit-il,... j'ai vaincu le monde [13]. »

Qu'il considère le Sauveur au désert de la tentation, celui qui lutte contre la puissance de l'appétit. Qu'il le considère aussi agonisant sur la croix et s'écriant : « J'ai soif. » Il a enduré tout ce à quoi nous pouvons être exposés. Sa victoire est notre victoire.

Jésus s'est reposé sur la sagesse et la force de son Père céleste. Il déclare : « Le Seigneur, l'Eternel, viendra à mon aide et je ne serai pas couvert de honte ;... car je sais que je n'aurai pas à rougir.... Oui, le Seigneur, l'Eternel viendra à mon aide. » Et rappelant son propre exemple, il ajoute : « Qui d'entre vous craint l'Eternel ?... Que celui qui marche dans les ténèbres et qui est privé de lumière mette sa confiance dans le nom de l'Eternel et qu'il s'appuie sur son Dieu [14]. »

« Le prince du monde vient, dit Jésus. Il n'a rien en moi [15]. » Rien en lui ne faisait écho aux sophismes de Satan. Il ne donnait pas son consentement au péché. Il ne céda pas à la tentation, même en pensée. Nous pouvons faire de même. L'humanité du Christ était unie à la divinité ; la présence du Saint-Esprit le rendait apte au combat. Or il est venu pour nous rendre participants de sa nature divine. Aussi longtemps que nous sommes unis à lui par la foi, le péché ne domine pas sur nous. Dieu fait en sorte que par la main de la foi nous saisissions fortement la divinité du Christ, afin d'atteindre à la perfection du caractère.

Comment cela peut se faire, le Christ nous l'a montré. Par quel moyen a-t-il remporté la victoire dans sa lutte avec Satan ? Par la Parole de Dieu. Seule, cette Parole pouvait le rendre capable de résister à la tentation. « Il est écrit », dit-il. Nous aussi, « nous avons été mis en possession des plus précieuses et des plus grandes promesses, afin que, par leur moyen, vous deveniez participants de la nature divine, en fuyant la corruption qui règne dans le monde par la convoitise [16] ». Toutes les promesses que renferme la Parole de Dieu sont à nous. Nous sommes appelés à vivre « de toute parole qui sort de la bouche de Dieu ». Quand vous êtes assaillis par la tentation, ne regardez pas aux circonstances ou à la faiblesse du moi, mais à la puissance de la Parole. Toute sa puissance est à vous. Le psalmiste nous dit : « J'ai serré ta Parole dans mon cœur, afin de ne pas pécher contre toi » « Pour obéir à la parole de ta bouche, je me suis éloigné des voies de l'homme violent [17]. »

---

[1] Ce chapitre est basé sur Matthieu 4.1-11 ; Marc 1.12, 13 ; Luc 4.1-13. [2] Genèse 3.15. [3] Romains 8.3. [4] Esaïe 52.14. [5] Genèse 3.1. [6] Matthieu 3.17. [7] Deutéronome 8.2, 3. [8] Matthieu 6.33. [9] Apocalypse 13.11-17. [10] Esaïe 33.16. [11] Psaume 37.19. [12] Habacuc 3.17, 18. [13] Jean 16.33. [14] Esaïe 50.7-10. [15] Jean 14.30. [16] 2 Pierre 1.4, version synodale. [17] Psaumes 119.11 ; 17.4.

Chapitre 13

La victoire

« LE DIABLE le transporta dans la ville sainte, le plaça sur la terrasse du temple et lui dit : Si tu es Fils de Dieu, jette-toi en bas ; car il est écrit : Il donnera pour toi des ordres à ses anges ; et ils te porteront sur les mains, de peur que ton pied ne heurte une pierre. »

Satan croit se placer maintenant sur le terrain de Jésus. L'ennemi, plein de ruse, propose à son tour des paroles émanant de la bouche de Dieu. Il continue à se montrer comme un ange de lumière et donne des preuves de sa connaissance des Ecritures et de l'intelligence qu'il en a. Jésus s'est servi de la Parole de Dieu pour soutenir sa foi, le tentateur s'en sert pour couvrir ses séductions. Il feint d'avoir voulu mettre à l'épreuve la fidélité de Jésus et loue sa fermeté. Puisque le Sauveur a manifesté sa confiance en Dieu, Satan veut un nouveau témoignage de sa foi [1].

Il insinuera encore un doute comme préface à la tentation « *Si* tu es Fils de Dieu. » Le Christ est tenté de répondre à ce « Si » ; il se garde pourtant de donner la moindre prise au doute. Il ne veut pas mettre sa vie en péril pour fournir une preuve à Satan.

Le tentateur pensait ainsi pouvoir tirer avantage de l'humanité du Christ, et le faire tomber dans la présomption. Mais, si Satan peut solliciter au péché, il ne peut nous y contraindre. Il dit à Jésus : « Jette-toi en bas », sachant bien qu'il ne peut pas le jeter en bas lui-même ; car Dieu interviendrait pour le délivrer. Satan ne peut pas non plus forcer Jésus à se jeter en bas. Le Christ ne serait vaincu qu'en donnant son assentiment à la tentation. Toute la puissance de la terre ou de l'enfer ne pourrait le forcer à se départir au moindre degré de la volonté de son Père.

Le tentateur ne peut jamais nous contraindre à faire le mal. Il ne peut dominer notre esprit que si nous cédons à son influence. Pour que Satan puisse exercer sa puissance sur nous, il faut que notre volonté y consente, et que notre foi cesse de s'attacher au Christ. Cependant tout désir coupable, entretenu par nous, lui fournit un point d'appui. Tout point, sur lequel nous ne réussissons pas à atteindre à l'idéal divin, lui ouvre une porte par laquelle il s'empressera d'entrer pour nous tenter et nous détruire. Et toutes nos chutes, toutes nos défaites lui fournissent l'occasion de jeter de l'opprobre sur le Christ.

En citant la promesse : « Il donnera pour toi des ordres à ses anges », Satan omit les mots : « de te garder dans toutes tes voies », ce qui veut dire dans toutes les voies que Dieu nous a tracées. Jésus refusa de sortir du sentier de l'obéissance. Tout en faisant preuve d'une parfaite confiance en son Père, il ne voulait pas se placer, de son propre chef, dans une position qui obligerait son Père à intervenir pour le sauver de la mort. Il ne voulait pas, en obligeant la Providence à venir à son aide, négliger de donner à l'homme un exemple de confiance et de soumission.

Jésus déclara à Satan : « D'autre part il est écrit : Tu ne tenteras pas le Seigneur ton Dieu. » Moïse avait adressé ces paroles aux enfants d'Israël quand, altérés, au désert, ils avaient réclamé de l'eau, en s'écriant : « L'Eternel est-il au milieu de nous, ou n'y est-il pas [2] ? » Dieu avait opéré en leur faveur des choses merveilleuses ; mais dans leur détresse ils doutèrent de lui, et voulurent une preuve qu'il était avec eux. Dans leur incrédulité ils voulurent le mettre à l'épreuve. Satan conseillait au Christ de faire la même chose. Dieu avait déjà attesté que Jésus était son Fils ; exiger une nouvelle preuve de sa filialité divine, c'eût été mettre la parole de Dieu à l'épreuve, tenter Dieu. Ce serait la même chose si l'on demandait ce que Dieu n'a pas promis. Ce serait manifester de la méfiance. Nous ne devrions pas présenter à Dieu nos requêtes *afin de le mettre à l'épreuve*, pour voir s'il accomplira sa parole, mais *parce que* nous avons la certitude qu'il l'accomplira ; non pas pour avoir la preuve qu'il nous aime, mais parce que nous l'avons déjà. « Sans la foi, il est impossible de lui plaire ; celui qui s'approche de Dieu doit croire qu'il existe et qu'il se fait le rémunérateur de ceux qui le cherchent [3]. »

La foi ne peut être l'alliée de la présomption. Celui-là seul qui a la vraie foi est à l'abri de la présomption. Car celle-ci est la contrefaçon diabolique de la foi. La foi revendique les promesses divines, et produit des fruits d'obéissance. La présomption revendique elle aussi des promesses, mais elle s'en sert, comme Satan, pour justifier le péché. La foi aurait conduit nos premiers parents à se confier en l'amour de Dieu, à obéir à ses commandements. La présomption les amena à transgresser sa loi, pensant que son grand amour les préserverait des conséquences de leur péché. Ce n'est pas la foi qui implore la faveur du ciel sans remplir les conditions auxquelles est subordonné le don de la grâce. Une foi authentique a son fondement dans les promesses et les dispositions de l'Ecriture.

Souvent, lorsque Satan n'a pas réussi à provoquer notre défiance, il nous fait tomber dans la présomption. S'il obtient que nous nous placions, sans nécessité, sur le chemin de la tentation, il tient la victoire. Dieu gardera tous ceux qui marchent dans le sentier de l'obéissance ; s'en éloigner, c'est s'aventurer sur le terrain de Satan. Ici, nous sommes sûrs de tomber. Le Sauveur nous a adressé cette exhortation : « Veillez et priez, afin de ne pas entrer en tentation [4]. » La méditation et la prière peuvent nous empêcher de nous précipiter, de nous-mêmes, sur la voie du danger, et nous éviter ainsi bien des défaites.

Il ne faut cependant pas perdre courage quand la tentation nous assaille. Souvent, lorsque nous nous trouvons dans une situation difficile, nous doutons que l'Esprit de Dieu nous ait conduits. Ce fut pourtant l'Esprit qui poussa Jésus au désert pour y être tenté par Satan. Quand Dieu nous met à l'épreuve, il a pour but notre bien. Jésus n'a pas présumé des promesses divines en s'exposant de son propre chef à la tentation, et il ne s'est pas non plus laissé glisser dans le découragement quand celle-ci survint. Imitons-le. « Dieu est fidèle et ne permettra pas que vous soyez tentés au-delà de vos forces ; mais avec la tentation, il donnera aussi le moyen d'en sortir, pour que vous puissiez la supporter. » Il dit : « Pour sacrifice, offre à Dieu tes louanges et accomplis tes vœux envers le Très-Haut ! Puis, invoque-moi au jour de ta détresse : Je te délivrerai et tu me glorifieras [5]. »

Jésus a eu la victoire dans la seconde tentation : Satan révèle alors son véritable caractère. Il ne paraît cependant pas sous la forme d'un monstre hideux, ayant le pied fourchu et des ailes de chauve-souris. Quoique tombé, il est un ange puissant. Il se donne comme le chef de la rébellion et le dieu de ce monde.

Ayant placé Jésus sur une haute montagne, Satan fait passer devant lui, comme en un panorama, les royaumes de ce monde avec toute leur gloire. Le soleil brille sur des villes aux temples magnifiques, sur des palais de marbre, des champs fertiles et des vignes chargées de fruits. Les traces du mal sont cachées. Les yeux de Jésus, qui, tout à l'heure, ne voyaient qu'horreur et désolation, contemplent maintenant une scène incomparable de charme et de prospérité. Alors se fait entendre la voix du tentateur : « Je te donnerai tout ce pouvoir, et la gloire de ces royaumes ; car elle m'a été remise, et je la donne à qui je veux. Si donc tu te prosternes devant moi, elle sera toute à toi. »

Ce n'est que par la souffrance que le Christ peut accomplir sa mission. Une vie de douleurs, de peines et de luttes s'offre à lui, couronnée par une mort ignominieuse. Il faut qu'il porte les péchés du monde entier. Il doit accepter d'être séparé de l'amour de son Père. Et voici que le tentateur fait hommage à Jésus du pouvoir qu'il a usurpé. Le Christ peut échapper à un effroyable avenir en reconnaissant la suprématie de Satan. Mais agir ainsi c'est renoncer à la victoire, dans le grand conflit. En essayant de s'élever au-dessus du Fils de Dieu, Satan a péché, dans le ciel. S'il réussit maintenant, c'est le triomphe de la rébellion.

En disant au Christ que la royauté et la gloire du monde lui ont été données et qu'il est libre d'en disposer, Satan affirme une chose qui n'est vraie qu'en partie, et son but est de tromper. La domination que Satan exerce, il l'a arrachée à Adam ; or Adam n'était que le fondé de pouvoir du Créateur. Il n'était pas un roi indépendant. La terre appartient à Dieu, et Dieu a remis toutes choses entre les mains de son Fils. Adam était appelé à régner sous les ordres du Christ. Quand Adam eut livré à Satan sa souveraineté, le Christ demeura le roi légitime. C'est pour cela que Dieu dit au roi Nébucadnetsar : « Le Très-Haut domine sur la royauté des hommes ;... il la donne à qui il veut [6]. » Satan ne peut exercer le pouvoir qu'il a usurpé qu'en tant que Dieu le lui permet.

En offrant au Christ la royauté et la gloire de ce monde, Satan se propose de l'amener à renoncer à ses droits souverains pour ne régner que sous ses ordres. C'est là une domination semblable à celle qu'espéraient les Juifs. Leur ambition était de régner sur le monde. Si le Christ avait consenti à leur donner un tel royaume, ils l'eussent accueilli avec transports. Mais la malédiction du péché, avec tous les malheurs qui en sont la conséquence, pèse sur ce monde. Aussi le Christ dit-il au tentateur: « Retire-toi, Satan ! Car il est écrit : Tu adoreras le Seigneur ton Dieu et à lui seul tu rendras un culte. »

Les royaumes de ce monde furent offerts au Christ, par celui qui s'était révolté dans le ciel, en échange d'un hommage aux principes du mal. Mais Jésus ne se laissa pas séduire. Il était venu établir un royaume de justice et ne voulait pas renoncer à son dessein. Satan soumet les hommes à la même tentation, mais avec beaucoup plus de succès. Il leur offre les royaumes de ce monde à condition qu'ils reconnaissent sa souveraineté. Il exige d'eux qu'ils se livrent à l'égoïsme, qu'ils répudient l'intégrité et méconnaissent les droits de la conscience. Le Christ les exhorte à rechercher premièrement le royaume de Dieu et sa justice ; mais Satan se tient à leurs côtés et murmure à leur oreille : « Quoi qu'il en soit de la vie éternelle, pour réussir en ce monde, il vous faut me servir. Votre bonheur est entre mes mains. Je puis vous donner richesses, plaisirs, honneurs et félicité. Ecoutez mes conseils. Ne vous laissez pas entraîner par des idées fantaisistes d'honnêteté et de renoncement. Je vous ouvrirai le chemin. » C'est ainsi que des foules sont séduites. Elles consentent à vivre au service du moi, et Satan est satisfait. Tandis qu'il les attire par l'espérance d'une domination mondaine, il obtient l'empire sur leur âme. Mais il leur offre ce dont il n'est pas le maître, ce qui bientôt lui sera arraché. En revanche, il les prive de leur titre à l'héritage des fils de Dieu.

En parlant à Jésus, Satan avait mis en doute sa qualité de Fils de Dieu. La manière énergique dont il reçut son congé lui donna une preuve qu'il ne pouvait récuser. La divinité resplendit à travers l'humanité souffrante. Satan n'eut pas le pouvoir de résister à ce commandement. Convulsionné par la honte et la rage, il dut se retirer de la présence du Rédempteur. La victoire du Christ était aussi complète que l'avait été la défaite d'Adam.

Nous pouvons de même résister à la tentation, et obliger Satan à s'éloigner de nous. Jésus a remporté la victoire par la soumission et la foi en Dieu, et il nous fait dire par un apôtre: « Soumettez-vous donc à Dieu ; résistez au diable, et il fuira loin de vous. Approchez-vous de Dieu, et il s'approchera de vous [7]. » Nous ne pouvons échapper par nous-mêmes au pouvoir du tentateur ; il a vaincu l'humanité, et si nous essayons de nous défendre par nos propres forces, nous devenons la proie de ses artifices ; mais « le nom de l'Eternel est une forteresse ; le juste s'y réfugie et y trouve une haute retraite [8] ». Satan tremble et fuit devant l'âme la plus faible quand elle cherche un refuge sous ce nom tout puissant.

Après le départ de l'ennemi, Jésus, blême, tomba exténué sur le sol. Les anges du ciel avaient surveillé la lutte, vu comment leur chef bien-aimé endurait des souffrances indicibles, pour obtenir notre délivrance, supportant une épreuve plus grande que toutes celles auxquelles nous serons jamais exposés. Les anges accoururent et servirent le Fils de Dieu, qui paraissait sur le point d'expirer. Ils le fortifièrent par des aliments, le réconfortèrent par le message de l'amour de son Père, par l'assurance que le ciel tout entier participait à son triomphe. Jésus ayant repris ses sens, son grand cœur se remplit à nouveau de sympathie pour l'homme, et il s'apprête à poursuivre l'œuvre commencée ; il ne cessera pas qu'il n'ait vaincu l'ennemi et racheté l'humanité.

Le prix de notre rédemption ne sera estimé à sa juste valeur que lorsque les rachetés se tiendront avec le Rédempteur devant le trône de Dieu. Alors que nos sens ravis seront frappés par les gloires de notre éternelle demeure, nous nous souviendrons que Jésus a quitté tout cela pour nous, qu'il s'exila des parvis célestes ; plus que cela, qu'il prit le risque d'un échec et d'une perte éternelle. Alors nous jetterons nos couronnes à ses pieds et entonnerons le cantique : « L'Agneau qui a été égorgé est digne de recevoir puissance, richesse, sagesse, force, honneur, gloire et louange [9]. »

---

[1] Ce chapitre est basé sur Matthieu 4.5-11 ; Marc 1.12, 13 ; Luc 4.1-13. [2] Exode 17.7. [3] Hébreux 11.6. [4] Marc 14.38. [5] 1 Corinthiens 10.13 ; Psaume 50.14, 15. [6] Daniel 4.17. [7] Jacques 4.7, 8. [8] Proverbes 18.10. [9] Apocalypse 5.12.

Chapitre 14

Nous avons trouvé le Messie

JEAN-BAPTISTE prêchait et baptisait à Bethabara [lieu aussi appelé Béthanie] au-delà du Jourdain, non loin de l'endroit où Dieu avait arrêté les eaux du fleuve pour permettre le passage d'Israël. A quelque distance, la forteresse de Jéricho avait été renversée par les armées célestes. Le souvenir de ces événements donnait un intérêt saisissant au message du Baptiste. N'allait-il pas manifester à nouveau sa puissance pour délivrer Israël, celui qui avait opéré de si grandes choses dans le passé ? Cette pensée agitait les cœurs de la multitude s'assemblant, jour après jour, au bord du Jourdain[1].

La prédication de Jean eut de tels effets sur la nation qu'elle attira l'attention des autorités religieuses. Le danger d'une insurrection faisait considérer avec suspicion, par les Romains, les rassemblements populaires ; tout ce qui paraissait annoncer un soulèvement du peuple excitait l'inquiétude des maîtres de la nation juive. Jean n'avait pas sollicité du sanhédrin l'autorisation d'accomplir son œuvre ; il blâmait également les chefs et le peuple, les pharisiens et les sadducéens. Néanmoins le peuple le suivait avec ardeur. On s'intéressait de plus en plus à son œuvre. Bien qu'il n'eût pas recours au sanhédrin, celui-ci le considérait comme étant sous sa juridiction, en qualité de docteur exerçant un ministère public.

Cet organisme, généralement présidé par le souverain sacrificateur, était composé de membres choisis au sein du sacerdoce et parmi les principaux anciens et docteurs de la nation. Hommes d'âge mûr, versés dans la religion et l'histoire du judaïsme, et possédant une culture générale, sans tare physique, ils devaient tous être mariés et avoir des enfants, ce qui faisait présumer d'eux plus d'humanité et de sagesse. Ils se réunissaient dans une salle contiguë au temple de Jérusalem. A l'époque de l'indépendance juive, le sanhédrin constituait la cour suprême de la nation, jouissant d'une autorité civile aussi bien qu'ecclésiastique. Subordonné actuellement aux gouverneurs romains, il continuait pourtant d'exercer une grande influence dans les affaires civiles et religieuses.

Le sanhédrin ne pouvait différer d'établir une enquête au sujet de l'œuvre de Jean. Quelques-uns se rappelaient la révélation accordée à Zacharie dans le temple et la prophétie du père désignant son fils comme l'avant-coureur du Messie. On avait, dans une grande mesure, perdu ces choses de vue pendant les tumultes et les changements qui s'étaient produits au cours des trente dernières années. Mais elles furent rappelées à l'esprit par l'agitation que provoquait le ministère de Jean.

Depuis longtemps Israël n'avait pas eu de prophète ; depuis longtemps on n'avait pas vu de réforme semblable à celle à laquelle on assistait. L'appel à confesser les péchés paraissait nouveau et faisait sensation. Bien des chefs s'abstenaient d'aller entendre les exhortations et les reproches de Jean, de crainte d'être amenés à dévoiler les secrets de leur vie. Jean annonçait le Messie d'une manière précise. On savait bien que les soixante-dix semaines de la prophétie de Daniel, aboutissant à l'avènement du Messie, étaient presque écoulées et l'impatience d'entrer dans cette ère de gloire nationale, généralement attendue, se faisait sentir. L'enthousiasme populaire allait bientôt obliger le sanhédrin de sanctionner ou de rejeter l'œuvre de Jean. L'influence de ce conseil sur le peuple allait diminuant. Il s'agissait de savoir comment il pourrait maintenir sa position. Pour arriver à une conclusion, on envoya au Jourdain une députation de prêtres et de lévites afin de conférer avec le nouveau docteur.

Une nombreuse assemblée écoutait les paroles de Jean lorsque les délégués s'approchèrent. Avec un air d'autorité destiné à impressionner le peuple, et à en imposer au prophète, les orgueilleux rabbins s'avancèrent. Saisie de respect, pour ne pas dire de crainte, la foule s'écarta pour leur livrer passage. Ces grands hommes, richement vêtus, fiers de leur rang et de leur pouvoir, se tenaient devant le prophète du désert.

– Toi, qui es-tu ? demandèrent-ils.

Devinant leur pensée, Jean répondit : « Moi, je ne suis pas le Christ. »

– Quoi donc ?... Es-tu Elie ?

– Je ne le suis pas.

– Es-tu le prophète ?

– Non.

– Qui es-tu ? afin que nous donnions une réponse à ceux qui nous ont envoyés ; que dis-tu de toi-même ?...

– Je suis la voix de celui qui crie dans le désert : Aplanissez le chemin du Seigneur, comme a dit le prophète Esaïe.

Jean faisait allusion à la magnifique prophétie d'Esaïe « Consolez, consolez mon peuple, dit votre Dieu. Parlez au cœur de Jérusalem et annoncez-lui que son temps d'épreuve a pris fin ; que son iniquité est pardonnée.... Une voix crie : Frayez dans le désert un chemin pour l'Eternel ! Nivelez dans la plaine aride une route pour notre Dieu ! Toute vallée sera comblée ; toute montagne et toute colline seront abaissées ; les hauteurs se changeront en plaines et les crêtes escarpées en vallons. Alors la gloire de l'Eternel sera manifestée et toutes les créatures, ensemble, en verront l'éclat [2]. »

Autrefois, quand un roi voyageait à travers des régions peu fréquentées, des hommes étaient envoyés au-devant du chariot royal pour niveler les aspérités du terrain et combler les fossés, afin que le roi pût poursuivre sa route en sûreté et sans obstacle. Cette coutume sert d'image au prophète pour illustrer l'œuvre de l'Evangile. « Toute vallée sera comblée ; toute montagne et toute colline seront abaissées. » Quand l'Esprit de Dieu touche une âme de son merveilleux pouvoir vivifiant, l'orgueil humain en est abaissé. Les plaisirs du monde, la position et le pouvoir perdent toute valeur. « Les raisonnements et toute hauteur qui s'élève contre la connaissance de Dieu [3] », sont renversés ; « toute pensée » est amenée « captive à l'obéissance au Christ ». L'humilité et l'amour qui se sacrifie, généralement si peu appréciés des hommes, se redressent alors et prennent toute leur valeur. Telle est l'œuvre de l'Evangile, dont le message de Jean constituait une partie.

Les rabbins continuèrent leur interrogatoire : « Pourquoi donc baptises-tu, si tu n'es pas le Christ, ni Elie, ni le prophète ? » Les mots « le prophète » faisaient allusion à Moïse. Les Juifs s'attendaient à ce que Moïse fût ressuscité d'entre les morts et enlevé au ciel. Ils ignoraient qu'il avait déjà été ressuscité. Quand le Baptiste commença son ministère, beaucoup pensèrent que c'était peut-être lui qui était le prophète Moïse ressuscité d'entre les morts ; car il paraissait connaître à fond les prophéties et l'histoire d'Israël.

On pensait aussi qu'Elie apparaîtrait personnellement avant l'avènement du Messie. C'est en opposition avec cette attente que Jean nia d'être Elie ; mais ses paroles avaient une signification plus profonde. Jésus devait dire plus tard, à propos de Jean : « Si vous voulez l'admettre, c'est lui qui est l'Elie qui devait venir [4]. » Jean est venu avec l'esprit et la puissance d'Elie, pour accomplir une œuvre semblable à la sienne. Cette œuvre aurait trouvé son accomplissement chez eux si les Juifs l'avaient reçu. Mais ils n'acceptèrent pas son message. Ils ne le reconnurent pas comme Elie. Aussi ne put-il accomplir pour eux la mission dont il était chargé.

Parmi ceux-qui, rassemblés au Jourdain, avaient assisté au baptême de Jésus, il y en eut peu à qui le signe donné fut rendu sensible. Au cours des mois qui avaient précédé, beaucoup avaient refusé l'appel à la repentance que leur offrait le ministère du Baptiste. De cette manière ils endurcirent leurs cœurs et obscurcirent leur entendement. Aussi ne perçurent-ils pas le témoignage que le ciel rendit à Jésus au moment de son baptême. Leurs yeux ne s'étaient jamais tournés avec foi vers celui qui est invisible ; aussi ne purent-ils contempler la gloire de Dieu ; leurs oreilles qui n'avaient jamais écouté sa voix ne purent entendre les paroles du témoignage. Il en est de même aujourd'hui. Souvent la présence du Christ et le ministère des anges se manifestent dans des assemblées, mais nombreux sont ceux qui ne s'en aperçoivent pas. Ils ne voient rien d'extraordinaire. Mais la présence du Sauveur est révélée à quelques-uns. La paix et la joie animent leurs cœurs. Ils sont réconfortés, encouragés et bénis.

Les députés de Jérusalem avaient demandé à Jean : « Pourquoi donc baptises-tu ? » Ils attendaient sa réponse. Soudain, tandis que son regard parcourait la foule, son œil s'alluma, son visage resplendit, tout son être fut secoué par une vive émotion. La main tendue, il s'écria : « Moi, je baptise d'eau ; au milieu de vous, il en est un que vous ne connaissez pas et qui vient après moi ; je ne suis pas digne de délier la courroie de sa sandale [5]. »

Ce message clair et sans équivoque devait être rapporté au sanhédrin. Les paroles de Jean ne pouvaient s'appliquer qu'à celui qui avait été promis depuis longtemps. Le Messie était parmi eux ! Prêtres et anciens regardèrent autour d'eux, étonnés, espérant découvrir celui dont Jean avait parlé. Mais on ne pouvait le distinguer dans la foule.

Quand, lors du baptême de Jésus, Jean l'eut désigné comme l'Agneau de Dieu, une nouvelle lumière se répandit sur l'œuvre du Messie. Ces paroles d'Esaïe revinrent à l'esprit du prophète : « Comme l'agneau qu'on mène à la boucherie [6]. » Au cours des semaines qui suivirent, Jean s'appliqua de nouveau à l'étude des prophéties et à l'enseignement contenu dans le service des sacrifices. Il ne distinguait pas bien entre les deux phases de l'œuvre du Christ – souffrant pour aboutir au sacrifice, puis revenant comme un roi conquérant – mais il comprit que sa venue avait une signification profonde qui échappait aux prêtres et au peuple. Voyant Jésus parmi la foule, revenu du désert, il espéra qu'il donnerait au peuple quelque signe attestant son vrai caractère. Il attendait avec impatience une déclaration du Sauveur touchant sa mission ; mais il n'y eut ni déclaration ni signe. Jésus ne fit aucune réponse à l'annonce du Baptiste, se contentant de se mêler aux disciples de Jean, sans donner aucune preuve extérieure de son œuvre particulière et sans rien faire qui pût attirer l'attention sur lui.

Le jour suivant Jean voit Jésus venir à lui. La lumière de la gloire de Dieu enveloppe le prophète, qui étend sa main, en disant : « Voici l'Agneau de Dieu, qui ôte le péché du monde. C'est celui dont j'ai dit : Après moi vient un homme qui m'a précédé,... et moi, je ne le connaissais pas, mais, afin qu'il soit manifesté à Israël, je suis venu baptiser d'eau.... J'ai vu l'Esprit descendre du ciel comme une colombe et demeurer sur lui ; et moi, je ne le connaissais pas, mais celui qui m'a envoyé baptiser d'eau m'a dit Celui sur qui tu verras l'Esprit descendre et demeurer, c'est lui qui baptise d'Esprit Saint. Et moi, j'ai vu et j'ai rendu témoignage que c'est lui le Fils de Dieu [7]. »

Etait-ce le Christ ? Le peuple considérait avec crainte et saisissement celui qui venait d'être désigné comme étant le Fils de Dieu. Les paroles de Jean avaient produit une émotion profonde. Il avait parlé au nom de Dieu. On l'avait écouté, jour après jour, reprenant les péchés, et l'on s'était, de plus en plus, convaincu qu'il était un envoyé du ciel. Mais qui était celui-ci, que Jean-Baptiste déclarait plus grand que lui-même ? Rien dans son apparence ne dénotait son rang. Il avait, vêtu comme les pauvres gens, toutes les apparences d'un homme ordinaire.

Quelques-uns, au milieu de la foule, avaient vu la gloire divine et entendu la voix de Dieu, à l'occasion du baptême du Christ. Mais, depuis lors, l'apparence du Sauveur avait beaucoup changé. On l'avait vu, à son baptême, transfiguré par la lumière du ciel ; aujourd'hui, pâle, épuisé, amaigri, il n'était reconnu que par le prophète Jean.

En le considérant de plus près, le peuple vit un visage où la compassion divine s'unissait au sentiment de la force. Son regard, ses traits exprimaient l'humilité, ainsi qu'un amour indicible. Une atmosphère d'influence spirituelle paraissait l'entourer. Aimable, sans prétention dans ses manières, il donnait cependant l'impression d'une puissance cachée, et pourtant visible. Etait-ce vraiment celui qu'Israël avait si longtemps attendu ?

Jésus est venu dans la pauvreté et l'humiliation afin d'être pour nous un exemple en même temps qu'un Rédempteur. Comment eût-il pu enseigner l'humilité s'il était venu entouré de pompes royales ? Comment eût-il pu présenter des vérités aussi tranchantes que celles contenues dans le sermon sur la montagne ? Où serait l'espoir des petits si Jésus était venu vivre en roi parmi les hommes ?

Aux yeux des foules, toutefois, il paraissait impossible que celui que Jean leur avait désigné pût réaliser leurs hautes ambitions. C'est pourquoi beaucoup furent déçus et restèrent perplexes.

Prêtres et rabbins attendaient de Jésus la promesse d'un prompt rétablissement du royaume d'Israël : elle ne vint pas. Ils attendaient avec anxiété un tel roi, et ils l'eussent reçu. Ils n'étaient pas prêts à accueillir celui qui cherchait à établir dans leurs cœurs un royaume de justice et de paix.

Le lendemain, Jean, ayant à côté de lui deux de ses disciples, reconnut de nouveau Jésus dans la foule. Une fois de plus la lumière de l'Invisible éclaira le visage du prophète, qui s'écria : « Voici l'Agneau de Dieu ! » Ces paroles, sans qu'ils les comprissent pleinement, firent tressaillir le cœur des disciples. Qu'était-ce que ce titre donné par Jean : l'Agneau de Dieu ? A ce sujet Jean ne s'était pas expliqué.

Ils laissèrent Jean, et se mirent à la recherche de Jésus. L'un était André, le frère de Simon ; l'autre était Jean l'évangéliste. Ils devinrent les premiers disciples du Christ. Poussés par une force irrésistible, ils suivirent Jésus, désireux de s'entretenir avec lui, et cependant craintifs et silencieux, comme perdus dans la méditation de cette pensée qui les débordait : Est-ce vraiment le Messie ?

Jésus savait qu'il était suivi par les disciples. Ils étaient les prémices de son ministère, et quelle joie pour le cœur du divin Maître, de voir ces âmes répondre à l'appel de sa grâce ! Se retournant, il leur dit : « Que cherchez-vous ? » Il les laissait libres de s'éloigner ou d'exprimer leur désir.

Ils n'avaient qu'un but à ce moment-là. Une présence remplissait leurs pensées. Ils s'écrièrent : « Rabbi, où demeures-tu ? » Une courte entrevue, le long du chemin, ne pouvait leur offrir ce qu'ils désiraient. Ils voulaient être seuls avec Jésus, se placer à ses pieds, et recueillir ses paroles.

« Il leur dit : Venez et vous verrez. Ils allèrent et virent où il demeurait ; et ils restèrent auprès de lui ce jour-là. »

Si Jean et André avaient eu l'esprit incrédule des prêtres et des anciens, ils ne se seraient pas placés, comme des élèves, aux pieds de Jésus. Prenant l'attitude de juges, ils auraient soumis ses paroles à une critique sévère. Beaucoup ferment ainsi la porte aux plus précieuses occasions. Ces premiers disciples avaient répondu à l'appel que le Saint-Esprit leur avait adressé par la prédication de Jean-Baptiste. Maintenant ils reconnaissaient la voix du Maître céleste. Les paroles de Jésus leur paraissaient pleines de fraîcheur, de vérité et de beauté. Une lumière divine éclairait pour eux les enseignements contenus dans l'Ancien Testament. Les divers aspects des thèmes de la vérité recevaient une nouvelle lumière.

La contrition, la foi et l'amour rendent l'homme apte à recevoir la sagesse du ciel. La foi qui est agissante par la charité est la clé de la connaissance ; quiconque aime « connaît Dieu [8] ».

Le disciple Jean était un homme aux affections profondes, ardent et contemplatif à la fois. Il avait commencé à discerner la gloire du Christ, non pas la gloire extérieure et la puissance mondaine qu'on lui avait appris à espérer, mais « une gloire comme celle du Fils unique venu du Père », « pleine de grâce et de vérité [9] ». Il restait absorbé dans la contemplation de ce thème merveilleux.

André, désireux de communiquer la joie qui remplissait son cœur, courut à la recherche de son frère Simon, et cria : « Nous avons trouvé le Messie. » Simon n'attendit pas une seconde invitation. Il avait, lui aussi, entendu la prédication de Jean-Baptiste, et il s'empressa auprès du Sauveur. Les yeux du Christ se posèrent sur lui, lisant son caractère et l'histoire de sa vie. Sa nature impulsive, son cœur aimant, son ambition, sa confiance en lui-même, sa chute et sa repentance, ses travaux et son martyre, le Sauveur lut tout cela, et il dit : « Tu es Simon, fils de Jean ; tu seras appelé Céphas, ce qui se traduit : Pierre. »

Le lendemain, Jésus « voulut se rendre en Galilée, et il trouva Philippe. Jésus lui dit : Suis-moi. » Philippe obéit à cet ordre et entra aussitôt au service du Christ.

Philippe appela Nathanaël. Ce dernier avait été présent au milieu de la foule au moment où le Baptiste avait désigné Jésus comme l'Agneau de Dieu. En considérant Jésus, il éprouva quelque désappointement. Pouvait-il être le Messie, cet homme qui portait les marques du travail et de la pauvreté ? Néanmoins Nathanaël ne pouvait se décider à rejeter Jésus ; le message de Jean avait déjà conquis son cœur.

Lorsque Nathanaël reçut l'invitation de Philippe, il était seul dans un bosquet tranquille, méditant sur ce que Jean avait dit et sur les prophéties relatives au Messie. Il demandait à Dieu de lui faire savoir si celui que Jean avait annoncé était vraiment le Libérateur, et le Saint-Esprit lui communiqua l'assurance que Dieu avait visité son peuple en lui suscitant un Sauveur. Philippe savait que son ami était occupé à sonder les prophéties ; il découvrit sa retraite alors qu'il priait sous son figuier. Souvent, ainsi cachés par le feuillage, ils avaient prié ensemble dans cet endroit écarté.

Nathanaël vit une réponse directe à sa prière dans le message : « Nous avons trouvé celui dont il est question dans la loi de Moïse et dans les prophètes. » Mais la foi de Philippe était encore chancelante, comme on peut le voir par les paroles qu'il ajoute : « Jésus de Nazareth, le fils de Joseph. » Ces paroles réveillèrent les préventions de Nathanaël. Il protesta : « Peut-il venir de Nazareth quelque chose de bon ? »

Philippe n'entama pas de controverse. Il lui dit : « Viens et vois. » Jésus vit venir à lui Nathanaël et dit de lui : « Voici vraiment un Israélite, dans lequel il n'y a pas de fraude. » Surpris, Nathanaël s'écria : « D'où me connais-tu ? Jésus lui répondit : Avant que Philippe t'ait appelé, quand tu étais sous le figuier, je t'avais vu. »

Cela suffit. L'Esprit divin qui avait rendu témoignage à Nathanaël, pendant sa prière solitaire sous le figuier, lui parlait maintenant par Jésus. Alors qu'il doutait encore, dominé malgré tout par le préjugé, Nathanaël était venu au Christ, animé d'un désir sincère de connaître la vérité ; maintenant son désir était exaucé. Sa foi dépassa bientôt celle de celui qui l'avait amené à Jésus. Il dit en effet : « Rabbi, c'est toi le Fils de Dieu, c'est toi le roi d'Israël. »

Si Nathanaël avait pris les rabbins pour guides, il n'eût jamais trouvé Jésus. C'est parce qu'il voulut voir et juger par lui-même qu'il devint un disciple. Aujourd'hui beaucoup de personnes sont retenues loin du bien par quelque parti pris. Il en serait tout autrement si elles voulaient venir et voir.

On ne peut parvenir à la connaissance de la vérité aussi longtemps qu'on se fie à une autorité humaine. A l'exemple de Nathanaël, nous devons étudier la Parole de Dieu pour nous-mêmes, et prier en vue d'obtenir l'illumination du Saint-Esprit. Il nous apercevra dans le lieu secret de la prière, celui qui vit Nathanaël sous le figuier. Des anges sont envoyés du monde de la lumière auprès de ceux qui cherchent, humblement, les directions divines.

Les premières bases de la fondation de l'Eglise chrétienne furent jetées par l'appel de Jean, d'André, de Philippe et de Nathanaël. Jean donna deux de ses disciples au Christ. L'un de ceux-ci, André, amena son frère au Sauveur. Ensuite Philippe fut invité, et à son tour il se mit à la recherche de Nathanaël. Ceci devrait nous montrer combien il est nécessaire que nous fassions des efforts personnels pour attirer d'une manière directe nos parents, nos amis, nos voisins. Il en est qui, pendant toute leur vie, ont fait profession de connaître le Christ, et qui cependant n'ont jamais tenté un effort personnel pour amener qui que ce soit au Sauveur. Ils laissent ce travail entièrement à la charge du prédicateur. Mais ce dernier ne peut, quelles que soient ses capacités, accomplir seul la tâche que Dieu a confiée à tous les membres de l'église.

Ils sont nombreux ceux qui ont besoin des services de cœurs chrétiens et aimants. Beaucoup de ceux qui ont été précipités dans la ruine, auraient été sauvés, si leurs voisins, des hommes et des femmes ordinaires, avaient tenté quelque effort personnel en leur faveur. Bien des personnes attendent qu'on s'adresse à elles, personnellement. Dans notre propre famille, dans le voisinage, dans la ville où nous habitons, nous avons un travail à accomplir, en tant que missionnaires du Christ. Si nous sommes vraiment chrétiens, ce travail fera nos délices. Dès qu'un être est converti, un désir naît dans son cœur : celui de faire connaître l'ami précieux qu'il a trouvé en Jésus. Il ne peut renfermer en lui-même la vérité salutaire et sanctifiante.

Toutes les âmes qui sont consacrées à Dieu deviendront des moyens de transmettre la lumière. Dieu se sert d'elles pour communiquer à d'autres les richesses de sa grâce. Cette promesse les concerne : « Je les comblerai de bénédictions, elles et les régions voisines de ma colline sainte. Je ferai tomber la pluie à la saison favorable : ce sera une pluie de bénédictions [10]. »

Philippe dit à Nathanaël : « Viens et vois. » Il ne lui demanda pas d'accepter le témoignage d'autrui, mais de contempler lui-même le Christ. Depuis que Jésus est monté au ciel, ses disciples le représentent parmi les hommes ; et l'un des moyens les plus efficaces pour lui gagner des âmes consiste en une vie quotidienne qui illustre son caractère. Notre influence dépend moins de ce que nous disons que de ce que nous sommes. On peut combattre nos arguments et défier notre logique, on peut résister à nos appels, mais une vie d'amour désintéressé est un argument irréfutable. Une vie conséquente, caractérisée par la douceur du Christ, est une puissance en ce monde.

L'enseignement du Christ était l'expression d'une conviction bien enracinée, fondée sur l'expérience ; ceux qui apprennent de lui deviennent des maîtres selon l'ordre divin. La Parole de Dieu, prononcée par quelqu'un qui est sanctifié par elle, possède une force vivifiante qui attire à elle les auditeurs et leur apporte la conviction qu'il y a là une vivante réalité. Quand quelqu'un aime la vérité qu'il a reçue, il le manifeste par le ton de sa voix et des attitudes persuasives. Il fait connaître ce qu'il a entendu et vu, ce que ses mains ont touché concernant la parole de vie, afin que d'autres communient avec lui grâce à la connaissance du Christ. Son témoignage, sortant de lèvres purifiées par le charbon ardent de l'autel, fait l'effet de la vérité sur un cœur réceptif et opère la sanctification du caractère.

Il recevra une bénédiction, celui qui cherche à communiquer la lumière à d'autres. « L'âme bienfaisante sera rassasiée et celui qui arrose sera lui-même arrosé [11]. » Dieu pourrait atteindre son but en sauvant les pécheurs sans notre concours ; mais si nous voulons former un caractère semblable à celui du Christ, nous devons participer à son œuvre. Si nous voulons participer à sa joie – la joie que procure la vue des âmes rachetées par son sacrifice – il nous faut prendre part à ses efforts salutaires.

Les paroles par lesquelles Nathanaël donna la première expression à sa foi, paroles si ardentes et sincères, furent une douce musique aux oreilles de Jésus, qui lui répondit : « Parce que je t'ai dit que je t'avais vu sous le figuier, tu crois ; tu verras de plus grandes choses que celles-ci ! » Le Sauveur considérait avec joie l'œuvre qui lui était réservée : prêcher la bonne nouvelle aux débonnaires, panser les cœurs brisés, et publier la liberté à ceux que Satan retenait captifs. Il ajouta, songeant aux précieuses bénédictions qu'il apportait aux hommes : « En vérité, en vérité, je vous le dis, vous verrez le ciel ouvert, et les anges de Dieu monter et descendre sur le Fils de l'homme. »

Jésus disait ainsi : Sur les rives du Jourdain les cieux se sont ouverts, et l'Esprit est descendu sur moi sous la forme d'une colombe, signe indiquant que je suis le Fils de Dieu. Votre foi sera vivifiée si vous croyez en moi. Vous verrez alors les cieux ouverts pour toujours. C'est moi qui vous les ai ouverts. Les anges de Dieu montent, portant au Père céleste les prières des âmes qui sont dans la détresse ou dans le besoin ; ils descendent apportant aux enfants des hommes la bénédiction et l'espoir, le courage, le secours et la vie.

Les anges de Dieu vont continuellement de la terre au ciel et du ciel à la terre. Par leur ministère la puissance de Dieu accomplit les miracles du Christ, en faveur des affligés et des souffrants. Par leur ministère, tout bienfait nous vient, en Christ, de la part de Dieu. En assumant l'humanité, le Sauveur associe ses propres intérêts à ceux des fils et des filles déchus d'Adam, en même temps que par sa divinité il saisit le trône de Dieu. Ainsi le Christ est le moyen qui met en communication les hommes avec Dieu, et Dieu avec les hommes.

---

[1] Ce chapitre est basé sur Jean 1.19-51. [2] Jean 1.27. [3] Esaïe 40.1-5. [4] 2 Corinthiens 10.5. [5] Matthieu 11.14. [6] Esaïe 53.7. [7] Jean 1.29-34. [8] 1 Jean 4.7. [9] Jean 1.14. [10] Ezéchiel 34.26. [11] Proverbes 11.25.

Chapitre 15

Au repas de noces

CE N'EST PAS en accomplissant quelque grand exploit, à Jérusalem, en présence du sanhédrin, que Jésus commença son ministère. Il manifesta sa puissance dans un petit village galiléen, pour accroître la joie d'une fête de noces. [1] Par là il montrait sa sympathie pour les hommes, et son désir de les rendre heureux. Au désert, il avait bu à la coupe de douleur de la tentation. Il tendait aux hommes la coupe de bénédiction, sanctifiant par sa présence les relations de la vie humaine.

Après avoir quitté le Jourdain, Jésus était retourné en Galilée. Un mariage devait avoir lieu à Cana, petite ville voisine de Nazareth ; Jésus, étant informé de cette réunion de famille, se rendit près des fiancés, parents de Joseph et de Marie, et fut invité ainsi que ses disciples, aux noces.

Il revit ainsi sa mère, dont il avait été séparé pendant quelque temps. La nouvelle de la manifestation qui s'était produite au Jourdain, à l'occasion du baptême de Jésus, avait été apportée à Nazareth, et avait ravivé en elle le souvenir des scènes qu'elle conservait dans son cœur, depuis tant d'années. Très profondément impressionnée aussi par la mission de Jean-Baptiste, qui avait remué tout Israël, elle se rappelait la prophétie prononcée à sa naissance. Les relations de Jésus avec le Baptiste ranimaient ses espérances. Mais elle n'avait pu se défendre contre de sombres pressentiments en apprenant le séjour mystérieux de son fils au désert.

Depuis le jour où elle avait reçu la visite de l'ange dans sa maison à Nazareth, Marie avait recueilli précieusement dans sa pensée tout ce qui lui prouvait que Jésus était le Messie. Sa vie pleine de douceur, absolument exempte d'égoïsme, lui donnait la certitude qu'il ne pouvait être que l'Envoyé de Dieu. Cependant elle connaissait, elle aussi, les doutes et les déceptions, et elle soupirait après le moment où il manifesterait sa gloire. La mort lui avait enlevé Joseph, qui partageait son secret au sujet de la naissance de Jésus. Il ne lui restait personne à qui confier ses espoirs et ses craintes. Les deux derniers mois avaient été pour elle des mois de souffrance. Privée de la présence de Jésus, dont la tendresse était son seul réconfort, elle méditait les paroles de Siméon: « Une épée te transpercera l'âme [2] » ; elle se souvenait des trois jours passés dans l'angoisse lorsqu'elle avait cru son fils perdu à jamais, et, anxieuse, elle attendait son retour.

Elle le revoit à la fête des noces. Il est toujours le fils tendre et soumis. Pourtant ce n'est plus le même homme. Son visage, transformé, porte les traces de la lutte soutenue au désert ; une expression de dignité et de puissance révèle sa mission céleste. Il est accompagné d'un groupe de jeunes hommes qui le suivent du regard, avec respect, en l'appelant : Maître. Ces compagnons de Jésus racontent à Marie ce qu'ils ont vu et entendu au moment du baptême et à d'autres occasions. Et ils concluent en disant : « Nous avons trouvé celui dont il est question dans la loi de Moïse et dans les prophètes [3]. »

Certains hôtes, dès leur arrivée, semblent préoccupés par quelque question d'un intérêt supérieur. Une sorte d'excitation contenue règne bientôt dans toute la société. De petits groupes s'entretiennent à voix basse, et des regards curieux se portent vers le fils de Marie. En entendant le témoignage que les disciples rendent à Jésus, Marie constate que ses espérances, longuement entretenues, ne sont pas vaines. Elle eût été au-dessus de l'humanité si un peu de fierté maternelle ne s'était mêlée à sa sainte joie. Voyant tant de regards dirigés sur Jésus, elle désirait vivement qu'il donnât une preuve du choix dont Dieu l'honorait. Elle espérait qu'une occasion lui serait donnée d'accomplir un miracle en leur présence.

Les fêtes de noces duraient ordinairement plusieurs jours. Il se trouva que la provision de vin fut épuisée avant la fin de la fête. Cette découverte occasionna de la perplexité et du regret car on n'avait pas l'habitude de se priver de vin les jours de fête, et c'était manquer d'hospitalité que de n'en point donner. En tant que parente des fiancés, Marie avait participé à l'organisation de la fête ; elle confia son souci à Jésus : « Ils n'ont pas de vin. » C'était lui suggérer de pourvoir aux besoins. Mais Jésus répondit : « Femme, que veux-tu de moi ? Mon heure n'est pas encore venue. »

Cette réponse, qui peut nous paraître un peu rude, n'exprimait ni froideur, ni manque de courtoisie. Le langage que le Sauveur tint à sa mère était parfaitement en accord avec les coutumes orientales. On se servait des mêmes expressions pour s'adresser à des personnes auxquelles on témoignait le plus grand respect. Tous les actes de la vie terrestre du Christ ont d'ailleurs été en harmonie avec le précepte qu'il avait donné lui-même : « Honore ton père et ta mère ». Sur la croix, accomplissant un dernier acte de tendresse envers sa mère [4], Jésus s'adressa à elle dans les mêmes termes en la remettant aux soins de son disciple bien-aimé. A la fête de noces et plus tard, sur la croix, l'affection, que Jésus exprimait par le ton, le regard et le geste, servait à interpréter ses paroles.

Au temps de son enfance, lors de sa visite au temple, à l'heure où le mystère de sa carrière s'ouvrit devant lui, Jésus avait dit à ses parents : « Ne saviez-vous pas qu'il faut que je m'occupe des affaires de mon Père [5] ? » Ces paroles étaient le programme de sa vie entière et de son ministère. Tout était subordonné à son œuvre, cette grande œuvre de rédemption qu'il venait accomplir dans le monde. Il répétait aujourd'hui cette leçon. Marie était en danger de croire que sa maternité lui donnait un droit particulier sur Jésus, celui de le diriger, jusqu'à un certain point, dans sa mission. Jusqu'à l'âge de trente ans il était resté, pour elle, un fils aimant et obéissant. Son amour n'a pas changé, mais il doit maintenant s'occuper des affaires de son Père. Aucun lien terrestre ne peut distraire de sa mission le Fils du Très-Haut ou influencer la conduite du Sauveur du monde. Il lui faut toute sa liberté pour accomplir la volonté de Dieu. C'est un enseignement pour nous : les droits de Dieu priment même les liens de la parenté. Aucun attrait humain ne doit nous détourner du sentier dans lequel il nous invite à marcher.

L'unique espoir de rédemption pour la race déchue réside en Christ ; Marie elle-même ne pouvait trouver le salut qu'en l'Agneau de Dieu. Elle n'avait aucun mérite à faire valoir. Sa parenté avec Jésus n'affectait pas plus sa relation spirituelle avec lui qu'avec tout autre être humain. C'est là ce que signifient les paroles du Sauveur. Il veut établir une distinction nette entre ce qui l'attache à elle en tant que Fils de l'homme, et sa qualité de Fils de Dieu. Le lien familial qui les unissait ne la plaçait pas sur un pied d'égalité avec lui.

Les paroles : « Mon heure n'est pas encore venue » montrent que tous les actes de la vie terrestre du Christ ont été accomplis conformément à un plan existant de toute éternité. Avant même qu'il vînt sur la terre, le plan était présent à son esprit, achevé dans tous ses détails. A mesure qu'il s'avançait au milieu des hommes, il était conduit, pas à pas, par la volonté de son Père. Au moment fixé, il n'hésitait pas à agir. Il attendait avec la même soumission que le temps fût venu.

En disant que son heure n'était pas encore venue, Jésus répondait à la pensée non exprimée par Marie, au sujet de l'attente qu'elle chérissait en commun avec son peuple. Elle espérait qu'il allait se manifester en qualité de Messie et monter sur le trône d'Israël. Mais le moment n'était pas arrivé. Jésus avait accepté de partager le lot de l'humanité non en tant que Roi, mais en tant qu'Homme de douleurs, connaissant la souffrance.

Bien que Marie n'eût pas une juste conception de la mission du Christ, elle avait en lui une foi implicite. Aussi Jésus répondit-il à cette foi. Ce fut pour honorer la confiance de Marie et pour affermir la foi des disciples, que le premier miracle fut accompli. Nombreuses et fortes allaient être les tentations que l'incrédulité présenterait aux disciples. A leurs yeux, les prophéties montraient que Jésus était le Messie, et cela avec une clarté invincible. Ils pensaient que les conducteurs religieux le recevraient avec une confiance encore plus grande que celle qu'eux-mêmes nourrissaient. Ils faisaient part au peuple de ses œuvres merveilleuses et de la confiance avec laquelle ils considéraient sa mission, mais ils étaient stupéfaits et amèrement déçus en constatant l'incrédulité, les préjugés fortement enracinés, la haine manifestée contre Jésus par les prêtres et les rabbins. Les premiers miracles du Sauveur avaient pour but de fortifier les disciples en face de cette opposition.

Nullement déconcertée par les paroles de Jésus, Marie dit aux serviteurs chargés de servir le repas : « Tout ce qu'il vous dira, faites-le. » Elle fit ainsi ce qui dépendait d'elle pour préparer la voie à l'œuvre du Christ.

Il y avait, à l'entrée de la porte, six grands vases de pierre : Jésus ordonna aux serviteurs de les remplir d'eau, ce qui fut fait. Quand il fallut du vin, il leur dit : « Puisez maintenant, et portez-en à l'organisateur du repas. » On avait versé de l'eau dans les vases, on en retira du vin. Ni le maître d'hôtel ni la plupart des hôtes ne s'étaient rendu compte que le vin avait manqué. Ayant goûté ce vin que lui apportaient les serviteurs, le maître d'hôtel le trouva meilleur que tout ce qu'il avait jamais bu, et très différent du vin qu'on avait servi au commencement de la fête. S'adressant à l'époux, il -lui dit : « Tout homme sert d'abord le bon vin, puis le moins bon.... Toi, tu as gardé le bon vin jusqu'à présent. »

On offre d'abord le bon vin, puis le moins bon ; c'est ainsi qu'agit le monde avec ses dons. Ce qu'il offre peut plaire aux yeux et fasciner les sens, mais pour finir il ne donne pas une entière satisfaction. Le vin devient amer, la gaieté s'assombrit. Ce qui avait débuté au milieu des chansons et de la bonne humeur s'achève dans la lassitude et le dégoût. Au contraire, les dons de Jésus gardent toujours leur fraîcheur et leur nouveauté. La fête qu'il offre à l'âme ne manque jamais de donner satisfaction et joie. Chaque nouveau don fait mieux apprécier à celui qui le reçoit les bienfaits du Seigneur. Il accorde grâce pour grâce. Les approvisionnements ne font jamais défaut. Si vous demeurez en lui, le fait de recevoir un riche don aujourd'hui vous prépare à en recevoir un plus riche encore demain. La loi qui est à la base des agissements de Dieu à l'égard de ses enfants se trouve exprimée dans les paroles adressées à Nathanaël par Jésus : « Tu crois ; tu verras de plus grandes choses que celles-ci [6] ! »

Le don du Christ, à la fête de noces, avait une signification symbolique. L'eau représentait le baptême annonçant sa mort ; le vin, l'effusion de son sang pour les péchés du monde. Ce furent des mains humaines qui apportèrent l'eau et qui remplirent les vases ; mais il fallut la parole du Christ pour communiquer une vertu vivifiante. Il en est de même des rites commémorant la mort du Sauveur. Ils ne peuvent rassasier l'âme que grâce à la puissance du Christ agissant par la foi.

La parole du Christ pourvut abondamment aux besoins de la fête. De même, sa grâce est suffisante pour effacer les iniquités humaines, pour renouveler et nourrir l'âme.

A cette première fête, Jésus donna à ses disciples la coupe symbolisant son œuvre de salut en leur faveur. Lors du dernier souper, il la leur donna, à nouveau, en instituant le rite sacré destiné à commémorer sa mort « jusqu'à ce qu'il vienne [7] ». La douleur que les disciples éprouvaient à cause du départ de leur Seigneur, fut atténuée par la promesse du revoir. Il leur dit, en effet : « Je ne boirai plus désormais de ce fruit de la vigne, jusqu'au jour où j'en boirai avec vous du nouveau dans le royaume de mon Père [8]. »

Le vin que le Christ procura, à l'occasion de la fête, ainsi que celui qu'il donna plus tard à ses disciples pour symboliser son propre sang, c'était le pur jus de raisin. C'est à ce vin que le prophète Esaïe faisait allusion en parlant de la grappe, dont on dit : « Ne la détruis pas ; car ce qui reste de ce fruit est précieux [9]. »

C'est le Christ lui-même qui dans l'Ancien Testament avait donné cette mise en garde : « Moqueur est le vin, bruyante la boisson fermentée : qui s'en laisse troubler manque de sens [10]. » Ce n'est donc pas lui qui pouvait offrir une telle boisson. Satan s'efforce d'asservir les hommes à des vices qui obscurcissent la raison et engourdissent les perceptions spirituelles ; le Christ, lui, nous apprend à assujettir la nature inférieure. Toute sa vie a été un exemple de renoncement à soi-même. Afin de briser le pouvoir de l'appétit, il a supporté pour nous les épreuves les plus dures que l'humanité puisse endurer. C'est le Christ qui avait ordonné que Jean-Baptiste ne bût ni vin ni boisson forte. C'est lui aussi qui avait commandé une abstinence semblable à la femme de Manoah. Une malédiction a été prononcée sur celui qui porterait une bouteille aux lèvres de son prochain. Le Christ ne s'est jamais contredit. Le vin non fermenté qu'il a offert aux hôtes participant à la fête de noces était une boisson saine et rafraîchissante, qui visait à mettre le goût en accord avec un appétit normal.

Les remarques sur la qualité du vin faites par les hôtes du festin firent naître des questions qui décidèrent les serviteurs à raconter le miracle. On fut d'abord trop surpris pour penser à celui qui avait accompli cette œuvre merveilleuse. Quand enfin on le chercha on constata qu'il s'était retiré si tranquillement que ses disciples eux-mêmes ne s'en étaient pas rendu compte.

L'attention se tourna alors vers les disciples. Pour la première fois ils eurent l'occasion de témoigner de leur foi en Jésus. Ils racontèrent ce qu'ils avaient vu et entendu au Jourdain, et bien des cœurs s'éveillèrent à l'espoir que Dieu avait suscité un libérateur à son peuple. La nouvelle du miracle se répandit dans toute la contrée et parvint à Jérusalem. Alors les prêtres et les anciens sondèrent avec un nouvel intérêt les prophéties relatives à la venue du Christ. On désira vivement connaître la mission de ce nouveau maître qui se montrait si humblement au sein du peuple.

Le ministère du Christ offrait un contraste frappant avec celui des anciens juifs. Leur respect de la tradition et leur formalisme avaient supprimé toute liberté de pensée et d'action. Ils étaient obsédés par la crainte de contracter une souillure. Pour éviter ce qui était impur ils se tenaient à l'écart, non seulement des Gentils, mais aussi de la plupart des Juifs, ne cherchant ni à leur être utiles ni à gagner leur amitié. En s'occupant constamment de ces vétilles, ils avaient rapetissé leurs esprits et rétréci leur horizon mental. Par leur exemple ils encourageaient l'égotisme et l'intolérance dans toutes les classes de la société.

Pour commencer son œuvre de réforme, Jésus établit un contact sympathique avec l'humanité. Tout en témoignant le plus grand respect pour la loi de Dieu, il condamnait la piété prétentieuse des pharisiens et s'efforçait de libérer le peuple des règles absurdes qui l'enserraient. Il cherchait à renverser les barrières séparant, les diverses classes de la société et à rassembler les hommes en une seule famille d'enfants de Dieu. Sa participation à la fête de noces était un pas dans cette direction.

Dieu avait confiné Jean-Baptiste au désert pour le soustraire à l'influence des prêtres et des rabbins, et le préparer à sa mission particulière. Mais l'austérité et l'isolement de sa vie ne devaient pas constituer un exemple à suivre. Jean lui-même n'avait pas invité ses auditeurs à renoncer à leurs occupations. Il les exhortait à donner des preuves de repentance en étant fidèles à Dieu là où l'appel les avait trouvés.

Jésus condamnait l'égoïsme sous toutes ses formes, cependant il possédait une grande sociabilité. Il acceptait l'hospitalité de toutes les classes, entrant dans les demeures des riches et des pauvres, des savants et des ignorants, cherchant à détacher leurs pensées des choses vulgaires pour les fixer sur ce qui est spirituel et éternel. Il n'encourageait en aucune façon la dissipation, et sa conduite ne fut entachée d'aucune ombre de légèreté mondaine ; il trouvait son plaisir dans des scènes de bonheur innocent, et il sanctifiait, par sa présence, les réunions sociales. Un mariage juif était un fait important, et les joies qu'il occasionnait ne déplaisaient point au Fils de l'homme. En assistant à cette fête, Jésus a honoré la divine institution du mariage.

Dans l'Ancien comme dans le Nouveau Testament, la relation conjugale sert à représenter l'union tendre et sacrée qui existe entre le Christ et son peuple. La joie d'un festin de noces évoquait à l'esprit de Jésus la joie de ce jour où il introduira son Epouse dans la maison du Père, où les rachetés s'assiéront avec le Rédempteur pour le souper des noces de l'Agneau. Il dit : « Comme la fiancée fait la joie de son époux, tu feras la joie de ton Dieu. » « On ne te nommera plus la Délaissée ;... mais on t'appellera : Celle en qui j'ai mis mon plaisir... car l'Eternel mettra son plaisir en toi [11]. » « Il éprouvera à ton sujet une grande joie ; dans son amour pour toi, il gardera le silence ; il sera plein d'allégresse à cause de toi. » Quand la vision des choses célestes lui fut accordée, l'apôtre Jean écrivit : « J'entendis comme la voix d'une foule nombreuse, comme la voix de grandes eaux, et comme la voix de forts tonnerres, disant : Alléluia ! Car le Seigneur Dieu, le Tout-Puissant, a établi son règne. Réjouissons-nous, soyons dans l'allégresse et donnons-lui gloire, car les noces de l'Agneau sont venues, et son épouse s'est préparée. » « Heureux ceux qui sont appelés au festin de noces de l'Agneau [12] ! »

Jésus voyait en tout homme une âme appelée à son royaume. Il atteignait les cœurs en se mêlant à la foule comme un bienfaiteur. Il s'approchait d'eux alors qu'ils étaient occupés à leurs tâches quotidiennes et s'intéressait à leurs affaires. Il entrait dans les maisons pour y enseigner et plaçait les familles, dans leurs propres foyers, sous l'influence de sa divine présence. La sympathie personnelle qu'il savait manifester intensément lui gagnait les cœurs. S'il lui arrivait de se retirer sur une montagne pour prier dans la solitude, ce n'était là qu'une préparation pour les travaux de la vie active au milieu des hommes. Après ces occasions il sortait pour soulager les malades, instruire les ignorants, briser les chaînes dont Satan liait ses captifs.

C'est par des contacts et des rapports personnels que Jésus formait ses disciples. Il les enseignait, tantôt assis au milieu d'eux au flanc d'une montagne, tantôt au bord de la mer, ou en marchant avec eux sur la route, leur révélant les mystères du royaume de Dieu. Il ne sermonnait pas selon l'usage courant aujourd'hui. Partout où des cœurs s'ouvraient au message divin, il dévoilait les vérités qui touchent au chemin du salut. Au lieu de distribuer des ordres à ses disciples il leur disait : « Suivez-moi. » Il se faisait accompagner d'eux dans ses voyages à travers les campagnes et les cités, leur montrant comment il enseignait les foules. Il liait leurs intérêts aux siens et se les associait dans son œuvre.

Tous ceux qui prêchent la Parole, tous ceux qui ont reçu l'Evangile de la grâce, devraient suivre l'exemple du Christ : l'exemple qu'il leur a laissé en associant ses intérêts à ceux de l'humanité. Nous ne devons pas renoncer à la vie sociale. Nous ne devons pas nous isoler. Pour atteindre toutes les classes, il faut aller à leur rencontre. La plupart du temps les hommes ne viendront pas, d'eux-mêmes, à nous. Ce n'est pas seulement du haut de la chaire que la vérité divine peut toucher les cœurs. Un autre champ d'activité, quoique plus humble, est plein de promesses : c'est celui qu'offrent le logis du pauvre et le palais du riche, la table hospitalière et les réunions ayant pour but un divertissement légitime.

Si nous sommes disciples du Christ, l'amour des plaisirs ne nous fera pas nous mêler au monde pour participer à ses folies. De cela il ne résulterait que du mal. Nous ne devons jamais sanctionner le péché soit par nos paroles ou nos actions, soit par notre silence ou notre présence. Que Jésus nous accompagne partout ; montrons à tous combien il nous est précieux. Ceux qui enferment leur religion derrière des murailles de pierre perdent de précieuses occasions de faire le bien. C'est par les relations sociales que le christianisme entre en contact avec le monde. Quiconque a reçu l'illumination divine doit éclairer le sentier de ceux qui ne connaissent pas la Lumière de la vie.

Nous devrions tous devenir des témoins de Jésus. Les influences sociales, sanctifiées par la grâce du Christ, doivent servir à gagner des âmes au Sauveur. Montrons au monde que nous ne sommes pas absorbés égoïstement par nos propres intérêts, que nous désirons que d'autres partagent nos bénédictions et nos privilèges. Qu'ils voient que notre religion ne nous rend pas durs et autoritaires. Tous ceux qui affirment avoir trouvé le Christ doivent servir comme lui de manière à être utiles aux hommes.

Ne donnons jamais l'impression que les chrétiens sont des gens sombres et malheureux. Les yeux fixés sur Jésus, nous verrons un Rédempteur plein de compassion, et nous serons éclairés par la lumière de sa face. Où son esprit règne la paix abonde. Et il y aura aussi de la joie, produit d'une sereine et sainte confiance en Dieu.

Le Christ est heureux quand ses disciples montrent que, quoique humains, ils sont participants de la nature divine. Ils ne sont pas des statues, mais des hommes et des femmes pleins de vie. Leurs cœurs rafraîchis par la rosée de la grâce divine, s'épanouissent sous les rayons du Soleil de justice. La lumière qui brille sur eux ils la réfléchissent sur d'autres par des œuvres tout illuminées de l'amour du Christ.

---

[1] Ce chapitre est basé sur Jean 2.1-11. [2] Luc 2.35. [3] Jean 1.45. [4] Exode 20.12. [5] Luc 2.49. [6] Jean 1.50. [7] 1 Corinthiens 11.26. [8] Matthieu 26.29. [9] Esaïe 65.8. [10] Proverbes 20.1, version rabbinique. [11] Esaïe 62.5, 4 ; Sophonie 3.17. [12] Apocalypse 19.6, 7, 9.

Chapitre 16

Dans son temple

« APRES cela, il descendit à Capernaüm, avec sa mère, ses frères et ses disciples, et ils n'y demeurèrent que peu de jours. La Pâque des Juifs était proche, et Jésus monta à Jérusalem [1]. »

Pour effectuer ce voyage, Jésus se joignit à une nombreuse caravane s'acheminant vers la capitale. Il n'avait pas encore publiquement annoncé sa mission, aussi put-il se mêler à la foule sans être remarqué. Dans de telles occasions, la venue du Messie, sur laquelle le ministère de Jean avait attiré l'attention, faisait souvent le sujet des conversations. C'est avec le plus grand enthousiasme que l'on s'entretenait des espérances de grandeur nationale. Jésus savait que ces espérances allaient être déçues, parce qu'elles étaient fondées sur une fausse interprétation des Ecritures. Il se donnait beaucoup de peine pour expliquer les prophéties, s'efforçant d'amener les gens à une étude plus attentive de la Parole de Dieu.

Les prêtres avaient enseigné au peuple juif que c'était à Jérusalem que l'on devait lui apprendre à adorer Dieu. Pendant la semaine de Pâque un grand nombre de personnes y accouraient de toutes les parties de la Palestine et même des pays les plus éloignés. Une foule très mélangée assiégeait les parvis du temple. Pour la commodité de ceux qui ne pouvaient apporter avec eux les victimes qui devaient être offertes en sacrifice comme symboles du grand Sacrifice, des animaux étaient achetés et vendus dans la cour extérieure du temple. On se réunissait là pour se procurer des offrandes. La monnaie étrangère y était échangée contre celle du sanctuaire.

Tout Israélite était tenu de payer chaque année un demi-sicle « pour racheter sa personne [2]». L'argent ainsi réuni servait à l'entretien du temple. A part cela, de fortes sommes d'argent, apportées comme offrandes volontaires, étaient déposées dans le trésor du temple. On exigeait que toute monnaie étrangère fût échangée contre ce que l'on appelait le sicle du sanctuaire, seul accepté pour le service sacré. Le change, donnant lieu à des fraudes et à des extorsions, avait fait naître un trafic honteux, source de revenu pour les prêtres.

Les marchands exigeaient des sommes exorbitantes pour les animaux vendus, et partageaient, ensuite, leur profit avec les prêtres et les anciens : ceux-ci s'enrichissaient ainsi aux dépens du peuple. On enseignait aux fidèles que s'ils n'offraient pas des sacrifices, la bénédiction de Dieu ne reposerait pas sur leurs enfants et sur leurs terres. On pouvait, de cette façon, exiger un prix élevé des victimes ; car les gens accourus de très loin ne voulaient pas retourner chez eux sans avoir accompli les actes de culte pour lesquels ils étaient venus.

Beaucoup de sacrifices étaient offerts au temps de la Pâque, de sorte que les ventes du temple s'en trouvaient accrues. Le désordre faisait penser plutôt à un marché de bétail qu'à un saint temple de Dieu. On entendait les disputes des acquéreurs et des vendeurs, les mugissements du gros bétail, le bêlement des brebis, le roucoulement des colombes, le tintement des pièces de monnaie. La confusion était si grande qu'elle troublait les adorateurs, et les prières adressées au Très-Haut étaient submergées par le tumulte. Le temple était un sujet d'orgueil pour les Juifs, extrêmement fiers de leur piété, et toute parole prononcée contre lui leur paraissait un blasphème ; ils se montraient particulièrement stricts dans l'accomplissement des rites ; mais l'amour de l'argent faisait taire leurs scrupules. Ils ne voyaient pas à quel point ils s'éloignaient du but originel qui avait présidé à l'institution de ces services par Dieu même.

Quand le Seigneur descendit sur le Sinaï, ce lieu fut consacré par sa présence. Moïse reçut l'ordre d'établir des barrières autour de la montagne et de sanctifier celle-ci, et le Seigneur donna cet avertissement : « Gardez-vous de monter sur la montagne et même d'en toucher le bord. Celui qui touchera la montagne sera puni de mort. On ne mettra pas la main sur lui, mais il sera lapidé où percé de flèches. Que ce soit un animal ou un homme, il cessera de vivre [3]. » Dieu enseignait ainsi que tout lieu qu'il honore de sa présence se trouve, par là même, sanctifié. Les abords du temple auraient dû être considérés comme sacrés, mais l'amour du gain fit oublier toutes ces choses.

En tant que représentants de Dieu auprès de la nation, les prêtres et les anciens devaient redresser les abus commis dans la cour du temple et donner au peuple l'exemple de l'intégrité et de la compassion. Plutôt que de rechercher leur propre profit, ils devaient étudier les conditions et les besoins des fidèles, et venir en aide à ceux qui n'avaient pas le moyen de se procurer les choses prescrites pour le sacrifice. Mais ils négligèrent leur devoir, parce que l'avarice endurcissait leurs cœurs.

Il venait à la fête des personnes souffrantes, nécessiteuses, en détresse. Il y avait là des aveugles, des estropiés, des sourds, quelques-uns portés sur des lits. Certains étaient trop pauvres pour se procurer la plus petite offrande à donner au Seigneur, trop pauvres même pour se procurer quelque nourriture. Les déclarations des prêtres troublaient ces âmes. Ils se glorifiaient de leur piété ; ils se disaient les gardiens du peuple ; mais ils étaient dépourvus d'amour, de compassion. En vain les pauvres, les malades et les mourants se plaignaient à eux. Le cœur de ces prêtres n'éprouvait aucune pitié pour la souffrance.

En entrant dans le temple, Jésus embrasse toute la scène d'un seul regard. Il voit les transactions malhonnêtes. Il voit la détresse des pauvres qui pensent ne pas pouvoir obtenir le pardon de leurs péchés sans effusion de sang. Il voit la cour extérieure du temple transformée en un lieu de trafic profane. L'enceinte sacrée n'est plus qu'un vaste bureau de change.

Le Christ voit ce qu'il faut réformer. De nombreuses cérémonies sont imposées au peuple sans les instructions nécessaires pour lui en faire connaître la signification. On offre des sacrifices sans comprendre que ceux-ci se rapportent au parfait Sacrifice. Et là se tient, sans être reconnu ni honoré, celui que tous ces services symbolisent. Il a donné des instructions concernant les sacrifices. Il en comprend la valeur symbolique, et voit comment ils ont été pervertis et mal interprétés. L'adoration spirituelle est en voie de disparaître. Aucun lien ne rattache à Dieu prêtres et anciens. L'œuvre du Christ a pour but d'établir un culte tout différent.

Arrêté au seuil du temple, le Christ observe d'un regard pénétrant la scène qui se déroule devant lui. Son regard prophétique plonge dans l'avenir : les années, les siècles et les millénaires défilent devant lui. Il prévoit comment prêtres et gouverneurs se refuseront à faire droit aux nécessiteux, et empêcheront que l'Evangile ne soit prêché aux pauvres. Il voit comment on masquera l'amour de Dieu aux yeux des pécheurs, comment on trafiquera de sa grâce. Tandis qu'il contemple cette scène, son aspect exprime l'indignation, l'autorité, la puissance. Il attire l'attention de tous sur lui. Les yeux de ceux qui sont occupés à ce trafic profane s'attachent à lui. Ils ne peuvent se dérober à son regard. Conscients du fait que cet homme lit leurs pensées les plus secrètes et découvre leurs mobiles cachés, quelques-uns cherchent à dissimuler leur visage comme si leurs mauvaises actions pouvaient y être lues par les yeux scrutateurs.

Le tumulte cesse. Le bruit du trafic et du marchandage prend fin. Il y a un moment de silence angoissant. L'assemblée est dominée par un sentiment de crainte, comme si elle se voyait soudain traduite devant le tribunal de Dieu pour répondre de ses actions. La divinité du Christ perce l'enveloppe de son humanité. La Majesté du ciel se dresse, tel le Juge au dernier jour : non pas, il est vrai, revêtu de la gloire qui l'accompagnera en ce jour-là, mais doué déjà du pouvoir de lire dans les âmes. Son regard parcourt la multitude, s'arrêtant dominateur sur chaque individu. Une lumière divine éclaire son visage. Il parle, et sa voix puissante – la même voix qui proclama au Sinaï la loi que les prêtres et les anciens transgressent maintenant – retentit sous les portiques : « Otez Cela d'ici, ne faites pas de la maison de mon Père une maison de trafic. »

Descendant les marches avec lenteur, et brandissant le fouet de cordes ramassé tout à l'heure, il ordonne aux marchands de quitter les abords du temple. Avec un zèle et une sévérité qu'on ne lui a pas connus auparavant, il renverse les tables des changeurs. Les pièces de monnaie roulent bruyamment sur les pavés de marbre. Nul ne songe à mettre en doute son autorité. Personne n'ose s'arrêter pour ramasser le gain mal acquis. Jésus ne frappe pas de son fouet, mais ce simple instrument paraît être entre ses mains une épée flamboyante. Les officiers du temple, les prêtres affairés, les courtiers et les marchands de bétail, avec leurs brebis et leurs bœufs, se précipitent au dehors, uniquement préoccupés d'échapper à la condamnation de sa présence.

La foule, sentant passer sur elle l'ombre de sa divinité, est prise de panique. Des centaines de lèvres soudain pâlies laissent échapper des cris d'épouvante. Un tremblement saisit les disciples, profondément impressionnés par les paroles et l'attitude de Jésus, si éloignées de ses habitudes. Ils se rappellent ce qui a été écrit de lui : « Le zèle de ta maison me dévore [4]. » Bientôt la foule tumultueuse avec sa marchandise se trouve bien loin du temple. Le trafic impur a quitté les parvis ; un silence profond et solennel succède à la confusion. La présence du Seigneur, qui, autrefois, a sanctifié la montagne, a maintenant rendu sacré le temple élevé en son honneur.

Par la purification du temple, Jésus annonçait sa mission en tant que Messie, et commençait son œuvre. Ce temple, dressé pour être la demeure de Dieu, devait être comme une parabole vivante aux yeux d'Israël et du monde. Dès l'éternité le dessein de Dieu a été que toute créature, depuis le séraphin resplendissant et saint jusqu'à l'homme, fût un temple honoré par la présence du Créateur. Par suite du péché l'humanité a cessé d'être le temple de Dieu. Assombri et souillé par le mal, le cœur de l'homme ne révèle plus la gloire de l'Être divin. Mais le dessein du ciel se trouve accompli par l'incarnation du Fils de Dieu. Dieu habite au sein de l'humanité, et, par l'effet de sa grâce salutaire, le cœur de l'homme redevient son temple. Dans les pensées de Dieu, le temple de Jérusalem devait être un témoin continuel des hautes destinées réservées à toute âme. Les Juifs n'avaient pas compris la signification de cet édifice dont ils faisaient un sujet d'orgueil. Ils ne s'étaient pas offerts pour être les saints temples de l'Esprit divin. Les parvis du temple de Jérusalem, déshonorés par le scandale d'un trafic impur, n'étaient que l'image trop fidèle du temple de leur cœur, sali par la présence de passions sensuelles et de pensées profanes. En chassant du temple les vendeurs et les acheteurs, Jésus proclame son intention de purifier le cœur de la souillure du péché, des désirs terrestres, des convoitises charnelles, des mauvaises habitudes qui corrompent l'âme. « Alors entrera soudain dans son temple le Seigneur que vous cherchez, l'ange de l'alliance que vous désirez. Le voici, il vient, déclare l'Eternel des armées. Qui pourra soutenir le jour de sa venue ? Qui pourra subsister quand il paraitra ? Car il sera comme le feu du fondeur, comme la potasse des blanchisseurs. Il sera assis, fondant et purifiant l'argent ; il purifiera les fils de Lévi et les affinera comme on affine l'or et l'argent [5]. »

« Ne savez-vous pas que vous êtes le temple de Dieu, et que l'Esprit de Dieu habite en vous ? Si quelqu'un détruit le temple de Dieu, Dieu le détruira ; car le temple de Dieu est saint, et c'est ce que vous êtes [6]. » Personne ne peut de lui-même se libérer du mal qui a envahi son cœur. Le Christ seul est capable de purifier le temple de l'âme. Mais il ne force pas l'entrée. Il n'entre pas dans le cœur comme il est entré dans l'ancien temple ; mais il dit : « Voici, je me tiens à la porte et je frappe. Si quelqu'un entend ma voix et ouvre la porte, j'entrerai chez lui [7]. » Il ne viendra pas pour un jour seulement ; car il dit : « J'habiterai et je marcherai au milieu d'eux ;... et ils seront mon peuple. » « Il mettra sous ses pieds nos iniquités. Oui, tu jetteras tous leurs péchés au fond de la mer [8]. » Sa présence purifiera et sanctifiera l'âme, et fera d'elle un saint temple au Seigneur, « une habitation de Dieu en Esprit [9] ».

Saisis de terreur, les prêtres et les anciens se sont enfuis hors de la cour du temple, loin du regard scrutateur qui lit dans leurs cœurs. Au cours de leur fuite, ils rencontrent des personnes se rendant au temple, et leur conseillent de s'en retourner, leur racontant ce qu'ils ont vu et entendu. Le Christ regarde avec une tendre pitié ces hommes que la peur met en fuite, et qui ignorent ce qui constitue le vrai culte. Dans cette scène il voit un symbole de la dispersion de tout le peuple juif : conséquence de sa méchanceté et de son impénitence.

Pourquoi les prêtres ont-ils pris la fuite hors du temple ? Pourquoi n'ont-ils pas résisté ? C'est un fils de charpentier, un pauvre Galiléen, sans distinction sociale et sans puissance, qui leur a intimé l'ordre de partir. Pourquoi, sans lui résister, ont-ils abandonné leurs gains mal acquis, pourquoi ont-ils fui devant un homme si humble et dépourvu de toute apparence ?

Le Christ parlait avec une autorité royale : aucune puissance ne pouvait résister à son aspect et au ton de sa voix. Ils comprirent, comme ils ne l'avaient jamais compris auparavant, qu'ils n'étaient que des hypocrites et des voleurs. La divinité éclatant à travers son humanité, ils n'aperçurent pas seulement l'indignation qui paraissait sur son visage ; ils saisirent aussi la portée de ses paroles. Ils se crurent devant le trône du Juge éternel prononçant sur eux un verdict pour le temps et pour l'éternité. Convaincus alors que le Christ était prophète, plusieurs même crurent à sa messianité. Le Saint-Esprit fit passer comme en un éclair, devant leurs esprits, les déclarations des prophètes touchant le Christ. Obéiront-ils à cette conviction ?

Ils ne veulent pas se repentir. Ils voient comment a été éveillée la sympathie du Christ pour les pauvres, et comment eux se sont rendus coupables d'extorsion envers le peuple. Ils haïssent ce Christ qui devine leurs pensées. La réprimande infligée par lui en public a blessé leur orgueil, et l'influence grandissante qu'il exerce sur le peuple excite leur envie. Ils décident de lui lancer un défi, le mettant en demeure de déclarer par quelle puissance il vient d'agir.

Lentement et délibérément, le cœur rempli de haine, ils reviennent au temple. Comme tout a changé depuis leur départ ! En s'enfuyant, ils ont laissé les pauvres derrière eux ; ceux-ci considèrent maintenant Jésus, dont l'aspect exprime l'amour. Les larmes aux yeux, il dit à ces âmes tremblantes réunies autour de lui : Ne craignez point. Je vous délivrerai et vous me glorifierez. C'est pour cela que je suis venu dans le monde.

Le peuple se presse autour du Christ avec des appels émouvants, le suppliant de les bénir. Son oreille recueille tous les cris. Il se penche avec une pitié qui surpasse la tendresse d'une mère sur les petits qui souffrent. Il s'occupe de tous. Chacun est guéri de ses maladies. Les lèvres des muets s'ouvrent à la louange ; les aveugles contemplent le visage de leur Guérisseur ; les cœurs des souffrants sont réjouis.

C'est une véritable révélation pour les prêtres et les officiers du temple, témoins de cette grande œuvre. Les gens décrivent les douleurs qu'ils ont endurées, leurs espérances déçues, les jours pénibles, les nuits sans sommeil. La dernière étincelle d'espoir semblait éteinte quand le Christ les a guéris. Mon fardeau était bien lourd, raconte l'un creux ; mais j'ai trouvé du secours. Celui-ci est le Fils de Dieu, et je vais consacrer ma vie à son service. Des parents disent à leurs enfants : Il vous a sauvé la vie ; célébrez ses louanges. Des voix d'enfants et d'adolescents, de pères et de mères, d'amis et de spectateurs, s'unissent en un concert d'actions de grâce et de louanges. Les cœurs sont pleins d'espoir et de joie. La paix descend dans les consciences. On rentre à la maison guéri d'âme et de corps, proclamant partout l'amour sans pareil de Jésus.

Au moment où le Christ allait être crucifié, ceux qui avaient été guéris ne se joignirent pas à la populace hurlant : « Crucifie-le, crucifie-le. » Leur sympathie allait vers ce Jésus dont ils avaient éprouvé la vive commisération et le pouvoir admirable. Ils le connaissaient comme leur Sauveur, ayant reçu de lui la santé du corps et celle de l'âme. Ils écoutèrent la voix des apôtres, la Parole de Dieu pénétra dans leurs cœurs et leur donna de l'intelligence. Ils devinrent des instruments de la miséricorde divine, des moyens de salut.

La foule qui avait déserté la cour du temple finit par y revenir lentement. La panique avait diminué, mais les visages exprimaient l'indécision et la timidité. On réfléchissait avec admiration aux œuvres de Jésus, et l'on était convaincu que les prophéties messianiques trouvaient en lui leur accomplissement. La profanation était principalement l'œuvre des prêtres. Ils avaient transformé la cour en un marché. La population était innocente, comparativement. L'autorité divine de Jésus les impressionnait, mais l'influence des prêtres et des chefs restait déterminante. La mission du Christ leur paraissait une nouveauté et ils se demandaient jusqu'à quel point il avait le droit de s'opposer à ce que permettaient les autorités du temple. Ils regrettaient l'interruption du trafic et ils étouffaient en eux-mêmes la conviction produite par le Saint-Esprit.

Les prêtres et les chefs auraient dû être les premiers à reconnaître en Jésus l'oint du Seigneur ; car ils détenaient les rouleaux sacrés où sa mission était décrite, et ils savaient que la purification du temple était autre chose qu'une manifestation d'un pouvoir humain. La haine qu'ils éprouvaient à l'endroit de Jésus ne pouvait les affranchir de la pensée qu'il était peut-être un prophète envoyé de Dieu pour rétablir la sainteté du temple. Aussi s'approchèrent-ils de lui avec une certaine déférence pour lui demander : « Quel miracle nous montres-tu pour agir de la sorte ? »

Ce miracle, Jésus l'avait accompli. En faisant jaillir la lumière dans leurs cœurs, en accomplissant sous leurs yeux les œuvres que l'on attendait du Messie, il avait donné des preuves suffisantes de ce qu'il était. Alors qu'on lui demandait un signe, il répondit par une parabole destinée à dévoiler leur malice et à leur montrer qu'il n'ignorait pas jusqu'où ils iraient : « Détruisez ce temple, dit-il, et en trois jours je le relèverai. »

Ces paroles avaient une double signification. Jésus faisait non seulement allusion à la destruction du temple juif et de ses services, mais aussi à sa propre mort – la destruction du temple de son corps. Déjà les Juifs la tramaient. Revenus au temple, prêtres et chefs proposaient de mettre à mort Jésus et de se débarrasser de ce trouble-fête. Cependant, ils ne le comprirent pas, alors qu'il dévoilait leur dessein. Ils firent comme si Jésus n'avait parlé que du temple de Jérusalem, et ils s'écrièrent indignés : « Il a fallu quarante-six ans pour bâtir ce temple, et toi, en trois jours, tu le relèveras ! » Il leur sembla que Jésus avait justifié leur incrédulité et plus que jamais ils étaient décidés à le rejeter.

Le Christ n'entendait pas que ses paroles fussent comprises par les Juifs incrédules, ni même par ses disciples, à ce moment-là. Il prévoyait que ses ennemis les interpréteraient de manière à s'en faire une arme contre lui. Lors de son procès on s'en servirait pour l'accuser, et au Calvaire on en ferait un sujet de raillerie. Mais s'il les avait expliquées à cette occasion il aurait fait connaître ses souffrances à ses disciples et leur aurait causé un chagrin qu'ils n'étaient pas en état de supporter pour le moment. Une explication aurait eu pour effet de découvrir, aux Juifs l'aboutissement de leur préjugé et de leur incrédulité. Ils s'étaient déjà engagés dans une voie au terme de laquelle il serait conduit comme un agneau à la boucherie.

Le Christ prononça ces paroles en pensant à ceux qui croiraient en lui. Il savait qu'elles seraient répétées. Prononcées à l'occasion d'une Pâque, elles parviendraient aux oreilles de milliers de personnes, dans toutes les parties du monde. Leur signification deviendrait évidente à la suite de sa résurrection d'entre les morts. Elles apporteraient à plusieurs une preuve concluante de sa divinité.

Les ténèbres spirituelles qui enveloppaient les disciples de Jésus les empêchaient souvent de comprendre ses leçons. Beaucoup de ces leçons, toutefois, allaient être expliquées par les événements subséquents. Ses paroles étaient destinées à demeurer dans leurs cœurs quand il ne cheminerait plus au milieu d'eux.

Appliquées au temple de Jérusalem, les paroles du Sauveur : « Détruisez ce temple, et en trois jours je, le relèverai », avaient une portée que ses auditeurs ne devinaient pas. Le Christ était le fondement et la vie du temple, dont les services préfiguraient le sacrifice du Fils de Dieu. Le sacerdoce avait été établi pour représenter le caractère et l'œuvre du Christ comme médiateur. Tout le plan des sacrifices annonçait la mort du Sauveur pour le rachat du monde. Ces offrandes perdraient toute valeur dès que serait consommé le grand événement qu'elles avaient pour but de symboliser.

Dès lors que l'économie des rites était un symbole du Christ, elle n'avait de valeur que par lui. Quand les Juifs eurent achevé de rejeter le Christ en le mettant à mort, ils rejetèrent tout ce qui donnait une signification au temple et à ses services. Tout cela avait perdu son caractère sacré. Sa disparition était imminente. Dès ce jour les sacrifices offerts et le service qui s'y rattachait perdaient toute signification. Ils n'exprimaient pas mieux que l'offrande de Caïn la foi au Sauveur. En mettant à mort le Christ, les Juifs détruisirent virtuellement le temple. Au moment où le Christ fut crucifié, le voile intérieur du temple fut déchiré du haut en bas pour attester que le grand sacrifice final avait été offert, et que tout le rituel des sacrifices était arrivé à sa fin.

« En trois jours je le relèverai. » La mort du Sauveur paraissait assurer l'avantage des puissances des ténèbres, qui se réjouirent de leur victoire. Mais Jésus sortit en vainqueur du sépulcre prêté par Joseph. « Il a dépouillé les principautés et les pouvoirs, et les a publiquement livrés en spectacle, en triomphant d'eux par la croix [10]. » En vertu de sa mort et de sa résurrection, il est devenu le ministre « du véritable tabernacle, dressé par le Seigneur et non par un homme [11] ». Le tabernacle israélite a été construit par des hommes ; le temple juif a été édifié par des hommes ; mais le sanctuaire d'en-haut, dont le terrestre était une représentation, n'a pas été construit par un architecte humain. « Voici un homme dont le nom est Germe.... C'est lui qui rebâtira le temple de l'Eternel et qui sera revêtu de la majesté royale. Il siégera comme roi sur son trône ; il siégera aussi sur son trône comme sacrificateur [12]. »

Le service des sacrifices qui annonçaient le Christ a pris fin ; mais les yeux des hommes ont été dirigés vers le vrai sacrifice offert pour les péchés du monde. Le sacerdoce terrestre a cessé ; mais nous regardons à Jésus, « médiateur d'une nouvelle alliance », et au « sang de l'aspersion, qui parle mieux que celui d'Abel ». « La voie du saint des saints n'était pas encore ouverte, tant que le premier tabernacle subsistait.... Mais Christ est venu comme grand-prêtre des biens à venir ; il a traversé le tabernacle plus grand et plus parfait qui n'est pas construit par la main de l'homme,... avec son propre sang. C'est ainsi qu'il nous a obtenu une rédemption éternelle [13]. »

« C'est pour cela aussi qu'il peut sauver parfaitement ceux qui s'approchent de Dieu par lui, étant toujours vivant pour intercéder en leur faveur [14]. » Bien que le ministère ait été transféré du temple terrestre au céleste ; bien que le sanctuaire et notre souverain sacrificateur soient invisibles, les disciples n'en devaient pas être appauvris. L'absence du Sauveur n'entraînerait aucune rupture de communion avec lui, aucune diminution de puissance. Tandis que Jésus officie là-haut dans le sanctuaire, il continue d'exercer un ministère en faveur de l'Eglise sur terre, par son Esprit. Bien que caché à notre vue, il tient la promesse faite au moment de son départ : « Voici, je suis avec vous tous les jours jusqu'à la fin du monde [15]. » Bien qu'il ait délégué ses pouvoirs à des ministres subordonnés, sa présence vivifiante est toujours ressentie dans l'Eglise.

« Puisque nous avons un grand-prêtre souverain, ... Jésus le Fils de Dieu, tenons fermement la confession de notre foi. Car nous n'avons pas un grand-prêtre incapable de compatir à nos faiblesses ; mais il a été tenté comme nous à tous égards, sans commettre de péché. Approchons-nous donc avec assurance du trône de la grâce, afin d'obtenir miséricorde et de trouver grâce, en vue d'un secours opportun [16]. »

---

[1] Ce chapitre est basé sur Jean 2.12-22. [2] Exode 30.12-16. [3] Exode 19.12, 13. [4] Psaume 69.10. [5] Malachie 3.1-3. [6] 1 Corinthiens 3.16, 17. [7] Apocalypse 3.20. [8] 2 Corinthiens 6.16 ; Michée 7.19. [9] Ephésiens 2.21, 22. [10] Colossiens 2.15. [11] Hébreux 8.2. [12] Zacharie 6.12, 13. [13] Hébreux 12.24 ; 9.8-12. [14] Hébreux 7.25. [15] Matthieu 28.20. [16] Hébreux 4.14-16.

Chapitre 17

Nicodème

NICODEME, membre honoré du Sénat israélite, possédant une vaste culture et des talents exceptionnels, occupait une place importante et jouissait de la confiance de la nation juive. Comme tant d'autres, il fut remué par l'enseignement de Jésus. Quoique riche, savant et honoré, il se sentait étrangement attiré vers l'humble Nazaréen. Les enseignements tombés des lèvres du Sauveur l'ayant vivement impressionné, il désirait mieux connaître ces vérités merveilleuses.

En faisant preuve d'autorité par la purification du temple, Jésus avait suscité une haine opiniâtre chez les prêtres et les chefs, qui redoutaient l'influence de cet inconnu. La hardiesse de cet obscur Galiléen était intolérable. Il fallait absolument mettre fin à son œuvre. Tous cependant n'étaient pas d'accord à ce sujet. Quelques-uns craignaient de s'opposer à quelqu'un qui était si évidemment animé de l'Esprit de Dieu. On se rappelait que des prophètes avaient été mis à mort pour avoir censuré les péchés des conducteurs d'Israël. On savait que l'entêtement avec lequel on avait rejeté les réprimandes venant de Dieu avait été la cause de l'asservissement à une nation païenne. On craignait qu'en complotant contre Jésus, les prêtres et les chefs suivissent l'exemple des ancêtres, et que de nouvelles calamités fussent attirées sur la nation. Ces sentiments étaient partagés par Nicodème. Au cours d'une séance du sanhédrin, alors que l'on examinait la conduite à tenir à l'égard de Jésus, Nicodème conseilla la prudence et la modération. Il insista sur le fait qu'il y aurait danger à rejeter les avertissements de Jésus s'il était réellement investi d'une autorité divine. Les prêtres n'osèrent pas négliger ce conseil, ce qui fit qu'aucune mesure ne fut alors prise contre le Sauveur.

Après avoir entendu Jésus, Nicodème avait étudié avec soin les prophéties relatives au Messie ; plus il les scrutait, plus il était convaincu qu'il était celui que l'on attendait. Avec beaucoup d'autres en Israël, il avait été profondément troublé par la profanation du temple. Il était présent quand Jésus chassa les acheteurs et les vendeurs ; il fut témoin de l'éclatante manifestation de la puissance divine ; il vit le Sauveur accueillant les pauvres et guérissant les malades ; il vit leurs regards joyeux et entendit leurs paroles de louange ; à n'en pas douter, Jésus de Nazareth était l'Envoyé de Dieu.

Il désirait vivement s'entretenir avec Jésus, mais n'osait le faire franchement. Un Juif de son rang trouvait humiliant d'avouer ses sympathies pour un docteur si peu connu. Si le sanhédrin avait appris cette visite, il l'eût raillé et lui eût adressé des reproches. Il décida donc de chercher une entrevue secrète, prétextant que s'il s'était rendu ouvertement auprès de Jésus son exemple aurait été suivi. Ayant réussi à découvrir, sur le mont des Oliviers, l'endroit solitaire où le Sauveur se retirait, il attendit que la ville fût plongée dans l'obscurité, puis se mit à la recherche de Jésus.

En présence du Christ, Nicodème éprouve une étrange timidité, qu'il s'efforce de dissimuler sous un air compassé et digne. « Rabbi, dit-il, nous savons que tu es un docteur venu de la part de Dieu ; car personne ne peut faire ces miracles que tu fais, si Dieu n'est avec lui. [1] » En parlant des rares dons du Christ comme instructeur, ainsi que de son merveilleux pouvoir d'accomplir des miracles, Nicodème espérait préparer le terrain pour son entrevue. Ses paroles avaient pour but de provoquer un échange de confidences ; mais en réalité elles exprimaient de l'incrédulité. En Jésus, Nicodème ne reconnaissait pas le Messie, mais simplement un instructeur envoyé par Dieu.

Au lieu de répondre à la salutation, Jésus fixe son interlocuteur, comme s'il lisait dans son âme. Sa sagesse infinie lui dit qu'il s'agit de quelqu'un qui cherche la vérité. Il connaît l'objet de sa visite et il veut affermir la conviction qui s'est déjà établie dans son esprit. Entrant directement en matière, il lui dit d'un ton solennel en même temps qu'affable : « En vérité, en vérité, je te le dis, si un homme ne naît d'en haut, il ne peut voir le royaume de Dieu. »

Nicodème était venu auprès du Seigneur dans l'espoir de discuter avec lui, mais Jésus exposa les principes fondamentaux de la vérité. Il dit à Nicodème qu'il avait davantage besoin de régénération spirituelle que de connaissances théoriques. Il lui fallait non pas tant qu'on satisfasse sa curiosité, mais plutôt obtenir un cœur nouveau. Seule une vie nouvelle, venant d'en haut, pouvait le rendre capable d'apprécier les réalités spirituelles. Aussi longtemps que ce changement n'était pas opéré, renouvelant toutes choses, il ne résulterait rien d'utile d'une discussion concernant l'autorité et la mission de Jésus.

Nicodème avait entendu la prédication de Jean-Baptiste au sujet de la repentance et du baptême, au cours de laquelle il avait montré à ses auditeurs celui qui devait les baptiser du Saint-Esprit. Nicodème avait constaté que la spiritualité faisait défaut parmi les Juifs. Ceux-ci étaient dominés à un haut degré par une fausse dévotion et des ambitions mondaines. Il attendait une amélioration de cet état de choses à la suite de l'avènement du Messie. Cependant le message du Baptiste, qui sondait les cœurs, ne l'avait pas convaincu de péché. Il était un pharisien rigide et se glorifiait de ses bonnes actions. Il avait mérité une estime générale grâce à sa bienveillance et à la libéralité avec laquelle il entretenait le service du temple, et il comptait sur la faveur divine. Il frémit à la pensée que le royaume était trop pur pour qu'il pût le voir dans l'état où il était.

L'image de la nouvelle naissance, dont Jésus s'est servi, n'était pas entièrement nouvelle pour Nicodème. On comparait souvent à des enfants nouveau-nés les prosélytes païens gagnés à la foi d'Israël. Il doit donc avoir compris qu'il ne faut pas attacher aux paroles du Christ un sens littéral. Mais il croit avoir droit au royaume de Dieu, en tant qu'Israélite, en vertu de sa naissance. Il ne sent pas le besoin d'un changement. D'où la surprise qu'il éprouve en entendant parler le Sauveur. L'application directe et personnelle des paroles de Jésus l'irrite. L'orgueil du pharisien lutte contre le désir sincère de connaître la vérité. Il s'étonne que le Christ n'ait pas l'air de tenir compte de sa position en Israël.

Dominé par la surprise, il dit ironiquement : « Comment un homme peut-il naître quand il est vieux ? » Semblable à tant d'autres, au moment où une vérité tranchante pénètre dans sa conscience, il prouve que l'homme naturel ne reçoit pas les choses de l'Esprit de Dieu. Rien en lui ne répond aux choses spirituelles ; car c'est spirituellement qu'on les discerne.

Le Sauveur n'oppose pas argument à argument. Levant la main avec dignité, il répète fermement la même vérité : « En vérité, en vérité, je te le dis, si un homme ne naît d'eau et d'Esprit, il ne peut entrer dans le royaume de Dieu. » Nicodème, convaincu qu'il se trouve en présence de celui que Jean-Baptiste a annoncé, comprend l'allusion du Christ au baptême d'eau, et au renouvellement du cœur par l'Esprit de Dieu.

Jésus continue « Ce qui est né de la chair est chair, et ce qui est né de l'Esprit est esprit. » Le cœur est naturellement mauvais ; or, « qui peut tirer la pureté de la souillure ? – Personne ! [2] ». Aucun remède humain n'est efficace auprès de l'âme qui a péché. « Les préoccupations de la chair sont ennemies de Dieu, parce que la chair ne se soumet pas à la loi de Dieu, elle en est même incapable », « car c'est du cœur que viennent les mauvaises pensées, meurtres, adultères, débauches, vols, faux témoignages, calomnies [3] ». Pour que les eaux, jaillissant du cœur, soient pures, il faut que leur source soit purifiée. Celui qui s'efforce, en observant la loi, d'atteindre le ciel par ses propres œuvres, entreprend une chose impossible. Il n'y a point de salut pour qui n'a qu'une religion légale, une simple forme de piété. La vie chrétienne n'est pas seulement une modification ou une amélioration de la vie ancienne : c'est une transformation de nature. Il doit y avoir une mort au moi et au péché, et une vie entièrement nouvelle. Seule l'action efficace du Saint-Esprit peut produire un tel changement.

Nicodème reste indécis. Jésus se sert alors de l'image du vent : « Le vent souffle où il veut, et tu en entends le bruit ; mais tu ne sais d'où il vient ni où il va. Il en est ainsi de quiconque est né de l'Esprit. »

Quand le vent souffle dans les branches des arbres on perçoit un bruissement de feuilles et de fleurs ; il reste cependant invisible, et personne ne sait d'où il vient ni où il va. C'est ainsi que le Saint-Esprit agit dans le cœur. On ne peut pas mieux l'expliquer qu'on ne peut expliquer les mouvements du vent. Le fait qu'on ne peut indiquer le moment et le lieu précis ou rappeler toutes les circonstances d'une conversion, ne prouve pas que cette conversion n'a pas été réelle. Par des moyens aussi invisibles que le vent, le Christ agit constamment dans le cœur. Peu à peu, même inconsciemment, l'âme reçoit des impressions ayant pour effet de l'attirer vers le Christ. On peut recevoir ces impressions en méditant sur lui, en lisant les Ecritures, ou en écoutant la parole du prédicateur. Soudain, à la suite d'un appel plus direct de l'Esprit, l'âme s'abandonne joyeusement entre les mains de Jésus. De telles conversions sont considérées comme instantanées ; en réalité elles sont le résultat d'une action lente, patiente et prolongée de l'Esprit de Dieu.

Quoique invisible, le vent produit des effets visibles et sensibles. De même, l'action de l'Esprit sur l'âme sera manifestée dans tous les actes de celui qui en a éprouvé le pouvoir salutaire. Quand l'Esprit de Dieu prend possession d'un cœur, la vie est transformée. On met de côté les pensées de péché, on renonce aux mauvaises actions ; l'amour, l'humilité et la paix succèdent à la colère, à l'envie, aux querelles. La joie remplace la tristesse, et le visage reflète la lumière céleste. Personne n'aperçoit la main qui soulève le fardeau ; personne ne voit la lumière qui descend des parvis célestes. La bénédiction est acquise quand une âme capitule devant Dieu. Alors une puissance invisible crée un être nouveau à l'image de Dieu.

Des esprits finis ne sauraient comprendre l'œuvre de la rédemption. Il y a là un mystère qui dépasse l'entendement humain ; toutefois celui qui a passé de la mort à la vie sait qu'il s'agit d'une divine réalité. Dès ici-bas il nous est donné de connaître la phase initiale de la rédemption, grâce à une expérience personnelle. Les résultats atteignent les âges éternels.

Pendant que Jésus parle, quelques rayons de vérité pénètrent l'esprit de Nicodème. Son cœur subit l'influence adoucissante et subjugante du Saint-Esprit. Mais il ne comprend pas encore parfaitement les paroles du Sauveur. Il pense moins à la nécessité de la nouvelle naissance qu'à la façon dont elle doit s'accomplir. « Comment cela peut-il se faire ? » demande-t-il.

« Tu es le docteur d'Israël, et tu ne sais pas cela ? » répondit Jésus. Assurément un homme chargé de l'instruction religieuse du peuple ne devrait pas ignorer des vérités aussi importantes. La leçon était celle-ci : au lieu de s'irriter à l'ouïe de ces claires paroles de vérité, Nicodème aurait dû avoir une petite opinion de lui-même, étant donnée son ignorance spirituelle. Néanmoins le Christ parlait avec une dignité si solennelle, son regard et son ton étaient si chargés d'amour que Nicodème ne se formalisa pas en voyant sa condition humiliante.

Mais lorsque Jésus expliqua que sa mission sur terre avait pour but d'établir un royaume spirituel et non pas temporel, son auditeur fut troublé. Voyant quoi, Jésus ajouta : « Si vous ne croyez pas quand je vous ai parlé des choses terrestres, comment croirez-vous quand je vous parlerai des choses célestes ? » Si Nicodème est incapable de recevoir l'enseignement du Christ illustrant l'action de la grâce sur le cœur, comment pourrait-il concevoir la nature de son glorieux royaume céleste ? S'il ne discerne pas la nature de l'œuvre terrestre du Christ, il ne pourra comprendre son œuvre céleste.

Les Juifs que Jésus avait chassés hors du temple se disaient enfants d'Abraham ; néanmoins ils fuirent la présence du Sauveur, ne pouvant supporter la gloire de Dieu manifestée en lui. Ils montraient par là que la grâce divine ne les avait pas qualifiés pour participer aux services sacrés du temple. Ils négligeaient la sainteté du cœur, tout préoccupés qu'ils étaient de maintenir une apparence de sainteté. Fortement attachés à la lettre de la loi, ils en violaient l'esprit constamment. Ils avaient grand besoin de ce changement dont le Christ avait parlé à Nicodème – une nouvelle naissance morale, une purification du péché, un renouveau de connaissance et de sainteté.

Rien ne pouvait excuser l'aveuglement d'Israël en ce qui concerne l'œuvre de la régénération. Inspiré du Saint-Esprit, Esaïe avait écrit : « Nous étions tous pareils à des êtres impurs et toutes nos œuvres de justice étaient comme un vêtement souillé. » David avait adressé à Dieu cette prière : « O Dieu, crée en moi un cœur pur et renouvelle en moi un esprit bien disposé [4]. » Enfin cette promesse avait été donnée par l'intermédiaire d'Ezéchiel : « Je vous donnerai un cœur nouveau et je mettrai en vous un esprit nouveau. J'enlèverai le cœur de pierre qui est en vous et je vous donnerai un cœur de chair. Je mettrai en vous mon Esprit et je ferai en sorte que vous suiviez mes préceptes [5]. »

C'est avec un esprit voilé que Nicodème avait lu ces passages ; à présent il commençait à en discerner le sens. Il voyait que l'obéissance, même la plus stricte à la lettre de la loi appliquée à la vie extérieure, ne suffisait pas à garantir l'entrée dans le royaume des cieux. Il avait mené une vie juste et honorable aux yeux des hommes ; mais en la présence du Christ il sentait que son cœur était souillé et que sa vie était loin d'être sainte.

Nicodème est attiré vers le Christ. Après avoir entendu l'explication du Sauveur au sujet de la nouvelle naissance, il désire que ce changement s'opère en lui-même. Comment cela pourra-t-il se faire ? Jésus lui livre le secret par ces paroles : « Comme Moïse éleva le serpent dans le désert, il faut, de même, que le Fils de l'homme soit élevé, afin que quiconque croit en lui ne périsse pas, mais qu'il ait la vie éternelle. »

Ici Nicodème se sent sur un terrain familier. Le symbole du serpent élevé lui fait comprendre la mission du Sauveur. Alors que les enfants d'Israël mouraient de la morsure des serpents venimeux, Dieu dit à Moïse de faire un serpent d'airain et de l'exposer à la vue de l'assemblée. Ensuite on fit savoir, dans tout le camp, que quiconque regarderait le serpent vivrait. On savait bien que le serpent n'avait, en lui-même, aucun pouvoir de sauver. Ce n'était qu'un symbole du Christ. De même que l'image reproduisant la ressemblance des serpents destructeurs a été dressée pour leur guérison, ainsi quelqu'un qui est venu « dans une chair semblable à celle du péché [6] », doit être le

Rédempteur des hommes. Bien des Israélites attribuaient au service des sacrifices la vertu de les libérer du péché. Dieu voulait leur enseigner que dans ces sacrifices il n'y avait pas plus de vertu que dans le serpent d'airain. Celui-ci était destiné à diriger leurs pensées vers le Sauveur. Que ce fût pour la guérison de leurs blessures ou pour obtenir le pardon de leurs péchés, tout ce qu'ils pouvaient faire en leur propre faveur consistait à manifester la foi qu'ils déposaient sur le Don de Dieu. Ils devaient regarder et vivre.

Ceux qui avaient été mordus par les serpents auraient pu différer de regarder, discuter l'efficacité du symbole d'airain, demander une explication scientifique. Aucun éclaircissement ne fut donné. Il fallait accepter la parole de Dieu telle que Moïse la transmettait. Refuser de regarder, c'était se condamner à périr.

Ce n'est pas par des controverses et des discussions qu'une âme est éclairée. Il faut regarder et vivre. Nicodème comprit et garda la leçon. Dès lors il sonda les Ecritures d'une manière différente, non pas pour discuter une théorie, mais pour vivifier son âme. Il commença de voir le royaume de Dieu parce qu'il se soumit à la direction du Saint-Esprit.

Aujourd'hui des milliers de personnes ont besoin d'apprendre la vérité enseignée à Nicodème par le récit du serpent dressé dans le désert. Elles croient pouvoir se recommander à Dieu par leur obéissance à sa loi. Quand on les invite à regarder à Jésus, à croire qu'il les sauve uniquement par sa grâce, elles demandent : « Comment cela peut-il se faire ? »

Tout comme Nicodème, il nous faut consentir à entrer dans la vie au même titre que le premier des pécheurs. Il est dit du Christ : « Le salut ne se trouve en aucun autre ; car il n'y a sous le ciel aucun autre nom donné parmi les hommes, par lequel nous devions être sauvés [7]. » C'est par la foi que nous recevons la grâce de Dieu ; mais la foi n'est pas notre Sauveur. Elle ne constitue pas un mérite. Elle n'est que la main qui saisit le Christ, s'approprie ses mérites qui apportent un remède au péché. Nous sommes même incapables de nous repentir sans le secours de l'Esprit de Dieu. L'Ecriture dit, au sujet du Christ : « Dieu l'a élevé par sa droite comme Prince et Sauveur, pour donner à Israël la repentance et le pardon des péchés » La repentance est un don du Christ, aussi bien que le pardon [8]. »

Comment donc serons-nous sauvés ? – « Comme Moïse éleva le serpent clans le désert », ainsi le Fils de l'homme a été élevé, afin que quiconque a été séduit et mordu par le serpent puisse le regarder et vivre. « Voici l'Agneau de Dieu, qui ôte le péché du monde [9]. » La lumière émanant de la croix révèle l'amour de Dieu. Cet amour nous attire à lui. Si nous n'opposons pas de résistance, nous serons amenés au pied de la croix dans un sentiment de repentance pour les péchés qui ont rendu nécessaire le crucifiement du Sauveur. Alors l'Esprit de Dieu produira une vie nouvelle dans l'âme croyante. Pensées et désirs seront amenés captifs à l'obéissance du Christ. Le cœur et l'esprit seront créés à nouveau, à l'image de celui qui opère en nous pour s'assujettir toutes choses. Alors la loi de Dieu sera écrite dans le cœur, et avec le Christ nous pourrons dire : « Mon Dieu, je prends plaisir à faire ta volonté [10]. »

Dans son entretien avec Nicodème, Jésus a exposé le plan du salut ainsi que la mission qu'il était venu accomplir dans le monde. Dans aucun de ses discours ultérieurs Jésus n'a développé d'une manière aussi complète l'œuvre qui doit se réaliser dans les cœurs destinés à hériter du royaume des cieux. Tout au commencement de son ministère il livra cette vérité à un membre du sanhédrin, dont l'esprit était réceptif, et à qui était confié le soin d'enseigner le peuple. Mais les conducteurs d'Israël ne montrèrent aucun empressement à accepter la lumière. Ce que voyant, Nicodème cacha la vérité dans son cœur, et pendant trois ans on ne vit que fort peu de fruits.

Mais Jésus savait dans quel terrain il avait jeté la semence. Les paroles qu'il avait dites, de nuit, en présence d'un seul auditeur, sur la montagne solitaire, ne furent pas perdues. Nicodème ne reconnut pas tout d'abord le Christ publiquement, mais il observa sa vie et pesa ses enseignements. Plus d'une fois, dans les séances du sanhédrin, il déjoua les plans des prêtres qui voulaient le mettre à mort. Et quand enfin Jésus fut élevé sur la croix, Nicodème se rappela l'enseignement de la montagne des Oliviers : « Comme Moïse éleva le serpent dans le désert, il faut, de même, que le Fils de l'homme soit élevé, afin que quiconque croit en lui ne périsse pas, mais qu'il ait la vie éternelle. »

Cette entrevue secrète illumina pour lui la croix du Calvaire, et il reconnut en Jésus le Rédempteur du monde.

Après l'ascension du Seigneur, quand les disciples seront dispersés par la persécution, Nicodème s'avancera hardiment. Avec ses richesses il entretiendra l'Eglise naissante, que les Juifs avaient pensé ne pas voir survivre à la mort du Christ. L'homme si prudent, si hésitant, se montrera, au jour du péril, ferme comme un rocher, encourageant la foi des disciples, et fournissant les moyens pour propager l'œuvre de l'Evangile. Il sera tourné en dérision et persécuté par ceux qui le respectaient autrefois. Il deviendra pauvre en biens de ce monde ; mais la foi qui a pris naissance en cette entrevue nocturne avec Jésus, ne défaillira jamais.

Nicodème fit à Jean le récit de cette entrevue, et la plume de celui-ci nous l'a conservé, pour l'instruction de millions de personnes. Les vérités qui s'en dégagent ont la même importance, aujourd'hui, qu'en cette nuit solennelle où, sur la montagne couverte d'ombre, le docteur juif vint s'instruire, concernant la voie de la vie, auprès de l'humble Maître de Galilée.

---

[1] Ce chapitre est basé sur Jean 3.1-17. [2] Job 1.4. [3] Romains 8.7 ; 12. Matthieu 15.19. [4] Esaïe 64.6 ; Psaume 51.12. [5] Ezéchiel 36.26, 27. [6] Romains 8.3. [7] Actes 4.12. [8] Actes 5.31. [9] Jean 1.29. [10] Psaume 40.9.

CHAPITRE 18

Il faut qu'il croisse

PENDANT quelque temps l'influence du Baptiste avait été plus forte que celle des chefs, des prêtres et des princes. S'il s'était donné pour le Messie, proclamant la révolte contre Rome, les prêtres et le peuple se seraient rassemblés sous son étendard. Satan avait présenté à Jean-Baptiste tout ce qui pouvait faire appel à l'ambition d'un conquérant de ce monde. Mais quoique le prophète eût le sentiment de sa force, il avait fermement repoussé la tentation. Il s'était efforcé de détourner sur un Autre l'attention qu'on lui accordait [1].

Il voyait maintenant la vague de popularité l'abandonner en faveur du Sauveur. Peu à peu les foules diminuaient autour de lui. Quand Jésus revint de Jérusalem dans la région proche du Jourdain, la population se pressa au devant de lui pour l'entendre. Le nombre de ses disciples augmentait continuellement. Plusieurs venaient demander le baptême ; s'il est vrai que le Christ ne baptisait pas lui-même, il approuvait le baptême administré par ses disciples. De cette manière, il apposait son sceau sur la mission du précurseur. Mais les disciples de Jean se montraient jaloux de la popularité croissante de Jésus. Ils étaient prêts à trouver à redire à son œuvre, et l'occasion de le faire allait bientôt se présenter. Ils discutaient avec les Juifs pour savoir si le baptême servait à purifier l'âme du péché ; ils affirmaient que le baptême de Jésus différait essentiellement de celui de Jean. Ils ne tardèrent pas à se disputer avec les disciples du Christ au sujet de la formule baptismale et finirent par leur contester le droit de baptiser.

Les disciples de Jean lui énoncèrent leurs griefs en ces termes : « Rabbi, celui qui était avec toi au-delà du Jourdain et à qui tu as rendu témoignage, voici qu'il baptise et que tous vont à lui. » Par ces paroles Satan voulait tenter Jean. Bien que la mission de Jean fût sur le point de se terminer, il avait encore la possibilité de faire obstacle à l'œuvre du Christ. S'il s'était pris en pitié, s'il avait exprimé un chagrin ou un désappointement à la pensée de se voir supplanté, il eût jeté des semences de dissension, il eût encouragé des sentiments d'envie et de jalousie, il eût gêné sérieusement les progrès de l'Evangile.

Par nature Jean partageait les fautes et les faiblesses inhérentes à l'humanité, mais l'attouchement de l'amour divin l'avait transformé. Il demeurait dans une atmosphère exempte d'égoïsme et d'ambition, il se plaçait bien au-dessus des miasmes de la jalousie. Loin d'approuver le mécontentement de ses disciples, il montra clairement qu'il avait une juste compréhension de sa relation avec le Messie, et qu'il accueillait avec bonheur celui auquel il avait préparé la voie.

Il dit : « Un homme ne peut recevoir que ce qui lui a été donné du ciel. Vous-mêmes m'êtes témoins que j'ai dit : Moi, je ne suis pas le Christ, mais j'ai été envoyé devant lui. Celui qui a l'épouse, c'est l'époux ; mais l'ami de l'époux qui se tient là et qui l'entend, éprouve une grande joie à cause de la voix de l'époux. » Jean se comparait à l'ami qui servait d'intermédiaire entre les fiancés, ouvrant la voie au mariage. La mission de l'ami prenait fin quand l'époux avait reçu son épouse. Il ne lui restait plus qu'à se réjouir du bonheur qu'il avait procuré par cette union. De même, Jean avait été envoyé pour amener les âmes à Jésus et il assistait avec joie au succès de l'œuvre du Sauveur. Il ajouta : « Aussi cette joie qui est la mienne est à son comble. Il faut qu'il croisse et que je diminue. »

En dirigeant vers le Rédempteur le regard de sa foi, Jean s'était élevé au sommet de l'abnégation. Loin de vouloir attirer les hommes à lui-même, il cherchait à élever toujours plus haut leurs pensées jusqu'à les fixer sur l'Agneau de Dieu. Lui-même n'avait été qu'une simple voix, un cri dans le désert. Maintenant il acceptait de rentrer dans le silence et l'obscurité, pourvu que tous les yeux fussent dirigés vers la Lumière de la vie.

Les messagers de Dieu qui veulent rester fidèles à leur mandat ne recherchent pas les honneurs personnels. L'amour du moi sera absorbé par l'amour envers le Christ. Aucune rivalité ne viendra nuire à la cause de l'Evangile, si précieuse. Ils reconnaissent que leur tâche consiste à proclamer, comme l'a fait Jean-Baptiste : « Voici l'Agneau de Dieu, qui ôte le péché du monde [2]. » Ils élèvent le Christ et l'humanité se trouve élevée avec lui. « Ainsi parle le Très-Haut, qui siège sur un trône éternel et dont le nom est saint : J'habite dans une demeure haute et sainte, ainsi qu'avec l'homme humble et contrit, pour vivifier l'esprit des humbles et pour ranimer ceux qui ont le cœur contrit [3]. »

L'âme du prophète, vidée du moi, était remplie d'une lumière divine. Alors qu'il contemplait la gloire du Sauveur, ses paroles semblaient constituer la contrepartie de celles que Jésus avait prononcées au cours de son entrevue avec Nicodème. Jean a déclaré : « Celui qui vient d'en haut est au-dessus de tous ; celui qui est de la terre est de la terre, et il parle comme étant de la terre. Celui qui vient du ciel est au-dessus de tous... Celui que Dieu a envoyé prononce les paroles de Dieu, parce que Dieu lui donne l'Esprit sans mesure. » De son côté le Christ pouvait dire : « Je ne cherche pas ma volonté, mais la volonté de celui qui m'a envoyé [4]. » C'est à lui que s'adressent ces paroles : « Tu as aimé la justice et tu as haï l'iniquité ; c'est pourquoi, ô Dieu, ton Dieu t'a oint avec une huile d'allégresse, de préférence à tes compagnons [5]. » Le Père « lui donne l'Esprit sans mesure ».

Il en est de même des disciples du Christ. Nous ne sommes aptes à recevoir la lumière céleste qu'en tant que nous sommes disposés à être vidés de nous-mêmes. Impossible de discerner le caractère de Dieu, ou d'accepter le Christ par la foi, à moins de consentir à ce que toute pensée soit amenée captive à l'obéissance du Christ. Le Saint-Esprit est donné sans mesure à tous ceux qui font cette expérience. En Christ « habite corporellement toute la plénitude de la divinité. Et vous avez tout pleinement en lui [6] ».

Il avait semblé aux disciples de Jean que tous les hommes allaient au Christ ; plus clairvoyant, Jean dit : « Personne ne reçoit son témoignage », si petit était le nombre de ceux qui étaient prêts à l'accepter comme le Sauveur qui sauve du péché. Cependant, « celui qui a reçu son témoignage a certifié que Dieu est véridique... Celui qui croit au Fils a la vie éternelle. » Il n'y a pas lieu de se disputer pour savoir si le baptême du Christ ou celui de Jean est efficace pour la purification du péché. C'est la grâce du Christ qui vivifie l'âme. En dehors du Christ le baptême, tout comme n'importe quel autre service, n'est que forme vide. « Celui qui désobéit au Fils ne verra pas la vie. »

Le succès du Christ, que le Baptiste avait salué avec une si grande joie, fut aussi rapporté aux autorités de Jérusalem. Prêtres et rabbins avaient éprouvé un sentiment de jalousie en constatant que l'influence de Jean faisait déserter les synagogues et affluer le peuple au désert ; or il y avait ici quelqu'un qui attirait les foules avec plus de puissance. Les chefs d'Israël n'étaient pas disposés à dire avec Jean : « Il faut qu'il croisse et que je diminue. » Ils se montrèrent décidés à mettre un terme à cette œuvre qui détournait d'eux la multitude.

Jésus savait qu'ils n'épargneraient aucun effort pour créer une division entre ses disciples et ceux de Jean. Il savait qu'une tempête se préparait qui emporterait l'un des plus grands prophètes jamais donnés au monde. Désireux d'éviter toute occasion de malentendu ou de dissension, il se retira tranquillement en Galilée. Nous aussi, quoique fidèles à la vérité, devrions tâcher d'éviter tout ce qui tend à la discorde et à la mésentente, qui n'auraient d'autre effet que la perte des âmes. Suivons l'exemple laissé par Jésus et par Jean-Baptiste toutes les fois qu'une division est à craindre.

Jean avait été appelé à diriger une œuvre de réforme. Aussi ses disciples couraient le danger de fixer sur lui leur attention, pensant que le succès de l'œuvre dépendait de ses efforts et perdant de vue le fait qu'il avait été un simple instrument entre les mains de Dieu. L'œuvre de Jean ne suffisait pas à fonder l'Eglise chrétienne. Sa mission achevée, il restait une œuvre que son témoignage ne pouvait accomplir. Ceci, ses disciples ne l'ont pas compris. Quand ils virent le Christ entreprenant cette œuvre, ils devinrent jaloux et mécontents.

Les mêmes dangers existent encore. Dieu appelle un homme en vue d'une certaine œuvre ; quand il l'a portée jusqu'au point qu'il peut lui faire atteindre, le Seigneur en amène d'autres pour la continuer. Plusieurs, à l'instar des disciples de Jean, s'imaginent que le succès de l'œuvre dépend du premier ouvrier. L'attention est dirigée vers l'homme plutôt que vers Dieu, la jalousie intervient, et l'œuvre de Dieu est compromise. L'homme qui est l'objet d'honneurs immérités est exposé à la tentation d'exagérer sa valeur. Il cesse de sentir sa dépendance de Dieu. Les personnes auxquelles on enseigne à compter sur l'homme sont induites en erreur et s'éloignent de Dieu.

L'œuvre de Dieu ne doit pas porter l'image et l'empreinte de l'homme. De temps en temps le Seigneur suscitera d'autres instruments, mieux qualifiés pour accomplir son dessein. Heureux ceux qui consentent à ce que leur moi soit humilié et qui répètent après Jean-Baptiste : « Il faut qu'il croisse et que je diminue. »

---

[1] Ce chapitre est basé sur Jean 3.22-36. [2] Jean 1.29. [3] Esaïe 57.15. [4] Jean 5.30. [5] Hébreux 1.9. [6] Colossiens 2.9, 10.

CHAPITRE 19

Près du puits de Jacob

JESUS traversait la Samarie pour se rendre en Galilée. Vers midi, il arriva dans la magnifique vallée de Sichem. Fatigué du voyage, il s'assit à l'entrée, près du puits de Jacob, pour se reposer, tandis que ses disciples iraient acheter des aliments [1].

Ennemis acharnés, les Juifs et les Samaritains évitaient, autant que possible, tout rapport entre eux. Il est vrai que faire du commerce avec les Samaritains en cas de nécessité passait pour légitime aux yeux des rabbins ; mais toute autre relation avec eux était condamnée. Un Juif n'eût rien voulu emprunter à un Samaritain, ni recevoir de lui un présent, fût-ce un morceau de pain ou un verre d'eau. Les disciples, en leur achetant des aliments, agissaient selon la coutume de leur nation. Mais ils n'allaient pas plus loin. Demander une faveur à des Samaritains, ou chercher d'une manière quelconque à leur faire du bien, cette idée ne pouvait entrer dans l'esprit d'un Juif, même s'il était disciple du Christ.

Assis sur la margelle du puits, après un long voyage, effectué depuis le matin, Jésus était affamé et altéré. Le soleil de midi dardait ses rayons sur lui. La sensation de soif s'intensifiait en pensant que se trouvait si près de lui, et cependant inaccessible, l'eau rafraîchissante. Il n'avait ni corde, ni cruche, et le puits était profond. Il partageait le sort de l'humanité, et il dut attendre que quelqu'un vînt pour puiser de l'eau.

Une femme de Samarie s'approcha, et sans paraître le remarquer, elle remplit d'eau sa cruche. Au moment où elle allait partir, Jésus lui demanda à boire. Il s'agissait d'une faveur que personne ne pouvait refuser, en Orient, où l'eau était appelée « le don de Dieu ». Offrir à boire au voyageur assoiffé était un devoir si sacré que les Arabes du désert l'accomplissaient coûte que coûte. La haine qui régnait entre les juifs et les Samaritains avait empêché la femme d'offrir à Jésus de quoi se désaltérer ; mais le Sauveur cherchait la clé de son cœur, et, avec le tact qu'engendre l'amour divin, il sollicita une faveur, au lieu de l'offrir. S'il avait fait un présent, il se fût peut-être heurté à un refus, mais la confiance engendre la confiance. Le Roi du ciel vint auprès de cette âme déshéritée, sollicitant d'elle un service. Celui qui a créé l'océan, et qui commande aux eaux de l'abîme, celui qui a fait jaillir les sources et les cours d'eau, se reposa de sa fatigue près du puits de Jacob, et attendit que l'obligeance d'une personne étrangère apaisât sa soif.

La femme reconnut que Jésus était Juif. Surprise, elle ne pensa pas à lui accorder l'objet de sa requête, mais chercha à en découvrir la raison. « Comment toi qui es Juif, dit-elle, me demandes-tu à boire, à moi qui suis une Samaritaine ? »

Jésus répondit : « Si tu connaissais le don de Dieu, et qui est celui qui te dit : Donne-moi à boire ! c'est toi qui l'en aurais prié, et il t'aurait donné de l'eau vive. » Tu t'étonnes que je t'aie demandé une faveur aussi banale que celle de me donner une gorgée d'eau puisée dans ce puits. Si tu l'avais désiré, je t'aurais fait boire de l'eau de la vie éternelle.

La femme ne comprit pas les paroles du Christ, mais elle en sentit obscurément la portée solennelle. Sa frivolité habituelle fit place au sérieux. Pensant que Jésus faisait allusion au puits qui se trouvait là, elle dit : « Seigneur, tu n'as rien pour puiser, et le puits est profond ; d'où aurais-tu donc cette eau vive ? Es-tu plus grand que notre père Jacob, qui nous a donné ce puits et qui en a bu lui-même ? » Elle voyait, devant elle, un voyageur altéré, exténué, couvert de poussière. Son esprit établissait une comparaison entre lui et le vénéré patriarche Jacob. Comme cela est assez naturel, elle caressait l'idée que nul puits n'égalait celui que ses ancêtres avaient creusé. Elle regardait en arrière vers ses aïeux, et en avant vers la venue du Messie, tandis que l'espoir des pères, le Messie lui-même, se tenait près d'elle sans qu'elle le sût. Combien d'âmes assoiffées vivent aujourd'hui tout près de la fontaine des eaux vives, et cherchent au loin les sources de la vie !

« Ne dis pas en ton cœur : Qui montera au ciel ? c'est en faire descendre Christ ; ou : Qui descendra dans l'abîme ? c'est faire remonter Christ d'entre les morts... La parole est près de toi, dans ta bouche et dans ton cœur... Si tu confesses de ta bouche le Seigneur Jésus, et si tu crois dans ton cœur que Dieu l'a ressuscité d'entre les morts, tu seras sauvé [2]. » Au lieu de répondre immédiatement à la question qui le concernait, Jésus dit d'un ton imposant : « Quiconque boit de cette eau aura encore soif ; mais celui qui boira de l'eau que je lui donnerai, n'aura jamais soif, et l'eau que je lui donnerai deviendra en lui une source d'eau qui jaillira jusque dans la vie éternelle. »

Il aura toujours soif, celui qui cherche à se désaltérer aux sources de ce monde. Les hommes ont tous des besoins insatisfaits. Ils soupirent après quelque chose qui puisse rassasier leur âme. Un seul peut répondre à ce besoin. C'est de Christ, « le Désiré de toutes les nations », que le monde a besoin. La grâce divine qu'il peut seul dispenser est pour l'âme une eau vive qui purifie, rafraîchit et fortifie.

Jésus ne voulait pas dire qu'une simple gorgée d'eau de la vie pourrait suffire. Celui qui a goûté à l'amour du Christ en voudra toujours davantage ; seulement, il ne cherchera pas autre chose. Il ne sera pas attiré par les richesses, les honneurs et les plaisirs du monde. Son cœur criera toujours : Encore davantage de toi. Celui qui dévoile à l'âme ses besoins n'attend que l'occasion de pouvoir assouvir sa faim et sa soif. Toutes les ressources humaines s'épuiseront, les citernes se videront, les étangs se dessècheront ; mais notre Rédempteur est une source intarissable. On peut boire, boire encore, sans jamais l'épuiser. Celui en qui le Christ demeure a, au-dedans de lui, une source de bénédiction, – « une source d'eau qui jaillira jusque dans la vie éternelle ». A cette source il peut puiser force et grâce pour tous ses besoins.

Quand Jésus eut parlé de l'eau vive, la femme le considéra avec la plus vive curiosité. Il éveillait son intérêt, et faisait naître en elle le désir d'obtenir le don auquel il faisait allusion. Elle voyait bien qu'il ne pensait pas à l'eau du puits de Jacob ; car elle en buvait continuellement, sans apaiser sa soif. « Seigneur, dit-elle, donne-moi cette eau, afin que je n'aie plus soif et que je ne vienne plus puiser ici. »

Jésus change brusquement de conversation. Avant d'être à même de recevoir le don qu'il est impatient de lui communiquer, cette âme a besoin de reconnaître son péché et son Sauveur. Aussi lui dit-il : « Va, appelle ton mari, et reviens ici. » Elle répond : « Je n'ai pas de mari. » Elle espère, par là, mettre fin à des questions gênantes. Mais le Sauveur poursuit : « Tu as bien fait de dire : Je n'ai pas de mari. Car tu as eu cinq maris, et celui que tu as maintenant n'est pas ton mari. En cela tu as dit vrai. »

La femme est saisie d'un tremblement. Une main mystérieuse tourne les pages de sa vie, mettant au jour ce qu'elle a cru pouvoir garder caché. Qui est celui-ci qui lit ainsi les secrets de sa vie ? Elle songe à l'éternité, au jugement à venir, qui manifestera tout ce qui est scellé. A cette lumière, sa conscience s'éveille.

Elle ne peut pas nier ; elle essaye pourtant d'éviter un sujet aussi scabreux. Elle dit donc avec beaucoup de respect : « Seigneur, je vois que tu es prophète. » Puis, pour faire taire ses remords, elle entame une controverse religieuse. Si cet homme est un prophète, il pourra sûrement lui donner la solution des problèmes si longtemps discutés.

Patiemment Jésus consent à la suivre sur ce nouveau terrain. Mais il n'attend que l'occasion de revenir à la vérité essentielle. « Nos pères ont adoré sur cette montagne, dit-elle ; et vous dites, vous, que l'endroit où il faut adorer est à Jérusalem. » La montagne de Garizim se profile à l'horizon. De son temple en ruines, seul l'autel reste debout. Des querelles se sont élevées entre les Juifs et les Samaritains au sujet du vrai lieu de culte. Une partie des ancêtres des Samaritains avaient appartenu autrefois au peuple d'Israël ; mais à la suite de leurs péchés, le Seigneur permit qu'ils fussent vaincus par une nation idolâtre. Mêlés aux païens pendant plusieurs générations, leur religion en fut graduellement contaminée. Ils prétendaient, il est vrai, que leurs idoles servaient à leur rappeler le Dieu vivant, le Maître de l'univers ; néanmoins le peuple se laissait aller à honorer des images taillées.

A l'époque d'Esdras, quand le temple de Jérusalem fut rebâti, les Samaritains avaient désiré participer avec les Juifs à son érection. Ce privilège leur fut refusé, et il en résulta beaucoup d'animosité entre les deux peuples. Les Samaritains construisirent un temple rival sur la montagne de Garizim. Là, ils adorèrent selon le rituel mosaïque, sans toutefois renoncer entièrement à l'idolâtrie. Ils eurent à subir des désastres, leur temple fut détruit par des ennemis, et ils parurent être sous le coup d'une malédiction ; cependant ils restèrent attachés à leurs traditions et aux formes de leur culte. Ils ne voulaient ni reconnaître le temple de Jérusalem comme étant la maison de Dieu, ni admettre la supériorité de la religion des Juifs.

Jésus répond à la femme : « Crois-moi, l'heure vient où ce ne sera ni sur cette montagne, ni à Jérusalem que vous adorerez le Père. Vous adorez ce que vous ne connaissez pas ; nous, nous adorons ce que nous connaissons, car le salut vient des Juifs. » Jésus s'est montré libre de tout préjugé à l'égard des Samaritains. Il cherche maintenant à renverser le parti pris que cette femme entretient contre les Juifs. Tout en signalant le fait que la foi des Samaritains est corrompue par l'idolâtrie, il déclare que les grandes vérités de la rédemption ont été confiées aux Juifs, et que c'est du milieu d'eux que le Messie devait paraître. Les Ecrits sacrés leur offrent une révélation claire concernant le caractère de Dieu et les principes de son gouvernement. Jésus se classe parmi les Juifs, auxquels Dieu s'est fait connaître.

Il veut élever les pensées de celle qui l'écoute, au-dessus des questions de formes et de cérémonies, ou de controverse. « L'heure vient, dit-il – et c'est maintenant – où les vrais adorateurs adoreront le Père en esprit et en vérité ; car ce sont de tels adorateurs que le Père recherche. Dieu est esprit, et il faut que ceux qui l'adorent, l'adorent en esprit et en vérité. »

Ici est mise en évidence la même vérité que Jésus avait révélée à Nicodème quand il lui dit : « Si un homme ne naît d'en haut, il ne peut voir le royaume de Dieu [3]. » Ce n'est pas en se rendant sur un mont sacré ou dans un saint temple que les hommes ont accès à la communion avec le ciel. La religion ne doit pas se limiter à des formes extérieures et à des cérémonies. Seule la religion procédant de Dieu peut conduire à lui. On ne peut le servir convenablement que si l'on est né de l'Esprit divin. C'est ainsi seulement que le cœur peut être purifié, l'esprit renouvelé, et que l'on devient apte à connaître et à aimer Dieu. Alors seulement on obéit volontairement à toutes ses exigences, ce qui est le vrai culte. Tel est le fruit de l'opération du Saint-Esprit. Toute prière sincère est inspirée par l'Esprit et devient dès lors acceptable à Dieu. Partout où une âme se met à la recherche de Dieu l'action de l'Esprit est manifeste et Dieu se fait connaître à l'âme. De tels adorateurs sont demandés par lui. Il les attend, prêt à les recevoir, à faire d'eux des fils et des filles.

La femme est impressionnée par les paroles de Jésus. Elle n'avait jamais entendu exprimer de tels sentiments par les prêtres de son peuple, ni par les Juifs. Quand son passé a été déployé devant elle, elle a été rendue consciente de sa grande indigence. Elle éprouve cette soif de l'âme que les eaux du puits de Sychar ne pourraient jamais étancher. Rien de ce qu'elle a connu jusque là n'a créé chez elle un désir aussi ardent. Jésus lui a montré qu'il est capable de lire les secrets de sa vie ; néanmoins elle sent qu'elle a en lui un ami compatissant, plein d'amour. Bien que la pureté de sa présence suffise à condamner son péché, il n'a prononcé aucune parole de condamnation ; au contraire, il lui a parlé de sa grâce, capable de renouveler son âme. Elle commence à deviner son caractère. Cette question traverse son esprit : Celui-ci ne serait-il pas le Messie si longtemps attendu ? Elle lui dit : « Je sais que le Messie doit venir – celui qu'on appelle Christ. Quand il sera venu, il nous annoncera tout. » Jésus répondit : « Je le suis, moi qui te parle. »

Ces paroles déclenchèrent la foi dans le cœur de cette femme. Elle accepta, des lèvres du divin Maître, cette déclaration étonnante.

Cette femme était prête à accueillir les plus hautes révélations ; car elle s'intéressait aux Ecritures, et le Saint-Esprit avait préparé son cœur à recevoir plus de lumière. Elle avait médité sur la promesse de l'Ancien Testament : « L'Eternel, ton Dieu, te suscitera un prophète comme moi, sorti de tes rangs, parmi tes frères ; vous l'écouterez [4]. » Elle avait un vif désir de mieux comprendre cette prophétie. Déjà la clarté commençait à se faire dans son esprit. Déjà l'eau vive, la vie spirituelle que le Christ communique à toute âme altérée, avait commencé de sourdre en elle. L'Esprit du Seigneur agissait sur elle.

Si le Christ avait parlé aux Juifs propres-justes au sujet de son caractère messianique, il n'aurait pu s'exprimer avec la même franchise qu'en parlant à cette femme. Avec eux il se montrait beaucoup plus réservé. Ce qu'il s'abstint de dire aux Juifs, et ce sur quoi il enjoignit aux disciples de garder le secret, il le révéla à la Samaritaine, prévoyant qu'elle se servirait de cette connaissance pour amener d'autres âmes à jouir de sa grâce.

Les disciples, à leur retour, furent étonnés de voir leur Maître parlant à une femme. Il n'avait pas songé à étancher sa soif, et il ne prit pas le temps de toucher aux aliments que les disciples avaient apportés. La femme étant partie, les disciples l'engagèrent à manger. Ils le voyaient silencieux, absorbé, et le visage resplendissant de lumière, comme ravi dans sa méditation. Ils craignaient de troubler sa communion avec le ciel. Cependant, le sachant affaibli et fatigué, ils jugèrent de leur devoir de le rappeler au sentiment de ses besoins physiques. Jésus fut touché par leur intérêt sympathique, mais il dit : « J'ai à manger une nourriture que vous ne connaissez pas. »

Les disciples se demandaient qui pouvait lui avoir apporté des aliments. Il s'expliqua : « Ma nourriture est de faire la volonté de celui qui m'a envoyé et d'accomplir son œuvre. » Jésus se réjouissait d'avoir réussi, par ses paroles, à réveiller la conscience de cette femme. Il la voyait buvant de l'eau de la vie, et il en oubliait sa propre faim et sa propre soif. L'accomplissement de sa mission sur la terre fortifiait le Sauveur pour ses labeurs, et le plaçait au-dessus des besoins humains. Aider une âme affamée et assoiffée de la vérité lui était plus agréable que manger ou boire. C'était pour lui une consolation, un rafraîchissement. Car la bonté était la vie de son âme.

Notre Rédempteur désire être reconnu. Il a besoin de la sympathie et de l'amour de ceux qu'il a rachetés par son sang. Il éprouve un désir inexprimable de les voir venir à lui pour avoir la vie. Comme la mère attend le sourire par lequel son petit enfant montre qu'il la reconnaît, et qui annonce l'éveil de l'intelligence, ainsi le Christ attend l'expression d'amour reconnaissant indiquant que la vie spirituelle a pris naissance dans une âme.

La femme, remplie de joie en écoutant les paroles du Christ, peut à peine supporter cette merveilleuse révélation. Abandonnant sa cruche, elle retourne à la ville pour porter le message à d'autres. Jésus sait ce qu'elle va faire. L'abandon de sa cruche attestait l'effet de ses paroles. Dans son désir ardent d'obtenir l'eau de la vie, elle a oublié ce qu'elle est venue chercher au puits ; elle a même oublié la soif du Sauveur, qu'elle s'était proposé d'étancher. Le cœur débordant de joie, elle se hâte de communiquer à d'autres la précieuse lumière qu'elle a reçue.

« Venez voir un homme qui m'a dit tout ce que j'ai fait », dit-elle aux gens de l'endroit. « Ne serait-ce pas le Christ ? » Les cœurs sont touchés par ses paroles. Son visage a une nouvelle expression, tout son aspect est changé. Ils ont le désir de voir Jésus. Alors « ils sortirent de la ville et vinrent vers lui ».

Toujours assis au bord du puits, Jésus contemplait les champs de blé s'étendant devant lui, les tiges vertes caressées par les rayons du soleil. Montrant ce tableau aux disciples, il se servit d'une image : « Ne dites-vous pas qu'il y a encore quatre mois jusqu'à la moisson ? Voici, je vous le dis, levez les yeux et regardez les champs qui sont blancs pour la moisson. » Ce disant, il considérait les groupes de personnes qui arrivaient auprès du puits. Quatre mois devaient encore s'écouler jusqu'à la moisson des blés, mais il y avait ici une moisson toute prête pour la faucille des moissonneurs.

« Déjà le moissonneur, dit-il, reçoit un salaire et amasse du fruit pour la vie éternelle, afin que le semeur et le moissonneur se réjouissent ensemble. Car en ceci, ce qu'on dit est vrai : L'un sème et un autre moissonne. » Par ces paroles le Christ montre quel service sacré doivent à Dieu ceux qui ont reçu l'Evangile. Ils sont appelés à devenir ses instruments vivants. Il demande leur service personnel. Soit que nous semions, soit que nous moissonnions, nous travaillons pour Dieu. L'un répand la semence ; l'autre rassemble les gerbes ; le semeur, comme le moissonneur, reçoit son salaire. Ils se réjouissent ensemble du fruit de leur travail.

Jésus dit à ses disciples : « Je vous ai envoyés moissonner ce qui ne vous a coûté aucun travail ; d'autres ont travaillé, et c'est dans leur travail que vous êtes entrés. » Le Sauveur pensait en ce moment à la grande moisson qui allait avoir lieu à la Pentecôte. Les disciples ne devaient pas y voir le résultat de leurs propres efforts. Ils entraient dans le travail d'autres ouvriers. Depuis la chute d'Adam, le Christ a chargé des serviteurs choisis par lui de jeter dans les cœurs humains la semence de la parole à eux confiée. Une force invisible, toute-puissante, avait agi silencieusement pour produire une moisson. La rosée, la pluie et la lumière solaire de la grâce divine avaient été données pour rafraîchir et nourrir la semence de la vérité. Le Christ allait arroser de son propre sang cette semence. A ses disciples était accordé le privilège d'être les collaborateurs de Dieu, co-ouvriers du Christ et des saints hommes des temps anciens. Grâce à l'effusion du Saint-Esprit accordée à la Pentecôte, des milliers de personnes furent converties en un jour. C'était le résultat des semailles opérées par le Christ, la moisson fruit de son travail.

Les paroles dites à la femme près du puits étaient une bonne semence, qui n'avait pas tardé à lever. Les Samaritains entendirent Jésus, et ils crurent en lui. L'entourant, ils le pressèrent de questions, et reçurent avec joie les explications qu'il leur donnait sur quantité de choses qui, jusque là, leur avaient paru obscures. En l'écoutant, ils voyaient se dissiper leurs perplexités. Ils étaient pareils à un peuple plongé dans les ténèbres qui suivrait un rayon de lumière brillant soudain et annonçant le jour. Mais ce court entretien ne leur suffit pas. Ils voulaient en savoir davantage ; leurs amis aussi devaient avoir l'occasion d'entendre ce Maître admirable. Ils l'invitèrent dans leur ville, et le supplièrent d'y rester. Il consentit à s'arrêter deux jours en Samarie, et un grand nombre de personnes crurent en lui.

La simplicité de Jésus inspirait du mépris aux pharisiens. Méconnaissant ses miracles, ils demandaient un signe prouvant qu'il était le Fils de Dieu. Mais les Samaritains ne demandèrent aucun signe, et Jésus n'accomplit point de miracle au milieu d'eux, si ce n'est d'avoir révélé les secrets de la vie de la femme près du puits. Néanmoins beaucoup le reçurent, et dans la joie qu'ils éprouvaient, ils disaient à la femme : « Ce n'est plus à cause de ta déclaration que nous croyons ; car nous l'avons entendu nous-mêmes, et nous savons que c'est vraiment lui le Sauveur du monde. »

Les Samaritains attendaient un Messie qui serait le Rédempteur du monde, et non des Juifs seulement. Par l'intermédiaire de Moïse, le Saint-Esprit l'avait annoncé comme un prophète envoyé de Dieu. Par Jacob il avait été dit que les peuples lui obéiraient ; par Abraham, que toutes les familles de la terre seraient bénies en lui. Ces passages de l'Ecriture fondaient la foi au Messie des habitants de la Samarie. Du fait que les Juifs, par une fausse interprétation des prophètes subséquents, avaient attribué au premier avènement la gloire de la seconde venue du Christ, les Samaritains avaient été amenés à n'accepter comme écrits sacrés que ceux de Moïse. Quand le Sauveur eut donné un coup de balai à ces fausses interprétations, plusieurs acceptèrent les prophéties plus récentes ainsi que l'enseignement du Christ concernant le royaume de Dieu.

Jésus avait commencé de s'attaquer au mur de séparation qui se dressait entre Juifs et païens, et de prêcher le salut du monde. Quoique Juif, il frayait librement avec les Samaritains, sans tenir aucun compte des coutumes pharisiennes. En dépit des préjugés, il acceptait l'hospitalité d'un peuple méprisé. Il dormit sous leur toit, mangea à leur table, prenant des aliments préparés et servis par eux ; il enseigna dans leurs rues et se montra plein de bonté et de courtoisie.

Dans le temple de Jérusalem un petit mur séparait le parvis extérieur des autres parties de l'édifice sacré. Ce mur portait des inscriptions en diverses langues avertissant que les Juifs seuls étaient autorisés à dépasser cette limite. Un Gentil qui eût présomptueusement franchi la clôture aurait profané le temple et payé de sa vie cet acte. Jésus, lui, qui était à l'origine du temple et de ses services, attirait à lui les Gentils par le lien de la sympathie humaine, tandis que la grâce divine leur apportait le salut rejeté par les Juifs.

Le séjour de Jésus en Samarie devait être une occasion de bénédiction pour ses disciples encore sous l'influence du fanatisme juif. Ils considéraient comme un devoir de loyalisme envers leur nation de cultiver la haine des Samaritains. La conduite de Jésus les étonnait. Ils ne pouvaient refuser de suivre son exemple ; aussi leurs préjugés furent-ils refrénés pendant les deux jours qu'ils passèrent en Samarie, par égard pour lui ; mais leurs cœurs n'étaient pas gagnés. Ils avaient de la peine à comprendre que le mépris et la haine devaient faire place à la pitié et à la sympathie. Ce n'est qu'après l'ascension que les leçons du Sauveur prirent une nouvelle signification pour eux. Après l'effusion du Saint-Esprit, ils se souvinrent des regards du Sauveur, de ses paroles, du respect mêlé de tendresse qu'il avait manifesté à l'égard de ces étrangers méprisés. Les mêmes sentiments accompagnèrent Pierre quand il alla prêcher en Samarie. Quand Jean fut appelé à se rendre à Ephèse et à Smyrne, il se souvint de l'expérience de Sichem et fut rempli de gratitude envers le divin Maître qui, prévoyant les difficultés auxquelles ils devraient faire face, les avait aidés de son exemple.

Le Sauveur poursuit toujours la même œuvre qu'au moment où il offrait à la Samaritaine l'eau de la vie. Il peut arriver à ceux qui se disent ses disciples de mépriser et de fuir les parias de la société ; mais aucune circonstance de naissance ou de nationalité, aucune condition de vie ne peut détourner son amour des enfants des hommes. Jésus dit à toute âme, quels que soient ses péchés : « Si tu me l'avais demandé, je t'aurais donné de l'eau vive. »

L'appel évangélique ne doit pas être rétréci et présenté uniquement à un petit nombre de personnes choisies que l'on supposerait prêtes à nous faire l'honneur de l'accepter. Le message doit être donné à tous. Partout où des cœurs s'ouvrent à la vérité, le Christ est prêt à les instruire. Il leur fait connaître le Père et le culte agréable à celui qui lit dans les cœurs. A de telles personnes il ne parle pas en paraboles. Il leur dit, comme à la femme auprès du puits : « Je le suis, moi qui te parle. »

Quand Jésus s'assit pour se reposer sur la margelle du puits de Jacob, il venait de Judée, où son ministère n'avait produit que peu de fruits. Il avait été rejeté par les prêtres et les rabbins ; et ceux qui se disaient ses disciples n'avaient pas reconnu son caractère divin. Il se sentait las néanmoins il ne négligea pas l'occasion qui s'offrait de parler à une femme pécheresse et étrangère.

Le Sauveur n'attendait pas qu'un vaste auditoire fût rassemblé. Souvent il commençait à enseigner quelques personnes réunies autour de lui ; les passants s'arrêtaient alors, l'un après l'autre, pour écouter, si bien qu'une multitude ne tardait pas à entendre avec étonnement et révérence les paroles divines prononcées par le Maître envoyé du ciel. Celui qui travaille pour le Christ ne doit pas éprouver moins de ferveur en parlant à un petit nombre d'auditeurs. Il se peut qu'une seule personne se trouve présente pour écouter le message ; mais qui peut dire jusqu'où s'étendra son influence ? Même aux yeux des disciples, l'entretien du Sauveur avec une femme de Samarie paraissait chose insignifiante. Mais il argumenta avec elle avec plus de zèle et d'éloquence que s'il s'était trouvé en présence de rois, de magistrats, ou de grands prêtres. Les leçons qu'il donna à cette femme ont été répétées jusqu'aux extrêmes limites de la terre.

Dès qu'elle eut trouvé le Sauveur, la Samaritaine lui amena des âmes. Elle se montra animée d'un esprit missionnaire plus efficace que celui des disciples. Ceux-ci ne voyaient rien en Samarie qui leur semblât un champ d'action favorable. Leurs pensées étaient fixées sur une grande œuvre à accomplir dans l'avenir. Ils n'apercevaient pas, tout près d'eux, les champs mûrs pour la moisson. Grâce à une femme pour laquelle ils n'éprouvaient que du mépris, toute la population d'une cité eut l'occasion d'entendre le Sauveur. Elle porta immédiatement la lumière aux gens de sa contrée.

Cette femme montre par son exemple comment agit une foi réelle ayant le Christ pour objet. Tout vrai disciple devient un missionnaire, dès son entrée dans le royaume de Dieu. Celui qui a bu des eaux de la vie devient lui-même une source de vie. Dès qu'il a reçu, il commence à donner. La grâce du Christ dans une âme est comme une source dans le désert, jaillissant pour rafraîchir tous les passants, donnant à ceux qui allaient périr le désir de boire des eaux de la vie.

---

[1] Ce chapitre est basé sur Jean 4.1-42. [2] Romains 10.6-9. [3] Jean 3.3. [4] Deutéronome 18.15.

CHAPITRE 20

Si vous ne voyez des miracles

DE RETOUR de la Pâque, les Galiléens racontèrent les œuvres merveilleuses de Jésus. La condamnation prononcée sur ses actes par les dignitaires de Jérusalem ouvrit la voie devant lui en Galilée. C'est qu'en effet les abus commis dans le temple étaient déplorés par plusieurs, ainsi que l'avarice et l'arrogance des prêtres. On espérait que cet homme qui avait mis les chefs en fuite serait le Libérateur attendu. Des nouvelles arrivèrent qui paraissaient confirmer ces brillants espoirs. On entendit dire que le prophète s'était annoncé comme étant le Messie.

Les habitants de Nazareth, toutefois, ne croyaient pas en lui. Raison pour laquelle Jésus ne visita pas Nazareth en se rendant à Cana. Comme le Sauveur l'a dit à ses disciples, aucun prophète n'est honoré dans son pays. Les hommes estiment un caractère selon ce qu'ils sont eux-mêmes capables d'apprécier. Les esprits étroits et charnels jugeaient le Christ selon son humble naissance, son apparence modeste, ses travaux quotidiens. Ils étaient incapables d'apprécier la pureté d'un esprit exempt de toute souillure.

La nouvelle du retour du Christ à Cana se répandit rapidement à travers la Galilée, faisant naître l'espoir chez ceux qui étaient souffrants et en détresse. A Capernaüm, un Juif de famille noble, officier du roi, avait un fils atteint d'une maladie apparemment incurable, condamné par les médecins. Le père, ayant entendu parler de Jésus, décida d'aller lui demander secours. L'enfant était si malade que l'on craignait qu'il ne pût vivre jusqu'à son retour ; néanmoins l'officier pensa qu'il devait lui-même se présenter à Jésus, espérant que le grand Médecin se laisserait toucher par les prières d'un père [1].

En arrivant à Cana il trouva Jésus entouré de la foule. Anxieux, il se fraya un passage jusqu'en la présence du Sauveur. Sa foi eut une défaillance. Il douta que cet homme simplement vêtu, couvert de poussière, portant les traces de la fatigue du voyage, fût capable de lui donner ce qu'il venait chercher ; toutefois il obtint la faveur d'un entretien, il exposa au Sauveur le but de sa mission, le supplia de l'accompagner chez lui. Mais Jésus connaissait déjà sa douleur. Il avait vu l'affliction de l'officier, avant même que celui-ci quittât sa demeure. Il savait aussi, cependant, que ce père, subordonnant sa foi en Jésus à certaines conditions, n'était disposé à le reconnaître, en qualité de Messie, que s'il lui accordait l'objet de sa requête. Tandis que l'officier attendait avec la plus vive anxiété, Jésus lui dit : « Si vous ne voyez des miracles et des prodiges, vous ne croirez donc point ! »

Bien que Jésus eût démontré sa messianité, le solliciteur était décidé à faire dépendre sa foi en lui de l'exaucement de sa requête. Le Sauveur mit en contraste ce doute avec la foi simple des Samaritains qui n'avaient demandé ni miracle ni signe. Sa parole, la démonstration permanente qui se dégageait de sa divinité avaient suffi pour porter la conviction dans leurs cœurs. Le Christ voyait avec douleur que son propre peuple, à qui les oracles sacrés avaient été confiés, ne savait pas reconnaître la voix de Dieu s'adressant à lui par son Fils.

Cependant l'officier n'était pas entièrement dépourvu de foi, puisqu'il était venu demander ce qui lui semblait être le bienfait le plus précieux. Jésus pouvait lui offrir un don plus riche. Il désirait non seulement guérir l'enfant, mais faire participer aux bénédictions du salut l'officier et les membres de sa famille, et allumer ainsi une lumière à Capernaüm, son prochain champ d'activité. Avant de désirer la grâce du Christ, cependant, l'officier devait devenir conscient de son besoin. Ce courtisan ressemblait à beaucoup de ses concitoyens qui étaient attirés vers Jésus par des mobiles égoïstes. Ils s'attendaient à profiter de sa puissance et ne consentaient à croire que si leurs demandes d'ordre temporel leur étaient accordées ; ils ignoraient leurs maladies spirituelles et ne comprenaient pas qu'ils avaient besoin de la grâce divine.

Les paroles du Sauveur projetèrent un faisceau de lumière dans le cœur de l'officier. Il comprit que sa recherche de Jésus avait un mobile égoïste, et, sentant sa foi vacillante, il se de manda avec inquiétude si son doute n'allait pas coûter la vie à son fils. Il se rendait compte que Jésus lisait ses pensées, et que tout lui était possible. Alors étreint par l'angoisse, il supplia : « Seigneur, descends avant que mon petit enfant ne meure. » Comme Jacob, qui, luttant avec l'ange, s'était écrié : « Je ne te laisserai point aller que tu ne m'aies béni [2] », il saisit le Christ par la foi.

Ainsi que Jacob, il eut la victoire. Le Sauveur ne peut se détourner d'une âme qui, faisant valoir son grand besoin, se cramponne à lui. « Va, dit-il ; ton fils vit. » L'officier se retira jouissant d'une paix et d'une joie inconnues auparavant. Non seulement il était convaincu que son fils serait guéri, mais il mettait toute sa confiance en Christ en tant que Rédempteur,

A cette heure même, ceux qui veillaient l'enfant, dans sa maison à Capernaüm, remarquèrent soudain un changement mystérieux. Les ombres de la mort s'effacèrent sur le visage du malade. Le regard éteint se ralluma, le corps faible et amaigri retrouva sa force. Sa chair brûlante était redevenue douce au toucher, la fièvre l'avait quitté, précisément au moment le plus chaud de la journée. Aucun symptôme de maladie ne subsistait chez l'enfant, qui s'endormit paisiblement. La famille, émerveillée, était plongée dans l'allégresse.

La distance qui séparait Cana de Capernaüm eût permis à l'officier de rejoindre sa maison le soir même du jour où il avait rencontré Jésus ; mais il ne se hâta pas de rentrer ; ce n'est que le lendemain matin qu'il arriva à Capernaüm. Quel retour ! C'est avec un cœur chargé d'angoisse qu'il s'était mis à la recherche de Jésus. Il souffrait de la clarté du soleil, du chant des oiseaux. Combien maintenant ses impressions sont différentes ! La nature revêt à ses yeux un aspect nouveau. Il voit toutes choses avec d'autres yeux. Au cours de son voyage, dans les heures tranquilles du matin, toute la nature semble se joindre à lui pour louer Dieu. Comme il se trouve encore à quelque distance de sa demeure, des serviteurs, dans l'intention de mettre fin à l'anxiété qu'ils supposent, viennent à sa rencontre. Il ne montre aucune surprise et demande avec une curiosité qui leur paraît étrange à quelle heure l'enfant s'est trouvé mieux. Ils répondent : « Hier, à la septième heure, la fièvre l'a quitté. » Au moment même où la foi du père avait saisi la promesse : « Ton fils vit », l'amour divin avait touché l'enfant mourant.

Le père s'empresse auprès de son fils. Il le serre sur son cœur comme un ressuscité, et ne se lasse pas de remercier Dieu pour cette guérison merveilleuse. Cet officier désirait mieux connaître le Christ. Ayant eu, plus tard, l'occasion d'entendre ses enseignements, il se rangea parmi les disciples, avec tous les siens. L'épreuve avait eu pour effet la conversion de la famille entière. La nouvelle de ce miracle se répandit ; à Capernaüm, où tant de prodiges furent accomplis, le chemin était préparé en vue du ministère personnel du Christ.

Celui qui fit descendre sa bénédiction sur l'officier de Capernaüm est aussi désireux qu'alors de nous l'accorder aujourd'hui ; mais souvent, comme dans le cas de ce père affligé, notre désir de quelque bienfait terrestre est le mobile qui nous pousse à chercher Jésus, et nous faisons dépendre notre confiance en son amour de l'exaucement de notre prière. Le Sauveur désire nous conférer une bénédiction plus importante que celle que nous lui demandons, et il diffère sa réponse afin de nous révéler la méchanceté de notre cœur et notre grand besoin de sa grâce. Il désire que nous renoncions à l'égoïsme qui nous incite à le chercher. Notre devoir consiste à faire confiance à son amour et à confesser notre incapacité et notre dépendance à son égard.

L'officier avait voulu, avant de croire, voir l'exaucement de sa prière ; mais il dut accepter la parole de Jésus pour que sa requête fût entendue et le bienfait octroyé. Nous avons besoin d'apprendre la même leçon. Nous ne devons pas attendre, pour croire, de voir ou de sentir que Dieu nous entend. Il faut nous confier en ses promesses. Le cœur de Dieu accueille toutes nos supplications quand nous nous approchons de lui, avec foi Quand nous avons demandé un bienfait, nous devons croire que nous le recevons et remercier Dieu comme si déjà nous l'avions en notre possession. Vaquons ensuite à nos occupations assurés que la bénédiction demandée sera réalisée au moment le plus opportun. Quand nous aurons appris à agir ainsi, nous saurons que nos prières sont exaucées. Dieu fera pour nous « infiniment au-delà de tout ce que nous demandons ou pensons », « selon la richesse de sa gloire », selon « la grandeur surabondante de sa puissance [3] ».

---

[1] Ce chapitre est basé sur Jean 4.43-54. [2] Genèse 32.26. [3] Ephésiens 3.20, 16 ; 1.19.

Chapitre 21

Béthesda et le sanhédrin

« Or, a Jerusalem, près de la porte des Brebis, il y a une piscine qui s'appelle en hébreu: Béthesda, et qui a cinq portiques. Sous ces portiques était couchée une multitude de malades, d'aveugles, de boiteux, d'estropiés, de paralytiques, qui attendaient le mouvement de l'eau[1]. »

A certains moments les eaux de cette piscine étaient agitées, chose que l'on, attribuait communément à une force surnaturelle ; on pensait que le premier qui entrait dans l'eau troublée avait l'occasion d'être guéri de n'importe quelle maladie. Ce lieu était visité par des centaines de personnes souffrantes ; les gens se pressaient en si grand nombre dès que l'eau était troublée qu'en se précipitant ils foulaient aux pieds hommes, femmes et enfants plus faibles. Beaucoup ne parvenaient jamais à s'approcher de la piscine, ou, s'ils arrivaient à l'atteindre, ils mouraient sur ses bords. On avait dressé des abris pour protéger les malades contre la chaleur du jour et la fraîcheur de la nuit. Il en était qui passaient la nuit sous les portiques, rampant jusqu'au bord de la piscine jour après jour, dans le vain espoir d'être guéris.

Jésus se trouvait de nouveau à Jérusalem. Il marchait tout seul, apparemment absorbé dans la méditation et la prière, et il arriva à la piscine. Il vit ces malheureux attendant avec anxiété ce qu'ils considéraient comme leur unique chance de guérison. Il désirait ardemment employer son pouvoir de guérison, mais c'était le sabbat. Des foules se rendaient au temple pour y adorer, et il savait qu'une opération de guérison exciterait les préjugés des Juifs et pourrait interrompre son activité.

Le Sauveur aperçut un cas particulièrement pitoyable. Il s'agissait d'un homme paralysé depuis trente-huit ans. Sa maladie, conséquence de ses péchés, était considérée comme un jugement divin. Seul et sans amis, avec le sentiment d'être privé de la grâce de Dieu, cet infirme avait vécu de longues années de misère. Ceux qui le prenaient en pitié le portaient sous les portiques quand on prévoyait que les eaux allaient être troublées, mais au moment favorable personne n'était là pour l'aider. Il avait vu le mouvement des eaux mais n'avait jamais pu aller plus loin que le bord de la piscine. D'autres, plus forts que lui, le devançaient dans l'eau. Impossible de lutter avec succès contre une foule égoïste et acharnée. Les efforts poursuivis avec obstination pour atteindre le but, et les nombreuses déceptions finiraient bientôt par épuiser les forces défaillantes du malade.

Celui-ci gisait sur sa natte, dressant la tête de temps en temps pour surveiller la piscine, et voici qu'un visage tendre et compatissant se pencha sur lui et une voix lui dit : « Veux-tu retrouver la santé ? » Son attention fut éveillée et l'espoir reprit place dans son cœur. Il eut le pressentiment qu'un secours allait lui arriver. Mais son courage ne tarda pas à s'évanouir, car il se souvint que bien souvent il avait tenté d'atteindre la piscine ; il lui semblait n'avoir que peu de chances de vivre assez longtemps pour voir l'eau agitée. Aussi répondit-il, d'un air plein de lassitude : « Seigneur, je n'ai personne pour me jeter dans la piscine quand l'eau est agitée, et pendant que j'y vais, un autre descend avant moi. »

Au lieu d'exiger la foi en sa personne, Jésus dit simplement à l'infirme : « Lève-toi,... prends ton lit et marche. » Cet homme s'est emparé de cette parole par la foi. Chaque nerf, chaque muscle éprouve le frémissement de la vie, les membres perclus recouvrent la santé. Sans hésiter il décide d'obéir à l'ordre du Christ, et tous ses muscles se montrent dociles. Il saute sur ses pieds et se trouve prêt à agir.

Jésus ne lui avait pas promis une aide divine. Cet homme aurait pu commencer à douter, ce qui lui eût ôté sa seule chance de guérison. Mais il fit confiance à la parole du Christ et il fut fortifié alors qu'il agissait en conséquence.

Une même foi peut nous assurer la guérison spirituelle. Le péché nous a séparés de la vie divine. Nos âmes sont paralysées. Aussi vrai que cet impotent était incapable de marcher, nous sommes incapables, de nous-mêmes, de vivre une vie sainte. Ils sont nombreux ceux qui sentent leur impuissance et soupirent après une vie spirituelle qui rétablisse leur communion avec Dieu ; ils font de vains efforts pour atteindre ce but. Le désespoir leur arrache ce cri : « Malheureux que je suis ! Qui me délivrera de ce corps de mort [2] ? » Ces âmes qui luttent dans le découragement doivent regarder en-haut. Le Sauveur s'incline sur ces êtres dont il a payé le rachat par son sang et leur demande avec une tendresse et une pitié inexprimables : « Veux-tu retrouver la santé ? » Il leur ordonne de se lever en possession de la santé et de la paix. N'attendez pas de sentir que vous êtes guéris. Croyez à sa parole et elle s'accomplira. Placez votre volonté du côté du Christ. Décidés à le servir, agissant d'après sa parole, vous recevrez la force nécessaire. Quelle que soit la mauvaise habitude, la passion maîtresse qui trop longtemps a dominé sur votre âme et sur votre corps, le Christ peut et veut vous délivrer. Il communiquera la vie à celui qui est mort par ses fautes [3]. Il délivrera le captif enchaîné par sa faiblesse, son malheur et son péché.

Le paralytique guéri se baissa pour ramasser son lit, qui consistait simplement en une natte et une couverture, et s'étant redressé avec une sensation délicieuse il chercha du regard son libérateur, mais Jésus s'était perdu dans la foule. Aurait-il l'occasion de le rencontrer de nouveau, il craignait de ne pas le reconnaître. Poursuivant son chemin d'un pas ferme et joyeux, il rencontra plusieurs pharisiens auxquels il raconta sa guérison. Il constata avec surprise la froideur avec laquelle ils accueillaient son récit.

Fronçant les sourcils, ils l'interrompirent pour lui demander pourquoi il transportait son lit un jour de sabbat. Ils lui rappelèrent avec sévérité qu'il n'était pas permis de porter des fardeaux le jour du Seigneur. Dans sa joie, cet homme avait oublié que c'était le sabbat ; néanmoins il ne pouvait se reprocher d'avoir obéi à l'ordre de celui qui avait déployé une telle puissance d'origine divine. Il répondit donc avec hardiesse : « Celui qui m'a rendu la santé m'a dit : Prends ton lit et marche. » Quand on lui demanda qui avait fait cela, il fut incapable de répondre. Ces chefs savaient fort bien qu'un seul s'était montré capable d'accomplir un tel miracle ; cependant ils désiraient une confirmation qui leur permît de condamner Jésus comme violateur du sabbat. A leurs yeux il avait transgressé la loi en guérissant le malade un jour de sabbat ; plus que cela, il s'était rendu coupable de sacrilège en lui donnant l'ordre d'emporter son lit.

Les Juifs avaient perverti la loi et en avaient fait un joug insupportable. Par leurs exigences absurdes ils étaient passés en proverbe chez les nations. Une haie de restrictions déraisonnables entourait le sabbat. Cette institution avait cessé de faire leurs délices, comme une chose honorable, consacrée au Seigneur. Par la faute des scribes et des pharisiens, l'observation de ce jour était devenu un fardeau insupportable. Il n'était pas permis à un Juif d'allumer un feu, même pas une chandelle, le jour du sabbat. Il en résultait qu'ils devaient s'adresser à des païens et leur demander des services que leurs propres règles leur défendaient d'accomplir. Ils ne voyaient pas que si ces actes étaient entachés de péché ceux qui les exigeaient de leurs employés étaient aussi coupables que s'ils les avaient accomplis eux-mêmes. Ils s'attribuaient l'exclusivité du salut, en tant que Juifs, et se disaient que puisque la condition des autres était désespérée rien ne pouvait l'empirer. Mais Dieu n'a donné aucun commandement qui ne puisse être observé par tous. Sa loi ne sanctionne aucune restriction déraisonnable ou égoïste.

Jésus rencontra dans le temple l'homme qu'il avait guéri. Celui-ci y était venu apporter un sacrifice pour le péché et un sacrifice d'actions de grâces en raison de la grâce immense dont il avait été l'objet. Le voyant parmi les adorateurs, Jésus se fit connaître et lui adressa ces paroles d'avertissement : « Voici, tu as retrouvé la santé, ne pèche plus, de peur qu'il ne t'arrive quelque chose de pire. »

En rencontrant son libérateur, la joie de ce miraculé fut à son comble. Sans se rendre compte de la haine dont Jésus était l'objet, il s'empressa de le désigner aux pharisiens qui l'avaient interrogé, comme l'auteur de sa guérison. « C'est pourquoi les Juifs poursuivaient Jésus, parce qu'il faisait cela pendant le sabbat. »

Jésus fut amené devant le sanhédrin sous l'accusation d'avoir violé le sabbat. Si à ce moment-là les Juifs avaient été indépendants, cette accusation eût suffi pour justifier sa condamnation à mort. Assujettis aux Romains, ils ne pouvaient réaliser leur dessein. Les Juifs n'étaient pas autorisés à infliger la peine de mort et les accusations formulées contre le Christ ne pouvaient être prises en considération par un tribunal romain. On espérait toutefois atteindre d'autres buts. En dépit d'une vive opposition, l'influence du Christ s'étendait de plus en plus, même à Jérusalem. Des quantités de gens qui ne prêtaient aucune attention aux harangues des rabbins étaient attirés par son enseignement. Ses paroles, qui étaient à la portée de leurs intelligences, réchauffaient et réconfortaient leurs cœurs. Il leur présentait Dieu non comme un juge vengeur, mais comme un tendre père, et lui-même réfléchissait l'image de Dieu dans sa vie. Ses paroles faisaient l'effet d'un baume sur les esprits meurtris. Autant par ses paroles que par ses œuvres de miséricorde il brisait le joug des vieilles traditions et des commandements humains qui pesait sur eux ; il leur présentait l'amour de Dieu dans sa plénitude inépuisable.

On lit dans l'une des plus anciennes prophéties messianiques : « Le sceptre ne sera point enlevé à Juda et le bâton du commandement n'échappera pas à son pouvoir, jusqu'à ce que vienne le Pacifique, auquel les peuples obéiront [4]. » Le peuple s'apprêtait à obéir au Christ. Les foules accueillaient d'un cœur bien disposé les leçons de charité et de bienveillance qu'elles préféraient aux cérémonies rigides exigées par les prêtres. Sans l'opposition des prêtres et des rabbins, son enseignement eût produit une réforme jamais vue auparavant. Pour maintenir leur pouvoir les chefs décidèrent de réduire à néant l'influence de Jésus. Sa comparution devant le sanhédrin, suivie d'une condamnation de ses doctrines, eût contribué à atteindre ce but étant donné le respect dont les conducteurs religieux étaient encore entourés. C'était se rendre coupable de blasphème et de trahison que de rejeter les exigences rabbiniques ou même de tenter d'alléger le fardeau qu'elles faisaient peser sur le peuple. Les rabbins espéraient donc créer une atmosphère de suspicion autour du

Christ. Ils l'accusaient d'essayer de renverser les coutumes établies, de causer des divisions parmi le peuple et de préparer ainsi un asservissement complet aux Romains.

Mais les plans que ces rabbins mettaient tant d'ardeur à réaliser au moyen du sanhédrin avaient pris naissance dans un autre conseil. N'ayant pas réussi à vaincre le Christ au désert, Satan rassembla ses forces en vue de s'opposer à son ministère et de contrecarrer, si possible, son œuvre. Ce qu'il ne pouvait accomplir par ses efforts personnels il voulut le réaliser par des moyen stratégiques. Sitôt après le conflit du désert, il réunit ses anges, en conseil et ensemble ils mûrirent des plans pour accroître l'aveuglement du peuple juif et l'empêcher de reconnaître son Rédempteur. Il conçut le dessein de mettre à l'œuvre des instruments humains dans le monde religieux, en leur inspirant la haine qui l'animait lui-même contre le champion de la vérité Il se proposait de leur faire rejeter le Christ et de lui rendre la vie aussi difficile que possible, afin de le décourager et de 1e faire renoncer à poursuivre sa mission. C'est ainsi que les chefs d'Israël devinrent les instruments de Satan pour faire la guerre au Sauveur.

Jésus était venu pour « rendre sa loi grande et magnifique » Loin d'en amoindrir la dignité, il voulait l'accroître. L'Ecriture déclarait : « Il n'aura ni défaillance ni découragement jusqu'à ce qu'il ait établi la justice sur la terre [5]. » Il était venu pouf libérer le sabbat des lourdes exigences qui en faisaient une malédiction plutôt qu'une bénédiction.

C'est pour cette raison qu'il avait choisi le sabbat pour opérer la guérison de Béthesda. Cette guérison eût pu se faire aussi bien un autre jour de la semaine et la guérison eût pu avoir lieu sans que l'ordre fût donné d'emporter le lit. Mais alors l'occasion cherchée par Jésus eût manqué. Un dessein plein de sagesse était à la base de tous les actes du Christ pendant sa vie terrestre. Chacun de ses actes revêtait une grande importance en rapport avec son enseignement. Parmi les malheureux assemblés près de la piscine il choisit le cas le plus désespéré pour exercer son pouvoir guérisseur ; il ordonna à cet homme de porter son lit à travers la ville, publiant ainsi l'œuvre magnifique accomplie en sa faveur. Ceci susciterait la question de savoir ce qui est loisible de faire le jour du sabbat et Jésus aurait l'occasion de dénoncer les restrictions arbitraires imposées par les Juifs au jour du Seigneur et de proclamer la nullité des traditions.

Jésus leur fit savoir que l'acte de travailler au soulagement des affligés était en harmonie avec la loi du sabbat, en harmonie aussi avec le ministère des anges de Dieu qui font constamment la navette entre ciel et terre pour soulager l'humanité souffrante. Jésus a dit : « Mon Père travaille jusqu'à présent. Moi aussi, je travaille. » Tous les jours sont les jours de Dieu, au cours desquels il accomplit ses desseins à l'égard de la famille humaine. Si l'interprétation que les Juifs donnaient à la loi était juste, Jéhovah se trouverait en faute, lui qui vivifie et soutient tout ce qui vit depuis qu'il jeta les fondements de la terre ; dans ce cas, celui qui a déclaré que son œuvre était bonne et qui a institué le sabbat pour commémorer son achèvement eût dû cesser toute activité et arrêter la marche de l'univers.

Dieu devrait-il interdire au soleil d'exercer sa fonction bienfaisante le jour du sabbat et empêcher ses rayons salutaires de réchauffer la terre et d'entretenir la végétation ? Est-ce que l'ensemble des astres doit rester immobile en ce saint jour ? Devrait-il ordonner aux ruisseaux de cesser d'arroser les campagnes et empêcher les mouvements de l'océan ? Le blé et le maïs doivent-ils cesser de croître, la grappe qui mûrit doit-elle retarder de se colorer ? Les arbres et les fleurs doivent-ils renoncer à produire leurs boutons et leurs fleurs pendant le sabbat ?

Dans ce cas, les fruits de la terre feraient défaut aux hommes, ainsi que les bienfaits qui font aimer la vie. Il faut que la nature poursuive son cours invariable. Si Dieu retirait sa main un seul instant, l'homme languirait et mourrait. L'homme a, lui aussi, une œuvre à accomplir en ce jour. La vie a des besoins qui réclament notre attention ; les malades doivent être soignés ; les nécessiteux doivent être secourus. Celui-là ne sera pas exaucé qui néglige de soulager la souffrance le jour du sabbat. Le saint jour de repos de Dieu a été fait pour l'homme, les actes de miséricorde s'accordent parfaitement avec cette intention. Dieu ne veut pas qu'une seule heure de douleur afflige ses créatures qui pourraient être soulagées un jour de sabbat ou tout autre jour.

On attend davantage de Dieu le jour du sabbat que les autres jours. En effet, son peuple abandonne ses travaux habituels pour consacrer son temps à la méditation et au culte. On demande à Dieu des grâces plus abondantes que les autres jours. On sollicite plus particulièrement son attention. On réclame les bénédictions les plus précieuses. Et Dieu n'attend pas que le sabbat soit passé pour accorder ces faveurs. L'activité du ciel est incessante, et les hommes ne devraient jamais cesser de faire du bien. Le sabbat ne doit pas être un temps d'oisiveté. La loi défend tout travail séculier ayant pour but le gagne-pain ; tout travail destiné à procurer plaisir ou profit est interdit par la loi ce jour-là. Tout comme Dieu a cessé de créer, s'est reposé le sabbat et l'a béni, l'homme doit renoncer à ses occupations habituelles et consacrer ces heures sacrées à un repos salutaire, au culte, à de bonnes actions. En guérissant un malade, le Christ était en accord parfait avec la loi. Il honorait le sabbat.

Jésus réclamait pour lui-même des droits égaux à ceux de Dieu dans l'accomplissement d'une œuvre aussi sacrée, de la même nature que celle qui occupe le Père au ciel. Mais ceci ne fit qu'allumer davantage la colère des pharisiens. Car non seulement il avait violé la loi, selon eux, mais en appelant Dieu « son propre Père » il s'était fait l'égal de Dieu.

Tous les Juifs appelaient Dieu leur Père ; leur rage ne se fût pas donné libre carrière si le Christ s'était placé dans le même rapport qu'eux avec Dieu. Ils l'accusèrent de blasphème parce qu'ils avaient compris dans quel sens unique il se disait Fils de Dieu.

Les adversaires du Christ étaient incapables de réfuter les vérités qu'il faisait pénétrer dans leurs consciences. Ils ne pouvaient que faire appel à leurs coutumes et à leurs traditions, choses bien faibles et insipides comparées aux arguments que Jésus tirait de la Parole de Dieu et du cours incessant de la nature. Si les rabbins avaient eu le moindre désir d'être éclairés, ils eussent été convaincus que Jésus disait la vérité. Mais ils rejetèrent les vérités qu'il leur apportait au sujet du sabbat et cherchèrent à provoquer l'animosité de la foule contre lui parce qu'il s'était déclaré l'égal de Dieu. La fureur des chefs était déchaînée. Si la crainte du peuple ne les avait retenus ils eussent tué Jésus sur place. Mais il y avait un fort sentiment populaire en sa faveur. Plusieurs reconnaissaient en Jésus l'ami qui avait guéri leurs maladies, les avait consolés dans leurs afflictions ; aussi justifièrent-ils la guérison de l'infirme de Béthesda. Pour cette fois-ci les chefs durent mettre un frein à leur haine.

Jésus repoussa l'accusation de blasphème. Ce qui m'autorise à accomplir l'œuvre dont vous me faites grief, dit-il, c'est que je suis le Fils de Dieu, un avec lui en nature, en volonté, en dessein. Dans toutes ses œuvres de création et de providence, je coopère avec Dieu. « Le Fils ne peut rien faire par lui-même, mais seulement ce qu'il voit faire au Père. » Les prêtres et les rabbins reprochaient au Fils de Dieu de faire justement ce qu'il était venu faire dans le monde. Leurs péchés les avaient séparés de Dieu et leur orgueil les poussait à agir indépendamment de lui. Pleins de propre suffisance, ils n'éprouvaient pas le besoin d'être dirigés par une sagesse supérieure. Le Fils de Dieu, au contraire, était entièrement soumis à la volonté de son Père, dépendant de sa puissance. Le Christ était si complètement dépouillé de lui-même qu'il ne faisait aucun plan dans son propre intérêt. Il acceptait les plans divins à mesure que son Père les lui révélait. Nous devrions, nous aussi, dépendre de Dieu à tel point que nos vies fussent le produit de sa volonté

Alors que Moïse était sur le point de construire le sanctuaire destiné à servir de demeure pour Dieu, il reçut l'ordre de se conformer en tous points au modèle qui lui était montré sur la montagne. Moïse était animé d'un grand zèle pour accomplir l'œuvre de Dieu ; il avait à sa disposition les artistes les plus habiles, les mieux qualifiés pour exécuter ses ordres. Néanmoins pas une sonnette, une grenade, un gland, une frange, un voile, un ustensile quelconque du sanctuaire ne devaient être confectionnés sinon en conformité avec le modèle montré. Dieu le fit monter sur la montagne et lui fit connaître les choses célestes. Le Seigneur le couvrit de sa propre gloire, lui permettant de voir le modèle, et tout fut fait selon ce modèle. De même, Dieu révéla son glorieux caractère à Israël, dont il voulait faire sa demeure. Le modèle leur fut montré sur la montagne quand la loi fut donnée au Sinaï, quand le Seigneur passa devant Moïse en proclamant : « L'Eternel, oui, l'Eternel est le Dieu miséricordieux et compatissant, lent à la colère, riche en grâce et en fidélité ! Il conserve sa grâce jusqu'à mille générations ; il pardonne l'iniquité, la révolte et le péché [6]. »

Israël avait préféré suivre sa propre voie ; il n'avait pas construit selon le modèle. Le Christ, le vrai temple où Dieu habite, avait façonné tous les détails de sa vie terrestre en harmonie avec l'idéal divin. Il dit : « Mon Dieu, je prends plaisir à faire ta volonté et ta loi est au fond de mon cœur [7] » De même, nos caractères doivent être construits « pour être une habitation de Dieu en Esprit [8] ». Nous devons tout faire « d'après le modèle », c'est-à-dire d'après-celui qui « a souffert pour vous, et vous a laissé un exemple, afin que vous suiviez ses traces [9] ».

Les paroles du Christ nous enseignent à nous voir inséparablement liés à notre Père céleste. Quelle que soit notre position, nous dépendons de Dieu, qui tient dans ses mains toutes les destinées. Il nous a assigné une tâche pour l'accomplissement de laquelle il nous a conféré des facultés et des moyens. Aussi longtemps que notre volonté demeure soumise à Dieu et que nous restons confiants en sa force et en sa sagesse, nous serons dirigés dans des sentiers sûrs pour accomplir la part qui nous est dévolue de son vaste dessein. S'appuyer sur sa propre sagesse et sa force, c'est se séparer de Dieu. C'est réaliser le dessein de l'ennemi de Dieu et de l'homme au lieu de travailler à l'unisson avec le Christ.

Le Sauveur ajouta : « Tout ce que le Père fait, le Fils aussi le fait également... Comme le Père ressuscite les morts et donne la vie, de même aussi le Fils donne la vie à qui il veut. » Tandis que les sadducéens prétendaient qu'il n'y aurait pas de résurrection des corps, Jésus affirme que l'une des plus grandes œuvres du Père consiste à rendre la vie aux morts, et qu'il est lui aussi assez puissant pour accomplir la même œuvre. « L'heure vient, dit-il – et c'est maintenant – où les morts entendront la voix du Fils de Dieu, et ceux qui l'auront entendue vivront. » Les pharisiens croyaient à la résurrection des morts. Le Christ déclare que la puissance qui rend la vie aux morts est déjà au milieu d'eux et qu'ils en verront la manifestation. C'est cette même puissance de résurrection qui donne la vie à l'âme morte par ses « fautes » et ses « péchés ». L'esprit de vie qui est en Christ Jésus c'est « la puissance de sa résurrection », qui délivre de « la loi du péché et de la mort [10] ». Le mal perd son empire ; l'âme est préservée du péché par la foi. Quiconque ouvre son azur à l'influence de l'Esprit du Christ a accès à la grande puissance qui fera sortir son corps du sépulcre.

L'humble Nazaréen affirme sa vraie noblesse. Il se dresse au-dessus de l'humanité, rejette loin de lui le masque de péché et de honte dont on voulait l'affubler, et se montre comme celui que les anges révèrent, le Fils de Dieu, un avec le Créateur de l'univers. Ses auditeurs sont sous le charme de sa parole. Personne n'a jamais parlé comme lui, personne ne s'est comporté avec une telle dignité royale. Ses déclarations parfaitement claires exposent pleinement sa mission et indiquent le devoir du monde. « Le Père ne juge personne, mais il a remis tout jugement au Fils, afin que tous honorent le Fils comme ils honorent le Père. Celui qui n'honore pas le Fils n'honore pas le Père qui l'a envoyé. » « En effet comme le Père a la vie en lui-même, ainsi il a donné au Fils d'avoir la vie en lui-même, et il lui a donné le pouvoir d'exercer le jugement, parce qu'il est Fils de l'homme. »

Prêtres et chefs s'étaient érigés en juges pour condamner l'œuvre du Christ, mais lui se donne comme leur juge et le juge de toute la terre. Le monde a été confié aux soins du Christ ; de lui procèdent tous les bienfaits divins accordés à une race déchue. Il était le Rédempteur avant comme après son incarnation. Dès que le péché a fait son apparition dans le monde, il y a eu un Sauveur. Il a dispensé à tous lumière et vie, et chacun sera jugé d'après la lumière reçue. Celui qui a donné la lumière adresse aux âmes les plus tendres appels, s'efforçant de les faire passer du péché à la sainteté ; il est à la fois leur Avocat et leur Juge. Depuis que le grand conflit a éclaté dans le ciel, Satan a mis le mensonge au service de sa cause ; le Christ s'est employé à dévoiler les projets de l'ennemi et à briser son pouvoir. C'est lui qui a vaincu le séducteur et s'est efforcé d'âge en âge de lui arracher ses victimes ; c'est lui aussi qui prononcera un jugement sur chaque âme.

Dieu « lui a donné le pouvoir d'exercer le jugement, parce qu'il est Fils de l'homme ». Ayant goûté jusqu'à la lie les afflictions et les tentations humaines, il comprend les infirmités et les péchés des hommes ; c'est pour nous qu'il a résisté victorieusement aux tentations de Satan ; il pourra traiter avec justice et avec compassion les âmes qu'il a voulu sauver en répandant son propre sang : pour toutes ces raisons, le Fils de l'homme est désigné pour exécuter le jugement.

Cependant, le Christ est venu pour sauver, non pour juger. « Dieu, en effet, n'a pas envoyé son Fils dans le monde pour juger le monde, mais pour que le monde soit sauvé par lui [11]. » En présence du sanhédrin Jésus déclara: « Celui qui écoute ma parole et qui croit à celui qui m'a envoyé, a la vie éternelle et ne vient pas en jugement, mais il est passé de la mort à la vie. »

Le Christ invita ses auditeurs à ne pas s'étonner alors qu'il ouvrait devant eux dans de plus vastes perspectives le mystère de l'avenir. Il dit : « L'heure vient où tous ceux qui sont dans les tombeaux entendront sa voix. Ceux qui auront fait le bien en sortiront pour la résurrection et la vie, ceux qui auront pratiqué le mal pour la résurrection et le jugement. »

Cette assurance concernant la vie future, c'est ce qu'Israël attendait depuis longtemps, ce qu'on espérait recevoir à l'avènement du Messie. L'unique lumière capable de dissiper l'obscurité du sépulcre resplendissait sur eux. Mais l'entêtement est aveugle. Jésus avait violé les traditions rabbiniques et méconnu leur autorité ; aussi ne voulurent-ils pas croire.

Le moment, le lieu, l'occasion, l'intensité des sentiments qui agitaient l'assemblée, tout cela contribuait à rendre plus émouvantes les paroles que Jésus adressait au sanhédrin. Les plus hautes autorités de la nation cherchaient à ôter la vie à celui qui se donnait comme l'auteur du rétablissement d'Israël. Le Seigneur du sabbat comparaissait devant un tribunal humain, accusé d'avoir transgressé la loi du sabbat. Quand il eut affirmé sa mission avec tant de courage, ses juges le considérèrent avec fureur et étonnement ; mais on ne pouvait répondre à ses arguments. On ne pouvait le condamner. Il refusait aux prêtres et aux rabbins le droit de l'interroger ou d'interrompre son œuvre. Leur autorité n'allait pas jusque là. Leurs prétentions n'avaient d'autre fondement que leur orgueil et leur arrogance. Il refusa de se reconnaître coupable et de se laisser instruire par eux.

Loin de chercher une excuse pour ce dont il était accusé, ou d'expliquer les motifs de sa conduite, Jésus se dressa contre les chefs : son rôle d'accusé céda la place à celui d'accusateur. Il leur reprocha leur dureté de cœur et leur ignorance des Ecritures. Il déclara qu'ils avaient rejeté la Parole de Dieu puis qu'ils avaient rejeté celui que Dieu avait envoyé. « Vous sondez les Ecritures, parce que vous pensez avoir en elles la vie éternelle : ce sont elles qui rendent témoignage de moi. »

A chaque page, qu'il s'agisse d'histoire, de commandements, ou de prophéties, les Ecritures de l'Ancien Testament resplendissent de la gloire du Fils de Dieu. Tout ce qui était d'institution divine dans le judaïsme constituait une prophétie bien compacte de l'Evangile. « Tous les prophètes rendent de lui [du Christ] le témoignage que quiconque croit en lui reçoit par son nom le pardon des péchés [12]. » Depuis la promesse faite à Adam, à travers la lignée des patriarches et l'économie légale, une lumière céleste et glorieuse annonçait les pas du Rédempteur. Des voyants ont contemplé l'Etoile de Bethléhem, le Schiloh à venir, à mesure que les réalités futures défilaient devant eux en une mystérieuse procession. Chaque sacrifice annonçait la mort du Christ. Sa justice montait dans chaque nuage d'encens. Chaque trompette du jubilé proclamait son nom. Sa gloire résidait dans le saint des saints.

Les Juifs, en possession des Ecritures, s'imaginaient obtenir la vie éternelle par une simple connaissance extérieure de la Parole. Mais Jésus dit : « Sa parole ne demeure pas en vous. » Ayant rejeté le Christ dans sa parole ils l'avaient rejeté en sa personne. « Vous ne voulez pas venir à moi pour avoir la vie ! » dit-il.

Les conducteurs juifs avaient étudié l'enseignement des prophètes concernant le royaume du Messie, non avec un sincère désir de connaître la vérité, mais pour y trouver une confirmation de leurs espérances ambitieuses. Le Christ étant venu d'une manière contraire à leur attente, ils ne voulaient pas l'accueillir. Pour se justifier ils s'efforçaient de le faire passer pour un séducteur. Dès qu'ils s'étaient engagés dans cette voie Satan n'éprouva aucune difficulté à renforcer leur opposition au Christ. Les paroles mêmes qui eussent pu apporter la preuve de sa divinité étaient interprétées contre lui. Ils changèrent ainsi la vérité de Dieu en mensonge et plus le Sauveur s'adressait à eux directement par des œuvres de miséricorde, plus ils étaient décidés à résister à la lumière.

Jésus dit « Je ne reçois pas de gloire des hommes. » Il ne désirait pas bénéficier de l'influence du sanhédrin, et il ne sollicitait pas son approbation. Celle-ci ne l'eût pas honoré. Il était revêtu de l'honneur et de l'autorité du ciel. S'il l'avait demandé, des anges lui auraient apporté leurs hommages ; le Père aurait renouvelé son attestation en faveur de sa divinité. Par amour pour eux, par amour pour la nation dont ils étaient les chefs, il désirait que les chefs d'Israël reconnussent son caractère et reçussent les bienfaits qu'il leur apportait.

« Je suis venu au nom de mon Père, et vous ne me recevez pas ; si un autre vient en son propre nom, vous le recevrez ! » Jésus était venu investi de l'autorité de Dieu, portant son image, accomplissant sa parole, cherchant sa gloire ; néanmoins il ne fut pas reçu par les chefs d'Israël ; quand d'autres viendraient, se faisant passer pour le Christ quoique agissant de leur propre gré et cherchant leur propre gloire, ils seraient accueillis. Pourquoi cela ? – Parce que celui qui cherche sa propre gloire fait appel à la recherche de soi-même chez les autres. Les Juifs étaient prêts à répondre à un tel appel. Le faux docteur serait reçu parce qu'il flatterait leur orgueil en approuvant leurs opinions préférées et leurs traditions. L'enseignement du Christ ne concordait pas avec leurs idées. C'était un enseignement spirituel, qui exigeait le renoncement à soi-même ; c'est pourquoi il ne serait pas reçu. Les Juifs ne connaissaient pas Dieu, et la voix qu'il faisait entendre par l'intermédiaire du Christ leur semblait la voix d'un étranger.

N'en est-il pas de même aujourd'hui ? N'y en a-t-il pas beaucoup, même parmi les conducteurs religieux, qui endurcissent leurs cœurs contre l'action du Saint-Esprit et se mettent dans l'impossibilité de reconnaître la voix de Dieu ? Ne rejettent-ils pas la Parole de Dieu pour suivre leurs propres traditions ?

« Si vous croyiez Moïse, dit Jésus, vous me croiriez aussi, parce qu'il a écrit à mon sujet. Mais si vous ne croyez pas à ses écrits, comment croirez-vous à mes paroles ? » C'est le Christ qui avait parlé à Israël par l'intermédiaire de Moïse. S'ils avaient écouté la voix divine qui s'adressait à eux par le moyen de leur grand conducteur, ils l'auraient reconnue également dans les enseignements du Christ. S'ils avaient cru Moïse, ils auraient aussi cru celui dont Moïse avait parlé.

Jésus savait que les prêtres et les rabbins étaient décidés à lui ôter la vie ; il leur expliqua néanmoins clairement son unité avec le Père et son rapport avec le monde. Ils virent que leur opposition était inexcusable, mais leur haine meurtrière n'en fut pas éteinte. Témoins de la puissance convaincante qui accompagnait son ministère, ils furent saisis de crainte ; cependant ils résistèrent à ses appels et s'enfermèrent dans les ténèbres.

Ils avaient misérablement échoué dans leurs efforts pour renverser l'autorité de Jésus ou lui aliéner le respect et l'attention du peuple, beaucoup ayant été convaincus par ses paroles. Les chefs eux-mêmes s'étaient sentis condamnés tandis qu'il faisait pénétrer dans leurs consciences le sentiment de leur culpabilité, et cela ne fit qu'augmenter leur amertume à son égard. Ils étaient décidés à lui ôter la vie. Ils envoyèrent des messagers dans tout le pays, chargés de mettre le peuple en garde contre Jésus, qu'ils déclaraient imposteur. Des espions devaient le surveiller et rapporter ce qu'il disait et ce qu'il faisait. Notre divin Sauveur se trouvait déjà à l'ombre de la croix.

---

[1] Ce chapitre est basé sur Jean 5. [2] Romains 7.24. [3] Ephésiens 2.1. [4] Genèse 49.10. [5] Esaïe 42.21, 4. [6] Exode 34.6, 7. [7] Psaume 40.9. [8] Ephésiens 2.22. [9] Hébreux 8.5 ; 1 Pierre 2.21. [10] Ephésiens 2.1 ; Philippiens 3.10 ; Romains 8.2. [11] Jean 3.17. [12] Actes 10.43.

Chapitre 22

Emprisonnement et mort de Jean

JEAN-BAPTISTE avait été le premier à annoncer la venue du royaume du Christ ; il en fut aussi le premier martyr. Après avoir joui de l'air libre du désert et avoir vu des foules suspendues à ses lèvres, il était maintenant enfermé derrière les murs d'une cellule au fond d'un cachot. Il était prisonnier dans la forteresse d'Hérode Antipas. La plus grande partie du ministère de Jean s'était effectuée dans le territoire situé à l'est du Jourdain, qui appartenait à Antipas. Hérode lui-même avait écouté le prédicateur. L'appel à la repentance avait fait trembler ce roi corrompu. « Hérode craignait Jean, sachant qu'il était un homme juste et saint,... et quand il l'avait entendu, il était très perplexe ; pourtant il l'écoutait avec plaisir. » Jean dénonça loyalement ses rapports avec Hérodiade, femme de son frère. Hérode avait d'abord tenté de se libérer des chaînes de luxure qui le retenaient captif ; mais Hérodiade réussit à le resserrer plus fortement dans ses filets, et pour se venger du Baptiste elle obtint d'Hérode qu'il le jetât en prison [1].

L'obscurité et l'inaction pesaient lourdement sur le prisonnier habitué à une vie active. Les semaines succédant aux semaines, sans changement, le découragement et le doute s'insinuèrent en lui. Ses disciples ne l'abandonnèrent pas. Ayant accès à la prison, ils lui apportaient des nouvelles au sujet des œuvres de Jésus et de l'affluence des auditeurs ; mais ils se demandaient pourquoi ce nouveau maître ne délivrait pas Jean s'il était vraiment le Messie. Comment pouvait-il permettre que son fidèle héraut fût privé de la liberté et peut-être de la vie ?

Ces questions produisirent leur effet. Elles suggérèrent à Jean des doutes qui sans cela ne se seraient jamais présentés à son esprit. C'était un sujet de joie pour Satan d'entendre les paroles de ces disciples et de constater à quel point elles meurtrissaient l'âme du messager du Seigneur. Souvent ceux qui se considèrent les meilleurs amis d'un homme et s'empressent de lui témoigner leur fidélité se trouvent être en définitive ses ennemis les plus dangereux. Souvent, au lieu d'affermir sa foi, leurs paroles ont pour effet de le déprimer et de lui ôter tout courage.

Tout comme les disciples du Sauveur, Jean-Baptiste ne comprenait pas la nature du royaume du Christ. Il s'attendait à voir Jésus accéder au trône de David ; mais comme le temps s'écoulait sans que le Sauveur revendiquât son autorité royale, Jean finit par être perplexe et troublé. Il avait enseigné que la prophétie d'Esaïe devait s'accomplir pour préparer la voie devant le Seigneur ; les montagnes et les collines devaient être abaissées, les hauteurs changées en plaines, les crêtes escarpées en vallons. Il avait pensé que les hauteurs de l'orgueil humain et de la puissance seraient jetées à terre. Il avait montré le Messie comme celui qui tenait son van dans sa main, qui nettoierait son aire et rassemblerait le blé dans ses greniers, puis brûlerait la balle au feu inextinguible. Semblable à Elie, dont il avait apporté à Israël l'esprit et la puissance, il pensait que le Seigneur allait se manifester au milieu du feu.

Dans l'exercice de sa mission, le Baptiste avait dénoncé courageusement l'iniquité devant les grands comme devant les petits. Il avait osé affronter le roi Hérode et lui reprocher son péché. Au risque de sa vie il avait accompli l'œuvre qui lui était assignée. Dans sa prison il songeait maintenant au Lion de la tribu de Juda qui allait, croyait-il, abaisser l'orgueil de l'oppresseur et délivrer le misérable qui criait vers lui. Mais Jésus paraissait vouloir se contenter de grouper des disciples autour de lui tout en guérissant et enseignant le peuple. On le voyait s'asseoir à la table des péagers alors que le joug romain s'appesantissait chaque jour davantage sur Israël, alors qu'Hérode et sa vile maîtresse en faisaient à leur guise tandis que les cris des misérables montaient vers le ciel.

Tout ceci était un mystère insondable pour le prophète du désert. A certains moments les chuchotements des démons torturaient son esprit et une crainte horrible s'emparait de lui. Se pourrait-il que le Libérateur si longtemps attendu ne fût pas encore venu? Mais alors que signifiait le message qu'il s'était vu contraint de proclamer ? Jean avait été amèrement désappointé par le résultat de sa mission. Il s'était imaginé que le message divin dont il était porteur aurait le même effet que la lecture de la loi aux jours de Josias et d'Esdras [2], qu'il s'ensuivrait une œuvre profonde de repentance et de retour au Seigneur. Il avait sacrifié sa vie entière pour le succès de sa mission. Etait-ce en vain ?

Jean était troublé en voyant que par attachement pour lui ses disciples nourrissaient des doutes au sujet de Jésus. Avait-il travaillé en vain pour eux ? Etait-ce parce qu'il avait été infidèle dans l'accomplissement de sa mission que son œuvre avait pris fin ? Si le Libérateur promis était venu, si Jean avait été jugé fidèle à sa vocation, Jésus n'allait-il pas détrôner l'oppresseur et libérer le précurseur ?

Néanmoins le Baptiste ne renonça pas à sa foi au Christ. Le souvenir de la voix céleste et de la colombe descendue sur Jésus, la pureté immaculée du Christ, la puissance du Saint-Esprit qui avait accompagné Jean alors qu'il se trouvait en présence du Sauveur, le témoignage des Ecritures prophétiques, tout cela attestait que Jésus de Nazareth était celui qui avait été promis.

Jean ne voulait pas discuter ses doutes et ses sujets d'anxiété avec ses compagnons. Il préféra s'enquérir auprès de Jésus. Il confia donc un message à deux de ses disciples, dans l'espoir qu'une entrevue avec le Sauveur confirmerait leur foi et donnerait une assurance à leurs frères. Il désirait ardemment un mot du Christ à son intention.

Les disciples se présentèrent à Jésus avec leur message : « Es-tu celui qui doit venir, ou devons-nous en attendre un autre ? »

Peu de temps s'était écoulé depuis que le Baptiste avait dit, en désignant Jésus : Voici l'Agneau de Dieu, qui ôte le péché du monde !... C'est lui qui vient après moi, lui qui m'a précédé [3]. » Or maintenant la question était posée : « Es-tu celui qui doit venir ? » Combien la nature humaine est décevante ! Si Jean, le fidèle précurseur, ne parvenait pas à discerner la mission du Christ, que pouvait-on attendre de la multitude égoïste ?

Le Sauveur ne répondit pas immédiatement à la question des disciples. Etonnés par son silence, ils voyaient venir à lui les malades et les infirmes, désireux d'être guéris. Les aveugles se frayaient un chemin à travers la foule, en tâtonnant ; des malades de toute espèce, les uns s'approchant par leurs propres moyens, d'autres portés par des amis, se pressaient avidement autour de Jésus. La voix du puissant Guérisseur pénétrait dans l'oreille des sourds. Un mot, un attouchement permettaient aux aveugles de voir la lumière du jour, de contempler les beautés de la nature, le visage des amis, celui du Libérateur. Jésus réprimait la maladie et chassait la fièvre. Sa voix parvenait aux oreilles des moribonds, leur rendant santé et vigueur. Des démoniaques paralysés obéissaient à sa parole ; guéris de leur folie, ils l'adoraient. Tout en guérissant les malades il enseignait la foule. De pauvres paysans, de pauvres ouvriers, évités comme impurs par les rabbins, se tenaient tout près de lui et recevaient de lui les paroles de la vie éternelle.

La journée s'écoula ainsi, les disciples de Jean voyant et entendant tout cela. Enfin Jésus les appela et leur dit de retourner auprès de Jean pour lui raconter ce qu'ils avaient vu, ajoutant : « Heureux celui pour qui je ne serai pas une occasion de chute [4] ! » Il venait d'attester sa divinité en pourvoyant aux besoins d'une humanité souffrante. Il manifestait sa gloire en condescendant à s'abaisser à notre niveau.

Les disciples apportèrent leur message et cela suffit. Cette prophétie messianique revint à la mémoire de Jean : « L'Eternel m'a oint pour porter la bonne nouvelle aux humbles. Il m'a envoyé pour guérir ceux qui ont le cœur brisé, pour annoncer aux captifs la liberté et aux prisonniers l'ouverture de leurs prisons ; pour proclamer, de la part de l'Eternel, une année de grâce [5]. » Les œuvres du Christ attestaient sa messianité et indiquaient en même temps la manière dont son royaume serait établi. Jean comprit la même vérité qui avait été révélée à Elie au désert, quand « il s'éleva un vent fort et violent qui fendait les montagnes et brisait les rochers devant l'Eternel ; mais l'Eternel n'était pas dans ce vent. Après le vent, il y eut un tremblement de terre ; mais l'Eternel n'était pas dans ce tremblement de terre. Après le tremblement de terre, un feu ; mais l'Eternel n'était pas dans ce feu [6]. » Après le feu, Dieu parla au prophète dans « le frémissement d'un subtil murmure ». C'est ainsi que Jésus allait accomplir son œuvre ; non dans le fracas des armes ou le renversement des trônes et des royaumes, mais en s'adressant aux cœurs humains par une vie de miséricorde et de sacrifice.

Le principe de renoncement qui avait été à la base de la vie du Baptiste était aussi le principe du royaume messianique. Jean savait combien tout ceci était éloigné des principes et des espoirs des chefs israélites. Ce qui constituait pour lui une preuve convaincante de la divinité du Christ ne leur apportait aucune lumière. Ils attendaient un Messie différent de celui qui avait été promis. Jean comprit que la mission du Sauveur ne pouvait que susciter la haine et la condamnation. Lui, le précurseur, devait goûter à la coupe que le Christ allait devoir vider.

Les paroles du Sauveur : « Heureux celui pour qui je ne serai pas une occasion de chute ! » comportaient un léger reproche à l'adresse de Jean. L'effet n'en fut pas perdu. Comprenant mieux, maintenant, la nature de la mission du Christ, il s'abandonna entre les mains de Dieu pour la vie ou pour la mort, uniquement soucieux de servir la cause qu'il aimait.

Après le départ des messagers, Jésus dit à la foule ce qu'il pensait de Jean. Le cœur du Sauveur éprouvait une vive sympathie pour le fidèle témoin enseveli dans le cachot d'Hérode. On ne devait pas s'imaginer que Dieu avait délaissé Jean, ou que la foi de celui-ci avait défailli au jour de l'épreuve. « Qu'êtes-vous allés contempler au désert ? » demanda le Christ. « Un roseau agité par le vent ? »

Les longs roseaux qui croissaient au bord du Jourdain, ployant sous l'effet de la brise, pouvaient bien servir à représenter les rabbins qui s'étaient érigés en juges de la mission du Baptiste. Ils étaient portés de côté et d'autre par les vents de l'opinion populaire. Ils ne voulaient pas s'humilier au point de recevoir le message pénétrant du Baptiste ; seule la crainte du peuple les avait empêchés de s'opposer ouvertement à son œuvre. Le messager de Dieu était exempt d'une telle lâcheté. Les foules rassemblées autour du Christ avaient vu l'œuvre de Jean. Ils l'avaient entendu dénoncer le péché avec vigueur. Jean avait parlé ouvertement devant les pharisiens propre-justes, les prêtres du parti sadducéen, le roi Hérode et sa cour, princes et soldats, péagers et paysans. Il n'était pas un roseau tremblant, agité par les vents de la flatterie humaine ou du préjugé. En prison il faisait preuve de la même loyauté à l'égard de Dieu, du même zèle pour sa justice que lorsqu'il prêchait au désert le message divin. Il restait fidèle au principe, ferme comme le roc.

Jésus poursuivit : « Mais qu'êtes-vous allés voir ? Un homme vêtu somptueusement ? Mais ceux qui portent des habits somptueux se trouvent dans les palais des rois. » Jean avait été appelé à condamner les péchés et les excès de son temps ; la simplicité de son vêtement et sa vie de renoncement étaient en harmonie avec le caractère de sa mission. De riches parures et des habitudes luxueuses ne sont pas l'apanage des serviteurs de Dieu, mais de ceux qui vivent à la cour des rois, les dominateurs de ce monde, maîtres du pouvoir et des richesses. Jésus signalait le contraste existant entre le vêtement de Jean et celui des prêtres et des chefs. Ces fonctionnaires étaient richement vêtus et portaient des ornements de prix. Ils cherchaient à éblouir par l'étalage de leurs richesses et à commander le respect. Ils étaient plus préoccupés de gagner l'admiration des hommes que d'obtenir la pureté de cœur qui leur assurerait l'approbation divine. Ils montraient par là qu'ils se croyaient tenus d'obéir aux royaumes de ce monde plutôt qu'à Dieu.

« Qu'êtes-vous donc allés faire ? Voir un prophète ? Oui, vous dis-je, et plus qu'un prophète. C'est celui dont il est écrit : Voici j'envoie devant toi mon messager, pour frayer ton chemin devant toi. En vérité, je vous le dis, parmi ceux qui sont nés de femmes, il ne s'en est pas levé de plus grand que Jean-Baptiste. » L'ange qui avait annoncé à Zacharie la naissance de Jean avait dit : « Il sera grand devant le Seigneur [7] » Qu'est-ce qui fait la grandeur aux yeux du ciel ? – Non pas ce qui fait la grandeur selon l'estimation du monde ; ni la richesse, ni le rang, ni la noblesse, ni les dons intellectuels, considérés en eux-mêmes. Si l'on doit prendre en considération la grandeur intellectuelle, indépendamment de toute considération supérieure, alors Satan est digne de nos hommages, lui dont les capacités intellectuelles n'ont jamais été égalées par aucun homme. Quand un don est mis au service du moi, plus il est grand, plus grande sera la malédiction qu'il pourra devenir. Dieu n'estime que la valeur morale. Il apprécie surtout la charité et la pureté. Jean était grand aux yeux du Seigneur dès lors qu'en présence des envoyés du sanhédrin, du peuple et de ses propres disciples, il s'était abstenu de rechercher des honneurs pour sa personne et avait montré à tous Jésus en qualité de Messie promis. Sa joie désintéressée en rapport avec le ministère du Christ dénotait la plus haute noblesse accessible à l'homme.

Ceux qui avaient entendu le témoignage de Jésus lui ont à leur tour rendu témoignage en ces termes, après sa mort : « Jean n'a fait aucun miracle ; mais tout ce que Jean a dit de cet homme était vrai [8]. » Il ne fut pas donné à Jean de faire descendre le feu du ciel, ou de ressusciter un mort, comme l'avait fait Elie, ni de brandir la verge du pouvoir de Moïse, au nom de Dieu. Il avait été chargé d'annoncer la venue du Sauveur et d'inviter à se préparer en vue de cet avènement. Il avait accompli si fidèlement sa mission que ceux qui se rappelaient ce qu'il leur avait enseigné au sujet de Jésus pouvaient dire : « Tout ce que Jean a dit de cet homme était vrai. » Tout disciple du Maître est tenu de rendre un témoignage semblable.

En tant que précurseur du Messie, Jean est « plus qu'un prophète ». Alors que les prophètes avaient vu de loin l'avènement du Christ, il fut donné à Jean de le contempler, d'entendre le témoignage céleste rendu à sa messianité, et de le présenter à Israël comme l'Envoyé de Dieu. Cependant Jésus a pu dire : « Le plus petit dans le royaume des cieux est plus grand que lui. »

Le prophète Jean a été le trait d'union entre les deux dispensations. En tant que représentant de Dieu il s'est levé pour montrer le rapport existant entre la loi et les prophètes d'une part, la dispensation chrétienne de l'autre. Il était une petite lumière qui en précédait une plus grande. Le Saint-Esprit avait éclairé l'esprit de Jean pour lui permettre de répandre la lumière sur son peuple ; mais aucune lumière n'a jamais brillé, ou ne brillera à l'avenir sur l'homme déchu, qui puisse être comparée à celle qui émane de l'enseignement et de l'exemple de Jésus. Les sacrifices n'avaient que faiblement symbolisé le Christ et sa mission. Jean lui-même n'avait pas compris parfaitement la vie future, immortelle, manifestée par le Sauveur.

A part les joies que sa mission lui avait procurées, la vie de Jean avait été toute de souffrance et de solitude. Sa voix n'avait guère été entendue hors du désert. Il ne lui avait pas été donné de voir le résultat de ses travaux. Il n'avait pas eu le privilège d'accompagner le Christ et d'assister aux manifestations de la puissance divine qui étaient le produit de la lumière plus grande. Il n'avait pu voir les aveugles recouvrant la vue, les malades guéris, les morts ramenés à la vie. Il n'avait pu contempler la lumière qui resplendissait dans chaque parole du Christ, faisant éclater la gloire des promesses prophétiques. Le plus petit parmi les disciples qui ont vu les œuvres puissantes du Christ et ont entendu ses paroles a été plus favorisé, à certains égards, que Jean-Baptiste : il peut donc être dit plus grand que lui.

Les foules nombreuses qui avaient écouté la prédication de Jean répandirent sa renommée dans tout le pays. On se demandait avec anxiété comment finirait sa captivité. Sa vie sans tache et la vénération dont il était entouré faisaient espérer qu'aucune violence ne lui serait faite.

Hérode voyait en Jean un prophète et il se proposait de le libérer. Par crainte d'Hérodiade il différa son projet.

Hérodiade se rendait compte qu'elle n'arriverait pas à arracher à Hérode la condamnation à mort de Jean par des moyens ordinaires ; elle eut recours à un stratagème. A l'occasion de l'anniversaire du roi une fête fut organisée en l'honneur des fonctionnaires de l'Etat et des nobles de la cour. On prévoyait bombance et ivresse. Hérode perdrait ses moyens et serait amené à céder à l'influence de cette femme.

Le grand jour arrivé, tandis que le roi et ses seigneurs festoyaient et buvaient, Hérodiade envoya sa fille dans la salle du banquet pour y amuser les hôtes par ses danses. Salomé était dans la fleur de sa jeunesse ; sa beauté voluptueuse captiva les sens des joyeux convives. Il n'était pas dans les usages que les dames de la cour se fissent voir dans les festins ; un compliment flatteur fut offert à Hérode quand cette fille des prêtres et des princes d'Israël dansa pour le divertissement des convives.

Le roi était pris de vin. La passion troubla et détrôna sa raison. Il ne vit plus que la salle du festin, avec ses noceurs, la table du banquet, le vin qui coulait et l'éclat des lumières, et la jeune fille dansant devant lui. Dans l'insouciance du moment il voulut s'exhiber devant les grands de son royaume. Il promit avec serment de donner à la fille d'Hérodiade tout ce qu'elle pourrait demander, fût-ce la moitié du royaume.

Salomé s'empressa d'aller consulter sa mère. La réponse était toute prête : la tête de Jean-Baptiste. Salomé, qui ignorait la soif de vengeance qui tourmentait le cœur de sa mère, hésitait à présenter cette requête ; la volonté d'Hérodiade prévalut. La jeune fille revint avec cette horrible demande : « Je veux que tu me donnes tout de suite, sur un plat, la tête de Jean-Baptiste [9]. »

Hérode fut étonné et confus. La gaieté tumultueuse cessa, un silence angoissant descendit sur cette scène d'orgie. Le roi était saisi d'horreur à la pensée d'ôter la vie à Jean. Mais il avait engagé sa parole et ne voulait pas passer pour irrésolu ou étourdi. Le serment avait été pris en l'honneur des convives ; si l'un d'eux avait proposé de ne pas tenir compte de la promesse faite, Hérode aurait volontiers épargné le prophète. L'occasion leur était donnée de prendre la défense du prisonnier. Ils avaient parcouru de longues distances pour l'entendre prêcher et ils connaissaient Jean comme un homme innocent, un vrai serviteur de Dieu. Quoique choqués par la demande de la jeune fille, ils étaient trop hébétés pour tenter une remontrance. Personne n'éleva la voix pour sauver la vie du messager envoyé par le ciel. Ces hommes qui occupaient des postes de confiance dans la nation et portaient de lourdes responsabilités s'étaient livrés au plaisir et à l'ivresse, si bien que leur sensibilité était engourdie. La musique et la danse les avaient étourdis et avaient endormi leurs consciences. Leur silence fut la sentence de mort prononcée sur le prophète de Dieu pour satisfaire l'esprit de vengeance d'une femme perdue.

Après avoir en vain espéré d'être dégagé de son serment, Hérode consentit à regret à l'exécution du prophète. La tête de Jean ne tarda pas à être apportée devant le roi et ses hôtes. Désormais, les lèvres qui avaient fidèlement conjuré Hérode de renoncer à sa vie de péché étaient réduites au silence. Plus jamais on n'entendrait cette voix invitant les hommes à se repentir. Les orgies d'une nuit avaient coûté la vie à l'un des plus grands prophètes.

Combien de fois une vie innocente n'a-t-elle pas été sacrifiée à cause de l'intempérance des gardiens de la justice ! Celui qui trempe ses lèvres dans la coupe enivrante assume la responsabilité de tout acte d'injustice dont il pourra se rendre coupable sous son influence étourdissante ; en engourdissant sa sensibilité il se met dans l'incapacité de juger avec calme et de discerner clairement ce qui est juste et ce qui ne l'est pas. Il donne à Satan l'occasion de se servir de lui pour opprimer et détruire l'innocent. « Moqueur est le vin, bruyante la boisson fermentée : qui s'en laisse troubler manque de sens. » « Le jugement est repoussé en arrière,... et celui qui se retire du mal devient une proie [10]. » Ceux qui disposent de la vie de leurs semblables deviennent criminels quand ils se laissent aller à la boisson. Ceux qui sont chargés d'appliquer les lois devraient les observer. Ils devraient avoir la maîtrise d'eux-mêmes. Ils devraient rester en pleine possession de leurs énergies physiques, mentales et morales, et employer leur intelligence avec un sens élevé de justice.

La tête de Jean-Baptiste ayant été apportée à Hérodiade, elle la reçut avec une satisfaction diabolique. Sa vengeance la comblait de joie, à la pensée que désormais la conscience d'Hérode ne serait plus troublée. Cependant son crime ne lui apporta aucun bonheur. Son nom fut voué à l'infamie et Hérode fut plus troublé par le remords qu'il ne l'avait été par les avertissements du prophète. Quant à l'influence de Jean, loin d'avoir été réduite au silence, elle s'étend d'une génération à l'autre jusqu'à la fin des temps.

Obsédé par le souvenir de son péché, Hérode cherchait constamment à se soustraire aux accusations de sa conscience coupable. La confiance qu'il avait accordée à Jean persistait. Il n'avait aucun repos, se souvenant toujours de la vie pleine de renoncement que Jean avait vécue, ainsi que de ses appels solennels, émouvants, de ses conseils judicieux, et de sa mort tragique. Occupé aux affaires de l'Etat, entouré d'honneurs, il affichait le sourire et se donnait une apparence digne alors qu'il dissimulait un cœur anxieux, redoutant toujours une malédiction.

Jean avait dit à Hérode que rien n'est caché à Dieu, et ses paroles avaient fait une profonde impression sur lui. Il savait donc que Dieu est présent partout, qu'il avait été témoin des orgies auxquelles on s'était livré dans la salle du banquet, qu'il avait entendu l'ordre donné au sujet de la décapitation de Jean, qu'il avait vu les transports de joie d'Hérodiade et les traitements injurieux qu'elle avait fait subir à la tête de son censeur. Bien des choses entendues des lèvres du prophète parlaient maintenant à sa conscience avec plus de force que lorsqu'il prêchait au désert.

Ayant entendu parler des œuvres du Christ, Hérode fut profondément troublé. Il se demandait si Dieu n'avait pas ramené Jean d'entre les morts avec mission de condamner le péché avec plus de force que jamais. Il vivait dans une crainte continuelle, à la pensée que Jean pourrait venger sa mort en le condamnant, lui et sa maison. Hérode récoltait les conséquences d'une vie de péché, selon ce que Dieu a dit : « Un cœur tremblant, des yeux qui s'éteignent et une âme languissante. Ton existence sera comme en suspens devant toi ; tu seras dans l'effroi nuit et jour et tu ne seras point assuré de ta vie. Le matin tu diras : Que ne suis-je au soir ! et le soir tu diras : Que ne suis-je au matin ! à cause de l'effroi dont ton cœur sera rempli et à cause du spectacle dont tes yeux seront les témoins [11]. » Le pécheur est accusé par ses propres pensées ; il n'est pas de torture plus aiguë que l'aiguillon d'une conscience coupable, ne laissant de repos ni jour ni nuit.

Aux yeux d'un grand nombre de personnes un mystère plane sur le sort de Jean-Baptiste. On se demande pourquoi il a dû languir et mourir en prison. Si le mystère d'une providence obscure est impénétrable à l'œil humain, il ne saurait ébranler notre confiance en Dieu, pourvu que nous nous souvenions d'une chose : Jean n'a fait que participer aux souffrances du Christ. Quiconque veut suivre le Christ doit accepter la couronne du sacrifice. On sera méconnu par des hommes égoïstes ; on sera en butte aux terribles assauts de Satan. Son royaume se propose justement de détruire ce principe de sacrifice de soi-même ; aussi luttera-t-il contre lui partout où il le rencontrera.

La fermeté de caractère avait distingué l'enfance, la jeunesse et l'âge mûr de Jean. Satan fut inquiet pour la sécurité de son royaume quand sa voix se fit entendre au désert disant : « Préparez le chemin du Seigneur, aplanissez ses sentiers [12]. » Le caractère détestable du péché fut révélé de telle manière que les hommes en tremblèrent. Beaucoup de ceux qui avaient été sous la domination de Satan se virent libérés. Il avait vainement tenté, par des efforts persévérants, d'arracher le Baptiste à une vie d'entière soumission à Dieu. Il n'avait pas réussi à vaincre Jésus. Satan avait essuyé une défaite, lors de la tentation au désert, et il en éprouvait une rage très grande. Il tentait maintenant d'affliger Jésus en frappant Jean. Il voulait au moins faire souffrir celui qu'il n'avait pu induire au péché.

Jésus n'intervint pas pour délivrer son serviteur. Il savait Jean capable d'endurer l'épreuve. Le Sauveur eût bien volontiers visité Jean dans son cachot, qu'il aurait éclairé de sa présence. Mais il ne devait pas se livrer à ses ennemis et compromettre sa propre mission. Il eût volontiers délivré son fidèle serviteur. Dans l'intérêt de milliers de personnes qui allaient subir la prison et la mort à l'avenir, Jean devait boire à la coupe du martyre. Quand il arriverait à des disciples du Christ de languir dans une cellule solitaire, ou de périr par l'épée, le gibet ou le bûcher, apparemment abandonnés de Dieu et des hommes, quelle consolation ne puiseraient-ils pas dans la pensée que Jean-Baptiste avait connu une expérience semblable, lui à qui le Christ avait rendu un si beau témoignage.

Satan eut la permission de retrancher la vie terrestre du messager de Dieu ; cependant la vie « cachée avec le Christ en Dieu [13] » était hors de l'atteinte du destructeur. Celui-ci se réjouissait de la douleur qu'il occasionnait au Christ, mais Jean avait échappé à sa conquête. D'ailleurs la mort allait le soustraire pour toujours au pouvoir de la tentation. Dans cette guerre, Satan faisait connaître son vrai caractère. Tout l'univers était témoin de sa haine contre Dieu et contre l'homme.

Bien que Jean n'ait pas eu la faveur d'une délivrance miraculeuse, il ne fut pas abandonné. Il avait joui constamment de la présence des anges célestes qui lui rappelaient les prophéties relatives au Christ et les promesses de l'Ecriture. C'était là son appui et celui du peuple de Dieu à travers les âges. Jean-Baptiste reçut l'assurance donnée à ceux qui l'ont suivi : « Voici, je suis avec vous tous les jours jusqu'à la fin du monde [14]. »

Dieu ne conduit jamais ses enfants autrement qu'ils ne voudraient être conduits s'ils pouvaient voir la fin dès le commencement et discerner la gloire du dessein qu'ils servent en qualité de collaborateurs de Dieu. Ni Enoch, transféré au ciel, ni Elie, qui monta dans un chariot de feu, n'a été plus grand ou plus honoré que Jean-Baptiste, qui périt dans une prison. « Il vous a été fait la grâce non seulement de croire en Christ, mais encore de souffrir pour lui [15]. » De tous les dons que le ciel peut dispenser à des hommes, celui de communier avec le Christ dans ses souffrances est le dépôt le plus précieux, l'honneur suprême.

---

[1] Ce chapitre est basé sur Matthieu 11.1-11 ; Marc 6.17-28 ; Luc 7.19-28. [2] 2 Chroniques 34 ; Néhémie 8.9. [3] Jean 1.29, 30, version Lausanne. [4] Luc 7.23. [5] Esaïe 61.1, 2. [6] 1 Rois 19.11, 12. [7] Luc 1.15. [8] Jean 10.41. [9] Marc 6.25. [10] Proverbes 20.1, version rabbinique ; Esaïe 59.14. 15, version Darby. [11] Deutéronome 28.65-67. [12] Matthieu 3.3. [13] Colossiens 3.3. [14] Matthieu 28.20. [15] Philippiens 1.29.

Chapitre 23

Le royaume de Dieu est proche

JESUS se rendit en Galilée, prêchant l'Evangile du royaume de Dieu et disant : « Le temps est accompli, et le royaume de Dieu est proche. Repentez-vous, et croyez à l'Evangile [1]. »

La venue du Messie avait d'abord été annoncée en Judée. La naissance du précurseur avait été prédite à Zacharie alors qu'il officiait dans le temple, devant l'autel. Des anges avaient proclamé la naissance de Jésus sur les collines de Bethléhem. A Jérusalem les mages étaient venus à sa recherche. Siméon et Anne avaient attesté sa divinité dans le temple. Jérusalem et toute la Judée avaient écouté la prédication de Jean-Baptiste ; les envoyés du sanhédrin, avec la foule, avaient entendu le témoignage rendu à Jésus. C'est en Judée que Jésus avait recruté ses premiers disciples. C'est là qu'il exerça la première partie de son ministère. Sa divinité avait éclaté par la purification du temple, par ses miracles de guérison, par les leçons de vérité divine sortant de ses lèvres : tout cela confirmait ce qu'il avait déclaré en présence du sanhédrin après la guérison de Béthesda : sa filialité divine.

Si le Christ avait été reçu par les conducteurs d'Israël, il leur aurait conféré l'honneur de devenir ses messagers pour porter l'Evangile au monde. C'est à eux en premier lieu que l'occasion fut offerte d'être les hérauts du royaume de la grâce de Dieu. Israël, toutefois, ne connut pas l'heure de sa visitation. La jalousie et la méfiance des conducteurs juifs s'étaient muées en une haine ouverte et les cœurs s'étaient détournés de Jésus.

Ayant rejeté le message du Christ, le sanhédrin cherchait à le faire mourir ; aussi Jésus s'éloigna-t-il de Jérusalem, des prêtres, du temple, des conducteurs religieux, de ceux qui avaient été instruits quant à la loi ; il se tourna vers une autre classe d'auditeurs pour leur annoncer son message et recruter parmi eux ceux qui porteraient l'Evangile aux nations.

De même que celui qui était la lumière et la vie des hommes fut rejeté par les autorités ecclésiastiques aux jours du Christ, de même il a été rejeté au cours de toutes les générations suivantes. A maintes reprises le Christ a dû se retirer comme il l'avait fait de Judée. Quand les réformateurs ont annoncé la Parole de Dieu ils ne songeaient nullement à se séparer des églises établies ; mais les conducteurs religieux ne voulaient rien savoir de la lumière, de sorte que ceux qui en étaient les porteurs durent s'adresser à une autre classe avide de vérité. De nos jours ils sont rares, parmi les humains, ceux qui font profession de suivre les réformateurs, ceux qui sont animés de leur esprit. Rares sont les personnes qui écoutent la voix de Dieu, prêtes à accepter la vérité d'où qu'elle vienne. Ceux qui marchent sur les traces des réformateurs se voient souvent forcés d'abandonner les églises qu'ils aiment afin de pouvoir librement enseigner les claires vérités de la Parole de Dieu. Et il arrive souvent que ceux qui cherchent la lumière se voient contraints par ce même enseignement à quitter l'église de leurs pères pour obéir à leurs nouvelles convictions.

Les populations de la Galilée, méprisées par les rabbins de Jérusalem qui les jugeaient grossières et ignorantes, offraient cependant au Sauveur un champ d'action plus favorable. Elles étaient plus zélées, plus sincères ; d'une piété moins étroite, elles avaient l'esprit plus ouvert, plus accessible à la vérité. En se rendant en Galilée Jésus ne cherchait pas l'isolement et la solitude. Cette région était alors très peuplée et la population était plus mélangée d'éléments étrangers que celle de Judée.

Pendant que Jésus traversait la Galilée, enseignant et guérissant, des foules accouraient à lui des villes et des villages environnants. Il en venait même de Judée et des contrées voisines. Il se voyait parfois contraint de se dérober à la foule. L'enthousiasme était si grand qu'il fallait quelque précaution pour éviter de faire redouter une insurrection aux autorités romaines. Le monde n'avait jamais connu un temps comme celui-là. Le ciel s'était rapproché de la terre. Des âmes qui depuis longtemps attendaient la rédemption d'Israël, et qui avaient faim et soif de justice, se réjouissaient maintenant dans la grâce d'un Sauveur miséricordieux.

La prédication du Christ se résumait en ces mots : « Le temps est accompli, et le royaume de Dieu est proche. Repentez-vous, et croyez à l'Evangile. » Le message évangélique donné par le Sauveur avait sa base dans les prophéties. Le « temps » qu'il disait accompli était la période révélée à Daniel par l'ange Gabriel : « Soixante-dix semaines ont été fixées comme terme à ton peuple et à ta ville sainte pour éteindre la rébellion, mettre fin aux péchés, effacer l'iniquité et établir une justice éternelle, de façon à réaliser la vision et la parole du prophète et faire l'onction du saint des saints [2]. » Un jour prophétique vaut une année [3]. Les soixante-dix semaines, ou 490 jours, représentent donc 490 années. Le point de départ de la période est indiqué : « Sache donc et comprends : depuis la sortie d'une parole ordonnant de rebâtir Jérusalem jusqu'à un oint, un chef, il y a sept semaines, et soixante-deux semaines [4] », soixante-neuf semaines, ou 483 ans. Le décret ordonnant la reconstruction de Jérusalem, complété par Artaxerxès Longue-main [5], entra en vigueur en automne 457 av. J.-C. A partir de cette date, 483 années nous amènent à l'année 27 de notre ère, en automne. Selon la prophétie, cette période aboutissait au Messie, l'Oint. Lors de son baptême, en l'an 27, Jésus fut oint du Saint-Esprit et ne tarda pas à commencer son ministère.

Dès lors s'est produite la proclamation du message : « Le temps est accompli. »

L'ange avait ajouté : Il « conclura une alliance ferme avec un grand nombre pendant une semaine », c'est-à-dire sept années littérales. Pendant ces sept années, à partir du commencement de son ministère, l'Evangile devait être prêché en particulier aux Juifs ; par Jésus lui-même pendant trois années et demie, puis par les apôtres.

« Au milieu de la semaine, il fera cesser le sacrifice et l'oblation [6]. » Au printemps de l'année 31, le Christ offrit le vrai sacrifice au Calvaire. A ce moment-là le voile du temple se déchira en deux, ce qui montrait que le service des sacrifices avait perdu son caractère sacré et sa signification. Le temps était venu où devaient cesser le sacrifice et l'oblation.

La dernière semaine – sept années – arriva à son terme en l'année 34 de notre ère. La lapidation d'Etienne mit le sceau au rejet de l'Evangile par les Juifs ; les disciples dispersés par la persécution « allaient de lieu en lieu, en annonçant la bonne nouvelle de la parole [7] » ; bientôt Saul, le persécuteur, allait se convertir et devenir Paul, l'apôtre des Gentils.

Le temps de la venue du Christ, son onction par le Saint-Esprit, sa mort et la proclamation de l'Evangile aux Gentils étaient indiqués avec précision. Le peuple juif avait l'avantage de comprendre ces prophéties et d'en constater l'accomplissement dans la mission de Jésus. Le Christ recommanda à ses disciples d'étudier les prophéties. Il dit : « Que le lecteur comprenne [8] ». Après sa résurrection il expliqua aux disciples « dans toutes les Ecritures ce qui le concernait [9] ». Le Sauveur avait parlé par l'intermédiaire de tous les prophètes. « L'Esprit de Christ qui était en eux,... d'avance, attestait les souffrances de Christ et la gloire qui s'ensuivrait [10]. »

C'est l'ange Gabriel, qui occupe le premier rang après le Fils de Dieu, qui avait apporté à Daniel le message divin. C'est lui encore, « son ange », que le Christ envoya à Jean, le bien-aimé, pour lui dévoiler l'avenir ; et une bénédiction est promise à ceux qui lisent et écoutent les paroles de la prophétie pour garder ce qui s'y trouve écrit [11].

« Le Seigneur, l'Eternel, n'accomplit aucun de ses desseins qu'il ne l'ait d'abord révélé à ses serviteurs, les prophètes. » « Les choses cachées appartiennent à l'Eternel, notre Dieu ; mais les choses révélées sont pour nous et pour nos enfants à jamais [12]. » Ces choses Dieu nous les a données ; et sa bénédiction accompagnera une étude respectueuse des écritures prophétiques, faite dans un esprit de prière.

De même que le message concernant la première venue du Christ annonçait le royaume de sa grâce, le message relatif à son retour annonce le royaume de sa gloire. Ce second message, tout comme le premier, est fondé sur les prophéties. Les paroles de l'ange, dites à Daniel, relatives aux derniers jours, devaient être comprises au temps de la fin. A ce moment-là, « beaucoup de gens l'étudieront [le livre de Daniel] et leur science en sera augmentée ». « Les impies agiront avec méchanceté ; aucun d'eux n'aura la sagesse de comprendre et les hommes intelligents seuls comprendront [13]. » Le Sauveur a indiqué lui-même les signes de sa venue et il a dit : « Quand vous verrez ces choses arriver, sachez que le royaume de Dieu est proche. » « Prenez garde à vous-mêmes, de crainte que vos cœurs ne s'appesantissent par les fumées du vin et de l'ivresse et par les soucis de la vie, et que ce jour ne fonde sur vous à l'improviste comme un filet. » « Veillez donc et priez en tout temps, afin que vous ayez la force d'échapper à tout ce qui doit arriver et de paraître debout devant le Fils de l'homme [14]. »

Le temps annoncé par ces prophéties est arrivé. Le temps de la fin est là, les visions des prophètes sont descellées, leurs avertissements solennels montrent que la venue en gloire du Seigneur est toute proche.

Les Juifs ayant mal interprété et mal appliqué la Parole de Dieu, n'ont pas connu le temps de leur visitation. Les années du ministère du Christ et de ses apôtres – ces années précieuses de grâce, les dernières offertes au peuple élu – s'écoulèrent en complots pour mettre fin à la vie des messagers du Seigneur. L'offre du royaume spirituel les trouva absorbés par leurs ambitions terrestres et leur fut inutile. De même aujourd'hui le royaume de ce monde absorbe les pensées des hommes et les empêche de remarquer l'accomplissement rapide des prophéties et des signes de l'approche du royaume de Dieu.

« Mais vous, frères, vous n'êtes pas dans les ténèbres, pour que ce jour vous surprenne comme un voleur ; vous êtes tous fils de la lumière et fils du jour. Nous ne sommes pas de la nuit ni des ténèbres. » Bien que nous devions ignorer l'heure du retour de notre Seigneur, nous pouvons savoir quand il est proche. « Ne dormons donc pas comme les autres, mais veillons et soyons sobres [15]. »

---

[1] Marc 1.14, 15. [2] Daniel 9.24, version rabbinique. [3] Voir Nombres 14.34 ; Ezéchiel 4.6. [4] Daniel 9.25, version Crampon. [5] Esdras 6.14 ; 7.1, 9. [6] Daniel 9.27. [7] Actes 8.4. [8] Matthieu 24.15. [9] Luc 24.27. [10] 1 Pierre 1.11. [11] Apocalypse 1.3. [12] Amos 3.7 ; Deutéronome 29.29. [13] Daniel 12.4, 10. [14] Luc 21.31, 34, 36. [15] 1 Thessaloniciens 5.4-6.

Chapitre 24

N'est-il pas le fils du charpentier ?

Les beaux jours du ministère du Christ en Galilée furent assombris par l'incrédulité des habitants de Nazareth. « N'est-il pas le fils du charpentier ? » dirent-ils [1].

Au cours de son enfance, puis de sa jeunesse, Jésus avait adoré avec ses frères dans la synagogue de Nazareth. Il avait été absent depuis le début de son ministère, mais on n'avait pas été sans apprendre ce qui lui était arrivé. L'intérêt et l'attente arrivèrent au plus haut point quand il réapparut dans sa ville. Il retrouvait ici les visages familiers des personnes qu'il avait connues depuis son enfance. Sa mère, ses frères et ses sœurs étaient là ; tous les yeux se tournèrent vers lui au moment où il entra dans la synagogue, le jour du sabbat, et prit place parmi les adorateurs.

Le service régulier donnait à l'ancien l'occasion de lire une portion des prophètes et d'exhorter l'auditoire à attendre encore celui qui devait venir, qui établirait un règne glorieux et bannirait toute oppression. Il encouragea ses auditeurs en rappelant les raisons de croire que la venue du Messie était proche. Il décrivit la gloire de son avènement, insistant sur la pensée qu'il allait se montrer à la tête d'une armée pour délivrer Israël.

Si un rabbin était présent à la synagogue, il lui incombait de prononcer le sermon et tout Israélite était apte à faire la lecture des prophètes. Ce sabbat-là on demanda à Jésus de prendre part au service. « Il se leva pour faire la lecture, et on lui remit le livre du prophète Esaïe. » Il lut un passage que l'on appliquait au Messie :

« L'Esprit du Seigneur est sur moi,
Parce qu'il m'a oint pour annoncer la bonne nouvelle aux pauvres ;
Il m'a envoyé pour proclamer aux captifs la délivrance,
Et aux aveugles le recouvrement de la vue,
Pour renvoyer libres les opprimés,
Pour proclamer une année de grâce du Seigneur [2]. »

« Puis il roula le livre, le remit au serviteur et s'assit. Les yeux de tous, dans la synagogue, étaient fixés sur lui. … Et tous lui rendaient témoignage, admiraient les paroles de grâce qui sortaient de sa bouche. »

Jésus se tenait devant l'auditoire comme un commentateur vivant des prophéties qui le concernaient. Il expliqua les paroles qu'il venait de lire, montrant le Messie comme devant consoler les opprimés, libérer les captifs, guérir les malades, rendre la vue aux aveugles et communiquer au monde la lumière de la vérité. Ses manières imposantes et la portée étonnante de ses paroles donnèrent à ses auditeurs une impression de puissance inconnue jusque là. La vague de l'influence divine balayait tous les obstacles ; comme Moïse, ils voyaient l'Invisible. Les cœurs émus par l'action du Saint-Esprit, ils répondaient par de fervents *amen* et louaient le Seigneur.

Mais quand Jésus déclara : « Aujourd'hui cette parole de l'Ecriture, que vous venez d'entendre, est accomplie », ils se virent contraints de réfléchir sur leur propre situation et sur les assertions de l'orateur. On les avait fait passer pour des esclaves, eux, des Israélites, enfants d'Abraham. On s'était adressé à eux comme à des prisonniers ayant besoin d'être délivrés de la puissance du mal ; comme à des gens vivant dans les ténèbres et ayant besoin de la lumière de la vérité. Blessés dans leur orgueil, leurs craintes s'éveillèrent. Les paroles de Jésus donnaient à penser que l'œuvre qu'il voulait accomplir parmi eux différait essentiellement de celle qu'ils souhaitaient. Leur conduite risquait d'être examinée de près. Bien que scrupuleux quant aux cérémonies extérieures, ils redoutaient une inspection effectuée par ces yeux perçants.

Qui est ce Jésus ? demandèrent-ils. Celui qui s'attribuait les gloires du Messie n'était autre que le fils du charpentier Joseph, dont il avait partagé le métier. On l'avait vu parcourir les collines, on connaissait sa vie, ses travaux, ses frères et ses sœurs. On l'avait vu grandir de l'enfance à l'âge adulte, à travers sa jeunesse. Il est vrai que sa vie avait été sans tache ; néanmoins on ne voulut pas admettre qu'il était celui qui avait été promis.

Quel contraste entre ce qu'il enseignait au sujet du nouveau royaume et ce qu'avait dit leur ancien ! Il ne leur promettait pas de les délivrer du joug romain. Ayant entendu parler de ses miracles, ils avaient espéré qu'il interviendrait puissamment en leur faveur, mais rien ne laissait présager chez lui une telle intention.

Leurs cœurs s'étant ouverts au doute, ils s'endurcirent d'autant plus qu'ils avaient été momentanément attendris. Satan ne voulait pas que la vue fût rendue aux aveugles ce jour-là, et que la liberté fût offerte aux âmes retenues dans l'esclavage. Il déploya donc tous ses efforts pour les emprisonner dans l'incrédulité. La conviction qu'ils avaient eue d'abord, que c'était leur Rédempteur qui leur parlait, ne tarda pas à s'évanouir.

Jésus leur donna une preuve de sa divinité en dévoilant leurs pensées secrètes. Il leur dit : « Certainement vous me citerez ce proverbe : Médecin, guéris-toi toi-même ; tout ce qui s'est produit à Capernaüm et que nous avons appris, fais-le ici dans ta patrie. Il dit encore : En vérité, je vous le dis, aucun prophète n'est bien reçu dans sa patrie. C'est la vérité que je vous dis : Il y avait beaucoup de veuves en Israël aux jours d'Elie, lorsque le ciel fut fermé trois ans et six mois et qu'il y eut une grande famine sur tout le pays ; et cependant Elle ne fut envoyé vers aucune d'elles, si ce n'est vers une femme veuve, à Sarepta, dans le pays de Sidon. Il y avait aussi beaucoup de lépreux en Israël au temps du prophète Elisée ; et cependant aucun d'eux ne fut purifié, si ce n'est Naaman le Syrien. »

Ces récits tirés de la vie des prophètes constituaient la réponse de Jésus aux questions de ses auditeurs. Les serviteurs de Dieu à qui une œuvre particulière était confiée ne reçurent pas la permission de travailler chez un peuple au cœur endurci et incrédule. Seuls les cœurs sensibles, ouverts à la foi, furent favorisés par des manifestations de puissance de la part des prophètes. Aux jours d'Elie, les Israélites s'étaient éloignés de Dieu. Attachés à leurs péchés, ils avaient rejeté les avertissements que l'Esprit leur adressait par les messagers du Seigneur. De cette manière ils obstruèrent les canaux par lesquels la bénédiction divine eût pu les atteindre. Le Seigneur passa outre, sans s'arrêter aux demeures d'Israël, et trouva un refuge pour son serviteur dans un pays païen, chez une femme n'appartenant pas au peuple élu. Cette femme eut cet avantage parce qu'elle avait suivi la lumière dont elle disposait et parce que son cœur restait ouvert aux lumières plus grandes que Dieu lui envoya par l'entremise de son prophète.

Pour la même raison, au temps d'Elisée, les lépreux israélites furent négligés au profit de Naaman, un noble païen, trouvé fidèle à ses convictions morales, et conscient de ses besoins. Etant en état de recevoir les bienfaits de la grâce divine, non seulement il fut nettoyé de sa lèpre, mais il eut le bonheur de connaître le vrai Dieu.

Notre position devant Dieu dépend moins des lumières reçues que de l'usage que nous en faisons. Ainsi les païens qui suivent ce qui est droit dans la mesure où ils peuvent le discerner, sont dans une condition plus favorable que les hommes possédant plus de lumière et faisant profession de servir Dieu mais qui méprisent la lumière et se conduisent de manière à démentir leur profession de foi.

Les paroles de Jésus, prononcées dans la synagogue, frappaient à sa racine la propre justice de ses auditeurs et faisaient pénétrer dans leurs cœurs cette vérité amère : Ils s'étaient éloignés de Dieu et avaient perdu le droit d'être son peuple. Ces vérités tranchantes révélaient leur vraie condition. Aussi en vinrent-ils à tourner en dérision la foi qu'il avait commencé par leur inspirer. Cet homme sorti de la pauvreté et de l'humilité ne pouvait être pour eux qu'un homme ordinaire.

L'incrédulité les rendit méchants. Dominés par Satan, ils se mirent à pousser des cris de rage contre le Sauveur. Ils s'étaient détournés de celui qui avait pour mission de guérir et de restaurer ; dès lors ils manifestaient les défauts du destructeur.

Quand Jésus rappela les bienfaits accordés aux Gentils, l'orgueil national de ses auditeurs fut blessé ; ses paroles furent étouffées dans un tumulte. Ces gens qui se targuaient d'observer la loi étaient prêts à commettre un meurtre, offensés qu'ils étaient dans leurs préjugés. La réunion fut interrompue ; on mit les mains sur Jésus, on le jeta hors de la synagogue, puis hors de la ville. Chacun paraissait en vouloir à sa vie. On le poussa au bord d'un escarpement avec l'intention de l'y précipiter. On remplissait l'air de huées et d'imprécations. Des pierres étaient jetées contre lui, quand tout à coup il disparut du milieu d'eux. Les messagers célestes qui s'étaient tenus à ses côtés dans la synagogue l'arrachèrent à la foule furieuse de ses ennemis et le conduisirent en lieu sûr.

Des anges avaient protégé Lot et l'avaient conduit en sûreté loin de Sodome. De même Elisée avait été gardé dans une petite ville de la montagne. Alors que les collines environnantes étaient peuplées de chars et de chevaux envoyés par le roi de Syrie, Elisée avait contemplé les armées de Dieu campées sur les pentes voisines : les chevaux et chariots de feu entourant le serviteur du Seigneur.

C'est ainsi qu'en tous temps des anges se sont tenus aux côtés des fidèles disciples du Christ. De vastes armées maléfiques sont coalisées contre quiconque désire obtenir la victoire ; mais le Christ veut que nous regardions aux choses invisibles, aux armées célestes qui campent autour de ceux qui aiment Dieu, pour les délivrer. De combien de dangers, visibles ou non, nous avons été préservés grâce à l'intervention des anges, nous ne le saurons que lorsque la lumière de l'éternité nous permettra de reconnaître les voies providentielles de Dieu. Nous verrons alors que toute la famille des cieux s'est vivement intéressée au sort de la famille terrestre et que des messagers partis du trône de Dieu ont accompagné nos pas jour après jour.

Quand Jésus lut le passage prophétique dans la synagogue, il passa sous silence la dernière déclaration concernant l'œuvre du Messie. Après avoir lu les mots : « Pour proclamer une année de grâce du Seigneur », il omit la phrase : « Et, de la part de notre Dieu, un jour de vengeance [2]. » Ceci était tout aussi vrai que ce qui précédait, et le silence de Jésus n'entendait pas opposer un démenti à cette vérité. Mais cette dernière expression était justement celle sur laquelle ses auditeurs aimaient à méditer et dont ils souhaitaient l'accomplissement. Ils annonçaient les jugements divins sur les païens, sans voir que leur culpabilité était encore plus grande. Ils avaient un plus grand besoin de la miséricorde divine dont ils entendaient priver les païens. Ce jour-là, alors que Jésus se tenait au milieu d'eux dans la synagogue, l'occasion leur était offerte d'accepter l'appel céleste. Celui qui « prend plaisir à faire grâce [3] » ne demandait qu'à les sauver de la ruine que leurs péchés allaient entraîner.

Il ne voulut pas les abandonner sans leur adresser un dernier appel à la repentance. Il revint au foyer de son enfance vers la fin de son ministère en Galilée. Depuis qu'on l'y avait rejeté, la renommée de sa prédication et de ses miracles s'était répandue dans tout le pays. On ne pouvait lui dénier un pouvoir surhumain. Les habitants de Nazareth savaient qu'il allait de lieu en lieu faisant du bien et guérissant ceux que Satan opprimait. Il y avait à proximité des villages entiers où l'on n'aurait pu trouver une seule maison où l'on pût entendre les gémissements d'un malade ; Jésus avait passé par là et guéri tous les malades. La compassion manifestée dans chacun de ses actes attestait l'onction divine.

Une fois de plus les Nazaréens furent remués par l'Esprit divin en entendant les paroles de Jésus. Cette fois encore ils ne purent admettre que cet homme, qui avait grandi au milieu d'eux, leur fût supérieur. Ils se souvenaient avec amertume que, tout en s'attribuant les promesses messianiques, il leur avait refusé une place en Israël ; il les avait jugés moins dignes de la faveur divine qu'un païen, homme ou femme. Aussi, tout en s'interrogeant : « D'où lui viennent cette sagesse et ces miracles ? » ils ne voulaient pas l'accepter comme le Christ de Dieu. Leur incrédulité fut cause qu'il ne put accomplir que peu de miracles parmi eux. Les cœurs ouverts à ses bienfaits n'étaient pas nombreux ; aussi s'éloigna-t-il avec regret, pour toujours.

L'incrédulité, une fois installée chez les habitants de Nazareth, les maintint sous son emprise. Il en fut de même du sanhédrin et de la nation. Le fait d'avoir repoussé pour la première fois la démonstration de la puissance du Saint-Esprit fut, autant pour les prêtres que pour le peuple, le commencement de la fin. Pour bien montrer qu'ils avaient eu raison de lui résister, ils continuèrent à ergoter sur les paroles du Christ. Leur opposition à l'Esprit aboutit à la croix du Calvaire, à la destruction de leur cité, à la dispersion de la nation à tous les vents.

Combien le Christ désirait ouvrir à Israël les trésors précieux de la vérité ! En raison de leur aveuglement spirituel on ne pouvait songer à leur faire connaître les vérités concernant le royaume. Ils restaient attachés à leurs croyances et à leurs vaines cérémonies tandis que la vérité du ciel attendait d'être accueillie. Ils dépensaient leur argent pour de la balle et de la paille, et négligeaient le pain de vie qui était à leur portée. Pourquoi ne sondaient-ils pas sérieusement la Parole de Dieu pour voir s'ils n'étaient pas dans l'erreur ? Tous les détails du ministère du Christ se trouvaient consignés clairement dans les Ecritures de l'Ancien Testament ; lui-même ne cessait de citer les prophètes en déclarant : « Aujourd'hui cette parole de l'Ecriture que vous venez d'entendre, est accomplie. » S'ils avaient scruté les Ecritures avec sincérité, et soumis leurs théories à l'épreuve de la Parole de Dieu, Jésus n'aurait pas eu l'occasion de pleurer sur leur impénitence. Il n'en serait pas venu à déclarer : « Voici, votre maison vous sera laissée déserte [4]. » Sa messianité se serait imposée à leur esprit et l'épouvantable calamité qui réduisit en ruine leur cité orgueilleuse eût été évitée. Leur fanatisme absurde avait rétréci l'esprit des Juifs. L'enseignement du Christ mettait en évidence leurs défauts de caractère et sollicitait leur repentir. En acceptant ses enseignements, ils se seraient condamnés à modifier leurs habitudes et à abandonner les espoirs qu'ils chérissaient. Pour mériter les honneurs du ciel il fallait renoncer aux honneurs humains. Obéir aux paroles de ce nouveau rabbin, c'était aller contre les opinions des grands penseurs et docteurs contemporains.

La vérité, qui était impopulaire aux jours du Christ, l'est encore aujourd'hui. Elle est devenue impopulaire depuis que Satan l'a fait prendre en dégoût par les hommes en leur offrant des fables qui flattent leur vanité. Ne sommes-nous pas confrontés aujourd'hui par des théories et des doctrines privées de tout fondement biblique ? On s'y attache avec autant d'obstination que les Juifs n'en montrèrent pour leurs traditions.

Les conducteurs juifs étaient remplis d'orgueil spirituel. Ils cherchaient leur propre gloire même dans le service du sanctuaire. Ils recherchaient les premiers sièges dans les synagogues. Ils aimaient à être salués sur les places de marché et à entendre énumérer leurs titres. Avec le déclin de la piété ils affichaient un zèle croissant pour leurs traditions et leurs cérémonies.

Ils ne parvenaient pas à concilier la puissance convaincante des paroles du Christ avec son humble condition, tant leur intelligence était obscurcie par d'égoïstes préjugés. Ils ne comprenaient pas que la vraie grandeur se passe d'apparat. La pauvreté de cet homme semblait contredire ses prétentions à la messianité. S'il est ce qu'il affirme, pensaient-ils, pourquoi est-il si modeste ? S'il renonçait à l'usage de la force, que deviendrait leur nation ? Par quels moyens les nations seraient-elles assujetties à la cité juive, de manière à réaliser la puissance et la gloire attendues ? Les prêtres n'avaient-ils pas enseigné qu'Israël était appelé à régner sur la terre entière ? De si grands docteurs pouvaient-ils se tromper ?

L'absence de gloire extérieure ne suffit pas à expliquer pourquoi les Juifs ont rejeté Jésus. Il incarnait la pureté et eux étaient impurs. Sa vie au milieu des hommes était marquée par une intégrité immaculée. Sa vie irréprochable éclairait leurs cœurs ; sa sincérité faisait éclater leur manque de sincérité. Il montrait le vide de leur piété prétentieuse et leur découvrait le caractère odieux de l'iniquité. Une telle lumière ne pouvait plaire.

Si le Christ avait attiré l'attention sur les pharisiens, s'il avait vanté leur savoir et leur piété, ils l'auraient accueilli avec joie. Mais quand il présentait le royaume des cieux comme une dispensation miséricordieuse à portée universelle, cet aspect de la religion leur était intolérable. Leur conduite et leur enseignement n'avaient jamais été de nature à faire aimer le service de Dieu. Lorsqu'ils voyaient Jésus s'occuper de ceux qui étaient l'objet de leur haine et de leur mépris, ils se sentaient agités par les pires passions de leurs cœurs orgueilleux. Malgré l'ambition qu'ils nourrissaient de voir le Lion de Juda [5] assurer à Israël la prééminence sur toutes les nations, ils auraient accepté plus volontiers d'être frustrés de leurs espoirs que de supporter les reproches du Christ dénonçant leurs péchés, sans compter que la présence même du Christ les condamnait par sa pureté.

---

[1] Ce chapitre est basé sur Matthieu 13.54, 55 ; Luc 4.16-30. [2] Esaïe 61.1, 2. [3] Michée 7.18. [4] Luc 13.35. [5] Apocalypse 5.5.

Chapitre 25

L'appel des disciples

LE JOUR se levait sur la mer de Galilée. Les disciples, fatigués par une nuit d'efforts inutiles, se trouvaient encore dans leurs barques. Jésus, venu au bord de l'eau, espérait, à cette heure matinale, trouver un peu de repos, loin de la foule qui l'assiégeait constamment. Mais le peuple ne tarda pas à se rassembler en si grand nombre autour de lui, qu'il se vit pressé de tous côtés. Les disciples s'étaient approchés du rivage. Pour échapper à la multitude, Jésus entra dans la barque de Pierre et demanda à celui-ci de s'éloigner un peu. Ainsi il pouvait être mieux vu et entendu de tous, et, de son bateau, il commença à enseigner ceux qui se tenaient sur la plage [1].

Quel spectacle s'offrait à la vue des anges : leur glorieux Commandant, assis dans une barque de pêcheurs, balancé sans arrêt par les vagues, occupé à proclamer la bonne nouvelle du salut à la foule qui se pressait sur la rive ! Celui que le ciel honore enseignait, en plein air et aux gens les plus ordinaires, les grandes vérités concernant son royaume. A bien prendre, il n'aurait pu choisir un champ de travail mieux adapté. Le lac, les montagnes, les champs qui s'étendaient devant lui, le soleil inondant la terre de sa lumière, tout lui fournissait des objets aptes à illustrer ses leçons et à les graver dans les esprits. Aucune de ces leçons du Christ ne restait stérile. Chaque message issu de ses lèvres apportait à quelque âme la parole de la vie éternelle.

La foule grossissait de plus en plus. Des vieillards appuyés sur leurs bâtons, de robustes paysans descendus des collines, des pêcheurs habitués à peiner sur le lac, des marchands et des rabbins, des riches et des savants, des personnes de tout âge amenant avec elles des malades et des affligés, se pressaient pour entendre les paroles du Maître divin.

C'est à de telles scènes qu'avaient pensé les prophètes en écrivant:

« Terre de Zabulon et terre de Nephtali,
Route de la mer, au-delà du Jourdain,
Galilée des païens,
Le peuple, assis dans les ténèbres, a vu une grande lumière,
Et sur ceux qui étaient assis dans la région et l'ombre de la mort une lumière s'est levée. »

En prononçant son sermon au bord de la mer, Jésus pensait non seulement à la foule rassemblée sur les rives de Génésareth, mais aussi à d'autres auditeurs. Plongeant son regard à travers les âges il voyait ses fidèles en prison ou devant des tribunaux, tentés, solitaires et affligés. Toutes les joies, tous les conflits, tous les sujets d'anxiété de l'avenir lui étaient présents. Tout en s'adressant à ceux qui se pressaient autour de lui, il parlait aussi, à ces autres âmes, leur transmettant un message d'espérance dans l'épreuve, de consolation dans la douleur, de lumière céleste dans les ténèbres. Grâce au Saint-Esprit, la voix qui se faisait entendre d'une barque de pêcheurs sur le lac de Galilée serait entendue annonçant la paix aux cœurs humains jusqu'à la fin des temps.

Le discours terminé, Jésus se tourna vers Pierre, et l'invita à s'avancer en pleine mer et à y jeter son filet. Mais Pierre était découragé. De toute la nuit il n'avait rien pris. Pendant ces heures silencieuses, il avait songé au sort de Jean-Baptiste, languissant seul dans sa prison. Il avait pensé aux perspectives s'ouvrant devant Jésus et ses disciples, au peu de succès que rencontrait la mission en Judée, à la malice des prêtres et des rabbins. Il échouait même dans l'exercice de son métier ; et, tandis qu'il regardait les filets vides, l'avenir lui parut sombre et décourageant. « Maître, dit-il, nous avons travaillé toute la nuit sans rien prendre ; mais, sur ta parole, je jetterai les filets. »

La nuit est le seul moment favorable pour pêcher au filet dans les eaux claires du lac. Jeter le filet, de jour, après avoir persisté toute la nuit, sans succès, lui paraît bien inutile ; mais Jésus l'a ordonné, et l'amour des disciples pour le Maître les fait obéir. Simon et son frère lancent le filet. Quand ils le ramènent, il est prêt à se rompre sous le poids des poissons. Ils sont obligés de demander l'aide de Jacques et de Jean, et bientôt les deux barques se trouvent chargées à tel point qu'elles menacent de s'enfoncer.

Pierre ne pense plus ni aux barques, ni à leur cargaison. Ce miracle, plus qu'aucun autre dont il ait été le témoin, lui paraît une manifestation de la puissance divine. Il voit en Jésus celui qui commande à la nature entière. Il se sent impur en présence de la divinité. Amour du Maître, honte de son incrédulité, gratitude pour la condescendance du Christ, et, par-dessus tout, conscience de son état de souillure en présence de l'infinie pureté du Maître : tous ces sentiments l'accablent. Tandis que ses compagnons vident les filets, Pierre tombe aux pieds du Sauveur en s'écriant : « Seigneur, éloigne-toi de moi, parce que je suis un homme pécheur. »

La même présence de la sainteté divine avait fait tomber le prophète Daniel comme mort aux pieds de l'ange de Dieu. Il dit : « Mon visage changea de couleur ; il devint livide et je perdis toutes mes forces. » Et quand Esaïe contempla la gloire du Seigneur, il s'écria : « Malheur à moi ! Je suis perdu ! Car je suis un homme dont les lèvres sont impures et je demeure au milieu d'un peuple dont les lèvres sont souillées ; et mes yeux ont vu le Roi, l'Eternel des armées[2] ! » L'humanité, avec sa faiblesse et son péché, se trouvait en contraste avec la perfection de la Divinité ; aussi se sentait-il imparfait et privé de sainteté. Cette expérience a été celle de tous ceux à qui il a été donné de contempler la grandeur et la majesté de Dieu. Tout en jetant ce cri : « Eloigne-toi de moi, parce que je suis un homme pécheur », Pierre reste attaché aux pieds de Jésus, sentant bien qu'il ne peut se séparer de lui. Le Seigneur répond : « Sois sans crainte ; désormais ce sont des hommes que tu prendras. »

C'est après qu'Esaïe eut contemplé la sainteté de Dieu et reconnu sa propre indignité, que lui fut confié le divin message. C'est aussi après que Pierre eut été amené à renoncer à lui-même et à sentir sa dépendance à l'égard de la puissance divine, qu'il fut appelé à travailler pour le Christ.

Aucun des disciples n'avait encore collaboré entièrement à l'œuvre du Christ. Ils avaient assisté à plusieurs de ses miracles et avaient écouté ses enseignements ; mais ils n'avaient pas encore renoncé complètement à leur occupation. Ils avaient été fortement désappointés par l'emprisonnement de Jean-Baptiste. Si la mission de Jean avait eu une telle fin, il leur restait peu d'espoir pour leur Maître, alors que tous les conducteurs religieux se dressaient contre lui. C'était une diversion pour eux de retourner à leurs filets pour quelque temps. Maintenant Jésus leur demandait de tourner le dos à leur passé et de joindre leurs intérêts aux siens. Pierre avait répondu à l'appel. Ayant atteint la rive Jésus ordonna aux trois autres disciples : « Suivez-moi, et je vous ferai pêcheurs d'hommes. » Ils quittèrent tout sur-le-champ et le suivirent.

Avant de leur demander d'abandonner leurs filets et leurs barques de pêcheurs, Jésus leur avait donné l'assurance que Dieu pourvoirait à leurs besoins. Pour avoir mis sa barque au service de l'œuvre évangélique, Pierre se voit richement récompensé. Il est « riche pour tous ceux qui l'invoquent », celui qui a dit : « Donnez, et l'on vous donnera : on versera dans votre sein une bonne mesure, serrée, secouée et qui déborde. » C'est dans cette mesure qu'ont été récompensés les services du disciple. Tout sacrifice consenti à son service sera récompensé selon « la richesse surabondante de sa grâce [3] ».

Pendant cette triste nuit passée sur le lac, loin du Christ, les disciples avaient été assiégés par le doute, et s'étaient fatigués sans résultat. Mais sa présence ranima leur foi, et leur procura joie et succès. Il en est de même pour nous ; sans Christ notre œuvre est inféconde, et nous sommes enclins au découragement et au murmure. En revanche, quand il est près, quand nous travaillons sous sa direction, nous sommes réjouis par les preuves de sa puissance. L'œuvre de Satan consiste à décourager l'âme ; celle du Christ, à lui inspirer la foi et l'espérance.

La leçon profonde que ce miracle avait pour but d'enseigner aux disciples, nous est aussi destinée : Celui qui, par sa parole, a rassemblé les poissons de la mer, peut attirer les cœurs humains par les liens de son amour, et faire ainsi, de ses serviteurs, des pêcheurs d'hommes.

Ces pêcheurs de Galilée sont simples et ignorants ; mais le Christ, la lumière du monde, les a préparés à l'œuvre pour laquelle il les a choisis. Le Sauveur ne méprisait pas l'instruction ; la culture intellectuelle est une bénédiction quand elle est mise au service de Dieu et qu'elle reste sous le contrôle de son amour ; cependant, il laissa de côté les sages de son temps : ils avaient trop d'égoïsme et de confiance en eux-mêmes pour aimer l'humanité souffrante, et devenir les collaborateurs de l'homme de Nazareth. Leur étroitesse d'esprit les empêchait de se laisser enseigner par le Christ. Le Seigneur Jésus cherche la coopération d'instruments dociles servant à communiquer sa grâce. La première chose que doit faire celui qui veut devenir ouvrier avec Dieu, c'est d'apprendre à se défier de lui-même ; ainsi seulement on peut devenir participant du caractère du Christ. Ce résultat ne s'obtient pas par la science des écoles, mais par la sagesse apprise, uniquement, auprès du divin Maître.

Jésus choisit des pêcheurs non imbus des traditions et des coutumes de leur temps : hommes naturellement bien doués, humbles et désireux d'apprendre, qu'il pouvait former en vue de son œuvre. On rencontre, dans les humbles sentiers de la vie, des hommes occupés aux besognes les plus modestes, et possédant, sans le savoir, des facultés qui, développées, les mettraient sur un pied d'égalité avec les hommes les plus honorés. L'attouchement d'une main habile éveille ces facultés latentes. De tels hommes furent appelés à devenir les collaborateurs de Jésus et eurent l'avantage de lui être associés. Les grands de ce monde n'ont jamais eu un tel maître. Quand les disciples sortirent de l'école du Sauveur, ce n'étaient plus des hommes ignorants et incultes. Ils s'étaient rapprochés de lui par l'esprit et le caractère, et l'on se rendait compte, en les voyant, qu'ils avaient été avec Jésus.

L'œuvre de l'éducation ne consiste pas principalement en la communication de connaissances : c'est aussi la transmission d'une énergie vivifiante par le contact d'un esprit avec un autre, d'une âme avec une autre. La vie seule engendre la vie. Quel privilège fut celui des disciples qui, pendant trois années, furent en contact quotidien avec cette vie divine d'où découlent tous les bienfaits dont le monde a été enrichi. Plus que tous ses compagnons, Jean, le disciple bien-aimé, subit l'influence de cette vie merveilleuse. Il dit : « La vie a été manifestée, nous l'avons vue, nous en rendons témoignage, et nous vous annonçons la vie éternelle, qui était auprès du Père et qui nous a été manifestée. » « Et nous avons tous reçu de sa plénitude, et grâce pour grâce [4]. »

Les apôtres du Seigneur n'avaient, en eux-mêmes, aucun sujet de se glorifier. Il était visible que le succès de leurs travaux était dû à Dieu seul. La vie de ces hommes et l'œuvre puissante que Dieu les mit à même d'accomplir, montrent ce que Dieu est prêt à faire en faveur de tous ceux qui sont dociles et obéissants.

C'est celui qui a le plus d'amour pour le Christ qui fera le plus de bien. Il n'y a pas de limites à l'utilité de celui qui, en mettant le moi de côté, fait place en son cœur à l'opération du Saint-Esprit et consacre toute sa vie à Dieu. Ceux qui se soumettront à la discipline nécessaire, sans se plaindre et sans succomber le long du chemin, Dieu les instruira heure par heure, jour après jour. Dieu ne demande pas mieux que de révéler sa grâce. Il fera couler en abondance, par les canaux humains, les eaux du salut sur son peuple, si celui-ci enlève les obstacles. Si des hommes modestes étaient encouragés à faire tout le bien possible, si leur zèle n'était pas réprimé, le Christ aurait des centaines d'ouvriers là où il ne s'en trouve qu'un.

Dieu prend les hommes tels qu'ils sont et les façonne pour son service s'ils se soumettent à lui. Quand une âme reçoit l'Esprit de Dieu, toutes ses facultés sont vivifiées. L'esprit qui se consacre à Dieu sans réserve, se développe harmonieusement, sous la direction du Saint-Esprit, et il devient capable de comprendre et de satisfaire les exigences de Dieu. Le caractère faible et vacillant devient fort et ferme. Par une adoration continuelle, le chrétien crée, entre lui et Jésus, une relation si étroite qu'il lui devient peu à peu semblable par l'esprit et le caractère. Ses rapports avec le Christ lui donneront des vues toujours plus claires et plus larges. Il acquerra un discernement plus pénétrant, un jugement mieux équilibré. Celui qui désire se mettre au service du Christ, est tellement vivifié par la puissance du Soleil de justice, qu'il porte, à la gloire de Dieu, des fruits abondants.

Des hommes versés dans les arts et les sciences ont appris de précieuses leçons de la part d'humbles chrétiens considérés comme ignorants. C'est que ces obscurs disciples s'étaient instruits à la meilleure des écoles. Ils s'étaient assis aux pieds de celui qui parlait comme personne n'avait parlé avant lui.

[1] Ce chapitre est basé sur Matthieu 4.18-22 ; Marc 1.16-20 ; Luc 5.1-11. [2] Daniel 10.8 ; Esaïe 6.5. [3] Romains 10.12 ; Luc 6.38 ; Ephésiens 2.7 ; 3.20. [4] 1 Jean 1.2 ; Jean 1.16.

Chapitre 26

À Capernaüm

DANS les intervalles qui s'écoulaient entre ses divers voyages, Jésus demeurait à Capernaüm ; on finit par désigner cette ville comme étant sa propre ville. Elle était située au bord de la mer de Galilée, à proximité de la magnifique plaine de Génésareth.

La profonde dépression du lac assure un climat méridional à la plaine qui l'entoure. Au temps du Christ on y voyait prospérer le palmier et l'olivier ; il y avait des vergers, des vignes, des champs verdoyants, une abondance de fleurs variées, le tout arrosé par des ruisseaux descendant des hauteurs. Les rives du lac et les collines voisines étaient émaillées de villes et de villages. Le lac était couvert de barques de pêche. Partout une vie active.

Capernaüm convenait comme centre d'activité pour le Sauveur. Située sur la route qui va de Damas à Jérusalem et en Egypte, ainsi que vers la mer Méditerranée, c'était un lieu de passage très fréquenté. Des gens venant de différentes contrées passaient par la ville ou s'y arrêtaient au cours de leur voyage, pour s'y reposer. Jésus y rencontrait des personnes appartenant à toutes les nations et à tous les rangs, des riches et des grands aussi bien que des pauvres et des humbles, et de là ses enseignements étaient transportés dans d'autres pays et dans beaucoup de familles. On était poussé à étudier les prophéties, l'attention se dirigeait vers le Sauveur, et le monde apprenait à connaître sa mission.

Malgré l'action intentée contre Jésus par le sanhédrin, on attendait avec anxiété la suite de sa mission. Le ciel tout entier éprouvait le plus vif intérêt. Des anges ouvraient la voie devant son ministère, remuant les cœurs et les attirant au Sauveur.

A Capernaüm, le fils de l'officier, qui avait été guéri, était un témoignage rendu à la puissance du Christ. Le fonctionnaire et sa famille affirmaient joyeusement leur foi. Quand on apprit l'arrivée du Maître, la ville entière fut émue. Des foules accouraient en sa présence. La synagogue fut tellement remplie, le jour du sabbat, que beaucoup de personnes durent s'en retourner sans avoir trouvé une place.

Quand on entendait le Sauveur, « on était frappé de son enseignement ; car il parlait avec autorité ». « Il les enseignait comme quelqu'un qui a autorité, et non pas comme leurs scribes [1]. » L'enseignement des scribes et des anciens était froid, formaliste, comme une leçon répétée machinalement. Chez eux la Parole de Dieu était dépourvue de puissance vitale. Ils lui substituaient leurs propres idées, leurs traditions. Aucune inspiration divine ne venait remuer leurs cœurs ou ceux de leurs auditeurs pendant qu'ils expliquaient la loi au cours de leurs services habituels.

Jésus ne s'occupait nullement des sujets discutés par les Juifs. Son rôle se bornait à présenter la vérité. Ses paroles répandaient un flot de lumière sur les enseignements des patriarches et des prophètes, et les Ecritures prenaient l'allure d'une révélation toute nouvelle. Ses auditeurs n'avaient encore jamais aperçu, auparavant, la signification profonde de la Parole de Dieu.

Jésus se plaçait au niveau de ses auditeurs et montrait que leurs problèmes lui étaient familiers. Il faisait ressortir la beauté de la vérité en la présentant de la manière la plus directe et la plus simple. Son langage était pur, distingué, clair comme le cristal. Sa voix faisait l'effet d'une douce musique sur ceux qui étaient habitués à la voix monotone des rabbins. Malgré la simplicité de son enseignement, il parlait comme ayant autorité, ce qui établissait un contraste avec l'enseignement donné par d'autres docteurs. Les rabbins s'exprimaient avec des doutes et de l'hésitation, comme si les Ecritures étaient susceptibles d'interprétations opposées. Leurs auditeurs étaient dans une incertitude croissante. Mais Jésus enseignait les Ecritures en leur attribuant une autorité indiscutable. Quel que fût le sujet, il le présentait avec puissance, et ses arguments étaient irréfutables.

Il était plus fervent que véhément. Il parlait comme ayant une tâche bien définie à remplir. Il mettait en lumière les réalités du monde éternel. Dieu se trouvait révélé dans chaque thème. Jésus s'efforçait de rompre le charme qui retenait les hommes absorbés par les choses de la terre. Il montrait les choses de la vie dans leurs vrais rapports, les subordonnant aux intérêts éternels, sans toutefois en méconnaître l'importance. Il montrait comment le ciel et la terre sont reliés l'un à l'autre, comment la connaissance de la vérité divine prépare les hommes à mieux accomplir leurs devoirs quotidiens. Il parlait comme quelqu'un à qui le ciel était familier, conscient de ses rapports avec Dieu ainsi que de son unité avec chaque membre de la famille humaine.

Il variait ses messages de grâce de manière à s'adapter aux besoins de ses auditeurs. Il savait « fortifier par la parole » celui qui était « abattu [2] » ; car la grâce était répandue sur ses lèvres pour lui permettre de dévoiler aux hommes les trésors de la vérité, et cela de la manière la plus attrayante. Il abordait avec tact les esprits influencés par des préjugés et gagnait leur admiration par des images bien choisies. Il atteignait le cœur en passant par l'imagination. Ses comparaisons étaient empruntées à la vie courante ; quoique simples, elles revêtaient une signification profonde. Les oiseaux du ciel, les lis des champs, la semence, le berger et les brebis : tout cela servait à illustrer les vérités immortelles présentées par le Christ ; chaque fois que, par la suite, ses auditeurs revoyaient ces choses de la nature, ses paroles leur revenaient à la mémoire. Ainsi les comparaisons employées par le Christ répétaient sans cesse leurs leçons.

Le Christ ne flattait jamais les hommes. Il ne disait rien qui pût exciter leur fantaisie ou leur imagination ; il ne les félicitait pas de leurs inventions habiles ; de profonds penseurs, dépourvus de préjugés, appréciaient son enseignement qui défiait leur sagesse. Ils s'étonnaient de voir des vérités spirituelles exprimées dans un aussi simple langage. Les plus instruits étaient sous le charme de sa parole et les moins cultivés en retiraient aussi du profit. Il avait un message pour les illettrés ; les païens eux-mêmes sentaient que son message s'adressait à eux.

Ses tendres compassions se posaient délicatement sur des cœurs fatigués et troublés. Une atmosphère de paix l'entourait même au milieu d'une foule turbulente d'ennemis irrités. La beauté de son maintien, la gentillesse de son caractère, et surtout l'amour qui se dégageait de son regard et de sa voix, attiraient à lui quiconque n'était pas endurci par l'incrédulité. Sans la douceur et la sympathie qui brillaient dans chacun de ses regards, dans chacune de ses paroles, il n'eût pas rassemblé de si grandes foules autour de lui. Les affligés qui accouraient à lui sentaient qu'il prenait part à leurs intérêts comme un ami fidèle et tendre ; aussi désiraient-ils mieux connaître les vérités qu'il enseignait. On sentait que le ciel s'était rapproché. On désirait jouir longtemps de sa présence et rester toujours sous l'influence de son amour réconfortant.

Jésus surveillait avec un intérêt intense l'expression changeante de ses auditeurs. Les visages exprimaient-ils intérêt et plaisir ? Il en éprouvait de la satisfaction. Le Sauveur constatait avec joie que les flèches de la vérité atteignaient les âmes à travers les barrières de l'égoïsme, amenant la contrition d'abord, puis la gratitude. Quand, promenant ses regards sur son vaste auditoire, il y reconnaissait des personnes qu'il avait déjà vues, la joie éclairait son visage. Il découvrait en elles de possibles sujets pour son royaume. Quand la vérité, dite avec franchise, frappait une idole chérie, il apercevait un changement d'expression : un regard froid, distant, disait assez que la lumière n'était pas accueillie. Son cœur était transpercé de part en part à la vue d'hommes refusant d'accepter le message de paix.

Dans la synagogue, Jésus parlait du royaume qu'il était venu établir, et de la mission qu'il devait accomplir en délivrant les captifs de Satan. Il fut interrompu par un cri déchirant. Un aliéné s'élança de la foule, criant : « Que nous veux-tu, Jésus de Nazareth ? Tu es venu nous perdre. Je sais qui tu es : le Saint de Dieu [3]. »

Tous étaient dans la confusion et la crainte. Les auditeurs du Christ étaient distraits, et ses paroles n'étaient plus écoutées. C'était là le but que Satan s'était proposé en introduisant sa victime dans la synagogue. Mais Jésus reprit le démon : « Tais-toi et sors de cet homme. Le démon projeta celui-ci au milieu (de l'assemblée) et sortit de lui sans lui faire aucun mal. »

Ce misérable avait eu l'esprit obscurci par Satan ; la présence du Sauveur fit pénétrer en lui un rayon de lumière. Il désira échapper à la domination de Satan ; mais le démon s'opposait à la puissance du Christ. Quand cet homme voulut implorer le secours de Jésus, le mauvais esprit plaça ses propres paroles dans sa bouche et lui arracha un cri de terreur. Le démoniaque se rendait cependant compte, jusqu'à un certain point, qu'il était en présence de celui qui pouvait le délivrer ; pourtant une puissance étrangère le retint lorsqu'il essaya de se mettre à la portée de cette main puissante, et il dut s'exprimer par d'autres paroles que celles qu'il avait dans la pensée. Un conflit redoutable s'élevait entre la puissance de Satan et le désir de liberté que ressentait le démoniaque.

Celui qui avait vaincu Satan au désert de la tentation se retrouvait maintenant face à face avec l'ennemi. Le démon déploya toute sa puissance pour garder sa victime. Abandonner le terrain cette fois-ci, c'était laisser la victoire à Jésus. On put croire que le malheureux supplicié allait perdre la vie en luttant avec l'ennemi, cause de sa ruine. Mais le Sauveur parla avec autorité, et le captif fut rendu à la liberté. L'homme qui avait été possédé se tint joyeusement libre et maître de lui-même en présence de la foule émerveillée. Le démon lui-même avait rendu témoignage à la divine puissance du Sauveur.

L'homme libéré célébra les louanges de Dieu. Cet œil, qui naguère jetait des éclairs de folie, rayonnait maintenant d'intelligence, versant des larmes de reconnaissance. La foule était muette d'étonnement. Quand ils se furent ressaisis, tous s'écrièrent : « Qu'est-ce que ceci ? Une nouvelle doctrine (donnée) avec autorité ! Il commande même aux esprits impurs, et ils lui obéissent [4]. »

C'est par sa propre conduite que cet homme s'était attiré cette affliction par laquelle il était devenu un spectacle effrayant pour ses amis et un fardeau pour lui-même. Fasciné par les plaisirs du péché, il avait pensé faire de la vie un carnaval ininterrompu. Loin de penser qu'il deviendrait un objet de terreur pour le monde et d'opprobre pour sa famille, il pensait pouvoir passer son temps dans des folies qu'il jugeait innocentes. Mais une fois engagé sur la pente, son pied glissa rapidement. Les nobles attributs de sa nature furent pervertis par l'intempérance et la frivolité, et Satan prit complètement possession de lui.

Les remords vinrent trop tard. Richesses et plaisirs, il aurait tout sacrifié pour recouvrer la santé, mais il était maintenant sans espoir la proie du malin. Il s'était placé sur le terrain de l'ennemi, et Satan s'était emparé de toutes ses facultés. Le tentateur l'avait séduit par ses charmes ; quand le malheureux fut en son pouvoir, l'ennemi se montra cruel, et lui fit de terribles visites. Ainsi arrive-t-il à quiconque cède au mal ; les plaisirs attrayants du début aboutissent aux ténèbres du désespoir ou à la folie de l'âme ruinée.

Le même mauvais esprit qui avait tenté le Christ au désert et pris possession de l'aliéné de Capernaüm gouvernait les Juifs incrédules. Mais il prenait auprès d'eux un air pieux, cherchant à les tromper au sujet des motifs qui les avaient amenés à rejeter le Sauveur. Leur condition était plus désespérée que celle du démoniaque, car ils n'éprouvaient aucun besoin d'être secourus par le Christ ; ils étaient retenus fermement sous le pouvoir de Satan.

La période pendant laquelle le Christ exerça son ministère parmi les hommes, fut marquée par la plus grande activité des forces du royaume des ténèbres. Durant des siècles Satan et ses mauvais anges s'étaient efforcés de dominer les corps et les âmes des hommes, afin de les précipiter dans le péché et la souffrance ; puis il avait rendu Dieu responsable de cette misère. Jésus voulait révéler aux hommes le caractère de Dieu. Il était venu pour briser la puissance de Satan et mettre en liberté ses captifs. Une vie nouvelle, un amour et une puissance célestes agissaient sur les cœurs des hommes, et le prince du mal se leva pour maintenir la suprématie de son royaume. Satan rallia toutes ses forces, et s'opposa à chaque pas à l'œuvre du Christ.

Il en sera de même dans la dernière phase du grand conflit que la justice livrera au péché. Alors qu'une vie, une lumière et une puissance nouvelles descendent d'en haut sur les disciples du Christ, une puissance surgit des profondeurs pour galvaniser les instruments de Satan. Tout ce qui est terrestre subit alors une recrudescence. Instruit par des siècles de lutte, le prince du mal travaille sous un déguisement. Il se présente, sous les apparences d'un ange de lumière, aux foules qui s'attachent « à des esprits séducteurs et à des doctrines de démons [5] ».

Aux jours du Christ les conducteurs et les docteurs d'Israël n'étaient pas capables de résister à l'action de Satan. Ils négligeaient les seuls moyens qui leur eussent permis de tenir tête aux assauts des mauvais esprits. C'est par la Parole de Dieu que le Christ avait vaincu le malin. Les conducteurs d'Israël, qui professaient enseigner la Parole de Dieu, l'avaient étudiée à seule fin d'y trouver des arguments en faveur de leurs traditions, qui leur permettraient d'imposer leurs ordonnances d'origine purement humaine. Leur interprétation lui faisait dire le contraire de ce que Dieu avait voulu. Leurs spéculations mystiques rendaient obscur ce qu'il avait présenté clairement. On discutait sur des détails insignifiants, ce qui tendait à éliminer les vérités essentielles. Ainsi l'incrédulité était semée à tous les vents, la Parole de Dieu était dépouillée de sa puissance et les mauvais esprits avaient beau jeu.

L'histoire se répète. Beaucoup de dirigeants religieux de notre temps, la Bible ouverte devant eux, et avec des marques de respect pour ses enseignements, ne font que détruire la confiance en la Parole de Dieu. Ils s'acharnent à la disséquer et ils érigent leurs propres opinions au-dessus de ses déclarations les plus catégoriques. Dans de telles mains la Parole de Dieu perd son pouvoir régénérateur. Ceci explique pourquoi l'incrédulité triomphe et l'iniquité abonde.

Lorsque Satan réussit à saper la foi en la Bible, il dirige les hommes vers d'autres sources de lumière et de puissance. C'est ainsi qu'il s'introduit. Ils se placent sous l'influence des démons, ceux qui se détournent des clairs enseignements de l'Ecriture et de la conviction que le Saint-Esprit produit en eux. La critique et les spéculations qui se sont donné libre cours, touchant les Écritures, ont ouvert la voie au spiritisme et à la théosophie – ces formes modernes de l'ancien paganisme – et leur ont permis de s'établir même au sein de sociétés faisant profession d'être les Eglises de notre Seigneur Jésus-Christ.

Parallèlement à la prédication de l'Evangile, une œuvre se poursuit par l'intermédiaire d'esprits mensongers. On joue d'abord, par simple curiosité, avec ces esprits, mais on est vite leurré lorsqu'on aperçoit à l'œuvre une puissance surhumaine, et l'on ne peut plus alors échapper au contrôle direct d'une volonté étrangère.

Les barrières qui protègent l'âme sont renversées. Plus de digue contre le péché. Personne ne prévoit, alors, à quel degré de corruption il atteindra s'il repousse la protection de la Parole de Dieu et s'il rejette son Esprit. Un péché secret ou une passion dominante peut le retenir aussi captif que l'a été le démoniaque de Capernaüm. Pourtant une telle condition n'est pas sans espoir.

Le moyen par lequel le Christ a vaincu le méchant nous est encore offert : c'est la puissance de la Parole. Dieu ne s'impose pas à nos esprits ; mais si nous désirons le connaître et faire sa volonté, cette promesse est pour nous : « Vous connaîtrez la vérité et la vérité vous rendra libres. » « Si quelqu'un veut faire sa volonté, il reconnaîtra si cet enseignement vient de Dieu [6]. » Par la foi en ces promesses, chacun sera délivré des pièges de l'erreur et de la domination du péché.

Tout homme est libre de choisir son maître. Personne n'est si bas tombé, personne n'est si avili, qu'il ne puisse trouver en Christ sa délivrance. Le démoniaque, ayant essayé de prier, n'avait fait que prononcer les paroles de Satan ; cependant l'appel, non exprimé, de son cœur fut entendu. Aucun cri d'une âme en détresse, même si ce cri ne peut se traduire par des mots, ne reste sans réponse. Ceux qui consentiront à faire alliance avec le Dieu du ciel ne seront pas abandonnés au pouvoir de Satan ou à l'infirmité de la chair. Le Sauveur les invite à avoir recours à sa protection et à faire la paix avec lui [7]. Les esprits des ténèbres lutteront pour retenir une âme sous leur domination, mais les anges de Dieu déploieront en sa faveur une puissance supérieure. Le Seigneur dit : « Le butin de l'homme fort lui sera-t-il arraché et les justes, retenus captifs, seront-ils délivrés ? Ainsi parle l'Eternel : Oui, les captifs de l'homme fort lui seront enlevés et la proie de l'homme violent lui sera arrachée. Car je serai ton champion contre tes adversaires et c'est moi qui délivrerai tes enfants [8]. »

L'assemblée se trouvait encore dans la synagogue, sous le charme de ce qui s'était passé, lorsque Jésus se retira dans la maison de Pierre pour se reposer un moment. Une ombre encore avait passé ici. La belle-mère de Pierre était malade : elle avait une fièvre violente. Jésus chassa le mal, et la malade se leva et servit le Maître et ses disciples.

Le bruit des œuvres du Christ se répandit dans toute la ville de Capernaüm. Les gens n'osaient pas venir à Jésus pour être guéris le jour du sabbat, par crainte des rabbins ; mais un grand mouvement se produisit dès que le soleil eut disparu. Les habitants de la ville sortaient des maisons, des boutiques, des marchés, pour se rendre à l'humble demeure qui abritait Jésus. Les malades arrivaient, portés sur des lits ou s'appuyant sur des béquilles ; ou encore, chancelants, aidés par des amis.

C'était un va-et-vient continuel ; car personne ne savait si le Guérisseur se trouverait encore là le lendemain. Capernaüm n'avait jamais vu un jour pareil. Des cris de triomphe et de délivrance remplissaient l'air. Le Sauveur jouissait du bonheur qu'il avait répandu autour de lui. A la vue des souffrances de ceux qui venaient à lui, son cœur était ému de pitié, et il était heureux de pouvoir leur rendre la santé et le bonheur.

Jésus ne cessa son activité qu'après avoir soulagé la dernière souffrance. Très tard dans la nuit, la foule s'en alla et le silence descendit sur la maison de Simon. Alors, après cette journée longue et fatigante, Jésus chercha du repos. Mais tandis que la ville était encore plongée dans le sommeil, « vers le matin, pendant qu'il faisait encore très nuit, il se leva et sortit pour aller dans un lieu désert où il se mit à prier [9] ».

Ainsi se passaient les premiers jours du ministère terrestre de Jésus. Souvent il donnait congé à ses disciples afin de leur permettre de se reposer chez eux ; lui, résistait doucement à leurs efforts pour le distraire de ses travaux. Tout le jour il besognait, enseignant les ignorants, guérissant les malades, rendant la vue aux aveugles, nourrissant la foule ; le soir et le matin, de bonne heure, il allait à la montagne comme à un sanctuaire pour y communier avec son Père. Il lui arrivait, souvent, de passer la nuit entière dans la prière et la méditation, pour reprendre son activité parmi le peuple au lever du soleil.

De bonne heure, le matin, Pierre et ses compagnons vinrent dire à Jésus que déjà les habitants de Capernaüm étaient à sa recherche. Les disciples avaient éprouvé une amère déception en voyant comment le Christ avait été reçu jusque là. Les autorités de Jérusalem voulaient le faire mourir ; ses propres concitoyens avaient tenté de lui ôter la vie ; mais Capernaüm l'accueillait avec un joyeux enthousiasme, et les espérances des disciples en furent ranimées. Peut-être que, parmi ces Galiléens épris de liberté, se trouveraient des adhérents de la religion nouvelle. Pourtant ils eurent la surprise d'entendre ces paroles du Christ : « Il faut aussi que j'annonce aux autres villes la bonne nouvelle du royaume de Dieu ; car c'est pour cela que j'ai été envoyé [10]. »

Au milieu de l'excitation qui régnait à Capernaüm, on risquait de perdre de vue l'objet de sa mission. Jésus ne se contentait pas d'attirer l'attention sur lui-même, en qualité de thaumaturge ou de guérisseur. Il s'efforçait d'attirer les hommes à leur Sauveur. Ces gens-là étaient enclins à croire qu'il venait en qualité de roi, afin d'établir une royauté terrestre ; il voulait détourner leurs esprits des choses terrestres et les diriger vers les choses spirituelles. Un succès purement mondain eût compromis son œuvre.

L'admiration d'une foule insouciante le contrariait. Dans toute sa vie il n'eut jamais la pensée de se faire valoir. Le Fils de l'homme était étranger aux hommages que le monde accorde à la position, à la richesse ou aux talents. Jésus n'employa aucun des moyens qui servent aux hommes à gagner des adhésions ou à arracher des hommages. Plusieurs siècles avant sa naissance il avait prophétisé à son sujet : « Il ne criera point ; il n'élèvera point sa voix et ne la fera pas entendre dans les rues. Il ne brisera pas le roseau froissé et il n'étouffera pas le lumignon qui va s'éteindre. Il fera régner la justice en toute vérité. Il n'aura ni défaillance ni découragement jusqu'à ce qu'il ait établi la justice sur la terre [11]. »

Les pharisiens cherchaient à se distinguer en accomplissant scrupuleusement des cérémonies, et en pratiquant, avec ostentation, des actes de culte et de bienfaisance. Ils prouvaient leur zèle pour la religion en faisant d'elle un sujet de discussion. Les sectes rivales se disputaient avec ardeur, et il n'était pas rare d'entendre dans les rues les voix irritées de savants docteurs de la loi engagés dans des controverses.

La vie de Jésus était tout l'opposé de cela. Chez lui aucune dispute bruyante, aucune parade dans le culte ; rien n'était fait pour gagner les applaudissements. Le Christ était caché en Dieu, et Dieu se manifestait dans le caractère de son Fils. Jésus voulait que cette révélation devînt l'objet des pensées du peuple et qu'elle reçût leurs hommages.

Le Soleil de justice n'éclata pas soudain dans sa splendeur sur le monde pour l'éblouir de sa gloire. Il est écrit concernant le Christ : « Son apparition est certaine comme celle de l'aurore [12]. » C'est insensiblement que le jour se lève sur la terre chassant les ombres de la nuit et réveillant le monde. Ainsi se leva le Soleil de justice, portant « la santé dans ses rayons [13] ».

---

[1] Luc 4.32 ; Matthieu 7.29. [2] Esaïe 50.4. [3] Luc 4.34. [4] Marc 1.27. [5] 1 Timothée 4.1. [6] Jean 8.32 ; 7.17. [7] Esaïe 27.5. [8] Esaïe 49.24, 25. [9] Marc 1.35. [10] Luc 4.43. [11] Esaïe 42.2-4. [12] Osée 6.3. [13] Malachie 4.2.

Chapitre 27

Tu peux me rendre pur

De toutes les maladies connues en Orient, la lèpre était la plus redoutée. Sa nature incurable, son caractère contagieux et ses répugnants effets épouvantaient les plus courageux. Les Juifs la considéraient comme une punition et l'appelaient « le fléau », « le doigt de Dieu ». Opérant ses ravages en profondeur, indéracinable, mortelle, on y voyait un symbole du péché. La loi cérémonielle déclarait impur le lépreux. Mort vivant, il était exclu des habitations humaines. Tout ce qu'il touchait devenait souillé. L'air lui-même était contaminé par sa respiration. Celui chez qui l'on soupçonnait la terrible maladie devait se présenter aux prêtres, chargés d'examiner son cas et de prendre une décision. Si la lèpre était déclarée, le malade était séparé de sa famille, retranché de l'assemblée d'Israël ; il ne lui restait qu'à rejoindre ceux qui souffraient du même mal. Les exigences de la loi étaient inflexibles. Rois et gouverneurs ne pouvaient y échapper. Attaqué par ce terrible mal, un monarque devait abandonner le sceptre et fuir loin de la société [1].

Eloigné de ses parents et de ses amis, le lépreux devait supporter sa maladie comme une malédiction. Il devait publier son malheur, déchirer ses vêtements et donner l'alarme pour que l'on pût fuir la contamination. Le cri : Impur ! impur ! lancé sur un ton morne par un exilé solitaire était un signal que l'on redoutait et que l'on détestait.

Beaucoup de lépreux vivaient dans la région où le Christ exerçait son ministère ; ces malheureux entendirent parler de l'œuvre du Messie et une lueur d'espérance éclaira leur misère. Cependant depuis les jours du prophète Elie aucune guérison de lépreux ne s'était produite et l'on n'osait attendre de Jésus un miracle que lui-même n'avait jamais fait. Il se trouva pourtant un lépreux dont la foi s'éveillait ; mais comment cet être, exclu de la société des hommes, pourrait-il atteindre Jésus, se présenter au Guérisseur? Le Christ voudrait-il le guérir, lui, infortuné, apparemment frappé d'un jugement divin ? Ne lui jetterait-il pas plutôt l'anathème ainsi que le faisaient les pharisiens et même les médecins, et ne lui serait-il pas enjoint de fuir les lieux habités ? Il pense à tout ce qu'il a entendu dire de Jésus. Personne encore n'a cherché vainement du secours auprès de lui. Le misérable décide d'aller trouver le Sauveur. Les villes lui sont interdites : peut-être pourra-t-il rencontrer le Messie sur quelque chemin de montagne ou bien lorsqu'il enseigne dans les campagnes. Il n'ignore pas les difficultés d'une telle entreprise, mais aucune autre possibilité ne s'ouvre devant lui.

Le lépreux fut guidé vers le Sauveur, qui, entouré de la foule, prêchait au bord du lac. Bien qu'il se tînt à quelque distance, il saisissait certaines paroles du Sauveur. Il le voyait poser ses mains sur des malades. Il voyait des boiteux, des aveugles, des paralytiques et des malheureux affligés de toutes sortes de maladies mortelles se lever soudain pleins de santé et louant Dieu de leur délivrance. La foi s'affermit dans son cœur. Il ose s'avancer. Il oublie les restrictions dont il est l'objet, la sécurité de la foule, la crainte que tous éprouvent à sa vue. Il ne pense plus qu'à la joyeuse espérance d'être guéri.

Le spectacle qu'il offre est repoussant. La maladie a fait d'effroyables progrès, et la décomposition de la chair est horrible à voir. On recule de terreur pour éviter son contact. C'est une bousculade. Quelques-uns s'efforcent de l'écarter de Jésus, mais en vain. Il ne voit ni n'entend personne. Il n'aperçoit pas leur expression de dégoût. Il ne voit que le Fils de Dieu. Il n'entend que la voix qui rend la vie aux mourants. Il s'avance vers Jésus et se jette à ses pieds en poussant ce cri : « Seigneur, si tu le veux, tu peux me rendre pur. « Jésus posa sa main sur lui et lui dit : « Je le veux, sois purifié. »

Un changement immédiat se produisit chez le lépreux. Sa chair redevint saine, ses nerfs recouvrèrent leur sensibilité, ses muscles leur fermeté. La peau rude et écailleuse, caractéristique de la lèpre, fit place à une peau souple d'enfant en santé.

Jésus ordonna à cet homme de ne pas publier l'œuvre accomplie en sa faveur, mais d'aller se présenter au temple sans retard avec une offrande. Cette offrande ne serait acceptée qu'après l'examen du prêtre déclarant l'homme entièrement net. Si peu désireux que l'on fût d'accomplir un tel acte, on ne pourrait éviter cet examen ni se récuser.

L'Ecriture souligne l'insistance avec laquelle Jésus enjoignit le silence et ordonna une prompte démarche. « Jésus le renvoya aussitôt, avec de sévères recommandations, et lui dit : Garde-toi de rien dire à personne ; mais va te montrer au prêtre, et fais pour ta purification l'offrande que Moïse a prescrite, afin que cela leur serve de témoignage. » Si les prêtres avaient connu la guérison du lépreux, la haine qu'ils éprouvaient pour le Christ aurait pu leur dicter une sentence non conforme à la vérité. Jésus voulait donc que cet homme se présentât au temple avant que le bruit du miracle y fût parvenu. Le lépreux guéri obtiendrait alors une décision impartiale, et recevrait l'autorisation de rejoindre les siens.

Le Christ avait d'autres raisons pour enjoindre le silence à cet homme. Le Sauveur savait que ses ennemis cherchaient toujours à limiter son activité et à éloigner de lui le peuple. Il savait qu'au cas où la nouvelle de la guérison du lépreux se répandrait, d'autres malheureux affligés du terrible mal accourraient auprès de lui et l'on ferait courir le bruit que la population était contaminée par leur contact. La guérison de plusieurs de ces lépreux n'aurait été une bénédiction ni pour eux ni pour d'autres. En attirant à lui les lépreux il eût semblé donner raison à ceux qui l'accusaient de rompre les barrières établies par la loi rituelle. Et ceci aurait entravé la prédication de l'Evangile. Les événements donnèrent raison à Jésus. Des quantités de gens avaient assisté à la guérison du lépreux ; on attendait avec impatience la décision des prêtres. Quand cet homme retourna auprès de ses amis, il y eut une grande effervescence. Malgré l'appel de Jésus à la prudence, l'homme ne chercha pas à cacher le fait de sa guérison. Il est vrai qu'il était difficile de le cacher, mais le lépreux le publia tout à l'entour. S'imaginant que seule la modestie de Jésus avait motivé la défense, il s'en alla proclamer la puissance du grand Guérisseur. Il ne comprenait pas que de telles manifestations n'avaient d'autre effet que de précipiter la décision des prêtres et des anciens de mettre à mort Jésus. L'homme qui avait été l'objet d'une guérison appréciait comme un immense bienfait le retour à la santé. Heureux d'avoir retrouvé sa vigueur, et d'avoir été rendu à sa famille et à la société, il ne pouvait s'empêcher de donner gloire au Médecin qui l'avait guéri. Par là il contribua à restreindre l'œuvre du Sauveur. Cela attira de telles multitudes que Jésus dut interrompre ses travaux.

Chacun des actes du Christ avait une portée immense, qui dépassait ce que l'on pouvait penser. C'est ce qui arriva pour le lépreux. Alors que Jésus servait ceux qui venaient à lui, il désirait ardemment bénir ceux qui ne venaient pas. Tout en attirant les péagers, les païens, les Samaritains, il eût voulu gagner les prêtres et les docteurs emprisonnés dans les préjugés et les traditions. Il ne négligea aucun moyen pour les atteindre. En envoyant le lépreux aux prêtres, il leur offrait un témoignage visant à désarmer leurs préjugés.

Les pharisiens prétendaient que l'enseignement du Christ s'opposait à la loi que Dieu avait donnée par Moïse ; il réfutait cette calomnie en ordonnant au lépreux purifié de présenter une offrande conformément à la loi. Ce témoignage eût été suffisant s'ils avaient consenti à se laisser convaincre.

Les chefs avaient envoyé des espions de Jérusalem afin de trouver un prétexte pour mettre à mort le Christ. Sa réponse leur prouvait son amour pour l'humanité, son respect de la loi, son pouvoir pour délivrer du péché et de la mort. Et voici le témoignage rendu à leur sujet : « Ils m'ont rendu le mal pour le bien et la haine pour l'amour [2]. » Dans son sermon sur la montagne il avait donné ce précepte : « Aimez vos ennemis. » Il donnait maintenant l'exemple, ne rendant pas « mal pour mal, ni insulte pour insulte », bénissant au contraire [3].

Les mêmes prêtres qui avaient condamné le lépreux à l'exil, attestèrent sa guérison. Leur sentence prononcée en public et enregistrée, restait un témoignage en faveur du Christ. Quant à l'homme guéri, réintégré dans l'assemblée d'Israël, sur l'assurance donnée par les prêtres qu'il ne lui restait aucune trace de maladie, il devenait un témoin vivant de son bienfaiteur. Joyeusement, il présenta son offrande, glorifiant le nom de Jésus. Les prêtres furent convaincus de la puissance divine du Sauveur. L'occasion leur était offerte de connaître la vérité et de jouir de la lumière. S'ils refusaient la lumière, celle-ci s'éloignerait pour toujours. Elle fut rejetée par plusieurs ; mais ce n'est pas en vain qu'elle avait lui : bien des cœurs furent touchés qui ne le montrèrent pas alors. Pendant la vie du Sauveur, sa mission ne parut pas trouver beaucoup d'échos chez les prêtres et les docteurs. Plus tard, après son ascension, « une grande foule de prêtres obéissait à la foi [4]. »

En purifiant le lépreux de sa terrible maladie, le Christ a donné une image de son œuvre, cette œuvre qui consiste à nettoyer les hommes de leurs péchés. Celui qui se présenta à Jésus était « couvert de lèpre ». Un poison mortel avait envahi son corps. Les disciples avaient tenté d'empêcher leur Maître de le toucher, car quiconque effleurait un lépreux devenait impur. Non seulement Jésus ne fut atteint d'aucune souillure, mais son attouchement communiqua une puissance vivifiante : la lèpre fut guérie. Il en est de même de la lèpre du péché, profondément enracinée, mortelle, et qu'aucun moyen humain ne peut guérir. « Toute la tête est malade, tout le cœur est languissant. De la plante des pieds au sommet de la tête, il n'y a plus rien de sain : ce ne sont que blessures, meurtrissures, plaies vives [5] ». Jésus, venu habiter au sein de l'humanité, ne contracte aucune souillure. Sa présence communique au pécheur une vertu guérissante. A quiconque se jettera à ses pieds, disant avec foi : « Seigneur, si tu le veux, tu peux me rendre pur », il sera répondu : « Je le veux, sois purifié ! »

Jésus n'accorda pas toujours immédiatement la guérison à ceux qui sollicitaient de lui cette faveur. Mais le lépreux obtint sa grâce dès qu'il l'eut demandée. Quand nous quêtons des bienfaits terrestres, la réponse à nos prières peut subir un délai, et il se peut que Dieu ne nous donne pas exactement ce que nous avons souhaité ; il en va tout autrement quand nous prions pour être délivrés du péché. Car Jésus veut toujours nous nettoyer du péché, pour faire de nous ses enfants, et nous mettre à même de vivre d'une manière sainte. Le Christ « s'est donné lui-même pour nos péchés, afin de nous arracher au présent siècle mauvais, selon la volonté de notre Dieu et Père ». « Voici l'assurance que nous avons auprès de lui : si nous demandons quelque chose selon sa volonté, il nous écoute. Et si nous savons qu'il nous écoute, quoi que ce soit que nous demandions, nous savons que nous possédons ce que nous lui avons demandé. » « Si nous confessons nos péchés, il est fidèle et juste pour nous pardonner nos péchés et nous purifier de toute injustice [6]. »

Le Christ enseigna la même vérité par la guérison du paralytique de Capernaüm. Ce miracle eut pour but de montrer qu'il avait le pouvoir de pardonner les péchés. La guérison du paralytique sert aussi à illustrer d'autres vérités importantes. Elle est une source d'espérance et d'encouragement. Elle comporte aussi un avertissement fourni par les objections des pharisiens.

Le paralytique avait, comme le lépreux, perdu tout espoir de guérison. Sa maladie était la conséquence d'une vie de péché, et ses maux étaient accrus par le remords. Longtemps auparavant il s'était adressé aux pharisiens et aux médecins, espérant obtenir un soulagement à ses souffrances physiques et morales. Ces hommes avaient déclaré, froidement, son cas incurable et l'avaient abandonné à la colère de Dieu. Les pharisiens considéraient l'épreuve comme une manifestation du déplaisir divin, et ils se tenaient à distance des malades et des nécessiteux. Cependant ceux-là mêmes qui s'attribuaient une telle sainteté étaient souvent plus coupables que les affligés qu'ils condamnaient.

Le paralytique, absolument impuissant, plongé dans le désespoir, n'entrevoyait aucune possibilité de secours. Voici qu'on lui parle des œuvres merveilleuses de Jésus. On lui dit que d'autres, coupables et malades comme lui, ont été guéris ; des lépreux eux-mêmes ont été purifiés. Les amis qui lui font ces rapports l'encouragent à croire que, lui aussi, pourrait obtenir la guérison, s'il pouvait être amené à Jésus. Mais le souvenir des causes de sa maladie fait s'évanouir son espoir. Il redoute que le saint Médecin ne veuille même pas tolérer sa présence.

Et cependant cet homme aspirait bien moins à la guérison du corps qu'au pardon de ses péchés. Si seulement il pouvait voir Jésus, obtenir la certitude de son pardon, avec la paix du ciel, il serait disposé à vivre ou à mourir selon le bon plaisir de Dieu ! Oh ! si seulement je pouvais être en sa présence ! soupirait le moribond. Il n'y avait pas de temps à perdre : ses chairs consumées montraient déjà les signes de la corruption. Il supplia ses amis de le porter sur son lit à Jésus ; ceux-ci y consentirent joyeusement. La foule était si compacte dans la maison et aux alentours, que le malade et ses amis ne pouvaient ni l'atteindre ni l'entendre.

Jésus enseignait dans la maison de Pierre. Les disciples étaient, selon leur coutume, assis près de lui. « Des pharisiens et des docteurs de la loi,... venus de tous les villages de la Galilée, de la Judée et de Jérusalem », dans le but d'épier Jésus, cherchaient un motif d'accusation contre lui. A part ces personnages, la foule confuse comprenait des fervents, des chercheurs sincères, des curieux et des incrédules. Il y avait là des représentants de diverses nationalités et de toutes les classes de la société, « et la puissance du Seigneur se manifestait par des guérisons ». L'Esprit de vie planait sur l'assemblée, sans que sa présence fût discernée par les pharisiens et les docteurs. Ils n'éprouvaient aucun besoin, aussi n'y avait-il pas de guérison pour eux. « Il a... rassasié de biens les affamés », et « renvoyé à vide les riches [7] ».

Les porteurs du paralytique multiplièrent en vain leurs efforts pour se frayer un passage à travers la foule. Le malade regardait autour de lui avec une angoisse inexprimable. Comment renoncer à l'espoir alors que le secours si longtemps attendu était là, tout proche ? Il suggéra à ses amis de le hisser sur le toit de la maison ; à travers une ouverture ils le descendirent aux pieds de Jésus. Le discours fut interrompu. Le Sauveur considéra le triste visage tendu anxieusement vers lui, et vit les yeux suppliants fixés sur lui. Il comprit, car c'est lui-même qui avait attiré cet esprit inquiet et travaillé par le doute. Alors que le paralytique était encore chez lui, le Sauveur avait déjà parlé à sa conscience. Quand il s'était repenti de ses péchés, et avait cru que la puissance de Jésus pourrait le guérir, le Sauveur avait commencé de répandre dans son cœur avide ses grâces vivifiantes. Jésus avait vu poindre la première lueur de foi chez cet homme ; il avait vu cette foi grandir et s'attacher à lui comme au seul espoir du pécheur ; il avait vu cette foi s'affermir à chaque effort nouveau pour parvenir en sa présence.

Le Sauveur dit alors, et ses paroles frappèrent les oreilles du malade comme une sublime musique : « Prends courage, mon enfant, tes péchés te sont pardonnés. » Et voici l'âme du malade débarrassée du fardeau de son désespoir ; la paix du pardon entre en lui et resplendit sur son visage. Ses douleurs disparaissent, son être tout entier est transformé. Le paralytique est guéri ! Le pécheur est pardonné !

Avec une foi simple il accepte les paroles de Jésus comme une promesse de vie nouvelle. Il ne demande rien de plus, accablé par une béatitude trop grande pour être exprimée. Une céleste lumière éclaire ses traits et la crainte saisit ceux qui contemplent la scène. Les rabbins avaient attendu impatiemment pour voir quelle serait l'attitude du Christ. Ils se rappelaient comment ce malade leur avait demandé du secours et comment ils lui avaient refusé toute espérance et toute sympathie. Ils l'avaient même déclaré frappé de la malédiction de Dieu à cause de ses péchés. La vue du malade leur rappela ces choses, et remarquant l'intérêt manifesté par toutes les personnes présentes, ils furent effrayés en pensant qu'ils allaient perdre l'influence qu'ils exerçaient sur le peuple.

Sans échanger un mot, ces dignitaires lurent dans les visages des uns et des autres la même pensée : il fallait faire quelque chose pour refréner cet enthousiasme. Jésus avait déclaré que les péchés du paralytique étaient pardonnés. Les pharisiens s'emparèrent de ces paroles comme d'un blasphème et pensèrent à le présenter comme un crime méritant la mort. Ils disaient dans leur cœur : « Il blasphème. Qui peut pardonner les péchés, si ce n'est Dieu seul? »

Le regard sévère de Jésus fit reculer tous ces hommes. Il leur dit : « Pourquoi avez-vous de mauvaises pensées dans vos cœurs ? Qu'est-ce qui est plus facile, de dire: Tes péchés te sont pardonnés, ou de dire : Lève-toi et marche ? Or, afin que vous sachiez que le Fils de l'homme a sur la terre le pouvoir de pardonner les péchés : Lève-toi, dit-il au paralytique, prends ton lit et retourne chez toi. » Alors celui qu'on avait amené à Jésus sur un lit se leva avec l'agilité et la force de la jeunesse. Un sang vivifiant circulait dans ses veines chaque organe de son corps avait soudain repris son activité. Un teint florissant succédait à une pâleur mortelle. « Et, à l'instant, il se leva en leur présence, prit le lit sur lequel il était couché et s'en alla dans sa maison en glorifiant Dieu. Tous étaient dans l'étonnement et glorifiaient Dieu ; remplis de crainte, ils disaient : Nous avons vu aujourd'hui des choses étranges. »

O merveilleux amour du Christ, qui s'abaisse jusqu'à guérir le coupable et l'affligé ! Divinité qui s'attendrit sur les maux d'une humanité souffrante et les allège ! O puissance étonnante déployée en faveur des enfants des hommes ! Qui pourra encore douter du message du salut ? Qui voudra méconnaître les grâces d'un Rédempteur compatissant ?

Il ne fallait rien moins que le pouvoir créateur pour rendre à la santé ce corps en décomposition. La voix qui avait donné la vie à l'homme formé de la poussière de la terre, c'était encore la voix qui venait de rendre la vie au paralytique mourant. Le même pouvoir qui avait donné la vie au corps avait aussi renouvelé le cœur. Celui qui, à la création, avait parlé, et la chose fut, avait commandé, et elle parut [8], avait adressé des paroles de vie à l'âme morte dans ses fautes et ses péchés. La guérison du corps annonçait le pouvoir qui avait renouvelé le cœur. Le Christ ordonna au paralytique de se lever et de marcher, « afin que vous sachiez, dit-il, que le Fils de l'homme a sur la terre le pouvoir de pardonner les péchés ».

Le paralytique trouva en Christ à la fois la guérison de l'âme et celle du corps. La guérison spirituelle fut suivie du relèvement physique. Cette leçon ne doit pas passer inaperçue. Il existe aujourd'hui des milliers de personnes affligées de maux physiques qui soupirent après ce message : « Tes péchés te sont pardonnés. » Le fardeau du péché, avec l'inquiétude et l'insatisfaction qui l'accompagnent, sont la cause de leurs maladies. Ils n'auront de soulagement qu'en s'approchant du Médecin de l'âme. La paix que lui seul peut donner communique la vigueur à l'esprit, la santé au corps.

Jésus « est apparu, afin de détruire les œuvres du diable ». En lui « était la vie », et il dit : « Je suis venu, afin que les brebis aient la vie et qu'elles l'aient en abondance. » Il est un « esprit vivifiant [9] ». Il possède aujourd'hui le même pouvoir de donner la vie qu'au jour où sur la terre il guérissait les malades et promettait le pardon aux pécheurs. « C'est lui qui pardonne toutes tes iniquités, qui guérit toutes tes infirmités [10]. »

Il semblait à ceux qui avaient assisté à la guérison du paralytique que le ciel s'était ouvert pour leur révéler les gloires d'un monde meilleur. Quand l'homme, qui venait d'être guéri, traversa la foule, louant Dieu à chaque pas, et portant allègrement son fardeau, le peuple, saisi de crainte, s'écarta pour lui livrer passage, chacun murmurant à son voisin : « Nous avons vu aujourd'hui des choses étranges. »

Les pharisiens, muets d'étonnement, voyant leur échapper l'occasion d'insuffler leurs mauvais sentiments à la multitude, se jugeaient vaincus. Les rabbins étaient délaissés, car l'œuvre merveilleuse opérée en faveur de cet homme qu'ils avaient abandonné à la colère de Dieu, avait fortement impressionné le peuple. Ces docteurs reconnurent que le Christ possédait un pouvoir dont ils avaient attribué à Dieu seul le monopole. Ils restaient décontenancés et confus, sentant, sans vouloir le confesser, la présence d'un Etre supérieur, dont la dignité et la douceur contrastaient avec leur attitude hautaine. Plus il était évident que Jésus avait sur la terre le pouvoir de pardonner les péchés, plus ils se retranchaient derrière leur incrédulité avec obstination. Ils sortirent de la maison de Pierre, où ils venaient d'assister à la guérison du paralytique, pour former de nouveaux complots, en vue de réduire au silence le Fils de Dieu.

Les maladies physiques les plus malignes et les plus invétérées ne résistaient pas à la puissance du Christ ; mais la maladie de l'âme se montrait plus réfractaire chez ceux qui fermaient les yeux pour ne point voir la lumière. La lèpre et la paralysie étaient moins redoutables que le fanatisme et l'incrédulité.

Il y eut de vives réjouissances dans la maison du paralytique, quand celui-ci revint, guéri, au sein de sa famille, portant avec aisance le grabat sur lequel on l'avait lentement transporté quelques instants auparavant. On s'assembla autour de lui avec des larmes de reconnaissance ; on n'en pouvait croire ses yeux. Il se tenait devant eux, plein de vigueur. Ses bras, qu'on avait vus inertes, obéissaient promptement à sa volonté. Sa chair flasque et couleur de plomb était redevenue fraîche et vermeille. Il marchait d'un pas ferme et libre. Tous ses traits respiraient la joie et l'espoir ; les traces du péché et de la souffrance étaient remplacées par une expression de pureté et de paix. De joyeuses actions de grâces s'élevèrent de cette maison, et Dieu fut glorifié à cause de son Fils, qui avait rendu l'espoir au désespéré et la force à l'homme épuisé. Cet homme était prêt, ainsi que les siens, à donner sa vie pour Jésus. Aucun doute ne troublait leur foi ou ne compromettait leur fidélité à celui qui avait apporté la lumière à ce sombre foyer.

---

[1] Ce chapitre est basé sur Matthieu 8.2-4 ; 9.1-8, 32-34 ; Marc 1.40-45 ; 2.1-12 ; Luc 5.12-28. [2] Psaume 109.5. [3] Matthieu 5.44 ; 1 Pierre 3.9. [4] Actes 6.7. [5] Esaïe 1.5, 6. [6] Galates 1.4 ; 1 Jean 5.14, 15 ; 1.9. [7] Luc 1.53. [8] Psaume 33.9. [9] 1 Jean 3.8 ; Jean 1.4 ; 10.10 ; 1 Corinthiens 15.45. [10] Psaume 103.3.

Chapitre 28

Lévi-Matthieu

DE TOUS les fonctionnaires romains établis en Palestine, aucun n'était plus détesté que les péagers. Le fait que les impôts étaient payés au profit d'un pouvoir étranger était un sujet continuel d'irritation pour les Juifs. Cela leur rappelait que leur indépendance avait pris fin. Les percepteurs d'impôts n'étaient pas seulement des instruments de l'oppression romaine ; ils s'enrichissaient eux-mêmes par des extorsions, aux dépens de la population. Le Juif qui acceptait cette fonction des mains des Romains était considéré comme un traître qui déshonorait la patrie. On le méprisait comme un apostat, on lui assignait la dernière place dans la société.

Lévi-Matthieu appartenait à cette classe ; or il fut le premier, après les quatre disciples de Génésareth, à être appelé au service du Christ. Alors que les pharisiens avaient jugé Matthieu d'après son emploi, Jésus vit en lui un homme au cœur ouvert à la réception de la vérité. Matthieu avait écouté l'enseignement du Sauveur. Convaincu de son état de péché par l'action de l'Esprit de Dieu, il désirait être secouru par le Christ ; mais, habitué à l'esprit d'exclusivité des rabbins, il ne pensait pas un instant que le grand Maître pût s'occuper de lui [1].

Assis un jour à son banc, le péager vit Jésus s'approcher. Grand fut son étonnement de s'entendre dire : « Suis-moi. »

« Matthieu se leva et le suivit. » Il n'hésita pas à la pensée qu'il échangeait une situation lucrative contre la pauvreté et la peine. Il lui suffisait d'être avec Jésus, d'entendre ses paroles, de se vouer à son œuvre.

Les disciples appelés précédemment avaient réagi de la même manière. Quand Jésus ordonna à Pierre et à ses compagnons de le suivre, ils quittèrent immédiatement leurs barques et leurs filets. Quelques-uns de ces disciples avaient des amis et des parents dépendant d'eux pour leur entretien ; ils n'hésitèrent pas, néanmoins, à répondre à l'invitation du Sauveur, sans poser la question: Comment pourrai-je gagner ma vie et entretenir ma famille ? Ils obéirent à l'appel. Plus tard, lorsque Jésus les interrogea ainsi : « Quand je vous ai envoyés sans bourse, ni sac, ni sandales, avez-vous manqué de quelque chose ? Ils répondirent: De rien [2]. »

Un riche, Matthieu, et deux pauvres, André et Pierre, furent soumis à la même épreuve et donnèrent l'exemple du même dévouement. Au moment du succès, quand les filets étaient remplis de poissons et l'appel du passé était le plus fort, Jésus demanda aux disciples qui se trouvaient au bord de la mer de tout quitter pour se vouer à l'œuvre de l'Evangile. Chaque âme est mise à l'épreuve de la même manière et doit montrer si elle préfère la communion du Christ aux biens temporels.

Les principes ont toujours leurs exigences. On ne peut réussir au service de Dieu si l'on ne met pas son cœur tout entier à l'ouvrage, si toutes choses ne sont pas considérées comme une perte en comparaison de l'excellence de la connaissance du Christ. Celui qui fait des réserves ne saurait devenir un disciple du Christ, encore moins l'un de ses collaborateurs. Le même esprit de sacrifice qui animait le Christ se retrouvera chez les hommes qui apprécient le grand salut. Ils seront prêts à le suivre où qu'il les conduise.

Quand Matthieu fut appelé à devenir l'un des disciples du Christ, cela provoqua une vive indignation. Choisir un péager en qualité d'assistant, c'était pour un maître de religion faire injure aux coutumes religieuses, sociales, nationales. Les pharisiens espéraient détourner de Jésus le courant de sympathie du peuple par un appel à ses préjugés.

En revanche, un intérêt général se manifesta parmi les péagers. Leurs cœurs se sentirent attirés vers le divin Maître. Tout à la joie de sa nouvelle qualité de disciple, Matthieu souhaitait mettre en rapport avec Jésus ceux qui avaient été ses compagnons de travail. Il organisa donc un festin chez lui et y invita sa parenté et ses amis. En plus des péagers il y avait là des personnes de mauvaise réputation, que leurs voisins plus scrupuleux tenaient à l'écart.

La fête avait lieu en l'honneur de Jésus, qui accepta volontiers l'invitation, tout en sachant que le parti pharisien en serait scandalisé et que cela le compromettrait aux yeux de plusieurs. De telles considérations n'étaient pas faites pour l'arrêter. Il ne comptait pour rien l'opinion que l'on pouvait avoir à son sujet. Ce qui touchait son cœur c'était une âme assoiffée de l'eau de la vie.

Jésus fut donc un hôte honoré à la table du péager ; par sa sympathie et sa courtoisie il montra le respect qu'il avait pour la personne humaine ; aussi désirait-on se montrer digne de sa confiance. Ses paroles tombaient sur des cœurs assoiffés comme une puissance bienfaisante et vivifiante. De nouveaux désirs étaient éveillés ; des perspectives de vie nouvelle s'ouvraient devant ces parias, rejetés par la société.

Dans des occasions semblables, beaucoup de personnes furent impressionnées par l'enseignement du Sauveur, mais ne le reconnurent qu'après son ascension. Quand le Saint-Esprit fut répandu, il y avait, parmi les trois mille âmes converties en un jour, un bon nombre de ceux qui avaient entendu la vérité pour la première fois à la table des péagers, et quelques-uns devinrent des messagers de l'Evangile. L'exemple donné par Jésus à cette fête ne fut jamais oublié par Matthieu. Le péager méprisé devint l'un des évangélistes les plus dévoués, qui dans l'exercice de son ministère marcha fidèlement sur les traces de son Maître.

Apprenant que Jésus avait participé à la fête offerte par Matthieu, les rabbins saisirent l'occasion pour l'accuser. Pour mieux arriver à leurs fins, ils voulurent se servir des disciples. Ils espéraient les éloigner de leur Maître en éveillant leurs préjugés. Leur tactique consistait à accuser le Christ auprès de ses disciples, et à se plaindre de ceux-ci au Christ, afin de le blesser de la façon la plus douloureuse. Telle a été la méthode employée par Satan depuis le jour où son cœur s'est détaché du ciel ; quiconque sème la discorde et l'inimitié est animé de son esprit.

« Pourquoi votre Maître mange-t-il avec les péagers et les pécheurs ? » demandèrent les rabbins envieux.

Sans attendre la réponse de ses disciples, Jésus repoussa lui-même l'accusation en ces termes : « Ce ne sont pas les bien-portants qui ont besoin de médecin, mais les malades. Allez apprendre ce que signifie : Je veux la miséricorde et non le sacrifice ; car je ne suis pas venu appeler des justes, mais des pécheurs. » Les pharisiens se flattaient de jouir d'une parfaite santé spirituelle et de n'avoir par conséquent nul besoin de médecin, tandis que les péagers et les Gentils étaient selon eux voués à la perdition en raison des maladies de leurs âmes. Son rôle de médecin ne lui commandait-il pas de venir en aide à ces gens-là ?

Les pharisiens, qui avaient une si haute opinion d'eux-mêmes, se trouvaient en réalité dans une condition pire que celle des objets de leur mépris. Les péagers étaient moins fanatiques, moins remplis d'eux-mêmes, et plus ouverts à l'influence de la vérité. Jésus dit aux rabbins : « Allez apprendre ce que signifie : Je veux la miséricorde et non le sacrifice. » Autant dire que tout en professant d'exposer la Parole de Dieu ils en ignoraient complètement l'esprit.

Réduits au silence pour le moment, les pharisiens étaient d'autant plus confirmés dans leur inimitié. Ils s'adressèrent ensuite aux disciples de Jean, cherchant à les dresser contre le Sauveur. Ces pharisiens ne s'étaient pas ralliés au Baptiste. Ils s'étaient moqués de ses abstinences, de ses habitudes simples, de son vêtement grossier, et l'avaient traité de fanatique. Parce qu'il avait dénoncé leur hypocrisie, ils lui avaient résisté et avaient excité le peuple contre lui. L'Esprit de Dieu avait agi sur les cœurs de ces moqueurs et les avait convaincus de péché ; cependant ils avaient rejeté le conseil de Dieu et avaient prétendu que Jean était possédé d'un démon.

Maintenant que Jésus se mêlait aux gens du peuple, mangeant et buvant à leurs tables, on l'accusait de gloutonnerie et d'ivrognerie. Ceux qui reprochaient à Jésus ces vices en étaient eux-mêmes affligés. Ainsi que Satan calomnie Dieu et lui attribue ses propres défauts, les messagers du Seigneur furent calomniés par ces méchants.

Les pharisiens ne voulaient pas admettre que Jésus mangeait avec les péagers et les pécheurs pour apporter la lumière du ciel à ceux qui croupissaient dans les ténèbres. Ils se refusaient à comprendre que chaque parole tombant de la bouche du divin Maître était une semence vivante destinée à germer et à fructifier à la gloire de Dieu. Décidés plus que jamais à rejeter la lumière, alors qu'ils s'étaient opposés à la mission du Baptiste, ils recherchaient maintenant l'amitié de ses disciples dans l'espoir de s'en faire des instruments contre Jésus. Ils accusaient Jésus d'anéantir les anciennes traditions et faisaient ressortir le contraste existant entre l'austère piété du Baptiste et la participation de Jésus aux festins des péagers et des pécheurs.

A ce moment-là, avant d'apporter au Christ le message de Jean, les disciples de celui-ci étaient profondément affligés. Leur maître bien-aimé était en prison, et ils étaient plongés dans le deuil. Jésus ne faisait rien pour libérer Jean et paraissait jeter le discrédit sur son enseignement. Si Jean avait été envoyé par Dieu, comment Jésus et ses disciples pouvaient-ils se conduire d'une manière si différente ?

Les disciples de Jean, qui ne comprenaient pas parfaitement l'œuvre du Christ, se demandaient si les accusations des pharisiens n'avaient pas quelque fondement. Ils observaient beaucoup de règles établies par les rabbins et il leur arrivait d'espérer se sauver par leurs œuvres. Les Juifs pratiquaient le jeûne en lui attribuant une valeur méritoire ; les plus zélés consacraient au jeûne deux jours par semaine. Les pharisiens et les disciples de Jean étaient en train de jeûner quand ces derniers se présentèrent pour demander : « Pourquoi nous et les pharisiens jeûnons-nous, tandis que tes disciples ne jeûnent pas ? »

Jésus leur répondit avec beaucoup de tendresse, sans chercher à corriger leurs fausses conceptions du jeûne, uniquement préoccupé de leur donner une idée juste de sa propre mission. A cet effet il se servit de la même image que Jean avait employée en rendant témoignage à Jésus. Jean avait dit : « Celui qui a l'épouse, c'est l'époux ; mais l'ami de l'époux qui se tient là et qui l'entend, éprouve une grande joie à cause de la voix de l'époux ; aussi cette joie qui est la mienne est à son comble [3]. » Les disciples de Jean ne pouvaient s'empêcher de se rappeler les paroles de leur maître alors que Jésus, reprenant la même image, demandait : « Les garçons d'honneur peuvent-ils mener le deuil tant que l'époux est avec eux ? »

Le Prince du ciel était parmi les siens. Dieu avait fait au monde le don ineffable. Joie pour les pauvres, dont le Christ allait faire des héritiers de son royaume. Joie pour les riches, auxquels il allait enseigner comment acquérir les richesses éternelles. Joie pour les ignorants, qu'il allait rendre sages à salut. Joie pour les savants, auxquels il allait révéler des mystères insondables, insoupçonnés : des vérités cachées depuis la fondation du monde et manifestées enfin aux hommes par la mission du Sauveur.

Jean-Baptiste s'était réjoui en contemplant le Sauveur. Quelle ne devait pas être la joie, maintenant, de ses disciples qui avaient l'avantage de marcher et de converser avec la Majesté du ciel ! Ce n'était pas le moment, pour eux, de mener deuil et de jeûner. Ils devaient ouvrir leurs cœurs à la lumière de sa gloire, afin de pouvoir à leur tour répandre la lumière sur ceux qui étaient assis dans les ténèbres et les ombres de la mort.

Derrière ce brillant tableau, évoqué par les paroles du Christ, se profilait une ombre épaisse que son œil était seul capable de discerner. « Les jours viendront, dit-il, où l'époux leur sera enlevé et alors ils jeûneront. » Les disciples auraient l'occasion de mener deuil et de jeûner quand ils verraient leur Seigneur trahi et crucifié. Il devait leur dire, dans le dernier discours qu'il leur adressa dans la chambre haute : « Encore un peu de temps, et vous ne me verrez plus ; et puis encore un peu de temps, et vous me verrez. En vérité, en vérité, je vous le dis, vous pleurerez et vous vous lamenterez, et le monde se réjouira : vous serez dans la tristesse, mais votre tristesse sera changée en joie [4]. »

Leur tristesse serait changée en joie quand il sortirait de la tombe. Quoique absent à partir de son ascension, il resterait auprès d'eux par le Consolateur qu'il leur enverrait, de sorte qu'ils ne passeraient pas leur temps à se lamenter, ce que Satan désirerait, pour donner au monde l'impression qu'ils ont été trompés et déçus ; ils devaient regarder avec foi le sanctuaire d'en-haut où Jésus exercerait son ministère ; ils devaient ouvrir leurs cœurs à l'action du Saint-Esprit, son représentant, et se réjouir à la lumière de sa présence. Viendraient cependant des jours de tentation et d'épreuve où ils entreraient en conflit avec les princes de ce monde et les chefs du royaume des ténèbres ; le Christ personnellement absent, eux ne reconnaissant pas la présence du Consolateur, il leur conviendrait alors de jeûner.

Les pharisiens cherchaient leur propre gloire dans l'observation rigoureuse de simples formes, tandis que leurs cœurs étaient remplis d'envie et de contestation. « Oui, dit l'Ecriture, pendant que vous jeûnez, vous ne cherchez que disputes et querelles et vous allez jusqu'à frapper du poing brutalement ; vous ne jeûnez pas, comme vous devriez le faire en un tel jour, de manière que votre voix soit entendue là-haut. Est-ce là le jeûne auquel je prends plaisir, un jour où l'homme humilie son âme ? Courber la tête comme un roseau, se coucher sur le sac et sur la cendre, est-ce là ce que tu appelles un jeûne, un jour agréable à l'Eternel [5] ? »

Le vrai jeûne ne consiste pas en un service formaliste. L'Ecriture décrit ainsi le jeûne voulu de Dieu : « Brise les chaînes injustes, dénoue les liens de tous les jougs. ... Si tu fais part de ta nourriture à l'affamé et si tu rassasies l'âme défaillante, ta lumière se lèvera, ... et la nuit se changera pour toi en clarté de midi [6]. » L'esprit et le caractère de l'œuvre du Christ ressortent de ce passage. Toute sa vie a été un sacrifice de sa personne en vue du salut du monde. Soit qu'il jeûnât au désert de la tentation, soit qu'il mangeât avec les péagers au festin offert par Matthieu, il dépensait sa vie pour la rédemption des âmes perdues. Le véritable esprit de dévouement ne se manifeste pas dans des lamentations stériles, dans des macérations ou d'innombrables sacrifices, mais dans le renoncement à sa volonté propre en vue d'un service spontané pour Dieu et pour l'humanité.

Poursuivant sa réponse aux disciples de Jean, Jésus se servit d'une parabole : « Personne ne met une pièce de drap neuf à un vieil habit ; car le morceau tire sur l'habit, et il en résulte une déchirure pire. » Il ne fallait pas entremêler le message de Jean-Baptiste avec des traditions et des superstitions. Toute tentative d'allier les prétentions des pharisiens à la piété de Jean ne ferait que mieux signaler le gouffre qui les séparait.

Les principes de l'enseignement du Christ ne pouvaient non plus s'accorder avec les formes du pharisaïsme. Le Christ ne se proposait pas de combler la brèche ouverte par les enseignements de Jean. Au contraire, il ferait mieux ressortir la différence entre l'ancien et le nouveau. Jésus illustra encore sa pensée en ajoutant : « On ne met pas non plus du vin nouveau dans de vieilles outres ; autrement les outres se rompent, le vin se répand, et les outres sont perdues. » Les outres en peau destinées à contenir le vin nouveau devenaient à la longue sèches et friables et ne pouvaient plus servir à cet usage. Jésus indiquait par là la condition des conducteurs juifs. Prêtres, scribes et chefs se perdaient dans une routine de cérémonies et de traditions. Leurs cœurs s'étaient contractés comme ces outres à vin desséchées auxquelles il les avait comparés. Aussi longtemps qu'ils se contentaient d'une religion légaliste, ils ne pouvaient devenir dépositaires de la vérité vivante venant du ciel. Ils jugeaient suffisante leur propre justice et ne voyaient pas la nécessité d'introduire un nouvel élément dans leur religion. Ils ne concevaient pas le bon vouloir de Dieu comme indépendant d'eux-mêmes. Ils comptaient le mériter par leurs bonnes œuvres. La foi agissante par la charité, qui purifie l'âme, ne pouvait s'allier à la religion des pharisiens, faite de cérémonies et de préceptes humains. Il était vain de vouloir unir les enseignements de Jésus à la religion établie. La vérité vitale de Dieu, tel un vin en fermentation, ferait voler en éclats les vieux récipients délabrés des traditions pharisaïques.

Les pharisiens s'estimaient trop sages pour être enseignés, trop justes pour avoir besoin de salut, trop honorés pour solliciter l'honneur que le Christ pouvait leur conférer. C'est pourquoi le Sauveur se détourna d'eux et se mit à la recherche de ceux qui seraient disposés à recevoir le message du ciel. Des pêcheurs ignorants, des péagers trouvés sur la place du marché, une femme samaritaine, des gens du commun qui l'écoutaient volontiers : voilà les outres neuves préparées à recevoir le vin nouveau. Les instruments aptes à servir la cause évangélique sont les âmes qui reçoivent avec joie la lumière que Dieu leur envoie. Ce sont elles qui sont chargées de communiquer la vérité au monde. Si les serviteurs du Christ consentent à devenir des outres neuves, par la grâce du Christ, il les remplira de vin nouveau.

Bien que comparé à un vin nouveau, l'enseignement du Christ n'était pas une doctrine nouvelle : c'était la révélation de ce qui avait été enseigné dès le commencement. Mais la vérité divine avait perdu sa signification primitive et sa beauté aux yeux des pharisiens. L'enseignement du Christ leur faisait l'effet d'une nouveauté et ils ne surent en reconnaître la valeur.

Jésus montra comment de faux enseignements ont le pouvoir d'empêcher d'apprécier et de désirer la vérité. « Personne, dit-il, après avoir bu du vin vieux, n'en veut du nouveau, car il dit : Le vieux est bon. » Toutes les vérités qui avaient été transmises par les patriarches et les prophètes resplendissaient avec une beauté nouvelle dans les paroles du Christ. Mais les scribes et les pharisiens ne désiraient nullement ce précieux vin nouveau. Tant qu'ils n'étaient pas émancipés des vieilles traditions, des vieilles coutumes, des vieilles habitudes, les enseignements du Christ ne pouvaient trouver une place dans leurs esprits ou dans leurs cœurs. Ils s'attachaient à des formes mortes, tournant le dos à la vérité vivante et à la puissance de Dieu.

Ce fut la ruine des Juifs, et ce sera encore la ruine de beaucoup d'âmes de nos jours. Des milliers de personnes commettent la même erreur qui fut commise par les pharisiens que le Christ réprimanda à l'occasion du festin de Matthieu. Plutôt que d'abandonner une idée chérie, ou de rejeter quelque opinion devenue une idole, elles refusent d'accepter la vérité qui descend du Père des lumières. Confiantes en elles-mêmes, s'appuyant sur leur propre sagesse, elles ne se rendent pas compte de leur indigence spirituelle. Si elles ne trouvent pas un salut leur permettant d'accomplir une œuvre importante, elles rejettent le salut qui leur est offert.

Une religion légaliste est impuissante pour conduire les âmes au Christ : c'est une religion destituée d'amour, d'où le Christ est absent. Le jeûne et la prière inspirés par un esprit de propre justice sont une abomination aux yeux de Dieu. L'assemblée de culte solennelle, le cycle des cérémonies religieuses, l'humiliation extérieure, le sacrifice que l'on s'impose, tout ceci proclame que l'on se considère juste, ayant droit au ciel, mais ce n'est qu'un leurre. Nos œuvres ne peuvent acheter le salut.

Les pharisiens d'aujourd'hui, comme les contemporains du Christ, ne connaissent pas leur dénuement. C'est à eux que s'adresse ce message : « Parce que tu dis : je suis riche, je me suis enrichi et je n'ai besoin de rien, et parce que tu ne sais pas que tu es malheureux, misérable, pauvre, aveugle et nu, je te conseille d'acheter chez moi de l'or éprouvé par le feu, afin que tu deviennes riche, et des vêtements blancs, afin que tu sois vêtu et que la honte de ta nudité ne paraisse pas [7]. » La foi et l'amour sont l'or éprouvé par le feu. Il en est beaucoup qui ne distinguent plus l'or et qui ont perdu le riche trésor. La justice du Christ est pour eux une robe jamais portée, une fontaine à laquelle on n'a pas touché. On pourrait leur dire : « J'ai contre toi que tu as abandonné ton premier amour. Souviens-toi donc d'où tu es tombé, repens-toi et pratique tes premières œuvres, sinon je viendrai à toi et j'écarterai ton chandelier de sa place, à moins que tu ne te repentes [8]. »

« Le sacrifice agréable à Dieu, c'est un esprit brisé.... O Dieu, tu ne méprises pas le cœur contrit et brisé [9] ! » Un homme doit être entièrement vidé de lui-même s'il veut devenir un croyant en Jésus dans toute l'acception du terme. Quand on a renoncé au moi le Seigneur peut faire de nous une nouvelle créature. Les outres neuves peuvent contenir le vin nouveau. L'amour du Christ communiquera au croyant une vie nouvelle. Le caractère du Christ sera reproduit chez celui qui regarde vers l'auteur et le consommateur de notre foi.

[1] Ce chapitre est basé sur Matthieu 9.9-17 ; Marc 2.14-22 ; Luc 5.27-39. [2] Luc 22.35. [3] Jean 3.29. [4] Jean 16.19, 20. [5] Esaïe 58.4, 5. [6] Esaïe 58.6, 10. [7] Apocalypse 3.17, 18. [8] Apocalypse 2.4, 5. [9] Psaume 51.19.

Chapitre 29

Le sabbat

LE SABBAT a été sanctifié à la création. Il a été mis à part pour l'homme « pendant que les étoiles du matin entonnaient des chants d'allégresse et que les fils de Dieu poussaient des acclamations ». La paix étendait son aile sur le monde ; car la terre était en harmonie avec le ciel. « Dieu contempla ce qu'il avait fait et il vit que cela était très bien [1] » ; et il se reposa avec la joie de l'œuvre accomplie.

S'étant reposé lui-même le jour du sabbat, « Dieu bénit le septième jour et le sanctifia », – c'est-à-dire le mit à part pour un saint usage. Il le donna à Adam comme jour de repos. C'était un mémorial de l'œuvre créatrice, un signe de la puissance et de l'amour divins. L'Ecriture dit : « Il a perpétué le souvenir de ses œuvres merveilleuses. » « Les perfections invisibles de Dieu, sa puissance éternelle et sa divinité, se voient fort bien depuis la création du monde, quand on les considère dans ses ouvrages [2]. »

Tout a été créé par le Fils de Dieu. « Au commencement était la Parole, et la Parole était avec Dieu, et la Parole était Dieu. ... Tout a été fait par elle, et rien de ce qui a été fait n'a été fait sans elle [3]. » Le sabbat, en tant que mémorial de la création, est un gage de l'amour et de la puissance du Christ.

Le sabbat dirige les pensées vers la nature et nous introduit dans la communion du Créateur. Dans le chant des oiseaux, dans le murmure des arbres, et dans le bruit de la mer, nous continuons d'entendre la voix de celui qui s'entretenait avec Adam en Eden, vers le soir. La contemplation de sa puissance dans la nature a un effet consolant, car la Parole qui a créé toutes choses promet la vie à nos âmes. « Dieu qui a dit : La lumière brillera du sein des ténèbres ! a brillé dans nos cœurs pour faire resplendir la connaissance de la gloire de Dieu sur la face de Christ [4]. »

C'est cette pensée qui a inspiré le chant:

« O Eternel, tu m'as rempli de joie
Par la grandeur de tes œuvres :
Je célèbre avec allégresse les ouvrages de tes mains.
Que tes œuvres sont grandes, ô Eternel !
Tes pensées sont merveilleusement profondes [5] ! »

Le Saint-Esprit déclare par le prophète Esaïe : « A qui donc pourriez-vous comparer Dieu et par quelle image pourriez-vous le représenter ?... Ne comprendrez-vous pas ? N'écouterez-vous donc pas ? Ne vous l'a-t-on pas appris dès le commencement ? Ne savez-vous pas qui a fondé la terre ?

C'est celui qui siège au-dessus du globe de cette terre, dont les habitants sont à ses yeux comme des sauterelles. C'est lui qui a étendu les cieux comme un voile et qui les a déployés comme une tente pour y habiter.... A qui donc pourriez-vous me comparer ? Qui peut m'égaler, dit le Saint ? Levez les yeux en haut et regardez : Qui a créé ces choses ? C'est celui qui fait marcher leurs armées en bon ordre et qui les appelle toutes par leur nom. Telle est la grandeur de son pouvoir et de sa force souveraine, que pas une ne refuse de lui obéir. Pourquoi donc dirais-tu, ô Jacob, et pourquoi, ô Israël, parlerais-tu ainsi : Mon infortune est cachée à l'Eternel et mon Dieu ne soutient plus mon droit. Ne le sais-tu pas ? Ne l'as-tu pas entendu ? L'Eternel est le Dieu d'éternité, qui a créé les extrémités de la terre. Il ne se lasse pas, il ne se fatigue point et sa sagesse est insondable. Il donne de la force à celui qui est fatigué ; il accroît la vigueur de celui qui est défaillant. » « Ne crains point, car je suis avec toi ; ne t'effraie pas, car je suis ton Dieu ! je t'affermis et je viens à ton aide ; je te soutiens de ma droite vengeresse. » « Tournez-vous vers moi et soyez sauvés, vous tous, qui habitez les extrémités de la terre ! Car je suis Dieu et il n'y en a pas d'autre. » Tel est le message qui se trouve inscrit dans la nature, et que le sabbat a pour but de rappeler. Quand le Seigneur commanda à Israël de sanctifier ses sabbats, il dit : « Afin qu'ils servent de signe entre moi et vous et que vous reconnaissiez que je suis l'Eternel, votre Dieu [6]. »

Le sabbat fut incorporé dans la loi promulguée du haut du Sinaï ; mais ce n'est pas à ce moment-là qu'il fut révélé pour la première fois en tant que jour de repos. Le peuple d'Israël le connaissait et l'observait déjà avant d'arriver au Sinaï. Et quand quelqu'un le profanait, le Seigneur lui adressait ce reproche : « Jusques à quand refuserez-vous d'observer mes commandements et mes lois [7] ? »

Le sabbat n'était pas destiné à Israël uniquement, mais au monde entier. Il a été révélé à l'homme en Eden, et de même que les autres préceptes du décalogue, il constitue une obligation impérissable. C'est au sujet de la loi dont le quatrième commandement fait partie, que le Christ déclare : « Jusqu'à ce que le ciel et la terre passent, pas un seul iota, pas un seul trait de lettre de la loi ne passera. » Aussi longtemps que dureront les cieux et la terre, le sabbat restera comme un signe du pouvoir du Créateur. Et quand l'Eden refleurira sur la terre, le saint jour du repos de Dieu sera honoré de tous. « De sabbat en sabbat », tous les habitants de la nouvelle terre glorifiée viendront « se prosterner devant moi, dit l'Eternel [8] ».

Aucune autre institution confiée aux juifs ne servait autant que le sabbat à les distinguer des nations environnantes. L'observation de ce jour, dans la pensée de Dieu, devait les faire connaître comme étant ses adorateurs. Ce devait être un signe indiquant leur éloignement de l'idolâtrie, et leur communion avec le vrai Dieu. Mais le saint sabbat ne peut être observé que par des saints. Il faut donc devenir participant de la justice de Christ. En même temps qu'il donna à Israël ce commandement : « Souviens-toi du jour du repos pour le sanctifier », le Seigneur lui dit aussi : « Vous serez pour moi des hommes saints [9]. » Ce n'est qu'ainsi que le sabbat pouvait distinguer les Israélites en tant qu'adorateurs de Dieu.

A mesure que les Juifs s'éloignèrent de Dieu, et négligèrent de s'approprier par la foi la justice du Christ, le sabbat perdit sa signification à leurs yeux. Satan s'efforçait de s'élever lui-même et de détourner les hommes du Christ ; il travaillait à pervertir le sabbat, parce que c'est le signe de la puissance du Christ. Les chefs de la nation juive obéissaient à Satan lorsqu'ils entouraient d'exigences pénibles le jour de repos divin. Aux jours du Christ, le sabbat avait été perverti à tel point que, bien loin de refléter le caractère d'amour du Père céleste, l'observation de ce jour manifestait plutôt le caractère d'hommes égoïstes et arbitraires. L'enseignement des rabbins tendait à représenter Dieu comme donnant des lois impossibles à observer. On en venait à considérer Dieu comme un tyran, et à penser que l'observation du sabbat, telle qu'il l'exigeait, rendait les hommes durs et cruels. Le Christ entreprit de redresser ces erreurs. Bien que poursuivi sans répit par les rabbins, il ne se donna même pas l'apparence de se conformer à leurs exigences, mais alla droit son chemin, observant le sabbat selon la loi de Dieu.

Un jour de sabbat, en revenant du lieu de culte, où il avait prolongé son activité, le Sauveur et ses disciples traversèrent un champ de blé mûr. Ceux-ci se mirent à ramasser quelques épis et à les froisser entre leurs mains pour en manger le grain. Cet acte, s'il avait été accompli un autre jour, eût passé inaperçu, car on était libre de manger ce qui se trouvait à sa portée dans un champ, un verger ou une vigne [10]. Un jour de sabbat un acte aussi simple passait pour une profanation. Ramasser des grains et les froisser entre ses mains équivalait à une sorte de moisson et de battage. Il y avait donc, dans l'esprit des rabbins, double transgression.

Ceux qui épiaient Jésus s'empressèrent de formuler leur blâme : « Voici, tes disciples font ce qu'il n'est pas permis de faire pendant le sabbat. »

Quand Jésus avait été accusé de transgresser le sabbat à Béthesda, il s'était défendu en affirmant sa filialité divine, et en déclarant qu'il agissait en harmonie avec son Père. Cette fois-ci ce sont les disciples qu'on accuse, et Jésus répond par des exemples tirés de l'Ancien Testament, où sont relatés des actes accomplis, le jour du sabbat, par des hommes qui se trouvaient au service de Dieu.

Les docteurs juifs se glorifiaient de leur connaissance des Ecritures, mais la réponse du Sauveur impliquait un reproche d'ignorance. « N'avez-vous pas lu, dit-il, ce que fit David, lorsqu'il eut faim, lui et ses gens ; comment il entra dans la maison de Dieu et mangea les pains de proposition que... les prêtres seuls avaient la permission de manger ? » « Puis il leur dit : Le sabbat a été fait pour l'homme, et non l'homme pour le sabbat. » « Ou n'avez-vous pas lu dans la loi que, les jours de sabbat, les prêtres violent le sabbat dans le temple sans se rendre coupables ? Or je vous le dis, il y a ici plus grand que le temple. » « De sorte que le Fils de l'homme est maître même du sabbat [11] »

S'il était loisible à David d'apaiser sa faim en mangeant des pains mis à part pour un saint usage, il devait être permis aux disciples de pourvoir à leurs besoins en arrachant des épis pendant les saintes heures du sabbat. Les prêtres se livraient dans le temple, le jour du sabbat, à une activité plus grande que les autres jours. La même somme de travail eût été considérée comme un péché s'il se fût agi d'affaires personnelles ; mais les prêtres, au service de Dieu, accomplissaient les rites qui annonçaient le pouvoir rédempteur du Christ, et leur effort s'accordait avec l'objet du sabbat. Maintenant le Christ lui-même avait paru. Les disciples, accomplissant l'œuvre du Christ, se trouvaient au service de Dieu, et tout ce qui était nécessaire à l'accomplissement de cette œuvre, ils pouvaient le faire légalement le jour du sabbat.

Le Christ voulait enseigner à ses disciples et à ses ennemis que le service de Dieu doit passer avant tout. Le but que Dieu se propose c'est la rédemption de l'homme ; par conséquent ce qui doit être fait le jour du sabbat pour l'accomplissement de cette œuvre, est en accord avec la loi du sabbat. Jésus acheva victorieusement son argumentation en se présentant comme le Seigneur du sabbat, – celui qui est au-dessus de toute discussion et de toute loi. Ce Juge infini acquitte les disciples, au nom des statuts qu'on les accusait d'avoir violés.

Jésus ne laissa pas échapper l'occasion d'adresser une réprimande à ses ennemis. Il leur fit voir que, dans leur aveuglement, ils s'étaient trompés sur le véritable but du sabbat. Il leur dit : « Si vous aviez reconnu ce que signifie : Je veux la miséricorde et non le sacrifice, vous n'auriez pas condamné des innocents [12]. » Leurs nombreux rites effectués d'une manière mécanique ne pouvaient remplacer la sincérité et le tendre amour qui caractériseront toujours un véritable adorateur de Dieu.

Le Christ répéta, une fois de plus, que les sacrifices n'ont aucune valeur en eux-mêmes. Il faut voir en eux un moyen et non une fin. Ils avaient pour but de conduire les hommes au Sauveur, et de les mettre ainsi en harmonie avec Dieu. Ce que Dieu apprécie, c'est un service d'amour. En l'absence de cela, un simple cycle de cérémonies ne peut que l'offenser. Il en est de même du sabbat. Il avait été destiné à introduire l'homme dans la communion divine ; le but du sabbat se trouva manqué dès que les esprits furent absorbés par des rites fastidieux. Une simple observation extérieure n'était qu'une ironie.

Un autre sabbat, en entrant dans la synagogue, Jésus vit un homme qui avait une main desséchée. Les pharisiens le surveillaient pour voir ce qu'il allait faire. Le Sauveur savait bien qu'une guérison opérée en un jour de sabbat serait considérée comme une transgression, mais il n'hésita pas à renverser la muraille des exigences traditionnelles dont on avait entouré le sabbat. Jésus invita le malheureux à s'avancer, puis demanda : « Est-il permis, le jour du sabbat, de faire du bien ou de faire du mal, de sauver une personne ou de la tuer ? » C'était une maxime admise des Juifs que négliger une bonne action, quand l'occasion se présentait de la faire, équivalait à faire du mal ; que négliger de sauver une vie, c'était commettre un meurtre. Jésus se plaçait donc sur le terrain des rabbins. « Mais ils gardaient le silence. Alors, promenant ses regards sur eux avec colère, et en même temps navré de l'endurcissement de leur cœur, il dit à l'homme : Etends ta main. Il l'étendit, et sa main fut guérie [13]. »

Interrogé en ces termes : « Est-il permis de faire une guérison le jour du sabbat ? » Jésus répondit : « Lequel d'entre vous, s'il n'a qu'une brebis et qu'elle tombe dans une fosse le jour du sabbat, ne la saisira pour l'en retirer ? Combien un homme ne vaut-il pas plus qu'une brebis ? Il est donc permis de faire du bien les jours de sabbat [14]. »

Les espions, craignant de se mettre dans l'embarras, n'osèrent pas répondre au Christ en présence de la foule. Ils savaient bien qu'il avait dit la vérité. Ils auraient préféré laisser quelqu'un souffrir plutôt que d'enfreindre leurs traditions, tandis qu'ils auraient secouru un animal pour éviter une perte matérielle. On prenait donc plus de soins d'une bête que d'un homme, créé à l'image de Dieu. Voilà bien la mentalité de toutes les fausses religions, dont l'origine est le désir de s'élever au-dessus de Dieu ; elles ont pour résultat de le dégrader en le faisant descendre au-dessous du niveau de la brute. Toute religion qui fait la guerre à la souveraineté de Dieu, prive l'homme de la gloire qu'il possédait à la création, et qui doit lui être rendue en Christ. Toute religion dénaturée apprend à ses adeptes à ne pas se soucier des besoins, des souffrances et des droits de l'homme. L'Evangile attribue la plus grande valeur à l'humanité qui a été rachetée au prix du sang du Christ, et il nous enseigne les plus tendres égards pour les besoins et les malheurs de l'homme. Le Seigneur dit : « Je rendrai les hommes plus rares que l'or fin ; oui, je rendrai les hommes plus rares que l'or d'Ophir [15]. »

En retournant contre les pharisiens leur propre question concernant ce qu'il est permis de faire le jour du sabbat, Jésus plaça devant eux leurs mauvais desseins. Ils le poursuivaient de leur haine jusqu'à vouloir lui ôter la vie, tandis que lui sauvait la vie à une foule de gens et leur apportait le bonheur. Etait-il préférable de tuer le jour du sabbat, comme ils se proposaient de le faire, plutôt que de guérir les affligés, comme il l'avait fait ? Etait-ce plus juste d'entretenir le meurtre, dans son cœur, le saint jour de Dieu, que de nourrir, pour tous les hommes, cet amour qui s'exprime par des actes de miséricorde ?

Par la guérison de l'homme à la main sèche, Jésus condamna la des Juifs, et maintint le quatrième commandement tel que Dieu l'avait donné. « Il est donc permis de faire du bien les jours de sabbat », déclara-t-il. En balayant les restrictions inutiles que les Juifs avaient inventées, le Christ a honoré le sabbat, tandis que ceux-là mêmes qui se plaignaient de lui déshonoraient ce saint jour.

D'aucuns prétendent que le Christ a aboli la loi, qu'il a violé le sabbat et qu'il a approuvé les disciples d'avoir fait de même. Par cet enseignement ils prennent la même attitude que les calomniateurs de Jésus. Ils se mettent ainsi en contradiction avec le Christ qui a fait cette déclaration : « J'ai gardé les commandements de mon Père et... je demeure dans son amour [16]. » Ni Jésus ni ses disciples n'ont violé la loi du sabbat. Le Christ était un vivant représentant de la loi. On ne trouve dans sa vie aucune transgression des saints préceptes. S'adressant à un peuple de témoins qui cherchaient une occasion de le condamner, il pouvait jeter ce défi : « Qui de vous me convaincra de péché [17] ? »

Le Sauveur n'est pas venu pour mettre de côté ce qu'ont enseigné les patriarches et les prophètes ; car c'est lui-même qui a enseigné par eux. Toutes les vérités de la Parole de Dieu procèdent de lui. Mais ces pierres précieuses, d'une valeur inestimable, ont été placées dans de faux écrins. La précieuse lumière qui s'en dégage a été mise au service de l'erreur. Dieu veut que ces vérités soient dégagées de l'erreur et replacées dans la charpente de la vérité. Seule une main divine peut accomplir une telle œuvre. Ainsi mêlées, la vérité et l'erreur ont servi la cause de l'ennemi de Dieu et des hommes. Le Christ est venu pour rendre à la vérité la place qui lui revient, d'où elle puisse glorifier Dieu et sauver l'humanité.

« Le sabbat a été fait pour l'homme, et non l'homme pour le sabbat », a dit Jésus. Les institutions que Dieu a établies ont pour but le bien de l'homme. « Car tout cela arrive à cause de vous. » « Tout est à vous, soit Paul, soit Apollos, soit Céphas, soit le monde, soit la vie, soit la mort, soit les choses présentes, soit les choses à venir. Tout est à vous ; et vous êtes à Christ, et Christ est à Dieu [18]. » La loi des dix commandements, dont le sabbat fait partie, a été donnée par Dieu pour être en bénédiction au peuple. « L'Eternel nous a commandé de mettre en pratique toutes ces lois et de craindre l'Eternel, notre Dieu, afin que nous soyons toujours heureux et qu'il nous conserve la vie [19]. » Le message suivant fut adressé à Israël par l'intermédiaire du psalmiste « Servez l'Eternel avec joie ; venez devant lui avec des cris d'allégresse ! Sachez que l'Eternel est Dieu : c'est lui qui nous a créés ; nous sommes à lui. Nous sommes son peuple et le troupeau dont il est le berger. Entrez dans son temple avec des actions de grâce, dans ses parvis avec la louange [20]. » Au sujet de « tous ceux qui observeront le sabbat pour ne pas le profaner », le Seigneur fait cette promesse : « Je les amènerai sur ma montagne sainte et je les comblerai de joie dans ma maison de prière [21]. »

« Le Fils de l'homme est maître même du sabbat. » Ces paroles sont pleines d'enseignements et de consolations. C'est parce que le sabbat a été fait pour l'homme qu'il est le jour du Seigneur. Il appartient au Christ. Car « tout a été fait par elle – la Parole ou le Christ –, et rien de ce qui a été fait n'a été fait sans elle [22] ». S'il a fait toutes choses, il a aussi fait le sabbat. C'est lui qui l'a établi pour être un mémorial de l'œuvre créatrice servant à le désigner comme le Créateur et comme celui qui sanctifie, proclamant que celui qui a créé toutes choses et qui les soutient est aussi le chef de l'Eglise, par le pouvoir de qui nous sommes réconciliés avec Dieu. En parlant d'Israël il dit : « Je leur donnai aussi mes sabbats comme un signe entre moi et eux, pour leur faire connaître que je suis l'Eternel qui les sanctifie [23]. » Le sabbat est donc un signe indiquant que le Christ est capable de nous rendre saints. Et il est donné à tous ceux que le Christ sanctifie. En tant que signe de son pouvoir sanctifiant, le sabbat est donné à tous ceux qui, grâce au Christ, sont incorporés à l'Israël de Dieu.

Le Seigneur dit : « Si tu cesses de fouler aux pieds le jour du sabbat, en t'occupant de tes affaires en ce jour qui m'est consacré ; si tu appelles le sabbat ton jour de délices et si tu considères comme vénérable ce qui est consacré à l'Eternel... alors tu trouveras tes délices en l'Eternel [24]. » Le sabbat sera un sujet de délices pour tous ceux qui le reçoivent comme un signe du pouvoir créateur et rédempteur du Christ. Voyant le Christ dans cette institution, ils font de lui leurs délices. Le sabbat leur fait voir dans les œuvres de la création une preuve de son infinie puissance rédemptrice. Tout en évoquant le souvenir d'un heureux paradis perdu, il fait penser au paradis retrouvé par le moyen du Sauveur. Ainsi tout ce qui est dans la nature répète son invitation : « Venez à moi, vous tous qui êtes fatigués et chargés, et je vous donnerai du repos [25]. »

---

[1] Job 38.7 ; Genèse 1.31. [2] Genèse 2.3 ; Psaume 111.4 ; Romains 1.20. [3] Jean 1.1-3. [4] 2 Corinthiens 4.6. [5] Psaume 92.5, 6. [6] Esaïe 40.18-29 ; 41.10 ; 45.22 ; Ezéchiel 20.20. [7] Exode 16.28. [8] Matthieu 5.18 ; Esaïe 66.23. [9] Exode 20.8 ; 22.31. [10] Deutéronome 23.24, 25. [11] Luc 6.3, 4 ; Marc 2.27, 28 ; Matthieu 12.5, 6. [12] Matthieu 12.7. [13] Marc 3.4, 5. [14] Matthieu 12.10-12. [15] Esaïe 13.12. [16] Jean 15.10. [17] Jean 8.46. [18] 2 Corinthiens 4.15 ; 1 Corinthiens 3.22, 23. [19] Deutéronome 6.24. [20] Psaume 100.2-4. [21] Esaïe 56.6, 7. [22] Jean 1.3. [23] Ezéchiel 20.12. [24] Esaïe 58.13, 14. [25] Matthieu 11.28.

Chapitre 30

Il en désigna douze

« Il monta ensuite sur la montagne ; il appela ceux qu'il voulut et ils vinrent à lui. Il en établit douze pour les avoir avec lui et pour les envoyer prêcher [1]. »

C'est à peu de distance de la mer de Galilée, sur un versant ombragé, que les douze furent appelés à l'apostolat et que Jésus prononça le sermon sur la montagne. Il recherchait les champs et les collines, préférant enseigner en pleine nature plutôt que dans le temple ou dans les synagogues. Aucune synagogue n'eût été d'ailleurs assez vaste pour contenir les foules qui le suivaient ; mais Jésus avait une autre raison pour préférer enseigner dans les champs et les bosquets : il aimait les spectacles qu'offre la nature. Une retraite tranquille était pour lui un temple sacré.

Les premiers habitants de la terre avaient établi leur sanctuaire sous les arbres du jardin d'Eden. C'est là que le Christ avait communié avec le père de l'humanité. Bannis du paradis, nos premiers parents continuèrent à adorer dans les champs et les bosquets : c'est là que le Christ leur apportait l'Evangile de la grâce. C'est aussi le Christ qui parla avec Abraham sous les chênes de Mamré ; avec Isaac, alors qu'il sortait dans les champs pour prier, vers le soir ; avec Jacob, sur la colline de Béthel ; avec Moïse, dans les montagnes de Madian ; avec le jeune David gardant ses troupeaux. C'est d'après les directions données par le Christ que pendant quinze siècles les Hébreux avaient quitté leurs foyers pour une semaine, chaque année, pour demeurer sous des tentes faites avec « des branches de palmiers, des rameaux d'arbres touffus et des saules de rivière [2]. »

Pour instruire ses disciples Jésus préférait fuir la confusion des villes et se retirer dans la solitude des champs et des coteaux, cadre mieux adapté pour leur inculquer des leçons d'abnégation. Pendant son ministère il aimait à rassembler ses auditeurs autour de lui sous le ciel bleu, sur quelque coteau herbeux ou sur les rives d'un lac. Entouré des œuvres qu'il avait lui-même créées, il pouvait alors diriger les pensées de ses auditeurs vers les choses naturelles plutôt que vers les choses artificielles. La croissance et les produits de la nature manifestaient les principes de son royaume. Levant leurs yeux vers les collines de Dieu, contemplant les merveilles sorties de ses mains, ils étaient préparés à apprendre de précieuses leçons de vérité divine. Les choses de la nature allaient leur répéter l'enseignement du Christ. C'est ce qui arrive pour ceux qui sortent dans les champs ayant le Christ dans leur cœur. Ils se sentent environnés d'une sainte influence. Les choses de la nature rappellent les paraboles de notre Seigneur et renouvellent ses conseils. En communion avec Dieu dans la nature, l'esprit est élevé et le cœur trouve du repos.

Il était temps de jeter les premiers fondements de l'organisation de l'Eglise qui devait, après son départ, représenter le Christ sur la terre. Aucun riche sanctuaire n'était à la portée, mais le Sauveur conduisit ses disciples au lieu de retraite qu'il aimait et les saintes expériences de cette journée restèrent toujours associées, dans leur esprit, aux beautés de la montagne, de la vallée et de la mer.

Jésus avait appelé les disciples pour les envoyer comme ses témoins : ils devaient annoncer au monde ce qu'ils avaient vu et entendu de lui. Aucun être humain n'avait encore été appelé à un ministère aussi important, et que seul le ministère du Christ surpassait. Ils devaient être les collaborateurs de Dieu pour le salut du monde. De même que, dans l'Ancien Testament, les douze patriarches sont les représentants d'Israël, ainsi les douze apôtres seront les représentants de l'Eglise évangélique.

Le Sauveur connaissait le caractère des hommes qu'il avait choisis ; il n'ignorait aucune de leurs faiblesses ou de leurs erreurs ; il savait les dangers auxquels ils seraient exposés, les responsabilités qu'ils auraient à assumer ; et son cœur s'attendrissait sur ces élus. Toute la nuit, il resta seul sur une montagne, près de la mer de Galilée, priant pour eux, qui dormaient en bas. A l'aube, il les appela, ayant une communication importante à leur faire.

Depuis quelque temps, ces disciples prenaient part à l'activité de Jésus. Jean et Jacques, André et Pierre, ainsi que Philippe, Nathanaël et Matthieu lui étaient plus étroitement associés que les autres, et avaient assisté à un plus grand nombre de ses miracles. Pierre, Jacques et Jean, presque constamment près de lui, voyant ses œuvres et écoutant ses paroles, étaient particulièrement unis à lui. Jean, admis dans une intimité encore plus grande avec Jésus, fut désigné comme étant le disciple que Jésus aimait. Le Sauveur les aimait tous, mais Jean avait une âme plus réceptive. Plus jeune, il ouvrait, plus que les autres et avec une confiance enfantine, son cœur à Jésus. Aussi un lien plus sympathique s'établit-il entre lui et le Christ, et c'est par lui que furent communiqués les enseignements les plus profonds du Sauveur.

Philippe se trouvait à la tête de l'un des groupes composant le collège apostolique. C'est à lui en tout premier lieu qu'avait été adressé l'appel : Suis-moi. Il était de Bethsaïda, la ville d'André et de Pierre. Il avait écouté l'enseignement de Jean-Baptiste et avait entendu ce dernier désigner le Christ comme l'Agneau de Dieu. Philippe cherchait sincèrement la vérité, mais il était lent à croire. La manière dont il annonça le Christ à Nathanaël, montre qu'il n'était pas encore pleinement convaincu de sa divinité, quoiqu'il se fût déjà joint à lui. Bien que la voix du ciel l'eût proclamé Fils de Dieu, il n'était encore pour Philippe que « Jésus de Nazareth, fils de Joseph [3] ». Le manque de foi de Philippe se manifesta encore quand cinq mille hommes furent miraculeusement rassasiés. Jésus lui avait demandé, pour éprouver sa foi : « Où achèterons-nous des pains pour que ces gens aient à manger ? » Philippe, incrédule, avait répondu : « Les pains qu'on aurait pour deux cents deniers ne suffiraient pas pour que chacun en reçoive un peu [4]. » Jésus s'attrista. Philippe manquait de foi, bien qu'il eût vu les œuvres du Christ et ressenti sa puissance. Quand des Grecs vinrent s'enquérir auprès de lui au sujet de Jésus, Philippe, au lieu de saisir l'occasion pour les présenter à Jésus, alla en parler à André. Les paroles que Philippe prononça peu d'heures avant la crucifixion étaient plutôt de nature à décourager la confiance. Quand Thomas dit à Jésus : « Seigneur, nous ne savons où tu vas ; comment en saurions-nous le chemin ? » le Seigneur lui répondit : « Moi, je suis le chemin, la vérité et la vie. ... Si vous me connaissiez, vous connaîtriez aussi mon Père. » Ce qui fit dire à Philippe, dévoilant son incrédulité : « Seigneur, montre-nous le Père, et cela nous suffit [5]. » Le disciple qui venait de passer trois années avec Jésus était encore bien lent à croire.

La confiance enfantine de Nathanaël forme un contraste heureux avec l'incrédulité de Philippe. C'était une nature ardente, dont la foi s'emparait des réalités célestes. Mais Philippe était un élève à l'école du Christ, et le divin Maître fit preuve à son égard d'une patience à toute épreuve. Quand, plus tard, le Saint-Esprit fut répandu sur les disciples, Philippe devint un maître accompli, sachant de quoi il parlait, enseignant avec une assurance qui portait la conviction chez ses auditeurs.

Pendant que Jésus préparait les disciples en vue de leur consécration, un homme qui n'avait pas été convoqué insista pour être reçu. C'était Judas Iscariote, qui se faisait passer pour disciple du Christ. Sollicitant une place dans le cercle intime des disciples du Christ, il déclara, ardemment et avec une sincérité apparente : « Maître, je te suivrai partout où tu iras. » Jésus ne voulant ni le repousser ni l'accueillir, se contenta de prononcer ces paroles mélancoliques : « Les renards ont des tanières, et les oiseaux du ciel ont des nids ; mais le Fils de l'homme n'a pas où reposer sa tête [6]. » Judas croyait à la messianité de Jésus ; en se joignant aux apôtres il comptait s'assurer une haute position dans le nouveau royaume. Jésus, par cette allusion à sa pauvreté, voulut couper court à cet espoir.

Les disciples désiraient vivement voir Judas parmi eux. De belle apparence, doué d'une grande intelligence et de beaucoup d'habileté, il fut recommandé par eux à Jésus comme pouvant devenir très utile à son œuvre. On fut surpris de voir Jésus le recevoir froidement.

Les disciples étaient d'ailleurs très déçus de constater le peu d'efforts que faisait Jésus pour s'assurer le concours des chefs d'Israël. A leur point de vue, il commettait une erreur en n'affermissant pas sa cause avec l'appui de ces hommes influents. Ils eussent douté de la sagesse de leur Maître s'il avait renvoyé Judas. L'histoire subséquente de celui-ci devait leur montrer combien il est périlleux de se laisser influencer par des considérations humaines quand il s'agit de décider si un homme est apte ou non à l'œuvre de Dieu. C'eût été livrer l'œuvre à ses pires ennemis que de la confier à ces hommes dont les disciples désiraient obtenir la coopération.

Au moment où Judas se joignit aux disciples, la beauté du caractère du Christ ne le laissait pas insensible. Il subissait l'influence de cette puissance divine attirant les âmes. Celui qui ne brisait pas le roseau froissé et qui n'éteignait pas le lumignon fumant ne voulait pas repousser cette âme tant qu'elle ressentait le moindre désir de lumière. Le Sauveur lisait dans le cœur de Judas. Il prévoyait dans quels abîmes d'iniquité il s'enfoncerait s'il n'était délivré par la grâce de Dieu. En s'attachant cet homme, Jésus le mettait en contact quotidien avec son amour. Judas pouvait devenir sujet du royaume de Dieu s'il consentait à ouvrir son cœur au Christ afin de permettre à la grâce divine d'en bannir le démon de l'égoïsme.

Dieu prend les hommes tels qu'ils sont, avec tout ce qu'il y a d'humain dans leur caractère, et il les façonne pour son service, pourvu qu'ils se soumettent à sa discipline et soient dociles à ses enseignements. Ils sont choisis malgré leurs imperfections pour être transformés à son image, en apprenant à connaître la vérité et à la mettre en pratique.

Judas eut les mêmes occasions de s'instruire que les autres disciples. Il entendit les mêmes leçons précieuses. Mais l'obéissance à la vérité, que le Christ exigeait, était en opposition avec les désirs et les desseins de Judas, et il ne voulut pas renoncer à ses propres idées pour recevoir la sagesse qui vient du ciel.

Combien le Sauveur se montra tendre à l'égard de celui qui devait le trahir ! Dans son enseignement, Jésus insistait sur des principes de bienveillance qui s'attaquaient à la racine même de l'avarice. Il montrait à Judas le caractère odieux de la cupidité, et le disciple comprit plus d'une fois que son caractère venait d'être esquissé et son péché signalé ; mais il ne voulait pas confesser et abandonner ses fautes. Trop confiant en lui-même, au lieu de résister à la tentation, il persévérait dans ses pratiques frauduleuses. Le Christ se tenait devant lui, comme un vivant exemple de ce qu'il était appelé à devenir lui-même s'il participait aux bienfaits de la médiation et du ministère divins ; mais ses leçons frappèrent inutilement l'oreille de Judas.

Jésus ne reprit pas sévèrement Judas au sujet de son avarice. Tout en lui montrant qu'il lisait dans son cœur, comme en un livre ouvert, il supporta cet homme égaré avec une patience divine. Il lui recommanda si bien les mobiles d'action les plus nobles, que Judas n'aurait aucune excuse en rejetant la lumière du ciel.

Au lieu de marcher dans la lumière, Judas préféra garder ses défauts. Il caressa de mauvais désirs de vengeance, des pensées sombres et malveillantes : Satan finit par le dominer complètement. Judas devint un représentant de l'ennemi du Christ. Au moment où il fut associé à Jésus, Judas possédait d'excellentes qualités, grâce auxquelles il eût pu être une source de bénédiction pour l'Eglise. S'il s'était soumis volontiers au joug du Christ, il serait devenu l'un des principaux parmi les apôtres ; mais chaque fois que ses défauts furent signalés, il endurcit son cœur, et, dans un esprit d'orgueil et de révolte, donna la préférence à ses ambitions égoïstes ; par là, il se disqualifia pour l'œuvre que Dieu lui avait confiée.

Tous les disciples avaient de graves défauts lorsqu'ils furent appelés au service de Jésus. Jean lui-même, qui fut le plus étroitement associé à celui qui est humble et débonnaire, n'était ni doux ni facile par nature. Lui et son frère étaient appelés les « fils du tonnerre ». Tout manque d'égards pour le Maître, lorsqu'ils étaient avec lui, provoquait leur indignation et leur attitude combative. Tempérament colérique, vindicatif, porté à la médisance, orgueilleux, convoitant la première place dans le royaume de Dieu, voilà ce qu'était le disciple bien-aimé. Mais il put admirer, jour après jour, la tendresse et le long support de Jésus, qui contrastaient si étrangement avec la violence de son caractère ; il écouta les leçons d'humilité et de patience qui lui furent données. Ouvrant son cœur à l'influence divine, il ne se contenta pas d'entendre les paroles du Sauveur, mais voulut les mettre en pratique. Son moi fut caché en Christ ; il apprit à se placer sous son joug et à porter son fardeau.

Jésus adressait aux disciples des reproches et des avertissements ; néanmoins Jean et ses frères ne le quittèrent pas ; ils s'attachèrent à lui en dépit de ses reproches. Le Sauveur, de son côté, ne se retira pas loin d'eux à cause de leurs faiblesses et de leurs erreurs. Ils continuèrent jusqu'à la fin à partager ses épreuves et à profiter des leçons de sa vie. Par la contemplation du Christ leurs caractères furent transformés.

Les apôtres étaient très différents les uns des autres par leurs habitudes et par leurs dispositions. Il y avait le péager, Lévi-Matthieu ; Simon, l'ardent zélote, n'admettant aucun compromis avec le pouvoir romain ; Pierre, généreux et impulsif ; Judas, à l'âme mesquine ; Thomas, dont le cœur était bon, mais timide et craintif ; Philippe, à l'esprit lent et enclin au doute ; enfin les fils de Zébédée, ambitieux et francs, avec leurs frères. Tous ces hommes se trouvèrent rassemblés, chacun ayant ses défauts et ses tendances au mal, héréditaires ou acquises. Tous appelés à demeurer dans la famille de Dieu, en Christ et par Christ, devaient atteindre à l'unité de la foi, de la doctrine et de l'esprit. Ils connaîtraient les épreuves, les diversités d'opinions suscitant parfois des griefs, mais toute dissension serait évitée aussi longtemps que le Christ habiterait dans leurs cœurs. Son amour les ferait s'entr'aimer ; les instructions du Maître établiraient l'harmonie entre eux, ramenant les disciples à l'unité, tant et si bien qu'ils finiraient par être d'un même esprit et à n'avoir qu'un même jugement. Le Christ étant le grand centre, ils se rapprocheraient mutuellement, dans la mesure même où ils se rapprocheraient du centre.

Ayant achevé d'instruire ses disciples, Jésus les réunit tout près de lui ; à genoux au milieu d'eux, il étendit les mains sur leurs têtes et les consacra par une prière à leur ministère sacré. C'est ainsi que les disciples du Seigneur reçurent leur consécration au ministère évangélique.

Le Christ n'a pas choisi des anges qui ne sont pas tombés, pour le représenter auprès des hommes ; mais des êtres humains, sujets aux mêmes passions que ceux qu'ils cherchent à sauver. La collaboration du divin et de l'humain étant nécessaire pour sauver le monde, le Christ a revêtu l'humanité. La divinité avait besoin de l'humanité, afin que l'humanité eût un moyen de communication avec Dieu. Ainsi en est-il des serviteurs et des messagers du Christ. L'homme a besoin d'un pouvoir extérieur et supérieur à lui pour rétablir en lui l'image de Dieu et lui donner la possibilité d'accomplir l'œuvre de Dieu ; mais ceci ne rend pas inutile l'élément humain. L'humanité se saisit de la puissance divine, et le Christ habite dans le cœur par la foi ; la force de l'homme peut agir, alors, grâce à la coopération du divin.

Celui qui appela les pêcheurs de Galilée, appelle encore aujourd'hui des hommes à son service. Il est tout aussi désireux de manifester sa puissance par nous, qu'il ne l'était de le faire par ses premiers disciples. Quel que soit notre état d'imperfection et de péché, le Seigneur nous offre de devenir ses associés et ses imitateurs. Il nous invite à recevoir ses instructions divines, pour que, étant unis à lui, nous devenions capables d'accomplir ses œuvres.

« Nous portons ce trésor dans des vases de terre, afin que cette grande puissance soit attribuée à Dieu, et non pas à nous [7]. » C'est pour cette raison que la prédication de l'Evangile a été confiée à des hommes pécheurs plutôt qu'à des anges. Il est manifeste que c'est la puissance de Dieu qui opère à travers la faiblesse humaine ; ainsi nous sommes encouragés à croire que cette puissance, qui en a sauvé d'aussi faibles que nous, peut nous sauver nous-mêmes. Ceux qui sont sujets « à la faiblesse » devront aussi « avoir de la compréhension pour les ignorants et les égarés [8] ». Ayant été eux-mêmes en péril, ils connaissent les dangers et les difficultés du chemin ; ils sont donc appelés à secourir ceux qui se trouvent dans un péril semblable. Il y a des âmes affligées par le doute, accablées sous le poids des infirmités dont la faible foi est incapable de saisir l'invisible ; mais un ami, venant à elles d'une manière sensible, à la place du Christ, peut servir d'anneau pour fixer leur foi tremblante sur le Christ.

Nous devons présenter Jésus au monde en union avec les anges du ciel. Ceux-ci attendent, avec une ardeur presque impatiente, notre coopération ; car c'est par l'homme que la communication s'établit avec l'homme. Et lorsque nous nous offrons au Christ, par une consécration sans réserve, les anges se réjouissent de pouvoir faire connaître l'amour de Dieu par nos paroles.

---

[1] Ce chapitre est basé sur Marc 3.13-19 ; Luc 6.12-16. [2] Lévitique 23.40 [3] Jean 1.45. [4] Jean 6.5-7. [5] Jean 14.5-8. [6] Matthieu 8.19, 20. [7] 2 Corinthiens 4.7. [8] Hébreux 5.2.

Chapitre 31

Le sermon sur la montagne

Jésus rassemblait rarement ses disciples en particulier pour leur donner ses enseignements. Il ne tenait pas à s'adresser exclusivement à ceux qui connaissaient déjà le chemin de la vie. Il voulait atteindre les foules, encore plongées dans l'ignorance et dans l'erreur. Il mettait les enseignements de la vérité à la portée des esprits les plus enténébrés. Il était lui-même la vérité, et se tenait les reins ceints et les mains toujours tendues pour bénir, cherchant à relever par des paroles d'avertissement, d'exhortation et d'encouragement tous ceux qui s'adressaient à lui.

Le sermon sur la montagne [1], bien que spécialement destiné aux disciples, fut prononcé en présence d'une multitude. Après avoir mis à part ses apôtres, Jésus s'approcha, avec eux, du bord de la mer, où de bon matin les gens s'étaient rassemblés. En dehors des foules accoutumées, des villes galiléennes, on voyait des gens venus de Judée, et même de Jérusalem ; et aussi de la Pérée, de la Décapole ; de l'Idumée, contrée qui se trouvait bien loin au sud de la Judée ; de Tyr et de Sidon, les villes phéniciennes de la côte méditerranéenne. « Une grande multitude, apprenant tout ce qu'il faisait, vint à lui. » « Ils étaient venus pour l'entendre et pour être guéris de leurs maladies... . Et toute la foule cherchait à le toucher, parce qu'une force sortait de lui et les guérissait tous [2]. »

La plage était trop étroite pour que, même en se tenant debout, tous pussent se tenir à portée de sa voix ; Jésus les conduisit donc en arrière, sur le côté de la montagne. Ayant atteint un plateau verdoyant où pouvait trouver place une vaste assemblée, il s'assit sur l'herbe ; les disciples et la foule l'imitèrent.

Les disciples avaient leur place tout près de Jésus. Bien que la foule se pressât autour de lui, les disciples, auditeurs attentifs, comprenaient que leur devoir était de ne pas perdre un mot de ses instructions, afin de comprendre les vérités qu'ils devaient plus tard propager en tous pays et pour tous les siècles.

Groupés autour du Maître, avec le pressentiment de quelque chose d'extraordinaire, ils pensaient, après les événements de cette matinée, que le royaume était sur le point d'être établi. La foule aussi, le cœur rempli de la pensée des gloires futures, attendait, anxieuse, et la curiosité la plus ardente se peignait sur les visages. Il y avait là des scribes et des pharisiens qui soupiraient après le jour où ils pourraient enfin dominer sur les Romains détestés, et jouir des richesses et des splendeurs du grand empire mondial. De pauvres paysans et des pêcheurs comptaient sur la promesse de somptueux palais et d'une vie aisée pour les dédommager de leurs taudis et de leur faim. Ils se voyaient déjà revêtus des parures riches et coûteuses des conquérants qui remplaceraient la rude étoffe leur servant de vêtement le jour et de couverture la nuit. Tous les cœurs tressaillaient d'orgueil à la pensée qu'Israël, l'élu du Seigneur, allait être honoré devant les nations et que Jérusalem deviendrait la capitale d'un royaume universel.

Le Christ déçut ces espérances de grandeur terrestre. Par le sermon sur la montagne, il s'efforça de renverser ce qu'avait édifié une éducation fausse, et de donner à ses auditeurs une conception juste de son royaume et de son propre caractère. Il ne s'attaqua cependant pas directement aux erreurs du peuple ; voyant la misère que le péché avait attirée sur le monde, il ne fit pas une vive peinture de cette misère. Il parla de choses infiniment meilleures que les choses connues. Au lieu de combattre les idées courantes concernant le royaume de Dieu, il indiqua les conditions d'entrée dans le royaume, laissant à chacun le soin de tirer ses conclusions quant à la nature de celui-ci. Les vérités qu'il enseigna, à cette occasion, ne sont pas d'une importance moindre pour nous que pour la foule qui le suivait. Nous avons besoin, tout autant qu'elle, de connaître les principes servant de base au royaume de Dieu.

Les premières paroles que le Christ adressa au peuple, sur la montagne, furent des paroles de bénédiction. Heureux, dit-il, ceux qui reconnaissent leur pauvreté spirituelle, ceux qui éprouvent un besoin de rédemption. L'Evangile doit être prêché aux pauvres, non pas aux orgueilleux, à ceux qui sont riches à leurs propres yeux et n'ont besoin de rien, mais aux cœurs humbles et contrits. Une source a été ouverte pour le péché ; elle est seulement accessible aux pauvres en esprit.

Un cœur présomptueux fait des efforts pour mériter le salut ; mais la justice du Christ est le seul titre qui nous assure l'entrée du ciel. Le Seigneur ne peut rien faire pour le salut d'un homme avant que, convaincu de sa propre faiblesse et dépouillé de sa propre justice, il ne se soit volontairement soumis à l'influence divine. Alors seulement il peut recevoir le don que Dieu se dispose à lui communiquer. Rien n'est refusé à l'âme qui sent ses besoins ; elle a un libre accès auprès de celui qui possède toute plénitude. « Ainsi parle le Très-Haut, qui siège sur un trône éternel et dont le nom est saint : J'habite dans une demeure haute et sainte, ainsi qu'avec l'homme humble et contrit, pour vivifier l'esprit des humbles et pour ranimer ceux qui ont le cœur contrit [3]. »

« Heureux ceux qui pleurent, car ils seront consolés ! » Ces paroles du Christ n'impliquent pas que les pleurs aient, en eux-mêmes, le pouvoir d'effacer le péché. Elles ne sanctionnent nullement une prétention quelconque ou une humilité volontaire. Dans la pensée du Maître il n'est pas question de mélancolie ou de lamentations. Tout en nous affligeant au sujet de nos péchés, nous devons jouir du privilège d'être les enfants de Dieu.

Nous déplorons fréquemment nos mauvaises actions, mais à cause de leurs conséquences désagréables : ce n'est pas là la vraie repentance. Une douleur sincère à l'égard du péché est le résultat de l'opération du Saint-Esprit. L'Esprit fait connaître l'ingratitude du cœur qui fait peu de cas du Sauveur et qui l'a contristé, et il nous amène, repentants, au pied de la croix. Chaque péché inflige à Jésus une nouvelle blessure ; quand nous regardons à celui que nous avons percé, nous pleurons sur les péchés qui l'ont affligé. De tels pleurs conduisent à renoncer au péché.

Les gens du monde verront dans cette douleur une faiblesse ; c'est au contraire la force qui unit indissolublement l'âme repentante à l'Infini. Elle montre que les anges de Dieu rapportent à l'âme les grâces que lui avaient fait perdre l'endurcissement du cœur et la transgression. Les larmes de la repentance sont les gouttes de pluie qui précèdent le resplendissement du soleil de la sainteté. Cette douleur est l'avant-coureur d'une joie qui sera pour l'âme une source de vie. « Seulement, reconnais ta faute : tu as été infidèle à l'Eternel, ton Dieu » ; « je ne prendrai point pour vous un visage sévère ; car je suis miséricordieux, dit l'Eternel [4] ». « Aux affligés de Sion » il se propose de « donner un diadème remplaçant les cendres, une huile d'allégresse au lieu du deuil, un manteau de fête au lieu d'un esprit abattu [5] ». Il y a aussi des consolations pour ceux qui pleurent dans l'épreuve et dans la douleur. L'amertume de la souffrance et de l'humiliation est préférable aux plaisirs du péché. C'est par l'affliction que Dieu nous montre les taches de notre caractère, afin que nous puissions, par sa grâce, vaincre nos défauts. Des chapitres de notre vie, restés ignorés, s'ouvrent devant nous, et l'épreuve survient pour montrer si nous accepterons les réprimandes et les conseils de Dieu. Dans l'épreuve, nous ne devons pas nous irriter et nous plaindre, nous révolter, chercher à échapper des mains du Christ. Il faut plutôt s'humilier devant Dieu. Les voies du Seigneur paraissent sombres et tristes à notre nature humaine. Néanmoins les voies de Dieu sont miséricordieuses, et ont pour fin le salut. Elie ne savait pas ce qu'il faisait quand, au désert, il déclarait en avoir assez de la vie et demandait la mort. Le Seigneur est bon, et il ne l'a pas pris au mot. Elie avait encore une grande œuvre à faire et il n'était pas destiné à périr dans le découragement et la solitude du désert, une fois son œuvre achevée. Loin de descendre dans la poussière de la terre, il allait, sur un char de feu, être élevé dans la gloire vers le trône de Dieu.

Dieu dit à propos de l'affligé : « J'ai observé sa conduite et je le guérirai ; je le guiderai et lui donnerai des consolations, à lui comme à tous les siens qui sont dans le deuil. » « Je changerai leur deuil en allégresse ; je les consolerai, je les réunirai et je ferai cesser leur douleur [6]. »

« Heureux ceux qui sont doux. » Les difficultés que nous rencontrons peuvent être considérablement amoindries par cette douceur qui se cache en Christ. Si nous possédons l'humilité du Maître, nous nous mettrons au-dessus du mépris, des reproches et des ennuis auxquels nous sommes exposés tous les jours, et ces choses cesseront d'attrister notre esprit. La maîtrise de soi-même est le meilleur titre de noblesse d'un chrétien. Celui à qui les injures et les mauvais traitements font perdre le calme et la confiance, prive Dieu du droit de se révéler en lui dans sa perfection. C'est l'humilité du cœur, marque de leur relation avec les cours célestes, qui assure la victoire aux disciples du Christ.

« L'Eternel, qui est le Très-Haut, sait voir les humbles [7]. » Dieu considère avec tendresse ceux qui manifestent le caractère doux et humble du Christ. Même s'ils sont l'objet du mépris du monde, ils ont une grande valeur aux yeux de Dieu. Ce ne sont pas seulement les sages, les grands, les bienfaiteurs, ce ne sont pas seulement les ouvriers actifs et pleins de zèle qui recevront un passeport pour le ciel ; mais aussi les pauvres en esprit, soupirant ardemment après la présence du Christ, les humbles de cœur, dont la suprême ambition est d'accomplir la volonté divine. A ceux-là l'entrée sera largement accordée. Ils seront parmi les heureux qui ont lavé et blanchi leurs robes dans le sang de l'Agneau. « C'est pourquoi ils sont devant le trône de Dieu et lui rendent un culte jour et nuit dans son temple. Celui qui est assis sur le trône dressera sa tente sur eux [8]. »

« Heureux ceux qui ont faim et soif de la justice. » Un cœur conscient de sa propre indignité aura faim et soif de justice, et ce désir ne sera pas déçu. Ceux qui font une place à Jésus dans leur cœur éprouveront son amour. Tous ceux qui désirent ardemment reproduire l'image du caractère de Dieu seront satisfaits. Le Saint-Esprit ne laisse jamais sans secours une âme qui regarde à Jésus. Il prend de ce qui est au Christ pour le lui offrir. Si les regards restent attachés au Christ, l'œuvre de l'Esprit ne cessera pas avant que l'âme ne soit devenue conforme à son image. Le pur élément de l'amour dilatera l'âme et la rendra capable d'atteindre l'idéal le plus élevé et d'acquérir la connaissance des choses célestes, de sorte qu'il ne lui manquera rien de ce qui constitue la plénitude. « Heureux ceux qui ont faim et soif de la justice, car ils seront rassasiés ! »

Celui qui est miséricordieux obtiendra miséricorde, et celui qui a le cœur pur verra Dieu. Toute pensée impure souille l'âme, affaiblit le sens moral et tend à effacer les impressions produites par le Saint-Esprit. Elle obscurcit la vision spirituelle et empêche les hommes de contempler Dieu. Le Seigneur pourra et voudra accorder le pardon au pécheur repentant ; cependant, même après le pardon, l'âme reste déparée. Quiconque désire discerner clairement la vérité spirituelle doit donc éviter, avec soin, toute impureté en parole et en pensée.

Mais les paroles du Christ impliquent plus que l'absence d'impuretés sensuelles, ou que l'absence de souillures cérémonielles, ce qui était la préoccupation essentielle des Juifs. L'égoïsme nous met dans l'impossibilité de contempler Dieu. L'esprit qui se recherche lui-même imagine Dieu à sa propre image. Tant que nous n'avons pas renoncé à ces choses, nous ne pouvons comprendre celui qui est Amour. Seul, le cœur désintéressé, l'esprit humble et confiant, verra en Dieu un Etre « miséricordieux et compatissant, lent à la colère, riche en grâce et en fidélité [9] ».

« Heureux ceux qui procurent la paix. » C'est la vérité qui engendre la paix du Christ. Cette paix est en harmonie avec Dieu. Le monde est ennemi de la loi de Dieu ; les pécheurs sont ennemis de leur Créateur ; en conséquence ils sont ennemis les uns des autres. Mais le psalmiste déclare : « Grande est la paix de ceux qui aiment ta loi : rien ne peut les faire chanceler [10]. » Les hommes sont impuissants à produire la paix. Les projets humains ayant pour but l'amélioration et le progrès des individus ou de la société ne réussiront pas à établir la paix, parce qu'ils ne touchent pas le cœur. Seule, la grâce du Christ est capable de créer et de maintenir la vraie paix. Quand cette grâce s'établit dans un cœur, elle en expulse les mauvaises passions qui occasionnent les querelles et les disputes. « Là où croissaient les buissons s'élèvera le cyprès et à la place de l'épine croîtra le myrte » ; « le désert et la terre désolée sont dans la joie [11] ».

Les foules étaient frappées d'étonnement en entendant ces choses, si différentes des préceptes et de l'exemple des pharisiens. On en était venu à penser que le bonheur consistait dans la possession des biens de ce monde, que la célébrité et les honneurs humains étaient dignes d'être recherchés. Etre appelé Rabbi, être loué pour sa sagesse et sa piété, faire parade de ses vertus en public, était, croyait-on, le bonheur suprême. Mais Jésus déclara en présence de cette foule immense que de telles personnes ne devaient pas s'attendre à rien d'autre qu'à ces gains et ces honneurs terrestres. Il parlait avec assurance, et ses paroles entraînaient la conviction. Le peuple se voyait réduit au silence, et envahi par un sentiment de crainte. Les gens s'interrogeaient anxieusement du regard. Qui serait sauvé si cet homme disait vrai ? Plusieurs avaient la conviction que ce Maître remarquable était sous l'influence de l'Esprit de Dieu, et qu'il exprimait des sentiments divins.

Après avoir défini le vrai bonheur, et avoir indiqué les conditions à remplir pour l'obtenir, Jésus expliqua plus clairement, à ses disciples, leurs devoirs en tant que maîtres choisis de Dieu, pour conduire les hommes dans les sentiers de la justice et de la vie éternelle. Il prévoyait qu'ils seraient souvent exposés aux déceptions et au découragement, à l'opposition la plus acharnée, aux injures, et que leur témoignage serait rejeté. Il savait bien qu'en accomplissant leur mission, ces humbles hommes qui l'écoutaient si attentivement auraient à souffrir la calomnie, les supplices, l'emprisonnement et la mort. C'est pourquoi il continua :

« Heureux ceux qui sont persécutés pour la justice, car le royaume des cieux est à eux ! Heureux serez-vous, lorsqu'on vous insultera, qu'on vous persécutera, qu'on répandra sur vous toute sorte de calomnies à cause de moi. Réjouissez-vous, soyez dans l'allégresse, parce que votre récompense sera grande dans les cieux. Car c'est ainsi qu'on a persécuté les prophètes qui vous ont précédés. »

Le monde aime le péché, il hait la justice, et c'est pour cela qu'il se montra si hostile à l'égard de Jésus. Tous ceux qui repoussent son amour infini considéreront le christianisme comme un élément de trouble. La lumière du Christ dissipe les ténèbres qui enveloppent leurs péchés, et rend manifeste le besoin de réforme. Alors que ceux qui cèdent à l'influence du Saint-Esprit entrent en guerre avec eux-mêmes, ceux qui restent attachés au péché font la guerre à la vérité et à ses représentants.

Ainsi la lutte éclate, et les disciples du Christ sont accusés d'être des fauteurs de désordre. Mais c'est la communion avec Dieu qui fait d'eux les objets de l'inimitié du monde. Ils portent l'opprobre du Christ. Ils foulent le sentier qu'a foulé le plus noble des hommes. Loin de les affliger, la persécution devrait les réjouir. Les plus grandes épreuves sont les moyens que Dieu emploie pour les purifier et faire d'eux ses collaborateurs qualifiés. Chaque conflit a sa place dans la grande bataille qui se livre pour la justice et ajoute à la joie du triomphe final. Loin de redouter et d'éviter l'épreuve de la foi et de la patience, on l'acceptera donc joyeusement. Préoccupés de s'acquitter de leurs obligations envers le monde, et désireux d'obtenir l'approbation de Dieu, ses serviteurs accompliront tout leur devoir, sans se soucier de la crainte ou de l'amour des hommes.

« C'est vous qui êtes le sel de la terre », a dit Jésus. Ne vous retirez pas du monde afin d'échapper à la persécution. Demeurez parmi les hommes, pour que l'amour divin soit un sel qui préserve le monde de la corruption. Les cœurs qui répondent à l'influence du Saint-Esprit deviennent autant de canaux par lesquels Dieu fait couler ses bénédictions. Le monde serait abandonné à la désolation et à la destruction, fruits de la domination de Satan, si ceux qui servent Dieu étaient enlevés de la terre, et si son Esprit était retiré du milieu des hommes. Bien qu'ils ne s'en rendent pas compte, les méchants doivent même la bénédiction de l'existence actuelle à la présence, en ce monde, du peuple de Dieu qu'ils méprisent et oppriment. Mais ceux qui n'ont que le nom de chrétiens sont comme un sel qui aurait perdu sa saveur. Ils n'exercent pas une bonne influence dans le monde et sont plus dangereux que les incrédules, car ils donnent une fausse idée de Dieu.

« C'est vous qui êtes la lumière du monde. » Les Juifs s'attribuaient le monopole du salut ; le Christ leur montra que le salut est comme la lumière du soleil : il appartient à tout le monde. La religion de la Bible ne se laisse pas enfermer entre les couvertures d'un livre ou les murs d'un temple. On ne doit pas s'en servir occasionnellement, à son profit, et la délaisser ensuite. Elle doit sanctifier la vie quotidienne, se manifester dans toutes les affaires et dans toutes les relations sociales.

Le caractère n'est pas un manteau dont on peut se revêtir ; c'est quelque chose qui rayonne de l'intérieur. Si nous voulons conduire d'autres âmes dans la voie de la justice, il faut que le principe de la justice soit enchâssé dans nos cœurs. On peut, par une simple profession de foi, proclamer la théorie de la religion, mais il faut une piété pratique pour placer la parole de vérité devant les yeux. Une vie conséquente, une conversation sainte, une intégrité inébranlable, un esprit actif, bienfaisant, un exemple de piété, voilà les moyens par lesquels la lumière est apportée au monde.

Jésus ne s'est pas arrêté sur les particularités de la loi, mais il n'a pas permis à ses auditeurs de penser qu'il était venu pour en mettre de côté les exigences. Il savait que des espions se tenaient prêts à saisir tout propos susceptible d'être mis au service de leur dessein. Il connaissait le préjugé existant dans l'esprit de beaucoup de ses auditeurs ; aussi ne dit-il rien qui pût ébranler leur foi en la religion et les institutions transmises par Moïse. Le Christ avait lui-même donné à la fois la loi morale et la loi cérémonielle. Il se gardait bien de détruire la confiance avec laquelle on recevait les instructions données par lui-même. C'est le respect qu'il avait pour la loi et les prophètes qui l'avait amené à renverser la barrière des exigences traditionnelles qui enfermait les Juifs. Tout en rejetant les fausses interprétations qu'ils donnaient à la loi, il recommandait à ses disciples de ne pas abandonner les vérités vitales confiées aux Hébreux.

Les pharisiens se faisaient une gloire de leur obéissance à la loi ; cependant, les paroles du Sauveur leur paraissaient une hérésie, car ils ne possédaient pas la connaissance des principes de cette loi qui s'acquiert uniquement par une pratique quotidienne. Lorsque le Maître déblayait les décombres sous lesquels ils avaient enseveli la vérité, ils s'imaginaient qu'il démolissait la vérité elle-même. Ils murmuraient entre eux, se disant l'un à l'autre que Jésus méprisait la loi. Lisant leurs pensées, il leur dit :

« Ne pensez pas que je sois venu abolir la loi ou les prophètes. Je ne suis pas venu abolir, mais accomplir. » Par ces paroles. Jésus repousse les accusations des pharisiens. Sa mission dans le monde consistait à revendiquer les droits sacrés de cette loi qu'on l'accusait de violer. Si la loi de Dieu avait pu être modifiée ou abolie, le Christ n'aurait pas eu besoin de souffrir les conséquences de nos transgressions. Il est venu pour expliquer les relations qui existent entre la loi et l'homme, et pour en illustrer les préceptes par une vie d'obéissance.

C'est parce que Dieu aime l'humanité qu'il a donné ses saints préceptes. Pour nous éviter les résultats de la transgression, il nous révèle les principes de la justice. La loi est l'expression de la pensée divine ; quand nous la recevons en Christ, elle devient notre propre pensée. Elle nous élève au-dessus des désirs et des tendances de notre nature, au-dessus des tentations qui nous font pécher. Dieu veut notre bonheur, et c'est pour nous donner de la joie qu'il nous a communiqué les préceptes de sa loi. Quand les anges chantaient à la naissance de Jésus :

« Gloire à Dieu dans les lieux très hauts,
Et paix sur la terre parmi les hommes qu'il agrée [12] ! »

ils énonçaient les principes de la loi qu'il était venu rendre illustre et magnifique.

Par la loi promulguée au Sinaï, Dieu fit connaître aux hommes la sainteté de son caractère ; il voulait, par contraste, leur faire toucher du doigt leur propre état de péché. La loi devait les convaincre de péché et faire naître en eux le besoin d'un Sauveur. Tel est l'effet obtenu quand les principes qu'elle renferme sont réalisés dans le cœur par le Saint-Esprit. Cette même œuvre doit se poursuivre. Les principes de la loi ont été manifestés dans la vie du Christ ; lorsque le Saint-Esprit de Dieu touche les cœurs, et que la lumière du Christ montre aux hommes qu'ils ont besoin du sang purificateur et de la justice justifiante, la loi est encore un moyen de nous conduire au Christ afin que nous soyons justifiés par la foi. « La loi de l'Eternel est parfaite : elle restaure l'âme [13]. » « Jusqu'à ce que le ciel et la terre passent, dit Jésus, pas un seul iota, pas un seul trait de lettre de la loi ne passera, jusqu'à ce que tout soit arrivé. » Le soleil qui brille dans les cieux, la terre ferme sur laquelle nous vivons, sont des témoins de l'éternité de la loi de Dieu. Quand ils passeraient, les préceptes divins demeureraient. « Il est plus facile pour le ciel et la terre de passer, que pour un seul trait de lettre de la loi de tomber [14]. » L'ensemble des symboles qui annonçaient Jésus, en tant qu'Agneau de Dieu, devait prendre fin à sa mort ; mais les préceptes du Décalogue sont aussi immuables que le trône de Dieu.

Dès lors que « la loi de l'Eternel est parfaite », s'en écarter tant soit peu est un mal. Le Christ condamne ceux qui désobéissent aux commandements de Dieu et enseignent à faire de même. La vie d'obéissance du Sauveur maintenait les droits de la loi ; elle démontrait que la loi peut être observée au sein de l'humanité ; elle montrait la beauté de caractère qui est le fruit de l'obéissance. Tous ceux qui, suivent son exemple affirment par là que la loi est sainte, juste et bonne [15] ». En revanche, tous ceux qui violent les commandements donnent raison à Satan qui prétend que la loi est injuste, qu'on ne peut lui obéir. Ils favorisent ainsi les séductions du grand adversaire et déshonorent Dieu. Ils sont les fils du malin, qui fut le premier à se révolter contre la loi de Dieu. Les introduire dans le ciel serait y ramener des éléments de discorde et de rébellion et mettre en péril le bonheur de l'univers. Un homme qui méprise consciemment un principe de la loi ne saurait entrer dans le royaume des cieux.

Les rabbins estimaient que leur justice était un passeport pour le ciel ; Jésus déclara que cela était insuffisant et non méritant. La justice des pharisiens était faite de cérémonies extérieures accompagnées d'une connaissance théorique de la vérité. Les rabbins avaient la prétention d'atteindre à la sainteté en s'efforçant d'observer la loi ; par leurs œuvres ils avaient consommé le divorce entre la justice et leur religion. Très scrupuleux au sujet des observances rituelles, ils vivaient dans l'immoralité et la dégradation. Leur prétendue justice n'avait aucune chance d'entrer dans le royaume des cieux.

La plus grande erreur de l'esprit humain, aux jours du Christ, fut d'imaginer qu'on pouvait obtenir la justice par une simple adhésion à la vérité. L'expérience humaine a montré qu'une connaissance théorique de la vérité est incapable de sauver une âme et de produire des fruits de justice. Un soin jaloux de ce qu'on appelle la vérité théologique est souvent accompagné d'un sentiment de haine pour la vérité authentique telle qu'elle se manifeste dans la vie. Les plus sombres chapitres de l'histoire sont ceux qui conservent le souvenir des crimes inspirés par le fanatisme religieux. Les pharisiens se disaient enfants d'Abraham et se glorifiaient de posséder les oracles divins ; toutefois ces avantages ne les préservaient pas de l'égoïsme, de la malice, de l'avarice et de la plus vile hypocrisie. Ils se croyaient les gens les plus religieux de l'univers, et leur prétendue orthodoxie les a amenés à crucifier le Seigneur de gloire.

Le même danger persiste aujourd'hui. Beaucoup de gens se croient chrétiens, simplement parce qu'ils souscrivent à quelque formule théologique. Mais ils n'ont pas introduit la vérité dans la vie pratique et n'ont pas fait d'elle l'objet de leur foi et de leur amour ; c'est pourquoi ils n'ont pas reçu la puissance et la grâce, fruits de la vérité sanctifiante. On peut faire profession de croire à la vérité ; mais si l'on n'en devient pas plus sincère, plus aimable, plus patient, plus pénétré de pensées célestes, on est une malédiction pour soi-même et pour le monde.

La justice que le Christ enseignait consiste à conformer son cœur et sa vie à la volonté révélée de Dieu. Des hommes pécheurs ne peuvent devenir justes qu'en ayant foi en Dieu et en maintenant avec lui une relation vitale. Alors seulement la piété élève les pensées et ennoblit la vie ; les formes extérieures de la religion s'accordent avec la pureté intérieure du chrétien ; les cérémonies qui rentrent dans le service de Dieu cessent d'être des rites insignifiants comme ceux des pharisiens hypocrites.

Jésus prend séparément chacun des commandements, et il en dévoile la profondeur et la portée. Bien loin d'en amoindrir la force, il montre jusqu'où vont les principes qu'ils renferment, et met en évidence l'erreur fatale que commettent les Juifs en se contentant d'une obéissance extérieure. Il déclare qu'une mauvaise pensée ou un regard de convoitise constitue une transgression de la loi divine. Quiconque se rend complice de la moindre injustice viole la loi, et se dégrade moralement. Le meurtre prend naissance dans l'esprit. Celui qui admet dans son cœur un sentiment de haine s'engage sur la voie du meurtre et ses offrandes sont une abomination aux yeux de Dieu.

Les Juifs entretenaient un esprit de vengeance. Leur haine pour les Romains leur inspirait de dures attaques ; ils se rendaient agréables au malin en manifestant ses défauts et se préparaient ainsi aux terribles exploits qu'il leur fit commettre plus tard. Il n'y avait rien dans la piété des pharisiens qui fût de nature à recommander leur religion auprès des païens. Jésus les exhorta à ne pas se faire d'illusion en s'imaginant qu'il leur fût permis d'entretenir de mauvaises pensées contre leurs oppresseurs et de caresser des espoirs de vengeance.

Il est vrai qu'il existe une indignation légitime même chez les disciples du Christ. On est saisi d'une juste colère, qui n'est pas un péché, mais le fruit d'une conscience sensible, quand on voit Dieu déshonoré ou son service discrédité, ou l'innocent opprimé. Mais ceux qui cultivent la colère ou le ressentiment chaque fois qu'ils se jugent offensés, ouvrent leurs cœurs à Satan. Il faut que l'amertume et l'animosité soient bannies de l'âme qui veut vivre en harmonie avec le ciel.

Le Sauveur va plus loin. Il dit : « Si donc tu présentes ton offrande à l'autel, et que là tu te souviennes que ton frère a quelque chose contre toi, laisse là ton offrande devant l'autel, et va d'abord te réconcilier avec ton frère, puis viens présenter ton offrande. » Plusieurs participent, avec zèle, aux services religieux alors que des différends qui pourraient être réglés les séparent de leurs frères. Dieu demande qu'ils fassent tout ce qui dépend d'eux pour rétablir l'harmonie. Leurs services ne seront acceptés qu'à cette condition. Le devoir du chrétien, à cet égard, est clair.

Le Seigneur répand ses bénédictions sur tous. « Il fait lever son soleil sur les méchants et sur les bons et fait pleuvoir sur les justes et sur les injustes. » « Il est bon pour les ingrats et pour les méchants [16]. » Il nous invite à lui ressembler. « Bénissez ceux qui vous maudissent, dit Jésus, faites du bien à ceux qui vous haïssent. » « Alors vous serez fils de votre Père qui est dans les cieux. » Tels sont les principes de la loi, et c'est de cette source que jaillit la vie.

L'idéal que Dieu propose à ses enfants est élevé au-dessus de toute pensée humaine. « Vous serez donc parfaits, comme votre Père céleste est parfait. » Cet ordre renferme aussi une promesse. Le plan de la rédemption prévoit notre affranchissement complet du pouvoir de Satan. Le Christ éloigne toujours du péché l'âme qui éprouve une véritable contrition. Il est venu pour anéantir les œuvres du diable, et il a pourvu à ce que le Saint-Esprit fût communiqué à toute âme repentante, pour la préserver du péché.

Aucune tentation ne doit servir d'excuse à un acte coupable. Satan exulte quand il entend ceux qui font profession d'être disciples du Christ chercher à justifier leurs défauts de caractère. C'est ainsi qu'on se trouve conduit à pécher. Le péché n'a aucune excuse. Un tempérament sanctifié, une vie semblable à celle du-Christ sont accessibles à tout enfant de Dieu qui se repent et qui croit.

L'idéal pour un caractère chrétien c'est de ressembler au Christ. De même que le Fils de l'homme a mené une vie parfaite, ses disciples doivent eux aussi mener une vie parfaite. Jésus avait été fait en toutes choses semblable à ses frères. Il était devenu chair, comme nous. Il a souffert la faim, la soif, la fatigue. Il a dû s'alimenter et refaire ses forces par le sommeil. Il a partagé le sort des hommes, tout en restant l'irréprochable Fils de Dieu. Il était Dieu dans la chair. Son caractère doit devenir le nôtre. Le Seigneur déclare, au sujet de ceux qui croient en lui : « J'habiterai et je marcherai au milieu d'eux ; je serai leur Dieu, et ils seront mon peuple [17]. »

Le Christ est l'échelle vue par Jacob, dont la base reposait sur la terre et le sommet atteignait la porte du ciel, au seuil de la gloire. Si un seul échelon avait manqué pour toucher le sol, nous étions perdus. Mais le Christ arrive jusqu'à nous. Il a pris notre nature et a vaincu pour qu'en prenant sa nature nous soyons vainqueurs. Venu « dans une chair semblable à celle du péché [18] », il a vécu sans péché. Maintenant par sa divinité il saisit le trône céleste tandis que par son humanité il nous atteint. Il nous invite à rejoindre la gloire du caractère divin en croyant en lui. Il nous faut donc être parfaits, comme notre « Père qui est dans les cieux est parfait ».

Après avoir montré en quoi consiste la justice et comment elle a sa source en Dieu, Jésus énuméra quelques devoirs pratiques. Qu'on fasse des aumônes, des prières ou des jeûnes, dit-il, sans se proposer jamais d'attirer l'attention sur soi-même ou d'obtenir des louanges. Qu'on donne, en toute sincérité, pour le soulagement des pauvres. C'est par la prière que l'âme cherche à communier avec Dieu. Que ceux qui jeûnent ne baissent pas la tête et n'aient pas de pensée égoïste. Le cœur du pharisien est un sol stérile où aucune semence de vie divine ne peut germer. Plus on s'abandonne sans réserve à Dieu, plus on lui est agréable. Par la communion avec Dieu les hommes deviennent ses collaborateurs, en tant qu'ils s'efforcent de refléter son caractère dans l'humanité.

Le service rendu avec sincérité de cœur aura une grande récompense. « Ton Père qui voit dans le secret te le rendra. » C'est en vivant sous l'influence de la grâce du Christ que se forme notre caractère. L'âme retrouve peu à peu sa beauté originelle. Les qualités du Christ nous sont communiquées et l'image du divin retrouve sa splendeur. Les visages des hommes et des femmes qui marchent et qui travaillent avec Dieu rayonnent d'une paix céleste. Pour de telles âmes, le royaume de Dieu a déjà commencé ; elles possèdent la joie du Christ, la joie d'être une source de bénédiction pour l'humanité. Le Maître leur a fait l'honneur de les accepter à son service, de les autoriser à travailler en son nom.

« Nul ne peut servir deux maîtres. » On ne peut servir Dieu d'un cœur partagé. La religion de la Bible ne doit pas être une influence parmi beaucoup d'autres ; ce doit être une influence suprême. Non pas le coup de pinceau ici ou là, mais l'imprégnation de toute la toile par la couleur indélébile.

« Si... ton œil est en bon état, tout ton corps sera illuminé ; mais si ton œil est mauvais, tout ton corps sera dans les ténèbres. » La pureté et la fermeté des desseins sont les conditions à remplir pour recevoir la lumière divine. Quiconque désire connaître la vérité doit accepter tout ce qu'elle met en lumière. On ne doit pas transiger avec l'erreur. Se montrer hésitant et nonchalant dans la défense de la vérité, c'est donner la préférence aux ténèbres de l'erreur et aux tromperies de Satan.

La politique mondaine et les fermes principes de la justice ne sont pas deux choses qui se fondent comme les couleurs de l'arc-en-ciel. Le Dieu éternel a tracé, entre les deux choses, une ligne claire et nette. L'image du Christ se détache de celle de Satan comme le jour de la nuit. Et ceux-là seuls qui vivent de la vie du Christ sont ses collaborateurs. L'être tout entier peut être contaminé par un seul péché caressé, par une seule mauvaise habitude invétérée. L'homme devient ainsi un instrument de l'injustice. Celui qui se voue au service de Dieu doit se reposer de tout sur lui. Le Christ montra les oiseaux volant par le ciel, les fleurs des champs, et invita ses auditeurs à considérer ces objets de la création de Dieu. « Ne valez-vous pas beaucoup plus qu'eux ? » demanda-t-il. L'attention divine accordée à chaque objet est proportionnée au rang qu'il occupe dans l'échelle des êtres. La Providence prend soin du petit passereau gris. Les fleurs des champs, l'herbe dont le sol est tapissé, partagent la sollicitude du Père céleste. Le grand Artiste divin s'est occupé des lis et leur a donné une beauté qui surpasse la gloire de Salomon. Combien plus prendra-t-il soin de l'homme fait à son image et reflétant sa gloire. Il désire que ses enfants forment un caractère à sa ressemblance. Comme les rayons du soleil donnent aux fleurs leurs teintes délicates et variées, Dieu communique à l'âme la beauté de son propre caractère.

Tous ceux qui ont fixé leur choix sur le royaume du Christ – royaume d'amour, de justice et de paix –, et en ont fait leur préoccupation dominante, tous ceux-là sont rattachés au monde supérieur, et il ne leur manque aucune bénédiction nécessaire à la vie. Dans le livre de la Providence divine, le volume de la vie, chacun de nous a sa page. Cette page contient tous les détails de notre histoire ; les cheveux mêmes de notre tête sont comptés. Les enfants de Dieu ne sont jamais absents de sa pensée.

« Ne vous inquiétez donc pas. » Le Christ doit être suivi jour après jour. Dieu ne donne pas aujourd'hui le secours pour demain. Il ne donne pas à ses enfants, de peur de les jeter dans la confusion, toutes les directions dont ils auront besoin au cours du voyage de la vie. Il leur dit tout juste ce qu'ils peuvent se rappeler et accomplir. Les forces et la sagesse communiquées sont suffisantes pour les nécessités du moment. « Si quelqu'un d'entre vous manque de sagesse – pour aujourd'hui – qu'il la demande à Dieu qui donne à tous libéralement et sans récriminer, et elle lui sera donnée [19]. »

« Ne jugez pas, afin de ne pas être jugés. » Ne vous croyez pas meilleurs que les autres, ne vous érigez pas en juges. Incapables comme vous l'êtes de discerner les mobiles, vous n'êtes pas qualifiés pour juger autrui. En faisant porter vos critiques sur quelqu'un, c'est votre propre sentence que vous prononcez ; car vous montrez par là que vous êtes un affilié de Satan, l'accusateur des frères. Le Seigneur dit : « Examinez-vous vous-mêmes, pour voir si vous êtes dans la foi ; éprouvez-vous vous-mêmes. » Voilà notre œuvre. « Si nous nous jugions nous-mêmes, nous ne serions pas jugés [20]. »

Un arbre bon produira de bons fruits. Si le fruit n'a ni saveur, ni valeur, l'arbre est mauvais. C'est aussi le fruit que produit une vie qui montre la condition d'un cœur et l'excellence d'un caractère. Les bonnes œuvres ne peuvent servir en aucun cas à acquérir le salut, mais elles constituent une preuve de la foi agissant par la charité et purifiant l'âme. Et, bien que la récompense éternelle ne soit pas due à nos mérites, elle sera néanmoins proportionnée à l'œuvre que nous aurons accomplie, par la grâce du Christ.

C'est ainsi que le Christ exposa les principes de son royaume et montra, en eux, la règle d'or de la vie. Il se servit d'une image pour donner plus de force à son enseignement. Il ne suffit pas, dit-il, d'écouter mes paroles. Il faut qu'elles deviennent, par l'obéissance, le fondement de votre caractère. Le moi n'est que sable mouvant. Si vous bâtissez sur des théories et des inventions humaines, votre édifice s'écroulera. Il sera renversé par les vents de la tentation et par les tempêtes de l'épreuve. Mais les principes que je vous ai donnés demeurent à toujours. Recevez-moi ; bâtissez sur mes paroles.

« Ainsi quiconque entend de moi ces paroles et les met en pratique sera semblable à un homme sensé qui a bâti sa maison sur le roc. La pluie est tombée, les torrents sont venus, les vents ont soufflé et se sont jetés contre cette maison : elle n'est pas tombée, car elle était fondée sur le roc. »

---

[1] Ce chapitre est basé sur Matthieu 5.6 ; 7. [2] Marc 3.8 ; Luc 6.17-19. [3] Esaïe 57.15. [4] Jérémie 3.13, 12. [5] Esaïe 61.3. [6] Esaïe 57.18 ; Jérémie 31.13. [7] Psaume 138.6. [8] Apocalypse 7.15. [9] Exode 34.6. [10] Psaume 119.165. [11] Esaïe 55.13 ; 35.1. [12] Luc 2.14. [13] Psaume 19.8. [14] Luc 16.17. [15] Romains 7.12. [16] Luc 6.35. [17] 2 Corinthiens 6.16 [18] Romains 8.3. [19] Jacques 1.5. [20] 2 Corinthiens 13.5 ; 1 Corinthiens 11.31.

Chapitre 32

Le centenier

Le Christ avait dit à l'officier royal dont il avait guéri le fils : « Si vous ne voyez des miracles et des prodiges, vous ne croirez donc point [2] ! » Il était affligé par l'incrédulité de ceux de sa nation qui réclamaient pour croire à sa messianité des signes extérieurs. La foi du centenier fut donc pour lui un sujet d'étonnement. Le centenier ne doutait pas de la puissance du Sauveur. Il ne lui demanda même pas de venir, en personne, accomplir le miracle. « Dis seulement un mot, s'écria-t-il, et mon serviteur sera guéri. »

Le serviteur du centenier, frappé de paralysie, se mourait. Chez les Romains les serviteurs étaient des esclaves, achetés et vendus sur les marchés, et souvent maltraités ; mais le centenier aimait tendrement son serviteur et avait un vif désir de le voir rétabli. Il croyait que Jésus pouvait le guérir. Il n'avait pas encore vu le Sauveur, mais ce qu'il avait entendu de lui avait fait naître la foi dans son cœur. Malgré le formalisme des Juifs, ce Romain était convaincu de la supériorité de la religion juive. Déjà il avait franchi les barrières des préjugés nationaux et des haines qui séparaient les conquérants du peuple soumis, donné des preuves de respect pour le service de Dieu, et témoigné de la bonté envers les Juifs parce qu'il voyait, en eux, des adorateurs du vrai Dieu. Dans l'enseignement du Christ, tel qu'on le lui transmit, il trouva ce qui répondait aux besoins de son âme. Tout ce qu'il y avait de spirituel en lui accueillait les paroles du Sauveur. Mais il se sentait indigne de paraître en la présence de Jésus et il envoya quelques anciens, d'entre les Juifs, pour demander la guérison de son serviteur. Il pensait que ces hommes, étant en relation avec le grand Maître, sauraient l'approcher et obtenir cette faveur.

En entrant à Capernaüm, Jésus rencontra la délégation des anciens qui lui apportaient le désir du centenier. Ils le priaient avec instance en disant : « Il est digne que tu lui accordes cela ; car il aime notre nation, et c'est lui qui a bâti notre synagogue. »

Jésus se mit immédiatement en route vers la demeure de l'officier ; mais, pressé par la foule, il n'avançait que lentement. Apprenant que Jésus approchait, le centenier, dans un sentiment de profonde humilité, lui envoya ce message : « Seigneur, ne prends pas tant de peine ; car je ne mérite pas que tu entres sous mon toit. » Le Seigneur, néanmoins, poursuivit sa route, et le centenier eut, enfin, la hardiesse de se présenter lui-même, et de compléter ainsi son message : « C'est aussi pour cela que je ne me suis pas cru digne d'aller en personne vers toi. Mais dis un mot, et que mon serviteur soit guéri ! Car, moi qui occupe une place de subalterne, j'ai des soldats sous mes ordres ; et je dis à l'un :Va ! et il va ; à l'autre : Viens ! et il vient ; et à mon serviteur : Fais cela ! et il le fait. » De même que mes soldats reconnaissent en moi le représentant du pouvoir romain et s'inclinent devant mon autorité, de même tu représentes le pouvoir du Dieu infini, et toutes les choses créées obéissent à ta parole. Tu peux commander à la maladie de s'éloigner, et elle t'obéira. Tu peux faire appel à tes messagers célestes, qui répandront une vertu salutaire. Dis seulement une parole, et mon serviteur sera guéri.

« Lorsque Jésus entendit ces paroles, il admira le centenier, se tourna vers la foule qui le suivait et dit : Je vous le dis, même en Israël je n'ai pas trouvé une aussi grande foi. » Puis, s'adressant au centenier, il dit : « Va, qu'il te soit fait selon ta foi. Et à l'heure même le serviteur fut guéri. »

Les anciens des Juifs qui avaient recommandé au Christ le centenier, avaient montré combien ils étaient éloignés de l'esprit de l'Evangile. Ils ne comprenaient pas que notre grand besoin est notre seul titre à la miséricorde divine. Remplis de propre justice, ils faisaient l'éloge du centenier, disant qu'il aimait leur « nation ». Le centenier, au contraire, disait de lui-même : « Je ne mérite pas. » Son cœur, touché par la grâce du Christ, reconnaissait sa propre indignité, ce qui ne l'empêchait pas de demander du secours. Il ne se confiait pas en sa propre bonté ; son grand besoin constituait son unique argument. Sa foi saisit le Christ tel qu'il est réellement. Il ne vit pas en lui simplement un faiseur de prodiges, mais l'ami et le Sauveur de l'humanité.

C'est par ce chemin-là que tout pécheur peut arriver au Christ. « Il nous a sauvés – non parce que nous aurions fait des œuvres de justice, mais en vertu de sa propre miséricorde [3]. » Si Satan vous dit que vous êtes pécheurs, et qu'il est inutile d'espérer obtenir la bénédiction de Dieu, répondez-lui que le Christ est venu dans le monde pour sauver les pécheurs. Nous n'avons rien pour nous accréditer aux yeux de Dieu ; mais maintenant, comme toujours, nous pouvons faire valoir notre situation désespérée qui rend indispensable l'intervention de son pouvoir rédempteur. Renonçant à toute confiance en nous-mêmes, nous pouvons regarder à la croix du Calvaire et dire :

Dans ma main je n'apporte aucun prix,
Je ne fais que me cramponner à ta croix.

Dès leur enfance, les Juifs avaient reçu des instructions concernant l'œuvre du Messie. Les déclarations inspirées des patriarches et des prophètes, ainsi que l'enseignement symbolique des sacrifices, étaient à leur portée. Mais ils avaient méconnu la lumière ; et maintenant ils n'apercevaient rien de désirable en Jésus. Le centenier, au contraire, quoique né au sein du paganisme, élevé dans l'idolâtrie de la Rome impériale, voué à la carrière militaire, apparemment privé de vie spirituelle, par son éducation et son entourage, plus encore repoussé par le fanatisme des Juifs et par le mépris universel dont le peuple d'Israël était l'objet, perçut la vérité qui avait laissé aveugles les enfants d'Abraham. Il n'attendit pas de voir si les Juifs recevraient eux-mêmes celui qui se donnait pour leur Messie. A mesure qu'avait brillé sur lui la lumière qui, « en venant dans le monde, éclaire tout homme [4] », il avait distingué, bien qu'à distance, la gloire du Fils de Dieu.

Pour Jésus, ceci était un gage de l'œuvre que l'Evangile devait accomplir parmi les païens. C'est avec joie qu'il contempla, à l'avance, le rassemblement des âmes de toutes nations dans son royaume. Et c'est aussi avec une profonde tristesse qu'il dépeignit aux Juifs les résultats de leur incrédulité : « Je vous le déclare, plusieurs viendront de l'Orient et de l'Occident et se mettront à table avec Abraham, Isaac et Jacob dans le royaume des cieux. Mais les fils du royaume seront jetés dans les ténèbres du dehors ; il y aura là des pleurs et des grincements de dents. » Hélas ! ils sont nombreux aujourd'hui ceux qui se préparent une aussi fatale déception ! Tandis qu'au sein des ténèbres païennes des âmes acceptent sa grâce, combien de gens en pays chrétiens méconnaissent la lumière qui brille pour eux !

A une distance de plus de trente kilomètres de Capernaüm, sur un plateau d'où l'on aperçoit la vaste et magnifique plaine d'Esdraélon, se trouvait le village de Naïn, et Jésus y dirigea ses pas. Il avait avec lui bon nombre de ses disciples ainsi que d'autres personnes, et tout le long du parcours le peuple affluait, désireux d'entendre ses paroles d'amour et de pitié ; on apportait des malades pour qu'il les guérît, et l'on caressait toujours l'espoir que celui qui déployait un tel pouvoir se ferait proclamer Roi d'Israël. La multitude joyeuse et pleine d'espérance se pressait sur ses pas, dans le sentier rocailleux qui menait à la porte du village de montagne.

En approchant, on vit un convoi funèbre sortant de la porte. Il s'avançait avec lenteur vers le lieu d'ensevelissement. Dans un cercueil ouvert porté en tête du convoi se trouvait le corps du mort ; autour, les pleureurs remplissaient l'air de leurs lamentations. Toute la population du village semblait s'être donné rendez-vous pour rendre hommage au mort et témoigner sa sympathie aux affligés.

Cette vue inspirait une profonde pitié. Le mort était le fils unique d'une veuve. La pauvre femme accompagnait à la tombe son seul appui, sa seule consolation. « Le Seigneur la vit, eut compassion d'elle », et comme, aveuglée par les larmes, elle s'avançait sans remarquer sa présence, il s'approcha d'elle et lui dit doucement : « Ne pleure pas ! » Jésus était sur le point de changer la douleur de cette femme en joie, pourtant il ne pouvait s'empêcher d'exprimer d'abord sa tendre sympathie.

Puis, s'étant approché, il « toucha le cercueil ». La mort elle-même ne pouvait, par son contact, lui communiquer une souillure. Les porteurs s'arrêtèrent, et les lamentations se turent. Les deux groupes se réunirent autour du cercueil, espérant contre toute espérance. Quelqu'un était là qui avait vaincu la maladie et les démons ; la mort serait-elle aussi soumise à son pouvoir ?

D'une voix claire et pleine d'autorité Jésus prononça ces paroles : « Jeune homme, je te le dis, lève-toi ! » Cette voix frappe les oreilles du mort. Le jeune homme ouvre les yeux. Jésus le prend par la main et le relève. Son regard tombe sur celle qui pleure à côté de lui ; la mère et le fils s'étreignent éperdument. La foule stupéfiée regarde en silence. « Tous furent saisis de crainte. » Ils restent quelque temps silencieux et respectueux, comme en présence de Dieu. Puis, glorifiant Dieu, ils s'écrient : « Un grand prophète s'est levé parmi nous, et Dieu a visité son peuple. » Le convoi funèbre revint à Naïn en une procession triomphale. « Cette parole se répandit à son sujet dans la Judée tout entière et dans tous les environs. »

Il se tient près du cercueil avec chaque affligé, celui qui consola la mère éplorée aux portes de Naïn. Notre douleur éveille sa sympathie. Son cœur déborde d'une tendresse inaltérable. Sa parole, qui rappela le mort à la vie, n'a pas moins d'efficace aujourd'hui qu'au moment où elle fut adressée au jeune homme de Naïn. Il dit : « Tout pouvoir m'a été donné dans le ciel et sur la terre [5]. » Cette puissance n'est ni diminuée par le nombre des années écoulées, ni épuisée par l'activité incessante de sa grâce débordante. Il est toujours un Sauveur vivant pour tous ceux qui croient en lui.

En rendant le fils à sa mère, Jésus changea en joie la douleur de celle-ci. Cependant le jeune homme n'était rappelé qu'à cette vie terrestre, pour supporter encore ses douleurs, ses peines et ses périls et retomber, encore une fois, sous le pouvoir de la mort. Mais Jésus console ceux qui pleurent sur leurs morts par ce message d'espérance infinie : « Je suis ... le vivant. J'étais mort, et me voici vivant aux siècles des siècles. Je tiens les clés de la mort et du séjour des morts. » « Ainsi donc, puisque les enfants participent au sang et à la chair, lui aussi, d'une manière semblable y a participé, afin d'écraser par sa mort celui qui détenait la puissance de la mort, c'est-à-dire le diable, et de délivrer tous ceux qui, par crainte de la mort, étaient toute leur vie retenus dans l'esclavage [6]. »

Satan ne peut retenir les morts dans sa main quand le Fils de Dieu leur commande de vivre. Il ne peut davantage garder dans la mort spirituelle l'âme qui reçoit, par la foi, la parole puissante du Christ. A tous ceux qui sont morts dans le péché Dieu dit : « Réveille-toi, toi qui dors, relève-toi d'entre les morts [7]. » Cette parole est la vie éternelle. La parole de Dieu, qui donna la vie au premier homme, nous donne la vie, à nous aussi ; comme la parole du Christ : « jeune homme, je te le dis, lève-toi ! » rendit la vie au jeune homme de Naïn, ainsi la parole : « Relève-toi d'entre les morts », transmet la vie à l'âme qui la reçoit. Dieu « nous a délivrés du pouvoir des ténèbres et nous a transportés dans le royaume de son Fils bien-aimé [8] ». Tout nous est offert en sa Parole. Si nous la recevons, nous sommes délivrés. « Et si l'Esprit de celui qui a ressuscité Jésus d'entre les morts habite en vous, celui qui a ressuscité le Christ-Jésus d'entre les morts donnera aussi la vie à vos corps mortels par son Esprit qui habite en vous. » « Car le Seigneur lui-même, à un signal donné, à la voix d'un archange, au son de la trompette de Dieu, descendra du ciel, et les morts en Christ ressusciteront en premier lieu. Ensuite, nous les vivants, qui serons restés, nous serons enlevés ensemble avec eux dans les nuées, à la rencontre du Seigneur dans les airs, et ainsi nous serons toujours avec le Seigneur [9]. » Voilà la parole de consolations par laquelle il nous invite à nous consoler les uns les autres.

---

[1] Ce chapitre est basé sur Matthieu 8.5-13 ; Luc 7.1-17. [2] Jean 4.48. [3] Tite 3.4, 5. [4] Jean 1.9. [5] Matthieu 28.18. [6] Apocalypse 1.18 ; Hébreux 2.14, 15. [7] Ephésiens 5.14. [8] Colossiens 1.13. [9] Romains 8.11 ; 1 Thessaloniciens 4.16, 17.

CHAPITRE 33

Qui sont mes frères ?

LES fils de Joseph étaient loin d'approuver l'œuvre de Jésus. Les rapports qui leur parvenaient concernant sa vie et ses travaux leur procuraient de l'étonnement et de la consternation. Ils apprenaient qu'il passait des nuits entières en prière, que tout le long du jour il était assiégé par la foule qui ne lui laissait pas le temps de manger. Ses amis pensaient que ses travaux incessants risquaient de l'épuiser ; ils n'arrivaient pas à comprendre son attitude à l'égard des pharisiens et l'on allait parfois jusqu'à craindre pour sa raison [1]

Ces choses parvinrent aux oreilles de ses frères, ainsi que l'accusation portée contre lui par les pharisiens, selon laquelle il chassait les démons par la puissance de Satan. Ils se sentaient compromis dans l'opinion publique par leur parenté avec Jésus. Ils savaient que ses paroles et ses œuvres créaient une vive agitation ; ses propos audacieux jetaient l'alarme dans leurs esprits ; ils étaient indignés parce qu'il osait dénoncer les scribes et les pharisiens. Ils décidèrent de mettre un terme à son activité, soit par la douceur, soit par la force ; et ils persuadèrent Marie de se joindre à eux : ils s'imaginaient que l'amour qu'il portait à sa mère le rendrait plus prudent à l'avenir.

Jésus venait d'accomplir un miracle analogue à celui qu'il avait accompli précédemment, en guérissant un démoniaque aveugle et muet ; les pharisiens avaient renouvelé leur accusation : « C'est par le prince des démons qu'il chasse les démons [2]. » Le Christ leur dit clairement qu'en attribuant à Satan l'œuvre du Saint-Esprit ils se privaient de l'accès à la source des bénédictions. Ceux qui avaient parlé contre Jésus lui-même, sans discerner son caractère divin, pouvaient obtenir leur pardon ; en effet, l'action du Saint-Esprit pouvait les amener à reconnaître leur erreur et à se repentir. De quelque nature que soit le péché, si une âme se repent et croit, la faute est lavée dans le sang du Christ ; mais celui qui rejette l'œuvre du Saint-Esprit se place hors d'atteinte de la repentance et de la foi. C'est par l'Esprit que Dieu agit sur le cœur ; rejeter l'Esprit, attribuer son action à Satan, c'est obstruer l'unique canal par lequel Dieu peut communiquer avec nous. Dieu ne peut plus rien faire pour quelqu'un qui a définitivement rejeté l'Esprit.

Les pharisiens que Jésus avertissait ainsi ne prenaient pas au sérieux l'accusation qu'ils portaient contre Jésus. Chacun de ces dignitaires s'était senti attiré vers le Sauveur. La voix de l'Esprit avait résonné dans leurs cœurs, affirmant qu'il était l'Oint d'Israël et qu'ils avaient le devoir de se déclarer ses disciples. Mais c'eût été trop humiliant de l'accueillir comme le Messie après l'avoir rejeté. Une fois engagés dans le sentier de l'incrédulité, ils étaient trop fiers pour confesser leur erreur. Afin d'éviter de reconnaître la vérité, ils contredisaient violemment l'enseignement du Sauveur. Les preuves apportées par les manifestations de sa puissance et de sa miséricorde ne faisaient que les exaspérer. Ne pouvant ni empêcher le Sauveur d'accomplir des miracles, ni le réduire au silence, ils faisaient tout ce qu'ils pouvaient pour le présenter sous un faux jour et fausser son enseignement. Néanmoins la conviction produite par l'Esprit de Dieu les poursuivait et ils devaient se barricader pour échapper à son influence. La puissance la plus efficace qui puisse agir sur un cœur d'homme contestait avec eux, et ils refusaient de céder.

Ce n'est pas Dieu qui aveugle les hommes et endurcit leurs cœurs. Il leur envoie sa lumière pour corriger leurs erreurs et les conduire dans de sûrs sentiers ; c'est quand on rejette cette lumière que les yeux sont aveuglés et les cœurs endurcis. Parfois cela arrive d'une manière graduelle et presque imperceptible. Une âme est éclairée par la Parole de Dieu, par le moyen de ses serviteurs ou directement par l'action de son Esprit ; quand un rayon de lumière est dédaigné, la perception spirituelle se trouve affaiblie, si bien qu'une nouvelle manifestation de la lumière est moins discernée. Alors les ténèbres s'épaississent jusqu'à ce que l'âme soit plongée dans une nuit totale. C'est ce qui est arrivé aux chefs juifs. Convaincus que le Christ était revêtu d'une puissance divine, et voulant résister à la vérité, ils attribuaient à Satan l'œuvre du Saint-Esprit. Ainsi ils se trompaient eux-mêmes et se plaçaient sous la domination de Satan.

Cet avertissement du Christ au sujet du péché contre le Saint-Esprit fut accompagné d'une mise en garde contre les paroles vaines et inutiles. Les paroles traduisent les sentiments du cœur. « De l'abondance du cœur la bouche parle. » Non seulement les paroles révèlent le caractère ; elles réagissent sur le caractère. Les hommes subissent l'influence de leurs propres paroles. Il leur arrive souvent, momentanément influencés par Satan, d'exprimer des sentiments d'envie et de médisance, sans même y croire ; mais ces expressions exercent une action sur leurs pensées. Trompés par leurs propres paroles, ils en viennent à croire ce qu'ils ont dit à l'instigation de Satan. Puis, après avoir exprimé une opinion ou une décision, ils sont trop fiers pour se rétracter et font tant et si bien pour prouver qu'ils ont raison qu'ils finissent par le croire. Il y a danger à exprimer un doute, à mettre en question ou à juger défavorablement la lumière divine. Des habitudes de médisance négligente et irrespectueuse réagissent sur le caractère et favorisent l'irrévérence et l'incrédulité. En cultivant ces habitudes, sans se rendre compte du danger, plus d'un homme a fini par critiquer et rejeter l'œuvre du Saint-Esprit. Jésus a dit « Au jour du jugement, les hommes rendront compte de toute parole vaine qu'ils auront proférée. Car par tes paroles tu seras justifié, et par tes paroles tu seras condamné. »

Ensuite il adressa un avertissement à ceux qui, influencés par ses paroles, l'avaient écouté avec plaisir, mais avaient négligé de s'abandonner entièrement au Saint-Esprit pour lui permettre d'habiter en eux. Une âme peut être détruite non seulement par la résistance, mais aussi par la négligence. « Lorsque l'esprit impur est sorti de l'homme, dit Jésus, il traverse des lieux arides, cherche du repos et n'en trouve pas. Alors il dit : Je retournerai dans ma maison d'où je suis sorti ; et quand il arrive, il la trouve inoccupée, balayée et ornée. Il s'en va et prend avec lui sept autres esprits plus mauvais que lui ; ils entrent dans la maison, s'établissent là. »

Il y en avait beaucoup, aux jours du Christ, tout comme aujourd'hui, qui à un moment donné paraissaient délivrés du pouvoir de Satan ; la grâce de Dieu les avait affranchis de la domination des mauvais esprits ; ils se réjouissaient dans l'amour de Dieu ; mais, semblables aux auditeurs du terrain pierreux de la parabole, ils ne sont pas demeurés dans son amour. Ils ne se sont pas abandonnés à l'influence de Dieu, jour après jour, pour permettre au Christ d'habiter dans leurs cœurs ; aussi, quand le mauvais esprit revint avec « sept autres esprits plus mauvais que lui », ils se sont trouvés sous l'entière domination du mal.

Quand une âme fait au Christ une reddition totale, une puissance nouvelle s'empare du nouveau cœur. Il se fait alors un changement que l'homme ne saurait accomplir par lui-même. Il s'agit d'une œuvre surnaturelle qui introduit dans la nature humaine un élément surnaturel. L'âme qui s'abandonne au Christ devient sa forteresse, qu'il occupe dans un monde en révolte, et où il ne tolère aucune autorité rivale. Une âme ainsi gardée par des agents célestes est imprenable aux assauts de Satan. A moins que nous nous livrions au pouvoir du Christ, le malin dominera sur nous. Il faut nécessairement que nous soyons dominés par l'un ou l'autre des deux grands pouvoirs qui se disputent la suprématie dans le monde. Pour passer sous la domination du royaume des ténèbres, il n'est pas indispensable que nous ayons décidé de la subir. Il suffit de négliger de s'allier au royaume de la lumière. Si nous n'accordons pas notre coopération aux agents célestes, Satan prendra possession de nos cœurs et y fera son habitation. Notre seule défense contre le mal consiste à faire régner le Christ dans nos cœurs en ayant foi en sa justice. A moins d'être unis à Dieu d'une manière vitale, nous ne sommes pas capables de résister aux effets pernicieux de l'égoïsme, de l'indulgence pour soi-même, et de la tentation. On peut renoncer à quelques mauvaises habitudes et se séparer momentanément de Satan ; on sera finalement vaincu si l'on néglige d'entretenir une communion vivante avec Dieu en se soumettant à lui à chaque instant. Sans une connaissance personnelle du Christ et une communion ininterrompue, nous sommes à la merci de l'ennemi et nous finirons par lui obéir.

« La dernière condition de cet homme devient pire que la première. Il en sera de même, dit Jésus, pour cette génération mauvaise. » Personne n'est plus endurci que celui qui a fait peu de cas de l'appel de la miséricorde et méprisé l'Esprit de grâce. Sous sa forme la plus ordinaire, le péché contre le Saint-Esprit pousse les hommes à négliger avec persistance l'invitation céleste au repentir. Chaque pas qui nous éloigne du Christ nous éloigne du salut et nous prépare à commettre le péché contre le Saint-Esprit.

En rejetant le Christ le peuple juif a commis le péché impardonnable ; nous risquons de commettre la même erreur si nous refusons l'invitation de la miséricorde. Nous injurions le Prince de la vie, nous le couvrons d'opprobre aux yeux de ceux de la synagogue de Satan et de tout l'univers, si nous refusons d'écouter les messagers qu'il nous envoie, préférant écouter les agents de Satan qui veulent détourner les âmes du Christ. Aucun espoir de pardon pour qui agit ainsi : on finit par n'éprouver aucun désir de réconciliation avec Dieu.

Jésus continuait à enseigner la foule quand ses disciples lui firent savoir que sa mère et ses frères étaient dehors, désireux de le voir. Sachant ce qui était dans leurs cœurs, « Jésus répondit à celui qui le lui disait : Qui est ma mère et qui sont mes frères ? Puis il étendit la main sur ses disciples et dit : Voici ma mère et mes frères. En effet, quiconque fait la volonté de mon Père qui est dans les cieux, celui-là est mon frère et ma sœur et ma mère. »

Tous ceux qui reçoivent le Christ par la foi sont unis à lui par un lien plus étroit que celui de la parenté physique. Ils deviennent un avec lui comme il était un avec le Père. En tant que croyante obéissant à sa parole, sa mère était plus étroitement unie à lui, et d'une manière plus salutaire, que par sa parenté naturelle. Ses frères ne profiteraient aucunement de leur relation de parenté avec lui aussi longtemps qu'ils ne l'accepteraient pas comme leur Sauveur personnel.

Quel soutien le Christ n'eût-il pas trouvé chez ses parents terrestres s'ils avaient reconnu son origine céleste et lui avaient accordé leur collaboration dans l'accomplissement de l'œuvre de Dieu !

Leur incrédulité jeta une ombre sur les premières années de Jésus. C'était une portion de la coupe de douleur qu'il devait vider pour nous.

L'inimitié allumée dans le cœur humain contre l'Evangile était cruellement ressentie par le Fils de Dieu, surtout quand elle se manifestait dans son foyer ; car son cœur à lui était plein de bonté et d'amour et il appréciait les bons rapports au sein de la famille. Ses frères lui demandaient de faire quelques concessions à leurs idées, ce qui eût été incompatible avec sa mission divine. Ils jugeaient qu'il avait besoin de leurs conseils. Considérant les choses d'un point de vue purement humain, ils pensaient qu'il aurait dû n'enseigner que ce qui plaisait aux scribes et aux pharisiens, évitant ainsi de désagréables controverses. Ils estimaient qu'il était hors de sens en revendiquant une autorité divine et en s'établissant en qualité de censeur au-dessus des rabbins. Ils savaient que les pharisiens cherchaient des occasions de l'accuser et il leur semblait qu'il leur fournissait ces occasions.

Leur étroitesse les empêchait de comprendre la mission dont il était chargé et de sympathiser avec lui dans ses épreuves. Leurs paroles désobligeantes prouvaient qu'ils ne reconnaissaient pas son véritable caractère et ne voyaient pas l'élément divin qui se mêlait chez lui à l'élément humain. Ils le voyaient souvent profondément affligé ; au lieu de le réconforter, l'esprit qu'ils manifestaient par leurs paroles ne faisait que le blesser. Sa nature sensible était soumise à la torture, ses mobiles étaient incompris, son œuvre méconnue.

Souvent ses frères lui présentaient la philosophie des pharisiens, vieillie et désuète, et se faisaient forts d'instruire celui qui connaissait toute la vérité et comprenait tous les mystères. Ils ne se faisaient pas faute de condamner ce qui les dépassait. Leurs reproches le blessaient au vif et jetaient l'angoisse dans son âme. Ils disaient avoir foi en Dieu et vouloir prendre sa défense alors qu'à leur insu Dieu était auprès d'eux dans la chair.

Tout ceci lui faisait un sentier plein d'épines. L'incompréhension qu'il rencontrait chez les siens lui était si douloureuse qu'il trouvait du soulagement à se diriger où il n'avait pas à la ressentir. Un foyer qu'il aimait visiter c'était celui de Lazare, de Marie et de Marthe ; dans cette ambiance de foi et d'amour il trouvait du repos pour son esprit. Personne sur la terre, néanmoins, ne pouvait comprendre sa mission divine ou deviner le fardeau qu'il portait pour l'humanité. Il ne trouvait de soulagement que dans la solitude et la communion de son Père céleste.

Etes-vous appelés à souffrir pour l'amour du Christ, à supporter l'incompréhension et la méfiance ? Consolez-vous en pensant que Jésus a fait la même expérience. Il a pitié de vous. Il vous invite à vous réfugier en sa compagnie, à trouver du réconfort là où il l'a trouvé lui-même, dans la communion du Père.

Ils ne sont pas des orphelins, condamnés à supporter seuls leurs épreuves, ceux qui acceptent le Christ comme leur Sauveur personnel. Il les introduit dans la famille céleste ; il les invite à considérer son Père comme leur Père. Ils sont ses petits, chers au cœur de Dieu, liés à lui par des liens tendres et permanents. Autant le divin surpasse l'humain, autant ses tendresses envers nous surpassent celles qu'ont éprouvées pour nous notre père et notre mère quand nous étions incapables de marcher.

Les relations du Christ avec son peuple ont été magnifiquement illustrées par les lois données à Israël. Quand la pauvreté avait contraint un Hébreu à renoncer à son patrimoine et à se vendre comme esclave, le devoir de le racheter, lui et son héritage, incombait au plus proche parent [3]. Ainsi la tâche de nous racheter, nous et l'héritage que le péché nous a fait perdre, a été confiée à notre plus proche Parent. C'est pour nous racheter qu'il s'est apparenté avec nous. Notre Seigneur et Sauveur est plus près de nous qu'un père, une mère, un frère, un ami, un fiancé. « Ne crains point, dit-il, car je t'ai racheté. Je t'ai appelé par ton nom ; tu es à moi. » « Parce que tu es précieux à mes yeux, digne d'estime, parce que je t'aime, je donnerai des hommes à ta place et des nations pour te racheter [4]. »

Le Christ aime les êtres célestes qui entourent son trône ; mais que penser de l'amour immense dont il nous aime ? Nous ne pouvons le comprendre, mais nous pouvons en avoir la certitude par notre propre expérience. Et si nous tenons à la relation de parenté qui nous unit à lui, avec quelle tendresse ne devrions-nous pas considérer nos frères et sœurs dans le Seigneur ! Ne devrions-nous pas être prompts à reconnaître cette parenté divine ? Adoptés dans la famille de Dieu, ne devrions-nous pas honorer notre Père et les membres de sa famille ?

[1] Ce chapitre est basé sur Matthieu 12.22-50 ; Marc 3.20-35. [2] Matthieu 9.34. [3] Lévitique 25.25 ; 47-49 ; Ruth 2.20. [4] Esaïe 43.1, 4.

Chapitre 34

L'invitation

« Venez à moi, vous tous qui êtes fatigués et chargés, et je vous donnerai du repos [1]. » Ces paroles de réconfort s'adressaient à la foule qui suivait Jésus. Il avait dit que la connaissance de Dieu ne pouvait être obtenue que par son moyen et que celle des choses célestes avait été confiée à ses disciples. Mais personne ne devait se croire exclu de ses soins et de son amour. Tous ceux qui sont travaillés et chargés peuvent venir à lui.

Les scribes et les pharisiens, malgré le soin qu'ils apportaient à se conformer à des formes religieuses, éprouvaient des besoins que leurs rites pénitentiels ne pouvaient satisfaire. Les péagers et les pécheurs avaient dans leurs cœurs un sentiment de défiance et de crainte, même alors qu'ils paraissaient se contenter de plaisirs sensuels et terrestres. Jésus considérait avec pitié les âmes en détresse, les cœurs oppressés, ceux dont les espoirs avaient été déçus, et qui s'efforçaient d'apaiser les aspirations de leurs âmes par des jouissances terrestres : il les invitait tous à trouver en lui le repos.

Avec bonté il disait à ceux qui peinaient : « Prenez mon joug sur vous et soyez mes disciples, car je suis doux et humble de cœur ; et vous trouverez du repos pour vos âmes. »

Ces paroles s'adressent à tout être humain. Qu'ils en aient conscience ou non, tous les hommes sont fatigués et chargés, accablés par des fardeaux que le Christ seul peut enlever. Notre fardeau le plus lourd, c'est le péché. Si aucun secours n'arrive, nous en serons écrasés. Mais celui qui n'a pas connu le péché a pris notre place. « L'Eternel a fait retomber sur lui l'iniquité de nous tous [2]. » Il a porté le fardeau de notre culpabilité. Il enlèvera ce poids de dessus nos épaules fatiguées. Il nous donnera du repos. Il se chargera également du fardeau de nos soucis et de nos douleurs. Il nous porte sur son cœur et nous invite à nous décharger sur lui de tous nos soucis.

Notre Frère aîné se tient près du trône éternel. Il abaisse un regard favorable sur toute âme qui cherche en lui son Sauveur. Il connaît par expérience les faiblesses de l'humanité ; il sait aussi quels sont nos besoins et ce qui donne de la force à nos tentations ; car il a été tenté en toutes choses comme nous, sans toutefois commettre de péché. Il veille sur toi, enfant craintif de Dieu. Es-tu tenté ? Il te délivrera. Es-tu faible ? Il te fortifiera. Es-tu ignorant ? Il t'éclairera. Es-tu blessé ? Il te guérira. « Il compte le nombre des étoiles », et il est en même temps celui « qui guérit ceux qui ont le cœur brisé et qui bande leurs plaies [3] ». Il vous invite : « Venez à moi. » Quels que soient vos sujets d'anxiété et vos épreuves, présentez-lui votre cas. Il communiquera à votre esprit la force de résister. Si vous êtes dans l'embarras et les difficultés, il vous donnera une issue. Plus grand est le sentiment de votre faiblesse, de votre impuissance, plus grande sera la force qu'il vous communiquera.

Plus vos fardeaux vous semblent lourds, plus vous serez heureux de pouvoir les placer sur celui qui se charge de tous les fardeaux. Le repos que le Christ nous offre est soumis à des conditions, mais ces conditions sont formulées avec précision. Elles sont telles que chacun peut les remplir. Il nous indique clairement le chemin conduisant au repos.

« Prenez mon joug sur vous », dit Jésus. Le joug est un instrument de service. Le bétail est soumis au joug afin de fournir un travail effectif. Cette image est employée par le Christ pour montrer que nous sommes appelés au service aussi longtemps que dure notre vie. Il nous faut nous charger de son joug et devenir ainsi ses collaborateurs.

C'est la loi de Dieu qui est le joug du service. La grande loi d'amour révélée en Eden, proclamée au Sinaï, inscrite dans les cœurs aux termes de la nouvelle alliance, c'est elle qui lie l'ouvrier humain à la volonté de Dieu. Si nous étions abandonnés à nos propres inclinations, libres d'aller où bon nous plaît, nous ne tarderions pas à rejoindre les rangs de Satan et à lui emprunter ses défauts. Raison pour laquelle Dieu nous enferme dans les limites de sa volonté juste, noble et ennoblissante. Il désire qu'avec patience et sagesse nous remplissions les devoirs du service. Ce joug du service, le Christ lui-même l'a porté en son humanité. Il a déclaré : « Mon Dieu, je prends plaisir à faire ta volonté [4]. » « Je suis descendu du ciel pour faire, non ma volonté, mais la volonté de celui qui m'a envoyé [5]. » L'amour de Dieu, le zèle consacré à sa gloire et l'amour envers l'humanité induisirent Jésus à venir sur cette terre pour y souffrir et mourir. Telle était la puissance qui régissait sa vie. Tels sont les principes qu'il nous invite à adopter.

Bien des cœurs gémissent sous le poids des soucis pour vouloir se conformer aux règles du monde. Ils ont décidé de le servir, accepté les embarras qui en résultent, et adopté ses coutumes. Résultat : un caractère déformé, une vie épuisante. Pour donner satisfaction à leurs ambitions et à leurs désirs mondains ils blessent leur conscience et se créent ainsi un fardeau supplémentaire, celui du remords. Des préoccupations constantes drainent les forces vitales. Notre Seigneur leur demande de se débarrasser de ce joug d'esclavage, de le remplacer par son propre joug. « Mon joug est aisé, dit-il, et mon fardeau léger. » Il les exhorte à chercher en premier lieu le royaume et la justice de Dieu, avec l'assurance que toutes les choses nécessaires leur seront ajoutées. Celui qui se tourmente est aveugle, incapable de voir l'avenir, tandis que Jésus voit la fin dès le commencement. Pour chaque difficulté il a un soulagement tout prêt. Notre Père céleste dispose de mille moyens de nous venir en aide, dont nous n'avons aucune idée. Ceux qui par principe placent le service et l'honneur de Dieu au-dessus de tout, verront s'évanouir leurs perplexités et s'ouvrir devant eux un sentier uni.

« Soyez mes disciples, dit Jésus, car je suis doux et humble de cœur ; et vous trouverez du repos pour vos âmes. » Mettons-nous à l'école du Christ et apprenons de lui la douceur et l'humilité. La rédemption est l'éducation qui prépare l'âme en vue du ciel. Cette éducation comporte la connaissance du Christ, l'abandon des idées, des habitudes et des usages appris à l'école du prince des ténèbres. L'âme doit être délivrée de tout ce qui s'oppose à la fidélité due à Dieu.

Une paix parfaite régnait dans le cœur du Christ, en parfaite harmonie avec Dieu. Il n'était jamais enivré par les applaudissements ni découragé par les reproches ou les déceptions. Il gardait tout entier son courage au milieu des plus vives oppositions et des traitements les plus cruels. Beaucoup de ceux qui se disent ses disciples ont un cœur anxieux et troublé: c'est qu'ils n'osent pas se confier entièrement à Dieu. Ils ne se soumettent pas entièrement à lui ; ils redoutent les conséquences d'un tel abandon. Sans cet abandon, impossible de trouver la paix.

L'inquiétude naît de l'amour du moi. Quand nous sommes nés d'en haut, nous avons le sentiment qui était en Jésus, qui l'a fait s'abaisser pour nous sauver. Alors nous ne recherchons pas les premières places. Notre seul désir est de rester assis aux pieds de Jésus et d'apprendre de lui. Nous comprenons alors que ce qui donne de la valeur à notre œuvre ce n'est pas l'ostentation et le bruit que nous pouvons produire dans le monde par une activité dévorante. Notre œuvre vaut en proportion de la mesure du Saint-Esprit qui nous est départie. La confiance en Dieu engendre de saintes qualités intellectuelles qui nous permettent de posséder nos âmes par la patience.

Le joug est placé sur les bœufs pour les aider à traîner le fardeau, à le rendre plus léger. Ainsi en est-il du joug du Christ. Quand notre volonté sera absorbée en celle de Dieu, quand nous mettrons au service des autres les dons qu'il nous a confiés, notre fardeau nous paraîtra léger. Marcher dans la voie des commandements divins c'est avancer en compagnie du Christ et jouir du repos dans son amour. A la prière de Moïse : « Fais-moi connaître tes desseins, afin que je te connaisse », le Seigneur répondit : « Je serai moi-même ton guide et j'assurerai ta sécurité [6]. » Ecoutons ce message prophétique : « Ainsi parle l'Eternel : Tenez-vous sur les routes et regardez ; informez-vous des sentiers d'autrefois ; voyez quel est le bon chemin : suivez-le et vous trouverez le repos de vos âmes [7]. » Dieu dit : « Oh ! si tu étais attentif à mes commandements ! Ton bonheur coulerait comme un fleuve et ta prospérité comme les flots de la mer [8]. »

Prendre au mot le Christ, lui confier la garde de son âme, ordonner sa vie à sa volonté, c'est trouver paix et quiétude. Rien au monde ne peut attrister celui que Jésus réjouit par sa présence. Soumission complète assure repos parfait. Le Seigneur dit : « A celui dont le cœur est ferme tu assures la paix, une paix parfaite, parce qu'il se confie en toi [9]. » Nos vies peuvent ressembler à un écheveau embrouillé ; si nous confions nos personnes au Maître-ouvrier il en fera sortir la vie et le caractère exemplaires qui serviront à sa gloire. Or le caractère formé à l'image glorieuse du caractère du Christ sera accueilli dans le Paradis de Dieu. Une race renouvelée marchera avec lui, de blanc vêtue, car elle en est digne.

Dès que nous entrons dans le repos de Jésus, le ciel commence ici-bas. Il nous invite : Venez, apprenez de moi ; nous répondons, nous allons à lui, et pour nous commence la vie éternelle. S'approcher constamment de Dieu par le Christ, c'est le ciel. Et plus nous demeurons dans ce bonheur céleste, plus nous voyons la gloire s'ouvrir devant nous ; plus nous apprenons à connaître Dieu, plus intense est notre bonheur. Aussi longtemps que nous marchons avec Jésus, nous sommes comblés par son amour, rassasiés par sa présence. Nous pouvons obtenir ici même tout ce que notre nature est capable de recevoir. Mais qu'est-ce que ceci en comparaison de l'au-delà ? Là « ils sont devant le trône de Dieu et lui rendent un culte jour et nuit dans son temple. Celui qui est assis sur le trône dressera sa tente sur eux ; ils n'auront plus faim, ils n'auront plus soif, et le soleil ne les frappera plus, ni aucune chaleur. Car l'Agneau qui est au milieu du trône les fera paître et les conduira aux sources des eaux de la vie, et Dieu essuiera toute larme de leurs yeux [10]. »

---

[1] Ce chapitre est basé sur Matthieu 11.28-30. [2] Esaïe 53.6. [3] Psaume 147.4, 3. [4] Psaume 40.8. [5] Jean 6.38. [6] Exode 33.13, 14. [7] Jérémie 6.16. [8] Esaïe 48.18. [9] Esaïe 26.3. [10] Apocalypse 7.15-17.

Chapitre 35

Silence, apaise-toi !

UN JOUR plein d'événements venait de s'écouler dans la vie de Jésus. Près de la mer de Galilée, il avait prononcé ses premières paraboles, s'efforçant d'expliquer au peuple par des images familières la nature de son royaume et la manière dont ce royaume devait s'établir. Il s'était comparé lui-même à un semeur ; et il avait illustré le développement de son royaume par la croissance d'un grain de moutarde et par l'effet produit sur une mesure de farine par un peu de levain. Il avait dépeint la grande séparation finale des justes et des méchants dans les paraboles du trésor caché et de la perle de grand prix ; par celle du maître de maison il montrait à ses disciples comment devaient travailler ses représentants.

De tout le jour il n'avait pas cessé d'enseigner et de guérir ; le soir arriva ; les foules se pressaient encore autour de lui. Jour après jour il avait exercé son ministère en leur faveur, s'arrêtant à peine pour se nourrir et prendre du repos. Les insinuations malicieuses et les calomnies dont les pharisiens le poursuivaient, rendaient son labeur plus fatigant ; épuisé à la fin de cette journée, il décida de se retirer de l'autre côté du lac en un lieu solitaire.

On rencontrait çà et là quelques villes sur la rive orientale du lac de Génézareth ; néanmoins la région semblait désolée en la comparant au côté occidental. La population, plus païenne que juive, entretenait peu de rapports avec la Galilée. Elle offrait donc à Jésus la retraite désirée ; il invita les disciples à l'accompagner. Après avoir congédié la foule, ceux-ci mettent rapidement au large la barque emportant Jésus « comme il était ». Mais ils ne partent pas seuls. D'autres barques de pêche se trouvent près du rivage ; des gens, désireux de voir et d'entendre encore Jésus, se sont précipités pour le suivre.

Libéré enfin de la foule qui l'a pressé, vaincu par la fatigue et par la faim, il s'étend au fond du bateau et ne tarde pas à s'endormir. La soirée avait été calme, les eaux tranquilles ; mais, soudain, les ténèbres couvrent les cieux, le vent se met à souffler avec impétuosité à travers les gorges de la côte orientale, et une effroyable tempête éclate sur le lac [1].

Le soleil s'étant couché, une nuit noire couvre la mer démontée. Des vagues furieuses, soulevées par la bourrasque, se jettent sur la barque des disciples, menaçant de l'engloutir. Ces pêcheurs courageux ont passé leur vie sur le lac, et guidé leurs barques à travers plus d'une tempête ; mais à cette heure leur force et leur habileté ne servent rien. Ils ne sont plus que les jouets impuissants de la tourmente, la barque s'emplit d'eau, et leur espoir s'évanouit.

Absorbés par les efforts qu'ils font pour se sauver, ils ont oublié que Jésus est à bord. Devant la vanité de leurs tentatives, n'ayant plus devant eux que la perspective de la mort, ils se souviennent enfin de celui qui leur a donné l'ordre de traverser la mer. Leur unique espoir réside en Jésus. Ils l'appellent : « Maître, Maître ! » Mais la densité des ténèbres le dérobe à leurs regards ; les voix se perdent dans le bruit de la tempête et ne reçoivent aucune réponse. Ils se sentent assiégés par le doute et par la peur. Jésus les aurait-il abandonnés ? Ne peut-il maintenant aider ses disciples, celui qui a vaincu la maladie, les démons, la mort elle-même ? Les oublie-t-il dans leur détresse ?

Ils lancent un nouvel appel, auquel seul le cri de la tempête en furie répond. Déjà la barque s'enfonce. Encore un instant et, selon toute apparence, ils vont être engloutis.

Tout à coup un éclair perce l'obscurité, et ils aperçoivent Jésus paisiblement endormi, malgré le tumulte. Etonnés et désespérés ils s'écrient : « Maître, tu ne te soucies pas de ce que nous périssons ? » Comment peut-il jouir d'un repos si paisible tandis qu'ils sont en danger, luttant contre la mort ?

Leurs cris réveillent Jésus. A la lueur d'un éclair, ils voient la paix du ciel répandue sur son visage ; dans son regard un amour infiniment tendre ; leurs cœurs se tournent vers lui, et ils supplient : « Seigneur, sauve-nous, nous périssons. »

Jamais un tel cri n'est resté sans réponse. Les disciples tentent un dernier effort avec leurs rames, et Jésus se dresse. Debout au milieu des disciples tandis que la tempête fait rage, que les vagues s'élèvent autour d'eux et que l'éclair illumine son visage, il étend la main, cette main si souvent occupée à des œuvres de miséricorde, et il dit à la mer en furie : « Silence, apaise-toi. »

Le vent s'apaise. Les vagues se calment. Les nuages se dissipent et les étoiles recommencent de briller. La barque glisse sur une mer tranquille. Alors, se tournant vers ses disciples, Jésus leur demande tristement : « Pourquoi avez-vous eu peur ? Comment n'avez-vous pas de foi ? »

Un grand silence tombe sur les disciples. Pierre lui-même n'essaie pas d'exprimer la crainte qui remplit son cœur. Les barques, qui s'étaient mises en route pour accompagner Jésus, avaient traversé les mêmes dangers ; la terreur et le désespoir s'étaient emparés de ceux qui les occupaient, mais là aussi le commandement de Jésus avait ramené la tranquillité. La furie des vents ayant rapproché les barques, tous purent assister au miracle. Dans le calme qui suivit chacun oublia ses craintes. Les gens se disaient l'un à l'autre : « Quel est donc celui-ci ? Car il commande même au vent et à l'eau, et ils lui obéissent. »

Jésus jouissait d'une paix parfaite quand il fut réveillé, au milieu de la tempête. Sa parole et son regard ne manifestaient aucune trace de crainte, car son cœur ignorait la peur. Cependant il ne se confiait pas en sa puissance souveraine. Ce n'est pas en qualité de Maître de la terre, des mers et du ciel qu'il se reposait si tranquillement. Car cette puissance il s'en était dépouillé, et lui-même déclare : « Je ne peux rien faire par moi-même [2]. » Il se confiait en la puissance de son Père. Il se reposait sur la foi en l'amour de Dieu et en ses soins ; ce fut la puissance de la parole de Dieu qui apaisa la tempête.

De même que Jésus se reposa, par la foi, sur les soins de son Père, de même nous devons nous reposer sur les soins de notre Sauveur. Si les disciples s'étaient confiés en lui, ils auraient conservé la paix. L'incrédulité fut la cause de leurs craintes au moment du danger. Leurs efforts pour se sauver leur firent oublier Jésus ; c'est seulement alors que, désespérant d'eux-mêmes, ils se tournèrent vers lui, qu'il put leur venir en aide.

Combien de fois nous faisons l'expérience des disciples ! Quand éclatent les tempêtes de la tentation, quand l'éclair brille et que les vagues s'amoncellent sur nous, nous combattons seuls contre l'orage, oubliant qu'il y a quelqu'un qui peut nous aider. Nous nous confions en nos propres forces jusqu'à ce que, ayant perdu tout espoir, nous soyons près de périr. Alors nous nous souvenons de Jésus, et notre cri ne sera pas vain. Même s'il reprend avec tristesse notre incrédulité et notre confiance en nous-mêmes, il ne manque jamais de nous donner l'aide dont nous avons besoin. Sur terre ou sur mer, nous ne devons rien redouter, si nous avons le Sauveur avec nous. Une foi vivante au Rédempteur calmera la mer de la vie et nous délivrera du danger par les moyens qu'il jugera les meilleurs.

Le miracle de l'apaisement de la tempête contient une autre leçon spirituelle. L'expérience de chacun confirme la vérité de ces paroles de l'Ecriture ; « Les méchants sont comme la mer agitée, qui ne peut s'apaiser. ... Il n'y a point de paix pour les méchants, a dit mon Dieu [3]. » Le péché a détruit notre paix. Aucun repos, tant que notre moi n'a pas fait sa soumission. Aucun pouvoir humain ne peut contenir les fortes passions du cœur. En ceci nous sommes aussi impuissants que les disciples au milieu de la mer en furie. Mais celui qui a adressé une parole de paix aux vagues de Galilée a aussi une parole de paix pour chaque âme. Quelle que soit la violence de la tempête, ceux qui se tournent vers Jésus en lui criant : « Seigneur, sauve-nous », obtiendront la délivrance. Sa grâce, qui réconcilie l'âme avec Dieu, apaise les conflits des passions humaines ; le cœur trouve son repos dans son amour. « Il fait succéder le calme à la tempête et les vagues s'apaisent. Ils se réjouissent de ce qu'elles sont calmées et Dieu les conduit au port qu'ils désiraient [4]. » « Etant donc justifiés par la foi, nous avons la paix avec Dieu par notre Seigneur Jésus-Christ. » « La justice enfantera la paix et le fruit de la justice sera le repos et la sécurité pour toujours [5]. »

De bon matin, alors que la lumière du soleil levant semblait vouloir donner, à la mer et à la terre, le baiser de paix, le Sauveur atteignit le rivage avec sa suite. A peine avaient-ils posé les pieds sur la plage qu'une scène plus terrible que la violente tempête s'offrit à leurs regards. Deux aliénés cachés parmi les tombes se jetèrent sur eux comme pour les mettre en pièces. Des morceaux de chaînes qu'ils avaient brisées en s'échappant de prison étaient encore attachés à leurs membres. Leurs chairs, tailladées par des pierres tranchantes, saignaient. A travers leurs longs cheveux emmêlés leurs yeux brillaient d'un éclat étrange ; les démons dont ils étaient possédés leur ôtaient toute apparence humaine : ils ressemblaient plus à des fauves qu'à des hommes.

Terrorisés, les disciples et leurs compagnons s'enfuirent. S'apercevant bientôt que Jésus ne se trouvait pas avec eux, ils retournèrent en arrière pour le chercher. Le Maître était resté à l'endroit même où ils l'avaient laissé. Il ne fuyait pas devant les démons, celui qui avait apaisé la tempête et qui, auparavant déjà, avait affronté et vaincu Satan. Quand les deux hommes, grinçant des dents et la bouche écumante s'approchèrent de lui, Jésus étendit la main qui venait d'imposer silence aux flots, et ces hommes n'avancèrent pas. Ils se tenaient tremblants de rage, mais impuissants, en sa présence.

Avec autorité Jésus commanda aux esprits impurs de sortir d'eux. Ses paroles pénétrèrent dans les esprits obscurcis de ces infortunés. Ils percevaient confusément qu'une présence inattendue pouvait les délivrer de leurs tortionnaires. Ils tombèrent aux pieds du Sauveur pour l'adorer ; mais dès qu'ils remuèrent les lèvres pour implorer sa miséricorde, les démons, parlant par eux, crièrent avec véhémence : « Que me veux-tu, Jésus, Fils du Dieu Très-Haut ? Je t'en supplie, ne me tourmente pas. »

Jésus demanda : « Quel est ton nom ? » Il reçut cette réponse : « Légion est mon nom, car nous sommes plusieurs. » Se servant de ces malheureux comme moyens de communication, les démons supplièrent Jésus de ne pas les renvoyer hors du pays. Un vaste troupeau de pourceaux paissait sur un coteau peu éloigné. Les démons demandèrent qu'on les laissât entrer dans les pourceaux, et Jésus le leur permit. Immédiatement la panique saisit ces animaux, qui se précipitèrent, avec furie, du haut de la falaise, dans le lac, et y périrent.

Pendant ce temps un changement merveilleux s'était produit chez les démoniaques. La lumière brillait à nouveau dans leur esprit. Leurs regards étaient redevenus intelligents, leurs visages, si longtemps déformés à l'image de Satan, retrouvaient leur douceur, les mains tachées de sang restaient en repos, et, d'une voix joyeuse, ces hommes louaient Dieu de leur délivrance.

Sur la falaise, les gardiens des pourceaux avaient tout vu, et ils s'empressèrent d'aller publier ces nouvelles. Ceux qui les employaient ainsi que toute la population, saisie de frayeur et d'étonnement, accoururent auprès de Jésus. Les deux démoniaques avaient été la terreur de la contrée. Personne n'osait passer près du lieu où ils séjournaient ; car ils se précipitaient avec furie sur les voyageurs. Maintenant, vêtus et dans leur bon sens, ces hommes se tenaient assis aux pieds de Jésus, recueillant ses paroles et glorifiant le nom de celui qui les avait guéris. Mais les gens qui assistèrent à cette scène n'en éprouvèrent aucune joie. La perte des pourceaux avait, pour eux, une bien plus grande importance que l'affranchissement de ces captifs de Satan.

Ce fut, envers les possesseurs des pourceaux, un acte de miséricorde que Jésus accomplit en permettant cette perte. Absorbés qu'ils étaient par les choses terrestres, ils ne se souciaient pas des grands intérêts de la vie spirituelle. Jésus, afin qu'ils pussent accepter sa grâce, désirait rompre le charme de cette indifférence égoïste. Mais les regrets et l'indignation que leur causa cette perte matérielle, les aveuglèrent au point de les empêcher de reconnaître la miséricorde du Sauveur.

Une telle manifestation de puissance surnaturelle réveilla les superstitions du peuple et excita ses craintes. La présence de cet étranger, pensaient-ils, pouvait leur occasionner d'autres calamités. Redoutant une ruine financière, ils voulurent se débarrasser de sa présence. Ceux qui avaient traversé le lac avec Jésus racontèrent en vain ce qui s'était passé la nuit précédente : comment la tempête les avaient mis en péril et comment le vent et la mer avaient été apaisés. Leurs paroles restèrent sans effet. Le peuple, terrorisé, supplia Jésus de s'éloigner ; il y consentit et s'embarqua immédiatement pour atteindre la rive opposée.

Les habitants de Gérasa avaient eu une preuve frappante de la puissance et de la miséricorde du Christ. Ils avaient vu les deux hommes rendus à la raison ; mais, craignant pour leurs intérêts terrestres, ils traitèrent comme un intrus celui qui venait, devant eux, de vaincre le prince des ténèbres et ils repoussèrent le don du ciel. Nous n'avons pas l'occasion, comme les Gadaréniens, de nous détourner de la personne du Christ ; ils sont nombreux, toutefois, ceux qui refusent de se soumettre à sa Parole, parce que l'obéissance entraînerait pour eux le sacrifice de quelque intérêt de ce monde. Pour éviter une perte pécuniaire, beaucoup préfèrent se priver de sa présence ; ils rejettent sa grâce et chassent loin d'eux son Esprit.

Les démoniaques guéris éprouvaient des sentiments tout contraires. Ils désiraient rester avec leur libérateur, se sentant en sa présence à l'abri des entreprises des démons qui les avaient tourmentés et avilis. Quand Jésus rentra dans la barque, ils le suivirent de près et se prosternant à ses pieds, le supplièrent de les garder auprès de lui, afin qu'ils pussent toujours écouter ses paroles. Mais Jésus leur enjoignit de retourner chez eux et de raconter les grandes choses accomplies par le Seigneur.

Ils avaient une œuvre à faire : se rendre dans une maison païenne et y faire connaître les bénédictions qu'ils avaient reçues de Jésus. Il leur était dur de s'éloigner de leur Sauveur. Ils s'exposaient à de grandes difficultés en vivant dans leur pays parmi des païens, et l'isolement prolongé dans lequel ils avaient vécu jusqu'ici, semblait les disqualifier pour le travail assigné.

Néanmoins ils n'hésitèrent pas à obéir dès que Jésus leur indiqua leur devoir. Non contents de parler du Maître dans leurs familles et chez leurs voisins immédiats, ils parcoururent toute la Décapole, annonçant partout sa puissance salvatrice et racontant de quelle façon il les avait délivrés des démons. Ils devaient trouver plus de bonheur à accomplir cette œuvre, que s'ils étaient restés avec lui simplement pour leur propre avantage. C'est en nous efforçant de propager la bonne nouvelle du salut que nous sommes attirés plus près du Sauveur.

Les deux démoniaques guéris furent les premiers missionnaires que le Christ envoya prêcher l'Evangile dans la région de la Décapole. Ces hommes avaient eu pendant peu d'instants l'avantage d'entendre les enseignements du Christ. Ils n'avaient jamais eu l'occasion d'écouter un de ses sermons. Ils n'étaient pas aussi bien préparés à instruire le peuple que les disciples, ceux-ci ayant vécu tous les jours avec le Christ. Mais ils portaient, en eux-mêmes, la preuve que Jésus était le Messie. Ils pouvaient dire ce qu'ils savaient, ce qu'ils avaient vu, entendu, éprouvé, de la puissance du Christ. Tout cœur qui a été touché par la grâce de Dieu peut en faire autant.

Jean, l'apôtre bien-aimé, a écrit : « Ce qui était dès le commencement, ce que nous avons entendu, ce que nous avons vu de nos yeux, ce que nous avons contemplé et que nos mains ont touché, concernant la parole de vie, ... ce que nous avons vu et entendu, nous vous l'annonçons, à vous aussi [6]. » En tant que témoins du Christ, nous devons dire ce que nous savons, ce que nous avons vu, entendu et ressenti. Si nous avons suivi Jésus pas à pas, nous aurons quelque chose d'approprié à dire concernant la manière dont il nous a conduits. Nous pouvons dire comment nous avons mis sa promesse à l'épreuve et l'avons trouvée fidèle. Nous pouvons témoigner de ce que nous avons appris touchant la grâce du Christ. Voilà le témoignage demandé par le Seigneur, le témoignage dont l'absence laisse le monde en perdition.

Bien que la population de Gérasa n'ait pas reçu Jésus, il ne l'a pas laissée croupir dans les ténèbres qu'elle avait préférées. Avant d'avoir entendu ses paroles, ils l'avaient prié de s'en aller. Ils ignoraient ce qu'ils rejetaient. Il leur envoya donc la lumière par ceux qu'on ne refuserait pas d'écouter.

Par la destruction des pourceaux, Satan se proposait de détourner le peuple du Sauveur et d'empêcher la prédication de l'Evangile dans cette région. Mais cet événement émut le pays tout entier et dirigea l'attention sur le Christ. Le Sauveur partit, mais les hommes qu'il avait guéris restèrent pour témoigner de sa puissance. Ceux dont s'était servi le prince des ténèbres devinrent des porteurs de lumière, des messagers du Fils de Dieu. On s'étonnait en entendant le récit de ces choses merveilleuses. Une porte était ouverte à l'Evangile dans toute la région. Quand Jésus revint en Décapole, on s'empressa autour de lui ; pendant trois jours ce ne furent pas seulement les habitants d'une ville, mais des milliers de personnes accourues des environs, qui entendirent le message du salut. Notre Sauveur commande même au pouvoir des démons et il fait sortir le bien du mal.

Cette rencontre avec les démoniaques de Gérasa renfermait une leçon à l'intention des disciples. Elle permettait de voir à quel degré de déchéance Satan s'efforce de faire descendre l'humanité tout entière, et de reconnaître, en Christ, celui qui a reçu pour mission de délivrer les hommes. Ces misérables, hantant les tombeaux, possédés des démons, esclaves de passions effrénées et d'odieuses convoitises, offraient l'image de ce que deviendrait l'humanité abandonnée à l'empire de Satan. L'influence du démon s'emploie constamment à distraire les sens, à diriger l'esprit vers le mal, à inciter à la violence et au crime ; elle affaiblit le corps, elle obscurcit l'intelligence, elle avilit l'âme. Chaque fois que les hommes rejettent l'appel du Sauveur, ils se placent sous l'influence de Satan. C'est ce que font des foules de gens dans tous les domaines de la vie, dans les affaires, au sein des familles, même de l'église. C'est pour cela que la violence et le crime sont répandus sur la terre et que les ténèbres morales couvrent, ainsi qu'un drap mortuaire, les demeures des hommes. Par des tentations subtiles, Satan entraîne les hommes toujours plus avant dans le mal, jusqu'à ce qu'il en résulte une corruption et une ruine totales. Contre sa puissance il n'existe qu'une sauvegarde : la présence de Jésus. Satan s'est manifesté comme l'ennemi et le destructeur des hommes ; le Christ s'est révélé leur ami et leur libérateur. Son Esprit développe en l'homme tout ce qui ennoblit le caractère et confère de la dignité à la nature ; pour la gloire de Dieu il le rétablit dans son corps, son âme et son esprit. « Car ce n'est pas un esprit de timidité que Dieu nous a donné, mais un esprit de force, d'amour et de sagesse [7]. » Il nous a appelés à posséder « la gloire », c'est-à-dire le caractère, « de notre Seigneur Jésus-Christ ». Il nous a appelés « à être semblables à l'image de son Fils [8] ».

La puissance du Christ continue à transformer en messagers de justice ceux qui se sont laissé dégrader au point de devenir des instruments de Satan. Le Fils de Dieu les envoie ensuite raconter « tout ce que le Seigneur t'a fait, et comment il a eu pitié de toi ».

---

[1] Ce chapitre est basé sur Matthieu 8.23-34 ; Marc 4.35-41 ; 5.1-20 ; Luc 8.22-39. [2] Jean 5.30. [3] Ésaïe 57.20, 21. [4] Psaume 107.29, 30. [5] Romains 5.1 ; Ésaïe 32.17. [6] 1 Jean 1.1-3. [7] 2 Timothée 1.7. [8] 2 Thessaloniciens 2.14 ; Romains 8.29.

Chapitre 36

L'attouchement de la foi

EN REVENANT de Gérasa à la côte occidentale, Jésus trouva une foule qui le reçut avec joie. Il resta quelque temps au bord de la mer, enseignant et guérissant, et se rendit ensuite chez Lévi-Matthieu pour assister au festin des péagers. C'est là que Jaïrus, le chef de la synagogue, vint le trouver [1].

L'ancien des Juifs se présenta à Jésus dans une grande détresse et, s'étant jeté à ses pieds, il lui dit : « Ma fillette est à toute extrémité ; viens, impose-lui les mains, afin qu'elle soit sauvée et qu'elle vive. »

Jésus se mit immédiatement en route vers la maison de ce chef. Bien que les disciples eussent assisté à un grand nombre de ses œuvres miséricordieuses, ils furent surpris en voyant Jésus acquiescer à la demande de l'orgueilleux rabbin ; néanmoins, se joignant à la foule impatiente et pleine d'espoir, ils suivirent le Maître. La maison du chef n'était pas très éloignée, mais Jésus, gêné par l'encombrement, avançait lentement avec ses compagnons. Le père impatient ne supportait aucun délai ; mais Jésus, ému de pitié pour le peuple, s'arrêtait çà et là pour soulager quelque souffrance ou pour réconforter un cœur troublé.

Ils étaient encore en route, lorsqu'un messager, se frayant un passage à travers la foule, vint annoncer à Jaïrus que sa fille venait de mourir et qu'il était inutile d'importuner davantage le Maître. Jésus saisit au passage les paroles de l'envoyé et il dit : « Sois sans crainte, crois seulement, et elle sera sauvée. »

Jaïrus suivit le Sauveur de plus près ; ensemble ils se hâtèrent vers la maison. Les pleureuses de profession et les joueurs de flûte déjà présents remplissaient l'air de leurs clameurs. La présente des curieux et leur tumulte ne convenait pas à Jésus. Il voulut les réduire au silence en disant : « Pourquoi ce tumulte et ces pleurs ? L'enfant n'est pas morte, mais elle dort. » Ces paroles de l'étranger les remplirent d'indignation. Ils se moquèrent de lui, car ils avaient vu l'enfant expirer. Jésus, les ayant alors fait sortir tous, prit avec lui le père et la mère de la jeune fille et trois de ses disciples, Pierre, Jacques et Jean, et, ensemble, ils entrèrent dans la chambre mortuaire.

S'étant approché du lit, Jésus saisit l'enfant par la main, et prononça avec douceur ces mots, dans la langue qui lui était familière : « Jeune fille, lève-toi, je te le dis. »

A l'instant, un tremblement parcourut tous les membres de la petite fille. Le cœur battit à nouveau. Elle ouvrit ses yeux tout grands comme si elle se fût réveillée d'un sommeil, et souriante regarda avec étonnement ceux qui l'entouraient. Elle se leva, et ses parents, pleurant de joie, la serrèrent dans leurs bras.

En se rendant à la maison du chef, Jésus avait croisé, dans la foule, une pauvre femme qui, depuis douze ans, souffrait d'une maladie assombrissant sa vie. Elle avait dépensé tout ce qu'elle possédait à payer des médecins et des remèdes ; son mal était incurable. Ses espérances se ranimèrent quand elle entendit parler des guérisons accomplies par Jésus. Faible et souffrante, mais sûre d'obtenir la délivrance si seulement elle pouvait arriver jusqu'à lui, elle vint au bord de la mer, à l'endroit où il enseignait, cherchant, mais en vain, à se frayer un passage à travers la foule. Elle le suivit jusqu'à la maison de Lévi-Matthieu, sans pouvoir encore l'atteindre et elle commençait de désespérer, lorsqu'il passa près d'elle.

L'occasion précieuse est là. La malade se trouve en présence du grand Médecin ! Cependant, au milieu de la confusion, elle ne peut lui parler ; c'est à peine si elle l'entrevoit au passage. Craignant de perdre sa seule chance de guérison, elle s'avance, se disant à elle-même : « Si je puis seulement toucher ses vêtements, je serai guérie. » Enfin, elle réussit à effleurer le bord de sa robe. A l'instant même elle se sent guérie. Dans cet attouchement elle venait de concentrer toute la foi de sa vie : instantanément, la douleur et la faiblesse ont fait place à la vigueur d'une santé parfaite.

Le cœur reconnaissant, elle veut s'éloigner ; mais, soudain, Jésus s'arrête, et le peuple avec lui. Il se retourne et, jetant un regard autour de lui, il demande assez distinctement pour être bien entendu : « Qui m'a touché ? » Cette question provoque l'étonnement de la foule, Jésus étant pressé de tous côtés.

Pierre, toujours prompt à prendre la parole, lui dit : « Maître, la foule t'entoure et te presse !... et tu dis : Qui m'a touché ? » Jésus répond : « Quelqu'un m'a touché ; car j'ai senti qu'une force est sortie de moi. » Le Sauveur sait distinguer l'attouchement de la foi du contact involontaire d'une foule insouciante. Une telle confiance ne doit pas passer inaperçue. Jésus veut donner à cette humble femme des paroles de réconfort qui seront pour elle une source de joie en même temps qu'une bénédiction pour ses disciples, jusqu'à la fin des temps.

Regardant dans la direction de la femme, Jésus insiste pour savoir qui l'a touché. Voyant qu'elle ne peut plus se dérober, elle s'avance toute tremblante et se jette à ses pieds. Elle raconte avec des larmes de reconnaissance tout ce qu'elle a souffert, et comment elle a été soulagée. Jésus lui dit avec douceur : « Courage, ma fille, ta foi t'a guérie. » Il ne veut donner aucun appui à l'idée superstitieuse d'une vertu guérissante due au simple attouchement de ses vêtements. La cure n'a pas été opérée par un contact extérieur avec lui, mais bien par la foi qui saisit sa puissance divine.

La foule des curieux qui se pressait autour du Christ ne ressentait pas l'influence de son pouvoir vivifiant. Mais quand cette femme infirme avança sa main pour le toucher, croyant qu'elle serait guérie, elle ressentit la vertu guérissante. Il en va de même quant aux choses spirituelles. Cela ne sert de rien de parler de religion au hasard, de prier sans éprouver une faim spirituelle et une foi vivante ; une foi en Christ qui n'existe que de nom, qui l'accepte uniquement comme le Sauveur du monde, est incapable d'apporter à l'âme la guérison. Croire à salut n'est pas simplement accorder à la vérité un assentiment intellectuel. Celui-là ne peut recevoir la bénédiction divine qui attend de tout savoir pour exercer sa foi.

Il ne suffit pas de croire *ce qui concerne le Christ* ; nous devons croire *en* lui. La seule foi qui nous soit profitable est celle qui le prend comme Sauveur et qui s'approprie ses mérites. D'aucuns pensent que la foi n'est qu'une opinion, mais la foi salutaire est une opération par laquelle ceux qui reçoivent le Christ contractent une alliance avec Dieu. La vraie foi est une vie. Une foi vivante entraîne un accroissement de vigueur, une pleine confiance, communiquant à l'âme un pouvoir conquérant.

Après avoir guéri la femme, Jésus désira qu'elle reconnût le bienfait reçu. Il ne faut pas jouir en secret des dons offerts par l'Evangile. Le Seigneur nous demande de confesser ses bontés. « Vous en êtes donc témoins, dit l'Éternel : c'est moi qui suis Dieu [2] ! »

Le moyen choisi du ciel pour révéler le Christ au monde, c'est que nous confessions sa fidélité. Il nous faut, bien sûr, reconnaître sa grâce comme elle s'est manifestée chez les saints hommes d'autrefois mais ce qui aura plus d'effet, c'est le témoignage de notre expérience personnelle. Nous sommes les témoins de Dieu quand l'action d'une puissance divine se manifeste en nous. Chaque individu a une vie distincte de toute autre, et une expérience essentiellement différente de celle des autres. Dieu désire que notre louange monte vers lui sous le signe de notre individualité. Ces actes de reconnaissance à la louange de la gloire de sa grâce, confirmés par une vie chrétienne, agissent avec une puissance irrésistible pour le salut des âmes.

Quand les dix lépreux vinrent à Jésus pour être guéris, ils durent aller se montrer au prêtre. C'est en obéissant à cet ordre qu'ils furent guéris. Un seul d'entre eux revint pour lui donner gloire ; les autres continuèrent leur chemin, oubliant celui qui les avait purifiés. Combien de personnes agissent de même, aujourd'hui ! Le Seigneur accorde sans cesse ses bienfaits à l'humanité. Il relève ceux qui, malades, languissent sur un lit, il délivre les hommes de dangers inconnus, il charge ses anges de les préserver de calamités, de les garder de « la peste qui se glisse à travers les ténèbres », et de « la mortalité qui sévit en plein midi [3] » ; mais leurs cœurs restent insensibles. Bien qu'il ait donné toutes les richesses du ciel pour prix de leur rachat, son grand amour ne rencontre que l'ingratitude fermant les cœurs à la grâce de Dieu. Ils ne remarquent pas mieux que la lande déserte, le bien qui leur est fait et leur âme habite les lieux desséchés.

En conservant le souvenir de chacun des bienfaits de Dieu, notre foi se fortifie et devient capable de demander et d'obtenir davantage. Il y a plus d'encouragement pour nous dans la moindre bénédiction dont nous avons été l'objet de la part de Dieu, que dans tous les récits touchant la foi et l'expérience des autres. L'âme qui répond à la grâce de Dieu ressemblera à un jardin arrosé. Sa vigueur germera promptement ; sa lumière se lèvera dans l'obscurité et la gloire du Seigneur resplendira sur elle. Souvenons-nous des tendres bontés du Seigneur et de la multitude de ses grâces. Comme le peuple d'Israël, dressons des pierres en témoignage, pour y inscrire l'histoire instructive de ce que Dieu a fait pour nous. Et, lorsque nous passons en revue ses dispensations à notre égard, au cours de notre pèlerinage, disons avec des cœurs débordants de gratitude : « Que rendrai-je à l'Eternel? Tous ses bienfaits sont sur moi ! Je lèverai la coupe d'actions de grâces, et j'invoquerai le nom de l'Eternel. Je m'acquitterai de mes vœux envers l'Eternel en présence de tout son peuple [4]. »

---

[1] Ce chapitre est basé sur Matthieu 9.18-26 ; Marc 5.21-43 ; Luc 8.40-56. [2] Esaïe 43.12. [3] Psaume 91.6. [4] Psaume 116.12-14.

Chapitre 37

Les premiers évangélistes

Les apôtres étaient membres de la famille de Jésus, et ils l'avaient accompagné dans ses voyages à pied à travers la Galilée. Ils avaient partagé ses peines et ses privations. Ils avaient marché et conversé avec le Fils de Dieu, écoutant ses discours, apprenant de lui à travailler pour le bien de l'humanité. Pendant que Jésus s'occupait des vastes multitudes rassemblées autour de lui, ses disciples se tenaient à sa disposition, prêts à exécuter ses ordres et à le seconder dans son travail. Ils assignaient à chacun sa place, ils amenaient au Sauveur ceux qui étaient affligés de quelque maladie, et ils mettaient tout le monde à l'aise. Ils cherchaient les auditeurs qui manifestaient le plus d'intérêt afin de leur expliquer les Ecritures et de travailler, de diverses manières, à leur développement spirituel. Ils communiquaient les enseignements qu'ils avaient reçus de Jésus, enrichissant ainsi, tous les jours, leur expérience. Il y avait une expérience qu'ils n'avaient pas encore faite : celle de travailler seuls. Ils avaient encore besoin de s'instruire davantage, d'acquérir plus de patience et plus de douceur. Pendant qu'il était avec eux pour les conseiller et redresser leurs erreurs, le Sauveur les envoya comme ses représentants [1].

L'enseignement des prêtres et des pharisiens avait été souvent pour les disciples un sujet de perplexité, mais ils soumettaient leurs doutes à Jésus et le Maître leur présentait des vérités de l'Ecriture en opposition avec la tradition, affermissant ainsi leur confiance en la Parole de Dieu, et les affranchissant, dans une grande mesure, de la crainte des rabbins et de l'esclavage de la tradition. L'exemple de la vie du Sauveur joua, dans la formation des disciples, un rôle plus important que l'enseignement théorique. Une fois éloignés de lui, ils se souvinrent de son regard, du ton de sa voix et des moindres mots qu'il avait dits. Souvent, quand ils entraient en conflit avec les ennemis de l'Evangile, il leur arrivait de répéter ses paroles, et c'était une grande joie pour eux d'en constater les effets.

Ayant appelé les douze, Jésus les envoya deux à deux dans les villes et les villages. Personne ne partit seul ; le frère fut associé au frère, l'ami à l'ami. Ils pourraient ainsi s'encourager mutuellement, prendre conseil l'un de l'autre et prier ensemble, la force de l'un venant au secours de la faiblesse de l'autre. Plus tard il envoya, de la même manière, les soixante-dix disciples. C'était le dessein du Sauveur que les messagers de l'Evangile fussent ainsi unis. Notre œuvre d'évangélisation porterait beaucoup plus de fruits si nous suivions de plus près cet exemple.

Les disciples devaient répéter le message qui avait été celui de Jean-Baptiste et du Christ lui-même : « Le royaume des cieux est proche. » Ils ne devaient pas se livrer à des discussions concernant la messianité de Jésus de Nazareth ; mais accomplir, en son nom, les œuvres de miséricorde qu'il avait faites. Il leur donna cet ordre : « Guérissez les malades, ressuscitez les morts, purifiez les lépreux, chassez les démons. Vous avez reçu gratuitement, donnez gratuitement. »

Au cours de son ministère, Jésus consacra plus de temps à guérir les malades qu'à prêcher. Ses miracles attestaient que, selon ses propres paroles, il n'était pas venu pour perdre, mais pour sauver. Sa justice marchait devant lui et la gloire du Seigneur était son arrière-garde. Partout où il allait, il était précédé par l'annonce de ses miséricordes. Après son passage les malades qui avaient été l'objet de sa compassion jouissaient de la santé et faisaient usage des facultés recouvrées. Les gens s'assemblaient autour d'eux pour les entendre raconter ce que le Seigneur avait fait. Sa voix était le premier son que beaucoup eussent jamais entendu, son nom le premier mot prononcé, son visage le premier contemplé. Comment auraient-ils pu ne pas aimer Jésus et ne pas célébrer ses louanges ? Il passait par les villes et les villages, tel un courant vivifiant, répandant la vie et la joie.

Les disciples du Christ sont appelés à travailler comme il l'a fait. Nous devons nourrir ceux qui ont faim, vêtir ceux qui sont nus et consoler ceux qui souffrent, ceux qui sont affligés, nous occuper de ceux qui désespèrent, et leur rendre l'espérance. Alors s'accomplira, pour nous aussi, cette promesse : « Ta justice marchera devant toi et la gloire de l'Eternel sera ton arrière-garde [2]. » L'amour du Christ, manifesté dans un ministère désintéressé, aura plus d'effet, pour corriger les malfaiteurs, que l'épée du magistrat. Celle-ci est nécessaire pour inspirer de la crainte aux violateurs de la loi, mais un missionnaire aimant peut obtenir bien davantage. Il arrive souvent qu'un cœur endurci par les reproches s'attendrit sous l'effet de l'amour du Christ. Le missionnaire peut non seulement soulager ceux qui sont atteints de maladies physiques : il peut aussi conduire le pécheur auprès du grand Médecin capable de purifier son âme de la lèpre du péché. Dieu veut que, par l'intermédiaire de ses serviteurs, sa voix soit entendue des malades, des malheureux, des possédés. Il veut, par des instruments humains, apporter au monde une consolation inconnue de celui-ci.

Les disciples devaient effectuer leur première tournée missionnaire uniquement parmi « les brebis perdues de la maison d'Israël ». Leur influence auprès des Juifs eût été nulle s'ils avaient, dès ce moment, prêché l'Evangile aux païens ou aux Samaritains. En allant à l'encontre des préjugés des pharisiens, ils se seraient engagés dans des controverses qui les eussent découragés, dès le début de leurs efforts. D'ailleurs les apôtres, eux-mêmes, comprenaient difficilement que l'Evangile serait apporté à toutes les nations. Aussi longtemps qu'ils ne pouvaient saisir cette vérité, ils étaient impropres à l'accomplissement d'une œuvre parmi les païens. D'autre part, d'après le dessein de Dieu, les Juifs étant appelés à devenir ses messagers auprès d'eux, devaient donc être les premiers à entendre le message.

Dans tout le vaste champ où le Christ avait exercé son activité, se trouvaient des âmes conscientes de leurs besoins, ayant faim et soif de vérité. Le moment était venu d'apporter à ces cœurs avides l'annonce de son amour. Les disciples devaient être ses représentants auprès d'eux. Ainsi les croyants s'habitueraient à voir en eux des maîtres divinement institués, et ils ne se trouveraient pas sans instructeurs quand le Sauveur leur serait enlevé.

Les disciples devaient effectuer ce premier tour uniquement dans les endroits visités par Jésus et dans les milieux où il s'était fait des amis. Leurs préparatifs de voyage devaient être très sommaires. Rien ne devait distraire leur esprit d'une œuvre aussi importante, ou provoquer une opposition qui pourrait les gêner au cours de leurs travaux. Ils ne devaient pas adopter les vêtements des docteurs de la religion, et rien dans leur apparence ne devait dissimuler leur humble origine. Ils ne devaient pas convoquer des assemblées dans les synagogues ; leur travail devait se faire de maison en maison. Ils ne devaient pas perdre leur temps dans d'inutiles salutations ou dans des réceptions. En chaque endroit ils devaient accepter l'hospitalité de ceux qu'ils jugeraient dignes et qui, en les recevant avec cordialité, croiraient recevoir le Christ lui-même. En entrant dans une demeure, ils devaient prononcer cette belle salutation : « La paix soit sur cette maison [3] ! » Ce foyer serait rendu heureux par leurs prières, leurs chants de louanges, et l'étude de l'Ecriture faite en famille.

Ces disciples devaient aller, comme des hérauts de la vérité, préparer la voie pour la venue de leur Maître. Ils devaient porter le message de la vie éternelle ; la destinée des hommes dépendrait de l'attitude qu'ils prendraient à l'égard de ce message. Pour montrer combien celui-ci était solennel, Jésus dit aux disciples : « Lorsqu'on ne vous recevra pas et qu'on n'écoutera pas vos paroles, sortez de cette maison ou de cette ville et secouez la poussière de vos pieds. En vérité, je vous le dis, au jour du jugement, pour le pays de Sodome et Gomorrhe il y aura moins de rigueur que pour cette ville-là. »

Maintenant les yeux du Sauveur pénètrent dans l'avenir ; il aperçoit les champs plus vastes dans lesquels, après sa mort, les disciples lui rendront témoignage. Son regard prophétique embrasse l'expérience de ses serviteurs à travers les siècles, jusqu'à son retour. Il annonce à ceux qui le suivent les luttes qui les attendent ; il leur fait connaître la nature et le plan de la bataille et leur expose les dangers qu'ils rencontreront, les renoncements qui leur seront demandés. Il veut qu'ils sachent ce qu'il leur en coûtera de lui obéir, afin que l'ennemi ne les prenne pas par surprise. Ce n'est pas contre la chair et le sang qu'ils auront à lutter, « mais contre les principautés, contre les pouvoirs, contre les dominateurs des ténèbres d'ici-bas, contre les esprits du mal dans les lieux célestes [4] ». S'ils doivent entrer en lutte contre des forces surnaturelles, ils peuvent compter sur un secours surnaturel. L'armée de Dieu renferme toutes les intelligences célestes. Dans ses rangs il y a plus que des anges. Le Saint-Esprit, le représentant du Chef de l'armée de l'Eternel, descend pour assumer la direction de la bataille. Nous pouvons avoir beaucoup d'infirmités, de péchés et de fautes graves ; mais la grâce de Dieu est accessible à tous ceux qui la recherchent dans un esprit de contrition. La Toute-Puissance est engagée en faveur de ceux qui se confient en Dieu.

« Voici, dit Jésus, je vous envoie comme des brebis au milieu des loups. Soyez donc prudents comme les serpents et simples comme les colombes. » Le Christ n'a jamais sacrifié une seule vérité ; mais il a toujours dit la vérité avec amour, se montrant prudent et plein d'un tact infiniment délicat dans ses rapports avec le peuple, n'usant jamais de rudesse, de paroles inutilement sévères, et ne faisant jamais, sans nécessité, de la peine à une âme sensible. Il ne blâmait pas la faiblesse humaine ; s'il dénonçait, sans crainte, l'hypocrisie, l'incrédulité, l'iniquité, il avait des larmes dans la voix en prononçant ses réprimandes les plus sévères. Il pleurait sur Jérusalem, la ville qu'il aimait, parce qu'elle refusait de le recevoir, lui, le chemin, la vérité et la vie. Il considérait avec une tendre pitié ceux qui rejetaient leur Sauveur, et son cœur en fut souvent brisé, car toute âme était précieuse à ses yeux. Bien que gardant toujours une dignité divine, il s'inclinait, avec un tendre respect, devant chacun des membres de la famille de Dieu. En chaque homme il voyait une âme déchue qu'il avait pour mission de sauver.

Les serviteurs du Christ ne doivent pas obéir aux suggestions du cœur naturel, mais rester en communion étroite avec Dieu, afin que, s'ils sont offensés, le moi ne se dresse pas, faisant jaillir un torrent de paroles inopportunes, qui ne seront pas comme une rosée ou une douce ondée rafraîchissant les plantes flétries. C'est ce à quoi les pousse Satan ; ces méthodes sont les siennes, c'est le dragon qui est en fureur ; c'est l'esprit de Satan qui se révèle par la colère et les récriminations. Les serviteurs de Dieu, ses représentants, n'emploient que la monnaie du ciel, portant son effigie et son inscription. C'est par la puissance du Christ qu'ils doivent vaincre le mal. Leur force c'est la gloire du Christ. Les regards fixés sur la beauté morale du Maître, ils seront à même de présenter l'Evangile avec tact et avec douceur. Un esprit qui sait rester aimable, malgré les injures, servira plus favorablement la vérité que les arguments les plus puissants.

Ce ne sont pas des hommes seulement qu'on affronte, lorsqu'on s'engage dans des discussions avec les ennemis de la vérité, c'est aussi Satan et ses anges. Qu'on se rappelle alors les paroles du Sauveur : « Allez ; voici, je vous envoie comme des agneaux au milieu des loups [5]. » Reposons-nous sur l'amour de Dieu, et notre esprit restera calme, même au milieu des mauvais traitements. Le Seigneur nous revêtira de son armure divine. Son Esprit influencera l'esprit et le cœur de ses disciples, pour que leurs voix n'imitent en rien le hurlement des loups.

Jésus continua d'instruire ses disciples en ces termes : « Gardez-vous des hommes. » Ils ne devaient pas se fier entièrement à des hommes ne connaissant pas Dieu et leur dévoiler leurs conseils, ce qui eût été donner l'avantage aux agents de Satan. Souvent les inventions humaines contrecarrent les plans de Dieu. Appelés à construire le temple du Seigneur, nous devons le faire conformément au modèle montré sur la montagne : le divin modèle. Dieu est déshonoré et l'Evangile est trahi quand ses serviteurs suivent les conseils d'hommes qui refusent de se laisser guider par le Saint-Esprit. La sagesse humaine est folie aux yeux de Dieu. C'est se tromper que de s'appuyer sur elle.

« Ils vous livreront aux tribunaux. ... Vous comparaîtrez à cause de moi devant des gouverneurs et devant des rois pour servir de témoignage, à eux et aux païens. » La persécution contribuera à propager la lumière. Les serviteurs du Christ seront traduits devant les grands hommes de ce monde, qui, sans cela, n'auraient jamais l'occasion d'entendre l'Evangile. La vérité a été présentée à ceux-ci sous un jour faux, la foi des disciples du Christ ayant été l'objet d'accusations mensongères. Souvent ces puissants n'ont pas d'autre moyen de connaître le véritable caractère de cette foi que le témoignage de ceux qui sont soumis à un procès à cause d'elle. Pendant l'interrogatoire des accusés, les juges ont l'occasion de recueillir leur témoignage. La grâce de Dieu permettra à ses serviteurs de faire face à toute éventualité. « Ce que vous aurez à dire vous sera donné à l'heure même ; car ce n'est pas vous qui parlerez, mais c'est l'Esprit de votre Père qui parlera en vous. » Les serviteurs de Dieu, illuminés par son Esprit, présenteront la vérité avec une puissance divine et en montreront le prix. Ceux qui rejettent la vérité accuseront et opprimeront les disciples. Mais les enfants du Seigneur sont appelés à manifester la douceur du divin modèle même au milieu des privations et des souffrances, et cela jusqu'à la mort. C'est ainsi qu'éclatera le contraste entre les instruments de Satan et les représentants du Christ. Le Sauveur sera haut élevé en présence des gouverneurs et du peuple.

Les disciples ne furent dotés du courage et de la fermeté des martyrs qu'au temps où cette grâce leur devint nécessaire. Alors s'accomplit la promesse du Sauveur. Quand Pierre et Jean rendirent leur témoignage devant le sanhédrin, les Juifs « furent étonnés... Ils les reconnaissaient pour avoir été avec Jésus [6]. » Il a été écrit à propos d'Etienne : « Tous ceux qui siégeaient au sanhédrin fixaient les regards sur lui et virent son visage comme celui d'un ange. » « Ils n'étaient pas capables de résister à la sagesse et à l'Esprit par lequel il parlait [7]. » Paul, parlant de son procès à la cour des Césars, dit : « Dans ma première défense, personne ne m'a assisté, mais tous m'ont abandonné. ... C'est le Seigneur qui m'a assisté et qui m'a fortifié, afin que la prédication soit portée par moi à sa plénitude et entendue de tous les païens. Et j'ai été délivré de la gueule du lion [8]. »

Les serviteurs du Christ ne devaient pas étudier, à l'avance, les discours qu'ils auraient à prononcer devant les magistrats. Leur préparation consistait à accumuler, jour après jour, comme un trésor dans leurs cœurs, les précieuses vérités de la Parole de Dieu, et à affermir leur foi par la prière. Au moment critique le Saint-Esprit rappellerait à leur souvenir les vérités nécessaires.

Un effort incessamment renouvelé, en vue de connaître Dieu et Jésus-Christ qu'il a envoyé, rendrait l'âme forte et intelligente. La connaissance acquise par une étude assidue des Ecritures, reviendrait à la mémoire au moment voulu. Mais quelqu'un qui aurait négligé de se familiariser avec les paroles du Christ, et qui n'aurait jamais, dans l'épreuve, fait l'expérience de la puissance de sa grâce, ne pourrait espérer que le Saint-Esprit lui remît en mémoire les paroles de Dieu. Les disciples devaient servir Dieu chaque jour d'un cœur non partagé, et, ensuite, s'attendre à lui.

La haine de l'Evangile allait prendre de telles proportions que les liens terrestres les plus tendres seraient méconnus. Les disciples du Christ seraient trahis et livrés à la mort par les membres de leur propre famille. « Vous serez haïs de tous à cause de mon nom, ajouta le Christ, mais celui qui persévérera jusqu'à la fin sera sauvé [9]. » Il les exhorta toutefois à ne pas s'exposer à la persécution, sans nécessité. Souvent lui-même passait d'un champ d'activité à un autre afin d'échapper à ceux qui en voulaient à sa vie. Quand il se vit rejeté à Nazareth, quand ses propres concitoyens cherchèrent à le tuer, il descendit à Capernaüm, où tous furent étonnés de l'entendre, « car il parlait avec autorité [10] ». De même, ses serviteurs ne devaient pas se laisser décourager par la persécution, mais se réfugier dans un endroit où ils pourraient continuer de travailler au salut des âmes.

Le serviteur n'est pas plus grand que son maître. Le Prince du ciel a été appelé Belzébul, et ses disciples seront calomniés de la même manière. Les disciples du Christ, fuyant toute dissimulation, doivent confesser leurs principes, quel que soit le danger. Ils ne peuvent pas, pour annoncer la vérité, attendre le moment de le faire en toute sûreté. Placés comme des sentinelles, pour avertir les hommes du péril, ils doivent communiquer à tous, gratuitement et ouvertement, la vérité qu'ils ont reçue du Christ. Jésus a dit : « Ce que je vous dis dans les ténèbres, dites-le en plein jour, et ce que vous entendez à l'oreille, prêchez-le sur les toits. »

Jésus lui-même n'a jamais acquis la paix au prix d'un compromis. Bien que son cœur débordât d'amour pour toute la famille humaine, il n'eut pas de faiblesse pour leurs péchés, aimant trop les hommes pour garder le silence alors qu'il voyait courir à la ruine ces âmes rachetées au prix de son sang. Il s'efforçait d'obtenir que l'homme fût fidèle à lui-même, à ses intérêts supérieurs et éternels. Les serviteurs du Christ accompliront la même œuvre et prendront garde, qu'en voulant prévenir la discorde, ils ne sacrifient la vérité. Ils doivent rechercher « ce qui contribue à la paix [11] », cependant une paix réelle ne peut être obtenue en trahissant des principes et personne ne peut rester fidèle à un principe sans provoquer de l'opposition. Un christianisme, vraiment spirituel suscitera l'antagonisme des enfants de la désobéissance. Mais Jésus dit aux disciples : « Ne craignez pas ceux qui tuent le corps et qui ne peuvent tuer l'âme. » Quiconque est fidèle à Dieu n'a pas à redouter le pouvoir des hommes ni la haine de Satan. En Christ la vie éternelle est assurée. Il n'y a qu'une chose à craindre : c'est d'abandonner la vérité et de tromper ainsi la confiance dont Dieu nous a honorés.

C'est l'œuvre de Satan de remplir les cœurs de doute. Il s'efforce de faire voir en Dieu un juge implacable. Il entraîne d'abord les hommes au péché, puis les fait désespérer de leur misère au point qu'ils n'osent plus s'approcher du Père céleste et rien attendre de sa pitié. Le Seigneur comprend tout cela. Jésus donne aux disciples l'assurance que l'amour de Dieu leur sera acquis dans tous leurs besoins, dans toutes leurs faiblesses. Il n'y a pas un soupir, pas une douleur, pas un chagrin qui ne trouve un écho dans le cœur du Père.

La Bible nous montre Dieu en un lieu élevé et saint, non pas dans l'inaction, le silence et la solitude, mais entouré par des myriades de myriades de saintes intelligences, toutes prêtes à exécuter ses ordres. Par des moyens que nous ne pouvons apercevoir, il est en communication active avec toutes les parties de son domaine. Mais c'est au sein de ce monde infime et dans les âmes pour lesquelles il a donné son Fils unique, que se trouvent concentrés son intérêt et celui du ciel tout entier. Du haut de son trône Dieu se penche pour entendre le cri de l'opprimé. Il répond à toute prière sincère : « Me voici ». Il relève ceux qui sont dans l'angoisse et foulés aux pieds. Chaque fois que nous nous trouvons dans la tentation ou dans l'épreuve, l'ange de sa présence se tient près de nous pour nous délivrer.

Pas un passereau ne tombe à terre sans la permission du Père. La haine que Satan nourrit à l'égard de Dieu lui fait haïr tout ce qui est l'objet des soins du Sauveur. Il s'efforce de gâter le chef-d'œuvre divin, et trouve son plaisir à détruire même des créatures inférieures. C'est à la protection divine que les oiseaux doivent de pouvoir nous réjouir par leurs joyeux chants. Il n'oublie même pas les passereaux, dont pas un ne tombe à terre sans la permission du Père. « Soyez sans crainte, vous valez plus que beaucoup de moineaux. »

Jésus poursuit : Si vous me confessez devant les hommes, moi aussi je vous confesserai devant Dieu et devant les saints anges. Vous êtes appelés à être mes témoins sur la terre ; par votre moyen ma grâce doit se répandre pour la guérison du monde. De mon côté je serai votre représentant dans le ciel. Le Père ne verra pas les imperfections de votre caractère car vous serez revêtus de ma perfection. C'est par moi que les bénédictions célestes arriveront jusqu'à vous. Et quiconque me confesse en prenant part à mon sacrifice en faveur des âmes perdues, je le confesserai et le ferai participer à la gloire et à la joie des rachetés.

Personne ne peut confesser le Christ, à moins que le Christ n'habite en lui. On ne peut donner ce que l'on n'a pas reçu. On peut disserter avec éloquence sur des doctrines, on peut même répéter les paroles du Christ ; mais on ne le confesse vraiment que si l'on possède un caractère doux et aimant comme le sien. Etre animé d'un esprit contraire au sien, c'est le renier, quelque religion que l'on professe.

On peut renier le Christ par des médisances, des discours insensés, des paroles mensongères ou peu aimables. On peut le renier en fuyant les responsabilités, en recherchant des plaisirs malsains. On peut le renier en se conformant au monde, en manquant de courtoisie, en s'attachant à ses propres opinions, en cherchant à se justifier, en entretenant le doute, en suscitant des querelles, en demeurant dans les ténèbres. Par toutes ces choses on montre qu'on n'a pas le Christ en soi. Or, « quiconque me reniera devant les hommes, dit-il, je le renierai, moi aussi, devant mon Père qui est dans les cieux ».

Le Sauveur dit aux disciples de ne pas espérer voir cesser l'inimitié du monde contre l'Evangile. Il dit : « Je ne suis pas venu apporter la paix, mais l'épée. » Ce n'est pas l'Evangile qui est la cause de la guerre, mais l'antagonisme qu'il rencontre. Y a-t-il rien de plus dur à supporter, dans la persécution, que le désaccord avec les membres de sa famille, avec ses meilleurs amis ? Mais Jésus déclare : « Celui qui aime père ou mère plus que moi, n'est pas digne de moi, et celui qui aime fils ou fille plus que moi, n'est pas digne de moi ; celui qui ne prend pas sa croix et ne me suit pas, n'est pas digne de moi. »

La mission des serviteurs du Christ constitue un grand honneur, un dépôt sacré. « Qui vous reçoit, dit-il, me reçoit, et qui me reçoit, reçoit celui qui m'a envoyé. » Aucun acte de bonté accompli pour eux, en son nom, ne passera inaperçu ou ne restera sans récompense. Même les plus faibles et les plus humbles membres de la famille de Dieu sont l'Objet de l'attention la plus sympathique : « Quiconque donnera à boire même un seul verre d'eau froide à l'un de ces petits en qualité de disciple – il s'agit de ceux qui sont petits dans la foi et la connaissance du Christ – en vérité, je vous le dis, il ne perdra point sa récompense. »

C'est ainsi que le Sauveur mit fin à ses instructions. Les douze s'en allèrent au nom du Christ, comme il était allé lui-même, « pour annoncer la bonne nouvelle aux pauvres ; ... et aux aveugles le recouvrement de la vue, pour renvoyer libres les opprimés, pour proclamer une année de grâce du Seigneur [12] ».

---

[1] Ce chapitre est basé sur Matthieu 10 ; Marc 6.7-11 ; Luc 9.1-6. [2] Esaïe 58.8. [3] Luc 10.5. [4] Ephésiens 6.12. [5] Luc 10.3. [6] Actes 4.13. [7] Actes 6.15, 10. [8] 2 Timothée 4.16, 17. [9] Marc 13.13. [10] Luc 4.32. [11] Romains 14.19. [12] Luc 4.18, 19.

Chapitre 38

Venez à l'écart... et reposez-vous

APRES leur tournée missionnaire, « les apôtres se rassemblèrent auprès de Jésus et lui racontèrent tout ce qu'ils avaient fait et tout ce qu'ils avaient enseigné. Il leur dit : Venez à l'écart dans un lieu désert et reposez-vous un peu. Car beaucoup de personnes allaient et venaient, et ils n'avaient pas même le temps de manger [1]. »

Les disciples vinrent à Jésus et lui racontèrent tout. L'intimité dans laquelle ils se trouvaient avec Jésus les encourageait à lui exposer leurs expériences heureuses ou malheureuses, la joie éprouvée par eux en constatant les résultats de leurs efforts, ainsi que la douleur causée par leurs échecs, leurs fautes et leurs faiblesses. Ils avaient commis des erreurs dans cette première tentative d'évangélisation, et quand ils lui eurent franchement fait part de leurs expériences, le Christ comprit qu'ils avaient besoin d'un supplément de connaissances. Il s'aperçut aussi qu'ils étaient fatigués et avaient besoin de repos.

L'isolement nécessaire était impossible là où ils étaient ; « car beaucoup de personnes allaient et venaient, et ils n'avaient pas même le temps de manger ». Les gens se pressaient autour du Christ, désireux d'être guéris et d'entendre ses paroles. Bon nombre se sentaient attirés vers lui : ils voyaient en lui la source de toutes les bénédictions. Plusieurs de ceux qui se pressaient alors autour du Christ pour recevoir le bienfait de la santé l'acceptèrent comme leur Sauveur. D'autres, qui n'osaient le confesser, de crainte des pharisiens, furent convertis plus tard, lors de la descente du Saint-Esprit, et le reconnurent comme le Fils de Dieu en dépit de la fureur des prêtres et des chefs.

Mais pour le moment le Christ soupirait après la solitude ; il voulait être seul avec ses disciples à qui il avait encore tant à dire. Ils avaient eu des luttes à soutenir en accomplissant leur mission et avaient rencontré diverses formes d'opposition. Ils avaient eu l'habitude, auparavant, de consulter le Christ pour toutes choses ; mais ils s'étaient trouvés seuls pendant quelque temps et souvent bien embarrassés, ne sachant que faire pour agir correctement. Leur travail leur avait procuré des encouragements, car le Christ ne les avait pas envoyés sans les accompagner de son Esprit ; la foi qu'ils avaient en lui leur avait permis d'accomplir bien des miracles ; mais maintenant ils éprouvaient le besoin d'être nourris du pain de vie. Il leur fallait se retirer en un lieu écarté où ils pussent jouir de la communion de Jésus et recevoir des directives en vue de leur activité à venir.

Le Christ éprouve une tendresse et une compassion infinies pour tous ceux qui travaillent à son service. Il voulait montrer à ses disciples que Dieu n'exige pas le sacrifice, mais la miséricorde.

Ayant mis toute leur âme dans leur travail en faveur d'autrui, et épuisé ainsi leurs forces physiques et intellectuelles, ils avaient le devoir de se reposer.

Le succès de leurs efforts exposait les disciples au danger de s'en attribuer le mérite, de cultiver l'orgueil spirituel et de devenir ainsi la proie des tentations de Satan. La première chose qu'ils avaient à apprendre, en vue de l'œuvre immense qui s'étendait devant eux, c'était que leur force ne résidait pas en eux-mêmes, mais en Dieu. Tout comme Moïse, au désert de Sinaï, ou comme David parmi les collines de la Judée, ou Elie près du torrent de Kérith, les disciples avaient besoin de s'éloigner des lieux de leur activité pour communier avec le Christ, avec la nature et avec leurs propres cœurs.

Pendant que les disciples effectuaient leur tournée missionnaire, Jésus avait visité d'autres villes et d'autres villages, prêchant l'Evangile du royaume. C'est vers ce temps qu'il apprit la mort du Baptiste. Cet événement lui rappela vivement la fin vers laquelle il s'était acheminé. Son sentier s'assombrissait de plus en plus. Prêtres et rabbins complotaient sa mort, des espions le poursuivaient, et, de tous côtés, on travaillait à sa ruine. La prédication des apôtres à travers la Galilée éveilla l'attention d'Hérode sur Jésus et sur son œuvre. « C'est Jean-Baptiste, dit-il ; il est ressuscité des morts » ; et il exprima le désir de voir Jésus. Hérode vivait dans une crainte continuelle, redoutant qu'on ne préparât, en secret, une révolution ayant pour but de le renverser du trône et de briser le joug que les Romains faisaient peser sur la nation juive. L'esprit de mécontentement et d'insurrection régnait parmi le peuple. Il était évident que les travaux publics du Christ ne pourraient pas continuer longtemps en Galilée. Sa passion approchait, et il sentait le besoin de se trouver un moment loin de la confusion des foules.

Avec un profond chagrin les disciples de Jean avaient enseveli son corps mutilé. Puis « ils allèrent l'annoncer à Jésus ». Ces disciples avaient été mécontents de voir que le Christ semblait vouloir détourner le peuple de Jean. Ils avaient pris position avec les pharisiens lorsque ceux-ci l'avaient accusé parce qu'ils l'avaient trouvé assis avec des péagers au festin offert par Matthieu. Du fait qu'il n'avait pas mis en liberté le Baptiste, ils avaient douté de sa mission. Maintenant que leur maître était mort, ils éprouvaient le besoin de consolation dans leur grand deuil et aussi de direction au sujet de leur travail futur ; ils vinrent donc à Jésus et voulurent partager sa destinée. Eux aussi avaient besoin d'un peu de tranquillité pour jouir de la communion avec le Sauveur.

On était au printemps. Près de Bethsaïda, à l'extrémité septentrionale du lac, se trouvait une région solitaire et verdoyante qui offrait une retraite agréable à Jésus et à ses disciples. Ils se mirent en route dans cette direction, et, sur une barque, traversèrent le lac. Ils allaient se trouver loin des routes fréquentées, hors du tourbillon des affaires et de l'agitation de la ville. Le spectacle de la nature constituait à lui seul un repos, un changement salutaire. Ils pourraient enfin écouter les paroles du Christ sans être troublés par les interruptions, les répliques et les accusations irritées des scribes et des pharisiens. Ils pourraient jouir pendant quelque temps de la compagnie de leur Seigneur. Ce n'est pas un repos égoïste que le Christ allait prendre avec ses disciples. Le temps qu'ils allaient passer à l'écart ne serait pas consacré à la recherche du plaisir. Ils s'entretiendraient au sujet de l'œuvre de Dieu et rechercheraient les moyens d'assurer un plus grand rendement à leurs travaux. Ayant été avec le Christ, les disciples étaient à même de le comprendre ; il n'avait donc pas besoin, en s'adressant à eux, de parler en paraboles. Il corrigeait leurs erreurs et leur enseignait comment entrer en rapport avec les âmes. Il leur dévoilait plus complètement les riches trésors de la vérité divine. Ils étaient galvanisés par une puissance divine ; un nouvel espoir et un nouveau courage leur étaient insufflés.

Bien que Jésus pût faire des miracles, et qu'il eût communiqué à ses disciples le pouvoir d'en opérer, il conduisit pourtant ses serviteurs fatigués à l'écart, pour y trouver du repos au sein de la nature. Quand il leur disait que la moisson était grande et qu'il y avait peu d'ouvriers, son intention n'était pas de leur imposer des labeurs incessants. Voici ce qu'il leur dit : « Priez donc le Seigneur de la moisson d'envoyer des ouvriers dans sa moisson [2]. » Dieu a assigné à chacun sa tâche, suivant ses capacités [3], et il ne faut pas que quelques-uns soient écrasés par les responsabilités alors que d'autres n'ont point de fardeau et ne se soucient pas des âmes.

Le Christ adresse aujourd'hui, à ses ouvriers usés de fatigue, les mêmes paroles de compassion : « Venez à l'écart, ... et reposez-vous un peu. » Il n'est pas sage de rester toujours sous la tension de l'effort et de l'excitation, même pour s'occuper des besoins spirituels des hommes, car alors on néglige la piété personnelle, et l'esprit et le corps se trouvent surmenés. Les disciples du Christ sont appelés au renoncement ; des sacrifices leur seront demandés ; mais il faut veiller à ce qu'un excès de zèle de leur part ne donne pas à Satan l'occasion de profiter de la faiblesse humaine et de nuire ainsi à l'œuvre de Dieu.

Les rabbins estimaient une activité tumultueuse comme la plus haute expression de la piété. Celle-ci devait se montrer par des actes extérieurs. Ils s'éloignaient donc de Dieu et se drapaient dans leur propre suffisance. Les mêmes dangers existent aujourd'hui. Dans la mesure où l'activité s'accroît et où l'on réussit dans ce que l'on fait pour Dieu, on risque de mettre sa confiance dans des méthodes et des plans humains. On est enclin à prier moins, à avoir moins de foi. On risque, ainsi que les disciples, de ne plus sentir sa dépendance à l'égard de Dieu et de chercher un moyen de salut dans sa propre activité. Il nous faut toujours regarder à Jésus et comprendre que c'est sa puissance qui agit. Tout en travaillant avec zèle en vue de sauver ceux qui sont perdus, prenons le temps de prier, de méditer la Parole de Dieu. Seuls, les efforts accompagnés de beaucoup de prières et sanctifiés par les mérites du Christ, serviront, d'une manière durable, la bonne cause.

Personne n'a eu une vie aussi remplie et aussi chargée de responsabilité que celle de Jésus ; cependant il consacrait beaucoup de temps à la prière. Il était constamment en communion avec Dieu, et c'est à maintes reprises que nous lisons des explications comme celles-ci : « Vers le matin, pendant qu'il faisait encore très nuit, il se leva et sortit pour aller dans un lieu désert où il se mit à prier. » « Lui se retirait dans les déserts et priait. » « Jésus se rendit à la montagne pour prier, et il passa toute la nuit à prier Dieu [4]. »

Bien que sa vie s'écoulât tout entière à faire du bien, le Sauveur voyait la nécessité de s'éloigner des routes fréquentées et des foules qui l'assiégeaient tous les jours. Il devait interrompre son activité incessante et son contact avec les nécessiteux pour chercher l'isolement et se retremper dans la communion avec son Père. Devenu un avec nous, participant à nos besoins et à nos faiblesses, il dépendait complètement de Dieu et cherchait, dans la prière secrète, la force divine qui le mettrait à même d'accomplir son devoir et de supporter l'épreuve. Se trouvant dans un monde de péché, Jésus supporta les luttes et les angoisses. Sa communion avec Dieu lui permettait de déposer le fardeau de douleurs qui l'eût écrasé. La prière lui offrait un réconfort et une joie.

Le cri de l'humanité, poussé par le Christ, émouvait l'infinie pitié du Père. En tant qu'homme, il adressait ses supplications au trône de Dieu ; comme résultat, un courant céleste venait charger son humanité et établir une relation entre l'humanité et la divinité. Grâce à une communion continuelle, il recevait de Dieu une vie qu'il pouvait communiquer au monde. Nous sommes appelés à répéter la même expérience.

« Venez à l'écart », nous dit-il. Nous serions plus forts et plus utiles si nous écoutions ce conseil. Les disciples ayant tout raconté à Jésus, il les encouragea et les instruisit. Si nous prenions aujourd'hui le temps d'aller à lui pour lui exposer nos besoins, nous ne serions pas déçus ; il se tiendrait à notre droite pour nous aider. Ce qu'il nous faut, c'est plus de simplicité, plus de confiance en notre Sauveur. Il est le Conseiller admirable, celui qui s'appelle « le Dieu fort, le Père d'éternité, le Prince de la paix », celui dont il est dit que « l'empire a été posé sur son épaule ». Nous sommes exhortés à rechercher la sagesse auprès de lui, « qui donne à tous libéralement, et sans récriminer [5] ».

En tous ceux qui sont à l'école de Dieu doit se manifester une vie qui ne soit pas en harmonie avec le monde, avec ses coutumes et ses pratiques chacun doit, dans sa propre expérience, arriver à savoir quelle est la volonté de Dieu. Chacun doit l'entendre parler à son propre cœur. Ayant fait taire toutes les autres voix, et restant en la présence de Dieu, le silence de notre âme nous permettra d'entendre plus distinctement la voix d'En-Haut. « Arrêtez, dit-il, et sachez que c'est moi qui suis Dieu [6]. » Là seulement est le vrai repos où l'on se prépare, réellement, à travailler pour Dieu. Au milieu de la foule en tumulte, et malgré la tension d'une activité intense, l'âme, ainsi rafraîchie, se trouve entourée d'une atmosphère de lumière et de paix. Un parfum se dégage, manifestant une puissance divine, capable de toucher les cœurs.

---

[1] Ce chapitre est basé sur Matthieu 14.1, 2, 12, 13 ; Marc 6.30-32 ; Luc 9.7-10. [2] Matthieu 9.38. [3] Éphésiens 4.11-13. [4] Marc 1.35 ; Luc 5.16 ; 6.12. [5] Esaïe 9.6, 5 ; Jacques 1.5. [6] Psaume 46.11.

Chapitre 39

Donnez-leur vous-mêmes à manger

Le Christ s'était retiré avec ses disciples en un lieu écarté, mais leur tranquillité n'allait pas tarder à être troublée. Dès que la foule s'aperçut de l'absence du Maître, on se demanda : Où est-il ? Quelqu'un avait vu la direction suivie par le Christ et ses compagnons. Plusieurs se mirent à leur recherche, en suivant la côte ; d'autres s'embarquèrent pour traverser le lac. La Pâque étant proche, des bandes de pèlerins, venus de loin ou de près, et se rendant à Jérusalem, s'assemblèrent pour voir Jésus. Ils se trouvèrent bientôt au nombre de cinq mille hommes, sans compter les femmes et les enfants. Avant même que le Christ eût débarqué, une multitude l'attendait. Il réussit toutefois à aborder sans être aperçu, et put ainsi passer un moment à l'écart avec ses disciples.

Du haut d'une colline, il considéra la foule en mouvement. Son azur fut ému de compassion. Bien qu'on fût venu troubler son repos, il ne manifesta point d'impatience. Il vit un besoin plus pressant qui réclamait ses soins, en observant les gens dont le nombre augmentait sans cesse. Il « en eut compassion, parce qu'ils étaient comme des brebis qui n'ont pas de berger ». Abandonnant sa retraite, il trouva un lieu convenable afin de pouvoir s'occuper d'eux. Prêtres et anciens ne leur avaient fait aucun bien ; mais les eaux salutaires de la vie découlèrent du Christ dès qu'il se mit à enseigner à cette foule la voie du salut.

Le peuple écoutait les paroles de grâce qui sortaient si librement des lèvres du Fils de Dieu. Ces bonnes paroles, si simples et si claires, étaient pour leurs âmes comme un baume de Galaad. Sa main guérissante rendait la vie aux mourants, la santé aux malades, le bonheur aux affligés. Ce jour-là ce fut le ciel sur la terre, et les auditeurs de Jésus n'auraient su dire depuis combien de temps ils n'avaient pas mangé.

Pourtant le jour pâlissait, le soleil disparaissait à l'occident, et les gens s'attardaient. Jésus avait travaillé toute la journée sans prendre de nourriture et de repos. Il était pâle de fatigue et de faim, et les disciples le supplièrent de mettre un terme à ses efforts ; cependant il ne pouvait se dérober à ceux qui l'assiégeaient.

Enfin les disciples insistèrent pour que la foule fût congédiée, dans son propre intérêt. Beaucoup étaient venus de loin et n'avaient rien mangé depuis le matin. Ils pourraient se procurer des aliments dans les villes et les villages environnants. Mais Jésus leur dit : « Donnez-leur vous-mêmes à manger », et, se tournant vers Philippe, il lui demanda: « Où achèterons-nous des pains pour que ces gens aient à manger ? » Il parlait ainsi pour mettre à l'épreuve la foi du disciple. Philippe regarda cette mer humaine, et vit bien qu'il était impossible de trouver des provisions en assez grande abondance pour apaiser la faim d'une telle multitude. Il répondit que deux cents deniers de pains ne suffiraient pas pour en donner un peu à chacun. Jésus s'informa alors de ce dont on disposait comme aliments. « Il y a ici un jeune garçon, dit André, qui a cinq pains d'orge et deux poissons ; mais qu'est-ce que cela pour tant de personnes ? » Jésus ordonna qu'on les lui apportât. Puis il dit aux disciples de faire asseoir les gens sur l'herbe, par groupes de cinquante ou de cent, et de maintenir l'ordre, afin que tous pussent être témoins de ce qu'il allait faire. Quand ces ordres eurent été exécutés, Jésus prit la nourriture, « leva les yeux vers le ciel et prononça la bénédiction. Puis il les rompit et les donna aux disciples pour les distribuer à la foule. Tous mangèrent et furent rassasiés, et l'on emporta douze paniers pleins des morceaux qui restaient. »

Celui qui, par son enseignement, montrait à tous les hommes la voie qui conduit à la paix et au bonheur, se préoccupait autant de leurs nécessités temporelles que de leurs besoins spirituels. Le peuple était fatigué et défaillant. Des mères portaient des bébés dans leurs bras et des petits enfants se suspendaient à leurs jupes. Plusieurs étaient restés debout pendant des heures. Les paroles du Christ éveillaient un tel intérêt qu'ils n'avaient même pas songé à s'asseoir un instant ; d'ailleurs la foule était si compacte qu'on risquait d'être piétiné. Jésus voulant leur donner l'occasion de se reposer, les invita à s'asseoir sur l'herbe, abondante à cet endroit.

Le Christ n'a jamais opéré de miracles sans qu'il y eût une vraie nécessité ; chacun de ses miracles était de nature à diriger le peuple vers l'arbre de la vie, dont les feuilles servent à la guérison des nations. Les aliments distribués par les disciples renfermaient tout un trésor de leçons. Le menu était très simple : les poissons et les pains d'orge constituaient l'alimentation ordinaire des familles de pêcheurs, vivant près de la mer de Galilée. Le Christ aurait pu offrir au peuple un repas succulent, mais des aliments, préparés uniquement en vue de flatter le goût, n'eussent enseigné rien de bon. Le Christ voulait montrer à l'homme qu'il s'était éloigné de l'alimentation naturelle que Dieu lui avait fournie. Jamais fête dispendieuse, destinée à flatter un appétit perverti, ne procura autant de joie que le repos et la nourriture frugale offerte par le Christ, au peuple, si loin de toute habitation humaine.

Si les hommes avaient des habitudes simples, s'ils vivaient en harmonie avec les lois de la nature, comme Adam et Eve au commencement, il y aurait de quoi satisfaire abondamment les nécessités de la famille humaine. Il y aurait moins de besoins imaginaires et plus d'occasions de se rendre utile au service de Dieu. Mais l'égoïsme et la volupté ayant introduit dans le monde le péché et la souffrance, les uns ont trop et les autres pas assez.

Jésus ne chercha pas à attirer le peuple à lui en flattant ses goûts pour le luxe. Ce repas fut offert à la vaste foule épuisée et affamée, au soir d'une longue journée agitée, et cela non seulement comme une démonstration de sa puissance, mais aussi comme une preuve de sa sollicitude pour ceux qui éprouvent les besoins communs de la vie. A ceux qui le suivent le Sauveur n'a pas promis les choses luxueuses du monde ; leur ordinaire peut être simple, et même peu abondant ; la pauvreté peut être leur partage ; pourtant sa promesse leur garantit de quoi satisfaire leurs besoins, et, ce qui vaut mieux que tous les biens terrestres, la consolation durable de sa présence.

En nourrissant cinq mille hommes, Jésus a soulevé le voile qui nous cache le monde naturel, nous montrant la puissance qui agit constamment en notre faveur. Tous les jours Dieu opère un miracle en produisant les moissons de la terre. Par des moyens naturels il accomplit la même œuvre qu'en multipliant les pains pour la foule. L'homme cultive le sol et jette la semence, mais c'est la vie divine qui fait germer la semence. Ce sont la pluie, l'air et les rayons du soleil, envoyés de Dieu, qui font que « la terre produit d'elle-même, d'abord l'herbe, puis l'épi, enfin le blé bien formé dans l'épi [2] ». C'est Dieu qui, chaque jour, nourrit des millions d'êtres humains grâce aux moissons des champs. Parce que les hommes, en prenant soin du grain et en préparant le pain, sont appelés à coopérer avec Dieu, ils perdent de vue le facteur divin. Ils ne donnent pas à Dieu la gloire due à son saint nom. Ce qui est l'effet de sa puissance est attribué à des causes naturelles ou à des moyens humains. L'homme est glorifié à la place de Dieu, dont les dons généreux sont dérivés vers des usages égoïstes, et ce qui devait être une bénédiction devient une malédiction. Dieu veut modifier tout cela. Il désire que nos sens émoussés s'éveillent pour que nous discernions son immense bonté et que nous le glorifiions à cause des manifestations de sa puissance. Il désire que nous le reconnaissions dans ses dons, pour que, conformément à son intention, ceux-ci deviennent vraiment, pour nous, un sujet de bénédiction. C'est là le but que le Christ se proposait en accomplissant des miracles.

Il resta beaucoup de nourriture après que la foule eut été rassasiée. Mais celui qui disposait de toutes les ressources de l'infinie puissance donna cet ordre : « Ramassez les morceaux qui restent, afin que rien ne se perde. » Il ne s'agissait pas seulement de placer les pains dans des paniers. Il y avait là une double leçon. Rien ne doit être gaspillé. Il ne faut laisser perdre aucun avantage temporel, ni dédaigner ce qui peut être utile à un être humain. Que l'on ramasse tout ce qui soulagera les affamés de la terre. Le même soin devrait être apporté aux choses spirituelles. Quand les paniers furent remplis des morceaux qui restaient, les personnes présentes songèrent aux amis qu'elles avaient laissés chez elles. Elles voulurent leur garder une part du pain béni par le Christ. Le contenu des paniers fut distribué à la foule empressée, qui l'emporta dans toutes les régions d'alentour. Ceux qui avaient participé à la fête devaient apporter à d'autres le pain descendu du ciel pour répondre aux aspirations de l'âme. Ils devaient répéter ce qu'ils avaient appris des merveilles de Dieu. Rien ne devait se perdre. Pas une parole, concernant le salut éternel, ne devait tomber à terre sans effet.

Le miracle des pains nous enseigne notre dépendance à l'égard de Dieu. Le Christ, sans avoir à sa disposition les aliments nécessaires, nourrit dans le désert cinq mille hommes, sans compter les femmes et les enfants. Il n'avait pas invité la foule à le suivre ; elle était accourue d'elle-même ; mais il savait qu'elle se trouverait affamée et défaillante après avoir écouté longtemps ses instructions ; car il souffrait de voir ces gens affamés. Ils se trouvaient loin de leurs foyers alors que la nuit approchait. Il en était parmi eux qui n'eussent pas eu les moyens de se procurer des aliments. Lui qui pour eux avait jeûné quarante jours au désert ne permettrait pas de les renvoyer chez eux à jeun. Dans la position où la Providence divine l'avait placé, Jésus attendait de son Père céleste les moyens de pourvoir à la nécessité.

Comptons sur Dieu quand nous nous trouvons dans une situation difficile. Il convient d'user de sagesse et de discernement dans toutes les circonstances de la vie, afin de ne pas nous exposer aux difficultés par des actions irréfléchies. Nous ne devons pas nous plonger dans les difficultés en négligeant les moyens que Dieu nous offre et en abusant des facultés qu'il nous a accordées. Les ouvriers du Christ doivent suivre ses instructions à la lettre. Il s'agit de l'œuvre de Dieu ; si nous voulons être utiles à d'autres, nous devons nous conformer à ses plans. Le moi ne doit jamais être placé au centre ; il ne mérite pas les honneurs. Si nous formons des plans selon nos propres idées, Dieu permettra que nous commettions des erreurs. Mais si après avoir suivi ses directions nous nous trouvons en difficulté, il nous délivrera. Ne nous décourageons pas, mais à tout moment critique faisons appel à celui qui dispose de ressources infinies. Souvent notre foi sera mise à l'épreuve ; comptons sur Dieu. Il gardera toute âme anxieuse qui s'efforce de suivre la voie du Seigneur.

Le Christ nous exhorte, par la voix de son prophète : « Partage ton pain avec l'affamé », « rassasie l'âme défaillante », « revêts ceux qui sont nus », « recueille dans ta maison les malheureux sans asile [3] ». Il nous a donné cet ordre : « Allez dans le monde entier et prêchez l'Evangile à toute la création [4]. » Néanmoins il arrive souvent qu'en voyant l'immensité des besoins et la pauvreté des moyens disponibles notre courage fléchit et notre foi nous abandonne. Comme André en présence des cinq pains d'orge et des deux petits poissons, nous nous écrions : « Qu'est-ce que cela pour tant de personnes ? » Trop souvent nous hésitons, craignant de dépenser et surtout de nous dépenser pour d'autres. Mais Jésus nous commande : « Donnez-leur *vous-mêmes* à manger. » Son ordre équivaut à une promesse ; il est accompagné de la même puissance qui a rassasié la foule au bord de la mer.

L'acte par lequel le Christ a pourvu aux nécessités temporelles d'une foule affamée sert d'image à une profonde leçon spirituelle, destinée à tous ses ouvriers. Le Christ donna aux disciples ce qu'il avait reçu du Père ; les disciples distribuèrent ce don à la foule, et les personnes présentes se passèrent les aliments les unes aux autres. Ainsi ceux qui sont unis à Christ recevront de lui le pain de vie, la nourriture céleste, et la distribueront à d'autres.

Comptant pleinement sur Dieu, Jésus prit la petite quantité de pain ; et bien qu'elle fût insuffisante même aux besoins de ses disciples, il leur donna l'ordre, au lieu de les inviter à manger, de répartir cette nourriture entre les personnes présentes. Celle-ci fut multipliée entre ses mains, et les mains des disciples, tendues vers le Christ, le Pain de vie, ne restaient jamais vides. Cette faible provision fut suffisante pour tous. Et quand ils furent rassasiés, on ramassa les morceaux qui restaient, et le Christ put manger, avec ses disciples, de ce précieux aliment, dispensé par le ciel.

Les disciples servirent de moyens de communication entre le Christ et le peuple. Il y a là un puissant encouragement pour ceux qui sont, aujourd'hui, ses disciples. Le Christ est le grand centre, la source de toute force. C'est de lui que ses disciples doivent recevoir leurs ressources. Les plus intelligents, les plus spirituels ne peuvent dispenser que dans la mesure où ils reçoivent. Ils ne tirent rien d'eux-mêmes pour les besoins de l'âme. Il nous est impossible de rien donner si nous n'avons reçu du Christ ; et nous ne sommes à même de recevoir qu'en tant que nous communiquons à d'autres. Aussi longtemps que nous transmettons, nous continuons de recevoir ; et plus nous donnons, plus nous recevons. C'est ainsi que nous pouvons constamment croire, nous confier, recevoir, et dispenser.

L'œuvre qui a pour but d'établir le royaume du Christ fera des progrès, bien qu'elle ne paraisse avancer que lentement, et même si des obstacles insurmontables semblent s'opposer à sa marche. Cette œuvre étant celle de Dieu, lui-même fournira les moyens nécessaires ; il enverra du secours : de vrais disciples, sincères, dont les mains remplies seront tendues vers la multitude mourant d'inanition. Dieu n'oublie pas ceux qui s'efforcent, avec amour, de donner la Parole de vie aux âmes qui périssent, s'ils tendent leurs mains vers lui pour obtenir la nourriture qui rassasiera ces âmes.

Nous sommes en danger, en travaillant pour Dieu, de trop compter sur ce que l'homme peut faire avec ses talents et son habileté. Ainsi nous perdons de vue le grand Chef des travaux. Trop souvent celui qui travaille pour le Christ n'a pas un sentiment assez vif de sa responsabilité personnelle. Il risque de se décharger de son fardeau sur des organisations, au lieu de compter sur celui qui est la source de toute puissance. Quand il s'agit de l'œuvre de Dieu, c'est une grande erreur de se confier dans la sagesse humaine ou dans le nombre. Le succès de l'œuvre accomplie pour le Christ dépend bien moins du nombre ou du talent que de la pureté des intentions et d'une foi vraiment simple, sincère et absolument confiante. Des responsabilités personnelles doivent être assumées, des devoirs personnels accomplis, des efforts personnels réalisés en faveur de ceux qui ne connaissent pas le Christ. Au lieu de vous décharger de votre responsabilité sur quelqu'un que vous estimez plus richement doué que vous-même, travaillez selon vos capacités.

Lorsque se présente à votre esprit la question : « Où achèterons-nous des pains pour que ces gens aient à manger ? » ne répondez pas comme un incrédule. Quand les disciples eurent entendu les paroles du Sauveur : « Donnez-leur vous-mêmes à manger », toutes sortes de difficultés surgirent dans leur esprit. Ils se demandèrent s'ils iraient dans les villages environnants acheter des aliments. De même aujourd'hui, alors que le monde manque du pain de la vie, les enfants du Seigneur s'interrogent : Ferons-nous venir quelqu'un de très loin pour nourrir ces gens ? Mais que dit le Christ ? « Faites-les asseoir », et il les nourrit là. Soyez donc convaincus, quand des âmes en détresse vous entourent, que le Christ est là. Communiez avec lui. Apportez-lui vos pains d'orge.

Les moyens dont nous disposons peuvent paraître insuffisants pour les besoins de l'œuvre ; cependant des ressources abondantes s'offriront à nous si seulement nous voulons marcher en avant par la foi, croyant à la puissance de Dieu qui suffit à tout. Si l'œuvre est de Dieu, il pourvoira lui-même aux moyens nécessaires à son accomplissement. Celui qui compte sur lui, sincèrement et avec simplicité, se trouvera récompensé. Le peu qui sera employé au service du Seigneur du ciel, d'une manière prudente et économique, s'accroîtra au moment même de la distribution. La petite provision de nourriture que le Christ tenait en sa main ne diminua point tant que la multitude affamée ne fut pas rassasiée. Si nous nous dirigeons vers la source de toute puissance, les mains de la foi ouvertes pour recevoir, nous serons soutenus dans notre œuvre, même au milieu des circonstances les plus défavorables, et nous serons à même de donner à d'autres le Pain de vie.

Le Seigneur dit : « Donnez, et on vous donnera. » « Celui qui sème peu moissonnera peu, et celui qui sème en abondance moissonnera en abondance. ... Et Dieu a le pouvoir de vous combler de toutes sortes de grâces, afin que, possédant toujours à tous égards de quoi satisfaire à tous vos besoins, vous ayez encore en abondance pour toute œuvre bonne, selon qu'il est écrit :

Il a répandu ses bienfaits, il a donné aux indigents ;
Sa justice subsiste à jamais.
» Celui qui :
Fournit de la semence au semeur,
Et du pain pour sa nourriture,

vous fournira et vous multipliera la semence, et il augmentera les fruits de votre justice. Vous serez de la sorte enrichis à tous égards en vue de toute espèce de libéralité qui, par notre moyen, aura pour résultat des actions de grâce envers Dieu [5]. »

---

[1] Ce chapitre est basé sur Matthieu 14.13-21 ; Marc 6.32-44 ; Luc 9.10-17 ; Jean 6.1-13. [2] Marc 4.28. [3] Esaïe 58.7-10. [4] Marc 16.15. [5] Luc 6.38 ; 2 Corinthiens 9.6-11.

CHAPITRE 40

Une nuit sur le lac

ASSISE sur le plateau herbeux, dans le crépuscule printanier, la foule se nourrissait des aliments que le Christ lui avait donnés. A travers les paroles entendues ce jour-là, on reconnut la voix de Dieu. Seule, la puissance divine pouvait accomplir les œuvres de guérison dont ces gens avaient été les témoins, cependant le miracle des pains fit impression sur chacun. Tous purent en profiter. Aux jours de Moïse, Dieu avait nourri Israël au désert avec la manne ; qui était celui-ci qui venait de les rassasier, sinon le Messie annoncé par Moïse ? Aucun pouvoir humain n'aurait pu, avec cinq pains d'orge et deux petits poissons, produire des aliments en quantité suffisante pour nourrir des milliers de personnes affamées. Aussi se dirent-ils l'un à l'autre : « Vraiment c'est lui le prophète qui vient dans le monde. »

Pendant la journée cette conviction n'avait cessé de s'affermir et l'acte qui la couronna leur apporta l'assurance que le Libérateur, si longtemps attendu, se tenait au milieu d'eux. Les espérances du peuple grandissaient de plus en plus. Cet homme allait faire de la Judée un paradis terrestre, un pays où coulent le lait et le miel. Il peut répondre à tous les désirs. Il est capable de briser le pouvoir des Romains détestés, de délivrer Juda et Jérusalem. Il peut guérir les soldats blessés dans les batailles, rassasier des armées entières, subjuguer les nations et assurer à Israël la domination longtemps recherchée.

Dans leur enthousiasme les gens sont prêts à le couronner Roi, immédiatement. Ils voient bien pourtant qu'il ne fait aucun effort pour attirer l'attention sur lui-même ou pour obtenir des honneurs. Il diffère essentiellement, en cela, des prêtres et des anciens, et l'on craint qu'il ne veuille jamais revendiquer ses droits au trône de David. Après s'être consultés, ils décident de se saisir de lui, par la force, et de le proclamer roi d'Israël. Les disciples sont d'accord avec la multitude pour affirmer que leur Maître est l'héritier légitime du trône de David. C'est, disent-ils, la modestie du Christ, qui l'empêche d'accepter un tel honneur. Que le peuple élève, sur le pavois, son libérateur. Les prêtres et les anciens orgueilleux se verront forcés d'honorer celui qui viendra revêtu de l'autorité de Dieu.

Avec beaucoup d'ardeur ils préparent l'exécution de leur dessein ; mais Jésus voit ce qui se trame, et il comprend ce qu'eux ne comprennent pas: quel serait le résultat d'un tel mouvement. En ce moment même, prêtres et anciens cherchent à lui ôter la vie. Ils l'accusent de leur aliéner le peuple. Une tentative faite pour le placer sur le trône serait suivie de violence et de tumulte et aurait pour effet d'empêcher l'œuvre du royaume spirituel. Il faut tout de suite mettre un frein à cette agitation. Ayant appelé ses disciples, Jésus leur commanda de s'embarquer pour retourner immédiatement à Capernaüm, et de lui laisser le soin de congédier la foule.

Jamais encore un ordre du Christ n'avait paru si difficile à exécuter. Les disciples attendaient depuis longtemps ce mouvement populaire, et ils ne pouvaient se faire à l'idée que tout cet enthousiasme allait être réduit à néant alors que la présence des foules assemblées en vue de la Pâque et désirant ardemment voir le nouveau prophète offrait une occasion unique pour établir le Maître bien-aimé sur le trône d'Israël. Dans l'ardeur de cette nouvelle ambition il leur était pénible de s'en aller, laissant Jésus seul sur cette plage déserte. Ils commencèrent à récriminer, mais Jésus parla avec un accent d'autorité inaccoutumé. Voyant que toute opposition était inutile, ils se dirigèrent, silencieux, vers le lac [1].

Alors, Jésus ordonne à la foule de se disperser ; son attitude est si décidée que personne n'ose lui résister. Les paroles de louanges et de glorification expirent sur les lèvres ; tous sont arrêtés au moment même où ils s'avançaient pour se saisir de lui, et la joie qui éclairait leurs visages s'évanouit. Il y a dans la foule des hommes à la volonté forte ; cependant l'aspect royal de Jésus, ses ordres, donnés avec tranquillité, calment le tumulte et déjouent leur dessein. Ils reconnaissent en lui une puissance supérieure à toute autorité terrestre, et ils se soumettent sans discussion.

Resté seul, Jésus « monta sur la montagne, pour prier à l'écart ». Des heures durant il intercède auprès de Dieu. Ce n'est pas pour lui qu'il prie ; c'est pour les hommes. Il demande à Dieu de pouvoir leur révéler le caractère divin de sa mission, afin que Satan ne puisse aveugler leur entendement et pervertir leur jugement. Le Sauveur sait que les jours de son ministère personnel sur la terre touchent à leur fin et que ceux qui le recevront comme Rédempteur seront peu nombreux. L'âme angoissée, il prie pour ses disciples qui vont être soumis à une épreuve douloureuse. Les espérances longuement entretenues par eux et fondées sur des erreurs populaires, seront déçues de la manière la plus pénible et la plus humiliante. Bien loin de le voir élevé sur le trône de David, ils assisteront à son crucifiement. Voilà le couronnement qui lui est réservé. Ne pouvant comprendre, ils seront exposés à des tentations très fortes dont ils discerneront difficilement la nature. Leur foi va défaillir, à moins que le Saint-Esprit n'éclaire leur esprit et ne leur donne une compréhension plus large des choses. Jésus souffre de voir que leurs conceptions de son royaume sont simplement limitées à un agrandissement et à des honneurs mondains. Un lourd fardeau oppresse son cœur, et c'est avec beaucoup d'amertume et de larmes qu'il élève ses supplications vers Dieu.

Les disciples ne s'étaient pas immédiatement éloignés du rivage ainsi que Jésus le leur avait commandé. Ils attendirent pendant quelque temps, espérant qu'il les rejoindrait. Quand ils virent les ténèbres se faire plus épaisses, « ils montèrent dans une barque et se dirigèrent sur Capernaüm de l'autre côté de la mer ». Plus mécontents qu'ils ne l'avaient jamais été depuis le jour où ils avaient reconnu Jésus comme leur Seigneur, ils murmuraient parce qu'il ne leur avait pas été permis de le proclamer roi. Ils s'en voulaient d'avoir obtempéré si vite à son commandement et pensaient qu'avec un peu plus d'insistance ils auraient pu réaliser leur projet.

L'incrédulité s'emparait de leurs esprits et de leurs cœurs car l'ambition les avait aveuglés. Ils connaissaient la haine dont Jésus était l'objet de la part des pharisiens, et ils eussent voulu le voir honoré comme il le méritait. Etre associés à un Maître capable d'accomplir des œuvres puissantes et se trouver en même temps méprisés comme des séducteurs, c'était plus qu'ils ne pouvaient supporter. Allaient-ils être toujours considérés comme des partisans d'un faux prophète ? Le Christ n'affirme-rait-il jamais son autorité royale ? Pourquoi ne leur facilitait-il pas la voie, en se manifestant sous son vrai jour, lui qui possédait une telle puissance ? Pourquoi n'avait-il pas arraché

Jean-Baptiste à une mort violente ? A force de raisonner ainsi, ils se trouvèrent dans de grandes ténèbres spirituelles. Ils en venaient à se demander si le Christ n'était pas un imposteur comme le prétendaient les pharisiens.

Ce jour-là les disciples avaient été témoins des œuvres extraordinaires du Christ. Le ciel avait paru descendre sur la terre. Le souvenir de cette magnifique journée aurait dû les combler de foi et d'espérance ; s'ils s'étaient entretenus ensemble de ces choses, ils n'auraient pas donné prise à la tentation, mais, absorbés par leur désappointement, ils ne prêtèrent pas l'oreille aux paroles du Christ : « Ramassez les morceaux qui restent, afin que rien ne se perde. » Oubliant déjà les heures richement bénies qui venaient de s'écouler, ils se sentaient comme au milieu des eaux agitées. Le Seigneur permit qu'ils fussent mis à l'épreuve par un autre sujet de préoccupation. Souvent Dieu agit ainsi envers les hommes qui se créent des fardeaux et des difficultés. Ce n'était pas le moment d'inventer des complications, car un danger réel les guettait. Formant un contraste avec le temps magnifique qui avait duré tout le jour, une violente tempête s'était insensiblement approchée et allait les surprendre. Quand l'orage éclata, ils en furent effrayés ; oubliant leur mécontentement, leur incrédulité, leur impatience, tous s'acharnaient au travail afin d'empêcher la barque de s'enfoncer. De Bethsaïda à l'endroit où ils espéraient retrouver Jésus, la distance était courte, par mer ; le voyage ne durait que quelques heures en temps ordinaire ; cette fois, refoulés constamment, ils peinèrent sur leurs rames jusqu'à la quatrième veille de la nuit. Finalement, épuisés, ils se crurent perdus. La mer démontée dans les ténèbres leur avait montré leur propre impuissance et ils soupiraient après la présence du Maître.

Jésus ne les avait pas oubliés. Celui qui, du rivage, veillait sur eux, vit ces hommes épouvantés luttant contre la tempête. Il ne les perdit pas de vue un seul instant. Avec la plus vive sollicitude il suivait des yeux la barque secouée par la tempête avec son précieux fardeau ; car ces hommes étaient destinés à être la lumière du monde. Telle une mère veillant avec tendresse sur son enfant, ainsi le Maître, plein de pitié, veillait sur ses disciples. Aussitôt que leurs cœurs eurent retrouvé la soumission, que leur ambition profane eut été domptée, et qu'en toute humilité ils eurent imploré de l'aide, ils furent secourus.

Au moment où ils se croient perdus, un rayon de lumière laisse apercevoir une figure mystérieuse s'approchant sur les eaux. Ils ne savent pas que c'est Jésus et prennent pour un ennemi celui qui vient à leur secours. La terreur les envahit. Les mains qui avec une poigne de fer ont saisi les rames lâchent prise. La barque est le jouet des vagues ; tous les regards sont rivés à cet homme qui marche sur les flots écumants de la mer houleuse.

Croyant à un fantôme, présage de leur ruine, ils jettent des cris de terreur. Jésus s'avance comme pour les dépasser ; alors ils le reconnaissent enfin et crient à lui. La voix de leur Maître bien-aimé calme leurs crainte : « Rassurez-vous, c'est moi, soyez sans crainte ! »

Ils peuvent à peine croire à ce fait prodigieux. Pierre transporté de joie et avec quelque incrédulité, pourtant, supplie : « Seigneur si c'est toi, ordonne-moi d'aller vers toi sur les eaux. Et il dit : Viens. »

Pierre s'avance avec assurance, les yeux sur Jésus ; cependant dès qu'un sentiment de vanité lui fait tourner les regards vers les compagnons qu'il a laissés dans la barque, il cesse d'apercevoir le Sauveur. Le vent est impétueux. De hautes vagues se dressent entre lui et son Maître : il a peur. Un instant le Christ reste caché à sa vue, et sa foi l'abandonne. Il commence à s'enfoncer. Mais tandis que les flots semblent le menacer de mort, Pierre lève les yeux au-dessus des eaux courroucées, et, les fixant sur Jésus, il s'écrie : « Seigneur, sauve-moi ! » Aussitôt Jésus saisit la main tendue vers lui, en disant : « Homme de peu de foi, pourquoi as-tu douté ? »

Marchant côte à côte, la main de Pierre dans celle du Maître, ils entrent ensemble dans la barque. Pierre est maintenant dompté et silencieux, n'ayant aucun motif de s'élever au-dessus de ses compagnons. Son incrédulité et son orgueil ont failli lui coûter la vie. Ayant détourné ses regards de Jésus, il a perdu pied et s'est vu sur le point d'être submergé par les vagues.

Souvent lorsque surgissent les difficultés, nous ressemblons à Pierre. Au lieu de tenir nos yeux fixés sur le Sauveur, nous regardons les vagues ; nos pieds glissent et les eaux tumultueuses nous submergent. Ce n'est pas pour le laisser périr que Jésus avait invité Pierre à le suivre ; ce n'est pas non plus pour nous renier qu'il fait de nous ses disciples.

« Ne crains point, dit-il, car je t'ai racheté. Je t'ai appelé par ton nom ; tu es à moi. Quand tu traverseras les eaux, je serai avec toi ; quand tu franchiras les fleuves, ils ne t'engloutiront point. Quand tu passeras au milieu du feu, tu ne seras pas brûlé et la flamme ne te consumera pas. Car moi, l'Eternel, je suis ton Dieu, le Saint d'Israël, ton Sauveur [2]. »

Jésus connaissait le caractère de ses disciples. Il savait à quelles tentations leur foi allait être exposée. Ce qui se passa sur la mer avait pour but de montrer à Pierre sa propre faiblesse, et de lui faire comprendre qu'il n'y avait de salut, pour lui, que dans une dépendance constante à l'égard de la puissance divine. Il ne pouvait s'avancer en sûreté parmi les tempêtes de la tentation que si, défiant de soi-même, il s'appuyait sur le Sauveur. C'est à l'endroit précis où Pierre se croyait fort qu'il était faible ; aussi longtemps qu'il n'avait pas conscience de sa faiblesse il ne pouvait comprendre à quel point il dépendait du Christ. S'il avait saisi la leçon que Jésus s'efforçait de lui donner, au moyen de cette expérience, sur le lac, il ne serait pas tombé, plus tard, à l'heure de la grande épreuve.

Jour après jour, Dieu instruit ses enfants. Il les prépare, au moyen des circonstances quotidiennes, à jouer, sur une scène plus vaste, le rôle que sa providence leur a assigné. C'est le résultat de ces épreuves répétées qui décide de la victoire ou de la défaite dans les grandes crises de la vie.

Ceux qui n'ont pas le sentiment de leur dépendance constante à l'égard de Dieu, seront vaincus par la tentation. Il peut nous sembler que nos pas sont assurés et que rien ne pourra nous ébranler. Nous pouvons dire avec confiance : Je sais en qui j'ai cru ; rien ne pourra ébranler ma foi en Dieu et en sa Parole. Pourtant Satan se propose de profiter de nos défauts de caractère, héréditaires ou acquis, et de nous aveugler en ce qui concerne nos besoins et nos imperfections. On ne peut marcher en sécurité que si l'on a le sentiment de sa faiblesse et si l'on regarde sans cesse à Jésus.

Dès que Jésus eut pris place dans la barque, le vent cessa, « et aussitôt la barque toucha terre là où ils allaient ». Une aube lumineuse succéda à cette nuit d'horreur. Les disciples, et d'autres personnes qui les accompagnaient, se jetèrent, reconnaissants, aux pieds de Jésus, en s'écriant : « Tu es véritablement le Fils de Dieu. »

---

[1] Ce chapitre est basé sur Matthieu 14.22-33 ; Marc 6.45-52 ; Jean 6.14-21. [2] Esaïe 43.1-3.

Chapitre 41

La crise de la Galilée

Lorsque le Christ empêcha le peuple de le déclarer roi, il savait que sa vie était arrivée à un tournant. Des foules qui désiraient le placer sur un trône ce jour-là se détourneraient de lui le lendemain. Déçues dans leurs ambitions égoïstes, leur amour ferait place à la haine, la louange à la malédiction. Quoiqu'il sût tout ceci, il ne fit rien pour éviter la crise [1]. Même au début il n'avait pas laissé espérer à ses disciples des avantages temporels. A quelqu'un qui avait exprimé le désir de devenir son disciple il avait dit : « Les renards ont des tanières, et les oiseaux du ciel ont des nids ; mais le Fils de l'homme n'a pas où reposer sa tête [2]. » Si elles avaient pu avoir en même temps le monde et le Christ, des multitudes lui eussent offert leur serment d'allégeance : un tel service était inacceptable. Parmi ceux qui le suivaient alors, plusieurs avaient été attirés par l'espoir d'un royaume terrestre. Il fallait les détromper. L'enseignement spirituel profond que recelait le miracle des pains n'avait pas été compris. Il convenait de l'expliquer. Cette nouvelle révélation allait constituer une nouvelle mise à l'épreuve.

Le miracle des pains fut divulgué auprès et au loin, de sorte que de bon matin, le lendemain, on se rassembla à Bethsaïda pour voir Jésus. On accourait en grand nombre par terre et par mer. Ceux qui l'avaient quitté la veille au soir revenaient dans l'espoir de le retrouver là ; car il n'y avait pas eu de barque lui permettant de traverser le lac. Frustrés dans leur attente, plusieurs revinrent à Capernaüm, toujours à sa recherche.

Entre temps il était arrivé à Génézareth, après une absence d'un jour seulement. Dès que l'on apprit qu'il avait abordé, les gens « parcoururent toute la région et se mirent à apporter des malades sur des grabats, partout où l'on apprenait qu'il était [3]. »

Après quelque temps il entra dans la synagogue et c'est là que le trouvèrent les gens venus de Bethsaïda. Ils apprirent par les disciples comment il avait traversé le lac. La violence de la tempête, les longues heures où ils avaient ramé vainement contre les vents, l'apparition soudaine du Christ marchant sur les eaux, la peur éprouvée, les paroles rassurantes, l'aventure de Pierre et ce qui s'en était suivi, la tempête apaisée et l'arrivée rapide de la barque à terre : tout ceci fut raconté fidèlement à la foule émerveillée. Ce qui n'empêcha pas quelques-uns de demander : « Rabbi, quand es-tu venu ici ? » On espérait entendre de sa propre bouche le récit du miracle.

Jésus ne voulut pas satisfaire leur curiosité. Il leur dit tristement : « Vous me cherchez, non parce que vous avez vu des miracles, mais parce que vous avez mangé des pains et que vous avez été rassasiés. » Leur recherche n'était pas désintéressée. Ayant été nourris avec des pains, ils espéraient obtenir des avantages matériels s'ils s'attachaient à lui. Le Sauveur les exhorta : « Travaillez, non en vue de la nourriture qui périt, mais en vue de la nourriture qui subsiste pour la vie éternelle. » Ne recherchez pas uniquement des avantages matériels. Ne vous préoccupez pas avant tout de pourvoir aux nécessités de la vie présente ; recherchez plutôt la nourriture spirituelle, cette sagesse qui a une durée éternelle. Le Fils de Dieu seul peut vous la donner ; « car c'est lui que le Père – Dieu – a marqué de son sceau ».

L'intérêt des auditeurs se trouva momentanément éveillé. Ils demandèrent : « Que ferons-nous pour travailler aux œuvres de Dieu ? » Ils s'étaient soumis à des efforts variés et harassants pour se rendre recommandables à Dieu ; ils étaient prêts à se voir recommander de nouvelles observances leur assurant de plus grands mérites. Leur question revenait à ceci : Que faire pour mériter le ciel ? A quel prix pouvons-nous obtenir la vie future ?

« Jésus leur répondit : Ce qui est l'œuvre de Dieu : c'est que vous croyiez en celui qu'il a envoyé. » Jésus est le prix du ciel. Le chemin du ciel passe à travers « l'Agneau de Dieu, qui ôte le péché du monde [4] ».

Ces gens préférèrent ne pas accepter l'énoncé de cette vérité divine. Jésus avait accompli exactement l'œuvre que la prophétie avait attribuée d'avance au Messie ; mais ils n'avaient pas vu ce que leurs espoirs égoïstes attendaient du Messie. Il est vrai que le Christ avait, nourri la foule pour une fois avec des pains d'orge ; mais aux jours de Moïse Israël avait été nourri de manne quarante années durant, et l'on attendait du Messie de plus grands bienfaits. Ces mécontents se demandaient : Si Jésus était capable d'accomplir des œuvres aussi étonnantes que celles dont ils avaient été les témoins, pourquoi ne procurait-il pas santé, force, richesse au peuple tout entier, et en plus la liberté politique, la puissance et les honneurs ? Ils n'arrivaient pas à comprendre pourquoi, tout en se disant l'Envoyé de Dieu, il refusait d'être le roi d'Israël. Pour eux, il s'agissait d'un mystère impénétrable. Son refus était mal interprété. Certains en conclurent qu'il n'osait pas revendiquer ses titres parce qu'il avait des doutes sur le caractère divin de sa mission. Leurs cœurs s'étant ouverts à l'incrédulité, la semence jetée par Satan portait son fruit de malentendus et de défection.

Non sans quelque ironie un rabbin demanda : « Quel miracle fais-tu donc, afin que nous le voyions et que nous te croyions ? Quelle est ton œuvre ? Nos pères ont mangé la manne dans le désert, selon ce qui est écrit : Il leur donna à manger le pain venu du ciel. »

Oubliant que Moïse n'avait été qu'un simple instrument, et méconnaissant le véritable Auteur du miracle, les Juifs attribuaient à Moïse l'honneur d'avoir donné la manne. Leurs pères avaient murmuré contre Moïse et mis en question ou même nié sa mission divine. Animés du même esprit, les enfants rejetaient maintenant le Messager que Dieu leur envoyait. « Jésus leur dit : En vérité, en vérité, je vous le dis, ce n'est pas Moïse qui vous a donné le pain venu du ciel. » Il se tenait au milieu d'eux, celui qui avait donné la manne. Le Christ lui-même avait marché devant les Hébreux au désert et les avait nourris du pain venu du ciel. Cet aliment symbolisait le vrai pain céleste. L'Esprit vivifiant, épanché de la plénitude infinie de Dieu : voilà la vraie manne. Jésus déclare : « Le pain de Dieu, c'est celui qui descend du ciel et qui donne la vie au monde. »

Comme s'il s'était encore agi de nourriture temporelle, quelques-uns des auditeurs s'écrièrent : « Seigneur, donne-nous toujours ce pain-là. » Alors Jésus leur dit carrément : « Moi, je suis le pain de vie. »

L'image dont Jésus s'est servi était bien connue des Juifs. Sous l'inspiration du Saint-Esprit Moïse avait dit : « L'homme ne vit pas de pain seulement, mais de tout ce qui sort de la bouche de l'Eternel. » Et Jérémie avait écrit : « Dès que j'ai entendu tes paroles, je les ai dévorées ; tes paroles font la joie et les délices de mon cœur [5]. » Les rabbins eux-mêmes avaient coutume de dire que l'étude de la loi et la pratique des bonnes œuvres étaient signifiées, au sens spirituel, par la manducation du pain. La leçon spirituelle profonde qui se dégageait du miracle des pains devenait claire à la lumière de l'enseignement des prophètes. C'est cette leçon-là que le Christ s'efforçait d'enseigner à ses auditeurs dans la synagogue. S'ils avaient eu l'intelligence des Ecritures ils eussent compris sa déclaration : « Je suis le pain de vie. » Le jour précédent, une grande foule épuisée de fatigue avait été nourrie par le pain qu'il avait distribué. De même qu'ils avaient été fortifiés et restaurés physiquement par ce pain, ils pouvaient recevoir du Christ la puissance spirituelle qui assure la vie éternelle. « Celui qui vient à moi, dit-il, n'aura jamais faim, et celui qui croit en moi n'aura jamais soif. » Il ajouta cependant : « Vous m'avez vu, et vous ne croyez pas. »

Ils avaient vu le Christ grâce au témoignage du Saint-Esprit, par la révélation divine communiquée à leurs âmes. Les preuves vivantes de sa puissance s'étaient présentées à eux jour après jour, et voilà qu'ils réclamaient un nouveau signe. S'il leur avait été accordé, ils seraient restés aussi incrédules qu'auparavant. Si ce qu'ils avaient vu et entendu n'avait pas le pouvoir de les convaincre, toute autre démonstration d'actes miraculeux fût restée sans effet. L'incrédulité arrivera toujours à excuser ses doutes et à éliminer les preuves les plus positives.

Le Christ adressa un appel suprême à ces cœurs obstinés. « Je ne jetterai point dehors celui qui vient à moi. » Tous ceux qui le recevraient, dit-il, auraient la vie éternelle. Aucun ne serait perdu. Plus besoin de disputes entre pharisiens et sadducéens au sujet de la vie future. Les hommes ne doivent plus désespérer au sujet de leurs morts. « Voici, en effet, la volonté de mon Père : que quiconque contemple le Fils et croit en lui, ait la vie éternelle ; et je le ressusciterai au dernier jour. »

Scandalisés, les chefs disaient : « Celui-ci n'est-il pas Jésus, le fils de Joseph, lui dont nous connaissons le père et la mère ? Comment donc dit-il : Je suis descendu du ciel ? » Ils s'efforçaient d'éveiller des préjugés en rappelant dédaigneusement les humbles origines de Jésus. Ils mentionnaient avec mépris sa vie d'ouvrier galiléen, ainsi que la pauvreté et l'humble condition de sa famille. Les prétentions d'un charpentier privé d'instruction, disaient-ils, ne méritaient pas l'attention. En raison de sa naissance mystérieuse on insinuait qu'il était de parenté douteuse et l'on jetait le discrédit sur sa légitimité.

Jésus ne voulut pas expliquer le mystère de sa naissance. Il ne fit aucune réponse aux questions concernant sa descente du ciel, pas plus qu'il n'avait répondu aux questions posées touchant sa traversée du lac. Il n'attira pas l'attention sur les miracles qui avaient marqué sa vie. C'est volontairement qu'il avait consenti à se dépouiller et à prendre la forme de serviteur. Cependant ses paroles et ses œuvres manifestaient son caractère. Tout cœur accessible à la lumière divine n'hésiterait pas à reconnaître en lui « le Fils unique venu du Père », plein « de grâce et de vérité [6] ».

Les questions posées par les pharisiens ne mettaient pas complètement à nu leur préjugé, qui avait, sa racine dans la perversité de leurs cœurs. Chaque parole et chaque acte de Jésus n'avait pour effet que de les dresser contre lui : il n'y avait rien de commun entre lui et l'esprit cultivé par eux.

« Nul ne peut venir à moi, si le Père qui m'a envoyé ne l'attire ; et je le ressusciterai au dernier jour. Il est écrit dans les prophètes : Ils seront tous instruits par Dieu. Quiconque a entendu le Père et reçu son enseignement vient à moi. » Personne ne pourra jamais venir au Christ s'il ne se laisse attirer par l'amour du Père. Dieu cherche à attirer tous les cœurs ; seuls ceux qui résistent à cet attrait refusent de venir au Christ.

En disant : « Ils seront tous instruits par Dieu », Jésus faisait une allusion à la prophétie d'Esaïe : « Tous tes enfants seront instruits par l'Eternel et le bonheur de tes fils sera parfait [7]. » Les Juifs se faisaient à eux-mêmes l'application de ce passage. Ils affirmaient que Dieu était leur Maître. Jésus montra l'inanité de ces prétentions ; en effet, dit-il, « quiconque a entendu le Père et reçu son enseignement vient à moi ». Ce n'est que par le Christ qu'ils pouvaient arriver à connaître le Père. L'humanité ne pouvait supporter la vision de sa gloire. Ceux qui avaient été instruits par Dieu avaient écouté la voix de son Fils et ils ne pouvaient faire autrement que de reconnaître en Jésus de Nazareth celui qui a fait connaître le Père par le moyen de la nature et de la révélation.

« En vérité, en vérité, je vous le dis, celui qui croit en moi a la vie éternelle. » Par l'intermédiaire de Jean, le bien-aimé, qui entendit prononcer ces paroles, le Saint-Esprit a déclaré aux églises : « Voici ce témoignage : Dieu nous a donné la vie éternelle, et cette vie est en son Fils. Celui qui a le Fils a la vie [8]. » Et Jésus dit : « Je le ressusciterai au dernier jour. » Le Christ est devenu une même chair avec nous pour que nous devenions un même esprit avec lui. C'est en vertu de cette union que nous sortirons du sépulcre – non seulement pour attester la puissance du Christ, mais parce que, par la foi, sa vie sera devenue notre vie. Ceux qui reconnaissent le Christ pour ce qu'il est en réalité, et qui le reçoivent dans leur cœur, ont la vie éternelle. Le Christ habite en nous par l'Esprit. L'Esprit de Dieu, reçu dans le cœur par la foi, est le commencement de la vie éternelle.

On avait rappelé au Christ la manne que les pères avaient mangée au désert, comme pour lui dire que la dispensation de cet aliment était un miracle supérieur à ceux que le Christ avait accomplis ; mais il montre combien ce don est mesquin comparé aux bénédictions qu'il est venu nous communiquer. La manne ne pouvait entretenir que l'existence terrestre ; elle ne pouvait ni prévenir la mort ni assurer l'immortalité ; tandis que le pain du ciel peut nourrir l'âme en vue de la vie éternelle. Le Sauveur dit : « Je suis le pain de vie. Vos pères ont mangé la manne dans le désert, et ils sont morts. C'est ici le pain qui descend du ciel, afin que celui qui en mange ne meure pas. Moi, je suis le pain vivant descendu du ciel. Si quelqu'un mange de ce pain, il vivra éternellement. » A cette image le Christ va en ajouter une autre. Sa mort était indispensable pour qu'il pût communiquer la vie aux hommes ; dans les paroles qui suivent il désigne sa mort comme le moyen du salut. « Le pain que je donnerai, c'est ma chair pour la vie du monde. »

Les Juifs étaient sur le point de célébrer la Pâque à Jérusalem, pour commémorer la nuit où Israël avait été délivré, alors que l'ange exterminateur avait frappé les foyers égyptiens. Dieu voulait que par l'agneau pascal les Juifs contemplassent l'Agneau de Dieu et reçussent celui qui s'est donné pour la vie du monde. Mais les Juifs en étaient venus à considérer le symbole comme ayant son but en soi-même et ils avaient perdu de vue sa signification. Ils ne discernaient pas le corps du Seigneur. Les paroles du Christ avaient pour objet la même vérité que le service pascal annonçait. Mais cela ne servit à rien.

Irrités, les rabbins demandèrent : « Comment celui-ci peut-il nous donner sa chair à manger ? » Ils faisaient semblant d'attacher à ses paroles le même sens littéral que Nicodème quand il demandait : « Comment un homme peut-il naître quand il est vieux [9] ? » Ils avaient bien deviné l'intention de Jésus, mais ils n'étaient pas disposés à l'avouer. En détournant le sens de ses paroles ils espéraient créer un préjugé défavorable chez les auditeurs.

Le Christ ne consentit pas à adoucir ses déclarations. Au contraire, il réaffirma la même vérité dans un langage encore plus fort : « En vérité, en vérité, je vous le dis, si vous ne mangez la chair du Fils de l'homme et si vous ne buvez son sang, vous n'avez pas la vie en vous. Celui qui mange ma chair et qui boit mon sang a la vie éternelle, et je le ressusciterai au dernier jour. Car ma chair est vraiment une nourriture et mon sang est vraiment un breuvage. Celui qui mange ma chair et boit mon sang demeure en moi, et moi en lui. »

Manger la chair et boire le sang du Christ, c'est le recevoir en qualité de Sauveur personnel, croire qu'il pardonne nos péchés et qu'en lui nous sommes consommés. En contemplant son amour, en méditant constamment sur ce sujet, en nous désaltérant à cette source, nous devenons participants de sa nature. Ce que la nourriture est au corps, le Christ doit l'être à l'âme. La nourriture n'est utile qu'à celui qui la reçoit et l'assimile. Nous devons nous rassasier de lui, le recevoir dans notre cœur, pour que sa vie devienne notre vie. Il nous faut nous assimiler son amour, sa grâce.

Toutefois, ces images si frappantes sont inadéquates pour exprimer la valeur du rapport existant entre le croyant et le Christ. Jésus a dit : « Comme le Père qui est vivant m'a envoyé, et que je vis par le Père, ainsi celui qui me mange vivra par moi. » Tout comme le Fils de Dieu vivait par sa foi dans le Père, nous devons à notre tour vivre par la foi en Christ. Jésus était si complètement soumis à la volonté de Dieu que le Père seul apparaissait dans sa vie. Quoique tenté en toutes choses comme nous le sommes, il s'est maintenu sans tache en face du monde, sans se laisser contaminer par le mal qui l'environnait. Or nous devons vaincre comme le Christ a vaincu.

Voulez-vous suivre le Christ ? Alors tout ce qui est écrit touchant la vie spirituelle vous concerne et peut être réalisé par votre union avec Jésus. Votre zèle est-il languissant ? Votre premier amour s'est-il refroidi ? Acceptez à nouveau l'amour du Christ qui vous est offert. Mangez sa chair, buvez son sang : vous deviendrez un avec le Père et avec le Fils.

Les Juifs incrédules ne voulurent voir que le sens le plus matériel des paroles du Sauveur. Boire du sang était une chose prohibée par la loi rituelle ; on voulut donc voir un sacrilège dans le discours du Christ et on en fit un sujet de discussion. Il y en eut beaucoup, même parmi les disciples, pour dire : « Cette parole est dure, qui peut l'écouter ? »

Le Sauveur répondit : « *Cela* vous scandalise ? Et s'il vous arrivait de voir le Fils de l'homme monter où il était auparavant ? C'est l'Esprit qui vivifie. La chair ne sert de rien. Les paroles que je vous ai dites sont Esprit et elles sont vie. »

La vie du Christ, qui donne la vie au monde, se trouve dans sa parole. C'est par sa parole que Jésus guérissait les malades et chassait les démons ; par elle il calmait les flots et ramenait les morts à la vie ; le peuple attestait que sa parole était accompagnée de puissance. Il faisait entendre la parole de Dieu, la même qui s'était trouvée dans la bouche de tous les prophètes et des instructeurs de l'Ancien Testament. La Bible entière est une manifestation du Christ, et le Sauveur désirait asseoir sur la parole la foi de ses disciples. Après qu'ils seraient privés de sa présence visible, la parole devait rester leur source de force. Comme leur Maître, il leur faudrait vivre « de toute parole qui sort de la bouche de Dieu [10] ».

Tout comme notre vie physique est entretenue par les aliments, notre vie spirituelle dépend de la Parole de Dieu. Chaque âme doit recevoir pour son propre compte la vie qui réside dans la Parole de Dieu. De même que pour être nourri chacun doit manger pour son propre compte, de même aussi nous devons recevoir personnellement la parole. Il ne faut pas se contenter de la recevoir par l'intermédiaire d'une autre personne. Il nous faut étudier la Bible avec soin, en demandant à Dieu l'aide du Saint-Esprit, pour que nous puissions comprendre sa parole. Nous devrions choisir un verset et concentrer notre attention sur son contenu afin de découvrir la pensée que Dieu y a cachée à notre intention. Nous devrions réfléchir là-dessus jusqu'à ce que la pensée soit assimilée et que nous sachions « ce que dit le Seigneur ».

C'est à moi personnellement que Jésus adresse ses promesses et ses avertissements. Dieu a tant aimé le monde qu'il a donné son Fils unique afin que, croyant en lui, *je* ne périsse pas mais que j'obtienne la vie éternelle. Les expériences décrites dans la Parole de Dieu doivent devenir *mes* expériences à moi. Prières et promesses, préceptes et avertissements : tout est pour moi. « Je suis crucifié avec Christ, et ce n'est plus moi qui vis, c'est Christ qui vit en moi ; ma vie présente dans la chair, je la vis dans la foi au Fils de Dieu, qui m'a aimé et qui s'est livré lui-même pour *moi* [11]. » Quand la foi reçoit ainsi et s'approprie les principes de la vérité, ils deviennent partie intégrante de notre être et le mobile déterminant de la vie. La Parole de Dieu, reçue par une âme, façonne les pensées et concourt à la formation du caractère.

Nous serons affermis en regardant constamment à Jésus avec les yeux de la foi. Dieu veut accorder ses révélations les plus précieuses à son peuple affamé et assoiffé de vérité. Le Christ sera reconnu comme un Sauveur personnel. Celui qui se nourrira de sa parole verra qu'elle est esprit et vie. La parole fait disparaître la nature charnelle et communique une vie nouvelle en Christ-Jésus. Le Saint-Esprit vient réconforter notre âme. Par l'action transformatrice de sa grâce, l'image de Dieu est reproduite chez le disciple, qui devient une nouvelle créature. L'amour succède à la haine, le cœur est formé à la ressemblance divine. C'est là vraiment vivre « de toute parole qui sert de la bouche de Dieu ». C'est manger le Pain descendu du ciel.

Le Christ a proclamé une vérité sacrée, éternelle, concernant ses relations avec ses disciples. Il connaissait le caractère de ceux qui se donnaient comme ses disciples, et il mettait leur foi à l'épreuve. Il déclara qu'ils devaient croire et agir en accord avec son enseignement. Tous ceux qui le reçoivent deviennent participants de sa nature et sont rendus conformes à son caractère. Ceci entraîne l'abandon des plus chères ambitions. Ceci suppose un abandon total à Jésus. Nous sommes appelés à devenir pleins d'abnégation, doux et humbles de cœur. Il faut marcher dans l'étroit sentier foulé par l'Homme du Calvaire, si l'on veut partager le don de la vie et la gloire céleste.

L'épreuve était trop grande. On vit se refroidir l'enthousiasme de ceux qui avaient voulu s'emparer de sa personne par la force et le couronner roi. Ils déclarèrent que le discours de la synagogue leur avait ouvert les yeux. Ils étaient enfin détrompés. Ses paroles leur donnaient l'impression qu'il avait avoué n'être pas le Messie ; ils comprenaient qu'il n'y avait aucune récompense terrestre à attendre pour ceux qui s'attachaient à lui. Ils avaient admiré la puissance qui éclatait dans ses miracles ; ils désiraient être délivrés de la maladie et de la souffrance, mais refusaient de partager sa vie de sacrifice. Le mystérieux royaume spirituel dont il avait parlé les laissait indifférents. Les personnes égoïstes et peu sincères qui l'avaient suivi jusque là ne le désiraient plus. Puisqu'il ne voulait pas déployer sa puissance et son influence pour les délivrer du joug romain, ils n'avaient plus rien à voir avec lui.

Jésus leur dit sans ambages : « Il en est parmi vous quelques-uns qui ne croient pas. » Et il ajouta : « C'est pourquoi je vous ai dit que nul ne peut venir à moi, si cela ne lui est donné par le Père. » Il voulait leur faire comprendre que s'ils ne se sentaient pas attirés vers lui c'est que leurs cœurs n'étaient pas ouverts à l'action du Saint-Esprit. « L'homme naturel ne reçoit pas les choses de l'Esprit de Dieu, car elles sont une folie pour lui, et il ne peut les connaître, parce que c'est spirituellement qu'on en juge [12]. » Seule la foi permet de contempler la gloire de Jésus. Cette gloire demeure cachée jusqu'au moment où le Saint-Esprit vient allumer la foi dans une âme.

En reprochant publiquement leur incrédulité à ces disciples, Jésus les éloigna encore davantage. Très mécontents, voulant à la fois blesser le Sauveur et faire plaisir aux pharisiens pleins de malice, ils lui tournèrent le dos et le quittèrent avec dédain. Ils venaient de faire leur choix : la forme sans l'esprit, la coquille sans l'amande. Ayant cessé d'accompagner Jésus, ils ne revinrent jamais sur leur décision.

« Il a son van à la main, il nettoiera son aire, il amassera son blé dans le grenier [13]. » On était arrivé à l'un de ces moments. La parole de vérité était en train de séparer la paille du bon grain. Plusieurs s'éloignèrent de Jésus, trop vaniteux et propre-justes pour accepter un reproche, trop mondains pour consentir à une vie de sacrifice. Ils sont nombreux ceux qui agissent de même aujourd'hui. Des âmes sont mises à l'épreuve maintenant comme l'ont été ces disciples dans la synagogue de Capernaüm. Quand ils sont mis en contact avec la vérité, ils s'aperçoivent que leurs vies ne s'accordent pas avec la volonté divine. Ils voient bien qu'il leur faudrait subir un changement complet ; ils reculent devant l'effort demandé, qui suppose l'esprit de sacrifice. Ils s'irritent quand leurs péchés sont dévoilés. Ils s'en vont offensés, à l'instar des disciples qui quittèrent Jésus en murmurant : « Cette parole est dure, qui peut l'écouter ? »

Les louanges et les flatteries sont agréables à entendre ; la vérité est déplaisante ; on ne veut pas lui prêter l'oreille. Quand les foules accourent et sont nourries, quand des cris de triomphe se font entendre, on crie son admiration ; dès que l'Esprit de Dieu fouille les cœurs et met à nu le péché, exigeant qu'on y renonce, on tourne le dos à la vérité et l'on cesse d'accompagner Jésus.

Quand ces disciples mécontents eurent quitté le Christ, un esprit différent s'empara d'eux. Ils ne voyaient plus rien d'attrayant chez celui qui avait provoqué leur intérêt. Ils se rapprochèrent de ses ennemis, dont ils partageaient l'esprit. Ils donnèrent une fausse interprétation à ses paroles, travestirent ses déclarations et calomnièrent ses motifs. Pour se justifier ils ramassèrent avec soin tout ce qui était susceptible de leur fournir un argument contre lui ; ces rapports mensongers faillirent lui coûter la vie, si grande fut l'indignation du public.

On fit courir le bruit que Jésus de Nazareth avait avoué n'être pas le Messie. Il arriva ainsi que le courant du sentiment populaire se tourna contre lui en Galilée, comme cela avait eu lieu en Judée une année auparavant. Ce fut un malheur pour Israël. Il rejeta son Sauveur parce qu'il voulait un conquérant qui lui assurerait un pouvoir temporel. A la nourriture qui donne la vie éternelle on préféra celle qui périt.

C'est avec peine que Jésus vit s'éloigner de lui, qui est la Vie et la Lumière des hommes, les disciples dont il a été question. Le fait que ses compassions n'étaient pas appréciées, que son amour restait sans réponse, que sa miséricorde était dédaignée, son salut rejeté, tout cela remplissait son âme d'une douleur inexprimable. Ces choses contribuaient à faire de lui l'homme de douleur, connaissant la souffrance.

Sans chercher à retenir ceux qui l'abandonnaient, Jésus dit aux douze : « Et vous, ne voulez-vous pas aussi vous en aller ? »

« Simon Pierre lui répondit : Seigneur, à qui irions-nous ? Tu as les paroles de la vie éternelle. Et nous avons cru, et nous avons connu que c'est toi le Saint de Dieu. »

« A qui irions-nous ? » Les maîtres d'Israël étaient esclaves du formalisme. Les pharisiens et les sadducéens se disputaient sans cesse. Abandonner Jésus signifiait tomber parmi ces gens férus de rites et de cérémonies, gens ambitieux ne cherchant que leur propre gloire. Les disciples avaient trouvé plus de paix et de joie depuis qu'ils avaient accepté le Christ que pendant tout le temps qu'ils avaient vécu sans lui. Comment rejoindre ceux qui avaient méprisé et persécuté l'Ami des pécheurs ? On attendait depuis longtemps le Messie ; impossible, maintenant qu'il était venu, de l'abandonner en faveur de ceux qui en voulaient à sa vie et qui les avaient persécutés parce qu'ils l'avaient suivi.

« A qui irions-nous ? » Il n'est pas question de renoncer aux enseignements du Christ, à ses leçons d'amour et de miséricorde, pour se plonger dans les ténèbres de l'incrédulité et de la méchanceté mondaine. Alors que le Sauveur se voyait abandonné de beaucoup de ceux qui avaient été témoins de ses œuvres merveilleuses, Pierre exprima la foi des disciples : « Tu es le Christ. » Ils ne pouvaient songer sans déchirement à se séparer de cette ancre de l'âme. Se priver du Sauveur c'était aller à la dérive sur une mer sombre et agitée.

Bien des paroles et des actes de Jésus semblent mystérieux à des esprits finis, mais chacune de ces paroles, chacun de ces actes poursuit un but bien défini dans l'œuvre de la rédemption ; tout est calculé en vue du résultat escompté. Si nous étions capables de comprendre ses desseins, tout nous paraîtrait logique, parfait et en accord avec sa mission.

Bien que nous ne puissions pas encore comprendre les œuvres et les voies de Dieu, nous pouvons déjà apercevoir son grand amour qui inspire sa conduite à l'égard des hommes. Celui qui vit dans l'intimité de Jésus arrive à comprendre dans une grande mesure le mystère de la piété. Il reconnaît la grâce qui distribue des réprimandes, qui éprouve le caractère, qui dévoile les secrets des cœurs.

En présentant la vérité qui allait mettre à l'épreuve ses disciples et en éloigner un grand nombre, Jésus n'ignorait pas le résultat ; mais il poursuivait un dessein miséricordieux. Il prévoyait les terribles épreuves auxquelles seraient soumis ses disciples bien-aimés à l'heure de la tentation. Son agonie en Gethsémané, la trahison et le crucifiement constitueraient pour eux un véritable tourment. Sans cette mise à l'épreuve, beaucoup l'auraient suivi pour des motifs égoïstes. Quand leur Seigneur fut condamné par le tribunal, quand les foules qui avaient voulu le proclamer roi l'accablèrent de mépris, quand une tourbe ivre de fureur criait : « Crucifie-le ! » – quand leurs ambitions mondaines furent frustrées, ces êtres épris d'eux-mêmes l'eussent renié, ajoutant à l'amertume des vrais disciples déjà déçus dans leurs espoirs les plus chers. A cette heure sombre l'exemple de ceux qui l'eussent abandonné aurait pu en entraîner d'autres. Mais Jésus provoqua la crise à un moment où sa présence personnelle pouvait encore affermir la foi de ses vrais disciples.

Débordant de compassion, en pleine connaissance du sort qui lui était réservé, le Rédempteur s'efforça avec bonté d'aplanir la voie des disciples, de les préparer en vue de la cruelle épreuve qui les attendait.

---

[1] Ce chapitre est basé sur Jean 6.22-71. [2] Matthieu 8.20. [3] Marc 6.55. [4] Jean 1.29. [5] Deutéronome 8.3 ; Jérémie 15.16. [6] Jean 1.14. [7] Esaïe 54.13. [8] 1 Jean 5.11, 12. [9] Jean 3.4. [10] Matthieu 4.4. [11] Galates 2.19, 20. [12] 1 Corinthiens 2.14. [13] Matthieu 3.12.

Chapitre 42
La tradition

S'ATTENDANT à voir Jésus, à l'occasion de la Pâque, les scribes et les pharisiens lui avaient préparé un piège [1]. Mais Jésus, connaissant leurs desseins, ne se présenta pas. « Alors, des pharisiens et des scribes vinrent de Jérusalem auprès de Jésus. » Voyant qu'il n'allait pas à eux, ils allèrent à lui. On avait pu croire pendant quelque temps que la population de la Galilée accueillerait Jésus en qualité de Messie, et que le pouvoir de la hiérarchie serait brisé dans cette contrée. La mission des douze, en montrant l'étendue de l'œuvre du Christ et en mettant les disciples en conflit plus direct avec les rabbins, avait réveillé l'envie des chefs à Jérusalem. Les espions, envoyés à Capernaüm au début du ministère de Jésus, avaient essayé d'établir par des preuves l'accusation de violation du sabbat ; ce fut en vain. Néanmoins les rabbins, décidés à réaliser leur dessein, envoyèrent une nouvelle députation afin de connaître les intentions du Christ et de découvrir quelque chef d'accusation contre lui. Ainsi que la première fois, on lui reprocha de méconnaître les préceptes traditionnels encombrant la loi de Dieu. On s'était proposé, en rétablissant ces préceptes, de sauvegarder l'observation de la loi, et, peu à peu, on en était venu à les considérer comme plus sacrés que la loi elle-même. On allait jusqu'à leur accorder la préférence lorsqu'ils se trouvaient en conflit avec les commandements donnés au Sinaï.

On insistait plus particulièrement sur la valeur des purifications rituelles. Négliger les cérémonies servant de préliminaires aux repas était considéré comme un grand péché, punissable dans ce monde et dans l'autre ; et l'on estimait faire une œuvre méritoire en tuant le coupable.

Il y avait des règles innombrables concernant la purification. Une vie entière suffisait à peine pour les apprendre toutes. Ceux qui voulaient se soumettre aux exigences des rabbins passaient leur existence à lutter contre les souillures cérémonielles, par d'incessantes ablutions et purifications. Les grands principes de la loi divine étaient oubliés, tandis que l'attention était absorbée par des distinctions insignifiantes et des observances que Dieu n'avait pas établies.

Le Christ et ses disciples ne pratiquaient pas les ablutions cérémonielles ; les délateurs leur en firent un chef d'accusation. Ils n'osèrent pourtant pas s'attaquer directement au Christ, mais ils vinrent blâmer les disciples auprès de lui et ils lui demandèrent, en présence de la foule : « Pourquoi tes disciples transgressent-ils la tradition des anciens ? Car ils ne se lavent pas les mains quand ils prennent leur pain. »

Chaque fois que le message de la vérité produit une profonde impression sur les âmes, Satan emploie ses instruments à créer une dispute sur quelque question d'importance secondaire. Il s'efforce ainsi de détourner l'attention de ce qui est capital. Dès qu'une bonne œuvre est commencée, il y a des ergoteurs prêts à engager une dispute sur des questions de forme ou de détail technique, afin de détourner les esprits des réalités vivantes. Lorsqu'on voit Dieu sur le point d'agir d'une manière particulière en faveur des siens, on ne doit pas se laisser entraîner dans des controverses ne pouvant avoir d'autre effet que la ruine des âmes. Les questions qui nous touchent de plus près sont celles-ci : Est-ce que je crois d'une foi salutaire au Fils de Dieu ? Ma vie est-elle en harmonie avec la loi divine ? « Celui qui croit au Fils a la vie éternelle ; celui qui désobéit au Fils ne verra pas la vie. » « A ceci nous reconnaissons que nous l'avons connu : si nous gardons ses commandements [2]. »

Jésus ne fit aucun effort pour se défendre ou pour défendre ses disciples. Il ne fit même aucune allusion aux accusations dirigées contre lui, mais il voulut montrer de quel esprit étaient animés ces partisans farouches des rites humains. Il leur montra, par un exemple, ce qu'ils faisaient continuellement, ce qu'ils venaient de faire avant de l'aborder. « Et vous, pourquoi transgressez-vous le commandement de Dieu au profit de votre tradition ? Car Dieu a dit : Honore ton père et ta mère et celui qui maudira son père ou sa mère sera puni de mort. Mais vous, vous dites : Celui qui dira à son père ou sa mère : Ce dont j'aurais pu t'assister est une offrande à Dieu, n'est point tenu d'honorer son père ou sa mère. »

Ils mettaient de côté le cinquième commandement, comme une chose sans importance, tandis qu'ils se montraient fort stricts dans l'observation des traditions des anciens. Ils enseignaient que vouer ses biens au temple était un devoir plus sacré que d'entretenir ses parents, et que donner à son père ou à sa mère se trouvant dans le besoin une part de ce qui avait été ainsi consacré, était commettre un sacrilège. Un fils ingrat n'avait qu'à prononcer le mot *corban*, vouant ainsi à Dieu tout ce qu'il possédait, pour avoir le droit d'en jouir aussi longtemps qu'il vivait ; à sa mort seulement ce qui restait était affecté au service du temple. On pouvait ainsi, pendant sa vie et jusqu'à sa mort, négliger d'honorer ses parents et les priver du nécessaire, sous l'apparence d'une prétendue dévotion.

Jésus n'a jamais, ni par sa parole, ni par son exemple, amoindri les obligations de l'homme en ce qui concerne les dons et les offrandes faits à Dieu. C'est le Christ lui-même qui a donné les directions de la loi en ce qui concerne les dîmes et les offrandes. Pendant son existence terrestre il fit l'éloge de la pauvre femme qui avait placé tout son avoir dans le trésor du temple. Mais le zèle apparent que les prêtres et les rabbins affichaient pour Dieu dissimulait leur secret désir d'enrichissement. Ces gens-là trompaient le peuple. Ils lui imposaient de lourds fardeaux que Dieu n'exigeait pas. Même les disciples du Christ n'étaient pas entièrement libres du joug imposé par des préjugés héréditaires et par l'autorité des rabbins. En mettant à nu le véritable esprit des rabbins, Jésus cherchait à délivrer de l'esclavage de la tradition tous ceux qu'animait un véritable désir de servir Dieu.

S'adressant à ces astucieux espions, il leur dit : « Hypocrites, Esaïe a bien prophétisé sur vous, quand il a dit : Ce peuple m'honore des lèvres, mais son cœur est éloigné de moi. C'est en vain qu'ils me rendent un culte, ils enseignent des doctrines qui ne sont que préceptes humains. » Ces paroles du Christ étaient un acte d'accusation dirigé contre tout le système du pharisaïsme. En plaçant leurs exigences au-dessus des divins préceptes, disait Jésus, les rabbins s'élevaient au-dessus de Dieu.

Une véritable fureur s'empara des envoyés de Jérusalem. Ils ne pouvaient plus accuser le Christ de violer la loi du Sinaï, puisqu'il venait de prendre sa défense contre leurs traditions. Les grands préceptes de la loi qu'il avait présentés, faisaient un contraste frappant avec les règles mesquines inventées par les hommes.

Jésus montra tout d'abord à la foule et ensuite, d'une manière plus complète, aux disciples, que la souillure ne vient pas du dehors, mais du dedans. La pureté et l'impureté appartiennent à l'âme.

Ce qui souille un homme, c'est l'action mauvaise, la pensée mauvaise, la transgression de la loi de Dieu, et non pas le fait de négliger des cérémonies extérieures inventées par les hommes.

Les disciples observèrent l'emportement avec lequel les espions accueillaient l'exposé de leurs faux enseignements. Ils aperçurent les regards courroucés et entendirent les paroles de dépit et de vengeance murmurées à voix basse. Oubliant que le Christ leur avait donné si souvent la preuve qu'il savait lire dans le cœur comme dans un livre ouvert, ils l'avertirent de l'effet produit par ses paroles. Dans l'espoir qu'il réussirait à calmer les fonctionnaires irrités, ils dirent à Jésus : « Sais-tu que les pharisiens ont été scandalisés de t'entendre parler ainsi ? »

« Il répondit : Toute plante qui n'a pas été plantée par mon Père céleste sera déracinée. » Elles étaient de la terre et non du ciel, les coutumes et les traditions si prisées des rabbins. Quelle que fût leur influence sur le peuple, elles ne pouvaient résister à l'épreuve de Dieu. Toute invention humaine substituée aux commandements de Dieu apparaîtra sans valeur au jour où Dieu « prononcera son jugement sur toutes les actions, même les plus cachées, sur ce qui est bien comme sur ce qui est mal [3] ».

On n'a pas cessé de substituer des préceptes humains aux commandements de Dieu. Il existe, même parmi les chrétiens, des institutions et des usages qui n'ont d'autre fondement que les traditions des pères. De telles institutions, qui reposent uniquement sur une autorité humaine, ont supplanté celles que Dieu avait établies. Les hommes s'attachent à leurs traditions, respectent leurs coutumes et haïssent quiconque s'efforce de leur montrer leur erreur. Aujourd'hui où notre attention est ramenée vers les commandements de Dieu et la foi de Jésus, nous voyons se produire la même inimitié qui se manifesta au temps du Christ. Il est écrit au sujet du résidu du peuple de Dieu : « Le dragon fut irrité contre la femme, et il s'en alla faire Ta guerre au reste de sa descendance, à ceux qui gardent les commandements de Dieu et qui retiennent le témoignage de Jésus [4]. »

« Toute plante qui n'a pas été plantée par mon Père céleste sera déracinée. » Dieu nous exhorte à accepter la parole du Père éternel, Seigneur des cieux et de la terre, plutôt que l'autorité des prétendus Pères de l'Eglise. Là, seulement, se trouve la vérité sans aucun mélange d'erreur. David disait : « J'ai surpassé en sagesse tous ceux qui m'avaient instruit ; car tes enseignements sont l'objet de mes méditations. Je suis plus intelligent que les vieillards eux-mêmes ; car j'ai gardé tes commandement [5]. » Qu'ils prennent garde à l'avertissement contenu dans les paroles du Christ tous ceux qui acceptent une autorité humaine, les coutumes de l'Eglise, ou les traditions des Pères : « C'est en vain qu'ils me rendent un culte, ils enseignent des doctrines qui ne sont que des préceptes humains. »

---

[1] Ce chapitre est basé sur Matthieu 15.1-20 ; Marc 7.1-23. [2] Jean 3.36 ; 1 Jean 2.3. [3] Ecclésiaste 12.16. [4] Apocalypse 12.17. [5] Psaume 119.99, 100.

Chapitre 43

Barrières renversées

APRES sa rencontre avec les pharisiens, Jésus s'éloigna de Capernaüm, et, ayant traversé la Galilée, il se réfugia dans la région montagneuse qui borde la Phénicie. De là il pouvait apercevoir vers l'occident, s'étendant sur la plaine, les anciennes villes de Tyr et de Sidon, avec leurs temples païens, leurs palais magnifiques, leurs marchés et leurs ports encombrés de vaisseaux. Plus loin, la bleue Méditerranée, que devaient franchir les messagers de l'Evangile, portant la bonne nouvelle aux centres du grand empire mondial. Mais ce temps-là n'était pas encore arrivé. Il restait à Jésus une œuvre à faire préparer ses disciples en vue de leur mission. Il espérait pour cela trouver dans cette contrée la solitude dont il n'avait pu jouir à Bethsaïda. Cependant ce n'était pas là l'unique but de son voyage.

« Une femme cananéenne, qui venait de ces contrées, lui cria : Aie pitié de moi, Seigneur Fils de David ! Ma fille est cruellement tourmentée par le démon [1]. » Les habitants du district descendaient d'une ancienne race cananéenne, et, en raison de leur idolâtrie, ils étaient l'objet du mépris et de la haine des Juifs. La femme qui venait maintenant à Jésus appartenait à cette race. Elle avait entendu parler du prophète puissant qui, disait-on, guérissait toutes sortes de maladies, et l'espoir se réveilla dans son cœur. Poussée par l'amour maternel, elle se décida à parler de sa fille à Jésus avec le dessein bien arrêté de lui apporter sa douleur. Il fallait qu'il guérît son enfant. Elle avait imploré les divinités païennes sans en obtenir aucun soulagement et elle était parfois tentée de penser : Que pourrait bien faire pour moi ce docteur juif ? Mais on lui avait dit qu'il guérissait toutes sortes de maladies, et qu'il ne regardait pas si ceux qui venaient à lui étaient riches ou pauvres. Elle ne voulut pas renoncer à son seul espoir.

Le Christ connaissait la condition de cette femme. Sachant qu'elle désirait le voir, il se plaça sur son chemin. En venant au secours de sa misère, il pourrait donner une illustration vivante de la leçon qu'il se proposait d'enseigner. C'est pour cela qu'il avait amené ses disciples dans cette contrée. Il voulait leur faire toucher du doigt l'ignorance qui régnait dans les villes et les villages voisins du pays d'Israël. Le peuple, auquel toutes facilités avaient été données pour comprendre la vérité, ignorait les besoins de son entourage. Rien n'était fait pour venir en aide aux âmes qu'enveloppaient les ténèbres. Le mur de séparation érigé par l'orgueil juif empêchait les disciples eux-mêmes d'éprouver de la sympathie pour le monde païen. Mais ces barrières devaient être renversées.

Le Christ ne répondit pas immédiatement à la requête de cette femme. Elle représentait une race méprisée, et Jésus lui fit l'accueil que les Juifs lui auraient réservé. Par là, il se proposait de montrer aux disciples avec quelle froideur et quel manque de cœur les Juifs se conduiraient dans un cas semblable, et, en accordant ensuite l'objet de la requête, il donnerait l'exemple de la compassion que les disciples devaient manifester en face de telles détresses.

Bien que Jésus n'eût pas répondu, la femme ne perdit pas sa foi. Comme il poursuivait son chemin, sans paraître l'entendre, elle le suivit, renouvelant ses supplications. Importunés, les disciples demandèrent à Jésus de la renvoyer. Voyant que le Maître la traitait avec indifférence, ils pensaient qu'il partageait le préjugé des Juifs contre les Cananéens. Mais c'est un Sauveur plein de pitié que cette femme implorait, et la requête des disciples provoqua cette réponse de Jésus : « Je n'ai été envoyé qu'aux brebis perdues de la maison d'Israël. » Quoique cette réponse semblât s'accorder avec la prévention des Juifs, elle contenait un reproche indirect, à l'adresse des disciples : c'est ce qu'ils comprirent, plus tard, en se rappelant combien souvent il leur avait dit qu'il était venu dans le monde pour sauver tous ceux qui l'accepteraient.

La femme redoubla d'insistance, se prosternant aux pieds du Christ, et criant : « Seigneur, viens à mon secours. » Par sa nouvelle réponse, Jésus parut vouloir repousser encore ses prières : « Il n'est pas bien de prendre le pain des enfants et de le jeter aux petits chiens. » C'était insinuer qu'il n'était pas juste de gaspiller les bénédictions dont le peuple de Dieu avait été favorisé en les distribuant à des étrangers et à des ennemis d'Israël. Toute autre personne eût été complètement découragée. Mais la femme discerna, sous le refus apparent de Jésus, une pitié qu'il ne réussissait pas à cacher. « Oui Seigneur, dit-elle, pourtant les petits chiens mangent les miettes qui tombent de la table de leurs maîtres. » Quand les enfants mangent à la table de leur père, les chiens eux-mêmes ne sont pas oubliés. Ils ont droit aux miettes qui tombent d'une table abondamment pourvue. S'il y avait tant de bénédictions pour Israël, n'y en aurait-il donc pas une aussi pour elle ? Puisqu'on la regardait comme un chien, n'avait-elle pas droit aux miettes comme lui ?

Jésus venait de quitter son champ d'activité parce que les scribes et les pharisiens cherchaient à lui ôter la vie. Ils faisaient entendre des murmures et des plaintes. Ils manifestaient de l'incrédulité et de la rancœur, et refusaient le salut si généreusement offert. Et voici que, maintenant, le Christ rencontre un être appartenant à une race infortunée et méprisée, n'ayant pas été favorisé par la lumière de la Parole de Dieu, et qui cependant cède tout de suite à l'influence divine du Christ et croit d'une manière implicite que Jésus est capable de lui accorder la faveur demandée. Elle mendie les miettes qui tombent de la table du Maître. Pourvu qu'on lui accorde les avantages d'un chien, elle consent à être considérée comme tel. Aucun préjugé, aucun orgueil national ou religieux n'influe sur sa conduite ; elle reconnaît immédiatement, en Jésus, le Rédempteur, celui qui peut faire tout ce qu'elle lui demande.

Le Sauveur est satisfait. Il a mis cette foi à l'épreuve. Il a montré, par sa façon d'agir avec cette femme que l'on juge indigne de partager les grâces accordées à Israël, qu'elle a cessé d'être une étrangère pour devenir l'enfant de la maison de Dieu. Et, comme les autres enfants, elle a droit aux dons du Père. Le Christ exauce sa requête, achevant ainsi la leçon destinée aux disciples. Se tournant vers elle avec un regard chargé de pitié et de tendresse, il lui dit : « O femme, ta foi est grande ; qu'il te soit fait comme tu le veux. » A cette heure même sa fille fut guérie. Le démon ne la tourmenta plus. La femme s'en alla, reconnaissant son Sauveur, heureuse d'avoir obtenu l'exaucement de sa prière.

Jésus ne fit aucun autre miracle au cours de ce voyage. C'était en vue de l'accomplissement de cette guérison qu'il s'était rendu au voisinage de Tyr et de Sidon. Il voulait à la fois secourir cette femme affligée et laisser un exemple de son œuvre miséricordieuse en faveur d'une population méprisée pour l'instruction de ses disciples quand il ne serait plus auprès d'eux. Il voulait les arracher à leur exclusivisme juif et les inciter à travailler au sein d'autres peuples que le leur.

Il tardait à Jésus de pouvoir dévoiler les profonds mystères de la vérité, cachés pendant les âges passés, selon lesquels les Gentils étaient appelés à être les cohéritiers des Juifs, participant « à la même promesse en Christ-Jésus par l'Evangile [2] ». Les disciples mirent beaucoup de temps à apprendre cette vérité, malgré les nombreuses leçons données par le divin Maître. En récompensant la foi du centenier, en prêchant l'Evangile aux habitants de Sychar, il avait déjà assez montré qu'il ne partageait pas l'intolérance des juifs. Mais les Samaritains avaient une certaine connaissance de Dieu ; et le centenier avait fait preuve de bonté envers Israël. Cette fois-ci Jésus mit ses disciples en contact avec une femme païenne qu'ils considéraient indigne de ses faveurs comme tous les autres païens. Il voulait montrer comment une telle personne devait être traitée. Il avait semblé aux disciples qu'il dispensait trop généreusement les dons de sa grâce. Il voulait montrer que son amour ne se bornait pas aux limites d'une race ou d'une nation.

En disant : « Je n'ai été envoyé qu'aux brebis perdues de la maison d'Israël », Jésus avait dit la vérité, et en travaillant pour cette femme cananéenne il ne faisait que remplir sa mission. Cette femme était l'une des brebis qu'Israël aurait dû délivrer. Le Christ accomplissait l'œuvre, négligée, qui avait été assignée à Israël.

Grâce à cet acte, les disciples comprirent mieux l'œuvre qu'ils avaient à accomplir parmi les païens et virent le vaste champ ouvert à leur activité, en dehors de la Judée. Parmi ceux qu'on leur avait appris à mépriser, il y avait des âmes endurant des afflictions inconnues au peuple privilégié, soupirant après le secours du puissant Guérisseur, et ayant faim de cette vérité que les Juifs avaient reçue en si grande abondance.

Plus tard, quand les Juifs se détournèrent plus obstinément des disciples, parce qu'ils annonçaient Jésus en qualité de Sauveur du monde, après que le mur de séparation dressé entre Juifs et Gentils eut été abattu par la mort du Christ, cette leçon, ainsi que d'autres semblables, destinées à montrer que l'œuvre évangélique ne souffrait aucune limite de coutume ou de nationalité, exerça une puissante influence sur la marche suivie par les représentants du Christ.

La visite du Sauveur en Phénicie et le miracle accompli dans cette région avait encore un but plus vaste. Cette œuvre fut accomplie non seulement pour soulager cette femme affligée, non seulement au bénéfice des disciples et de ceux qu'ils devaient évangéliser, mais aussi « afin que vous croyiez que Jésus est le Christ, le Fils de Dieu, et qu'en croyant, vous ayez la vie en son nom [3] ». Les mêmes facteurs qui tenaient les hommes éloignés du Christ il y a dix-huit siècles sont encore à l'œuvre aujourd'hui. L'esprit qui éleva une barrière entre Juifs et Gentils agit encore. L'orgueil et le préjugé ont dressé de hautes murailles entre diverses classes d'hommes. Le Christ et sa mission ont été présentés sous un faux jour et de nombreuses personnes ont le sentiment d'être virtuellement retranchées du ministère évangélique. Elles ne doivent pas penser, néanmoins, que l'accès au Christ leur est interdit. Aucune des barrières érigées par l'homme ou par Satan n'est impénétrable à la foi.

La femme de Phénicie se jeta, avec foi, contre les barrières dressées entre les Juifs et les païens. Malgré les causes de découragement, malgré les apparences qui auraient pu l'engager à douter, elle se confia en l'amour du Sauveur. C'est ainsi que le Christ désire que nous lui fassions confiance. Toute âme peut avoir part aux bénédictions du salut. Rien, si ce n'est sa propre volonté, ne peut empêcher un homme de devenir participant, en Christ, de la promesse de l'Evangile.

Dieu déteste les castes. A ses yeux, toutes les âmes humaines ont la même valeur. « Il a fait que toutes les nations humaines, issues d'un seul homme, habitent sur toute la face de la terre ; il a déterminé les temps fixés pour eux et les bornes de leur demeure, afin qu'ils cherchent Dieu pour le trouver si possible, en tâtonnant. Or il n'est pas loin de chacun de nous. » Tous sont invités à venir à lui pour avoir la vie, sans distinction d'âge, de rang, de nationalité ou de religion. « Quiconque croit en lui ne sera pas confus. Il n'y a pas de différence, en effet, entre le juif et le Grec : ils ont tous le même Seigneur, qui est riche pour tous ceux qui l'invoquent. Car quiconque invoquera le nom du Seigneur sera sauvé. » « Il n'y a plus ni Juif ni Grec, il n'y a plus ni esclave ni homme libre, il n'y a plus ni homme ni femme. » « Riche et pauvre se rencontrent ; c'est l'Eternel qui les a créés l'un et l'autre [4]. »

---

[1] Ce chapitre est basé sur Matthieu 15.21-28 ; Marc 7.24-36. [2] Ephésiens 3.6. [3] Jean 20.31. [4] Actes 17.26, 27 ; Romains 10.11-13 ; Galates 3.28 ; Proverbes 22.2.

Chapitre 44

Le véritable signe

« JESUS quitta la contrée de Tyr et revint par Sidon vers la mer de Galilée, en traversant la contrée de la Décapole [1]. » C'est dans la région de la Décapole que les habitants, alarmés par la destruction des pourceaux, avaient contraint Jésus de s'éloigner d'eux. Mais ils avaient prêté l'oreille aux messagers qu'il avait laissés derrière lui, et maintenant, ils désiraient le voir. Quand il revint dans la contrée, une foule s'assembla autour de lui, et on lui amena un sourd, qui parlait difficilement. Jésus ne se contenta pas, selon son habitude, de guérir cet homme par la parole seulement. L'ayant pris à l'écart, il plaça ses doigts dans ses oreilles et toucha sa langue ; levant les yeux vers le ciel il soupira en pensant aux oreilles qui refusaient de s'ouvrir à la vérité et aux langues qui ne voulaient pas reconnaître le Rédempteur. Aux mots : « Ouvre-toi ! » cet homme recouvra l'usage de la parole, et sans tenir compte de la défense d'en parler à qui que ce fût, il publia partout l'histoire de sa guérison.

Jésus étant allé sur une montagne, une grande foule s'approcha de lui et plaça à ses pieds des malades et des infirmes. Il les guérit tous ; et ces gens, quoique païens, glorifiaient le Dieu d'Israël. Trois jours durant ils se pressèrent autour du Sauveur ; la nuit ils dormaient en plein air et le jour ils s'empressaient pour entendre les paroles du Christ et pour voir ses œuvres. Après ces trois jours la nourriture manqua. Jésus ne voulait pas les renvoyer ayant faim ; il invita donc les disciples à leur donner à manger. Une fois de plus ceux-ci manifestèrent leur incrédulité. Ils avaient vu comment, à Rethsaïda, grâce à la bénédiction du Christ, leur petite provision avait servi à nourrir la multitude ; cependant ils n'apportèrent pas tout ce qu'ils avaient, confiants en sa puissance pour multiplier cela et nourrir la foule affamée. Il ne faut pas oublier non plus qu'à Bethsaïda Jésus avait nourri des Juifs ; maintenant il s'agissait de païens. Le préjugé juif était encore vivace dans le cœur des disciples. Ils répondirent à Jésus : « Comment pourrait-on les rassasier de pains ici dans un lieu désert ? » Toutefois, obtempérant à l'ordre donné, ils lui apportèrent ce qu'ils avaient : sept pains et deux poissons. La foule fut rassasiée, et il resta sept paniers de restes. Quatre mille hommes, sans compter femmes et enfants, furent ainsi restaurés, puis Jésus les congédia avec des cœurs joyeux et reconnaissants.

Etant ensuite entré dans une barque avec ses disciples, il traversa le lac pour aller à Magdala, à l'extrémité méridionale de la plaine de Génézareth. Aux frontières de Tyr et de Sidon il avait été réconforté par la confiance que lui avait témoignée la femme syro-phénicienne. Les païens de la Décapole l'avaient reçu avec joie. De retour en Galilée, où sa puissance s'était manifestée d'une façon si remarquable, où il avait accompli la plupart de ses œuvres de miséricorde, où il avait donné le plus grand nombre de ses enseignements, il rencontrait une incrédulité méprisante.

Les envoyés des pharisiens avaient été rejoints par des représentants des sadducéens riches et dominateurs ; ces sadducéens sceptiques étaient le parti des prêtres ; ils constituaient l'aristocratie de la nation. Les deux sectes entretenaient une inimitié mortelle. Les sadducéens recherchaient la faveur de la puissance dominante afin de maintenir leur propre position et leur autorité. Les pharisiens, impatients de secouer le joug conquérant, fomentaient la haine populaire contre les Romains. Pharisiens et sadducéens s'unirent pourtant contre le Christ. Le semblable cherche son semblable ; et le mal, où qu'il se trouve, se ligue avec le mal pour détruire le bien.

Les pharisiens et les sadducéens vinrent donc au Christ, sollicitant un signe du ciel. Aux jours de Josué, alors qu'Israël combattait contre les Cananéens à Beth-Horon, le soleil s'était arrêté à la voix du chef jusqu'à ce que la victoire eût été remportée ; beaucoup d'autres prodiges semblables avaient eu lieu dans leur histoire. On demandait à Jésus un signe de ce genre. Ce n'était pourtant pas de tels signes que les Juifs avaient besoin. Des manifestations purement extérieures ne pouvaient leur être d'aucune utilité. Ce qu'il leur fallait, ce n'était pas une illumination intellectuelle, mais une rénovation spirituelle.

« Vous savez discerner l'aspect du ciel », leur dit Jésus – par l'examen du ciel ils prédisaient le temps – « et vous ne pouvez discerner les signes des temps ! » Les paroles du Christ, accompagnées de la puissance du Saint-Esprit qui convainquait de péché, étaient elles-mêmes le signe que Dieu avait donné pour leur salut. D'ailleurs des signes célestes avaient attesté la mission du Christ : le chant des anges entendu par les bergers, l'étoile guidant les mages, la colombe et la voix céleste signalant son baptême.

« Jésus soupira profondément en son esprit et dit : Pourquoi cette génération demande-t-elle un signe ? » « Il ne lui sera donné d'autre signe que celui de Jonas. » Comme Jonas avait passé trois jours dans le ventre du poisson, ainsi le Christ devait rester pendant la même durée de temps « dans le sein de la terre ». Et comme la prédication de Jonas avait été un signe pour les Ninivites, ainsi la prédication du Christ était un signe pour ses contemporains. Mais quel contraste dans la façon d'accueillir la Parole ! La population de la grande cité païenne avait tremblé à l'ouïe des avertissements divins. Le roi et les nobles s'étaient humiliés ; petits et grands avaient imploré le Dieu du ciel et obtenu sa grâce. « Les hommes de Ninive se dresseront lors du jugement avec cette génération, dit le Christ, et la condamneront, parce qu'ils se sont repentis à la prédication de Jonas ; et voici, il y a ici plus que Jonas [2]. » Tout miracle accompli par le Christ était un signe de sa divinité. Les Juifs comprenaient l'œuvre annoncée comme devant être celle du Messie ; mais les pharisiens considéraient les œuvres miséricordieuses du Christ comme des délits. Les chefs de la nation juive voyaient la souffrance humaine avec une parfaite indifférence ; dans bien des cas leur égoïsme et leur oppression étaient la cause des souffrances que le Christ soulageait. Ses miracles étaient, par conséquent, un blâme à leur adresse.

Les Juifs furent amenés à rejeter l'œuvre du Sauveur par les preuves les plus évidentes de sa nature divine. Le fait que ses miracles avaient pour but le bien de l'humanité en fait ressortir la vraie signification. La preuve la plus évidente de son origine divine, c'est que le caractère de Dieu était révélé dans sa vie. Il accomplissait les œuvres et il prononçait les paroles de Dieu. Une telle vie est le plus grand des miracles.

Beaucoup, comme les Juifs, disent aussi aujourd'hui, quand on leur présente le message de la vérité : Montrez-nous un signe. Faites-nous un miracle. Le Christ n'accorda aucun miracle aux pharisiens. Il n'en avait pas non plus accordé à Satan, au désert de la tentation. Ce n'est pas pour nous faire valoir nous-mêmes ou pour satisfaire les exigences de l'incrédulité ou de l'orgueil qu'il nous communique sa puissance. Néanmoins l'Evangile n'est pas privé du signe de son origine divine. N'est-ce pas un miracle que nous puissions briser l'esclavage de Satan ? L'inimitié contre Satan ne naît pas naturellement dans le cœur humain ; c'est la grâce de Dieu qui la produit. Un miracle s'accomplit chaque fois que quelqu'un, d'abord dominé par une volonté opiniâtre et capricieuse, se soumet ensuite de bon cœur à l'attirance divine ; chaque fois qu'un homme, dupe de l'erreur, arrive à comprendre la vérité morale. Lorsqu'une âme se convertit, qu'elle apprend à aimer Dieu et à garder ses commandements, cette promesse divine se réalise « Je vous donnerai un cœur nouveau et je mettrai en vous un esprit nouveau [3]. » Le changement du cœur humain, la transformation du caractère, est un miracle par lequel se révèle un Sauveur toujours vivant, déployant son activité pour délivrer les âmes. Une vie conséquente, en Christ, est un grand miracle. Voici le signe qui devrait, aujourd'hui et toujours, accompagner la prédication de la Parole divine : la présence du Saint-Esprit, donnant de l'efficacité à la Parole pour la régénération de ceux qui l'écoutent. C'est ainsi que Dieu atteste au monde la divine mission de son Fils.

Ceux qui demandaient un signe à Jésus s'étaient tellement enfoncés dans l'incrédulité qu'ils étaient incapables de discerner la ressemblance divine dans son caractère. Ils ne voyaient pas que sa mission répondait aux prédictions de l'Ecriture. S'adressant aux pharisiens dans la parabole de l'homme riche et de Lazare, Jésus leur dit : « S'ils n'écoutent pas Moïse et les prophètes, ils ne se laisseront pas persuader, même si quelqu'un ressuscitait d'entre les morts [4]. » Un signe donné au ciel ou sur la terre ne leur serait d'aucun profit.

« Jésus soupira profondément en son esprit », et s'éloignant des ergoteurs il remonta sur la barque avec ses disciples. Ils retraversèrent le lac dans un douloureux silence. Au lieu de retourner au lieu qu'ils avaient quitté ils se dirigèrent vers Bethsaïda, près du lieu où cinq mille hommes avaient été nourris. Arrivé à l'autre bord Jésus dit : « Gardez-vous attentivement du levain des pharisiens et des sadducéens. » Depuis les jours de Moïse, les Juifs avaient pris l'habitude de débarrasser leurs maisons de tout levain au moment de la Pâque, et ils avaient appris à voir dans ce levain un symbole du péché. Néanmoins Jésus ne fut pas compris par ses disciples. Au départ de Magdala ils avaient négligé de se procurer du pain en quantité suffisante. Ils s'imaginèrent donc que Jésus faisait allusion à cela et leur recommandait de ne pas acheter leur pain chez les pharisiens ou les sadducéens. Leur manque de foi et de discernement spirituel les avait souvent empêchés de comprendre le sens des paroles de Jésus. Il leur reprocha de penser que celui qui avait nourri des milliers de personnes avec quelques poissons et quelques pains d'orge pouvait avoir eu en vue uniquement un aliment temporel dans son avertissement solennel. Les raisonnements subtils des pharisiens et des sadducéens risquaient d'être un ferment d'incrédulité pour les disciples et de leur faire juger avec légèreté les œuvres du Christ : là était le danger. Les disciples inclinaient à penser que leur Maître eût bien fait d'accorder un signe du ciel à la demande des pharisiens. Ils le croyaient parfaitement capable de le faire et de réduire ainsi au silence ses ennemis. Ils ne voyaient pas l'hypocrisie de ces ergoteurs.

Quelques mois plus tard, « les gens s'étant rassemblés par milliers, au point de s'écraser les uns les autres », Jésus renouvela le même enseignement. Il « se mit à dire en premier lieu à ses disciples : Gardez-vous du levain des pharisiens, qui est l'hypocrisie [5] ».

Le levain placé dans la pâte opère imperceptiblement et toute la masse en est transformée. Si l'hypocrisie est tolérée dans un cœur, elle imprègne le caractère et la vie. Un exemple frappant : Jésus avait déjà reproché aux pharisiens leur hypocrisie à propos du *corban* qui permettait de négliger un devoir filial sous prétexte de générosité à l'égard du temple. Les scribes et les pharisiens suggéraient des principes trompeurs. Ils dissimulaient les vraies tendances de leurs doctrines et profitaient de toutes les occasions pour les inculquer habilement à leurs auditeurs. Ces faux principes agissaient comme un levain sur ceux qui les acceptaient, imprégnant et transformant le caractère ; c'est cet enseignement fallacieux qui faisait que le peuple avait tant de peine à recevoir les paroles du Christ.

Les mêmes influences agissent aujourd'hui par l'action de ceux qui expliquent la loi de Dieu de manière à la mettre d'accord avec leur conduite. Ces gens n'attaquent pas la loi ouvertement, mais sapent ses principes par leurs spéculations. Leurs explications tendent à lui ôter toute force.

C'est la recherche de soi-même qui était à la base de l'hypocrisie des pharisiens. Ils n'avaient qu'une seule préoccupation : leur propre gloire, ce qui les amenait à pervertir et à appliquer mal à propos les Ecritures et qui les aveuglait en ce qui concerne le but que le Christ se proposait dans l'exercice de sa mission. Ce mal subtil risquait de contaminer même les disciples du Christ. Ceux qui s'étaient rangés parmi les disciples de Jésus sans renoncer à tout se laissaient fortement influencer par les raisonnements des pharisiens. Ils oscillaient fréquemment entre la foi et l'incrédulité ; ils n'apercevaient pas les trésors de sagesse cachés en Christ. Les disciples eux-mêmes, qui avaient pourtant tout quitté pour l'amour de Jésus, au moins extérieurement, n'avaient pas cessé de garder dans leurs cœurs des aspirations à de grandes choses pour leur propre avantage. C'est cet esprit qui explique leurs disputes pour savoir lequel d'entre eux était le plus grand. Ceci s'interposait entre eux et le Christ, leur faisait considérer avec peu de sympathie sa mission pleine d'abnégation et les rendait si lents à comprendre le mystère de la rédemption. Si l'on permet au levain d'achever son action, il produit la corruption et la pourriture ; de même, l'esprit d'égoïsme, cultivé, souille l'âme et amène sa ruine.

Ce péché subtil et trompeur est très répandu aujourd'hui parmi les disciples de notre Seigneur. Souvent le service que nous offrons au Christ est gâté par le secret désir de glorifier le moi. Combien on aspire aux éloges, à l'approbation des hommes ! C'est l'amour de soi, le désir de suivre une voie plus facile que celle que Dieu a indiquée, qui fait substituer des théories humaines et des traditions aux préceptes divins. Il importe donc de rappeler aux disciples eux-mêmes les paroles du Christ : « Faites attention, prenez garde au levain des pharisiens. »

La religion du Christ est pure sincérité. Le zèle pour la gloire de Dieu : tel est le motif semé par le Saint-Esprit ; seule l'action efficace de l'Esprit peut produire ce résultat. Seule la puissance de Dieu peut bannir la recherche de soi-même et l'hypocrisie. Un tel changement constitue le signe de son action. Quand la foi que nous recevons détruit l'égoïsme et la vanité, quand elle nous fait préférer la gloire de Dieu à la nôtre, nous pouvons savoir qu'elle est de bonne qualité. « Père, glorifie ton nom [6] ! » Telle était la note dominante de la vie du Christ ; si nous le suivons, ce sera aussi la note dominante de notre vie. Il nous est commandé de « marcher aussi comme lui [Jésus] a marché ». « A ceci nous reconnaissons que nous l'avons connu : si nous gardons ses commandements [7]. »

---

[1] Ce chapitre est basé sur Matthieu 15.29-39 ; 16.1-12 ; Marc 7.31-37 ; 8.1-21. [2] Matthieu 12.40, 41. [3] Ézéchiel 36.26. [4] Luc 16.31. [5] Luc 12.1. [6] Jean 12.28. [7] 1 Jean 2.6, 3.

Chapitre 45

Représentation anticipée de la croix

L'ŒUVRE du Christ sur la terre touchait à sa fin. Jésus voyait devant lui, comme en une esquisse aux contours précis, les scènes vers lesquelles il s'acheminait. Avant même d'avoir revêtu l'humanité, il avait embrassé du regard tout le chemin qu'il devait parcourir pour sauver ce qui était perdu [1]. Les angoisses qui déchireraient son cœur, les injures dont il serait abreuvé, les privations qu'il devrait endurer, tout cela s'offrait à sa vue avant même qu'il eût quitté la couronne et le vêtement royal pour descendre les marches du trône et voiler sa divinité sous l'humanité. La voie de la crèche au Calvaire était tout entière devant ses yeux. Il n'ignorait rien et disait cependant : « Me voici, je viens, avec le rouleau du livre qui est écrit pour moi. Mon Dieu, je prends plaisir à faire ta volonté. Et ta loi est au fond de mon cœur [2]. »

Il ne cessa jamais d'avoir présent à l'esprit le résultat de sa mission. Sa vie terrestre, si remplie de peines et de renoncements, était égayée par la pensée que tout son travail ne serait pas vain. En donnant sa vie pour la vie des hommes, il ramènerait ceux-ci à la fidélité envers Dieu. Il devra pour cela recevoir le baptême du sang ; son âme innocente portera le fardeau des péchés du monde ; l'ombre d'une douleur indescriptible s'étendra sur lui ; néanmoins, à cause de la joie qui lui est réservée, il souffrira la croix et méprisera l'ignominie.

Les scènes qui se déroulaient devant lui restaient encore cachées à ceux qu'il avait élus comme compagnons de son ministère ; mais le temps approchait où ils devaient contempler son agonie. Celui qu'ils avaient aimé et en qui ils s'étaient confiés, ils allaient le voir livré aux mains de ses ennemis et suspendu à la croix du Calvaire. Bientôt ils devraient affronter le monde sans jouir du réconfort de sa présence visible. Il savait comment une haine violente et l'incrédulité les poursuivraient, et il désirait les préparer en vue de leurs épreuves.

Jésus se trouvait maintenant avec ses disciples dans une ville du territoire de Césarée de Philippe. Ils se trouvaient en dehors des limites de la Galilée, dans une contrée où dominait l'idolâtrie. Là les disciples échappaient à l'influence dominante du judaïsme, et se trouvaient en contact intime avec le culte païen. Ils avaient sous les yeux les formes de la superstition qui existaient dans toutes les parties du monde. Jésus voulait qu'en voyant ces choses ils sentissent leur responsabilité à l'égard des païens. Pendant son séjour dans cette région, il s'abstint autant que possible d'enseigner le peuple, afin de se consacrer plus entièrement à ses disciples.

Il était sur le point de leur parler des souffrances qui l'attendaient. Mais il commença par s'éloigner d'eux, afin d'obtenir par ses prières que leurs cœurs fussent disposés à recevoir ses paroles. Les ayant rejoints, il voulut, d'abord, leur donner l'occasion de confesser leur foi en lui et par là les affermir en vue de l'épreuve. Il leur demanda : « Les gens, que disent-ils ? Qui est le Fils de l'homme ? »

Avec tristesse les disciples durent constater qu'Israël n'avait pas reconnu son Messie. Quelques-uns, il est vrai, à la vue de ses miracles, l'avaient proclamé Fils de David. Les foules rassasiées par lui à Bethsaïda avaient même voulu le couronner roi d'Israël. Certains, disposés à l'accueillir comme prophète, ne croyaient pas à sa messianité.

Jésus posa alors une seconde question, se rapportant aux disciples eux-mêmes : « Mais vous, leur dit-il, qui dites-vous que je suis ? » Pierre répondit : « Tu es le Christ, le Fils du Dieu vivant. » Dès le début Pierre avait cru à la messianité de Jésus. Beaucoup d'autres, quoique convaincus par la prédication de Jean-Baptiste, après avoir accepté le Christ, avaient commencé à douter de la mission de jean quand ils l'avaient vu emprisonné et mis à mort ; maintenant ils doutaient que Jésus fût ce Messie attendu depuis si longtemps. Beaucoup de disciples qui avaient attendu avec impatience le moment où Jésus s'installerait sur le trône de David, le délaissèrent quand ils se rendirent compte que telle n'était pas son intention. Mais Pierre et ses compagnons lui restèrent fidèles. L'attitude vacillante de ceux qui l'acclamaient hier et le condamnaient aujourd'hui, n'anéantit pas la foi du vrai disciple du Sauveur. Pierre déclara donc : « Tu es le Christ, le Fils du Dieu vivant. » Il n'attendit pas que son Seigneur fût revêtu d'honneurs royaux ; il l'accepta dans son humiliation.

Pierre avait exprimé la foi des douze. Toutefois les disciples étaient encore loin de comprendre la mission du Christ. Sans les détourner de lui, l'opposition et les insinuations perfides des prêtres et des anciens les rendaient perplexes. Ils ne voyaient pas clair devant eux. L'influence, la puissance de la tradition, tout cela constituait un écran qui leur dérobait la vue de la vérité. De temps en temps de précieux rayons de lumière, émanant de Jésus, les illuminaient ; malgré cela, ils étaient souvent comme des hommes marchant à tâtons parmi des ombres. Ce jour-là, au moment où ils allaient être placés en face de la suprême épreuve de leur foi, le Saint-Esprit reposait sur eux avec puissance. Un instant leurs regards furent détournés des « choses visibles », pour contempler les « invisibles » [3]. Ils reconnurent, sous son déguisement humain, la gloire du Fils de Dieu.

Jésus répondit à Pierre : « Tu es heureux, Simon fils de Jonas, car ce n'est pas la chair ni le sang qui t'ont révélé cela, mais c'est mon Père qui est dans les cieux. »

La vérité confessée par Pierre constitue le fondement de la foi du croyant. C'est d'elle que le Christ lui-même a dit qu'elle est la vie éternelle. Mais la possession de cette connaissance ne doit pas être une raison de se glorifier. Ce n'est pas par une sagesse ou une bonté personnelle que Pierre parvenait à cette vérité. L'humanité n'atteindra jamais, par elle-même, à la connaissance des choses divines. « Elles ont la hauteur des cieux : que pourrais-tu donc faire ? Elles sont plus profondes que le séjour des morts : comment les connaîtrais-tu [4] ? » Seul l'Esprit d'adoption nous fait distinguer les choses profondes de Dieu, « ce que l'œil n'a pas vu, ce que l'oreille n'a pas entendu, et ce qui n'est pas monté au cœur de l'homme ». « Dieu nous l'a révélé par l'Esprit. Car l'Esprit sonde tout, même les profondeurs de Dieu [5]. » « Le secret de l'Eternel est pour ceux qui le craignent » ; le fait que Pierre discerna la gloire du Christ prouve qu'il avait été « instruit par Dieu [6] ». Oui, assurément, « tu es heureux, Simon, fils de Jonas ; car ce n'est pas la chair ni le sang qui t'ont révélé cela ».

Jésus continua : « Et moi je te dis que tu es Pierre, et que sur cette pierre je bâtirai mon Eglise et les portes du séjour des morts ne prévaudront pas contre elle. » Le mot Pierre signifie un caillou, une pierre roulante. Pierre n'était donc pas le rocher sur lequel l'Eglise a été fondée. Les portes du séjour des morts ont prévalu contre lui lorsqu'il renia son Seigneur avec serment et avec imprécations. L'Eglise a été fondée sur quelqu'un contre qui les portes des enfers ne peuvent prévaloir.

Des siècles avant la venue du Sauveur, Moïse avait désigné le rocher du salut d'Israël. Le Psalmiste avait chanté son « rocher protecteur ». Esaïe avait écrit : « Ainsi parle le Seigneur, l'Eternel : Voyez ! j'ai mis pour fondement en Sion une pierre, une pierre angulaire, choisie et précieuse, solidement posée [7]. » Pierre lui-même, sous l'influence de l'inspiration, applique à Jésus cette prophétie. Il dit : « ... Si vous avez goûté que le Seigneur est bon, approchez-vous de lui, pierre vivante, rejetée par les hommes, mais choisie et précieuse devant Dieu, et vous-mêmes, comme des pierres vivantes, édifiez-vous pour former une maison spirituelle [8]. »

« Personne ne peut poser un autre fondement que celui qui a été posé, savoir Jésus-Christ [9]. » « Sur cette pierre, dit Jésus, je bâtirai mon Eglise. » En présence de Dieu et des esprits célestes, en présence aussi de l'armée invisible de l'enfer, le Christ a fondé son Eglise sur le Rocher vivant. Ce Rocher c'est lui-même, – son corps rompu et meurtri pour nous. Bâtie sur ce fondement, l'Eglise défie les puissances de l'enfer.

L'Eglise paraissait encore bien faible au moment où ces paroles du Christ furent prononcées. Il n'y avait qu'une poignée de croyants contre lesquels toutes les puissances du mal, humaines et démoniaques, allaient être dirigées ; cependant les disciples ne devaient pas avoir peur. Fondés sur leur Rocher protecteur, ils ne pouvaient être renversés.

Pendant six mille ans la foi a bâti sur le Christ. Pendant la même durée les flots et les tempêtes de la colère de Satan sont venus frapper le Rocher de notre salut ; néanmoins il reste inébranlable.

Pierre avait exprimé la vérité servant de fondement à la foi de l'Eglise ; c'est pourquoi Jésus l'honora en tant que représentant de tout le corps des croyants. Il lui dit : « Je te donnerai les clefs du royaume des cieux ; ce que tu lieras sur la terre sera lié dans les cieux, et ce que tu délieras sur la terre sera délié dans les cieux. »

« Les clefs du royaume des cieux » sont les paroles du Christ. Toutes les paroles de l'Ecriture sainte sont de lui et se trouvent renfermées dans cette expression. Ces paroles ont le pouvoir d'ouvrir et de fermer le ciel. Elles énoncent les conditions auxquelles les hommes sont reçus ou rejetés. Ainsi l'œuvre des prédicateurs de la Parole de Dieu est une odeur de vie pour la vie ou de mort pour la mort. Leur mission entraîne des conséquences éternelles.

Ce n'est pas à Pierre seul qu'a été confiée l'œuvre de l'Evangile. Plus tard le Sauveur a répété les paroles qu'il avait dites à Pierre, mais en les appliquant directement à l'Eglise. Les mêmes choses furent énoncées aux douze en tant que représentants de l'ensemble des croyants. Si Jésus avait conféré à l'un des disciples une autorité particulière sur les autres, on ne les aurait pas vus si souvent se disputer pour savoir lequel était le plus grand. Ils se seraient soumis à la volonté du Maître et ils auraient respecté l'élu de son choix.

Bien loin de placer l'un des disciples à la tête des autres, le Christ leur dit : « Mais vous, ne vous faites pas appeler Rabbi, ... et ne vous faites pas appeler conducteurs, car un seul est votre conducteur, le Christ [10]. »

« Christ est le chef de tout homme. » Dieu, qui « a tout mis sous ses pieds [du Sauveur] », l'a donné « pour chef suprême à l'Eglise, qui est son corps, la plénitude de celui qui remplit tout en tous [11] ». L'Eglise est fondée sur le Christ ; elle doit donc lui obéir comme à son chef et non pas dépendre de l'homme ni être dominée par l'homme. Plusieurs prétendent que la position élevée qu'ils occupent dans l'Eglise leur donne le pouvoir d'ordonner aux hommes ce qu'ils doivent croire et faire. Dieu ne sanctionne pas de telles prétentions. Le Sauveur déclare : « Vous êtes tous frères. » Tous sont exposés aux tentations et sujets à l'erreur. Nous ne devons nous confier à la direction d'aucun être fini. Le Rocher de la foi, c'est la présence vivante du Christ dans l'Eglise. Sur lui le plus faible peut s'appuyer, tandis que ceux qui se croient les plus forts se trouveront être les plus faibles si leur capacité ne vient pas du Christ. « Maudit est l'homme qui se confie en l'homme, qui fait de la créature son appui. » « De lui, notre Rocher, l'œuvre est parfaite. » « Heureux tous ceux qui cherchent leur refuge en lui [12]. » Après avoir reçu la confession de Pierre, Jésus défendit aux disciples de dire à qui que ce fût qu'il était le Christ. Cette défense s'explique par l'opposition irréductible des scribes et des pharisiens. Il faut ajouter que le peuple, et les disciples eux-mêmes, avaient du Messie une conception tellement fausse que Jésus, en prenant publiquement ce titre, n'aurait pas donné une idée juste de son caractère et de son œuvre. Mais il se révélait à eux, jour après jour, comme le Sauveur, et il désirait aussi leur donner une conception juste de sa messianité.

Les disciples s'attendaient toujours à ce que le Christ régnât en qualité de prince temporel. Ils pensaient que bien qu'il eût si longtemps caché son dessein, il ne resterait pas toujours dans la pauvreté et l'obscurité ; le temps approchait où il établirait son royaume. Que la haine des prêtres et des rabbins fût invincible, que le Christ dût être rejeté par sa propre nation, condamné comme séducteur et crucifié comme un malfaiteur, une telle pensée n'entrait pas dans l'esprit des disciples. Cependant l'heure de la puissance des ténèbres approchait, et il fallait que Jésus montrât aux disciples la lutte qui était devant eux. Le pressentiment de l'épreuve le rendait triste.

Jusqu'ici il s'était abstenu de leur parler de ses souffrances et de sa mort. Il est vrai qu'il avait dit, au cours de son entretien avec Nicodème : « Comme Moïse éleva le serpent dans le désert, il faut, de même, que le Fils de l'homme soit élevé, afin que quiconque croit en lui ait la vie éternelle [13]. » Mais les disciples n'avaient pas entendu ces paroles, et même s'ils les avaient entendues, ils ne les auraient pas comprises. Maintenant ils ont vécu avec Jésus, écoutant ses paroles, contemplant ses œuvres, et ils peuvent s'associer au témoignage de Pierre : « Tu es le Christ, le Fils du Dieu vivant » et cela malgré l'humilité de son entourage et l'opposition des prêtres et du peuple. Le moment est venu de soulever le voile qui cache l'avenir. « Jésus-Christ commença dès lors à montrer à ses disciples qu'il lui fallait aller à Jérusalem, y souffrir beaucoup de la part des anciens, des grands-prêtres et des scribes, y être mis à mort et ressusciter le troisième jour. »

Les disciples écoutaient, muets de douleur et d'étonnement. Le Christ venait d'accepter la déclaration de Pierre concernant sa filiation divine ; les allusions qu'il faisait actuellement à ses souffrances et à sa mort leur paraissaient incompréhensibles. Pierre ne put garder le silence. Il n'aimait pas voir la croix dans l'œuvre du Christ. Il saisit le Maître, comme pour l'arracher au sort dont il était menacé, et s'écria : « A Dieu ne plaise, Seigneur, cela ne t'arrivera pas. »

Pierre aimait son Seigneur ; cependant Jésus ne le félicita pas d'avoir ainsi exprimé son désir de lui épargner des souffrances. Les paroles de Pierre n'étaient pas de nature à encourager et à consoler Jésus en vue de la grande épreuve qui l'attendait. En désaccord avec le dessein de la grâce divine concernant un monde perdu, et avec l'exemple d'abnégation donné par Jésus, elles risquaient de créer une impression diamétralement opposée à celle que le Christ désirait produire sur l'esprit de ses disciples ; aussi le Sauveur fut-il amené à prononcer l'une des réprimandes les plus sévères qui soient jamais sorties de sa bouche : « Arrière de moi, Satan ; tu es pour moi un scandale, car tes pensées ne sont pas celles de Dieu, mais celles des hommes. »

Satan s'efforçait de décourager Jésus et de le détourner de sa mission ; Pierre, dans son amour aveugle, se faisait l'écho de la voix du tentateur. C'est le prince du mal qui lui avait inspiré cette pensée. Cet appel irréfléchi était dû à son instigation. Au désert, Satan avait offert au Christ la domination du monde s'il voulait seulement renoncer à fouler le sentier de l'humiliation et du sacrifice. Il renouvelait aujourd'hui la même tentative auprès du disciple du Christ. Il s'efforçait de fixer les yeux de Pierre sur la gloire terrestre afin qu'il n'aperçût pas la croix vers laquelle Jésus voulait diriger ses regards. Par l'intermédiaire de Pierre, Satan assiégeait à nouveau Jésus de ses tentations. Mais le Sauveur, préoccupé au sujet de son disciple, ne prêtait aucune attention à cette tentative. Satan se plaçait entre Pierre et le Maître, pour empêcher le cœur du disciple d'être touché par la vision de l'humiliation que le Christ subissait pour lui. Le Christ s'adressa donc moins à Pierre qu'à celui qui s'efforçait de séparer le disciple de son Rédempteur : « Arrière de moi, Satan. » Cesse de te placer entre moi et mon serviteur égaré. Laisse-moi face à face avec Pierre, pour que je puisse lui révéler le mystère de mon amour.

C'est lentement que Pierre parvint à apprendre la vérité amère. Le sentier du Christ, sur la terre, passait par l'agonie et l'humiliation, et le disciple alors répugnait à communier avec son Seigneur dans la souffrance. C'est la fournaise ardente qui lui ferait apprécier cette communion. Longtemps après, quand son corps fut courbé sous le poids des années et des labeurs, il écrivit : « Bien-aimés, ne vous étonnez pas de la fournaise qui sévit parmi vous pour vous éprouver, comme s'il vous arrivait quelque chose d'étrange. Au contraire, réjouissez-vous dans la mesure où vous participez aux souffrances du Christ, afin de vous réjouir aussi avec allégresse, lors de la révélation de sa gloire [14]. »

Jésus expliqua à ses disciples que sa propre vie d'abnégation était un exemple destiné à leur montrer le chemin à suivre. Appelant à lui, avec les siens, les personnes qui se tenaient à quelque distance, il leur dit : « Si quelqu'un veut marcher sur mes traces, qu'il renonce à lui-même, qu'il se charge de sa croix et qu'il me suive. » La croix, un supplice en usage chez les Romains, était l'instrument d'une mort aussi cruelle qu'infamante ; les plus grands criminels, obligés de porter la croix jusqu'au lieu d'exécution, se débattaient souvent avec une violence désespérée quand on voulait la placer sur leurs épaules, mais on finissait par les maîtriser et leur imposer l'appareil de torture. Jésus invita ses disciples à prendre, volontairement, la croix et à la porter à sa suite. Ses paroles, bien que peu comprises, apprenaient aux disciples qu'ils allaient être soumis aux humiliations les plus profondes, – soumis à la mort elle-même pour l'amour du Christ. Les paroles du Sauveur exprimaient l'abandon le plus total. Tout cela Jésus l'avait accepté pour eux. Il n'avait pas désiré demeurer au ciel tant que nous étions perdus. Il avait échangé les parvis célestes contre une vie d'opprobre et d'injures couronnée par une mort ignominieuse. Il était devenu pauvre, celui qui possédait les trésors incommensurables du ciel, afin que par sa pauvreté nous fussions enrichis. Nous devons le suivre sur le sentier qu'il a foulé.

Aimer les âmes pour lesquelles le Christ est mort, c'est crucifier le moi. L'enfant de Dieu doit se regarder comme un simple anneau de la chaîne tendue d'en haut pour sauver le monde, se sentir un avec le Christ dans son plan de miséricorde, se mettre avec lui à la recherche de ce qui est perdu. Il faut que le chrétien se rappelle toujours qu'il s'est consacré à Dieu et que son caractère doit révéler le Christ au monde. Le sacrifice de soi-même, la sympathie, l'amour qui se sont manifestés dans la vie du Christ, doivent réapparaître dans la vie de l'ouvrier de Dieu.

« Quiconque en effet voudra sauver sa vie la perdra, mais quiconque perdra sa vie à cause de moi la trouvera. » L'égoïsme c'est la mort. Aucun organe du corps ne peut vivre en se servant uniquement soi-même. Le cœur qui cesserait d'envoyer le sang vivifiant à la main et à la tête, perdrait bientôt sa force. Comme le sang qui nous donne la vie, ainsi l'amour du Christ se répand dans toutes les parties de son corps mystique. Nous sommes membres les uns des autres, et l'âme qui refuse de communiquer se condamne à périr. « Que servira-t-il à un homme de gagner le monde entier, si sa vie lui est ôtée ? Ou que donnera un homme en échange de sa vie ? » demanda Jésus.

Au-delà de la pauvreté et de l'humiliation du temps présent, Jésus montra aux disciples son retour glorieux, quand il viendra, non pas revêtu de la splendeur d'un trône terrestre, mais accompagné de la gloire de Dieu et des armées célestes. « Alors, dit-il, il rendra à chacun selon ses actions. » Ensuite, pour les encourager, il leur fit cette promesse : « En vérité, je vous le dis, quelques-uns de ceux qui se tiennent ici ne goûteront point la mort avant d'avoir vu le Fils de l'homme venir dans son règne. » Mais les disciples ne comprirent pas. La gloire leur paraissait bien éloignée. Leurs yeux restaient fixés sur une vision plus proche, celle d'une vie terrestre dans la pauvreté, l'humiliation et les souffrances. Devront-ils renoncer à leurs brillantes espérances d'un royaume messianique ? Ne verront-ils pas leur Seigneur monter sur le trône de David ? Est-il possible que le Christ doive vivre d'une vie humble et vagabonde, être méprisé, rejeté, mis à mort ? La douleur oppressait leurs cœurs, car ils aimaient le Maître. Leur esprit, tenaillé par le doute, ne pouvait comprendre que le Fils de Dieu pût être sujet à une si cruelle humiliation. Ils se demandaient pourquoi il allait volontairement. à Jérusalem pour s'y exposer au traitement qu'il leur avait dit devoir subir. Comment pouvait-il se résigner à un tel sort et les laisser dans les ténèbres plus épaisses que celles où ils se trouvaient avant de le connaître ?

Dans la région de Césarée de Philippe le Christ était hors d'atteinte d'Hérode et de Caïphe : tel était le raisonnement des disciples. Il n'avait rien à craindre de la haine des Juifs ou du pouvoir romain. Pourquoi ne pas travailler là, loin des pharisiens ? Pourquoi se serait-il livré à la mort ? S'il devait mourir, comment son royaume pourrait-il être si fermement établi que les portes de l'enfer ne pussent prévaloir contre lui ? C'était là pour les disciples un vrai mystère.

Ils étaient en route sur les bords de la mer de Galilée, se dirigeant vers la ville où toutes leurs espérances allaient être anéanties. Ils n'osaient pas adresser au Christ des remontrances ; ils s'entretenaient tristement à voix basse, au sujet de l'avenir. Malgré tout, ils se cramponnaient à l'espoir qu'une circonstance imprévue écarterait le malheur qui semblait menacer leur Seigneur. Pendant six longs jours lugubres, ils restèrent dans cet état de douleur et de doute, d'espérance et de crainte.

---

[1] Ce chapitre est basé sur Matthieu 16.13-28 ; Marc 8.27-38 ; Luc 9.18-27. [2] Psaume 40.7-9. [3] 2 Corinthiens 4.18. [4] Job 11.8. [5] 1 Corinthiens 2.9, 10. [6] Psaume 25.14 ; Jean 6.45. [7] Deutéronome 32.4 ; Psaume 62.8 ; Esaïe 28.16. [8] 1 Pierre 2.3-5. [9] 1 Corinthiens 3.11. [10] Matthieu 23.8, 10. [11] 1 Corinthiens 11.3 ; Ephésiens 1.22, 23. [12] Jérémie 17.5 ; Deutéronome 32.4 ; Psaume 2.12. [13] Jean 3.14, 15. [14] 1 Pierre 4.12, 13.

CHAPITRE 46

Il fut transfiguré

LE SOIR approchait lorsque Jésus appela à lui trois de ses disciples, Pierre, Jacques et Jean, et les conduisit à travers champs, par un sentier escarpé, sur le versant solitaire d'une montagne. Le Sauveur et ses disciples avaient passé la journée en enseignant au cours du voyage, et l'ascension ajoutait maintenant à leur état de fatigue. Le Christ venait de soulager bien des personnes accablées par des fardeaux moraux et physiques et de communiquer le tressaillement de la vie à leurs corps affaiblis. Mais revêtu de notre humanité, il partageait la fatigue des disciples.

La lumière du soleil couchant s'attardait encore sur le sommet de la montagne, éclairant de ses rayons mourants le sentier qu'ils suivaient. Mais, peu à peu, la lumière quitta la colline comme elle avait quitté la vallée, le soleil disparut à l'horizon et les voyageurs solitaires se trouvèrent enveloppés dans les ténèbres de la nuit. Le sombre décor s'harmonisait avec la tristesse de leurs sentiments.

Les disciples n'osent pas demander au Christ où il va et quel est son dessein. Souvent il a passé des nuits entières en prière sur les montagnes. Celui qui a façonné les montagnes et les vallées se trouve à l'aise au sein de la nature et il jouit de son calme. Les disciples suivent les pas du Christ, se demandant toutefois pourquoi le Maître leur impose cette montée pénible alors qu'ils sont fatigués et que, lui aussi, a besoin de repos.

Enfin le Christ leur dit de ne pas aller plus loin. S'étant écarté quelque peu, l'Homme de douleur répand ses supplications avec de grands cris et des larmes. Il demande la force de supporter l'épreuve en faveur de l'humanité. Il sent le besoin de saisir à nouveau la Toute-Puissance, seul moyen lui permettant de regarder l'avenir. Il exprime aussi ses désirs en faveur de ses disciples, demandant que leur foi ne défaille point à l'heure de la puissance des ténèbres. La rosée tombe en abondance sur son corps courbé, mais il n'y prend pas garde. Les ombres de la nuit se font plus denses autour de lui, il n'en voit pas l'épaisseur. Les heures s'écoulent lentement. Les disciples ont joint d'abord avec une dévotion sincère leurs prières aux siennes ; mais ils sont bientôt gagnés par la lassitude et, malgré leurs efforts, ils succombent au sommeil. Jésus leur a parlé de ses souffrances ; il les a amenés avec lui pour les associer à ses prières ; en ce moment même il prie pour eux. Le Sauveur a vu la tristesse de ses disciples, et il désire soulager leur douleur en leur donnant l'assurance que leur foi n'a pas été vaine. Les douze eux-mêmes ne sont pas tous en état de recevoir la révélation qu'il désire leur communiquer. Trois seulement, qui devront être témoins de ses angoisses en Gethsémané, ont été choisis pour l'accompagner sur la montagne. L'objet actuel de la requête du Christ c'est qu'il leur soit accordé une manifestation de la gloire qu'il avait auprès du Père, avant que le monde fût, que son royaume soit révélé à des yeux humains et que ses disciples soient affermis par cette vue. Il demande qu'ils puissent assister à une manifestation de sa divinité qui les soutiendra à l'heure de son agonie suprême en leur apportant la certitude qu'il est le Fils de Dieu et que sa mort ignominieuse fait partie du plan de la rédemption.

Sa prière est entendue. Tandis qu'il est agenouillé seul sur le sol rocailleux, les cieux tout à coup s'entrouvrent sur les portes d'or de la cité de Dieu ; une sainte splendeur enveloppe la montagne, illuminant le Sauveur. De l'intérieur, la divinité éclate à travers l'humanité et rejoint la gloire qui vient d'en haut. Le Christ prosterné se dresse soudain dans une majesté divine. L'agonie de son âme a cessé. Son visage resplendit maintenant comme le soleil et ses vêtements ont la blancheur de la lumière. [1]

Les disciples sont réveillés et contemplent la gloire inondant la montagne. Saisis de crainte et d'étonnement, ils admirent la forme lumineuse de leur Maître. Quand leurs yeux se sont habitués à cette lumière surnaturelle, ils s'aperçoivent que Jésus n'est pas seul. Deux êtres célestes se trouvent là, s'entretenant d'une manière intime avec lui. C'est Moïse, qui autrefois parla avec Dieu au Sinaï ; et c'est Elie, qui eut le privilège, presque unique, de ne pas passer par la mort.

Quinze siècles auparavant, sur le mont Pisga, Moïse avait contemplé le pays de la promesse. A cause du péché commis à Mériba, il ne lui fut pas donné d'y entrer. Il ne devait pas avoir la joie de conduire l'armée d'Israël dans l'héritage de ses pères. Son ardente supplication : « Permets-moi, je te prie, de passer et de voir ce bon pays qui est au-delà du Jourdain, cette belle montagne et le Liban [2] », se heurta à un refus. Ainsi fut déçue l'espérance qui, pendant quarante ans, avait illuminé les ténèbres du pèlerinage au désert. Un sépulcre dans le désert fut l'aboutissement de ces années de peines et de sollicitudes. Mais « celui qui, par la puissance qui agit en nous, peut faire infiniment au-delà de tout ce que nous demandons ou pensons [3] » avait répondu, dans une certaine mesure, à la prière de son serviteur. Quoique Moïse ait souffert la mort, il ne resta pas dans le tombeau. Le Christ lui-même le rappela à la vie. Satan, le tentateur, avait réclamé le corps de Moïse en se prévalant de son péché ; mais Christ, le Sauveur, le fit sortir du sépulcre [4].

Moïse paraissait maintenant sur la montagne de la transfiguration comme un témoin de la victoire remportée par le Christ sur le péché et sur la mort. Il se tenait là comme le représentant de ceux qui sortiront du sépulcre, lors de la résurrection des justes. Elie, qui avait été transporté au ciel sans voir la mort, y préfigurait ceux qui seront trouvés vivants sur la terre lors de la seconde venue du Christ, et qui seront « changés, en un instant, en un clin d'œil, à la dernière trompette », quand « ce corps corruptible » revêtira « l'incorruptibilité », et quand « ce corps mortel » revêtira « l'immortalité [5] ». Jésus était revêtu de la lumière céleste, tel qu'il apparaîtra « une seconde fois », non plus pour ôter le péché, mais pour donner le salut à « ceux qui l'attendent ». Car « il viendra dans la gloire de son Père avec les saints anges [6] ». Ainsi s'accomplissait la promesse du Sauveur aux disciples. Le futur royaume de gloire fut montré en miniature sur la montagne : Christ le Roi, Moïse le représentant des saints ressuscités, Elie celui des saints transformés.

Les disciples ne comprennent pas encore le tableau ; ils sont pourtant heureux de voir que leur Maître, si patient, si doux et si humble, qui a erré çà et là comme un pauvre étranger, est honoré par les élus du ciel. Ils pensent qu'Elie est venu pour annoncer le règne du Messie, et que le royaume du Christ va être établi sur la terre. Ils sont prêts à bannir, pour toujours, le souvenir de leur crainte et de leur déception. Ils désirent rester là où la gloire de Dieu se manifesta. Pierre s'écrie : « Seigneur, il est bon que nous soyons ici ; si tu le veux, je dresserai ici trois tentes, une pour toi, une pour Moïse et une pour Elie. » Les disciples s'imaginent que Moïse et Elie ont été envoyés pour protéger leur Maître et pour établir son autorité royale.

Cependant la croix doit précéder la couronne. Ce n'est pas le couronnement du Christ, c'est sa mort prochaine, à Jérusalem, qui est le sujet de leur entretien avec Jésus. Dans la faiblesse de l'humanité, portant le fardeau de la douleur et du péché, Jésus avait marché seul parmi les hommes. Voyant approcher les ténèbres de l'épreuve, il éprouvait une grande solitude dans un monde qui ne le connaissait pas. Même ses disciples bien-aimés, absorbés par leurs doutes, leurs douleurs et leurs ambitions, n'avaient pas compris le mystère de sa mission. Après avoir vécu dans l'amour et dans la communion du ciel, il se trouvait isolé au sein du monde qu'il avait créé. Maintenant le ciel avait envoyé à Jésus ses messagers ; non pas des anges, mais des hommes ayant enduré la souffrance et l'affliction, capables, par conséquent, de sympathiser avec le Sauveur dans l'épreuve de sa vie terrestre. Moïse et Elie avaient été les collaborateurs du Christ. Ils avaient partagé son désir de travailler au salut des hommes. Moïse avait intercédé ainsi en faveur d'Israël : « Pardonne cependant leur péché ; sinon, efface-moi du livre que tu as écrit [7]. » Elie avait connu lui aussi la solitude morale, alors que pendant trois ans et demi de famine, objet de la haine de sa nation, il avait partagé son malheur. Il s'était tenu seul, pour Dieu, sur le mont Carmel. Seul, angoissé, désespéré, il s'était enfui au désert. Ces hommes, choisis de préférence aux anges qui entourent le trône, s'entretenaient avec Jésus au sujet de ses souffrances, et le réconfortaient en lui donnant l'assurance que les sympathies du ciel lui étaient acquises. L'espérance du monde, le salut de tout être humain : tel était l'objet de leur entretien.

Pour s'être laissé gagner par le sommeil, les disciples n'entendirent qu'une faible partie des paroles échangées entre le Christ et les messagers célestes. Pour avoir négligé de veiller et de prier, ils ne purent recueillir ce que Dieu s'était proposé de leur accorder : la connaissance des souffrances du Christ et des gloires qui devaient les suivre. Ils perdirent la bénédiction dont ils auraient pu jouir en participant à son renoncement. Combien ces disciples étaient lents à croire, combien peu ils appréciaient le trésor dont le ciel voulait les enrichir !

Néanmoins, ils reçurent une grande lumière. Ils apprirent que le ciel tout entier avait pris connaissance du péché commis par la nation juive en rejetant le Christ. Ils purent pénétrer plus profondément dans l'œuvre du Rédempteur. Leurs yeux distinguèrent et leurs oreilles perçurent des choses qui dépassent la compréhension humaine. Ils virent sa majesté de leurs propres yeux [8], et ils furent assurés que Jésus était vraiment le Messie reconnu par l'univers céleste et à qui patriarches et prophètes avaient rendu témoignage.

Alors qu'ils considéraient encore la scène se déroulant sur la montagne, « une nuée lumineuse les couvrit. Et voici, de la nuée sortit une voix qui disait : Celui-ci est mon Fils bien-aimé, objet de mon affection. Ecoutez-le. » Ayant contemplé la nuée de gloire, plus lumineuse que celle qui précédait les tribus d'Israël au désert ; ayant ouï la voix de Dieu d'une majesté si redoutable qu'elle faisait trembler la montagne, les disciples tombèrent le visage contre terre. Ils restèrent ainsi prosternés, le visage couvert, jusqu'à ce que Jésus s'approchât, les touchât, dissipant leurs craintes de sa voix bien connue : « Levez-vous, soyez sans crainte. » Ils osèrent alors lever les yeux, et virent que la gloire céleste s'était évanouie. Moïse et Elie avaient disparu. Ils se trouvaient sur la montagne, seuls avec Jésus.

---

[1] Ce chapitre est basé sur Matthieu 17.1-8 ; Marc 9.2-8 ; Luc 9.28-36. [2] Deutéronome 3.25. [3] Ephésiens 3.20. Marc 8.38. [4] Jude 9. [5] 1 Corinthiens 15.51-53. [6] Hébreux 9.28 ; [7] Exode 32.32. [8] 2 Pierre 1.16.

Chapitre 47

Ministère

Jésus et ses compagnons avaient passé toute la nuit sur la montagne ; au lever du soleil, ils redescendirent vers la plaine [1]. Absorbés par leurs pensées, les disciples restaient craintifs et silencieux. Pierre lui-même ne trouvait rien à dire. Ils seraient demeurés volontiers en ce lieu sanctifié par le contact de la lumière céleste, et où le Fils de Dieu avait manifesté sa gloire ; mais une œuvre restait à accomplir auprès du peuple qui, déjà, recherchait Jésus de tous côtés.

Une foule s'était rassemblée au pied de la montagne, conduite par les disciples qui, restés en arrière, connaissaient la retraite de Jésus. Au moment d'arriver, le Sauveur recommanda à ses trois disciples de garder le silence sur ce qu'ils avaient vu. « Ne parlez à personne de cette vision, leur dit-il, jusqu'à ce que le Fils de l'homme soit ressuscité des morts. » Les disciples devaient méditer, en leur cœur, la révélation qui leur avait été donnée, mais non la publier. En l'exposant aux foules, ils n'auraient suscité que le ridicule ou une vaine curiosité. Les neuf autres disciples eux-mêmes ne comprendraient cette scène qu'après la résurrection du Christ d'entre les morts. D'ailleurs les trois privilégiés étaient aussi bien lents à saisir, car, malgré tout ce que le Christ leur avait appris au sujet de ce qui l'attendait, ils s'interrogeaient les uns les autres sur ce que signifiait : ressusciter d'entre les morts. Pourtant ils ne demandèrent pas d'explication à Jésus. Les paroles qu'il leur avait dites concernant l'avenir les avaient remplis de tristesse ; ils ne cherchèrent aucune révélation ultérieure touchant ce qu'ils considéraient comme impossible.

Dès qu'ils aperçurent Jésus, les gens qui se trouvaient dans la plaine coururent au-devant de lui, l'accueillant avec respect et avec joie. Son œil pénétrant vit tout de suite leur grande perplexité. Les disciples paraissaient troublés ; un fait venait de se produire provoquant chez eux un amer désappointement et une profonde humiliation.

Pendant qu'ils demeuraient au pied de la montagne, un homme leur avait amené son fils pour qu'il fût délivré d'un esprit muet qui le tourmentait. Jésus, lorsqu'il envoya les douze prêcher en Galilée, leur avait conféré le pouvoir de chasser les esprits impurs ; les disciples, partis avec une foi ferme, se firent obéir des mauvais esprits. Cette fois-ci, bien qu'ils eussent commandé à l'esprit tourmenteur, au nom du Christ, de lâcher sa victime, le démon se moqua d'eux, en leur donnant une nouvelle manifestation de sa puissance. Incapables d'expliquer leur défaite, ils se crurent déshonorés, et le Christ avec eux. Des scribes, présents dans la foule, profitèrent de l'occasion pour les humilier ; les ayant entourés, ils les pressaient de questions, cherchant à les convaincre d'imposture, eux et leur Maître. Voilà un mauvais esprit, disaient triomphalement les rabbins, que ni les disciples ni le Christ ne pouvaient assujettir. Les gens étaient enclins à prendre parti pour les scribes, et la foule éprouva bientôt des sentiments de mépris et de dérision.

Mais soudain les accusations cessèrent. On vit approcher Jésus avec ses trois disciples, et la foule, toujours mobile dans ses impressions, s'empressa au-devant d'eux. La nuit, passée en communion avec la gloire céleste, avait laissé des traces sur le Sauveur et sur ses compagnons. De leurs visages émanait une lumière qui inspirait de la crainte aux assistants. Les scribes se retirèrent tremblants, tandis que la foule souhaitait la bienvenue à Jésus.

Comme s'il avait été témoin de tout ce qui venait de se passer, le Sauveur s'avança sur le terrain du combat et, les yeux fixés sur les scribes, demanda : « Sur quoi discutez-vous avec eux ? »

Elles étaient maintenant silencieuses les voix qui, tout à l'heure, s'élevaient hardiment sur un ton de défi. Tout le monde gardait le silence. Le père affligé se fraya alors un chemin à travers la foule et, tombant aux pieds de Jésus, il raconta ses difficultés et son désappointement.

« Maître, dit-il, j'ai amené auprès de toi mon fils, en qui se trouve un esprit muet. En quelque lieu qu'il le saisisse, il le jette par terre. ... J'ai prié tes disciples de chasser l'esprit, et ils n'en ont pas été capables. »

Jésus jeta un regard sur la foule intimidée, sur les scribes ergoteurs, sur les disciples angoissés. Il vit l'incrédulité dans tous les cœurs, et s'écria, d'une voix pleine de tristesse : « Race incrédule, jusques à quand serai-je avec vous ? Jusques à quand vous supporterai-je ? » Puis il ajouta, se tournant vers le père en détresse : « Amenez-le moi. »

Le jeune homme lui fut amené et, quand les yeux du Sauveur se posèrent sur lui, le mauvais esprit le jeta à terre, dans d'affreuses convulsions. Il se roulait en écumant et déchirait l'air de cris qui n'avaient rien d'humain.

Une fois de plus le Prince de la vie et le prince de la puissance des ténèbres s'étaient rencontrés sur le champ de bataille – le Christ pour accomplir sa mission consistant à « proclamer aux captifs la délivrance, ... pour renvoyer libres les opprimés [2] », Satan pour retenir la victime en son pouvoir. Des anges de lumière ainsi qu'une armée de mauvais anges, s'approchaient, invisibles, pour assister à la lutte. Jésus permit que le mauvais esprit manifestât un instant sa puissance, afin que les personnes présentes pussent comprendre la délivrance qui allait se produire.

La foule, retenant son souffle, regardait. Le cœur du père était partagé entre l'espérance et la crainte. Jésus demanda : « Combien y a-t-il de temps que cela lui arrive ? » Le père raconta les longues années de souffrances, puis, comme n'y pouvant tenir plus longtemps, il supplia : « Si tu peux quelque chose, viens à notre secours, aie compassion de nous. » « Si tu peux... » Encore, à ce moment, le père doutait de la puissance du Christ.

Jésus répondit : « Tout est possible à celui qui croit. » Pour ce qui est du Christ, la puissance ne lui fait pas défaut ; la guérison dépend de la foi du père. Dans un flot de larmes, avec le sentiment de sa faiblesse, le père implore la miséricorde du Christ par ce cri : « Je crois ! viens au secours de mon incrédulité ! »

Jésus, se tournant vers l'être souffrant, lui dit : « Esprit muet et sourd, je te le commande, sors de cet enfant et n'y rentre plus. » Il y a un cri, une lutte violente. En s'échappant, le démon paraît vouloir arracher la vie à sa victime. Puis l'enfant reste immobile, anéanti. On murmure parmi la foule : « Il est mort. » Mais Jésus, l'ayant pris par la main, le relève et le présente, en parfaite santé de corps et d'esprit, à son père. Le père et le fils célèbrent les louanges de leur Libérateur. La foule est frappée « de la grandeur de Dieu », tandis que les scribes, défaits et penauds, s'en vont avec un visage renfrogné.

« Si tu peux quelque chose, viens à notre secours, aie compassion de nous. » Combien d'âmes, écrasées par le fardeau du péché, ont répété cette prière ! A tous le Sauveur répond plein de pitié : « Tout est possible à celui qui croit. » C'est la foi qui nous met en rapport avec le ciel et nous apporte la force nécessaire pour résister aux puissances des ténèbres. Par Christ, Dieu nous offre le moyen de vaincre tout péché et de résister aux plus fortes tentations. Mais beaucoup sentent qu'il leur manque la foi, et ils se tiennent à distance du Christ. Qu'elles s'abandonnent à la grâce d'un Sauveur miséricordieux, ces âmes vaincues par le sentiment de leur indignité ! Qu'elles regardent, non pas à elles-mêmes, mais au Christ ! Celui qui, alors qu'il cheminait parmi les hommes, guérissait les malades et chassait les démons, est encore aujourd'hui le même puissant Rédempteur. La foi procède de la Parole de Dieu. Saisissez donc cette promesse de lui : « Je ne jetterai point dehors celui qui vient à moi [3]. » Jetez-vous à ses pieds en criant : « Je crois ! viens au secours de mon incrédulité ! » Vous ne périrez jamais aussi longtemps que vous faites cela: jamais.

Dans un court espace de temps les disciples favorisés avaient vu le comble de la gloire et de l'humiliation: l'humanité transfigurée à l'image de Dieu, puis avilie à la ressemblance de Satan. Ce Jésus qui, sur la montagne, s'entretint avec des messagers célestes, et que la voix, sortant de la gloire resplendissante, proclama Fils de Dieu, ils l'ont vu descendre au-devant du spectacle le plus angoissant et le plus révoltant : un enfant au visage décomposé, grinçant des dents, en proie à une folie furieuse, brisé par des spasmes d'agonie qu'aucune puissance humaine ne pouvait soulager. Ce puissant Rédempteur, qui, il y a quelques heures seulement, apparaissait glorifié aux yeux de ses disciples émerveillés, s'abaisse pour relever une victime de Satan qui se roule à terre, et la rend saine de corps et d'esprit à son père et à son foyer.

Cette parabole en action était destinée à illustrer la rédemption : l'être divin procédant de la gloire du Père qui s'abaisse pour sauver ce qui est perdu. Elle devait servir aussi à faire comprendre la mission des disciples. Les serviteurs du Christ ne sont pas appelés à passer uniquement leur vie dans l'extase spirituelle avec Jésus, sur le sommet de la montagne. Une œuvre est à faire, en bas. Des âmes esclaves de Satan attendent la parole de foi et de prière qui les rendra à la liberté.

Les neuf disciples réfléchissaient encore, avec amertume, sur leur propre défaite ; lorsque Jésus se retrouva seul avec eux, ils lui demandèrent : « Pourquoi n'avons-nous pu chasser ce démon ? » Jésus répondit : « C'est à cause de votre peu de foi. En vérité je vous le dis, si vous avez de la foi comme un grain de moutarde, vous pourrez dire à cette montagne : Transporte-toi d'ici là, et elle se transportera ; rien ne vous sera impossible. Mais cette espèce-là ne sort que par la prière et par le jeûne. » L'incrédulité, qui les empêchait de comprendre mieux le Christ, et la négligence apportée dans l'accomplissement de l'œuvre sacrée qui leur avait été confiée : voilà les causes de leur échec dans la lutte contre les puissances des ténèbres.

Les paroles par lesquelles le Christ leur avait annoncé sa mort les avaient plongés dans la tristesse et le doute. Ensuite le choix des trois disciples qui devaient accompagner Jésus sur la montagne avait provoqué l'envie des neuf autres. Au lieu d'affermir leur foi par la prière et la méditation des paroles du Christ, ils s'étaient arrêtés à leurs sujets de découragement et à leurs griefs personnels. C'est dans cet état de ténèbres qu'ils avaient engagé la lutte avec Satan.

Ils devaient se mettre à l'œuvre dans un autre état d'esprit s'ils voulaient réussir. Leur foi avait besoin d'être affermie par de ferventes prières, accompagnées de jeûnes, et par l'humiliation du cœur. Il fallait qu'ils fussent vidés d'eux-mêmes et remplis de l'Esprit, et de la puissance de Dieu. Ce n'est qu'en suppliant Dieu avec ferveur, avec persévérance, avec foi – une foi aboutissant à une entière dépendance à l'égard de Dieu, à une consécration absolue à son service –, que les hommes peuvent obtenir le secours du Saint-Esprit pour lutter contre les principautés et les puissances, les dominateurs des ténèbres d'ici-bas, contre les esprits du mal dans les lieux célestes.

« Si vous avez de la foi comme un grain de moutarde, dit Jésus, vous pourrez dire à cette montagne: Transporte-toi d'ici là, et elle se transportera. » Bien que très petit, le grain de moutarde contient le même principe de vie mystérieux qui produit les plus grands arbres. Quand la semence de la moutarde est enfouie sous le sol, le tout petit germe s'empare de tous les éléments que Dieu a préparés pour lui servir de nourriture et il ne tarde pas à prendre un développement considérable. Si vous avez cette foi-là, vous vous cramponnerez à la Parole de Dieu et vous utiliserez tous les moyens que Dieu a mis à votre disposition. Votre foi, affermie, vous assurera le secours de la puissance céleste. Les obstacles que Satan accumule sur votre sentier, et qui paraissent aussi insurmontables que les montagnes éternelles, disparaîtront à la requête de votre foi. « Rien ne vous sera impossible. »

[1] Ce chapitre est basé sur Matthieu 17.9-21 ; Marc 9.9-29 ; Luc 9.37-45. [2] Luc 4.18. [3] Jean 6.37.

Chapitre 48

Qui est le plus grand ?

DE RETOUR à Capernaüm, Jésus ne réintégra pas les lieux où il avait enseigné le public, mais avec ses disciples il chercha un refuge dans la maison qui allait être son domicile temporaire. Pendant le temps qui lui restait à passer en Galilée il voulait se consacrer à l'instruction de ses disciples plutôt que de travailler au milieu des foules [1].

En route vers la Galilée, le Christ s'était efforcé à nouveau de préparer l'esprit des disciples en vue des événements qui allaient se dérouler. Il leur fit savoir qu'il montait à Jérusalem pour y être mis à mort et ressusciter. Il ajouta une sombre prédiction : il allait être trahi et livré à ses ennemis. Une fois de plus, les disciples ne le comprirent pas. Bien qu'assombris par une profonde douleur, un esprit de rivalité se faisait encore jour dans leurs cœurs. Ils se disputaient pour savoir lequel d'entre eux aurait la première place dans le royaume. Soucieux de cacher à Jésus leur querelle, au lieu de se tenir tout près de lui comme de coutume, ils musaient en arrière, si bien qu'il les devança à l'entrée de Capernaüm. Jésus, qui lisait leurs pensées, désirait leur prodiguer ses conseils et ses instructions. Mais il préféra attendre un moment paisible où leurs cœurs fussent ouverts pour recevoir ses paroles.

Ils avaient pénétré depuis peu dans la ville quand le percepteur des impôts du temple s'approcha de Pierre avec cette question : « Votre maître ne paye-t-il pas les deux drachmes ? » Ce tribut n'était pas une taxe civile, mais une contribution religieuse que chaque Juif devait payer une fois par an pour l'entretien du temple. Refuser de payer ce tribut, c'était s'exposer à être considéré comme déloyal à l'égard du temple – ce que les rabbins jugeaient très sévèrement. L'attitude que le Sauveur avait prise à l'égard des lois rabbiniques et les violents reproches adressés aux défenseurs de la tradition fournissaient un prétexte à ceux qui l'accusaient de vouloir renverser le service du temple. Ses ennemis apercevaient enfin l'occasion de le discréditer. Ils trouvèrent un allié empressé dans le percepteur d'impôts.

La question du percepteur donnait à entendre que le Christ manquait de loyauté à l'égard du temple ; Pierre ne resta pas indifférent: plein de zèle pour l'honneur de son Maître, il se hâta de répondre, sans consultation préalable avec Jésus, que le tribut serait payé.

Pierre, cependant, ne comprenait pas parfaitement l'intention de l'interrogateur. Certaines catégories de personnes étaient exemptées du paiement de ce tribut. Lorsque, au temps de Moïse, les Lévites avaient été mis à part pour le service du sanctuaire, ils n'avaient pas reçu un héritage comme les autres tribus. « Lévi n'a reçu ni part ni héritage avec ses frères ; c'est l'Eternel qui est son héritage [2]. » Au temps du Christ les prêtres et les Lévites, toujours considérés comme affectés au service du temple, n'étaient pas tenus de payer cette contribution annuelle. Les prophètes étaient aussi exempts de ce paiement. Exiger ce tribut de Jésus, c'était ne tenir aucun compte de ses droits de prophète et de docteur et le traiter comme une personne ordinaire. S'il refusait de payer le tribut il passait pour déloyal à l'égard du temple ; en revanche, s'il le payait, il paraissait donner raison à ceux qui lui déniaient le titre de prophète.

Peu de temps auparavant, Pierre avait reconnu Jésus comme le Fils de Dieu ; maintenant il manquait l'occasion de mettre en lumière le caractère de son Maître. Sa réponse au percepteur – Jésus paierait l'impôt – paraissait confirmer l'idée que prêtres et chefs s'efforçaient de propager au sujet de Jésus.

Sans faire la moindre allusion à ce qui venait de se passer, Jésus demanda à Pierre, après qu'il le vit entré dans la maison : « Qu'en penses-tu, Simon ? Les rois de la terre, de qui perçoivent-ils des tributs ou un impôt : de leurs fils ou des étrangers ? » Pierre répondit : « Des étrangers. » Jésus dit alors : « Les fils en sont donc exempts. » Les habitants d'un pays sont taxés pour l'entretien de leur roi, mais les enfants du monarque sont exempts. Israël, qui faisait profession d'être le peuple de Dieu, était tenu de pourvoir à son service ; Jésus, le Fils de Dieu, n'était pas soumis à cette obligation. Si les prêtres et les Lévites étaient exemptés en raison de leur rapport avec le temple, combien plus lui, pour qui le temple était la maison de son Père.

Si Jésus avait payé le tribut sans une protestation, il eût virtuellement reconnu le bien-fondé de cette réclamation et infligé un démenti à sa divinité. Mais tout en jugeant pouvoir consentir à la demande, il lui déniait toute légitimité. En pourvoyant au paiement du tribut il donna une preuve de son divin caractère. Il montrait qu'il était un avec le Père et par conséquent dispensé de l'impôt auquel étaient soumis tous les sujets du royaume.

« Va à la mer, dit-il à Pierre, jette l'hameçon et tire le premier poisson qui viendra ; ouvre-lui la bouche et tu trouveras un statère. Prends-le et donne-le leur pour moi et pour toi. »

Bien que sa divinité eût revêtu l'humanité, ce miracle manifesta sa gloire. De toute évidence, il était celui qui avait déclaré par l'intermédiaire de David : « C'est à moi qu'appartiennent tous les animaux des forêts, ainsi que les bêtes des montagnes, par milliers. Je connais tous les oiseaux des montagnes et tout ce qui se meut dans les champs m'appartient. Si j'avais faim, je ne t'en dirais rien car à moi est le monde et tout ce qu'il renferme [3]. »

Tout en déclarant sans ambiguïté qu'il ne se sentait nullement obligé de payer le tribut, Jésus ne voulut pas discuter avec les Juifs à ce sujet ; il savait qu'ils auraient interprété à faux ses paroles et s'en seraient servi pour l'accuser. Pour éviter un scandale, il consentit à faire ce que l'on n'était pas en droit d'exiger de lui. Cette leçon allait être précieuse pour les disciples. Bientôt leurs rapports avec le service du temple allaient subir un changement ; en attendant, le Christ leur conseillait de ne pas se mettre sans nécessité en opposition avec l'ordre établi. Autant que possible ils devaient éviter de fournir l'occasion de présenter leur foi sous un faux jour. Sans sacrifier un seul principe de la vérité, les chrétiens doivent éviter la controverse autant que possible.

Pendant que Pierre s'était rendu au bord de la mer, seul dans la maison avec les autres disciples, le Christ les interrogea : « De quoi discutiez-vous en chemin ? » La présence de Jésus et sa question leur fit voir les choses sous un jour tout nouveau. Honteux, se sentant condamnés, ils gardèrent le silence. Jésus leur avait dit qu'il allait mourir pour eux ; leur ambition égoïste faisait un contraste douloureux avec son amour désintéressé.

En leur annonçant sa mise à mort et sa résurrection, Jésus s'efforçait d'amener la conversation des disciples sur la grande épreuve qui les attendait. S'ils s'étaient montrés capables de recevoir ce qu'il avait à leur dire, ils se seraient évité bien des amères angoisses qui allaient les amener à la limite du désespoir. Il leur eût adressé des paroles susceptibles de les consoler à l'heure de la privation et du désappointement. Malgré ce qu'il leur avait dit touchant le sort qui lui était destiné, dès qu'il leur eut fait savoir qu'il était sur le point de monter à Jérusalem, ils se reprirent à espérer que le royaume serait bientôt établi. C'est ce qui les avait poussés à se disputer pour savoir qui occuperait les premières places. Pierre étant revenu de la mer, les disciples lui firent part de la question du Sauveur et l'un d'eux s'aventura finalement à demander à Jésus : « Qui donc est le plus grand dans le royaume des cieux ? »

Le Sauveur appela les disciples auprès de lui et leur dit : « Si quelqu'un veut être le premier, qu'il soit le dernier de tous et le serviteur de tous. » Ces mots furent prononcés sur un ton solennel et impressionnant, mais les disciples n'étaient pas à même de comprendre. Ils ne pouvaient voir ce que le Christ discernait. Leur ignorance et leur inintelligence quant à la nature du royaume du Christ étaient la cause apparente de leur dispute. Mais en réalité il y avait une cause plus profonde. Par un exposé sur la nature du royaume, Jésus aurait pu éteindre momentanément leur querelle ; mais la cause profonde aurait subsisté. Même s'ils eussent été parfaitement instruits, une question de préséance eût suffi pour ranimer leur dispute. Il s'en serait suivi un désastre pour l'Eglise après le départ du Christ. La lutte pour la première place provenait du même esprit qui avait provoqué le grand conflit au commencement dans le monde supérieur et rendu nécessaires la venue du Christ sur la terre et sa mort. Une vision s'offrit alors au regard de Jésus. Il vit Lucifer, le « fils de l'aurore », nanti d'une gloire qui surpassait celle de tous les anges entourant le trône, uni au Fils de Dieu par le lien le plus intime. Lucifer avait dit : « Je serai semblable au Très-Haut [4]. » Ce désir de gloire avait provoqué un conflit dans les parvis célestes et avait causé le bannissement, d'une foule d'anges appartenant à l'armée divine. Si Lucifer avait réellement désiré être semblable au Très-Haut, il n'aurait jamais quitté la place qui lui était réservée dans le ciel ; car l'esprit du Très-Haut se manifeste par un ministère désintéressé. Lucifer convoitait la puissance de Dieu, mais non son caractère. Il recherchait la première place pour lui-même ; quiconque est animé de son esprit agira de même. Il en résultera la haine, la discorde, la guerre. Le règne appartient au plus fort. Le royaume de Satan est celui de la force ; chaque individu regarde son voisin comme un obstacle à son avancement, ou un tremplin pour s'élever plus haut.

Tandis que Lucifer considérait comme un bien à ravir d'être égal à Dieu, le Christ, souverainement élevé, « s'est dépouillé lui-même, en prenant la condition d'esclave, en devenant semblable aux hommes ; après s'être trouvé dans la situation d'un homme, il s'est abaissé lui-même en devenant obéissant jusqu'à la mort, la mort de la croix [5] ». Maintenant la croix se dressait devant lui ; or ses propres disciples étaient tellement imbus d'égoïsme – le principe qui est à la base du royaume de Satan – qu'ils ne pouvaient sympathiser avec leur Seigneur ni même le comprendre quand il leur parlait des humiliations qu'il allait subir pour eux.

Avec beaucoup de tendresse, mais non sans solennité, Jésus s'efforça d'enrayer le mal. Il montra quel est le principe qui gouverne le royaume des cieux, en quoi consiste la vraie grandeur, selon l'étalon en usage dans les cours célestes. Ceux qu'animaient l'orgueil et le désir de se distinguer étaient préoccupés de leurs propres intérêts, des récompenses escomptées, plutôt que de manifester leur reconnaissance envers Dieu pour ses bienfaits. Aucune place pour eux dans le royaume des cieux puisqu'ils combattaient dans les rangs de Satan.

L'humilité précède la gloire. Pour occuper une place élevée aux yeux des hommes, le ciel choisit l'ouvrier qui, comme Jean-Baptiste, prend une place humble devant Dieu. Le disciple qui ressemble davantage à un enfant est l'ouvrier le mieux qualifié pour l'œuvre de Dieu. Les intelligences célestes sont prêtes à coopérer avec celui qui cherche à sauver les âmes et non à s'élever au-dessus des autres. Quiconque ressent profondément le besoin de l'aide divine priera en vue de l'obtenir ; le Saint-Esprit lui donnera sur Jésus des lueurs qui fortifieront et ennobliront son âme. En pleine communion avec le Christ, il s'en ira travailler pour ceux qui périssent dans leurs péchés. Oint en vue de sa mission, il réussira là où d'autres, plus intelligents, mieux doués, ont échoué.

Quand des hommes s'enflent d'orgueil, s'imaginant être indispensables au succès du grand plan divin, le Seigneur les fait mettre de côté. Il montre ainsi qu'il ne compte pas sur eux. Loin d'être arrêtée par leur départ, l'œuvre avance avec plus de puissance.

Il ne suffisait pas aux disciples d'être instruits concernant la nature du royaume. Il leur fallait un changement du cœur qui les mît en accord avec ses principes. Appelant à lui un petit enfant, Jésus le plaça au milieu d'eux et le pressant tendrement dans ses bras il dit : « Si vous ne changez et si vous ne devenez comme les petits enfants, vous n'entrerez point dans le royaume des cieux. » La simplicité, l'oubli de soi-même, l'amour confiant d'un petit enfant : telles sont les qualités que le ciel apprécie. Elles constituent la vraie grandeur.

Jésus montra encore à ses disciples que son royaume ne se distingue pas par les grandeurs humaines et le faste. Aux pieds de Jésus on ne tarde pas à oublier toutes ces choses. Riches et pauvres, savants et ignorants communient ensemble sans aucune préoccupation de caste ou de primauté. Tous se réunissent en tant qu'âmes rachetées par le sang, également conscientes de leur dépendance de celui qui les a rachetés pour Dieu.

Elle a du prix, aux yeux de Dieu, l'âme sincère, animée d'un esprit de contrition. Sans tenir compte du rang social, de la richesse, du degré d'intelligence, il appose son sceau sur les hommes devenus un avec Christ. Le Seigneur de gloire agrée ceux qui sont doux et humbles de cœur. « Tu me donnes pour bouclier ton puissant secours, dit David,... et ta bonté », – devenue un élément du caractère humain – « me rend fort [6] ».

« Quiconque reçoit en mon nom un de ces petits enfants, dit Jésus, me reçoit moi-même ; et quiconque me reçoit, ne me reçoit pas moi-même, mais celui qui m'a envoyé. » « Ainsi parle l'Eternel : Le ciel est mon trône et la terre est mon marchepied.... Voici celui sur lequel j'abaisse mes regards ; c'est celui qui est humble, qui a l'esprit contrit et qui tremble à ma parole [7]. »

Les paroles du Sauveur amenèrent les disciples à se défier d'eux-mêmes. Bien que personne n'eût été visé directement dans la réponse, Jean se demanda s'il avait bien agi dans un cas particulier. Avec une humilité toute enfantine il interrogea Jésus. « Maître, dit-il, nous avons vu un homme qui chasse les démons en ton nom et qui ne nous suit pas ; et nous l'en avons empêché, parce qu'il ne nous suit pas. »

En réprimandant cet homme, Jacques et Jean avaient pensé sauvegarder l'honneur de leur Seigneur ; ils commençaient à se rendre compte qu'en réalité ils avaient été préoccupés surtout de défendre leur propre honneur. Ils reconnurent leur erreur et acceptèrent le reproche que leur adressa Jésus : « Ne l'en empêchez pas, car il n'est personne qui fasse un miracle en mon nom et puisse aussitôt après parler mal de moi. » Il ne convenait pas de repousser quelqu'un qui témoignait de la sympathie pour le Christ. Il y en avait beaucoup qui avaient été fortement impressionnés par le caractère et l'œuvre du Christ, et dont les cœurs s'ouvraient à la foi en lui. Incapables de juger des mobiles secrets, les disciples devaient se garder de décourager de telles âmes. Quand Jésus les aurait quittés, laissant son œuvre entre leurs mains, ils ne devaient pas s'abandonner à un esprit étroit et exclusif, mais manifester plutôt la même large sympathie qu'ils avaient vu agir en leur Maître.

Le fait que quelqu'un ne se conforme pas en tout à nos idées ou à nos opinions ne nous autorise pas à lui interdire de travailler pour Dieu. Le Christ est notre grand Maître ; notre rôle ne consiste pas à juger ou à commander, mais à nous asseoir humblement aux pieds de Jésus, nous laissant instruire par lui. Toute âme que Dieu a amenée à lui soumettre sa volonté peut devenir un instrument susceptible de révéler l'amour du Christ qui pardonne. Combien ne devons-nous pas veiller à ne point décourager un porteur de la lumière divine, interceptant ainsi les rayons qui devraient briller dans le monde.

Faire preuve de dureté ou de froideur à l'égard d'une âme attirée au Christ – précisément ce qu'avait fait Jean en empêchant quelqu'un d'opérer des miracles au nom du Christ –, cela pouvait avoir pour résultat de pousser cette âme dans le sentier de l'ennemi et de causer sa perte. Ceci doit être évité à tout prix, car, dit Jésus, pour celui qui provoque cette perte, « il vaudrait mieux... qu'on lui mette au cou une meule comme en tournent les ânes, et qu'on le jette dans la mer ». Et il ajouta : « Si ta main est pour toi une occasion de chute, coupe-la ; mieux vaut pour toi entrer manchot dans la vie, que d'avoir les deux mains et d'aller dans la géhenne, dans le feu qui ne s'éteint pas. Si ton pied est pour toi une occasion de chute, coupe-le ; mieux vaut pour toi entrer boiteux dans la vie, que d'avoir les deux pieds et d'être jeté dans la géhenne. »

Pourquoi un langage aussi énergique ? Parce que « le Fils de l'homme est venu chercher et sauver ce qui était perdu [8] ». Les disciples auraient-ils moins d'égards pour les âmes de leurs semblables que la Majesté du ciel ? Chaque âme a coûté un prix infini ; détourner une âme du Christ, faire en sorte que pour elle l'amour du Sauveur, son humiliation et son agonie aient été vains, c'est un horrible péché.

« Malheur au monde à cause des occasions de chute ! car il est nécessaire qu'il se produise des occasions de chute. » Que le monde, inspiré par Satan, s'oppose aux disciples du Christ et s'acharne à détruire leur foi, c'est à quoi il faut s'attendre ; mais malheur à celui qui agit de même tout en se couvrant du nom du Christ. Notre Seigneur est couvert d'opprobre par ceux qui présentent son caractère sous un faux jour, entraînant des foules dans les sentiers de l'erreur.

Toute habitude, tout procédé susceptible d'induire quelqu'un au péché devrait être abandonné, coûte que coûte, afin d'éviter de déshonorer le Christ. La bénédiction céleste ne saurait être accordée à un homme violant les principes éternels du droit. Cultiver un seul péché suffit pour dégrader le caractère et égarer d'autres personnes. Si l'on n'hésite pas à sacrifier un pied ou une main, voire un œil, pour épargner la mort à un corps, avec combien plus de soin devrions-nous rejeter loin de nous un péché occasionnant la mort de l'âme.

Dans le service rituel on ajoutait du sel à chaque sacrifice. Ceci avait pour but d'enseigner, de même que l'encens qui était offert, que seule la justice du Christ peut rendre le service agréable à Dieu. Jésus faisait allusion à cet usage quand il disait : « Tout homme sera salé de feu. » « Ayez du sel en vous-mêmes, et soyez en paix les uns avec les autres. » Voulons-nous nous offrir « comme un sacrifice vivant, saint, agréable à Dieu [9] » ? Il nous faut recevoir le sel salutaire, la justice de notre Sauveur. On devient alors « le sel de la terre [10] », réprimant le mal parmi les hommes de la même manière que le sel préserve de la corruption. Mais si le sel a perdu sa saveur, s'il n'y a qu'une simple profession de piété sans l'amour du Christ, cela n'est utile à rien. Aucune influence salutaire n'est exercée sur le monde. Si vous voulez édifier mon royaume avec succès, dit Jésus, vous devez recevoir mon Esprit. Si vous désirez être une odeur de vie pouf la vie, devenez participants de ma grâce. Il n'y aura plus alors aucune rivalité, aucune recherche du propre intérêt, aucun désir d'obtenir la première place. Vous serez animés de l'amour qui ne cherche pas son profit personnel mais celui d'autrui.

Que le pécheur repentant fixe ses regards sur « l'Agneau de Dieu, qui ôte le péché du monde [11] » ; en le contemplant il sera transformé. La crainte fera place à la joie, les doutes à l'espérance. La gratitude sera éveillée. Le cœur de pierre sera brisé. L'âme sera inondée d'amour ; le Christ sera en elle une source d'eau jaillissant pour la vie éternelle. Quand nous voyons Jésus, l'Homme de douleurs, connaissant la souffrance, travaillant à sauver les âmes perdues, méprisé, tourné en dérision, chassé de ville en ville jusqu'à la fin de sa mission ; quand nous le voyons en Gethsémané, suant des grumeaux de sang, puis agonisant sur la croix – quand nous voyons tout ceci, le moi perd ses exigences. Si nous regardons à Jésus nous aurons honte de notre froideur, de notre léthargie, de notre égoïsme. Nous consentirons à être n'importe quoi ou même rien du tout, pourvu que nous puissions servir notre Maître de tout notre cœur. Nous serons heureux de porter la croix en suivant Jésus, et d'endurer l'épreuve, l'opprobre, la persécution par amour pour lui.

« Nous qui sommes forts, nous devons supporter les faiblesses de ceux qui ne le sont pas, et ne pas chercher ce qui nous plaît [12]. » Une âme qui croit en Christ, même si sa foi est faible, si sa marche est chancelante comme celle du petit enfant, ne doit pas être sous-estimée. Tout ce qui nous donne un avantage sur d'autres – qu'il s'agisse d'instruction, de distinction, de noblesse de caractère, de formation chrétienne, d'expérience religieuse – nous rend débiteurs à l'égard de ceux qui sont moins favorisés ; nous devons nous mettre à leur service dans toute la mesure du possible. Sommes-nous forts ? Soutenons les mains des faibles. Des anges glorieux, qui sans cesse contemplent la face du Père céleste, accomplissent avec joie leur ministère en faveur des plus petits. Les âmes tremblantes, ayant de déplorables défauts de caractère, leur sont spécialement confiées. Des anges sont toujours présents là où le besoin est le plus pressant, où la bataille fait rage, où les circonstances sont le plus décourageantes. Les vrais disciples du Christ doivent apporter leur coopération à ce ministère.

Si l'un de ces petits se laisse vaincre par le mal et commet une faute contre vous, il vous appartient de le relever. N'attendez pas qu'il fasse les premiers pas vers la réconciliation. « Qu'en pensez-vous ? Si un homme a cent brebis et que l'une d'elles s'égare, ne laisse-t-il pas les quatre-vingt-dix-neuf sur les montagnes, pour aller chercher celle qui s'est égarée ? Et, s'il parvient à la retrouver, en vérité je vous le dis, il s'en réjouit plus que pour les quatre-vingt-dix-neuf qui ne se sont pas égarées. De même ce n'est pas la volonté de votre Père qui est dans les cieux qu'il se perde un seul de ces petits. »

Avec un esprit de douceur, et tout en prenant « garde à toi-même, de peur que toi aussi, tu ne sois tenté [13] », va vers celui qui s'est égaré, et « reprends-le seul à seul ». Ne le couvre pas de honte en racontant sa faute à d'autres ; ne jette pas le déshonneur sur le Christ en publiant le péché ou l'erreur de quelqu'un qui porte son nom. Il faudra souvent dire la vérité en toute franchise à l'âme égarée pour lui faire voir son erreur et l'amener à se réformer. Mais ce n'est pas à vous de juger ou de condamner. Ne cherchez pas à vous justifier vous-mêmes. N'ayez qu'un souci : sa guérison. Pour soigner les blessures d'une âme il faut beaucoup de délicatesse, de sensibilité. Il n'y a que l'amour émanant de celui qui a souffert au Calvaire qui puisse se montrer efficace ici. Que le frère traite son frère avec une tendre pitié, sachant qu'en cas de réussite il aura sauvé « une âme de la mort » et couvert « une multitude de péchés [14] ».

Il se peut que cette tentative échoue. Dans ce cas, dit Jésus, « prends avec toi une ou deux personnes ». Peut-être que ces influences réunies auront plus de succès que la première. Neutres dans l'affaire, elles peuvent se montrer impartiales, ce qui donnera plus de poids à leurs conseils.

Si la personne en faute refuse d'écouter, alors, mais alors seulement, que l'affaire soit portée devant toute l'assemblée. Que les membres de l'église, en tant que représentants du Christ, unissent leurs prières et leurs sollicitations faites avec amour en vue de la guérison spirituelle de l'offenseur. Le Saint-Esprit fera entendre sa voix par l'entremise de ses serviteurs, invitant avec instance la personne égarée à revenir à Dieu. L'apôtre inspiré l'a dit : « Comme si Dieu exhortait par nous ; nous vous en supplions au nom de Christ : Soyez réconciliés avec Dieu [15] ! » Celui qui rejette cette offre rompt le lien qui l'unit au Christ et s'exclut de la communion avec l'église. Dès lors, dit Jésus, « qu'il soit pour toi comme un païen et un péager ». Qu'on ne le considère pas, cependant, comme hors d'atteinte de la miséricorde divine. Que ses frères d'hier, loin de le mépriser ou de le délaisser, le traitent avec bonté et avec compassion, comme une brebis égarée que le Christ cherche encore à ramener au bercail.

Les directives données par le Christ concernant la conduite à tenir à l'égard des égarés ne font que répéter avec plus de clarté l'enseignement donné à Israël par l'intermédiaire de Moïse : « Tu ne haïras point ton frère dans ton cœur. Tu reprendras ton prochain, afin de ne pas te charger d'un péché à cause de lui [16]. » Si je néglige de relever ceux qui sont dans l'erreur et le péché, comme le Christ m'en fait le devoir, je deviens participant de leur péché. Nous sommes tout aussi responsables des maux que nous pouvions éviter que si nous en étions les auteurs.

C'est au coupable lui-même que nous devons parler de son tort. Pas de commérage, pas de médisance à ce sujet ; même après que le cas a été déféré à l'assemblée, ne nous sentons pas libres d'en parler à d'autres. Faire connaître les fautes des chrétiens, c'est présenter une pierre d'achoppement au monde incroyant ; en arrêtant notre pensée sur ces choses nous ne pouvons que nous faire du tort à nous-mêmes ; car nous sommes changés à l'image de ce que nous contemplons. Tout en nous efforçant de corriger les erreurs d'un frère, nous serons amenés par l'Esprit du Christ à le protéger autant que possible des critiques de ses frères et davantage encore des blâmes que pourrait lui infliger un monde incrédule. Nous sommes aussi sujets à l'erreur et avons besoin de la pitié et du pardon du Christ ; soyons pour d'autres ce que nous souhaitons qu'ils soient pour nous.

« Tout ce que vous lierez sur la terre sera lié dans le ciel, et tout ce que vous délierez sur la terre sera délié dans le ciel. » Vous agissez en qualité d'ambassadeurs du ciel, votre œuvre a des conséquences éternelles.

Nous ne sommes pas laissés seuls à porter cette responsabilité. Le Christ demeure partout où sa parole est obéie avec sincérité. Il n'assiste pas seulement aux grandes assemblées ; si petit que soit le nombre des disciples réunis en son nom, il est présent au milieu d'eux. Il déclare « que si deux d'entre vous s'accordent sur la terre pour demander quoi que ce soit, cela leur sera donné par mon Père qui est dans les cieux ».

Jésus dit : « *Mon* Père qui est dans les cieux », rappelant à ses disciples que si d'une part il reste attaché à eux par son humanité, participant à leurs épreuves, sympathisant avec eux dans leurs souffrances, il est en même temps uni au trône de l'Infini par sa divinité. Merveilleuse assurance ! Les intelligences célestes agissent unies aux hommes pour sauver les âmes perdues. Et toutes les puissances du ciel combinent leurs efforts avec l'ingéniosité humaine pour attirer les âmes au Christ.

---

[1] Ce chapitre est basé sur Matthieu 17.22-27 ; 18.1-20 ; Marc 9.30-50 ; Luc 9.46-48. [2] Deutéronome 10.9. [3] Psaume 50.10-12. [4] Esaïe 14.12-15. [5] Philippiens 2.7, 8. [6] Psaume 18.36. [7] Esaïe 66.1, 2. [8] Luc 19.10. [9] Romains 12.1. [10] Matthieu 5.13. [11] Jean 1.29. [12] Romains 15.1. [13] Galates 6.1. [14] Jacques 5.20. [15] 2 Corinthiens 5.20. [16] Lévitique 19.17.

Chapitre 49

À la fête des tabernacles

TROIS fois par an, les Juifs devaient se rassembler à Jérusalem pour des buts religieux. Caché dans la colonne de nuée, le Chef invisible d'Israël avait donné des directions au sujet de ces assemblées. Ces directions ne purent être suivies pendant la captivité ; mais dès que les Juifs furent rétablis dans leur pays, ils observèrent à nouveau ces fêtes de commémoration. Par ces anniversaires, Dieu voulait se rappeler au souvenir de son peuple. A part quelques exceptions, les prêtres et les conducteurs de la nation avaient perdu de vue cette intention. Celui-là même qui avait ordonné ces assemblées nationales et qui en comprenait le sens, constatait, hélas ! à quel point elles avaient été perverties.

La fête des tabernacles [1] était la dernière assemblée annuelle. Dieu voulait qu'à cette occasion-là le peuple réfléchît sur sa bonté et sa miséricorde. Tout le pays soumis à lui avait été l'objet de sa bénédiction. Sa sollicitude vigilante ne s'était démentie ni jour ni nuit. Le soleil et la pluie avaient fait rendre à la terre son fruit. On avait récolté les moissons dans les vallées et les plaines de la Palestine, ramassé les olives et recueilli l'huile précieuse, cueilli le fruit du palmier et foulé au pressoir les grappes de raisin.

Sept jours durant la fête se poursuivait ; pour la célébrer, les habitants de la Palestine, ainsi que des Israélites accourus de tous les pays, quittaient leurs demeures et, de loin et de près, tenant à la main des marques de réjouissances, venaient à Jérusalem. Jeunes et vieux, riches et pauvres, tous apportaient des ions, en tribut de gratitude à celui qui avait couronné l'année de ses biens et dont les pas avaient versé l'abondance. On allait chercher dans les bois tout ce qui était agréable à l'œil et pouvait servir à exprimer la joie universelle : la ville prenait l'apparence d'une forêt magnifique.

Cette fête n'était pas seulement l'expression de la reconnaissance pour les fructueuses récoltes ; c'était aussi le mémorial des soins providentiels dont Dieu avait entouré Israël au désert. Pour rappeler leur séjour sous la tente, pendant la fête, les Israélites demeuraient dans des cabanes ou des tabernacles de branchages verdoyants. On les dressait par les rues, dans les parvis du temple et sur les terrasses des maisons. Aux environs de Jérusalem, les collines et les vallées étaient couvertes de ces habitations de feuillages et fourmillaient de monde.

Les adorateurs célébraient la fête par des chants sacrés et des actions de grâce. Le jour des expiations, où, après avoir confessé ses péchés, le peuple était réconcilié avec le ciel, précédait la fête. Ainsi les réjouissances de la fête étaient rendues possibles. « Célébrez l'Eternel ; car il est bon et sa miséricorde dure éternellement ! [2] » Ces paroles étaient répétées en chants de triomphe et toutes sortes d'instruments de musique mêlaient leurs sons aux hosannas de la foule. Le temple était le centre de la joie universelle. Des sacrifices solennels y étaient accomplis. Rangé sur les deux côtés de l'escalier de marbre de l'édifice sacré, le chœur des Lévites dirigeait le chant. La multitude des adorateurs, agitant des branches de palmier et de myrthe, reprenait le refrain et chantait en chœur ; la mélodie était reprise par d'autres voix, dans l'éloignement, jusqu'à ce que les collines environnantes ne fussent plus qu'un concert de louanges.

La nuit venue, on inondait le temple et les parvis de lumière artificielle. La musique, les branches de palmier agitées, les joyeux hosannas, l'affluence du peuple baigné par la lumière émanant des lampes suspendues, les rangées de prêtres, la majesté des cérémonies : tout cela faisait une impression profonde sur les assistants. Mais, de toutes les cérémonies de la fête, la plus impressionnante, et celle qui donnait lieu aux plus grandes réjouissances, c'était celle qui commémorait un événement du séjour au désert.

A l'aube de ce jour, les prêtres faisaient jaillir de leurs trompettes d'argent un son retentissant et prolongé auquel répondaient d'autres trompettes dont l'écho se répercutait de loin en loin, en même temps que les acclamations des hôtes des cabanes. Le prêtre puisait alors avec une cruche dans l'eau courante du Cédron, et, l'élevant au son des trompettes, gravissait les larges marches du temple, d'un pas mesuré, chantant : « Nos pas s'arrêtent dans tes portes, ô Jérusalem ! [3] »

Il apportait la cruche à l'autel placé au centre du parvis des prêtres. Il y avait là deux bassins d'argent, et un prêtre à côté de chacun d'eux. On versait une cruche d'eau dans l'un, une cruche de vin dans l'autre ; le contenu s'écoulait par un tuyau, communiquant avec le Cédron, vers la mer Morte. L'acte par lequel on versait cette eau consacrée rappelait comment une source avait jailli du rocher à la voix divine pour étancher la soif des enfants d'Israël. Ensuite éclataient, en des accents d'une joie débordante, les paroles : « L'Eternel est ma force et l'objet de mes louanges.... Vous puiserez des eaux avec joie aux sources du salut. [4] »

Lorsque les fils de Joseph faisaient leurs préparatifs pour aller à la fête des tabernacles, ils s'aperçurent que le Christ ne manifestait pas l'intention d'y assister. Ils le surveillaient anxieusement. Depuis la guérison de Béthesda, il n'avait pas participé aux rassemblements nationaux. Il avait restreint ses travaux à la Galilée afin d'éviter des conflits inutiles avec les chefs qui se trouvaient à Jérusalem. Le fait qu'il paraissait négliger de grandes assemblées religieuses, ainsi que l'inimitié manifestée à son égard par les prêtres et les rabbins, rendaient perplexes son entourage, et même ses disciples et ses parents. Il avait, dans ses enseignements, insisté sur l'importance de l'obéissance à la loi de Dieu, et voici que lui-même paraissait indifférent aux services divinement établis. En se mêlant aux publicains et aux gens de mauvaise réputation, en négligeant les cérémonies rabbiniques, et en s'affranchissant des exigences traditionnelles concernant le sabbat, il se mettait en opposition avec les autorités religieuses et son attitude prêtait à bien des commentaires. C'était une erreur de sa part, pensaient ses frères, de s'aliéner les grands hommes et les savants de sa nation. Il leur semblait que ces hommes-là devaient avoir raison et que Jésus avait tort. Toutefois, ils avaient été les témoins de sa vie irréprochable et bien qu'ils ne se fussent pas rangés parmi ses disciples, ils étaient restés profondément impressionnés par ses œuvres. La popularité dont il jouissait en Galilée flattait leur ambition ; ils continuaient d'espérer que, par une manifestation de sa puissance, il obligerait les pharisiens à le reconnaître pour ce qu'il était. Ils caressaient orgueilleusement l'idée qu'il était vraiment le Messie, le Prince d'Israël.

Anxieux d'obtenir le résultat désiré, ils insistèrent auprès du Christ pour qu'il se rendît à Jérusalem. « Pars d'ici, dirent-ils, et va en Judée, afin que tes disciples contemplent aussi les œuvres que tu fais. Personne n'agit en secret, lorsqu'il désire se faire remarquer ; si tu fais ces choses, manifeste-toi au monde. » Par ces paroles ils exprimaient leurs doutes et leur incrédulité. Ils l'accusaient de lâcheté et de faiblesse. S'il savait qu'il était le Messie, pourquoi cette réserve étrange et cette inaction ? S'il possédait réellement une telle puissance, pourquoi ne se rendait-il pas hardiment à Jérusalem pour y affirmer ses droits ? Pourquoi ne pas accomplir à Jérusalem les œuvres magnifiques qui avaient marqué son séjour en Galilée ? Ils lui disaient : Ne te cache pas dans une contrée éloignée, réservant tes puissantes opérations pour des paysans ignorants et pour de simples pécheurs. Présente-toi dans la capitale, et avec l'appui des prêtres et des chefs rassemble les forces de la nation pour établir le nouveau royaume.

Ces frères de Jésus obéissaient aux mêmes mobiles égoïstes que l'on découvre si souvent dans les cœurs ambitieux et vaniteux. Cet esprit-là dominait dans le monde. Ils étaient irrités parce qu'au lieu d'établir un trône temporel il se donnait comme le pain de vie. Ils avaient été fort déçus de le voir abandonné par un aussi grand nombre de disciples. Eux-mêmes se détournaient de lui pour ne pas avoir à le reconnaître, en dépit du témoignage de ses œuvres, comme l'Envoyé de Dieu.

« Jésus leur dit : Le moment n'est pas encore venu pour moi, mais pour vous, le moment est toujours opportun. Le monde ne peut vous haïr ; il a de la haine pour moi, parce que je rends de lui le témoignage que ses œuvres sont mauvaises. Montez, vous, à la fête. Moi, je ne monte pas à cette fête, parce que le moment pour moi n'est pas encore accompli. Après leur avoir dit cela, il resta en Galilée. » Ses frères lui avaient parlé sur un ton autoritaire, lui prescrivant la conduite à tenir. A son tour il les reprit, les classant non pas parmi les disciples animés d'un esprit de renoncement, mais avec le monde. « Le monde ne peut vous haïr, dit-il, il a de la haine pour moi, parce que je rends de lui le témoignage que ses œuvres sont mauvaises. » Le monde ne hait pas ceux qui sont animés du même esprit que lui ; au contraire, il les aime.

Ce monde n'était pas un lieu où le Christ fût venu vivre à l'aise et s'enrichir. Il n'attendait pas une occasion pour s'emparer du pouvoir et de la gloire. Il n'ambitionnait pas une telle récompense. C'était le lieu où son Père l'avait envoyé. Il avait été donné pour la vie du monde, pour mettre à exécution le vaste plan de la rédemption. Il accomplissait son œuvre en faveur d'une race déchue. Il ne devait pas se montrer présomptueux, s'exposer, sans nécessité, au danger et précipiter ainsi la crise finale. Dans son œuvre, chaque événement avait son heure déterminée. Il devait attendre patiemment. Il savait qu'il serait l'objet de la haine du monde et que son œuvre aboutirait à sa mort ; mais ce n'était pas la volonté de son Père qu'il s'exposât prématurément.

De Jérusalem le bruit des miracles du Christ s'était répandu dans tous les lieux où les Juifs se trouvaient dispersés ; et bien que pendant plusieurs mois il se fût abstenu d'assister aux fêtes, l'intérêt qu'il avait éveillé n'avait pas cessé. Plusieurs étaient accourus de toutes les parties du monde, à l'occasion de la fête des tabernacles, dans l'espoir de le rencontrer. Au commencement de la fête, plusieurs s'enquéraient à son sujet. Les pharisiens et les anciens l'attendaient, espérant trouver une occasion de le condamner. Ils demandaient avec anxiété : « Où est-il ? » Personne ne le savait. Il occupait toutes les pensées. On n'osait le reconnaître comme le Messie, parce qu'on craignait les prêtres et les anciens, mais partout on s'entretenait de lui avec ardeur quoique en secret. Plusieurs assuraient qu'il était envoyé de Dieu, d'autres voyaient en lui un séducteur.

Sur ces entrefaites Jésus était arrivé sans bruit à Jérusalem. Il s'y était rendu seul par une voie peu fréquentée afin d'éviter les nombreux voyageurs qui s'y acheminaient de tous côtés. S'il s'était joint à quelqu'une des caravanes se rendant à la fête, il n'aurait pu entrer dans la ville sans attirer l'attention, et une démonstration populaire, en sa faveur, eût dressé contre lui les autorités. Afin d'éviter cela il décida de faire seul le voyage.

Au milieu de la fête, en pleine effervescence, il entra dans le parvis du temple, en présence de la foule. Son absence avait fait dire qu'il n'osait pas se montrer aux prêtres et aux anciens ; aussi sa présence fut-elle un sujet de surprise. Toutes les voix se turent. On restait frappé de sa dignité et du courage de son maintien au milieu d'ennemis puissants qui cherchaient à lui enlever la vie.

S'exposant aux yeux de la multitude, Jésus parla comme personne n'avait jamais parlé. Ses paroles attestaient une connaissance des lois et des institutions d'Israël, du système des sacrifices et des enseignements des prophètes, qui surpassait de beaucoup celle des prêtres et des rabbins. Il renversait les barrières du formalisme et de la tradition. La vie future paraissait n'avoir aucun secret pour lui. Il discourait sur les choses terrestres et les choses célestes, les choses humaines et divines, avec une grande autorité, comme voyant l'invisible. Ses paroles étaient si claires et convaincantes qu'une fois de plus, comme à Capernaüm, on admira son enseignement, « car il parlait avec autorité [5] ». Par divers arguments il mit en garde ses auditeurs, leur annonçant la calamité qui viendrait frapper tous ceux qui rejetaient les bénédictions qu'il était venu leur apporter. Il leur avait fourni toutes les preuves possibles pour montrer qu'il venait de Dieu, il avait multiplié les efforts pour les amener à la repentance. Il voulait épargner à ses compatriotes le crime de le rejeter et de le mettre à mort.

Tous étaient étonnés de sa science de là loi et des prophètes ; et ils se disaient l'un à l'autre : « Comment connaît-il les Ecrits, lui qui n'a pas étudié ? » Personne n'était autorisé à donner un enseignement religieux à moins d'avoir étudié dans les écoles des rabbins ; Jésus et Jean-Baptiste avaient, l'un et l'autre, passé pour ignorants car ils n'avaient pas reçu cette instruction. Il est vrai qu'ils n'avaient pas étudié auprès des hommes ; mais le Dieu du ciel était leur instructeur, et c'est de lui qu'ils avaient reçu la plus haute sagesse.

Tandis que Jésus parlait dans le parvis du temple, le peuple était sous le charme de sa parole. Ceux-là mêmes qui s'étaient montrés les plus violents contre lui se sentaient désarmés. Pour l'instant, toute animosité était oubliée.

Il continua d'enseigner, jour après jour, jusqu'à ce que vint « le dernier jour, le grand jour de la fête ». Au matin de ce jour le peuple était las. Soudain la voix de Jésus retentit à travers les parvis du temple

« Si quelqu'un a soif, qu'il vienne à moi et qu'il boive. Celui qui croit en moi, des fleuves d'eau vive couleront de son sein, comme dit l'Ecriture. » La condition du peuple donnait à cet appel beaucoup de force. On avait assisté à de pompeuses cérémonies, les yeux éblouis de lumière et de couleurs, les oreilles caressées par une musique abondante ; pourtant rien dans ce cycle de cérémonies n'avait été de nature à répondre aux besoins de l'esprit, à satisfaire une âme ayant soif de choses impérissables. Jésus invitait tous les assistants à se désaltérer à la source de la vie afin que des fleuves d'eau vive jaillissent de leur sein, pour la vie éternelle.

Le prêtre venait d'accomplir le rite rappelant comment avait été frappé le rocher au désert. Ce rocher était une image de celui qui, par sa mort, ferait jaillir de vives sources de salut pour tous ceux qui ont soif. Les paroles du Christ étaient une eau vive. Là, en présence de la multitude, il s'offrait à être frappé, pour que l'eau de la vie coulât dans le monde. En frappant le Christ, Satan pensait détruire le Prince de la vie ; mais une eau vive jaillit du Rocher frappé. Tandis que Jésus parlait ainsi au peuple, une crainte étrange faisait frémir les cœurs, et plusieurs étaient prêts à s'écrier comme la Samaritaine : « Donne-moi cette eau, afin que je n'aie plus soif. »

Jésus connaissait les besoins de l'âme. Les pompes, les richesses et les honneurs ne peuvent satisfaire les aspirations du cœur. « Si quelqu'un a soif, qu'il vienne à moi. » Les riches, les pauvres, les grands, les petits, tous reçoivent le même accueil. Il promet de soulager l'esprit oppressé, de consoler l'affligé et de rendre l'espoir au découragé. Plusieurs, parmi les auditeurs de Jésus, pleuraient leurs espérances déçues, plusieurs entretenaient des peines secrètes, plusieurs s'efforçaient de satisfaire par les choses du monde et la louange des hommes leurs aspirations inquiètes ; mais ils s'apercevaient, après avoir obtenu l'objet de leurs désirs, que tous leurs efforts ne les conduisaient qu'à une citerne crevassée, à laquelle ils ne pouvaient étancher leur soif. Au milieu des réjouissances, ils restaient mécontents et tristes. Soudain ce cri : « Si quelqu'un a soif », les tira de leurs rêveries mélancoliques, et les paroles qu'ils entendirent ensuite rallumèrent en eux l'espoir. Le Saint-Esprit maintint devant eux le symbole jusqu'à ce qu'ils y discernassent le don inestimable du salut.

L'appel que le Christ adressa alors à l'âme assoiffée continue de retentir, avec plus de force encore qu'au jour où il se fit entendre dans le temple, en ce dernier jour de la fête. La source est accessible à tous. L'eau rafraîchissante de la vie éternelle est offerte à ceux qui sont las et épuisés. Jésus continue de s'écrier : « Si quelqu'un a soif, qu'il vienne à moi et qu'il boive. » « Que celui qui a soif, vienne. Que celui qui veut, prenne de l'eau de la vie gratuitement ! » « Celui qui boira de l'eau que je lui donnerai, n'aura jamais soif, et l'eau que je lui donnerai deviendra en lui une source d'eau qui jaillira jusque dans la vie éternelle [6]. »

---

[1] Ce chapitre est basé sur Jean 7.1-15, 37-39. [2] Psaume 106.1. [3] Psaume 122.2. [4] Esaïe 12.2, 3. [5] Luc 4.32. [6] Apocalypse 22.17 ; Jean 4.14.

Chapitre 50

Parmi les pièges

PENDANT le temps que Jésus passa à Jérusalem, au cours de la fête, il ne cessa d'être épié. Jour après jour on s'efforçait, par de nouveaux moyens, de le réduire au silence. Prêtres et anciens cherchaient à le prendre au piège [1]. On se proposait de l'arrêter par la violence. Mais ce n'était pas tout. On voulait humilier ce Maître galiléen devant le peuple.

Dès son arrivée, les principaux s'étaient présentés à lui, lui demandant par quelle autorité il enseignait. Ils voulaient distraire l'attention de sa personne en soulevant la question de son droit à l'enseignement et en faisant valoir leur importance et leur autorité.

« Mon enseignement n'est pas de moi, dit Jésus, mais de celui qui m'a envoyé. Si quelqu'un veut faire sa volonté, il reconnaîtra si cet enseignement vient de Dieu, ou si mes paroles viennent de moi-même. » Au lieu de se placer sur le terrain de ces ergoteurs, Jésus leur répondit en leur exposant une vérité vitale pour le salut de l'âme. C'est le cœur, bien plus que l'intelligence, qui est appelé à percevoir et apprécier la vérité, leur dit-il. La vérité doit être reçue dans l'âme ; elle réclame les hommages de la volonté. Si la vérité pouvait être soumise au jugement de la seule raison, l'orgueil ne s'opposerait pas à sa réception. Mais elle doit être reçue par l'action de la grâce sur le cœur ; pour la recevoir il faut renoncer à tout péché mis en évidence par l'Esprit de Dieu. Si favorisé que soit un homme sous le rapport de ses facultés, cela ne lui servira de rien à moins que son cœur ne s'ouvre à la vérité et qu'il ne renonce volontairement à toute habitude contraire à ses principes. A ceux qui se livrent ainsi à Dieu, avec un désir sincère de connaître et de faire sa volonté, la vérité se manifeste comme la puissance de Dieu à salut. Ceux-ci seront capables de distinguer entre celui qui parle pour Dieu et celui qui ne parle que pour soi-même. Les pharisiens n'avaient pas aligné leur volonté sur celle de Dieu. Au lieu de rechercher la connaissance de la vérité, ils cherchaient plutôt à s'en évader ; le Christ montra que c'était là la raison pour laquelle ils ne comprenaient rien à son enseignement.

Il leur indiqua une pierre de touche par laquelle on peut distinguer un maître véritable d'un séducteur : « Celui dont les paroles viennent de lui-même cherche sa propre gloire ; mais celui qui cherche la gloire de celui qui l'a envoyé est vrai, et il n'y a pas d'injustice en lui. » Celui qui cherche sa propre gloire ne parle que de son chef. La recherche de la propre gloire trahit son origine. Mais le Christ cherchait la gloire de Dieu. Il prononçait les paroles de Dieu. Ceci établissait son autorité en tant que Maître de vérité.

Jésus donna aux rabbins une preuve de sa divinité en leur montrant qu'il savait lire dans les cœurs. Depuis la guérison de Béthesda ils n'avaient cessé de comploter sa mort. En agissant ainsi, ils violaient cette loi dont ils se proclamaient les gardiens. « Moïse ne vous a-t-il pas donné la loi ? dit-il. Et nul de vous ne pratique la loi. Pourquoi cherchez-vous à me faire mourir ? »

Ces paroles montrèrent aux rabbins comme dans un éclair le précipice dans lequel ils allaient se jeter. Un instant remplis de terreur, ils comprirent qu'ils étaient entrés en lutte avec la puissance infinie. Cependant ils ne voulaient pas se laisser avertir. Il fallait, pour que leur influence sur le peuple fût maintenue, que leurs desseins meurtriers restassent cachés. Pour éluder la question de Jésus, ils s'écrièrent : « Tu as en toi un démon. Qui cherche à te faire mourir ? » Ils insinuaient que les œuvres merveilleuses de Jésus étaient faites à l'instigation d'un mauvais esprit.

Le Christ dédaigna cette insinuation. Il expliqua que la guérison qu'il avait accomplie à Béthesda était en accord avec la loi du sabbat, et qu'elle se trouvait justifiée par l'interprétation que les Juifs eux-mêmes donnaient à la loi. Il leur dit : « Moïse vous a donné la circoncision ... et vous circoncisez un homme pendant le sabbat. » Quand ce jour tombait sur un sabbat, le rite devait être accompli. La loi exigeait que tout enfant mâle fût circoncis le huitième jour. N'était-ce donc pas encore bien plus conforme à l'esprit de la loi de guérir « un homme tout entier pendant le sabbat ? » Il ajouta cet avertissement : « Ne jugez pas selon l'apparence, mais jugez selon un juste jugement. »

Les anciens furent réduits au silence ; plusieurs, parmi la foule, disaient : « N'est-ce pas celui qu'on cherche à faire mourir ? Et voici, il parle ouvertement et on ne lui dit rien ! Est-ce que les chefs auraient vraiment reconnu que c'est lui le Christ ? »

Parmi les auditeurs du Christ domiciliés à Jérusalem, plusieurs n'ignoraient pas les complots que les chefs ourdissaient contre lui et ils se sentaient irrésistiblement attirés vers lui. Ils étaient de plus en plus convaincus qu'il était le Fils de Dieu. Mais Satan se tenait prêt à leur suggérer des doutes, ce qui était d'autant plus facile qu'ils entretenaient des idées fausses concernant le Messie et sa venue. On pensait généralement que le Christ devait naître à Bethléhem, mais qu'il disparaîtrait après quelque temps et qu'à sa réapparition personne ne saurait d'où il viendrait. Nombreux étaient ceux qui pensaient que le Messie n'aurait aucun rapport de parenté avec l'humanité. Etant donné que Jésus de Nazareth ne répondait pas à l'attente populaire, beaucoup se rallièrent à cette idée : « Cependant, celui-ci, nous savons d'où il est ; mais le Christ, quand il viendra, personne ne saura d'où il est. »

Tandis qu'ils oscillaient ainsi entre le doute et la foi, Jésus, devinant leur pensée, leur dit : « Vous me connaissez et vous savez d'où je suis ! Pourtant je ne suis pas venu de moi-même : mais celui qui m'a envoyé est vrai, et vous ne le connaissez pas. » Ils prétendaient connaître les véritables origines du Christ alors qu'ils n'en savaient rien. S'ils avaient vécu en accord avec la volonté de Dieu, ils auraient connu son Fils qui se manifestait à eux à ce moment-là.

Les auditeurs ne pouvaient éviter de comprendre les paroles du Christ, qui répétaient si clairement les revendications qu'il avait présentées au sanhédrin quelques mois auparavant, quand il s'était annoncé comme le Fils de Dieu. Les chefs, qui alors avaient tenté de le mettre à mort, s'efforcèrent à nouveau de s'emparer de sa personne ; ils en furent empêchés par un pouvoir invisible qui contint leur rage et leur dit : Jusque-là et pas plus loin.

Plusieurs crurent en lui, et ils disaient : « Le Christ, quand il viendra, fera-t-il plus de miracles que n'en a fait celui-ci ? » Les chefs des pharisiens, qui surveillaient anxieusement la marche des événements, aperçurent des marques de sympathie pour Jésus, parmi la foule. Ils coururent alors auprès des principaux sacrificateurs et firent des projets pour l'arrêter. Ils décidèrent, toutefois, de se saisir de lui quand ils le trouveraient seul, car ils n'osaient pas s'en emparer en présence du peuple. Jésus, une fois de plus, démasqua leur dessein. « Je suis encore avec vous pour un peu de temps, dit-il ; puis je m'en vais vers celui qui m'a envoyé. Vous me chercherez et vous ne me trouverez pas, et là où je serai, vous ne pouvez venir. » Bientôt il se trouverait à l'abri de leur dérision et de leur haine. Il allait monter vers le Père, pour être, à nouveau, l'objet de l'adoration des anges ; ses meurtriers ne pourraient jamais le rejoindre là-haut.

Les rabbins ricanaient : « Où va-t-il se rendre, pour que nous ne le trouvions pas ? Va-t-il se rendre parmi ceux qui sont dispersés chez les Grecs et enseigner les Grecs ? » Ces ergoteurs étaient loin de songer qu'en se moquant ainsi du Christ ils annonçaient sa mission ! Tout le jour, il avait étendu les mains vers un peuple rebelle et contredisant ; maintenant il allait être trouvé par ceux qui ne le cherchaient pas, il allait se manifester à ceux qui ne l'interrogeaient pas [2].

Plusieurs de ceux qui étaient convaincus que Jésus était le Fils de Dieu furent induits en erreur par les faux raisonnements des prêtres et des rabbins. Ces maîtres avaient obtenu un certain effet en répétant les prophéties messianiques annonçant : Il « régnera sur la montagne de Sion, à Jérusalem ; et devant ses anciens resplendira sa gloire ». « Il dominera d'une mer à l'autre, depuis l'Euphrate jusqu'aux extrémités de la terre [3]. » Avec des accents de mépris ils établissaient une comparaison entre la gloire ici dépeinte et l'humble apparence de Jésus. Les paroles prophétiques étaient perverties de la sorte et mises au service de l'erreur. Si l'on avait étudié la Parole avec sincérité, pour soi-même, on n'aurait pas été induit en erreur. Le chapitre 61 d'Esaïe attestait que le Christ accomplirait l'œuvre qui lui était assignée. Le chapitre 53 faisait prévoir qu'il serait rejeté et qu'il souffrirait pour le monde, et le chapitre 59 décrivait le caractère des prêtres et des rabbins.

Dieu ne contraint pas les hommes à renoncer à leur incrédulité. La lumière et les ténèbres, la vérité et l'erreur sont devant eux. A eux de choisir. L'esprit humain est doué de facultés qui lui permettent de discerner entre le bien et le mal. Dieu désire que les hommes ne se décident pas sur une impulsion momentanée, mais sur le poids des preuves obtenues par une comparaison attentive des Ecritures avec les Ecritures. Si les Juifs, mettant de côté leurs préjugés, avaient comparé la prophétie écrite avec les faits qui caractérisaient la vie de Jésus, ils auraient vu une magnifique harmonie entre les prophéties et leur accomplissement dans la vie et le ministère de l'humble Galiléen.

De nos jours plusieurs sont induits en erreur de la même manière que les Juifs d'autrefois. Des conducteurs religieux lisent la Bible à la lumière de leurs conceptions et de leurs traditions. Au lieu de sonder les Ecritures pour leur propre compte, les gens renoncent à juger par eux-mêmes pour savoir où est la vérité et ils confient leurs âmes à leurs conducteurs. La prédication et l'enseignement de la Parole est l'un des moyens choisis par Dieu pour la diffusion de la lumière, mais l'enseignement de tout homme doit être éprouvé par l'Ecriture. Quiconque étudiera la Bible dans un esprit de prière, désireux de connaître la vérité et disposé à lui obéir, sera illuminé d'en haut. Il comprendra les Ecritures. « Si quelqu'un veut faire sa volonté, il reconnaîtra si cet enseignement vient de Dieu [4]. »

Le dernier jour de la fête, les agents envoyés par les prêtres et les anciens pour arrêter Jésus retournèrent sans avoir mis la main sur lui. On leur demanda avec colère : « Pourquoi ne l'avez-vous pas amené ? » Ils répondirent d'un ton solennel : « Jamais homme n'a parlé comme parle cet homme. »

Si durs que fussent leurs cœurs, ils avaient été touchés par ses paroles. S'étant approchés de lui pendant qu'il parlait dans le parvis du temple, avec l'espoir de saisir quelques mots qui pussent être retournés contre lui, ils oublièrent bientôt, en l'écoutant, le but dans lequel ils étaient venus. Le Christ se manifestait à leur âme en extase. Ce que les prêtres et les anciens refusaient de voir, eux le voyaient : l'humanité inondée de la gloire de, la divinité. Ils s'en retournèrent si remplis de cette pensée et si impressionnés par ses paroles, qu'à la question : « Pourquoi ne l'avez-vous pas amené ? » ils ne purent que répondre : « Jamais homme n'a parlé comme parle cet homme. »

Lorsque les prêtres et les anciens s'étaient trouvés, pour la première fois, en présence du Christ, ils avaient éprouvé la même conviction. Leurs cœurs avaient été profondément remués, et ils n'avaient pu s'empêcher de penser : « Jamais homme n'a parlé comme parle cet homme. » Mais ils avaient étouffé la conviction produite, en eux, par le Saint-Esprit. Maintenant, furieux de voir que même les représentants de la loi se laissaient influencer par ce Galiléen détesté, ils s'écrièrent : « Est-ce que, vous aussi, vous avez été induits en erreur ? Y a-t-il quelqu'un des chefs ou des pharisiens qui ait cru en lui ? Mais cette foule qui ne connaît pas la loi, ce sont des maudits ! »

Quand le message de vérité est présenté, il en est peu pour demander : Est-ce vrai ? On demande plutôt : Qui est-ce qui défend cette cause ? On l'estime en général d'après le nombre de ceux qui l'acceptent, et l'on continue à poser cette question : « Y a-t-il quelqu'un parmi les savants et les chefs religieux qui ait cru ? » La vraie piété n'est pas plus populaire aujourd'hui qu'aux jours du Christ. On recherche avec autant d'ardeur les biens terrestres et l'on néglige les richesses éternelles ; le fait que la vérité n'est pas reçue avec empressement par le grand nombre, ou par les grands de ce monde, ou même par les conducteurs religieux, ne constitue pas un argument contre elle.

Les prêtres et les anciens firent alors de nouveaux plans en vue d'arrêter Jésus. Le laisser en liberté plus longtemps, affirmait-on, c'était lui permettre de détourner le peuple de ses conducteurs légitimes ; il n'y avait donc qu'une chose à faire : le réduire au silence, sans délai. Soudain, en pleine discussion, une voix fit opposition. Nicodème demanda : « Notre loi juge-t-elle un homme avant qu'on l'ait entendu et qu'on sache ce qu'il a fait ? » L'assemblée garda le silence. Les paroles de Nicodème pénétrèrent dans les consciences. On ne pouvait condamner un homme sans l'avoir entendu. Cependant ce n'était pas la seule raison pour laquelle les anciens orgueilleux gardaient le silence, tout en considérant celui qui avait eu la hardiesse de parler en faveur de la justice. Ils étaient émus et affligés de voir qu'un des leurs avait été assez impressionné par le caractère de Jésus pour prendre sa défense. Revenus de leur étonnement, ils lancèrent à Nicodème ce sarcasme : « Serais-tu, toi aussi, de la Galilée ? Cherche bien, et tu verras que de la Galilée, il ne sort pas de prophète. » Néanmoins cette protestation avait eu pour effet d'interrompre les poursuites. Les anciens durent renoncer au projet de condamner Jésus sans l'avoir entendu. Vaincus pour le moment, « chacun s'en alla dans sa maison. Jésus se rendit au mont des Oliviers. »

Loin de l'agitation et de la confusion de la ville, loin des foules impatientes et des rabbins perfides, Jésus chercha la tranquillité dans un bosquet d'oliviers, où il pût se trouver seul avec Dieu. Mais de bon matin, il retourna au temple et, le peuple s'étant assemblé autour de lui, il s'assit et se mit à enseigner.

Il fut bientôt interrompu. Un groupe de pharisiens et de scribes s'approcha de lui, traînant une femme terrorisée qu'ils accusaient, d'un ton dur et violent, d'avoir transgressé le septième commandement. L'ayant poussée en présence de Jésus, ils lui dirent, avec d'hypocrites marques de respect : « Moïse, dans la loi, nous a prescrit de lapider de telles femmes : toi donc, que dis-tu ? »

Le respect qu'ils affichaient cachait une ténébreuse machination ourdie en vue de sa ruine. On saisissait cette occasion pour obtenir sa condamnation, persuadé qu'on aurait des preuves pour l'accuser quelle que fût sa réponse. S'il acquittait cette femme, on l'accuserait de mépriser la loi de Moïse. S'il déclarait qu'elle méritait la mort, on l'accuserait auprès des Romains d'assumer une autorité dont ils avaient le monopole.

Jésus considéra un instant ce tableau : la victime tremblante et honteuse, les dignitaires aux visages sévères et impitoyables. Un tel spectacle répugnait à sa pureté immaculée. Il savait bien dans quelle intention ce cas lui était proposé. Il lisait dans les cœurs, et il connaissait le caractère de la vie entière de chacune des personnes présentes. Ces prétendus gardiens de la justice avaient, eux-mêmes, induit en tentation la victime afin de tendre un piège à Jésus. Il se baissa, comme s'il n'avait pas entendu leur question, et, les yeux fixés sur le sol, commença d'écrire dans la poussière.

Rendus impatients par ce délai et cette apparente indifférence, les accusateurs s'approchèrent davantage, insistant auprès de lui pour obtenir une réponse. Mais, dès que leurs yeux, suivant ceux de Jésus, se fixèrent sur le sol, ils furent décontenancés. Les fautes secrètes de leur propre vie étaient là, inscrites devant eux. Le peuple aperçut le changement soudain de leur expression, et il s'avança pour découvrir la cause de leur étonnement et de leur honte.

Malgré tout le respect que ces rabbins professaient pour la loi, ils en avaient méconnu les dispositions en produisant leurs accusations contre cette femme. Il appartenait au mari d'engager une action contre elle, et les deux coupables devaient être également punis. Les accusateurs n'étaient donc pas dans leur droit. Cependant, Jésus consentit à se placer sur leur terrain. La loi voulait qu'en cas de lapidation, les témoins fussent les premiers à jeter la pierre. S'étant levé, et ayant fixé ses regards sur les anciens intrigants, Jésus dit : « Que celui de vous qui est sans péché lui jette le premier la pierre. » Puis s'étant à nouveau baissé, il continua d'écrire sur le sol.

Il avait évité ainsi de rejeter la loi de Moïse et d'empiéter sur l'autorité de Rome. Les accusateurs étaient vaincus. Dépouillés du vêtement de leur prétendue sainteté, ils se tenaient, coupables et condamnés, en présence de l'infinie pureté. La crainte de voir l'iniquité cachée de leur vie exposée à la foule les rendait tout tremblants ; ils s'esquivèrent, l'un après l'autre, la tête et les yeux baissés, laissant leur victime en présence du Sauveur plein de compassion.

Jésus, s'étant relevé, regarda la femme et lui dit : « Femme, où sont-ils, tes accusateurs ? Personne ne t'a condamnée ? Elle répondit : Personne, Seigneur. Et Jésus lui dit : Moi non plus je ne te condamne pas ; va, et désormais ne pèche plus. »

Cette femme s'était tenue toute tremblante devant Jésus. Les paroles : « Que celui de vous qui est sans péché lui jette le premier la pierre », avaient résonné à ses oreilles comme une sentence de mort. N'osant pas lever les yeux sur le visage du Sauveur, elle attendait en silence un verdict de condamnation. C'est avec étonnement qu'elle vit ses accusateurs s'en aller muets et confondus ; puis ces paroles d'espérance frappèrent ses oreilles : « Moi non plus je ne te condamne pas ; va, et désormais ne pèche plus. » Le cœur ému, elle se jeta aux pieds de Jésus, exprimant dans des sanglots son amour reconnaissant, et confessant son péché avec des larmes amères.

Ce fut, pour elle, le commencement d'une vie, nouvelle, d'une vie pure et paisible, consacrée au service de Dieu.

En relevant cette âme tombée, Jésus accomplit un plus grand miracle qu'en guérissant la plus grave maladie physique ; il la délivrait d'une maladie spirituelle qui conduit à la mort éternelle. Cette femme repentante devint l'un de ses plus fermes disciples. En retour du pardon miséricordieux qu'elle avait reçu de lui, elle lui témoigna un amour fait de sacrifice et de dévouement.

En pardonnant à cette femme et en l'encourageant à mener une vie meilleure, le caractère de Jésus resplendit dans la beauté d'une parfaite justice. Sans pallier le péché, sans amoindrir le sentiment de la culpabilité, il s'efforce, non pas de condamner, mais de sauver. Le monde n'avait pour cette femme que du mépris ; mais Jésus prononce des paroles de consolation et d'espérance. L'Etre sans péché prend en pitié la faiblesse du pécheur, et lui tend une main secourable. Là où les pharisiens hypocrites condamnent, Jésus dit : « Va, et désormais ne pèche plus. »

Un disciple du Christ ne saurait détourner ses yeux de ceux qui s'égarent et les laisser poursuivre leur course vers l'abîme. Ceux qui sont prompts à accuser et à traduire en justice sont souvent plus coupables que leurs victimes. Les hommes haïssent le pécheur et aiment le péché. Le Christ déteste le péché tout en aimant le pécheur. Le même esprit doit animer ses disciples. L'amour chrétien est lent à censurer, prompt à discerner les signes de la repentance, prêt à pardonner, à encourager, à remettre et à raffermir sur le chemin de la sainteté la personne qui s'égare.

[1] Ce chapitre est basé sur Jean 7.16-36, 40-53 ; 8.1-11. [2] Romains 10.20, 21. [3] Esaïe 24.23 ; Psaume 72.8. [4] Jean 7.17.

Chapitre 51

La lumière de la vie

« JESUS leur parla de nouveau et dit : Moi, je suis la lumière du monde ; celui qui me suit ne marchera point dans les ténèbres, mais il aura la lumière de la vie [1]. »

Jésus prononça ces paroles dans la cour du temple où se déroulaient les services de la fête des tabernacles. Au centre de cette cour se dressaient deux grands montants auxquels étaient suspendus des pieds de lampe de grande dimension. A la suite du sacrifice du soir toutes les lampes étaient allumées et projetaient leur lumière sur la ville de Jérusalem. Cette cérémonie avait pour but de commémorer la colonne de feu qui guidait Israël au désert, et on la considérait aussi comme préfigurant la venue du Messie. Lorsque, le soir venu, les lampes étaient allumées, la cour devenait le théâtre d'une grande allégresse. Des hommes aux cheveux gris, les prêtres du temple et les chefs de la nation se livraient à des danses joyeuses au son d'instruments de musique accompagnant les chants des Lévites.

Par cette illumination de Jérusalem le peuple exprimait l'espoir que le Messie viendrait répandre sa lumière sur Israël. Aux yeux de Jésus cette scène revêtait une plus grande signification. De même que les brillantes lampes du temple éclairaient tout l'entourage, ainsi le Christ, source de lumière spirituelle, dissipe les ténèbres du monde. Cependant le symbole était imparfait. Le grand luminaire que sa main a placé dans les cieux représente mieux la gloire de sa mission.

Le matin était venu ; le soleil se levait sur le mont des Oliviers, éclairant de sa lumière éblouissante les palais de marbre et faisant étinceler l'or des murailles du temple, quand Jésus s'écria, appelant l'attention sur cette scène : « Je suis la lumière du monde. »

Longtemps après, un témoin de cette scène qui avait entendu ces paroles devait s'en faire l'écho dans ce passage sublime : « En elle [la Parole] était la vie, et la vie était la lumière des hommes. La lumière brille dans les ténèbres, et les ténèbres ne l'ont pas accueillie. » « C'était la véritable lumière qui, en venant dans le monde, éclaire tout homme [2]. » Jésus était monté au ciel depuis quelques années quand Pierre, écrivant sous l'inspiration de l'Esprit divin, rappela le symbole dont le Christ s'était servi : « Nous tenons pour d'autant plus certaine la parole prophétique à laquelle vous faites bien de prêter attention comme à une lampe qui brille dans un lieu obscur, jusqu'à ce que le jour commence à poindre, et que l'étoile du matin se lève dans vos cœurs [3]. »

De tout temps la lumière a été un symbole de la présence de Dieu se manifestant au sein de son peuple. Au commencement, la parole créatrice avait fait jaillir la lumière du sein des ténèbres. La lumière était abritée dans la colonne de nuée qui accompagnait les armées d'Israël, de jour, et qui devenait une colonne de feu la nuit. Une lumière éclatante et redoutable entourait le Seigneur au Sinaï. Cette même lumière resplendissait au-dessus du propitiatoire dans le tabernacle et elle inonda le temple de Salomon lors de sa dédicace. Elle brilla sur les collines de Bethléhem quand les anges apportèrent le message de la rédemption aux bergers qui veillaient sur leurs troupeaux.

Dieu est la lumière ; et par les mots : « Je suis la lumière du monde », le Christ affirmait qu'il était un avec Dieu, tout en soulignant sa relation avec toute la famille humaine. C'est lui qui avait fait briller la lumière « du sein des ténèbres [4] ». C'est lui qui communique la lumière au soleil, à la lune, aux étoiles. La lumière spirituelle qui resplendissait sur Israël à travers les symboles, les figures et les prophéties, c'était lui. Cette lumière n'était pas destinée uniquement au peuple juif. De même que les rayons du soleil pénètrent jusqu'aux extrêmes limites de la terre, la lumière du Soleil de justice éclaire tout homme.

« C'était la véritable lumière qui, en venant dans le monde, éclaire tout homme. » Le monde a eu ses grands maîtres, géants intellectuels, remarquables chercheurs, dont les déclarations ont stimulé la pensée et ouvert à l'esprit de vastes champs de connaissances ; ces hommes ont été honorés comme guides et bienfaiteurs de leur race. Mais il est quelqu'un qui les surpasse tous. « A tous ceux qui l'ont reçue, elle [la Parole] a donné le pouvoir de devenir enfants de Dieu. » « Personne n'a jamais vu Dieu ; le Dieu Fils unique, qui est dans le sein du Père, lui, l'a fait connaître [5]. » Si haut dans l'histoire que remonte la suite des grands, hommes du monde, la Lumière les avait précédés. De même que la lune et les planètes du système solaire réfléchissent la lumière du soleil, les grands penseurs du monde, quand leur enseignement est vrai, ne font que réfléchir les rayons du Soleil de justice. Toute gemme de la pensée, tout éclair de l'intelligence procède de la Lumière du monde. On parle beaucoup aujourd'hui d'instruction supérieure ; or il n'est de véritable instruction supérieure que celle ayant sa source en celui « en qui sont cachés tous les trésors de la sagesse et de la connaissance ». « En elle [la Parole] était la vie, et la vie était la lumière des hommes [6]. » « Celui qui me suit, dit Jésus, ne marchera pas dans les ténèbres, mais il aura la lumière de la vie. »

En disant : « Je suis la lumière du monde », Jésus affirmait sa messianité. Le vieillard Siméon, dans ce même temple où Jésus enseignait maintenant, l'avait présenté en ces termes : « Lumière pour éclairer les nations, et gloire de ton peuple, Israël [7]. » Il lui appliquait ainsi une prophétie bien connue de tout Israël. En effet, le Saint-Esprit avait déclaré par la bouche du prophète Esaïe : « C'est trop peu que tu sois mon serviteur, chargé de relever les tribus de Jacob et de ramener les débris d'Israël ; je veux faire de toi la lumière des nations, afin que mon salut parvienne jusqu'aux extrémités de la terre [8]. » Cette prophétie était généralement appliquée au Messie ; quand donc Jésus disait : « Je suis la lumière du monde », on ne pouvait s'empêcher de voir qu'il se donnait ainsi comme celui qui avait été promis.

Pour les pharisiens et les chefs, c'était là une prétention arrogante. Ils ne pouvaient supporter l'idée qu'un homme semblable à eux eût de telles prétentions. Feignant d'ignorer ses paroles ils lui demandèrent : « Qui es-tu ? » Ils espéraient le forcer à se déclarer le Christ. Son apparence et son œuvre étaient si éloignées de l'attente du peuple que – c'est du moins ce que pensaient ses astucieux ennemis – s'il s'était annoncé directement comme le Messie il eût été rejeté comme un imposteur.

A la question : « Qui es-tu ? » Jésus répondit cependant : « Ce que je vous dis dès le commencement. » Le contenu de ses paroles était confirmé par son caractère. Il était une incarnation des vérités qu'il enseignait. Il ajouta : « Je ne fais rien de moi-même, mais je parle selon ce que le Père m'a enseigné. Celui qui m'a envoyé est avec moi ; il ne m'a pas laissé seul, parce que je fais toujours ce qui lui est agréable. » Plutôt que d'essayer d'appuyer ses prétentions à la messianité, il affirma qu'il était un avec Dieu. Si leurs esprits avaient été ouverts à l'amour de Dieu, ils eussent reçu Jésus.

Comme beaucoup de ses auditeurs se sentaient attirés vers lui par la foi, il leur dit : « Si vous demeurez dans ma parole, vous êtes vraiment mes disciples ; vous connaîtrez la vérité et la vérité vous rendra libres. »

Les pharisiens se crurent offensés par ces paroles. Oubliant que depuis longtemps ils étaient assujettis à un joug étranger, ils s'écrièrent en colère : « Nous sommes la descendance d'Abraham et nous n'avons jamais été les esclaves de personne ; comment dis-tu : Vous deviendrez libres ? » Jésus considéra ces hommes, esclaves de leur malice, qui ne songeaient qu'à la vengeance, et leur répondit avec tristesse : « En vérité, en vérité, je vous le dis, quiconque commet le péché est esclave du péché. » Ils étaient retenus dans le pire des esclavages, gouvernés qu'ils étaient par l'esprit du mal.

Toute âme qui refuse de se donner à Dieu se place sous la domination d'une autre puissance. Elle ne s'appartient plus. Elle peut parler de liberté ; en réalité elle se trouve dans l'esclavage le plus abject. Elle n'aperçoit pas la beauté de la vérité, dominée qu'elle est par Satan. Alors qu'elle se flatte de n'obéir qu'aux décisions de son propre jugement, elle est soumise à la volonté du prince des ténèbres. Le Christ est venu pour briser les entraves de l'esclavage du péché qui enserrent l'âme. « Si donc le Fils vous rend libres, vous serez réellement libres. » « La loi de l'Esprit de vie en Christ-Jésus t'a libéré de la loi du péché et de la mort [9]. »

Aucune contrainte dans l'œuvre de la rédemption. Aucune force extérieure n'intervient. Placé sous l'influence de l'Esprit de Dieu, l'homme est libre de choisir qui il veut servir. Lors du changement qui se produit au moment où une âme se livre au Christ, cette âme a le sentiment d'une entière liberté. C'est l'âme elle-même qui bannit le péché. Il est vrai que nous ne possédons pas en nous-mêmes le pouvoir de nous soustraire à la domination de Satan ; mais quand nous désirons être affranchis du péché et que notre détresse nous arrache un cri en vue d'obtenir une puissance venant du dehors et d'en-haut, les facultés de l'âme sont pénétrées par l'énergie du Saint-Esprit qui permet d'obéir aux décisions de la volonté en accord avec la volonté divine.

L'affranchissement de l'homme n'est possible qu'à une condition : devenir un avec le Christ. « La vérité vous rendra libres », or le Christ est la vérité. Le péché ne peut triompher qu'en affaiblissant l'esprit et en supprimant la liberté de l'âme. Se soumettre à Dieu c'est se retrouver soi-même – avec la vraie gloire et la dignité humaine. La loi divine à laquelle nous sommes assujettis c'est « la loi de la liberté [10] ».

Les pharisiens avaient déclaré qu'ils étaient enfants d'Abraham. Jésus leur dit qu'une telle prétention n'était valable que s'ils accomplissaient les œuvres d'Abraham. Les véritables enfants d'Abraham sont ceux qui vivent comme lui dans l'obéissance à Dieu. Ils ne chercheraient pas à mettre à mort celui qui leur apportait la vérité telle qu'il l'avait reçue de Dieu. En complotant contre le Christ les rabbins n'accomplissaient pas les œuvres d'Abraham. Descendre simplement d'Abraham selon la chair n'a aucune valeur. On n'est son enfant qu'en maintenant un rapport spirituel avec lui, ce qui serait manifesté par la possession du même esprit qui l'animait, et par l'accomplissement des mêmes œuvres.

Le même principe s'applique à la question si souvent débattue dans le monde chrétien – celle de la succession apostolique. De même que la descendance d'Abraham était établie, non par le nom ou la naissance, mais par la similitude des caractères, ainsi la succession apostolique dépend non d'une transmission de l'autorité ecclésiastique, mais d'une relation spirituelle. Une vie inspirée de l'esprit des apôtres, le fait de croire et d'enseigner les vérités qu'ils ont prêchées, voilà les véritables preuves de la succession apostolique. Voilà ce qui donne le droit de se considérer comme les successeurs des premiers propagateurs de l'Evangile.

Jésus niait que les Juifs fussent les enfants d'Abraham. Il dit : « Vous faites les œuvres de votre père. » Ils lui répondirent sur un ton moqueur : « *Nous* ne sommes pas des enfants illégitimes ; nous avons un seul Père, Dieu. » Par cette allusion aux circonstances de sa naissance, ils attaquaient le Christ en présence de ceux qui commençaient à croire en lui. Sans prêter la moindre attention à cette vile insinuation, Jésus dit : « Si Dieu était votre Père, vous m'aimeriez, car c'est de Dieu que je suis sorti et que je viens. »

Leurs œuvres attestaient leur lien de parenté avec celui qui a été menteur et meurtrier dès le commencement. « Vous avez pour père le diable, dit Jésus, et vous voulez accomplir les désirs de votre père. Il a été meurtrier dès le commencement, et il ne s'est pas tenu dans la vérité, parce que la vérité n'est pas en lui. ... Et moi, parce que je dis la vérité, vous ne me croyez pas ! » Parce que Jésus disait la vérité, avec une pleine assurance, les chefs juifs ne voulurent pas le recevoir. La vérité blessait ces propre-justes. La vérité dévoilait la fausseté de leurs erreurs ; elle condamnait leur enseignement et leur conduite ; aussi ne lui faisaient-ils pas bon accueil. Plutôt que d'avouer humblement qu'ils étaient dans l'erreur, ils préféraient fermer les yeux à la vérité. Ils n'aimaient pas celle-ci, et ne la désiraient pas, quoiqu'elle fût la vérité.

« Qui de vous me convaincra de péché ? Si je dis la vérité, pourquoi ne me croyez-vous pas ? » Jour après jour, trois années durant, ses ennemis avaient suivi le Christ, cherchant à découvrir quelque tache dans son caractère. Satan et ses armées avaient tout tenté pour le vaincre : ils n'avaient rien trouvé en lui qui leur offrît le moindre avantage. Les démons eux-mêmes s'étaient vus contraints de confesser qu'il était « le Saint de Dieu [11] ». Jésus vivait en harmonie avec la loi à la vue du ciel, des mondes qui n'ont pas connu le péché, et des hommes pécheurs. En présence des anges, des hommes, des démons, il avait lancé un défi qui dans toute autre bouche eût été un blasphème : « Je fais toujours ce qui lui est agréable. »

Puisque les Juifs ne voulaient pas le recevoir, bien qu'ils n'eussent trouvé aucun péché en Christ, il était prouvé qu'ils n'avaient rien de commun avec Dieu. Ils ne reconnaissaient pas sa voix dans le message de son Fils. Alors qu'ils s'imaginaient prononcer un jugement sur le Christ, en réalité ils se condamnaient eux-mêmes. « Celui qui est de Dieu écoute les paroles de Dieu, dit Jésus. Vous n'écoutez pas, parce que vous n'êtes pas de Dieu. »

Cette leçon garde sa valeur pour tous les temps. Il en est plus d'un qui se plaît à ergoter, à critiquer, à chercher un défaut dans la Parole de Dieu, et qui s'imagine prouver par là l'indépendance de son jugement et sa perspicacité. Il croit pouvoir s'ériger en juge de la Bible alors qu'en réalité il se juge lui-même. Il montre son incapacité d'apprécier les vérités d'origine céleste dont la portée est éternelle. L'effroi ne le saisit pas en présence de la justice de Dieu qui se dresse devant lui comme une haute montagne. Occupé à rechercher des vétilles et des brins de paille, il trahit une nature étroite et charnelle, un cœur qui est de moins en moins capable d'apprécier Dieu. Un cœur qui a répondu à l'attouchement divin recherchera ce qui peut accroître sa connaissance de Dieu, ce qui est susceptible de polir et d'ennoblir le caractère. Tout comme une fleur se tourne vers le soleil dont les brillants rayons font ressortir la beauté de ses nuances, l'âme se tournera vers le Soleil de justice pour que la lumière céleste embellisse son caractère en lui communiquant les grâces du caractère du Christ.

Jésus poursuivit son discours, faisant ressortir un contraste entre la position des Juifs et celle d'Abraham : « Abraham, votre père, a tressailli d'allégresse (à la pensée) de voir mon jour : il l'a vu et il s'est réjoui. »

Abraham avait vivement désiré voir le Sauveur promis. Il avait demandé avec instance de pouvoir contempler le Messie avant de mourir. Et il a vu le Christ. Favorisé par une lumière surnaturelle, il reconnut le divin caractère du Christ. Il vit son jour et se réjouit. Il lui fut donné de percevoir le sacrifice divin pour le péché. Sa propre expérience lui offrit une image de ce sacrifice. Il reçut l'ordre : « Prends ton fils, ton unique, celui que tu aimes, Isaac, ... offre-le en holocauste [12]. » Il plaça le fils de la promesse sur l'autel du sacrifice, ce fils en qui se concentraient toutes ses espérances. Alors qu'il brandissait le couteau, prêt à se conformer à l'ordre divin, une voix venant du ciel se fit entendre à lui : « Ne porte pas la main sur l'enfant et ne lui fais aucun mal. Je sais maintenant que tu crains Dieu, puisque tu ne m'as pas refusé ton fils, ton unique [13]. » Cette terrible épreuve fut imposée à Abraham pour lui permettre de voir le jour du Christ, de comprendre le grand amour dont Dieu a aimé le monde, si grand que pour le sauver de sa dégradation il n'a pas hésité à livrer son Fils unique à une mort ignominieuse.

Abraham apprit de Dieu la plus grande leçon qui puisse être donnée à un mortel. Il avait demandé à voir le Christ avant de mourir : sa prière fut exaucée. Il vit le Christ ; il vit tout ce qu'un mortel peut voir et survivre. En s'abandonnant entièrement il fut rendu capable de comprendre la vision du Christ qui lui était accordée. Il lui fut montré qu'en donnant son Fils unique pour sauver les pécheurs d'une ruine éternelle Dieu avait consenti au plus grand sacrifice, et au plus étonnant, qui ait jamais été demandé à un homme.

L'expérience d'Abraham fournissait une réponse à la question : « Avec quoi me présenterai-je devant l'Eternel et me prosternerai-je devant le Dieu Très-Haut ? Irai-je au-devant de lui avec des holocaustes, avec des veaux d'un an ? L'Eternel voudra-t-il agréer des milliers de béliers, des myriades de torrents d'huile ? Donnerai-je mon premier-né pour mon forfait, le fruit de mes entrailles pour le péché de mon âme ? [14] » Les paroles d'Abraham : « Mon fils, Dieu se pourvoira lui-même de l'agneau pour l'holocauste [15] » et la victime que Dieu accepta à la place d'Isaac, enseignaient que personne ne peut expier ses propres péchés. Le système païen des sacrifices est absolument inacceptable aux yeux de Dieu. Aucun père ne devait offrir son fils ou sa fille en sacrifice pour le péché. Seul le Fils de Dieu est qualifié pour porter la culpabilité du monde.

Grâce à sa propre souffrance Abraham put contempler la mission de sacrifice du Sauveur. Mais Israël ne voulait pas comprendre ce qui est désagréable à un cœur orgueilleux. Les auditeurs de Jésus ne virent pas la profonde signification des paroles du Christ concernant Abraham. Pour les pharisiens ces paroles ne firent qu'offrir une nouvelle raison d'ergoter. Ils répliquèrent en ricanant : « Tu n'as, pas encore cinquante ans et tu as vu Abraham ! »

Jésus répondit avec une grande solennité : « En vérité, en vérité, je vous le dis, avant qu'Abraham fût, moi, je suis. »

Un grand silence s'établit dans l'assemblée. Le rabbi galiléen s'était approprié le nom de Dieu, révélé à Moïse pour exprimer l'idée de la présence éternelle. Il se donnait comme l'Etre existant par lui-même, celui qui avait été promis à Israël, « celui dont l'origine remonte aux temps anciens, aux jours éternels [16] ».

Les prêtres et les rabbins renouvelèrent contre Jésus l'accusation de blasphème. Précédemment, sa prétention à être un avec Dieu les avait amenés à tenter de lui ôter la vie ; quelques mois plus tard ils allaient dire : « Ce n'est pas pour une œuvre bonne que nous te lapidons, mais pour un blasphème, et parce que toi, qui es un homme, tu te fais Dieu [17]. » Parce qu'il était le Fils de Dieu et se donnait pour tel, ils voulaient le détruire. En ce moment de nombreux assistants, prenant position pour les prêtres et les rabbins, ramassèrent des pierres pour les jeter contre lui. « Mais Jésus se cacha et sortit du temple. »

« La lumière brille dans les ténèbres, et les ténèbres ne l'ont pas accueillie [18]. »

« Jésus vit, en passant, un homme aveugle de naissance. Ses disciples lui demandèrent : Rabbi, qui a péché, lui ou ses parents, pour qu'il soit né aveugle ? Jésus répondit Ce n'est pas que lui ou ses parents aient péché ; mais c'est afin que les œuvres de Dieu soient manifestées en lui.... Après avoir dit cela, il cracha par terre et fit de la boue avec sa salive. Puis il appliqua cette boue sur les yeux de l'aveugle et lui dit : Va te laver au réservoir de Siloé – ce qui se traduit par Envoyé. Il y alla, se lava et, quand il revint, il voyait. »

Les Juifs pensaient généralement que le péché est puni dès la vie présente. Toute souffrance était considérée comme la punition de quelque méfait, soit de l'affligé, soit de ses parents. Il est vrai que toute souffrance est la conséquence de la transgression de la loi divine, mais cette vérité a été pervertie. Satan, l'auteur du péché et de ses résultats, a fait croire aux hommes que la maladie et la mort procèdent de Dieu et constituent une punition infligée arbitrairement en raison du péché. D'où il s'ensuivait que quelqu'un qui était frappé par quelque grande affliction ou calamité était regardé comme un grand pécheur, ce qui ajoutait à son malheur.

Ceci préparait les juifs à rejeter Jésus. Pour avoir porté nos maladies et s'être chargé de nos douleurs, les Juifs le croyaient « puni, frappé par Dieu et humilié », et ils se couvraient le visage à sa vue [19].

Dieu avait donné une leçon destinée à prévenir cela. L'histoire de Job avait montré que la souffrance est infligée par Satan et que Dieu réalise par elle ses desseins miséricordieux. Cette leçon n'a pas servi à Israël. L'erreur que Dieu avait reprochée aux amis de Job a été répétée par les Juifs qui ont rejeté le Christ.

L'opinion entretenue par les Juifs au sujet du rapport existant entre le péché et la souffrance était partagée par les disciples du Christ. Jésus corrigea cette erreur, sans toutefois leur indiquer la cause du malheur de cet homme, et il leur en montra le résultat : Ce serait une occasion pour manifester les œuvres de Dieu. « Pendant que je suis dans le monde, dit-il, je suis la lumière du monde. » Puis ayant oint les yeux de l'aveugle, il l'envoya se laver dans la piscine de Siloé ; cet homme recouvra la vue. Ainsi Jésus répondit à la question des disciples d'une manière pratique, comme il le faisait quand on l'interrogeait par curiosité. Les disciples n'avaient pas à discuter pour savoir qui avait ou n'avait pas péché ; ils devaient simplement entrevoir la puissance et la miséricorde de Dieu grâce auxquelles l'aveugle retrouvait l'usage de ses yeux. Il est bien évident que l'argile ne recélait aucune vertu guérissante, pas plus d'ailleurs que la piscine où l'aveugle alla se laver : la vertu résidait en Christ.

Cette guérison étonnait forcément les pharisiens ; mais elle les remplit de haine, car le miracle avait été accompli un jour de sabbat.

Les voisins du jeune homme et ceux qui l'avaient connu aveugle se demandaient : « N'est-ce pas là celui qui se tenait assis et qui mendiait ? » Ils en doutaient quelque peu, car, ses yeux ayant été ouverts, son visage était changé et égayé, si bien qu'il paraissait un tout autre homme. La question passait de l'un à l'autre ; les uns disaient : C'est lui. D'autres disaient : Il lui ressemble. L'affaire se trouva réglée quand celui qui avait été l'objet d'un si grand bienfait déclara : « C'est bien moi. » Puis il leur parla de Jésus et raconta comment il avait été guéri. Ils lui dirent : « Où est cet homme ? Il répondit : Je ne sais pas. »

On le conduisit alors devant le conseil des pharisiens. On lui demanda une fois de plus comment la vue lui avait été rendue. « Il leur dit : Il a appliqué de la boue sur mes yeux, je me suis lavé et je vois. Sur quoi, quelques-uns des pharisiens disaient : Cet homme ne vient pas de Dieu, car il n'observe pas le sabbat. » Les pharisiens comptaient démontrer que Jésus ne pouvait être le Messie puisqu'il était un pécheur. Ils ne savaient pas que l'aveugle avait été guéri par celui qui a institué le sabbat et qui en connaissait toutes les obligations. Tandis qu'ils affichaient un zèle extraordinaire pour le sabbat ils projetaient un meurtre ce même jour. Plusieurs, cependant, furent émus en apprenant ce miracle et comprirent que celui qui avait ouvert les yeux de l'aveugle n'était pas un homme ordinaire. Tandis que l'on accusait Jésus d'être un pécheur parce qu'il n'observait pas le sabbat, eux disaient : « Comment un homme pécheur peut-il faire de tels miracles ? »

Les rabbins s'adressèrent à l'aveugle : « Toi, que dis-tu de lui, puisqu'il t'a ouvert les yeux ? Il répondit : C'est un prophète. » Les pharisiens nièrent alors que cet homme fût né aveugle et qu'il eût été guéri. On fit venir ses parents et on les interrogea : « Est-ce là votre fils, dont vous dites qu'il est né aveugle ? »

L'homme était là, affirmant qu'il avait été aveugle et que la vue lui avait été rendue ; les pharisiens préféraient nier l'évidence plutôt que d'avouer leur erreur. Si puissant est le préjugé, si fallacieuse est la justice pharisaïque !

Il ne restait qu'un espoir aux pharisiens : intimider les parents de l'homme. Avec une feinte naïveté ils demandèrent : « Comment donc voit-il maintenant ? » Ces gens craignirent de se compromettre, car on avait fait courir le bruit que quiconque reconnaîtrait Jésus comme le Christ serait exclu de la synagogue pendant trente jours, temps pendant lequel aucun enfant ne pouvait être circoncis, aucun mort pleuré dans la maison du coupable. On considérait cette sentence comme une grande calamité, et si elle n'amenait pas le repentir du coupable des peines plus sévères étaient prévues. Ils répondirent, bien que l'œuvre magnifique accomplie en faveur de leur fils les eût impressionnés : « Nous savons que c'est notre fils et qu'il est né aveugle ; mais comment il voit maintenant, nous ne le savons pas, ou qui lui a ouvert les yeux, nous ne le savons pas non plus. Interrogez-le lui-même, il est assez âgé pour parler de ce qui le concerne. » N'osant confesser le Christ, ils se déchargèrent de toute responsabilité sur leur fils.

Le dilemme dans lequel se débattaient les pharisiens, leurs interrogations et leur préjugé, leur refus d'admettre ce qui avait eu lieu, tout ceci ouvrait les yeux de la foule, surtout du commun peuple. Jésus avait fréquemment accompli ses miracles en public, et son œuvre avait toujours eu pour but de soulager la souffrance. Une question se pressait donc dans l'esprit de plusieurs : Est-ce que Dieu accomplirait de telles œuvres par le ministère d'un imposteur, ce que Jésus était aux yeux des pharisiens ? La dispute s'envenimait à ce sujet.

Les pharisiens s'apercevaient qu'ils ne réussissaient qu'à donner de la publicité à l'œuvre de Jésus. Le miracle ne pouvait être nié. L'aveugle était rempli de joie et de reconnaissance ; il admirait les beautés de la nature et regardait avec ravissement les choses de la terre et du ciel. Il ne se lassait pas de raconter son expérience. On s'efforça de le réduire au silence : « Donne gloire à Dieu ; nous savons que cet homme est pécheur. » En d'autres termes : Cesse de dire que cet homme t'a rendu la vue ; c'est Dieu qui l'a fait. Il répondit : « S'il est pécheur, je ne le sais pas ; je sais une chose : j'étais aveugle, maintenant je vois. »

Ils l'interrogèrent encore : « Que t'a-t-il fait ? Comment t'a-t-il ouvert les yeux ? » Ils espéraient jeter la confusion dans son esprit, à force de paroles, pour qu'il crût avoir été trompé. Satan et les mauvais anges se tenaient aux côtés des pharisiens, ajoutant leurs efforts subtils aux raisonnements humains pour contrecarrer l'influence du Christ. Ils étouffaient la conviction qui s'emparait de beaucoup d'esprits. Des anges de Dieu étaient aussi présents pour affermir l'homme qui venait d'être guéri.

Les pharisiens pensaient n'avoir affaire qu'à un homme sans instruction, né aveugle ; ils ne voyaient pas celui contre lequel ils luttaient. Une lumière divine resplendissait dans l'âme de l'aveugle. Tandis que ces hypocrites tentaient de lui ravir sa foi, Dieu l'aidait à montrer, par ses réponses vigoureuses, faites à propos, qu'il échappait à leurs pièges. « Il leur répondit : Je vous l'ai déjà dit, et vous n'avez pas écouté ; pourquoi voulez-vous l'entendre encore ? Voulez-vous aussi devenir ses disciples ? Ils l'insultèrent et dirent : C'est toi qui es son disciple ; nous, nous sommes disciples de Moïse. Nous savons que Dieu a parlé à Moïse ; mais celui-ci, nous ne savons d'où il est. »

Le Seigneur Jésus n'ignorait pas l'épreuve endurée par cet homme ; il lui communiqua sa grâce et lui donna de pouvoir s'exprimer de manière à être un témoin du Christ. Ses réponses aux pharisiens constituaient un blâme sévère à l'adresse de ceux qui l'interrogeaient. Ils se donnaient comme les interprètes des Ecritures, les guides religieux de la nation ; voici quelqu'un qui opérait des miracles et ils avouaient ne pas connaître la source de son pouvoir ni la nature de ses prétentions. « Voilà ce qui est étonnant, dit cet homme, c'est que vous ne sachiez pas d'où il est ; et il m'a ouvert les yeux ! Nous savons que Dieu n'exauce pas les pécheurs ; mais si quelqu'un vénère Dieu et fait sa volonté, celui-là il l'exauce. Jamais encore on n'a entendu dire que quelqu'un ait ouvert les yeux d'un aveugle-né. Si cet homme n'était pas là de la part de Dieu, il ne pourrait rien faire. »

Cet homme s'était placé sur le terrain de ses inquisiteurs. Son raisonnement était inattaquable. Etonnés, les pharisiens se turent, sous le charme de ses paroles si appropriées. Il y eut un court silence. Puis les prêtres et les rabbins courroucés serrèrent sur eux leurs vêtements, comme pour éviter d'être contaminés par son contact ; ils secouèrent la poussière de leurs pieds et lui lancèrent cette apostrophe : « Tu es né tout entier dans le péché, et c'est toi qui *nous* enseignes ! » Et ils l'excommunièrent.

Jésus, sachant ce qui s'était passé, le rencontra tôt après et lui demanda : « Crois-tu au Fils de Dieu ? » L'aveugle voyait pour la première fois le visage de son guérisseur. Devant le conseil il avait vu l'embarras de ses parents et les visages courroucés des rabbins ; maintenant il voyait le visage aimable et paisible de Jésus. Il avait déjà, en prenant des risques, reconnu en lui un délégué de la puissance divine ; une révélation supérieure lui est accordée. A la question : « Crois-tu au Fils de Dieu ? » il répond : « Qui est-il, Seigneur, afin que je croie en lui ? » Jésus lui dit : « Tu l'as vu, et celui qui te parle, c'est lui. » L'homme tomba aux pieds du Sauveur et l'adora. Non seulement sa vue physique lui avait été rendue, mais les yeux de son entendement avaient été ouverts. Le Christ s'était révélé à son âme et il l'avait reçu comme l'Envoyé de Dieu.

Un groupe de pharisiens s'étant approché, à leur vue Jésus songea au contraste qui résultait toujours de ses paroles et de ses œuvres. Il dit : « Je suis venu dans ce monde pour un jugement, afin que ceux qui ne voient pas, voient, et que ceux qui voient deviennent aveugles. » Le Christ était venu pour ouvrir les yeux des aveugles, pour éclairer ceux qui gisent dans les ténèbres. Il s'était donné comme la lumière du monde ; le miracle qu'il venait d'accomplir confirmait sa mission. Les gens qui ont contemplé le Sauveur lors de sa venue ont été favorisés par une manifestation de la divine présence plus complète que tout ce dont le monde avait bénéficié auparavant. La connaissance de

Dieu fut révélée d'une manière plus parfaite. Mais cette révélation elle-même faisait peser un jugement sur les hommes. Le caractère de chacun était soumis à l'épreuve, la destinée de chacun était décidée.

La manifestation de la puissance divine qui avait donné à l'aveugle la vue physique et la vue spirituelle avait laissé les pharisiens dans de plus épaisses ténèbres. Se sentant visés par les paroles du Christ quelques-uns de ses auditeurs demandèrent : « Nous aussi, sommes-nous aveugles ? » Jésus répondit : « Si vous étiez aveugles, vous n'auriez pas de péché. » Si Dieu vous avait empêchés de voir la vérité, votre ignorance serait excusable. « Mais maintenant vous dites : Nous voyons. » Vous pensez être capables de voir, et voilà que vous rejetez les moyens qui seuls pourraient vous assurer la vue. A tous ceux qui ont été conscients de leurs besoins le Christ a offert une aide infinie. Mais les pharisiens ne voulaient avouer aucun besoin. Refusant de venir à Christ, ils restaient aveugles, mais aussi responsables de leur état de cécité. « Votre péché subsiste », leur dit Jésus.

---

[1] Ce chapitre est basé sur Jean 8.12-59 ; 9. [2] Jean 1.4, 5, 9. [3] 2 Pierre 1.19. [4] 2 Corinthiens 4.6. [5] Jean 1.12, 18. [6] Colossiens 2.3 ; Jean 1.4. [7] Luc 2.32. [8] Esaïe 49.6. [9] Romains 8.2. [10] Jacques 2.12. [11] Marc 1.24. [12] Genèse 22.2. [13] Genèse 22.12. [14] Michée 6.6, 7. [15] Genèse 22.8. [16] Michée 5.2. [17] Jean 10.33. [18] Jean 1.5. [19] Esaïe 53.4, 3.

Chapitre 52

Le divin Berger

« JE SUIS le bon berger. Le bon berger donne sa vie pour ses brebis. » « Je suis le bon berger. Je connais mes brebis, et mes brebis me connaissent, comme le Père me connaît, et comme je connais le Père ; et je donne ma vie pour mes brebis [1]. »

C'est en se servant des images qui leur étaient familières que Jésus atteignit l'esprit de ses auditeurs. Il avait comparé l'influence de l'Esprit à une eau rafraîchissante. Il s'était présenté lui-même comme étant la lumière, la source de la vie et du bonheur pour la nature et pour l'homme. Maintenant, dans un magnifique tableau pastoral, il montre ses relations avec ceux qui croient en lui, associant, pour toujours, cette scène coutumière à sa personne. Dès lors, les disciples ne regarderont plus des bergers paissant leurs troupeaux sans se souvenir de l'enseignement du Sauveur. Tout fidèle berger leur fera penser au Christ et chaque fois qu'ils verront un troupeau impuissant et dépendant, ils ne pourront s'empêcher de le comparer à eux-mêmes.

Déjà le prophète Esaïe, dans ces paroles consolantes, avait appliqué cette figure à la mission du Messie : « Monte sur une haute montagne pour annoncer la bonne nouvelle à Sion ! Elève la voix avec force pour annoncer la bonne nouvelle à Jérusalem. Elève la voix ; ne crains point ! Dis aux villes de Juda : Voici votre Dieu ! ... Comme un berger, il paîtra son troupeau. Il recueillera les agneaux entre ses bras et les portera dans son sein [2]. » De son côté, David avait chanté : « L'Eternel est mon berger ; je n'aurai point de disette. » D'autre part le Saint-Esprit avait déclaré par l'intermédiaire d'Ezéchiel : « J'établirai sur elles un seul berger qui les paîtra. » « Je chercherai celle qui est perdue ; je ramènerai l'égarée ; je panserai la blessée et je fortifierai la malade. » « Alors je contracterai avec mes brebis une alliance de paix. » « Ils ne seront plus la proie des nations ... ils seront en sécurité, sans que personne les épouvante [3]. »

Le Christ fit l'application de ces prophéties à sa propre personne, et mit en évidence le contraste existant entre son caractère et celui des conducteurs d'Israël. Les pharisiens venaient d'exclure du troupeau quelqu'un qui avait osé rendre témoignage à la puissance du Christ. Ils avaient retranché une âme que le vrai berger s'était efforcé d'attirer à lui. Par là ils s'étaient montrés ignorants en ce qui concerne l'œuvre à eux confiée, et indignes de leur mandat en tant que bergers du troupeau. Jésus, établissant le contraste qui existait entre eux et le bon berger, se désigna lui-même comme le vrai gardien du troupeau du Seigneur. Déjà il leur avait parlé de lui-même sous une image différente, leur disant : « Celui qui n'entre pas par la porte dans l'enclos des brebis, mais qui y monte par un autre côté, celui-là est un voleur et un brigand. Mais celui qui entre par la porte est le berger des brebis. » Les pharisiens ne comprirent pas que ces paroles étaient dirigées contre eux. Comme ils raisonnaient en eux-mêmes pour savoir ce qu'elles signifiaient, Jésus leur dit clairement : « Je suis la porte ; si quelqu'un entre par moi, il sera sauvé ; il entrera et sortira et trouvera de la pâture. Le voleur ne vient que pour voler, tuer et détruire ; moi, je suis venu, afin que les brebis aient la vie et qu'elles l'aient en abondance. »

Le Christ est la porte qui donne accès à la bergerie divine. Par cette porte sont entrés tous ses enfants, depuis les temps les plus reculés. En Jésus, tel qu'il est préfiguré dans les symboles, révélé par les prophètes, dévoilé dans les enseignements donnés aux disciples et dans les miracles accomplis en faveur des hommes, ils ont contemplé « l'Agneau de Dieu, qui ôte le péché du monde [4] », et en passant par lui ils furent introduits dans la bergerie de sa grâce. Beaucoup d'autres ont proposé différents objets à la foi du monde ; des cérémonies et des systèmes ont été imaginés pour permettre aux hommes d'obtenir la justification et la paix avec Dieu et d'entrer ainsi dans sa bergerie. Mais il n'y a qu'une porte : le Christ ; et tous ceux qui ont mis quelque autre chose à sa place ou qui ont essayé d'entrer dans la bergerie par quelque autre voie, sont des voleurs et des brigands.

Les pharisiens n'étaient pas entrés par la porte. Ayant pénétré dans la bergerie autrement que par le Christ ils n'accomplissaient pas l'œuvre d'un véritable berger. Prêtres et anciens, scribes et pharisiens détruisaient les pâturages vivants et souillaient les sources de l'eau vive. Ces paroles de l'inspiration avaient bien décrit ces faux bergers : « Vous n'avez pas fortifié les brebis débiles ; vous n'avez pas guéri les malades, vous n'avez pas bandé les blessées ; vous n'avez pas ramené les égarées, ... mais vous les avez dominées avec violence et dureté [5]. »

De tout temps, des philosophes et des docteurs se sont efforcés de présenter au monde des théories capables de satisfaire les aspirations de l'âme. Chaque nation païenne a eu ses grands instructeurs et ses systèmes religieux, offrant quelque autre moyen de rédemption que le Christ, détournant les yeux de la face du Père, et inspirant de la crainte pour celui qui ne fait que bénir. Ces religions tendent à priver Dieu de ce qui lui appartient par droit de création et de rédemption. Ces faux instructeurs dépouillent également l'homme. Des millions d'êtres humains sont courbés sous de fausses religions, dans l'esclavage d'une crainte servile, ou d'une indifférence stupide, peinant comme des bêtes de somme, privés ici-bas d'espérance, de joie et d'aspirations, et n'entretenant qu'une vague inquiétude au sujet de l'au-delà. Seul, l'Evangile de la grâce divine peut relever l'âme. Mieux que toute autre chose, la contemplation de l'amour de Dieu, tel qu'il se manifeste en son Fils, réveille le cœur et développe les facultés de l'âme. Le Christ est venu rétablir en l'homme l'image de Dieu ; quiconque détourne les hommes du Christ, les détourne de la source du vrai développement ; il leur ravit l'espérance, le but et la gloire de la vie. C'est un voleur et un brigand.

« Celui qui entre par la porte est le berger des brebis. » Le Christ est à la fois la porte et le berger. C'est en passant à travers lui-même qu'il entre. Grâce à son sacrifice il devient le berger des brebis. « Le portier lui ouvre, et les brebis entendent sa voix : il appelle par leur nom les brebis qui lui appartiennent et les mène dehors. Lorsqu'il a fait sortir toutes celles qui lui appartiennent, il marche devant elles ; et les brebis le suivent, parce qu'elles connaissent sa voix. »

La brebis est, de tous les animaux, le plus timide, le plus faible ; en Orient la sollicitude du berger pour son troupeau est incessante et inlassable. Autrefois, comme aujourd'hui, il y avait peu de sécurité en dehors des villes entourées de murailles. Des maraudeurs, appartenant aux tribus errantes du voisinage, des bêtes de proie sorties des antres des rochers se tenaient aux aguets pour piller les troupeaux. Le berger savait qu'il veillait, au péril de sa vie, sur ce qui lui était confié. Jacob disait, en parlant des durs travaux accomplis lorsqu'il gardait les troupeaux de Laban dans les pâturages de Charan : « La chaleur me consumait pendant le jour et le froid pendant la nuit ; et le sommeil fuyait de mes yeux [6]. » C'est aussi en gardant les brebis de son père, que le jeune David, s'étant trouvé tout seul, une fois, en face d'un lion, une autre fois, en face d'un ours, avait arraché de leurs crocs l'agneau dérobé.

Alors que le berger conduit son troupeau sur les collines rocailleuses, à travers forêts et ravins sauvages, vers des recoins herbeux, au bord d'une rivière ; alors qu'il veille sur lui, dans la montagne, pendant les nuits solitaires, le protégeant contre les voleurs, et prenant un tendre soin des malades et des débiles, sa vie s'identifie avec celle de ses brebis. Un lien, à la fois fort et tendre, le rattache aux objets de sa sollicitude. Quelque grand que soit le troupeau, le berger connaît chacune des brebis. Chacune d'elle a son nom particulier et elle répond quand le berger l'appelle.

Tout comme le berger terrestre connaît ses brebis, ainsi le divin Berger connaît son troupeau dispersé à travers le monde. « Vous êtes mon troupeau, le troupeau que je fais paître ; vous êtes des hommes et moi je suis votre Dieu, dit le Seigneur, l'Eternel. » Jésus dit : « Je t'ai appelé par ton nom ; tu es à moi. » « J'ai gravé ton nom sur les paumes de mes mains [7]. »

Jésus nous connaît individuellement, et il est sensible à nos infirmités. Il connaît la maison où nous vivons et le nom de chaque habitant. Il a donné parfois à ses serviteurs l'ordre de se rendre dans telle rue de telle ville, et à telle maison, pour trouver l'une de ses brebis.

Chaque âme est l'objet, de la part de Jésus, d'une connaissance aussi complète que si elle était la seule pour laquelle le Sauveur soit mort. Son cœur est touché par les misères de chacun. Il entend tous les appels de détresse. Il est venu afin d'attirer tous les hommes à lui. Il leur dit : « Suivez-moi », et son Esprit agit sur les cœurs afin de les amener à lui. Beaucoup refusent de se laisser attirer. Jésus les connaît. Il connaît aussi ceux qui répondent joyeusement à son appel et sont disposés à se confier à ses soins pastoraux. Il dit : « Mes brebis entendent ma voix ; ... je les connais, et elles me suivent. » Il prend soin de chacune d'elles comme s'il n'en avait point d'autre sur la surface de la terre.

« Il appelle par leur nom les brebis qui lui appartiennent et les mène dehors. ... Et les brebis le suivent, parce qu'elles connaissent sa voix. » Le berger oriental ne chasse pas ses brebis en avant. Il ne compte ni sur la force ni sur la crainte ; mais il va au-devant d'elles et les appelle. Elles connaissent sa voix et répondent à son appel. Notre Sauveur et Berger agit de la même façon à l'égard de ses brebis. L'Ecriture dit : « Tu as conduit ton peuple comme un troupeau, par la main de Moïse et d'Aaron. » Jésus déclare, par l'intermédiaire des prophètes : « Je t'ai aimée d'un amour éternel ; c'est pourquoi j'ai conservé pour toi ma miséricorde. » Il ne contraint personne à le suivre. « Je les attirais à moi, dit-il, par les liens de la bonté, par les chaînes de l'amour [8]. »

Ce n'est pas la peur du châtiment, ou l'espoir d'une récompense éternelle, qui pousse les disciples du Christ à le suivre. Ils contemplent l'amour immaculé du Sauveur, tel qu'il s'est manifesté tout le long de son pèlerinage terrestre, depuis la crèche de Bethléhem jusqu'à la croix du Calvaire, et cette vision attire, attendrit et subjugue les âmes. L'amour naît dans les cœurs. Ils entendent sa voix et le suivent.

Le berger précède ses brebis, s'exposant le premier aux périls de la route ; Jésus agit de même à l'égard de son peuple. « Lorsqu'il a fait sortir toutes celles qui lui appartiennent, il marche devant elles. » Le chemin qui conduit au ciel a été consacré par l'empreinte des pieds du Sauveur. Il se peut que le sentier paraisse escarpé et raboteux, mais Jésus l'a parcouru ; de ses pieds il a pressé les épines acérées, afin de nous faciliter le passage. Il a porté tous les fardeaux que nous sommes appelés à porter.

Bien qu'il soit monté en la présence de Dieu, et qu'il partage le trône de l'univers, Jésus n'a rien perdu de sa compassion. Son tendre cœur reste accessible aujourd'hui encore à tous les malheurs de l'humanité. Sa main percée reste étendue pour bénir plus abondamment les siens qui se trouvent dans le monde. « Elles ne périront jamais, et personne ne les arrachera de ma main. » L'âme qui s'est donnée au

Christ est plus précieuse à ses yeux que le monde entier. Pour sauver une seule âme dans son royaume, le Sauveur eût consenti à passer par l'agonie du Calvaire. Jamais il n'abandonnera une âme pour laquelle il est mort. A moins que ceux qui le suivent ne préfèrent le quitter, il les retiendra fortement.

Dans toutes nos épreuves nous avons un Assistant qui ne nous fait jamais défaut. Il ne nous laisse pas seuls à lutter contre la tentation, à combattre le mal, pour être enfin écrasés par les soucis et les douleurs. Bien qu'il reste caché aux yeux des mortels, sa voix pénètre en nous par l'oreille de la foi : « Sois sans crainte. ... Je suis ... le Vivant. J'étais mort, et me voici vivant aux siècles des siècles [9]. » J'ai connu vos luttes, j'ai affronté vos tentations. Je connais vos larmes, car j'ai pleuré, moi aussi. Je connais les douleurs intimes qu'on ne confie à aucune oreille humaine. Ne pensez pas que vous êtes délaissés et privés de consolations. Même si votre douleur ne fait vibrer les cordes d'aucun cœur sur la terre, regardez à moi et vous vivrez. « Quand les montagnes s'effondreraient, quand les collines s'ébranleraient, ma bonté pour toi ne faiblira point, et mon alliance de paix ne sera pas ébranlée, dit l'Eternel, qui a compassion de toi [10]. »

Quel que soit l'attachement d'un berger pour ses brebis, il éprouve un plus grand amour pour ses fils et ses filles. Jésus n'est pas seulement notre berger ; il est aussi notre « Père d'éternité » Il dit : « Je connais mes brebis, et mes brebis me connaissent, comme le Père me connaît et comme je connais le Père. » Quelle magnifique déclaration ! La communion qui existe entre lui – le Fils unique, qui est dans le sein du Père, lui que Dieu appelle son « Compagnon » [11] – et le Dieu éternel, sert à illustrer la communion qui existe entre le Christ et ses enfants sur la terre !

Jésus nous aime parce que nous sommes le cadeau de son Père et le prix de son œuvre. Il nous aime comme ses enfants. Lecteur, il vous aime. Le ciel lui-même ne peut donner rien de plus grand, rien de meilleur. Ayez donc confiance.

Jésus s'est préoccupé des âmes qui, dans toutes les parties de la terre, étaient égarées par de faux bergers. Il désirait ardemment rassembler dans son pâturage les brebis dispersées parmi les loups ; aussi dit-il : « J'ai encore d'autres brebis qui ne sont pas de cet enclos ; celles-là, il faut aussi que je les mène ; elles entendront ma voix, et il y aura un seul troupeau, un seul berger. »

« Le Père m'aime, parce que je donne ma vie, afin de la reprendre. » Ce qui veut dire : Mon Père vous a tant aimé qu'il m'aime davantage parce que je donne ma vie pour votre rançon. En devenant votre remplaçant et votre garant, en faisant le sacrifice de ma vie, en acquittant vos dettes, vos transgressions, je deviens plus cher à mon Père.

« Je donne ma vie, afin de la reprendre. Personne ne me l'ôte, mais je la donne de moi-même ; j'ai le pouvoir de la donner et j'ai le pouvoir de la reprendre. » Bien qu'il fût mortel en tant que membre de la famille humaine, il était aussi, en sa qualité de Dieu, la source de la vie pour le monde. Il aurait pu se dérober aux approches de la mort, et refuser de devenir sa proie ; mais il offrit volontairement sa vie afin de mettre en évidence la vie et l'immortalité. Il porta le péché du monde, il subit sa malédiction, et accepta le sacrifice afin que les hommes ne périssent pas pour l'éternité. « Cependant, ce sont nos maladies qu'il portait ; c'est de nos douleurs qu'il s'était chargé... Il a été meurtri à cause de nos péchés, brisé à cause de nos iniquités. Le châtiment qui nous donne la paix est tombé sur lui et c'est par ses meurtrissures que nous avons la guérison. Nous étions tous comme des brebis errantes ; chacun de nous suivait sa propre voie ; et l'Eternel a fait retomber sur lui l'iniquité de nous tous [12]. »

---

[1] Ce chapitre est basé sur Jean 10.1-30. [2] Esaïe 40.9-11. [3] Psaume 23.1 ; Ezéchiel 34.23, 16, 25, 28. [4] Jean 1.29. [5] Ezéchiel 34.4. [6] Genèse 31.40. [7] Ezéchiel 34.31 ; Esaïe 43.1 ; 49.16. [8] Psaume 77.21 ; Jérémie 31.3 ; Osée 11.4. [9] Apocalypse 1.17, 18. [10] Esaïe 54.10. [11] Zacharie 13.7. [12] Esaïe 53.4-6.

CHAPITRE 53

Le départ définitif de la Galilée

VERS la fin de son ministère, le Christ introduisit un changement dans sa méthode de travail [1]. Jusqu'ici il s'était efforcé d'éviter l'agitation et la publicité, se dérobant aux hommages du peuple, et passant rapidement d'un endroit à un autre quand l'enthousiasme populaire qu'il suscitait devenait irrésistible. A plusieurs reprises il avait défendu qu'on le proclamât le Christ.

Lors de la fête des tabernacles il avait effectué avec rapidité et en secret son voyage à Jérusalem. A ses frères qui insistaient pour qu'il se présentât publiquement en qualité de Messie, il avait répondu : « Le moment n'est pas encore venu pour moi [2]. » Il s'était rendu à Jérusalem sans être observé, et il était entré dans la ville sans être annoncé et sans recevoir les honneurs de la foule. Il n'en fut pas ainsi lors de son dernier voyage. Il avait quitté momentanément Jérusalem en raison de la malice des prêtres et des rabbins. Maintenant il se met en devoir d'y revenir en faisant un détour, sans se cacher, et il fait annoncer son arrivée. Allant au-devant de son grand sacrifice, il lui convenait de provoquer l'attention du peuple.

« Comme Moïse éleva le serpent dans le désert, il faut, de même, que le Fils de l'homme soit élevé [3]. » Tous les regards d'Israël avaient été dirigés sur le serpent élevé comme symbole de leur guérison : de la même manière tous les yeux doivent se fixer sur le Christ, la victime qui, par son sacrifice, procurera le salut au monde perdu.

C'était une fausse conception de l'œuvre du Messie, ainsi qu'un manque de foi au caractère divin de Jésus, qui avaient poussé ses frères à insister auprès de lui pour qu'ils se présentât au public, à l'occasion de la fête des tabernacles. Pour des motifs semblables, les disciples, se rappelant ses paroles au sujet de ce qui allait lui arriver et connaissant la haine mortelle dont étaient animés les conducteurs religieux, auraient bien voulu pouvoir dissuader leur Maître de se rendre à Jérusalem.

Pour le Christ c'est une tâche difficile que de s'avancer en dépit des craintes, du désappointement et de l'incrédulité de ses disciples bien-aimés. Il lui est dur de les conduire vers l'angoisse et le désespoir qui les attendent à Jérusalem. Et Satan est là pour assiéger le Fils de l'homme de ses tentations. Pourquoi va-t-il maintenant à Jérusalem, au-devant d'une mort certaine ? Tout autour de lui des âmes ont faim du pain de vie ; des âmes souffrantes attendent une parole de guérison. A peine a-t-il commencé l'œuvre de l'Evangile de sa grâce. Il est encore dans la pleine vigueur de l'âge. Pourquoi ne s'avancerait-il pas dans les vastes champs du monde, apportant les paroles de sa grâce, et sa puissance de guérison ? Pourquoi ne s'accorderait-il pas la joie de donner la lumière et le bonheur à des millions d'êtres croupissant dans les ténèbres et la souffrance ? Pourquoi laisse-rait-il le soin de recueillir la moisson à des disciples de foi si débile, de compréhension si étroite et dont l'action est si lente ? Pourquoi affronterait-il la mort alors que son œuvre se trouve encore dans l'enfance ? L'ennemi qui s'est attaqué au Christ, dans le désert, renouvelle aujourd'hui ses tentations les plus fortes et les plus subtiles. Si Jésus cède, un instant seulement, si, pour se sauver lui-même, il modifie son attitude, les instruments de Satan triomphent et le monde est perdu.

Mais Jésus a pris « la ferme résolution de se rendre à Jérusalem ». La seule loi de sa vie c'est la volonté de son Père. Déjà, lors de sa visite au temple, alors qu'il n'était qu'un enfant, il avait dit à Marie : « Ne saviez-vous pas qu'il faut que je m'occupe des affaires de mon Père ? » A Cana, lorsque Marie lui a demandé de manifester sa puissance miraculeuse, il a répondu : « Mon heure n'est pas encore venue [4]. » Les mêmes paroles lui ont servi de réponse quand ses frères l'ont supplié de se rendre à la fête. Dans le grand plan divin une heure a été fixée où il doit s'offrir pour les péchés des hommes : cette heure est sur le point de sonner. Il ne va pas défaillir. Il tourne ses pas vers Jérusalem où, depuis longtemps, ses ennemis trament contre sa vie ; il va maintenant la leur abandonner et il se dirige hardiment vers la persécution, le reniement, la condamnation et la mort.

« Il envoya devant lui des messagers. » Ceux-ci « se mirent en route et entrèrent dans un village de Samaritains » pour lui préparer un logement. Mais on refusa de le recevoir parce qu'il était en route vers Jérusalem. A cause de ce voyage, les Samaritains avaient l'impression que le Christ accordait la préférence aux Juifs, objet de leur haine la plus intense. Ils l'auraient accueilli joyeusement s'il était venu rétablir le temple et le culte sur le mont Garizim ; comme il se rendait à Jérusalem, ils ne voulurent pas lui accorder l'hospitalité. Ils étaient loin de penser qu'ils rejetaient le meilleur don du ciel. Jésus invitait les hommes à le recevoir ; il leur demandait même des faveurs, et cela en vue de s'approcher d'eux pour leur dispenser ses plus riches bénédictions. En échange de la moindre faveur reçue, il accordait la grâce la plus précieuse. Mais le préjugé et l'étroitesse des Samaritains leur firent perdre tout cela.

Jacques et Jean, les messagers du Christ, furent très blessés par cette injure faite à leur Seigneur. Le voir si maltraité par les Samaritains alors qu'il voulait bien les honorer de sa présence, les remplit d'indignation. Récemment, sur la montagne de la transfiguration, ils avaient vu leur Maître glorifié par Dieu et honoré par Moïse et par Elie. Le manque d'égards dont les Samaritains s'étaient rendus coupables méritait, pensaient-ils, un châtiment signalé.

Ils rapportèrent au Christ les paroles de ces gens, et lui dirent qu'on avait refusé de le loger même pour une nuit. Ils pensaient qu'un tort grave lui avait été fait et ils dirent, en regardant au loin dans la direction du mont Carmel, où Elie avait égorgé les faux prophètes : « Seigneur, veux-tu que nous disions au feu de descendre du ciel et de les consumer ? » Ils constatèrent avec surprise que leurs paroles peinaient Jésus, et leur étonnement fut encore plus grand en entendant ce reproche : « Vous ne savez de quel esprit vous êtes animés. Car le Fils de l'homme est venu non pour perdre les âmes, mais pour les sauver [5]. »

Le Christ s'en alla dans un autre village. Il n'appartenait pas à sa mission de contraindre les hommes à le recevoir. C'est Satan, et ce sont les hommes animés de son esprit, qui s'efforcent de violenter les consciences. Sous prétexte de zèle pour la justice, des hommes associés à de mauvais anges font souffrir leurs semblables pour les convertir à leurs idées religieuses ; le Christ, lui, ne cesse de faire preuve de miséricorde, s'efforçant constamment de gagner les âmes par la manifestation de son amour. Il ne peut tolérer aucun rival dans une âme, il ne peut se contenter d'un service partiel ; mais il n'accepte qu'un service volontaire, le libre abandon d'un cœur pressé par l'amour.

Notre empressement à nuire à ceux qui n'aiment pas notre œuvre ou qui agissent contrairement à nos idées montre que nous sommes remplis de l'esprit de Satan.

Tout être humain appartient à Dieu, corps, âme et esprit. Le Christ est mort pour racheter tous les hommes. Rien ne contriste Dieu davantage que de voir des hommes qui, poussés par le fanatisme religieux, font souffrir ceux dont le Sauveur a payé la rançon par son sang.

« Jésus se mit en route pour se rendre aux confins de la Judée et de l'autre côté du Jourdain. Les foules s'assemblèrent de nouveau près de lui, et selon sa coutume, une fois de plus il les enseignait [6]. »

C'est en Pérée, une province qui se trouvait de l'autre côté du Jourdain par rapport à la Judée, que Jésus passa une grande partie des derniers mois de son ministère. Là les foules se pressaient autour de lui, comme cela avait eu lieu, en Galilée, au début de son ministère, et beaucoup de ses premiers enseignements y furent répétés.

Comme il avait envoyé les douze apôtres, « le Seigneur en désigna encore soixante-dix autres et les envoya devant lui, deux à deux, dans toute ville et tout endroit où lui-même devait aller ». Pendant quelque temps ces disciples s'étaient formés auprès de lui, en vue de leur œuvre. Alors que les douze accomplissaient une mission de leur côté, d'autres disciples accompagnaient Jésus dans sa tournée en Galilée. Ils s'étaient ainsi trouvés intimement associés à lui, et placés sous sa direction personnelle. Maintenant ces nombreux disciples devaient, à leur tour, aller en mission de leur côté. Les soixante-dix reçurent les mêmes instructions qu'avaient reçues les douze, à l'exception toutefois de la défense d'entrer dans les villes des païens ou des Samaritains. Les Samaritains venaient de repousser le Christ, mais cela n'avait pas altéré son amour pour eux. Quand les soixante-dix s'en allèrent, en son nom, ils commencèrent par visiter les villes de la Samarie.

La visite du Sauveur en Samarie, et, plus tard, l'éloge du bon Samaritain ainsi que la joie reconnaissante du lépreux Samaritain qui, seul parmi les dix, était revenu pour exprimer au Christ sa gratitude : tout cela revêtait une profonde signification aux yeux des disciples. Cette leçon se grava profondément dans leurs cœurs. Dans l'ordre qu'il leur donna immédiatement avant son ascension, Jésus mentionna la Samarie avec Jérusalem et la Judée comme étant les lieux où ils devaient d'abord prêcher l'Evangile. Son enseignement les avait préparés à se conformer à cet ordre. Et quand ils se rendirent en Samarie, au nom de leur Maître, ils trouvèrent une population prête à les recevoir. Les paroles d'éloges du Christ et ses œuvres de miséricorde en faveur d'hommes appartenant à leur nation, étaient parvenues aux oreilles des Samaritains. Ils virent qu'il n'avait que des pensées d'amour à leur égard, malgré la manière rude dont ils l'avaient traité, et leurs cœurs furent gagnés. Après son ascension, ils accueillirent favorablement les messagers du Sauveur, et les disciples purent recueillir une précieuse moisson parmi ceux qui avaient été autrefois leurs plus grands ennemis. « Il ne brisera pas le roseau froissé et il n'étouffera pas le lumignon qui va s'éteindre. Il fera régner la justice en toute vérité. » « Et les nations espéreront en son nom [7]. »

En envoyant les soixante-dix, Jésus leur recommanda, comme il l'avait recommandé aux douze, de ne pas s'imposer là où on ne les recevrait pas volontiers. « Dans quelque ville que vous entriez, et où l'on ne vous recevra pas, allez sur ses places et dites : Nous secouons contre vous la poussière même de votre ville, qui s'est attachée à nos pieds ; sachez pourtant que le royaume de Dieu est proche. » Ceci avait pour but, non pas de manifester du ressentiment pour une blessure d'amour-propre, mais de montrer combien c'est chose grave de refuser le message du Seigneur ou ses messagers. Rejeter les serviteurs du Seigneur c'est rejeter le Christ lui-même.

Jésus ajouta : « Je vous dis qu'en ce jour, pour Sodome il y aura moins de rigueur que pour cette ville-là. » Puis sa pensée alla vers les villes galiléennes où il avait exercé une si grande partie de son ministère. Il s'écria avec les accents d'une douleur sincère : « Malheur à toi, Chorazin ! malheur à toi Bethsaïda ! car, si les miracles faits au milieu de vous l'avaient été à Tyr et à Sidon, il y a longtemps qu'elles se seraient repenties, avec le sac et la cendre. C'est pourquoi, lors du jugement, pour Tyr et pour Sidon il y aura moins de rigueur que pour vous. Et toi, Capernaüm, seras-tu élevée jusqu'au ciel ? Tu seras abaissée jusqu'au séjour des morts. »

Les plus riches bénédictions du ciel avaient été généreusement offertes à ces villes des bords de la mer de Galilée. Jour après jour, le Prince de la vie était allé et venu parmi les habitants. La gloire de Dieu, que des prophètes et des rois avaient souhaité voir, avait brillé sur des foules qui se pressaient sur les pas du Sauveur. Cependant le don du ciel fut refusé.

Faisant montre d'une prudence extrême, les rabbins avaient mis en garde contre les nouvelles doctrines enseignées par le nouveau docteur, qui, disaient-ils, étaient contraires à l'enseignement des pères. Au lieu de chercher à comprendre la Parole de Dieu pour soi-même, on donnait crédit à ce qu'enseignaient les prêtres et les pharisiens. On accordait aux prêtres et aux chefs l'honneur dû à Dieu, et l'on rejetait la vérité pour se conformer à leurs traditions. Plusieurs avaient reçu une impression favorable ; bien que presque persuadés ils n'agirent pas selon leurs convictions et ne prirent pas position pour le Christ. Satan offrit ses tentations et ce qui était lumineux finit par sembler ténébreux. Ainsi plusieurs repoussèrent la vérité qui eût pu sauver leur âme.

Le Témoin fidèle dit : « Voici, je me tiens à la porte et je frappe [8]. » Chaque réprimande, chaque exhortation, chaque avertissement contenu dans la Parole de Dieu ou donné par ses messagers équivaut à un coup frappé à la porte du cœur. C'est la voix de Jésus sollicitant l'entrée. On est de moins en moins disposé à ouvrir à mesure que l'on résiste à ces appels. L'influence du Saint-Esprit, méconnue aujourd'hui, sera moins forte demain. Le cœur, devenu moins sensible, tombe dans une inconscience dangereuse qui fait sous-estimer la brièveté de la vie et l'approche de l'éternité. Si nous sommes condamnés au jour du jugement, ce ne sera pas pour avoir été dans l'erreur, mais pour avoir négligé les occasions d'apprendre à connaître la vérité que le ciel nous a offertes.

Comme les apôtres, les soixante-dix avaient été doués de facultés surnaturelles destinées à servir de sceau à leur mission. Une fois leur œuvre achevée, ils revinrent avec joie, en disant : « Seigneur, les démons mêmes nous sont soumis en ton nom. » Jésus répondit : « Je voyais Satan tomber du ciel comme un éclair. »

Les scènes du passé et de l'avenir défilèrent devant l'esprit de Jésus. Il vit Lucifer expulsé, pour la première fois, des lieux célestes. Il regarda en avant, vers sa propre agonie qui allait dévoiler, aux yeux de tous les mondes, le caractère du séducteur. Il entendit le cri : « Tout est accompli [9] » annonçant que la rédemption d'une race perdue était définitivement rendue certaine et que le ciel était pour toujours à l'abri des accusations, des tromperies et des entreprises de Satan.

Par-delà la croix du Calvaire, par-delà l'agonie et l'opprobre, Jésus regarda en avant vers le grand jour final où le prince dg la puissance de l'air sera détruit sur la terre qu'il a souillée de sa rébellion. Il vit l'œuvre du mal arriver à son terme et la paix de Dieu remplir les cieux et la terre.

Dès ce moment les disciples du Christ devaient considérer Satan comme un ennemi vaincu. Sur la croix, Jésus allait remporter pour eux la victoire ; son désir était qu'ils considérassent cette victoire comme la leur. « Voici, dit-il, je vous ai donné le pouvoir de marcher sur les serpents et les scorpions et sur toute la puissance de l'ennemi ; et rien ne pourra vous nuire. »

La toute-puissance du Saint-Esprit est le refuge de toute âme repentante. Le Christ ne permettra pas qu'une seule âme, implorant sa protection dans un esprit de repentance et de foi, tombe au pouvoir de l'ennemi. Le Sauveur se tient à ses côtés lorsqu'elle est tentée et éprouvée. Avec lui il ne peut y avoir ni échec, ni perte, ni impossibilité, ni défaite ; nous pouvons tout par celui qui nous fortifie. Quand surviennent des tentations et des épreuves, n'essayez pas de tout arranger vous-mêmes, mais regardez à Jésus, votre assistant.

Il y a des chrétiens qui se préoccupent et qui parlent beaucoup trop de la puissance de Satan. Ils pensent à leur adversaire, prient à son sujet, parlent de lui, si bien que celui-ci finit par grandir démesurément dans leur imagination. Il est vrai que Satan est un être puissant ; mais, grâce à Dieu, nous avons un Sauveur qui a chassé le malin du ciel. Satan se plaît à nous voir exagérer sa puissance. Pourquoi ne parlerions-nous pas plutôt de Jésus ? Pourquoi n'exalterions-nous pas plutôt sa puissance et son amour ?

L'arc-en-ciel de la promesse qui entoure le trône divin est un témoignage impérissable du fait que « Dieu a tant aimé le monde qu'il a donné son Fils unique, afin que quiconque croit en lui ne périsse pas, mais qu'il ait la vie éternelle [10] ». Il atteste aux yeux de l'univers que Dieu n'abandonnera pas son peuple en lutte avec le mal. Il nous assure force et protection aussi longtemps que ce trône lui-même demeure.

Jésus ajouta : « Cependant, ne vous réjouissez pas de ce que les esprits vous sont soumis ; mais réjouissez-vous de ce que vos noms sont inscrits dans les cieux. » Ne vous réjouissez pas de la puissance que vous possédez, de crainte de perdre le sentiment de votre dépendance à l'égard de Dieu. Mettez-vous en garde contre un esprit de propre suffisance, qui vous ferait travailler avec vos propres forces plutôt que dans l'esprit et la puissance de votre Maître. Le moi est toujours prêt à s'attribuer le mérite du succès. Quand le moi est flatté et élevé, on néglige de montrer à d'autres que Dieu est tout en tous. L'apôtre Paul disait : « Quand je suis faible, c'est alors que je suis fort [11]. » Le sentiment de notre faiblesse nous apprend à compter sur une puissance qui ne réside pas en nous-mêmes. Rien n'a, sur nos cœurs, une emprise plus grande qu'un sentiment constant de notre responsabilité à l'égard de Dieu. Rien n'exerce une influence plus profonde sur les mobiles de notre conduite que l'assurance du pardon offert par l'amour du Christ. Il nous faut entrer en contact avec Dieu, pour que nous soyons pénétrés de son Saint-Esprit, qui nous rendra capables de prendre contact avec nos semblables. Réjouissez-vous donc de ce que, par le Christ, vous êtes entrés en relations avec Dieu, et vous êtes devenus membres de la famille céleste. Aussi longtemps que vous regarderez en haut, vous aurez constamment le sentiment de la faiblesse de l'humanité. Moins vous chérirez le moi, mieux vous comprendrez l'excellence de votre Sauveur. Plus vous vous approcherez de la source de la lumière et de la puissance, plus vous serez illuminés, et plus vous serez à même d'accomplir de grandes choses pour Dieu. Réjouissez-vous de ce que vous êtes un avec Dieu, un avec le Christ, et avec la famille céleste tout entière.

Tandis que les soixante-dix disciples écoutaient les paroles du Christ, le Saint-Esprit présentait avec force, à leur esprit, les réalités vivantes, et gravait la vérité sur les tables de leurs cœurs. Quoique entourés de la foule, ils se sentaient seuls avec Dieu.

Voyant qu'ils avaient saisi l'esprit de son enseignement, « Jésus tressaillit de joie par le Saint-Esprit et dit : Je te loue, Père, Seigneur du ciel et de la terre, d'avoir caché ces choses aux sages et aux intelligents, et de les avoir révélées aux enfants. Oui, Père, parce que tel a été ton dessein bienveillant. Tout m'a été remis par mon Père, et personne ne connaît qui est le Fils, si ce n'est le Père, ni qui est le Père, si ce n'est le Fils et celui à qui le Fils veut le révéler. »

Les hommes que le monde honore, prétendus grands et sages, malgré toute la sagesse dont ils se vantent, n'ont pas compris le caractère du Christ. Ils l'ont jugé sur son apparence extérieure, d'après l'état d'abaissement qui résultait de son incarnation. C'est à de simples pêcheurs et péagers que fut donné de voir l'Invisible. Il est vrai que les disciples n'ont pas compris tout ce que Jésus voulait leur révéler ; cependant peu à peu leurs esprits furent éclairés, à mesure qu'ils se soumirent plus complètement à la puissance du Saint-Esprit. Ils comprirent que le Dieu puissant, revêtu de notre humanité, se tenait au milieu d'eux. C'était pour Jésus un sujet de joie de constater que cette connaissance, refusée aux sages et aux prudents de ce monde, était révélée à ces hommes humbles. Souvent, alors qu'il leur exposait les Ecritures de l'Ancien Testament et en faisait l'application à sa personne et à son œuvre d'expiation, son Esprit les avait éveillés et transportés dans une atmosphère céleste. Ils comprenaient les vérités spirituelles dont les prophètes avaient parlé mieux que les auteurs eux-mêmes. Désormais ils liraient les Ecritures de l'Ancien Testament non comme des doctrines émanant des scribes et des pharisiens, non comme de simples déclarations de sages morts depuis longtemps, mais comme une nouvelle révélation divine. Ils le contemplaient comme celui « que le monde ne peut pas recevoir, parce qu'il ne le voit pas et ne le connaît pas ; mais vous, vous le connaissez, parce qu'il demeure auprès de vous et qu'il sera en vous [12] ».

Le seul moyen de s'approprier plus parfaitement la vérité, c'est de conserver un cœur tendre et soumis à l'Esprit du Christ. Il faut vider l'âme de la vanité et de l'orgueil, pour que le Christ soit intronisé. La science humaine est trop bornée pour comprendre l'expiation. Le plan de la rédemption a une portée trop vaste pour être expliqué par la philosophie. Il restera toujours un mystère inaccessible aux raisonnements les plus profonds. La science du salut ne peut être expliquée, mais on peut la connaître par expérience. Celui-là seul qui voit son propre état de péché peut apprécier le Sauveur à sa juste valeur.

Les leçons les plus instructives furent données par le Christ, tandis qu'il se rendait lentement de la Galilée vers Jérusalem. Les habitants de la Pérée, comme ceux de la Galilée, étant moins dominés par le fanatisme juif que les habitants de la Judée, les enseignements de Jésus trouvaient un écho dans les cœurs. On écoutait ses paroles avec empressement.

Plusieurs des paraboles du Christ furent dites pendant ces derniers mois de son ministère. Comme les prêtres et les rabbins le poursuivaient avec une haine croissante, il voilait ses avertissements sous des symboles. On ne pouvait se tromper sur ses enseignements, et néanmoins on ne pouvait rien trouver dans ses paroles qui fournît un motif d'accusation contre lui. Dans la parabole du pharisien et du péager, la prière orgueilleuse : « O Dieu, je te rends grâces de ce que je ne suis pas comme le reste des hommes », offrait un contraste frappant avec la supplication du pécheur repentant : « Sois apaisé envers moi, pécheur [13]. » C'est ainsi que le Christ stigmatisait l'hypocrisie des Juifs. Sous les images du figuier stérile et du grand souper, il annonçait le jugement qui allait frapper la nation impénitente. Ceux qui avaient rejeté avec mépris l'invitation à la fête évangélique entendaient ces paroles d'avertissement : « Car, je vous le dis, aucun de ces hommes qui avaient été invités ne goûtera de mon repas [14]. »

Des instructions de la plus haute valeur avaient été données aux disciples. La parabole de la veuve importune et celle de l'ami demandant à emprunter du pain, au milieu de la nuit, venaient renforcer ces paroles : « Demandez, et l'on vous donnera ; cherchez, et vous trouverez ; frappez, et l'on vous ouvrira [15]. » Souvent leur foi chancelante serait affermie par le souvenir de ces paroles du Christ : « Et Dieu ne ferait-il point justice à ses élus, qui crient à lui jour et nuit, et tarderait-il à leur égard ? Je vous le dis, il leur fera promptement justice [16]. »

Le Christ répéta la magnifique parabole de la brebis égarée et il développa son enseignement en parlant de la pièce d'argent perdue et de l'enfant prodigue. Les disciples n'étaient pas encore à même, à ce moment-là, d'apprécier pleinement ses leçons ; mais quand, après l'effusion du Saint-Esprit, ils assistèrent à l'entrée des Gentils dans l'Eglise, et virent la colère des Juifs envieux, ils purent mieux comprendre l'enseignement de l'enfant prodigue et s'associer à la joie du Christ exprimée par ces paroles : « Mais il fallait bien se réjouir et s'égayer, parce que ton frère que voilà était mort, et qu'il est revenu à la vie ; parce qu'il était perdu, et qu'il est retrouvé [17]. » Et quand, au nom de leur Maître, ils affrontèrent l'opprobre, la pauvreté et la persécution, souvent ils affermirent leurs cœurs en se répétant les recommandations qu'il leur avait données au cours de ce dernier voyage : « Sois sans crainte, petit troupeau ; car votre Père a trouvé bon de vous donner le royaume. Vendez ce que vous possédez, et donnez-le en aumônes. Faites-vous des bourses qui ne s'usent pas, un trésor inépuisable dans les cieux, où il n'y a pas de voleur qui approche, ni de mite qui détruise. Car là où est votre trésor, là aussi sera votre cœur [18]. »

---

[1] Ce chapitre est basé sur Luc 9.51-56 ; 10.1-24. [2] Jean 7.6. [3] Jean 3.14. [4] Luc 2.49 ; Jean 2.4. [5] Luc 9.56. version synodale. [6] Marc 10.1. [7] Esaïe 42.3 ; Matthieu 12.21. [8] Apocalypse.20. [9] Jean 19.30. [10] Jean 3.16. [11] 2 Corinthiens 12.10. [12] Jean 14.17. [13] Luc 18.11, 13. [14] Luc 14.24. [15] Luc 11.9. [16] Luc 18.7, 8. [17] Luc 15.32, 24. [18] Luc 12.32-34.

Chapitre 54
Le bon Samaritain

PAR l'histoire du bon Samaritain [1], le Christ nous fait comprendre que la vraie religion ne consiste pas en des systèmes, des credo ou des rites, mais en l'accomplissement d'œuvres de miséricorde, en la bienfaisance, la vraie bonté.

Alors que le Christ enseignait le peuple, un « docteur de la loi se leva et lui dit, pour le meure à l'épreuve : Maître, que dois-je faire pour hériter la vie éternelle ? » Toute l'assemblée, haletante, attendait la réponse de Jésus. Les prêtres et les rabbins avaient poussé ce docteur de la loi à formuler cette question dans l'intention d'embarrasser le Christ. Mais le Sauveur, se refusant à toute controverse, voulut que la solution fût donnée par celui-là même qui posait le problème. « Qu'est-il écrit dans la loi ? dit-il. Qu'y lis-tu ? » Comme les Juifs l'accusaient toujours de faire peu de cas de la loi donnée au Sinaï, Jésus plaça la question du salut sur le terrain de l'obéissance aux commandements de Dieu.

Le docteur de la loi dit : « Tu aimeras le Seigneur, ton Dieu, de tout ton cœur, de toute ton âme, de toute ta force et de toute ta pensée, et ton prochain comme toi-même. » Jésus lui dit : « Tu as bien répondu ... ; fais cela, et tu vivras. »

Le légiste n'approuvait ni la position ni l'œuvre des pharisiens. Il avait étudié les Ecritures avec le désir d'en connaître la vraie signification. Cette question revêtait à ses yeux un intérêt vital ; aussi demanda-t-il sincèrement : « Que dois-je faire ? » Dans sa réponse concernant les exigences de la loi, il négligea la masse énorme des préceptes cérémoniels, auxquels il n'attachait aucune valeur, et il rappela les deux grands principes dont dépendent la loi et les prophètes. Cette réponse, louée par le Christ, assurait à celui-ci un avantage aux yeux des rabbins qui ne pouvaient le condamner pour avoir sanctionné ce que venait d'avancer un docteur de la loi.

« Fais cela, et tu vivras », dit Jésus. Il présenta la loi comme un tout divin et montra l'impossibilité d'en observer un précepte alors qu'on en transgresse un autre ; car tous ont le même fondement. C'est l'obéissance à la loi entière qui décide de la destinée de l'homme. Aimer Dieu d'un amour suprême et l'homme d'un amour impartial : voilà les principes qui doivent diriger la vie.

Le docteur de la loi découvrit qu'il était un transgresseur. Les paroles pénétrantes du Christ produisirent, en lui, la conviction du péché. Il n'avait pas obtenu cette justice de la loi dont il se targuait. Il n'avait pas manifesté de l'amour envers ses semblables. Il aurait dû se repentir ; il essaya au contraire de se justifier. Plutôt que de reconnaître la vérité, et espérant ainsi échapper à sa conviction et se réhabiliter aux yeux du peuple, il s'efforça de montrer combien il est difficile d'observer le commandement. Les paroles du Sauveur avaient prouvé que la question soulevée était inutile, puisque le docteur de la loi avait pu y répondre lui-même. Néanmoins celui-ci ajouta : « Et qui est mon prochain ? »

Ce sujet soulevait des disputes sans fin parmi les Juifs. Aucun doute, dans leur esprit, à propos des païens et des Samaritains : ces gens-là étaient des étrangers et des ennemis. Mais que de distinctions il y avait lieu de faire au sein de leur propre nation et parmi les diverses classes de la société ! Qui devait être considéré comme le prochain par le prêtre, le rabbin, l'ancien ? Ils passaient leur vie dans l'accomplissement d'un cycle de cérémonies destinées à les purifier. Ils prétendaient que le contact avec la foule ignorante et insouciante occasionnait une souillure difficile à enlever. L'impur devait-il être considéré comme le prochain ?

Cette fois encore Jésus se refusa à toute polémique. Il ne voulut même pas stigmatiser le fanatisme de ceux qui se préparaient à le condamner. Par une histoire toute simple il fit à ses auditeurs un tableau si touchant de l'amour dont le ciel fait déborder un cœur, que le docteur de la loi lui-même dut confesser la vérité.

Pour dissiper les ténèbres, il suffit de faire jaillir la lumière. Le moyen le plus efficace de combattre l'erreur, c'est de présenter la vérité. La révélation de l'amour de Dieu manifeste l'état de péché d'un cœur égoïste.

« Un homme, dit Jésus, descendait de Jérusalem à Jéricho. Il tomba au milieu de brigands, qui le dépouillèrent, le rouèrent de coups et s'en allèrent en le laissant à demi-mort. Par hasard, un prêtre descendait par le même chemin ; il vit cet homme et passa outre. Un Lévite arriva de même à cet endroit ; il le vit et passa outre. » Il ne s'agissait pas là d'un tableau imaginaire ; le fait s'était réellement passé. Le prêtre et le Lévite, qui avaient passé outre, se trouvaient parmi les auditeurs du Christ.

Le voyageur se rendant de Jérusalem à Jéricho devait traverser une partie du désert de Judée. La route descendait dans un ravin sauvage bordé de rochers et infesté de brigands ; il s'y produisait souvent des scènes de violence. C'est là que l'homme avait été attaqué, dépouillé, meurtri, laissé à demi-mort au bord du chemin. Un prêtre vint à passer, qui se contenta de jeter un regard dans la direction du blessé. Ensuite parut le Lévite. Curieux de savoir ce qui était arrivé, il s'arrêta pour considérer le malheureux et vit bien ce qu'il y avait à faire ; mais ce n'était pas un devoir agréable. Il aurait voulu n'être pas passé par ce chemin-là et il finit par se persuader que ce cas ne le regardait pas.

Ce prêtre et ce Lévite, revêtus d'un ministère sacré, faisaient profession d'exposer les Ecritures. Ils appartenaient à la classe spécialement choisie en vue de représenter Dieu auprès du peuple. Ils devaient « avoir de la compréhension pour les ignorants et les égarés [2] », afin de faire comprendre aux hommes le grand amour de Dieu à l'égard de l'humanité. L'œuvre à laquelle ils étaient appelés était celle-là même que Jésus avait décrite comme étant la sienne dans ces mots : « L'Esprit du Seigneur est sur moi, parce qu'il m'a oint pour annoncer la bonne nouvelle aux pauvres ; il m'a envoyé pour proclamer aux captifs la délivrance, et aux aveugles le recouvrement de la vue, pour renvoyer libres les opprimés [3]. »

Les anges du ciel considèrent ceux de la famille de Dieu qui se trouvent en détresse sur la terre, et ils sont prêts à accorder leur collaboration aux hommes en vue de soulager les opprimés et les souffrants. La Providence divine avait amené le prêtre et le Lévite sur la route où souffrait le blessé, afin qu'ils pussent secourir celui qui avait besoin de pitié. Le ciel entier attendait que les cœurs de ces hommes fussent touchés de pitié par la vue du malheureux. Le Sauveur lui-même avait donné des instructions aux Hébreux dans le désert ; du haut de la colonne de nuée et de feu il avait enseigné une leçon bien différente de celle que les prêtres et les docteurs donnaient maintenant au peuple. La loi étendait sa sollicitude même aux animaux inférieurs, incapables d'exprimer par des paroles leurs besoins et leurs souffrances. Voici les directions qui avaient été données aux enfants d'Israël par Moïse : « Si le bœuf de ton ennemi ou son âne s'est égaré, et si tu le rencontres, tu auras soin de le lui ramener. Si tu vois l'âne de celui qui te hait succombant sous son fardeau, garde-toi de l'abandonner. Aide ton ennemi à le décharger [4]. » Dans le cas mentionné par Jésus – l'homme blessé par les brigands – il s'agissait d'un frère dans la souffrance. Leurs cœurs eussent dû être bien plus émus de pitié qu'envers une bête de somme ! Moïse avait été chargé de leur donner ce message

« L'Eternel, votre Dieu, est le Dieu des dieux et le Seigneur des seigneurs, le Dieu grand, puissant et redoutable, ... qui fait droit à l'orphelin et à la veuve, qui aime l'étranger. » Il avait commandé: « Vous aimerez donc l'étranger. » « Tu l'aimeras comme toi-même [5]. »

Job avait dit : « L'étranger ne passait pas la nuit dehors ; j'ouvrais ma porte au voyageur. » Quand deux anges vinrent à Sodome sous une apparence humaine, Lot s'inclina et dit : « Entrez, mes seigneurs, je vous prie, dans la maison de votre serviteur, pour y passer la nuit [6]. » Toutes ces leçons étaient connues du prêtre et du Lévite, mais ils ne les mettaient pas en pratique. A l'école du fanatisme national, ils étaient devenus égoïstes, étroits et exclusifs. Ne pouvant savoir si le blessé appartenait ou non à leur nation, ils se dirent qu'il s'agissait peut-être d'un Samaritain, et ils se détournèrent de lui.

Dans leur attitude, telle que le Christ l'avait décrite, le docteur de la loi ne voyait rien de contraire à ce qui lui avait été enseigné concernant les exigences de la loi. Mais une autre scène lui fut bientôt présentée :

Un Samaritain qui était en voyage arriva auprès du malheureux, et l'ayant aperçu, il en eut compassion. Il ne chercha pas à savoir si l'étranger était juif ou païen. Le Samaritain savait fort bien qu'un Juif, les rôles étant intervertis, lui aurait craché au visage et se serait éloigné avec mépris. Cette pensée ne le fit pourtant pas hésiter. Il ne se laissa pas effrayer davantage par l'idée qu'en s'attardant en un tel endroit, il s'exposait à un danger. Un être humain souffrait, et cela suffisait. Il se dépouilla de son propre vêtement pour le recouvrir et, se servant de l'huile et du vin dont il avait fait provision pour le voyage, il soigna et réconforta le blessé. Il le plaça ensuite sur sa monture et le conduisit, doucement, pour que ses souffrances ne fussent pas augmentées par les secousses, jusqu'à une hôtellerie où, pendant toute la nuit il lui prodigua les plus tendres soins. Au matin, le malade se trouvant mieux, le Samaritain put continuer sa route. Mais, avant de partir, il le recommanda aux soins de l'hôtelier, paya les dépenses, et laissa de l'argent en dépôt ; non content de cela, il voulut pourvoir aux besoins ultérieurs, et il dit à l'hôtelier : « Prends soin de lui, et ce que tu dépenseras en plus, je te le paierai moi-même à mon retour. »

Ayant achevé son récit, Jésus fixa sur le docteur de la loi un regard qui paraissait lire dans son âme, et dit : « Lequel de ces trois te semble avoir été le prochain de celui qui était tombé au milieu des brigands ? »

Le docteur de la loi ne voulait pas, même après ce qu'il avait entendu, prononcer le nom de Samaritain. Il répondit donc : « C'est celui qui a exercé la miséricorde envers lui. » Jésus lui dit : « Va, et toi, fais de même. »

De cette manière, la question : « Qui est mon prochain ? » reçut une réponse définitive. Le Christ montra que par le prochain il ne faut pas entendre uniquement celui qui appartient à la même église ou à la même foi. Il ne doit exister aucune distinction de race, de couleur ou de classe. Toute personne qui a besoin de nous est notre prochain. Notre prochain, c'est toute âme meurtrie par l'adversaire. Quiconque est la propriété de Dieu est notre prochain.

Dans l'histoire du bon Samaritain, Jésus s'est peint lui-même, ainsi que sa mission. Satan avait trompé, meurtri, dépouillé, ruiné l'homme, et il le laissait périr ; mais le Sauveur a eu pitié de notre misère. Il a quitté sa gloire pour venir à notre secours. Il nous a trouvés mourants et il a entrepris de nous sauver. Il a pansé nos blessures. Il nous a couverts du vêtement de sa justice. Il nous a ouvert un sûr refuge, et il a pourvu à tous nos besoins. Il est mort pour nous racheter. Et c'est en donnant son propre exemple qu'il a pu dire à ses disciples : « Ce que je vous commande, c'est de vous aimer les uns les autres. » « Comme je vous ai aimés, vous aussi, aimez-vous les uns les autres [7]. »

Le docteur de la loi avait demandé à Jésus « Que dois-je faire ? » Et Jésus, qui résumait la justice dans l'amour de Dieu et de l'homme, avait répondu : « Fais cela, et tu vivras. » En obéissant aux suggestions d'un cœur aimant, le Samaritain s'était montré observateur de la loi. Aussi le Christ dit-il au docteur de la loi : « Va, et toi, fais de même. » Faire, et non pas dire seulement, c'est ce qu'on attend des enfants de Dieu. « Celui qui déclare demeurer en lui, doit marcher aussi comme lui [Jésus] a marché [8]. »

Actuellement cette leçon est tout aussi nécessaire qu'à l'heure où elle sortit des lèvres de Jésus. L'égoïsme et un froid formalisme ont presque entièrement éteint le feu de l'amour et chassé les grâces qui donnent du parfum au caractère. Beaucoup de ceux qui font profession de porter son nom ont oublié que le devoir des chrétiens c'est de représenter le Christ. Si l'esprit de sacrifice ne se manifeste pas d'une manière pratique, en faveur d'autrui, dans le cercle de la famille, dans le voisinage, dans l'église, et où que nous nous trouvions, nous ne sommes pas de vrais chrétiens, quelle que soit notre profession de foi.

Le Christ a associé ses intérêts à ceux de l'humanité, et il nous demande de nous identifier avec lui pour le salut de l'humanité. « Vous avez reçu gratuitement, dit-il, donnez gratuitement [9]. » Le péché est le plus grand de tous les maux ; notre devoir est d'avoir pitié du pécheur et de lui venir en aide. Plusieurs, parmi les égarés, reconnaissent leur honte et leur folie. Ils soupirent après des paroles d'encouragement. Ils déplorent leurs fautes et leurs erreurs jusqu'à ce qu'ils sombrent dans le désespoir. Nous ne devons pas négliger de telles âmes. Si nous sommes chrétiens, nous ne passerons pas outre en nous tenant le plus loin possible de ceux qui ont le plus grand besoin de notre aide. Quand nous verrons des êtres humains en détresse, qu'il s'agisse d'un malheur ou des conséquences d'une faute, nous ne dirons pas : Ceci ne me regarde pas.

« Vous qui êtes spirituels, redressez-le avec un esprit de douceur [10]. » Au moyen de la foi et de la prière, repoussez la puissance de l'ennemi. Dites des paroles de foi et de courage qui seront un baume guérissant pour l'âme meurtrie et blessée. Trop nombreux sont ceux qui ont sombré dans le découragement au cours des luttes de la vie, à qui une force victorieuse aurait été communiquée si un mot d'encouragement leur avait été donné. Nous ne devrions jamais passer à côté d'une âme souffrante sans lui faire part des consolations dont Dieu console nos cœurs.

Tout ceci n'est que la mise en pratique du principe de la loi – ce principe qui a été illustré par le récit du bon Samaritain et que la vie de Jésus a mis en évidence. Son caractère révèle la vraie signification de la loi et montre ce que c'est que d'aimer son prochain comme soi-même. Quand les enfants de Dieu font preuve de miséricorde, de bonté, d'amour à l'égard des hommes, ils rendent témoignage au caractère des statuts célestes. Ils attestent que « la loi de l'Eternel est parfaite : elle restaure l'âme [11] » Quiconque ne manifeste pas cet amour viole la loi qu'il fait profession de révérer. Notre attitude à l'égard de nos frères est en fonction de notre attitude à l'égard de Dieu. L'amour de Dieu dans un cœur est la source unique de l'amour du prochain. « Si quelqu'un dit : J'aime Dieu, et qu'il haïsse son frère, c'est un menteur, car celui qui n'aime pas son frère qu'il voit, ne peut aimer Dieu qu'il ne voit pas. » Bien-aimés, « Si nous nous aimons les uns les autres, Dieu demeure en nous, et son amour est parfait en nous [12] ».

---

[1] Ce chapitre est basé sur Luc 10.25-37. [2] Hébreux 5.2. [3] Luc 4.18. [4] Exode 23.4, 5. [5] Deutéronome 10.17-19 ; Lévitique 19.34. [6] Job 31.32 ; Genèse 19.2. [7] Jean 15.17 ; 13.34. [8] 1 Jean 2.6. [9] Matthieu 10.8. [10] Galates 6.1. [11] Psaume 19.8. [12] 1 Jean 4.20, 12.

CHAPITRE 55

Sans attirer l'attention

Quelques pharisiens s'étaient présentés à Jésus « pour savoir quand viendrait le royaume de Dieu [1] ». Plus de trois années s'étaient écoulées depuis le moment où Jean-Baptiste avait proclamé ce message avec une voix de trompette dans tout le pays : « Le royaume des cieux est proche [2]. » Or ces pharisiens ne voyaient encore rien qui indiquât l'établissement du royaume. Plusieurs de ceux qui avaient rejeté Jean et s'étaient continuellement opposés à Jésus insinuaient que la mission du Christ avait échoué.

Voici quelle fut la réponse de Jésus : « Le royaume de Dieu ne vient pas de telle sorte qu'on puisse l'observer. On ne dira pas : Voyez, il est ici, ou : Il est là. Car voyez, le royaume de Dieu est au-dedans de vous. » Le royaume de Dieu commence dans le cœur. Ne regardez pas de côté ou d'autre pour voir des manifestations de puissance terrestre accompagnant sa venue.

Puis, se tournant vers les disciples, il leur dit : « Des jours viendront où vous désirerez voir l'un des jours du Fils de l'homme, et vous ne le verrez pas. » Vu que je ne viens pas au milieu de pompes mondaines, vous courez le danger de ne pas discerner la gloire de ma mission. Vous ne vous rendez pas compte de la grandeur du privilège dont vous jouissez actuellement, d'avoir au milieu de vous, bien que sous le voile de l'humanité, celui qui est la vie et la lumière des hommes. Les jours viendront où vous vous souviendrez avec regret des occasions qui vous sont offertes maintenant de marcher et de converser avec le Fils de Dieu.

L'égoïsme et l'esprit terre à terre empêchaient même les disciples de Jésus de comprendre la gloire spirituelle qu'il s'efforçait de leur révéler. Quand le Christ fut monté vers son Père, quand le Saint-Esprit fut répandu sur les croyants, alors seulement les disciples purent apprécier à leur juste valeur le caractère et la mission du Sauveur. Quand ils eurent reçu le baptême de l'Esprit, ils commencèrent à comprendre qu'ils avaient été en présence du Seigneur de gloire. A mesure que les déclarations du Christ leur revenaient en mémoire, leurs esprits s'ouvraient à l'intelligence des prophéties et à la signification des miracles qu'il avait opérés. Les merveilles de sa vie défilaient devant eux et ils paraissaient s'éveiller d'un songe. Voici ce qu'ils comprenaient désormais : « La Parole a été faite chair, et elle a habité parmi nous, pleine de grâce et de vérité ; et nous avons contemplé sa gloire, une gloire comme celle du Fils unique venu du Père [3]. » Le Christ était vraiment venu de Dieu dans un monde pécheur pour sauver de leur déchéance les fils et les filles d'Adam. Les disciples ne se donnaient plus autant d'importance qu'auparavant. Ils ne se lassaient pas de repasser dans leurs cœurs ses paroles et ses œuvres. Des leçons qu'ils avaient comprises imparfaitement leur faisaient maintenant l'effet de nouvelles révélations. Les Ecritures prenaient pour eux une signification nouvelle.

A mesure que les disciples scrutaient les prophéties qui rendaient témoignage au Christ, ils étaient introduits dans l'intimité de la Divinité et entraient à l'école de celui qui était monté au ciel pour y achever l'œuvre commencée sur la terre. Ils reconnaissaient qu'en lui habitait une connaissance à laquelle aucun être humain ne peut avoir accès sans le secours divin. Ils éprouvaient le besoin d'être aidés par celui qu'avaient annoncé des rois, des prophètes et des justes. Avec stupéfaction ils lisaient et relisaient les descriptions prophétiques de son caractère et de son œuvre. Combien terne avait été leur compréhension des écritures prophétiques ; combien ils avaient été lents à saisir les grandes vérités relatives au Christ. Alors qu'ils l'avaient vu dans son humiliation, marchant comme un homme parmi les hommes, ils n'avaient pas compris le mystère de son incarnation et la dualité de sa nature. Leurs yeux étaient restés fermés, de sorte qu'ils n'avaient pas su voir la divinité dans l'humanité. Une fois éclairés par le Saint-Esprit, ils désiraient ardemment le revoir et se replacer à ses pieds. Ils auraient voulu pouvoir s'approcher de lui pour le prier de leur expliquer les passages de l'Ecriture dont la signification leur échappait. Avec quelle attention n'eussent-ils pas écouté ses paroles ! Qu'avait voulu dire le Christ par ces mots : « J'ai encore beaucoup à vous dire, mais vous en seriez maintenant accablés [4]. » Ils étaient impatients de tout savoir. Ils s'affligeaient à la pensée d'avoir eu si peu de foi, d'avoir entretenu des idées si éloignées de la réalité.

Un héraut avait été envoyé par Dieu pour annoncer la venue du Christ, pour appeler sur sa mission l'attention de la nation juive et du monde, pour inviter les hommes à se préparer à le recevoir. Le personnage étonnant annoncé par Jean avait vécu au milieu d'eux pendant plus de trente années et ils ne l'avaient pas reconnu réellement comme l'Envoyé de Dieu. Les disciples étaient pris de remords à la pensée d'avoir permis à l'incrédulité ambiante d'influencer leurs opinions et d'obscurcir leur entendement. La Lumière avait brillé dans ce sombre monde et ils n'avaient pas su voir d'où venaient ses rayons. Ils se demandaient pourquoi ils avaient mérité les reproches du Christ. Ils se répétaient les conversations qu'ils avaient eues avec lui et se disaient : Pourquoi avons-nous permis à des considérations humaines et à l'opposition des prêtres et des rabbins de jeter la confusion dans nos esprits, si bien que nous n'avons pas su comprendre qu'un plus grand que Moïse était parmi nous, qu'un plus sage que Salomon était notre instructeur ? Combien dure était notre ouïe ! Combien faible notre compréhension !

Thomas n'avait pas voulu croire avant d'avoir mis son doigt sur la blessure infligée par les soldats romains. Pierre l'avait renié au moment même où il le voyait humilié et rejeté. Ces pénibles souvenirs se pressaient avec force dans leurs esprits. Ils avaient été avec lui sans le connaître et l'apprécier. Tout ceci remuait leurs cœurs et leur faisait déplorer leur incrédulité.

Alors que les prêtres et les chefs se liguaient contre eux, les traduisaient devant les tribunaux et les jetaient en prison, les disciples du Christ étaient « joyeux d'avoir été jugés dignes de subir des outrages pour le Nom (de Jésus) [5] ». Ils étaient heureux de pouvoir, en face des hommes et des anges, démontrer qu'ils reconnaissaient la gloire du Christ et qu'ils étaient prêts à le suivre au risque de tout perdre.

Aujourd'hui comme aux jours apostoliques, l'humanité ne peut discerner la gloire du Christ sans être éclairée par l'Esprit divin. Des chrétiens aimant le monde et disposés à toutes les compromissions ne sauraient apprécier la vérité et l'œuvre de Dieu. Les vrais disciples du Maître ne sont pas à chercher parmi les aises, les honneurs mondains ou la conformité au monde. On les découvre bien avant, sur le sentier de la peine, de l'humiliation, de l'opprobre, au front de bataille « contre les principautés, contre les pouvoirs, contre les dominateurs des ténèbres d'ici-bas, contre les esprits du mal dans les lieux célestes [6] ». Et aujourd'hui, tout comme aux jours du Christ, ils sont méconnus, blâmés et opprimés par les prêtres et les pharisiens contemporains.

Le royaume de Dieu ne vient pas de manière à attirer l'attention. L'Evangile de la grâce de Dieu, tout plein d'un esprit d'abnégation, ne pourra jamais s'accorder avec l'esprit du monde. Il y a là deux principes antagonistes. « L'homme naturel ne reçoit pas les choses de l'Esprit de Dieu, car elles sont une folie pour lui, et il ne peut les connaître, parce que c'est spirituellement qu'on en juge [7]. »

Ils sont nombreux, dans le monde religieux d'aujourd'hui, ceux qui croient devoir s'affairer pour établir le royaume du Christ sous une forme terrestre et temporelle. Leur ambition est de faire du Christ le Seigneur des royaumes de ce monde, exerçant son autorité dans les tribunaux et dans les camps militaires, dans les parlements, les palais et sur les places du marché. Ils s'attendent à le voir gouverner par des lois sanctionnées par l'autorité humaine. Le Christ étant absent, ils se substituent à lui en vue de mettre à exécution les lois de son royaume. L'établissement d'un tel royaume est justement ce que désiraient les Juifs au temps du Christ. Ils auraient été prêts à recevoir Jésus s'il eût consenti à établir une domination temporelle, à imposer ce qu'ils estimaient être les lois de Dieu, et à faire d'eux les interprètes de sa volonté, les agents de son autorité. Mais il déclarait : « Mon royaume n'est pas de ce monde [8]. » Il refusait un trône terrestre.

Jésus vivait sous un gouvernement corrompu et tyrannique ; on voyait partout des abus criants, des extorsions, de l'intolérance, d'horribles cruautés. Cependant le Sauveur ne tenta aucune réforme politique. Il n'attaqua pas les abus nationaux, il ne condamna pas les ennemis de sa nation. Il ne s'ingéra pas dans les affaires de l'autorité et de l'administration du pouvoir en exercice. Celui qui est notre modèle se tint à l'écart des gouvernements terrestres. Non qu'il fût indifférent aux maux des hommes, mais parce que le remède ne résidait pas uniquement dans des mesures humaines et externes. Pour réussir, il convient d'atteindre les individus et de régénérer les cœurs.

Le royaume du Christ ne sera pas établi par des décisions de tribunaux ou de conseils ou d'assemblées législatives, ni par l'influence de grands hommes du monde ; il le sera par l'action du Saint-Esprit communiquant la nature du Christ à l'humanité. « A tous ceux qui l'ont reçue [la Parole], elle a donné le pouvoir de devenir enfants de Dieu, à ceux qui croient en son nom et qui sont nés, non du sang, ni de la volonté de la chair, ni de la volonté de l'homme, mais de Dieu [9]. » C'est là l'unique puissance capable de relever l'humanité. Et le moyen humain employé à cet effet c'est l'enseignement et la mise en pratique de la Parole de Dieu.

L'apôtre Paul déclare, au sujet de son ministère à Corinthe, cette ville populeuse et riche, mais pleine de méchanceté, souillée de tous les vices du paganisme : « J'ai jugé bon de ne rien savoir parmi vous, sinon Jésus-Christ, et Jésus-Christ crucifié [10]. » Ecrivant plus tard à quelques-uns de ceux qui avaient été souillés par les péchés les plus ignobles, il pouvait leur dire : « Mais vous avez été lavés, mais vous avez été sanctifiés, mais vous avez été justifiés au nom du Seigneur Jésus-Christ et par l'Esprit de notre Dieu. » « Je rends à mon Dieu de continuelles actions de grâces à votre sujet, pour la grâce de Dieu qui vous a été accordée en Christ-Jésus [11]. »

Aujourd'hui tout comme aux jours du Christ, ceux qui travaillent en vue du royaume de Dieu ne sont pas les hommes réclamant d'être reconnus et soutenus par les gouvernements et les lois humaines, mais plutôt ceux qui annoncent en son nom au monde les vérités spirituelles qui renouvellent l'expérience de Paul chez ceux qui les reçoivent « Je suis crucifié avec Christ, et ce n'est plus moi qui vis, c'est Christ qui vit en moi [12]. » Alors ils travailleront au bien des hommes comme le faisait Paul, qui disait : « Nous faisons donc fonction d'ambassadeurs pour Christ, comme si Dieu exhortait par nous ; nous vous en supplions au nom de Christ: Soyez réconciliés avec Dieu [13] ! »

---

[1] Ce chapitre est basé sur Luc 17.20-22. [2] Matthieu 3.2. [3] Jean 1.14. [4] Jean 16.12. [5] Actes 5.41. [6] Ephésiens 6.12. [7] 1 Corinthiens 2.14. [8] Jean 18.36. [9] Jean 1.12, 13. [10] 1 Corinthiens 2.2. [11] 1 Corinthiens 6.11 ; 1.4. [12] Galates 2.20. [13] 2 Corinthiens 5.20.

Chapitre 56

Jésus bénissant les enfants

JESUS a toujours aimé les enfants. Il acceptait leur affection franche et naturelle. Les louanges de reconnaissance qui sortaient de leurs lèvres pures, comme une douce musique à ses oreilles, réconfortaient son esprit oppressé par le contact des hommes rusés et hypocrites. Où qu'il allât, par son aspect bienveillant et son accueil si doux, le Sauveur gagnait l'amour et la confiance des enfants.

Les Juifs avaient l'habitude d'apporter leurs enfants à quelque rabbin pour qu'il les bénît par l'imposition des mains ; mais les disciples trouvaient que l'œuvre du Sauveur avait trop d'importance pour qu'on l'interrompît ainsi. Quand les mères vinrent à lui, avec leurs enfants, les disciples, jugeant que ces petits étaient trop jeunes pour retirer quelque bien d'une entrevue avec Jésus, leur jetèrent un regard de mécontentement. Ils supposaient que leur présence serait pour le Maître une occasion de déplaisir, sans penser que c'était leur propre attitude qui peinait Jésus. Le Sauveur comprenait la sollicitude et les soucis des mères s'efforçant d'élever leurs enfants suivant la Parole de Dieu. Et c'est lui-même qui, ayant entendu leurs prières, les avait attirées en sa présence.

Une mère ayant quitté sa maison avec son enfant pour se mettre à la recherche de Jésus, parla en route de son projet à une voisine et celle-ci voulut que Jésus bénît aussi ses enfants. Plusieurs mères vinrent ensemble, amenant leurs petits, dont quelques-uns avaient dépassé l'âge de la première enfance. Quand ces mères eurent fait connaître leur désir, Jésus accueillit avec sympathie leur timide requête, accompagnée de larmes. Mais il voulut voir quelle serait l'attitude des disciples. Et quand, pensant lui faire un plaisir, ils se mirent en devoir de renvoyer ces femmes, il leur montra leur erreur, en disant « Laissez venir à moi les petits enfants, et ne les en empêchez pas ; car le royaume de Dieu est pour leurs pareils. » Il prit les enfants dans ses bras, plaça ses mains sur eux, et leur donna la bénédiction qu'ils étaient venus chercher.

Les mères retournèrent chez elles consolées et fortifiées par les paroles du Christ, prêtes à reprendre leur fardeau avec un nouveau courage et à se dépenser, joyeusement, pour le bien de leurs enfants. Les mères d'aujourd'hui doivent recevoir ses paroles avec la même foi. Le Christ est tout aussi bien de nos jours un Sauveur personnel qu'au temps où il vivait comme un homme parmi les hommes. Il est le soutien des mères, aujourd'hui, comme à cet instant où il prenait dans ses bras les petits enfants de la Judée. Les enfants de nos foyers ont été payés de son sang aussi bien que les enfants d'autrefois.

Jésus connaît le fardeau qui pèse sur le cœur de chaque mère. Sa propre mère eut à lutter contre la pauvreté et les privations il peut donc sympathiser avec toute mère dans son labeur. Il entreprit un long voyage pour mettre fin à l'anxiété d'une femme cananéenne : il est prêt à en faire autant pour les mères d'aujourd'hui. Il rendit à la veuve de Naïn son fils unique, et, sur la croix, pendant son agonie, il se souvint de sa mère : aujourd'hui, il est touché par la douleur d'une mère. Auprès de lui sont la consolation et le secours pour toute peine et pour toute nécessité.

Que les mères apportent à Jésus leurs perplexités. Elles recevront de lui une grâce suffisante pour s'occuper de leurs enfants. La porte est ouverte à toute mère qui voudrait déposer son fardeau aux pieds de Jésus. Celui qui a dit : « Laissez venir à moi les petits enfants, et ne les en empêchez pas », continue d'inviter les mères à lui amener leurs petits enfants pour qu'il les bénisse. Grâce à la foi d'une mère en prière, même le tout petit enfant qui se trouve dans ses bras peut demeurer à l'ombre du Tout-Puissant. Jean-Baptiste fut rempli du Saint-Esprit dès sa naissance. Si nous vivons en communion avec Dieu, nous pouvons nous attendre, nous aussi, à ce que l'Esprit divin façonne nos petits enfants, dès leurs premiers instants.

Quand on lui présenta les enfants, Jésus vit en eux des hommes et des femmes appelés à devenir les héritiers de sa grâce et les sujets de son royaume ; quelques-uns parmi eux allaient subir le martyre par amour pour lui. Il savait que ces enfants l'écouteraient et l'accepteraient en qualité de Rédempteur avec beaucoup plus d'empressement que les personnes plus âgées, dont beaucoup, sages aux yeux du monde, avaient le cœur endurci. Il plaça son enseignement à leur niveau, ne dédaignant pas, lui, la Majesté du ciel, de répondre à leurs questions, et de donner à ses importantes leçons assez de simplicité pour les mettre à la portée de ces intelligences enfantines. Il jeta dans leurs esprits des semences de vérités qui, plus tard, devaient lever et porter du fruit pour la vie éternelle.

Aujourd'hui encore, ce sont les enfants qui sont le plus accessibles aux enseignements de l'Evangile ; leurs cœurs sont ouverts aux influences divines, et retiennent fortement les leçons apprises. De petits enfants peuvent être chrétiens en ayant une expérience proportionnée à leur âge. Il faut leur enseigner les choses spirituelles, afin que leur caractère se façonne à la ressemblance de celui du Christ.

Il faut que les pères et les mères considèrent leurs enfants comme de jeunes membres de la famille du Seigneur, confiés à leurs soins : leur devoir est de donner à ces petits une éducation qui les prépare pour le ciel ; de leur transmettre des leçons apprises du Christ, et cela dans la mesure où de jeunes esprits peuvent les recevoir ; il faut leur découvrir, peu à peu, la beauté des principes divins. Ainsi le foyer chrétien devient une école où les parents sont des maîtres travaillant sous la direction du grand Instructeur.

Quand nous travaillons à la conversion de nos enfants, ne nous attendons pas à ce que le sentiment du péché se manifeste par des émotions violentes. Il n'est même pas nécessaire de savoir exactement à quel moment ils se sont convertis. Nous devons leur apprendre à apporter leurs péchés à Jésus, à lui demander pardon, et à croire qu'il leur pardonne et qu'il les accueille comme il accueillait les enfants alors qu'il était dans la chair.

Lorsqu'une mère enseigne à ses enfants à lui obéir par amour, elle leur enseigne les premières leçons de la vie chrétienne. L'amour maternel permet à l'enfant de comprendre l'amour du Christ ; les petits enfants qui se confient en leur mère et lui obéissent, apprennent par là à se confier au Sauveur et à lui obéir.

Jésus a été le modèle des enfants aussi bien que des parents. Il parlait avec autorité et sa parole était accompagnée de puissance. Cependant, même dans ses rapports avec des hommes grossiers et violents, il n'employa jamais un mot qui ne fût aimable ou courtois. Quand la grâce du Christ habite dans un cœur, elle communique une dignité céleste et donne le sentiment des convenances.

Elle adoucit tout ce qui est rude. Elle dompte tout ce qui est grossier et désobligeant. Sous son influence, les parents s'habituent à traiter leurs enfants comme des êtres intelligents, ainsi qu'ils voudraient être traités eux-mêmes.

Parents, dans l'éducation de vos enfants, inspirez-vous des leçons que Dieu a données dans la nature. Si vous vouliez cultiver un œillet, une rose, ou un lis, comment vous y prendriez-vous ? Demandez au jardinier par quels procédés il obtient des fleurs magnifiques et charmantes, harmonieusement développées. Il vous dira que ce n'est pas par des chocs rudes ou des efforts violents, ce qui n'aurait d'autre effet que de briser les tiges délicates. C'est par des soins méticuleux, fréquemment répétés. Il arrose le sol, il protège les jeunes pousses contre les vents desséchants et contre l'ardeur du soleil, et Dieu accorde une floraison splendide. En vous occupant de vos enfants, imitez le jardinier. Par des attouchements délicats, par d'aimables services, efforcez-vous de façonner leur caractère à l'image de celui du Christ.

Encouragez les manifestations d'amour envers Dieu et envers autrui. La raison pour laquelle il y a dans le monde tant d'hommes et de femmes au cœur dur, c'est que la vraie affection a été traitée comme une faiblesse, et qu'on l'a réprimée. Les bonnes dispositions de ces personnes ont été étouffées dans l'enfance ; à moins que leur froid égoïsme ne fonde sous l'action de la lumière de l'amour divin, leur bonheur est compromis à jamais. Il nous faut encourager les tendances généreuses et aimantes de nos enfants si nous voulons les voir animés du doux Esprit de Jésus et de la sympathie que les anges témoignent à notre égard.

Apprenez aux enfants à voir le Christ dans la nature. Conduisez-les au grand air, dans le jardin, sous les arbres majestueux ; faites-leur reconnaître les manifestations de son amour dans toutes les merveilles de la création. Apprenez-leur que Dieu a établi des lois régissant tout ce qui vit, qu'il a aussi établi des lois à notre intention, et que ces lois sont destinées à assurer notre bonheur. Ne les lassez pas par de longues prières et d'ennuyantes exhortations, mais, par des leçons de choses tirées de la nature, apprenez-leur à obéir à la loi de Dieu.

Si vous gagnez leur confiance en tant que disciples du Christ, il vous sera facile de leur enseigner le grand amour dont il nous a aimés. Quand vous vous efforcerez d'exposer clairement les vérités du salut, et que vous dirigerez les enfants vers le Christ comme vers leur Sauveur personnel, vous aurez des anges à vos côtés. Le Seigneur accordera aux parents cette grâce : réussir à intéresser leurs petits enfants à la belle histoire de l'enfant de Bethléhem, qui est le seul espoir du monde.

En reprochant aux apôtres d'empêcher les enfants de venir à lui, Jésus s'adressait à ses disciples de tous les temps : membres officiants de l'église, prédicateurs, assistants, et simples chrétiens. Jésus attire les enfants, et il nous dit « Laissez-les venir » ; c'est comme s'il nous disait : Ils viendront si vous ne les en empêchez pas.

Ne donnez pas une fausse conception de Jésus en n'ayant pas vous-mêmes un caractère chrétien. Ne retenez pas les petits enfants loin de lui par votre froideur et votre dureté. Ne leur donnez jamais l'impression que le ciel sera triste si vous y êtes. Ne parlez pas de la religion comme d'une chose que les enfants ne sauraient comprendre et n'agissez pas comme si vous pensiez qu'ils n'accepteront pas le Christ pendant leur enfance. Ne commettez pas l'erreur de leur donner l'impression que la religion du Christ est quelque chose de lugubre, et que, pour venir au Sauveur, ils doivent renoncer à tout ce qui fait le bonheur de la vie.

Accordez votre coopération au Saint-Esprit quand vous le voyez agir sur les cœurs des enfants. Enseignez-leur que le Sauveur les appelle, que rien ne saurait lui procurer une joie plus grande que le don d'eux-mêmes à lui, dans la fleur et la fraîcheur de la jeunesse.

C'est avec une infinie tendresse que le Sauveur considère les âmes qu'il s'est acquises par son propre sang. Elles sont le prix de son amour. Il a pour elles une affection inexprimable. Sa sympathie ne s'étend pas exclusivement aux enfants les mieux élevés, mais aussi à ceux qui ont hérité d'un caractère pénible. Bien des parents ne savent pas à quel point ils sont responsables des défauts de leurs enfants. Oubliant qu'ils les ont faits ce qu'ils sont, ils ne savent pas traiter ces égarés avec douceur et sagesse. Jésus, lui, considère ces enfants avec pitié, car il connaît la cause de leur infortune.

L'ouvrier chrétien peut devenir un instrument du Christ pour attirer ces enfants au Sauveur. Il peut se les attacher en agissant avec sagesse et avec tact ; il peut leur inspirer du courage et de l'espoir, et il aura le bonheur de voir leur caractère tellement transformé par la grâce du Christ, qu'on pourra dire à leur sujet : « Le royaume des cieux est pour leurs pareils. »

[1] Ce chapitre est basé sur Matthieu 19.13-15 ; Marc 10.13-16 ; Luc 18.15-17.

Chapitre 57

Il te manque une chose

« Comme Jésus se mettait en chemin, un homme accourut et, en se jetant à genoux devant lui, il lui demandait : Bon Maître, que dois-je faire pour hériter la vie éternelle[1] ? »

Le jeune homme qui posait cette question appartenait à la classe des chefs de la nation. Il possédait de grandes richesses et occupait une haute position. Il avait vu avec quel amour le Christ accueillait les enfants, avec quelle tendresse il les prenait dans ses bras, et son cœur se sentit attiré vers le Sauveur. Il éprouva le désir de devenir l'un de ses disciples. Le Christ étant en chemin, il courut à lui et, tout ému, se prosterna à ses pieds. C'est avec sincérité et ferveur qu'il adressa cette question qui avait tant d'importance pour son âme, comme d'ailleurs pour tout être humain : « Bon Maître, que dois-je faire pour hériter la vie éternelle ? »

« Pourquoi m'appelles-tu bon ? dit le Christ. Personne n'est bon, si ce n'est Dieu seul. » Jésus voulait mettre à l'épreuve la droiture de ce chef et lui faire dire pour quel motif il l'appelait bon. Comprenait-il qu'il s'adressait au Fils de Dieu ? Quel était le vrai sentiment de son cœur ?

Ce chef avait une haute opinion de sa propre, justice. Il ne pensait pas qu'il pût lui manquer quoi que ce fût et cependant il n'était pas satisfait. Il éprouvait le besoin de quelque chose qu'il ne possédait pas. Jésus ne voudrait-il pas le bénir comme il venait de bénir de petits enfants, et répondre aux aspirations de son âme ?

Jésus lui dit que, pour obtenir la vie éternelle, il fallait obéir aux commandements de Dieu ; et il cita plusieurs des commandements dans lesquels se trouve formulé le devoir de l'homme à l'égard de ses semblables. Le chef répondit avec assurance : « J'ai observé tout cela dès ma jeunesse. » « Que me manque-t-il encore ? »

Le Christ regarda le jeune homme en face comme s'il lisait dans sa vie et fouillait son âme. Il l'aima et il désira pouvoir lui communiquer la paix, la grâce et la joie qui transformeraient son caractère. « Il te manque une chose, lui dit-il ; va, vends tout ce que tu as, donne-le aux pauvres, et tu auras un trésor dans le ciel. Puis, viens, suis-moi, en prenant la croix[2]. »

Le Christ se sentait attiré vers ce jeune homme. Il savait, en effet, qu'il était sincère en affirmant : « J'ai observé tout cela dès ma jeunesse. » Le Rédempteur aurait voulu créer en lui le discernement nécessaire pour comprendre l'obligation d'une obéissance du cœur et d'une bonté chrétienne. Il désirait lui voir un cœur humble et contrit, conscient de l'amour suprême réclamé par Dieu et disposé à cacher ses déficits spirituels sous la perfection du Christ.

Ce jeune chef eût pu devenir, s'il avait voulu être le collaborateur du Christ, une puissance au service du bien. Jésus comprit que ce jeune homme aurait pu le représenter dignement : il avait, en effet, des qualités qui eussent fait de lui une force divine au milieu des hommes s'il s'était uni au Sauveur. Le Christ l'aima, parce qu'il discernait son caractère. Le chef commençait à éprouver en son cœur de l'amour pour le Christ ; car l'amour engendre l'amour. Jésus désirait s'en faire un collaborateur. Il voulait faire de lui, selon sa propre image, un miroir reflétant la ressemblance de Dieu. Il désirait développer les qualités de son caractère, et les sanctifier en vue du service du Maître. Si le chef s'était donné au Christ à ce moment-là, il se serait développé dans l'atmosphère de sa présence. Combien son avenir eût été différent, s'il avait pris cette décision !

« Il te manque une chose », dit Jésus. « Si tu veux être parfait, va, vends ce que tu possèdes, donne-le aux pauvres, et tu auras un trésor dans les cieux. Puis viens et suis-moi. » Le Christ lisait dans le cœur de ce chef. Il ne lui manquait qu'une chose, mais cette chose était un principe vital. Il avait besoin de posséder l'amour de Dieu dans son âme. A moins d'être comblée, cette lacune lui serait fatale ; tout son être en serait contaminé. Car l'égoïsme, étant cultivé, irait grandissant. Pour recevoir l'amour de Dieu, il devait renoncer à l'amour sans limites qu'il avait pour lui-même.

Le Christ mit cet homme à l'épreuve. Il l'invita à choisir entre le trésor céleste et la grandeur mondaine. Le trésor céleste lui était assuré s'il consentait à suivre le Christ. Mais il fallait renoncer au moi ; il fallait soumettre sa volonté à celle du Christ. C'est la sainteté même de Dieu qui fut offerte au jeune chef. Il avait l'avantage de devenir fils de Dieu, cohéritier avec Christ du trésor céleste. Mais il devait se charger de la croix et suivre le Sauveur dans le sentier du renoncement.

Les paroles adressées au chef par le Christ équivalaient à cette invitation : « Choisissez aujourd'hui qui vous voulez servir [3]. » Le choix lui était laissé. Jésus désirait ardemment sa conversion. Il avait mis le doigt sur la plaie de son caractère, et il attendait, avec anxiété, le résultat du conflit qui se livrait dans l'âme du jeune homme, espérant qu'il céderait à l'invitation de l'Esprit de Dieu. S'il se décidait à suivre le Christ, il devait lui obéir en toutes choses et renoncer à ses projets ambitieux.

Les conditions que le Christ offrit au chef étaient les seules qui pouvaient lui permettre de former un caractère vraiment chrétien. Ses paroles étaient sages, sous leur apparence sévère et excessive. Il n'y avait d'espoir de salut pour le chef que s'il les acceptait et s'y conformait. La position élevée qu'il occupait et les richesses dont il jouissait exerçaient une influence mauvaise, quoique subtile, sur son caractère. S'il s'attachait à ces choses, elles finiraient par prendre la place de Dieu dans ses affections. Refuser quoi que ce soit à Dieu, c'était amoindrir sa force morale, car l'attachement aux choses du monde, incertaines et indignes de nous, finit .par absorber toute notre attention.

Le chef comprit à l'instant ce qu'impliquaient les paroles du Christ, et il en fut attristé. S'il avait saisi la valeur du don qui lui était offert, il n'aurait pas hésité à s'enrôler parmi les disciples du Christ. Il faisait partie du conseil des Juifs, ce qui était un grand honneur, et Satan le tentait par de flatteuses perspectives d'avenir. Il voulait obtenir le trésor céleste, mais il voulait en même temps les avantages temporels assurés par ses richesses. Il regrettait que de telles conditions fussent posées ; car s'il désirait la vie éternelle, il n'était pas disposé au sacrifice. Le prix de la vie éternelle lui paraissait trop élevé, il s'en alla tout triste ; « car il avait de grands biens ».

Il se trompait en affirmant qu'il avait observé la loi de Dieu les richesses étaient son idole. Or il ne pouvait observer les commandements de Dieu aussi longtemps que ses premières affections étaient pour le monde. Il aimait les dons de Dieu plus qu'il n'aimait le Donateur. Le Christ lui avait offert sa communion. « Suis-moi », lui avait-il dit. Mais le Sauveur ne lui était pas aussi cher que sa réputation parmi les hommes ou que ses richesses. Abandonner un trésor terrestre, visible, pour obtenir un trésor céleste, invisible, lui paraissait un trop grand risque. Il refusa donc l'offre de la vie éternelle, et se retira ; dès lors, le monde resta toujours l'objet de son culte.

Des milliers de personnes passent par la même épreuve, hésitant entre le Christ et le monde ; beaucoup choisissent le monde. Comme le jeune chef, elles se détournent du Sauveur, se disant à elles-mêmes : cet homme-là ne sera pas mon Maître.

La manière d'agir du Christ à l'égard de ce jeune homme doit être pour nous une leçon. Dieu nous a donné la règle de conduite que chacun de ses serviteurs doit suivre. Il s'agit de l'obéissance à sa loi, non pas une obéissance purement légale, mais une obéissance qui pénètre dans la vie et qui se manifeste dans le caractère. Dieu a placé son propre idéal devant tous ceux qui veulent devenir des sujets de son royaume. Ceux-là seuls seront reconnus comme fils et filles de Dieu, qui consentiront à devenir ouvriers avec le Christ, qui diront : Seigneur, tout ce que j'ai et tout ce que je suis est à toi. Chacun devrait réfléchir à ce que comporte désirer le ciel et s'en détourner néanmoins, à cause des conditions exigées. Songez à ce que signifie un refus opposé au Christ ! Le chef dit : Non, je ne puis tout donner. Disons-nous de même ? Le Sauveur s'offre à partager avec nous l'œuvre que Dieu nous a assignée. Il s'offre à employer les moyens que Dieu nous a donnés pour faire avancer son œuvre dans le monde. Il ne peut nous sauver d'une autre manière.

Des richesses avaient été données au chef pour lui fournir l'occasion d'être un administrateur fidèle ; il devait dispenser ses biens en faveur des nécessiteux. De même, Dieu, aujourd'hui, confie à des hommes des ressources, des talents et des occasions, pour qu'ils deviennent ses instruments en faveur des pauvres et de ceux qui souffrent. Ceux qui emploient les dons qui leur ont été confiés en harmonie avec les desseins de Dieu deviennent des collaborateurs du Sauveur. Ils gagnent des âmes au Christ, parce qu'ils représentent son caractère.

Il peut sembler à ceux qui, comme le jeune chef, occupent de hautes positions et possèdent de grands biens, que c'est un trop grand sacrifice de renoncer à tout, pour suivre le Christ. Mais c'est là la règle de conduite de tous ceux qui veulent devenir ses disciples. Rien ne saurait remplacer l'obéissance. Le renoncement est la substance même des enseignements du Christ. Souvent il est présenté et ordonné en termes qui paraissent autoritaires, parce que l'unique manière de sauver les humains consiste à les séparer des choses dont la conservation démoraliserait tout l'être.

En rendant au Seigneur ce qu'ils ont reçu de lui, les disciples du Christ accumulent des trésors qui leur seront donnés au jour où ils entendront ces paroles : « C'est bien, bon et fidèle serviteur, ... entre dans la joie de ton maître », qui « en échange de la joie qui lui était proposée ... a supporté la croix, méprisé la honte, et s'est assis à la droite du trône de Dieu [4]. » La joie de voir des âmes rachetées, sauvées pour l'éternité, sera la récompense de tous ceux qui marchent dans l'empreinte des pas de celui qui a dit : « Suis-moi. »

---

[1] Ce chapitre est basé sur Matthieu 19.16-22 ; Marc 10.17-2 ; Luc 18.18-23. [2] Marc 10.21, version Lausanne. [3] Josué 24.15. [4] Matthieu 25.23 ; Hébreux 12.2.

Chapitre 58

Lazare, sors !

LAZARE, de Béthanie [1], était parmi les plus fermes disciples du Christ. Sa foi en Christ avait été forte dès sa première rencontre avec lui ; il l'aimait profondément, et il en était beaucoup aimé en retour. C'est en faveur de Lazare que le Christ accomplit le plus grand de ses miracles. Le Sauveur faisait du bien à tous ceux qui cherchaient du secours auprès de lui ; il aime la famille humaine tout entière ; néanmoins il est attaché à quelques-uns par des liens plus particulièrement tendres. Un puissant lien d'affection l'unissait à la famille de Béthanie, et c'est pour l'un des membres de cette famille que fut accomplie son œuvre la plus admirable.

Le Sauveur ne possédait pas de demeure il recevait l'hospitalité de ses amis et de ses disciples ; souvent, se sentant fatigué, éprouvant le besoin d'une compagnie humaine, il avait été heureux de se réfugier dans la maison paisible de Lazare, loin des soupçons et de l'envie des pharisiens irrités. Il y trouvait un accueil cordial, une amitié pure et simple ; il pouvait y parler en toute simplicité, avec une liberté parfaite, sachant que ses paroles seraient comprises et gardées comme un trésor.

Notre Sauveur appréciait un foyer paisible et des auditeurs attentifs. Il avait besoin de tendresse, de courtoisie, d'affection. Ceux qui recevaient les instructions célestes qu'il était toujours prêt à donner étaient richement bénis. Les foules suivaient le Christ à travers champs pendant qu'il leur dévoilait les beautés du monde naturel. Il s'efforçait d'ouvrir les yeux de leur entendement et de leur faire voir la main de Dieu soutenant le monde. Pour leur faire apprécier la bonté et la sollicitude de Dieu, il attirait l'attention de ses auditeurs sur la rosée qui descend doucement sur le sol, sur les ondées de pluie et sur la clarté du soleil, dont profitent également les bons et les mauvais. Il désirait montrer aux hommes les égards que Dieu a pour les instruments humains qu'il a créés. Mais les foules étaient lentes à comprendre et la maison de Béthanie offrait au Christ un lieu où se reposer des conflits harassants de la vie publique. Là il pouvait ouvrir le volume de la Providence devant un auditoire sympathique. Dans ses conversations privées il pouvait dévoiler à ses auditeurs ce qu'il ne pouvait dire en présence de foules mixtes. A ses amis il n'avait pas besoin de parler en paraboles.

Pendant que le Christ donnait ses admirables enseignements, Marie, respectueuse et attentive, restait assise à ses pieds. Un jour Marthe, occupée à préparer le repas, s'approcha toute soucieuse du Christ et se plaignit : « Seigneur, tu ne te mets pas en peine de ce que ma sœur me laisse seule pour servir ? Dis-lui donc de m'aider. » C'était la première fois que le Christ se trouvait à Béthanie. Lui et ses disciples venaient d'effectuer à pied un voyage pénible depuis Jéricho. Anxieuse d'assurer leur confort, Marthe oublia la politesse due à son hôte. Jésus lui répondit avec patience et douceur : « Marthe, Marthe, tu t'inquiètes et tu t'agites pour beaucoup de choses. Or une seule chose est nécessaire. Marie a choisi la bonne part, qui ne lui sera pas ôtée. » Marie enrichissait son esprit des précieuses paroles qui tombaient des lèvres du Sauveur, paroles qui pour elle avaient plus de valeur que les joyaux les plus précieux.

La « seule chose » dont Marthe avait besoin, c'était un esprit calme, recueilli, un plus vif désir de connaître la vie future, éternelle, et les grâces nécessaires au progrès spirituel. Elle avait besoin de se préoccuper moins des choses qui passent que de celles qui durent. Jésus voudrait apprendre à ses enfants à saisir chaque occasion d'obtenir la connaissance qui les rendra sages à salut. La cause du Christ demande des ouvriers diligents et énergiques. Un vaste champ d'activité s'ouvre devant les Marthe zélées pour l'œuvre religieuse. Mais il faut d'abord qu'elles s'asseyent, avec Marie, aux pieds de Jésus. Il faut que la diligence, la promptitude et l'énergie soient sanctifiées par la grâce du Christ, pour que la vie devienne une puissance invincible au service du bien.

La douleur entra dans cette maison paisible où Jésus s'était reposé. Lazare se trouva subitement malade, et ses sœurs firent dire au Sauveur : « Seigneur, voici, celui que tu aimes est malade. » Elles comprenaient la gravité de la maladie dont leur frère était atteint, mais elles savaient que le Christ guérissait toutes les maladies. Certaines qu'il aurait pitié de leur détresse, elles n'insistèrent pas pour qu'il vînt immédiatement et se bornèrent à lui adresser ce message confiant : « Celui que tu aimes est malade. » Elles pensaient qu'il répondrait aussitôt à leur appel et serait auprès d'elles dès qu'il pourrait atteindre Béthanie.

Elles attendirent avec angoisse un mot de Jésus. Aussi longtemps qu'une étincelle de vie subsista chez leur frère, elles prièrent et espérèrent l'arrivée de Jésus. Le messager revint sans lui, mais porteur de ce message : « Cette maladie n'a pas pour fin la mort », et elles se cramponnèrent à l'espoir que Lazare vivrait. Elles s'efforcèrent, avec tendresse, d'adresser des paroles d'espérance et d'encouragement au malade presque inconscient. Cependant Lazare mourut, et Marthe et Marie éprouvèrent une douloureuse amertume ; elles sentirent l'effet de la grâce consolante du Christ, et ne prononcèrent aucun blâme à l'adresse du Sauveur.

Il avait semblé aux disciples que le Christ recevait froidement le message qui lui était adressé. Il ne manifesta pas la douleur qu'on aurait pu attendre de lui. Dirigeant ses regards vers eux, il leur dit : « Cette maladie n'a pas pour fin la mort, mais la gloire de Dieu, afin que le Fils de Dieu soit glorifié par elle. » Il resta encore deux jours à l'endroit où il était. Ce délai paraissait inexplicable aux disciples, car ils pensaient au réconfort que sa présence aurait apporté à la famille affligée. Sachant combien il aimait la famille de Béthanie, ils étaient surpris qu'il ne répondît pas au triste message : « Celui que tu aimes est malade. »

Pendant ces deux jours le Christ ne parut pas penser à la triste nouvelle qu'il avait reçue ; car il ne fit aucune allusion à Lazare. Les disciples songeaient à Jean-Baptiste, le précurseur de Jésus. Ils s'étaient demandé pourquoi Jésus, qui accomplissait des miracles extraordinaires, avait laissé Jean languir en prison et subir une mort violente. Pourquoi n'avait-il pas fait alors usage de sa grande puissance pour sauver la vie de Jean ? Les pharisiens discutaient sur cette question, s'en faisant un argument irrésistible contre les prétentions du Christ à la filiation divine. Le Sauveur avait annoncé à ses disciples des épreuves, des privations et des persécutions. Allait-il les abandonner dans l'épreuve ? Quelques-uns se demandaient s'ils ne s'étaient pas trompés au sujet de sa mission. Tous étaient profondément troublés.

Après deux jours d'attente, Jésus dit aux disciples : « Retournons en Judée. » Les disciples ne comprenaient pas pourquoi Jésus voulait retourner en Judée, après avoir attendu deux jours. Ils étaient en grand souci pour le Christ et pour eux-mêmes et ne voyaient que dangers dans la ligne de conduite que Jésus allait suivre. « Rabbi, dirent-ils, les Juifs tout récemment cherchaient à te lapider, et tu retournes là-bas ! Jésus répondit : N'y a-t-il pas douze heures dans le jour ? » Je suis les directions de mon Père, ma vie est en sécurité aussi longtemps que je fais sa volonté. Les douze heures de mon jour ne sont pas encore écoulées. J'approche de la fin de ma journée, mais je n'ai rien à craindre aussi longtemps que le jour dure.

« Si quelqu'un marche pendant le jour, il ne trébuche pas, ajouta-t-il, parce qu'il voit la lumière de ce monde. » Il ne peut ni trébucher ni tomber, celui qui accomplit la volonté de Dieu et qui marche dans le sentier que Dieu lui a tracé. Il est guidé par la lumière de l'Esprit de Dieu qui lui donne une claire perception de son devoir et le maintient dans le droit chemin jusqu'à l'achèvement de sa tâche. « Mais si quelqu'un marche pendant la nuit, il trébuche, parce que la lumière n'est pas en lui. » Il trébuchera, celui qui marche dans le sentier choisi par lui-même, sans y être appelé par Dieu. Pour lui, le jour se change en nuit et il n'est en sûreté nulle part.

« Après ces paroles, il leur dit : Lazare, notre ami, s'est endormi, mais je pars pour le réveiller. » Comme elles sont touchantes ces paroles si pleines de sympathie : « Lazare, notre ami, s'est endormi. » Absorbés par la pensée du péril que leur Maître allait affronter en se rendant à Jérusalem, les disciples avaient presque oublié la famille de Béthanie plongée dans le deuil. Mais il n'en était pas de même du Christ. Les disciples se sentirent repris. Déçus en voyant que le Christ ne répondait pas avec plus d'empressement au message de ses amis, ils s'étaient laissés aller à penser qu'il n'avait pas pour Lazare et ses sœurs le tendre amour qu'on lui avait supposé. Mais ces mots : « Lazare, notre ami, s'est endormi », firent naître en eux de meilleurs sentiments. Ils furent convaincus que le Christ n'avait pas oublié ses amis affligés.

« Les disciples lui dirent : Seigneur, s'il s'est endormi, il sera sauvé. Jésus avait parlé de sa mort, mais eux pensèrent qu'il parlait de l'assoupissement du sommeil. » Le Christ présente la mort de ses bien-aimés sous l'image d'un sommeil. Leur vie est cachée avec le Christ en Dieu, et ceux d'entre eux qui meurent dormiront en lui jusqu'au son de la dernière trompette.

« Alors, Jésus leur dit ouvertement: Lazare est mort. Et, pour vous, je me réjouis de n'avoir pas été là, afin que vous croyiez. Mais allons vers lui. » Thomas prévoyait qu'une mort certaine attendait son Maître s'il allait en Judée ; mais il s'arma de courage et dit aux autres disciples : « Allons, nous aussi, afin de mourir avec lui. » Il savait combien les Juifs haïssaient le Christ ; leur dessein de le mettre à mort n'avait pas réussi parce que le temps qui lui était assigné n'était pas entièrement écoulé. Pendant ce temps Jésus pouvait compter sur la protection d'anges célestes ; aucun mal ne lui serait fait, même en Judée, où les rabbins cherchaient à s'emparer de lui et à le faire mourir.

Les disciples s'étonnèrent en entendant ces paroles du Christ : « Lazare est mort. Et, pour vous, je me réjouis de n'avoir pas été là. » Jésus avait-il évité, de propos délibéré, de se rendre auprès de ses amis dans la souffrance ? Il semblait que Marie et Marthe eussent été délaissées avec Lazare mourant. Mais il n'en était rien. Le Christ voyait toute cette scène, et après la mort de Lazare il soutint de sa grâce les sœurs en deuil. Jésus vit la douleur de leurs cœurs déchirés, alors que leur frère luttait contre son ennemi puissant, la mort. Il sentait toute leur douleur au moment où il dit aux disciples : « Lazare est mort. » Mais le Christ ne devait pas songer seulement à ses amis de Béthanie ; il avait aussi à faire l'éducation de ses disciples qui allaient être ses représentants dans le monde, afin que la bénédiction du Père pût embrasser tous les hommes. C'est pour leur bien qu'il laissa mourir

Lazare. S'il l'avait rendu à la santé alors qu'il était malade, il n'aurait pu accomplir le miracle qui a fourni la démonstration la plus évidente de son caractère divin.

Si le Christ s'était trouvé dans la chambre du malade, Lazare ne serait pas mort car Satan n'aurait eu aucun pouvoir sur lui. La mort n'eût pu vaincre Lazare en présence du Dispensateur de la vie. Le Christ resta à distance pour permettre à l'ennemi d'exercer sa puissance afin de pouvoir ensuite le chasser comme un ennemi vaincu. Les sœurs affligées virent leur frère déposé dans le sépulcre. Le Christ savait que leur foi au Rédempteur serait soumise à une rude épreuve au moment où elles verraient leur frère mort. Mais il savait aussi que, grâce à la lutte qu'elles devraient soutenir, leur foi resplendirait d'un éclat plus vif. Il sentait en lui-même le contrecoup de toute leur douleur. Bien qu'il tardât, il ne les en aimait pas moins ; il savait qu'une victoire devait être remportée dans leur intérêt, dans celui de Lazare, dans le sien propre, et dans celui de ses disciples.

« Pour vous », « afin que vous croyiez ». Pour tous ceux qui s'efforcent de saisir la main de Dieu, afin d'être dirigés par lui, le moment du découragement le plus grand est celui-là même où le secours divin est le plus près. Plus tard, ils regarderont en arrière, avec reconnaissance, vers la partie la plus sombre du chemin parcouru. « Le Seigneur sait délivrer de l'épreuve les hommes pieux [2]. » Il les fera sortir de toute tentation et de toute épreuve avec une foi plus ferme et une expérience plus riche.

En retardant son arrivée auprès de Lazare, le Christ avait aussi une intention miséricordieuse à l'égard de ceux qui ne l'avaient pas reçu. Il tardait afin de pouvoir, en ressuscitant Lazare d'entre les morts, démontrer à son peuple rebelle et incrédule qu'il était vraiment « la résurrection et la vie ». Il ne pouvait se résigner à abandonner tout espoir en faveur de ce peuple, ces pauvres brebis errantes de la maison d'Israël. Leur impénitence lui brisait le cœur. Il voulut, dans sa miséricorde, leur prouver, une fois de plus, qu'il était le Régénérateur, celui qui seul peut mettre en lumière la vie et l'immortalité. Il allait fournir une preuve dont les prêtres ne pourraient donner aucune fausse interprétation. Voilà pourquoi il ajournait sa venue à Béthanie. Ce miracle suprême, la résurrection de Lazare, devait apposer le sceau de Dieu sur son œuvre et sur ses prétentions à la divinité.

En route vers Béthanie, Jésus, selon sa coutume, s'occupa des malades et des nécessiteux. Avant d'arriver, il envoya un messager prévenir les deux sœurs. Il n'entra pas tout de suite dans la maison et resta au bord du chemin, en un endroit tranquille. Les grandes manifestations dont les Juifs accompagnaient la mort de leurs amis et de leurs parents n'étaient pas en harmonie avec l'esprit du Christ. Il entendait les lamentations des pleureuses à gage, et il ne se souciait pas de rencontrer les sœurs au milieu de cette confusion. Parmi ceux qui étaient venus prendre part au deuil, il y avait des parents, dont certains occupaient de hautes positions à Jérusalem. Quelques-uns de ceux-ci se trouvaient au nombre des ennemis les plus implacables de Jésus. Etant informé de leur dessein, le Christ ne se fit pas connaître immédiatement.

Le message fut apporté à Marthe d'une manière si discrète que les autres personnes se trouvant dans la chambre ne purent l'entendre. Marie elle-même, absorbée dans son chagrin, ne remarqua rien. Marthe se leva promptement, pour aller à la rencontre de son Seigneur ; Marie, croyant qu'elle était allée auprès du tombeau de Lazare, resta assise, muette de douleur.

Marthe, le cœur agité par des émotions contraires, se hâta au-devant de Jésus. Sur son visage elle lut la même tendresse, le même amour qu'il leur avait toujours témoigné. Sa confiance en lui n'était pas ébranlée, mais elle songeait à son bien-aimé frère, que Jésus aussi avait aimé. Désolée de ce que le Christ n'était pas venu plus tôt, espérant toutefois que, même en ce moment-ci, il ferait quelque chose pour les consoler, elle dit : « Seigneur, si tu avais été ici, mon frère ne serait pas mort. » Les deux sœurs avaient souvent répété ces paroles, au milieu du bruit confus des pleureuses.

C'est avec une pitié humaine et divine à la fois que Jésus considéra le visage affligé et dévoré de peine. Marthe ne voulait pas songer au passé ; tous ses sentiments trouvaient leur expression dans ces paroles pathétiques : « Seigneur, si tu avais été ici, mon frère ne serait pas mort. » Elle ajouta cependant, en regardant ce visage aimant : « Mais maintenant même, je sais que tout ce que tu demanderas à Dieu, Dieu te le donnera. »

Jésus donna un encouragement à sa foi, en lui disant : « Ton frère ressuscitera. » Par cette réponse il ne se proposait pas de lui faire espérer un changement immédiat. Il voulait diriger les pensées de Marthe au-delà d'un relèvement actuel de son frère et les fixer sur la résurrection des justes. Il voulait qu'elle pût voir dans la résurrection de Lazare un gage de la résurrection de tous les justes, et qu'elle eût l'assurance que cela se ferait par la puissance du Sauveur.

Marthe répondit : « Je sais qu'il ressuscitera à la résurrection, au dernier jour. »

S'efforçant toujours de donner une bonne direction à sa foi, Jésus déclara : « Je suis la résurrection et la vie. » En Christ réside la vie, une vie originelle, non empruntée, et qu'il ne tient de personne. « Celui qui a le Fils a la vie [3]. » La divinité du Christ donne au croyant l'assurance de la vie éternelle. « Celui qui croit en moi vivra, dit Jésus, quand même il serait mort ; et quiconque vit et croit en moi ne mourra jamais. Crois-tu cela ? » Ici le Christ plonge son regard en avant vers l'époque de son retour. Alors les justes qui seront morts ressusciteront incorruptibles et les justes qui seront vivants seront transportés au ciel sans passer par la mort. Le miracle que le Christ allait accomplir en ressuscitant Lazare d'entre les morts devait représenter la résurrection de tous les justes. Par sa parole et par ses œuvres, Jésus s'affirma comme l'Auteur de la résurrection. Celui qui devait bientôt mourir sur la croix se tenait là ayant les clés de la mort, vainqueur du sépulcre, affirmant son droit et sa puissance pour donner la vie éternelle.

Aux paroles du Sauveur : « Crois-tu cela ? » Marthe répondit : « Oui, Seigneur, je crois que tu es le Christ, le Fils de Dieu, celui qui vient dans le monde. » Elle ne comprenait pas encore toute la signification des paroles dites par le Christ, mais elle confessait sa foi en sa divinité, et l'assurance qu'il était capable d'accomplir tout ce qu'il voulait.

« Après avoir dit cela, elle s'en alla. Puis elle appela Marie, sa sœur, et lui dit secrètement : Le Maître est ici, et il t'appelle. » Elle dit cela aussi doucement que possible car les prêtres et les anciens étaient décidés à arrêter Jésus à la première occasion. Les cris des pleureuses empêchèrent qu'on entendît ses paroles.

Dès que Marie eut entendu ce message, elle se leva en toute hâte, et quitta la chambre avec une expression étrange sur son visage. Ceux qui étaient venus pour la consoler la suivirent, pensant qu'elle allait au tombeau pour y pleurer. Etant arrivée à l'endroit où Jésus l'attendait, elle s'agenouilla à ses pieds et lui dit, en tremblant : « Seigneur, si tu avais été ici, mon frère ne serait pas mort. » Les cris des pleureuses lui étaient pénibles ; elle aurait tant voulu échanger, dans le calme, quelques paroles avec Jésus ! Mais les mauvais sentiments que quelques-uns des assistants entretenaient à l'égard du Christ l'empêchaient d'exprimer librement sa douleur.

« Quand Jésus vit qu'elle pleurait, et que les Juifs venus avec elle pleuraient aussi, il frémit en son esprit et fut troublé. » Il lisait dans les cœurs de tous ceux qui se trouvaient là réunis. Il vit que plusieurs affichaient une douleur sans sincérité. Il savait que certains des assistants, qui, en ce moment, faisaient parade de larmes hypocrites, comploteraient bientôt la mort, non seulement du puissant thaumaturge, mais de celui-là même qui allait être ressuscité. Le Christ aurait pu les dépouiller du vêtement de leur mensonge. Pourtant, il contint sa juste indignation et s'abstint de dire la vérité, à cause des êtres aimés, agenouillés à ses pieds, dans la douleur, et qui se confiaient réellement en lui.

« Où l'avez-vous déposé ? » demanda-t-il. « Seigneur, lui répondirent-ils, viens et vois. » Ensemble ils se rendirent au sépulcre. Ce fut une scène lugubre. Lazare avait été très aimé, et ses sœurs, le cœur brisé, pleuraient sur lui, et ses amis mêlaient leurs larmes aux leurs. Devant cette détresse, en voyant tous ces êtres pleurer sur le mort, alors que le Sauveur du monde se tenait là – « Jésus pleura ». Bien qu'il fût le Fils de Dieu, il avait revêtu la nature humaine, il était ému par la douleur humaine. La souffrance éveille toujours de la sympathie dans son cœur tendre et plein de pitié. Il pleure avec ceux qui pleurent, il est dans la joie avec ceux qui sont dans la joie.

Ce n'est pas seulement sa sympathie humaine pour Marie et Marthe qui fit pleurer Jésus. Ses larmes révélaient une douleur supérieure aux douleurs humaines autant que les cieux sont supérieurs à la terre. Le Christ ne pleurait pas sur Lazare, car il était sur le point de le rappeler à la vie. Il pleurait parce que plusieurs de ceux qui s'affligeaient, en ce moment-là, au sujet de Lazare, allaient bientôt former des projets pour mettre à mort celui qui est la résurrection et la vie. Les Juifs incrédules, totalement incapables de comprendre la signification de ses larmes et d'expliquer sa douleur, autrement que par les circonstances présentes, murmuraient : « Voyez quelle amitié il avait pour lui. » D'autres, cherchant à semer le doute dans le cœur des assistants, disaient sur un ton moqueur : « Lui qui a ouvert les yeux de l'aveugle, ne pouvait-il pas faire aussi que cet homme ne meure pas ? » Si le Christ avait le pouvoir de sauver Lazare, pourquoi l'avait-il laissé mourir ?

Le regard prophétique du Christ perçut l'inimitié des pharisiens et des sadducéens. Il savait qu'ils préméditaient sa mort et que quelques-uns de ceux qui l'entouraient se fermeraient bientôt, à eux-mêmes, la porte de l'espérance qui donne accès à la cité de Dieu. Son humiliation et son crucifiement, tout proches, auraient pour résultat la destruction de Jérusalem, et personne, alors, ne ferait entendre des lamentations sur les morts. Il voyait clairement comme dans un tableau le châtiment qui allait frapper Jérusalem. Il savait que plusieurs parmi ceux qui pleuraient maintenant sur Lazare trouveraient la mort dans le siège de la ville et périraient sans espoir.

Ce n'est pas seulement la scène qui se déroulait à ses yeux qui occasionnait les pleurs du Christ. Les douleurs des siècles pesaient sur lui. Il voyait les terribles effets des transgressions de la loi de Dieu, la lutte incessante, commencée avec la mort d'Abel et continuée à travers toute l'histoire du monde, entre le bien et le mal. Il voyait, à travers les âges à venir, les douleurs et les souffrances, les larmes et la mort qui devaient être le partage des hommes. Son cœur était transpercé par la douleur de la famille humaine de tous les siècles et de tous les pays. Les malheurs d'une race coupable pesaient lourdement sur son âme et le désir de soulager toutes leurs détresses faisait jaillir des larmes de ses yeux.

Alors « Jésus, frémissant de nouveau en lui-même, se rendit au tombeau. C'était une cavité, et une pierre était placée dessus. Jésus dit : Otez la pierre. » Marthe s'y opposa, pensant qu'il voulait simplement voir le visage du mort, et elle fit remarquer que le corps ayant été enseveli depuis quatre jours, la corruption avait déjà commencé son œuvre. Cette déclaration, faite avant la résurrection de Lazare, ôtait aux ennemis du Christ tout prétexte d'affirmer qu'on avait eu recours à une fraude. Précédemment, les manifestations les plus étonnantes de la puissance de Dieu avaient donné aux pharisiens l'occasion de faire circuler de faux bruits. Au moment de ressusciter la fille de Jaïrus, le Christ avait dit : « L'enfant n'est pas morte, mais elle dort [4]. » Comme elle n'avait pas été malade longtemps, et qu'elle avait été rendue à la vie sitôt après sa mort, les pharisiens avaient affirmé que la jeune fille n'était pas morte et que le Christ lui-même avait reconnu qu'elle était simplement endormie. Ils s'étaient efforcés de faire croire que le Christ n'avait pas le pouvoir de guérir, et que ses miracles n'étaient que des actes de tromperie. Mais aujourd'hui on ne pouvait pas nier la mort réelle de Lazare.

Toutes les fois que le Seigneur se prépare à accomplir une œuvre, Satan pousse quelqu'un à s'y opposer. « Otez la pierre », dit le Christ. Autant que cela dépend de vous, préparez mon œuvre. Mais ici, s'affirme la nature volontaire et ambitieuse de Marthe. Elle ne voulait pas que l'on vît le corps en décomposition. Le cœur humain est lent à saisir les paroles du Christ et la foi de Marthe n'avait pas encore compris la véritable signification de sa promesse.

Jésus reprit Marthe avec des paroles empreintes de la plus grande douceur. « Ne t'ai-je pas dit que si tu crois, tu verras la gloire de Dieu ? » Pourquoi douter de ma puissance ? Pourquoi t'opposer à mes ordres ? Tu as ma parole. Si tu crois, tu verras la gloire de Dieu. Les impossibilités naturelles ne sauraient empêcher l'œuvre du Tout-Puissant. Le scepticisme et l'incrédulité ne sont pas de l'humilité. Une foi implicite aux paroles du Christ : voilà la vraie humilité, la vraie soumission.

« Otez la pierre. » Le Christ aurait pu adresser son ordre directement à la pierre, qui lui aurait obéi. Il pouvait confier le soin d'ôter celle-ci aux anges se tenant à ses côtés. A son ordre, des mains invisibles auraient roulé la pierre. Mais cela devait être fait par des mains humaines. Le Christ voulait, par là, montrer que l'humanité doit collaborer avec la divinité. La puissance divine n'est pas appelée à faire ce qui est au pouvoir de l'homme. Dieu ne se passe pas de l'aide de l'homme. Il fortifie l'homme, il coopère avec lui dans la mesure où celui-ci fait usage des facultés et des capacités qui lui ont été confiées.

L'ordre est exécuté. La pierre du sépulcre taillé dans le roc est roulée. Tout est fait ouvertement et avec délibération. On peut constater qu'aucune fraude n'est commise. Le corps de Lazare est là, dans le froid et le silence de la mort. Les pleureuses cessent leurs cris. Les assistants, surpris et dans l'attente, se tiennent autour du sépulcre.

Le Christ est calme devant la tombe. La solennité de l'heure étreint les âmes. Jésus se rapproche du sépulcre. Levant les yeux au ciel, il s'écrie : « Père, je te rends grâces de ce que tu m'as exaucé. » Peu de temps auparavant, les ennemis du Christ l'avaient accusé de blasphème et avaient pris des pierres pour le lapider parce qu'il se disait le Fils de Dieu. Ils attribuaient ses miracles à la puissance de Satan. Mais voici que le Christ revendique Dieu comme son Père et déclare, avec une parfaite assurance, qu'il est le Fils de Dieu.

Dans tout ce qu'il faisait, le Christ était le collaborateur de son Père. Il s'était toujours efforcé de montrer qu'il n'agissait pas d'une manière indépendante ; c'est par la foi et la prière qu'il accomplissait ses miracles. Le Christ désirait que sa relation avec son Père fût connue de tous. « Père, dit-il, je te rends grâce de ce que tu m'as exaucé. Pour moi, je savais que tu m'exauces toujours, mais j'ai parlé à cause de la foule de ceux qui se tiennent ici, afin qu'ils croient que c'est toi qui m'as envoyé. » Une démonstration des plus convaincantes allait être donnée aux disciples et au peuple concernant la relation qui existait entre le Christ et Dieu, et prouver que la prétention du Christ n'était pas une imposture.

« Après avoir dit cela, il cria d'une voix forte : Lazare, sors ! » Sa voix, claire et pénétrante, transperce les oreilles du mort. Tandis qu'il parle, sa divinité resplendit à travers son humanité. Sur son visage, illuminé par la gloire de Dieu, le peuple voit paraître la conscience de son pouvoir. Tous les regards sont rivés sur l'entrée de la grotte. Toutes les oreilles sont tendues pour saisir le moindre son. On attend avec un intérêt intense et inquiet que la divinité du Christ triomphe de l'épreuve et que soit établi son droit à la filiation divine, – ou que tout espoir s'évanouisse à jamais.

Quelque chose soudain remue dans la tombe silencieuse, et voici qu'apparaît, à l'entrée du sépulcre, celui qui était mort. Ses mouvements sont gênés par les linges mortuaires dans lesquels il a été enveloppé, et le Christ ordonne aux spectateurs étonnés : « Déliez-le, et laissez-le aller. » On voit, une fois de plus, la nécessité de la collaboration humaine. L'humanité doit travailler au service de l'humanité. Lazare, débarrassé de ses liens, se tient devant les assistants, non pas amaigri par la maladie, et les membres faibles et vacillants, mais comme un homme dans la pleine vigueur de l'âge. Ses yeux brillent d'intelligence et d'amour pour le Sauveur. Il se jette aux pieds de Jésus pour l'adorer.

Les personnes présentes sont d'abord muettes d'émerveillement, puis se déroule une scène indescriptible de réjouissances et d'actions de grâces. Les sœurs reçoivent comme un don de Dieu leur frère rendu à la vie ; avec des larmes de joie et des paroles coupées par l'émotion, elles expriment leur gratitude envers le Sauveur. Tandis que le frère, les sœurs et les amis sont heureux de se revoir, Jésus se retire. Quand on cherche celui qui donne la vie, on ne peut le trouver.

---

[1] Ce chapitre est basé sur Luc 10.38-42 ; Jean 11.1-44. [2] 2 Pierre 2.9. [3] 1 Jean 5.12. [4] Marc 5.39.

CHAPITRE 59

Complot de prêtres

BETHANIE était tout près de Jérusalem et la nouvelle de la résurrection de Lazare parvint bientôt dans cette ville [1]. Des espions, qui avaient assisté au miracle, renseignèrent rapidement les principaux des Juifs. Le sanhédrin fut immédiatement convoqué pour décider ce qu'il y avait à faire. Le Christ venait d'affirmer, d'une façon évidente, sa puissance sur la mort et sur le sépulcre. Ce miracle extraordinaire constituait la preuve suprême par laquelle Dieu montrait aux hommes qu'il avait envoyé son Fils dans le monde pour le sauver. Cette démonstration de puissance divine était suffisante pour convaincre toute personne soumise à la raison et douée d'une conscience éclairée. Plusieurs de ceux qui avaient assisté à la résurrection de Lazare crurent à Jésus. La haine des prêtres ne fit qu'augmenter. Ils avaient rejeté toutes les preuves, moins concluantes que celle-là, de sa divinité, et ce nouveau miracle n'eut d'autre effet que de les rendre furieux. Le mort avait été ressuscité à la pleine lumière du jour et devant une foule de témoins. Aucune explication ne pouvait détruire cette preuve. C'est ce qui rendait plus profonde l'inimitié des prêtres. Plus que jamais ils étaient décidés à mettre fin à l'œuvre du Christ.

Les sadducéens, bien qu'ils ne se fussent pas montrés favorables au Christ, n'avaient pas fait preuve d'autant de malignité à son égard que les pharisiens. Leur haine avait été moindre ; pourtant, cette fois, ils furent sérieusement alarmés. Ils ne croyaient pas à la résurrection des morts. S'appuyant sur une science faussement ainsi nommée, ils prétendaient qu'il n'était pas possible qu'un corps mort revînt à la vie. Quelques paroles du Christ avaient suffi pour renverser leur théorie. Leur ignorance des Ecritures leur avait été montrée, en même temps que la puissance de Dieu. Ils ne savaient comment effacer l'impression que ce miracle avait produite sur le peuple. Comment détourner les hommes de celui qui avait réussi à arracher les morts à leurs tombeaux ? De faux bruits furent répandus, mais le miracle ne pouvait être nié, et on ne savait comment en neutraliser les effets. Jusque-là les sadducéens n'avaient pas secondé le projet de mettre le Christ à mort. Cependant, après la résurrection de Lazare, ils crurent que cette mort seule pourrait mettre fin à ses accusations hardies.

Les pharisiens, qui croyaient à la résurrection, ne pouvaient s'empêcher de voir, dans ce miracle, une preuve de la présence du Messie au milieu d'eux. Mais ils s'étaient toujours opposés à l'œuvre du Christ qui avait été, dès le début, l'objet de leur haine parce qu'il avait dévoilé leurs prétentions hypocrites. Il avait déchiré le vêtement des rites rigides sous lequel ils cachaient leur difformité morale. La religion pure qu'il enseignait était la condamnation de leur creuse profession de piété. Les réprimandes directes dont ils avaient été les objets de sa part leur avaient inspiré une vraie soif de vengeance. Ils s'étaient efforcés de lui faire dire ou faire quelque chose qui pût leur offrir l'occasion de le condamner. Plusieurs fois ils avaient tenté de le lapider, mais il s'était retiré sans bruit, échappant à leur vue.

Tous les miracles accomplis par Jésus en un jour de sabbat avaient eu pour but le soulagement des affligés ; néanmoins les pharisiens avaient cherché à le condamner comme un violateur du sabbat. Ils avaient essayé de dresser contre lui les Hérodiens, et, en le faisant passer pour un prétendant au trône, ils s'étaient consultés avec eux pour le supprimer. Pour exciter les Romains contre lui, ils l'avaient accusé de vouloir renverser leur autorité. Par tous les moyens ils s'étaient efforcés de détruire son influence sur le peuple. Jusque-là leurs efforts avaient été frustrés. Les foules qui assistaient à ses œuvres de miséricorde et qui entendaient ses enseignements purs et saints voyaient bien que ce n'étaient pas là les actes et les paroles d'un violateur du sabbat ou d'un blasphémateur. Même les agents envoyés par les pharisiens n'avaient pu mettre la main sur lui, tellement ses paroles les avaient impressionnés. En désespoir de cause, les Juifs avaient décrété que tout homme qui ferait profession de croire en Jésus serait expulsé de la synagogue.

Les prêtres, les chefs et les anciens, réunis en consultation, étaient donc bien décidés à réduire au silence celui qui étonnait tous les hommes par des œuvres aussi merveilleuses. Pharisiens et sadducéens, désunis auparavant, étaient plus unis que jamais par leur opposition au Christ. Nicodème et Joseph ayant, dans des séances précédentes, empêché la condamnation de Jésus, ne furent pas convoqués à ce conseil. L'influence des membres qui croyaient en Jésus ne put prévaloir contre celle des pharisiens pleins de méchanceté.

Cependant les membres du conseil n'étaient pas tous du même avis. A ce moment-là le sanhédrin ne constituait pas une assemblée légale. Son existence était à peine tolérée. Quelques-uns de ses membres se demandaient si c'était une mesure sage que de mettre à mort le Christ. Ils craignaient un soulèvement du peuple qui donnerait aux Romains l'occasion de diminuer les prérogatives du sacerdoce et de lui retirer ce qui lui restait de pouvoir. Les sadducéens, quoique partageant la haine commune contre le Christ, étaient enclins à la prudence, car ils craignaient que les Romains ne leur enlevassent leur position privilégiée.

Dans ce conseil, réuni en vue de décider la mort du Christ, le Témoin qui avait entendu les paroles orgueilleuses de Nébucadnetsar, qui avait assisté au festin idolâtre de Belsatsar, qui avait été présent lorsque à Nazareth le Christ s'était présenté comme l'Oint du Seigneur, ce même Témoin était là, s'efforçant de faire comprendre aux chefs ce qu'ils étaient en train de faire. Des événements de la vie du Christ se présentaient à eux avec une force effrayante. Ils se rappelaient comment l'enfant Jésus, âgé de douze ans, s'était tenu devant de savants docteurs de la loi, leur posant des questions qui les surprenaient.

Le miracle qui venait d'être accompli attestait le fait que Jésus n'était autre que le Fils de Dieu. La vraie signification des Ecritures de l'Ancien Testament, en ce qui concerne le Christ, resplendissait devant tous les yeux. « Que faisons-nous ? » demandèrent les principaux, anxieux et troublés. Une division se produisit dans le conseil. Sous l'influence du Saint-Esprit, les prêtres et les principaux ne pouvaient chasser de leur pensée la conviction qu'ils combattaient contre Dieu.

Au moment où le conseil était au comble de l'incertitude, Caïphe, le souverain sacrificateur, se leva. C'était un homme orgueilleux et cruel, autoritaire et intolérant. Il y avait parmi ses parents des sadducéens cachant leur orgueil, leur audace, leur indifférence, leur ambition et leur cruauté sous le manteau d'une justice apparente. Caïphe avait étudié les prophéties et bien qu'il n'en comprît pas le vrai sens, il, s'exprima avec beaucoup d'autorité et d'assurance : « Vous n'y entendez rien ; vous ne vous rendez pas compte qu'il est préférable pour vous qu'un seul homme meure pour le peuple et que la nation entière ne périsse pas. » Le grand prêtre voulait que Jésus fût mis à mort, même s'il était innocent. Il devenait gênant, parce qu'il attirait à lui le peuple et amoindrissait l'autorité des principaux. Il valait mieux qu'un seul pérît plutôt que l'autorité des principaux fût affaiblie. Si le peuple venait à perdre confiance en ses chefs, la puissance nationale serait anéantie. Caïphe insinuait qu'à la suite de ce miracle les disciples de Jésus pourraient bien fomenter une révolte. Les Romains viendraient alors, disait-il, fermeraient notre temple, aboliraient nos lois, et détruiraient notre nation. Qu'est-ce que la vie de ce Galiléen comparée à celle de la nation tout entière ? S'il fait obstacle au bien-être d'Israël, n'est-ce pas rendre un service à Dieu que de l'écarter ? Mieux vaut qu'un seul homme périsse plutôt que toute la nation soit détruite.

En déclarant qu'un homme devait mourir pour la nation, Caïphe montrait quelque connaissance des prophéties, bien que cette connaissance fût très faible. Mais Jean, dans son récit, s'empare de cette prophétie, et en montre la signification large et profonde. Il dit : « Et non seulement pour la nation, mais aussi afin de réunir en un seul (corps) les enfants de Dieu dispersés. » Avec quel aveuglement l'orgueilleux Caïphe reconnaissait la mission du Sauveur !

Sur les lèvres de Caïphe, cette vérité, si précieuse, devenait un mensonge. La ligne de conduite qu'il recommandait partait d'un principe emprunté au paganisme. Le sentiment obscur que quelqu'un devait mourir pour la race humaine avait amené les païens à offrir des sacrifices humains. Caïphe proposait – au moyen du sacrifice de Jésus – de sauver la nation coupable, non pas de ses transgressions, mais dans ses transgressions, pour qu'elle pût continuer à pécher. Il espérait, par ce raisonnement, réduire au silence ceux qui osaient ne rien trouver en Jésus qui fût digne de mort.

Une conviction profonde s'était emparée des ennemis du Christ dans ce conseil. Le Saint-Esprit avait fait impression sur leurs cœurs. Mais Satan s'efforça de regagner sur eux son empire. Il leur rappela leurs griefs à l'endroit du Christ, et comment il avait fait peu de cas de leur justice. Jésus présentait une justice bien plus parfaite, que devaient posséder tous ceux qui aspiraient à devenir enfants de Dieu. Ne tenant aucun compte de leurs formes et de leurs cérémonies, il avait encouragé les pécheurs à s'adresser directement à Dieu, le Père des miséricordes, et à lui faire connaître leurs besoins. Ainsi, d'après eux, il avait méprisé le sacerdoce. Il avait refusé de reconnaître la théologie des écoles rabbiniques. En exposant au grand jour l'inconduite des prêtres, il avait irréparablement compromis leur influence. Il avait neutralisé l'effet de leurs maximes et de leurs traditions en déclarant qu'ils anéantissaient la loi de Dieu par leurs règlements rituels si rigides. Satan rappela toutes ces choses à leur esprit et leur suggéra qu'ils devaient mettre Jésus à mort s'ils voulaient maintenir leur autorité. Ils suivirent ce conseil. La crainte de perdre leur pouvoir leur paraissait un motif suffisant pour prendre une décision. A part quelques-uns, qui n'osèrent pas exprimer leur opinion, le sanhédrin reçut les paroles de Caïphe comme les paroles de Dieu. Le conseil se trouva soulagé ; la discorde cessa. On décida de mettre le Christ à mort à la première occasion favorable. En rejetant la preuve de la divinité de Jésus, ces prêtres et ces chefs s'étaient enfermés dans des ténèbres impénétrables. Ils s'étaient placés entièrement sous la domination de Satan qui allait les précipiter dans une ruine éternelle. Mais celui-ci avait si bien réussi à les tromper qu'ils se félicitaient eux-mêmes, se considérant comme des patriotes désireux de sauver leur nation.

Les sanhédristes redoutaient, toutefois, de prendre contre Jésus des mesures précipitées, de crainte d'irriter le peuple et d'attirer sur eux-mêmes la peine qu'ils méditaient pour Jésus. Cette considération amena un délai dans l'exécution de la sentence prononcée par le conseil. Les complots des prêtres n'échappèrent pas au Sauveur. Il savait qu'ils voulaient se débarrasser de lui et que leur dessein ne tarderait pas à se réaliser. Mais ce n'était pas à lui de hâter la crise ; il se retira donc de la contrée, emmenant les disciples avec lui. Ainsi Jésus confirmait, par son propre exemple, la recommandation qu'il avait faite aux disciples : « Quand on vous persécutera dans cette ville-ci, fuyez dans une autre. » Il y avait un vaste champ où ils pouvaient travailler au salut des âmes ; et à moins que leur fidélité ne l'exigeât, les serviteurs du Seigneur ne devaient pas mettre leur vie en péril.

Le ministère public de Jésus en faveur du monde avait duré trois années. Il avait donné l'exemple du renoncement et d'une bienveillance désintéressée. Sa vie de pureté, de souffrance et de consécration était connue de tous. Cependant cette courte période était tout ce que le monde pouvait supporter de la présence de son Rédempteur.

En butte aux persécutions et aux injures, chassé de Bethléhem par un roi envieux, rejeté par les siens à Nazareth, condamné à mort sans cause à Jérusalem, Jésus, avec ses quelques fidèles disciples, trouva un asile momentané dans une ville étrangère. Il était maintenant banni loin de ceux qu'il s'était efforcé de sauver, celui qui, toujours, s'était laissé toucher par le malheur humain, qui avait guéri les malades, rendu la vue aux aveugles, l'ouïe aux sourds, la parole aux muets, et qui avait rassasié les affamés et consolé les affligés. Il était incapable d'atteindre les cœurs aveuglés par le préjugé et la haine, et qui rejetaient avec obstination la lumière, celui qui avait marché sur les vagues agitées, qui, par une parole, avait calmé leur furie, qui avait expulsé les démons, en les obligeant à le reconnaître comme le Fils de Dieu, qui avait interrompu le sommeil des morts, et qui avait maintenu des milliers de personnes sous le charme de ses paroles de sagesse.

---

[1] Ce chapitre est basé sur Jean 11.47-54. [2] Matthieu 10.23.

Chapitre 60

La loi du nouveau royaume

COMME la Pâque approchait, Jésus se dirigea de nouveau vers Jérusalem [1]. Dans son cœur régnait la paix qu'engendre la certitude de l'accord parfait avec la volonté du Père, et, d'un pas rapide, il s'avançait vers le lieu du sacrifice. Mais un sentiment de mystère, de doute et de crainte, dominait les disciples. Le Sauveur « allait devant eux. Les disciples étaient angoissés, et ceux qui suivaient étaient dans la crainte. »

Une fois de plus le Christ appela auprès de lui les douze, et d'une manière plus claire que jamais, il leur annonça la trahison et les souffrances qu'il allait endurer. « Voici, dit-il, nous montons à Jérusalem, et tout ce qui a été écrit par les prophètes au sujet du Fils de l'homme s'accomplira. Car il sera livré aux païens ; on se moquera de lui, on le maltraitera, on crachera sur lui et, après l'avoir flagellé, on le fera mourir ; et le troisième jour il ressuscitera. Mais ils ne comprirent rien à cela ; cette déclaration leur restait cachée ; ils ne saisissaient pas ces paroles. »

N'avaient-ils pas fait entendre partout cette proclamation : « Le royaume des cieux est proche » ? Le Christ n'avait-il pas promis que plusieurs seraient assis dans le royaume de Dieu avec Abraham, Isaac et Jacob ? N'avait-il pas promis le centuple dans cette vie-ci et une part dans le royaume futur à ceux qui renonçaient à tout par amour pour lui ? N'avait-il pas promis aux douze des positions très honorables dans son royaume,-d'être assis sur des trônes pour juger les douze tribus d'Israël ? D'ailleurs, il venait de leur dire que tout ce que les prophètes avaient écrit à son sujet aurait son plein accomplissement. Or les prophètes n'avaient-ils pas prédit les gloires à venir du règne du Messie ? Vues sous ce jour ses paroles à propos de trahison, de persécution et de mort paraissaient vagues et douteuses. Ils pensaient que quoi qu'il pût arriver le royaume ne tarderait pas à être établi.

Jean, le fils de Zébédée, avait été l'un des deux premiers disciples à suivre Jésus. Avec son frère Jacques il faisait partie du premier groupe qui avait tout quitté pour le servir. Ils avaient volontiers dit adieu à leur foyer et à leurs amis pour l'accompagner ; ils avaient marché et conversé avec lui ; ils avaient été avec lui en privé et en public. Il avait apaisé leurs craintes, les avait délivrés du danger, les avait consolés de leurs peines, les avait enseignés avec patience et tendresse, tant et si bien que leurs cœurs semblaient ne plus faire qu'un avec le sien ; l'amour ardent qu'ils lui vouaient leur faisait désirer d'être aussi près de lui que possible dans son royaume. Jean ne manquait pas une occasion de se placer à côté du Sauveur, et Jacques souhaitait obtenir un honneur semblable.

Leur mère avait suivi le Christ et pourvu généreusement à ses besoins matériels. Son amour maternel et son ambition lui faisaient convoiter pour ses fils les premières places dans le nouveau royaume. Elle les encouragea donc à lui adresser une requête.

La mère et les fils vinrent ensemble à Jésus, lui demandant de leur accorder ce que leurs cœurs désiraient.

« Que voulez-vous que je fasse pour vous ? » demanda-t-il. « Ordonne, répondit la mère, que mes deux fils que voici soient assis dans ton royaume, l'un à ta droite et l'autre à ta gauche. »

Jésus les traite avec douceur, s'abstenant de leur reprocher leur égoïsme qui leur faisait désirer d'obtenir un traitement préférentiel. Il lit dans leur cœur, il sait l'attachement profond qu'ils ont pour lui. Leur amour n'est pas une simple affection humaine ; c'est le trop-plein de son amour rédempteur qui a débordé sur eux, mais qui a été souillé en passant par le canal humain. Au lieu de réprimander il veut approfondir et purifier. Il leur dit : « Pouvez-vous boire la coupe que je vais boire, ou être baptisés du baptême dont je vais être baptisé ? » Ils se rappellent alors les paroles mystérieuses par lesquelles il avait annoncé son épreuve et ses souffrances, ce qui ne les empêche pas de répondre avec assurance : « Nous le pouvons. » Ils considéraient comme un honneur enviable de prouver leur loyalisme en partageant le sort de leur Seigneur.

« Il est vrai que vous boirez la coupe que je vais boire, et que vous serez baptisés du baptême dont je vais être baptisé », dit-il, voyant se dresser devant lui, au lieu d'un trône, une croix entre deux malfaiteurs. Quant à Jean et Jacques, ils allaient partager les souffrances de leur Maître ; l'un d'eux serait le premier à périr par l'épée ; l'autre allait endurer plus longtemps la peine, l'opprobre, la persécution.

« Mais pour ce qui est d'être assis à ma droite ou à ma gauche, cela n'est pas à moi de l'accorder, sinon à ceux pour qui cela est préparé », ajouta-t-il. Aucun favoritisme n'intervient pour assigner une position dans le royaume de Dieu. On ne peut ni la mériter ni l'obtenir par une faveur arbitraire. C'est le résultat du caractère. La couronne et le trône sont les signes extérieurs d'un état réalisé : la victoire sur soi-même grâce au Seigneur Jésus-Christ.

Longtemps après, alors que le disciple avait appris à sympathiser avec le Christ par la communion à ses souffrances, le Seigneur fit connaître à Jean la loi qui préside à la distribution des places dans son royaume. « Le vainqueur, dit le Christ, je le ferai asseoir avec moi sur mon trône, comme moi j'ai vaincu et me suis assis avec mon Père sur son trône. » « Du vainqueur, je ferai une colonne dans le temple de mon Dieu et il n'en sortira plus. J'écrirai sur lui le nom de mon Dieu, ... ainsi que mon nom nouveau [2]. » « Pour moi, écrivait l'apôtre Paul, me voici déjà offert en libation, et le moment de mon départ approche. J'ai combattu le bon combat, j'ai achevé la course, j'ai gardé la foi. Désormais la couronne de justice m'est réservée ; le Seigneur, le juste juge, me la donnera en ce jour-là [3]. »

Qui est-ce qui se tiendra le plus près du Christ, sinon celui qui aura été le plus profondément imprégné de l'esprit de sacrifice et d'amour. Cet amour « ne se vante pas, il ne s'enfle pas d'orgueil, ... il ne cherche pas son intérêt, il ne s'irrite pas, il ne médite pas le mal [4] ». Cet amour est celui qui pousse le disciple, comme il a poussé notre Seigneur, à tout donner, à vivre, à travailler et à se sacrifier jusqu'à la mort pour sauver l'humanité. C'est là l'esprit qui s'est manifesté chez Paul. Il pouvait dire : « Pour moi, vivre c'est Christ » ; en effet, sa vie faisait connaître le Christ aux hommes ; « et mourir est un gain » – un gain pour le Christ, puisque la mort elle-même ferait éclater la puissance de sa grâce et lui gagnerait des âmes. « Christ sera exalté dans mon corps, dit-il, ... soit par ma vie, soit par ma mort [5]. »

Les autres dix disciples furent mécontents en apprenant la démarche de Jacques et de Jean. Chacun d'eux souhaitait pour lui-même la première place dans le royaume ; et de penser que les deux disciples semblaient avoir obtenu un avantage les mettait en colère.

La dispute pour savoir lequel serait le plus grand était sur le point de se rallumer quand Jésus les appela et dit aux disciples indignés : « Vous savez que ceux qu'on regarde comme les chefs des nations les tyrannisent, et que les grands abusent de leur pouvoir sur elles. Il n'en est pas de même parmi vous. »

Dans les royaumes de ce monde une position signifie augmentation de prestige. On dirait que le peuple n'existe qu'au profit des classes dirigeantes. Influence, richesse, instruction autant de moyens pour les chefs de gouverner les masses. Aux classes supérieures de penser, de décider, de jouir, de régner ; aux inférieures d'obéir, de servir. La religion elle-même, comme toute autre chose, était une question d'autorité. On attendait du peuple qu'il crût et agît conformément aux directives données par les supérieurs. Les droits de l'homme quant à penser et agir comme tel, pour son propre compte, étaient complètement méconnus.

Le Christ voulait établir son royaume sur des principes différents. Il appelait les hommes, non à exercer l'autorité, mais à servir, le plus fort devant porter les infirmités du plus faible. Puissance, position, talent, instruction conféraient à leurs possesseurs de plus grandes obligations de servir leurs semblables. « Toutes choses sont pour vous [6] » : ces paroles sont adressées au plus humble parmi les disciples du Christ.

« Le Fils de l'homme est venu, non pour être servi, mais pour servir et donner sa vie en rançon pour beaucoup. » Le Christ prenait sur lui les soucis et les fardeaux de ses disciples. Il partageait leur pauvreté, pratiquait le renoncement dans leur intérêt, allait devant eux pour aplanir leurs difficultés, et bientôt il allait consommer son œuvre sur la terre en déposant sa vie. Le principe qui a été à la base de la conduite du Christ doit aussi inspirer les membres de l'Eglise qui est son corps. Le plan et le fondement du salut consistent en l'amour. Sont les plus grands dans le royaume du Christ ceux qui suivent l'exemple par lui donné, agissant en qualité de bergers de son troupeau.

La vraie dignité et l'honneur de la vie chrétienne ressortent de ces paroles de Paul : « Bien que je sois libre à l'égard de tous, je me suis rendu le serviteur de tous », « cherchant non mon avantage, mais celui du plus grand nombre, afin qu'ils soient sauvés [7]. »

Dans les questions de conscience l'âme doit être sans entraves. Personne ne doit dominer sur l'esprit de quelqu'un, se faire juge à sa place, ou lui prescrire son devoir. Dieu accorde à chaque âme la liberté de pensée et la possibilité de se conformer à ses convictions personnelles. « Chacun de nous rendra compte (à Dieu) pour lui-même. » Personne n'a le droit de confondre sa propre individualité dans celle d'un autre. Partout où un principe est en jeu, « que chacun ait dans sa propre pensée une pleine conviction [8] ». Le royaume des cieux ne souffre aucune contrainte, aucune domination intolérante. Les anges du ciel ne viennent pas sur la terre pour gouverner et exiger des hommages, mais en qualité de messagers de miséricorde pour coopérer au relèvement de l'humanité.

Les principes qui servaient de base aux enseignements du Sauveur, et même ses paroles revêtues d'une beauté divine, sont demeurés dans la mémoire du disciple bien-aimé. Jusqu'à la fin de ses jours son témoignage s'est résumé en ces termes : « Voici le message que vous avez entendu dès le commencement : Aimons-nous les uns les autres. » « A ceci, nous avons connu l'amour : c'est qu'il a donné sa vie pour nous. Nous aussi, nous devons donner notre vie pour les frères [9]. »

Ce même esprit animait l'église primitive. A la suite de l'effusion du Saint-Esprit, « la multitude de ceux qui avaient cru n'était qu'un cœur et qu'une âme. Nul ne disait que ses biens lui appartenaient en propre ». « Il n'y avait parmi eux aucun indigent. » « Avec une grande puissance les apôtres rendaient témoignage de la résurrection du Seigneur Jésus. Et une grande grâce reposait sur eux tous [10]. »

[1] Ce chapitre est basé sur Matthieu 20.20-28 ; Marc 10.32-45 ; Luc 18.31-34. [2] Apocalypse 3.21, 12. [3] 2 Timothée 4.6-8. [4] 1 Corinthiens 13.4, 5. [5] Philippiens 1.21, 20. [6] 2 Corinthiens 4.15, version Darby. [7] 1 Corinthiens 9.19 ; 10.33. [8] Romains 14.12, 5. [9] 1 Jean 3.11, 16. [10] Actes 4.32-34.

Chapitre 61

Zachée

En route vers Jérusalem, « Jésus entra dans Jéricho et traversa la ville ». Celle-ci s'étendait au milieu d'une végétation tropicale luxuriante, à quelques kilomètres du Jourdain, à l'extrémité occidentale d'une vallée qui s'ouvrait sur la plaine. Avec ses palmiers, ses magnifiques jardins et ses sources, elle brillait comme une émeraude et le contraste était d'autant plus vif que des collines de calcaire et des ravins déserts la séparaient de Jérusalem [1].

Beaucoup de caravanes passaient par Jéricho pour se rendre à la fête. Leur arrivée était toujours une occasion de réjouissances, mais aujourd'hui un plus grand intérêt préoccupait le peuple. On savait que le rabbi galiléen, qui avait récemment ramené Lazare à la vie, se trouvait dans la foule ; et, bien qu'on commençât à chuchoter au sujet des complots des prêtres, les multitudes étaient impatientes de lui rendre hommage.

Jéricho était l'une des villes qui avaient été anciennement mises à part pour le sacerdoce ; à l'époque du Christ, un grand nombre de prêtres y résidaient. Mais la ville avait aussi une population très différente. C'était un grand centre de commerce, et on y voyait des officiers et des soldats romains, des étrangers d'origines diverses, et beaucoup de péagers qui y étaient établis pour la perception des impôts.

Le « chef des péagers », Zachée, un Juif, était détesté de ses compatriotes ; son rang et ses richesses, prix d'une profession qu'ils abhorraient, leur paraissaient l'équivalent de l'injustice et de la concussion. Cependant le riche officier des douanes n'était pas un mondain endurci sous des apparences de futilité et d'orgueil, battait un cœur accessible aux influences divines. Zachée avait entendu parler de Jésus. La renommée de celui qui témoignait de la bonté aux classes proscrites s'était répandue auprès et au loin. Ce chef des péagers soupirait après une vie meilleure. A quelques kilomètres seulement de Jéricho, Jean-Baptiste avait prêché au bord du Jourdain, et Zachée avait perçu un écho de l'appel à la repentance. La recommandation faite aux péagers : « N'exigez rien au-delà de ce qui vous a été ordonné [2] », bien qu'apparemment il ne s'y fût pas conformé, avait laissé une impression dans son esprit. Il connaissait les Ecritures, et savait bien que ses agissements étaient mauvais. Maintenant, en écoutant les paroles attribuées au grand Maître, il se sentit coupable aux yeux de Dieu. Néanmoins, ce qu'il avait entendu de Jésus rallumait l'espérance dans son cœur. Le repentir, un changement de vie étaient possibles, même pour lui ; le nouveau Maître n'avait-il pas un péager parmi ses plus fidèles disciples ? Se conformant tout de suite à la conviction qui s'était emparée de lui, Zachée commença de rembourser ceux à qui il avait fait tort.

Il s'efforçait ainsi de corriger son passé, quand la nouvelle se répandit de l'entrée de Jésus dans la ville de Jéricho. Zachée voulut voir le Christ. Il commençait de sentir l'amertume des fruits du péché et de comprendre combien il est difficile à quelqu'un de quitter sa mauvaise voie. Il lui était dur d'être incompris et de voir ses efforts pour corriger ses fautes récompensés par le soupçon et la méfiance. Le chef des péagers désirait contempler le visage de celui dont les paroles avaient ranimé l'espérance dans son cœur.

Comme les rues regorgeaient de monde, Zachée, qui était de petite taille, ne pouvait rien apercevoir par-dessus les têtes. Personne ne voulait lui faire place ; alors, le riche percepteur d'impôts courut un peu en avant de la foule, monta sur un grand sycomore et s'assît parmi les branches, d'où il pourrait voir défiler le cortège. La foule s'approche et passe, et Zachée cherche, d'un regard avide, celui qu'il désire voir.

Au milieu des clameurs des prêtres et des rabbins et des acclamations de la foule, ce désir du chef des péagers, quoique non exprimé, touche le cœur de Jésus. Soudain un groupe s'arrête sous le sycomore, ceux qui précèdent et ceux qui suivent font halte, et un regard qui paraît lire dans l'âme se dirige en haut. L'homme juché sur l'arbre n'en croit pas ses oreilles quand il entend ces paroles : « Zachée, hâte-toi de descendre ; car il faut que je demeure aujourd'hui dans ta maison. »

La foule s'écarte, et Zachée, marchant comme dans un rêve, indique le chemin de sa maison. Mais les rabbins regardent d'un air maussade et murmurent avec mécontentement et mépris : « Il est allé loger chez un homme pécheur. »

Zachée, vaincu, restait muet d'étonnement en constatant l'amour et la condescendance du Christ qui, malgré son indignité, s'abaissait vers lui. L'amour et la fidélité pour son nouveau Maître finirent par desceller ses lèvres. Il voulut confesser publiquement sa foi et sa repentance.

En présence de la foule, « Zachée, debout devant le Seigneur, lui dit : Voici, Seigneur, je donne aux pauvres la moitié de mes biens, et si j'ai extorqué quelque chose à quelqu'un, je lui rends le quadruple. Jésus lui dit : Aujourd'hui le salut est venu pour cette maison, parce que celui-ci est aussi un fils d'Abraham. »

Quand le jeune homme riche s'était détourné de Jésus, les disciples s'étaient étonnés en entendant dire au Maître : « Qu'il est difficile à ceux qui ont de la fortune d'entrer dans le royaume de Dieu ! » Ils s'étaient dit les uns aux autres : « Alors, qui peut être sauvé ? » Ils assistaient maintenant à la démonstration de la vérité exprimée par Jésus : « Ce qui est impossible aux hommes est possible à Dieu [3]. » Il leur était donné de voir que par la grâce de Dieu un homme riche peut entrer dans le royaume.

Avant même d'avoir aperçu le visage du Christ, Zachée avait commencé de donner des preuves de vraie repentance. Avant même d'être accusé, il avait confessé son péché. Cédant à la conviction du Saint-Esprit, il avait commencé de se conformer aux enseignements donnés à l'ancien Israël et à nous-mêmes. Le Seigneur avait dit longtemps auparavant : « Si ton frère, qui est près de toi, devient pauvre et que sa main s'affaiblisse, tu le soutiendras, quand même il serait un étranger ou un hôte, afin qu'il vive auprès de toi. Tu ne tireras de lui ni intérêt ni profit, mais tu craindras ton Dieu et ton frère vivra auprès de toi. Tu ne lui prêteras point ton argent à intérêt et tu ne lui donneras point de tes vivres pour en tirer un profit. ... Qu'aucun de vous ne fasse tort à son prochain ; mais crains ton Dieu [4]. » Ces paroles avaient été prononcées par le Christ lui-même alors qu'il était enveloppé dans la colonne de nuée, et la première manifestation de la reconnaissance de Zachée, pour l'amour du Christ, consista à témoigner de la compassion envers les pauvres et les affligés.

Les péagers avaient formé une ligue en vue d'opprimer le peuple et de s'entraider dans leurs pratiques frauduleuses. En se rendant coupables de concussion, ils ne faisaient que se conformer à un usage presque universel. D'ailleurs les prêtres et les rabbins, tout en les méprisant, s'enrichissaient, eux aussi, par des moyens malhonnêtes sous le couvert de leur vocation sacrée. Mais dès que Zachée céda à l'influence du Saint-Esprit, il renonça à tout ce qui était contraire à l'intégrité.

Aucun repentir n'est sincère s'il n'entraîne pas une œuvre de réformation. La justice du Christ n'est pas un manteau destiné à couvrir des péchés qu'on ne veut ni confesser ni abandonner ; c'est un principe de vie qui transforme le caractère et qui dirige la conduite. La sainteté consiste à se vouer entièrement à Dieu ; c'est une soumission complète du cœur et de la vie aux principes du ciel.

Dans les affaires, le chrétien doit montrer au monde comment notre Seigneur dirigerait des entreprises commerciales. Dans chaque opération il doit prouver que Dieu est son Maître. « Sainteté à l'Eternel », ces paroles doivent être écrites sur le journal et le grand-livre, sur les contrats, les factures et les lettres de change. Ceux qui, tout en faisant profession de suivre le Christ, agissent d'une manière injuste, déposent un faux témoignage contre le caractère d'un Dieu saint, juste et miséricordieux. Toute personne ayant accueilli le Christ dans son cœur, prouvera sa conversion, comme Zachée, en renonçant à toutes les pratiques frauduleuses dont elle avait l'habitude. Comme le chef des péagers, elle montrera sa sincérité en faisant des restitutions. Le Seigneur dit : Si le « méchant... rend le gage qu'on lui a confié, s'il restitue ce qu'il a ravi, s'il suit les préceptes qui donnent la vie, sans commettre d'iniquité, ... on ne se souviendra d'aucun des péchés qu'il aura commis. ... Certainement il vivra [5]. »

Si nous avons fait du tort à quelqu'un par des opérations commerciales frauduleuses, si nous avons surpris sa bonne foi en affaires, si nous l'avons frustré de son dû, même dans les limites consenties par la loi, nous devrions confesser notre tort et faire restitution dans la mesure du possible. Il est juste que nous rendions, non seulement le bien que nous avons pris, mais aussi les intérêts qui se seraient accumulés pendant tout le temps qu'il a été en notre possession s'il avait été placé d'une manière judicieuse.

Le Sauveur dit à Zachée « Aujourd'hui le salut est venu pour cette maison. » Zachée ne fut pas seul à jouir de ce bonheur : toute sa famille le partagea avec lui. Le Christ alla chez lui pour lui enseigner la vérité et pour exposer aux siens les choses du royaume. Le mépris des rabbins et des sacrificateurs les avait tenus loin des synagogues ; maintenant cette famille, plus privilégiée que toutes les autres familles de Jéricho, put accueillir le divin Maître et entendre directement ses paroles de vie.

C'est quand elle reçoit le Christ en tant que Sauveur personnel, qu'une âme parvient au salut. Zachée avait reçu Jésus, non seulement comme un hôte de passage, mais comme quelqu'un devant habiter dans le temple de son âme. Les scribes et les pharisiens le considéraient comme un pécheur et murmuraient de ce que le Christ acceptait l'hospitalité auprès de lui, mais le Seigneur le reconnut comme un fils d'Abraham. En effet, « ceux qui ont la foi sont fils d'Abraham [6] ».

---

[1] Ce chapitre est basé sur Luc 19.1-10. [2] Luc 3.13. [3] Marc 10.24, 26 ; Luc 18.27. [4] Lévitique 25.35-37, 17. [5] Ezéchiel 33.15, 16. [6] Galates 3.8.

Chapitre 62

Dans la maison de Simon

Simon de Béthanie était, dans le nombre des disciples de Jésus, l'un des rares pharisiens unis ouvertement à ceux qui suivaient le Christ [1]. Il lui reconnaissait le titre de Maître, et, quoique enclin à lui accorder celui de Messie, il ne l'acceptait cependant pas comme Sauveur ; son caractère n'avait pas été transformé ; ses mobiles n'avaient pas changé.

Simon, ayant été guéri de la lèpre par Jésus, s'était senti attiré vers lui. Désirant lui manifester sa reconnaissance, il prépara à cet effet une fête pour le Sauveur et ses disciples lorsque le Christ fit sa dernière visite à Béthanie. Beaucoup de Juifs se trouvèrent réunis à l'occasion de ce banquet. Une grande effervescence régnait, à ce moment-là, à Jérusalem. L'attention était dirigée, plus que jamais, vers le Christ et vers sa mission. Quelques-uns de ceux qui assistaient à la fête surveillaient, parfois d'un regard malveillant, tous ses mouvements.

Le Sauveur arriva à Béthanie, six jours seulement avant la Pâque, et, selon sa coutume, il s'arrêta chez Lazare, pour s'y reposer. Les nombreux pèlerins qui pénétraient dans la ville y répandirent la nouvelle qu'il était en route vers Jérusalem, et qu'il passerait le sabbat à Béthanie. Un immense enthousiasme régnait parmi la foule. Un grand nombre de personnes affluèrent à Béthanie, les unes attirées par la sympathie qu'elles éprouvaient pour Jésus, d'autres simplement curieuses de voir celui qu'il avait ressuscité d'entre les morts.

Plusieurs s'attendaient à entendre Lazare raconter des choses merveilleuses qu'il aurait vues après sa mort. Mais ils furent déçu : Lazare n'avait rien à dire sur ce sujet. La parole inspirée déclare, en effet : « Les morts ne savent rien.... Leur amour, leur haine, leurs ambitions, tout s'est évanoui [2]. » Cependant, Lazare avait un magnifique témoignage à rentre au sujet de l'œuvre du Christ. C'est dans ce but qu'il avait été ressuscité. Il déclarait avec assurance et avec force que Jésus était le Fils de Dieu.

Les paroles rapportées à Jérusalem par ceux qui avaient visité Béthanie augmentèrent l'agitation des foules. On était impatient de voir et d'entendre Jésus. Tous se demandaient si Lazare allait l'accompagner à Jérusalem et si le prophète serait couronné roi à l'occasion de la Pâque. Les prêtres et les chefs se rendaient compte que leur influence sur le peuple diminuait de plus en plus et leur fureur contre Jésus en fut accrue. C'est à peine s'ils pouvaient attendre une occasion pour l'ôter, à jamais, de leur chemin. Comme le temps s'écoulait, ils commencèrent à craindre qu'il ne vînt pas à Jérusalem. Il avait si souvent déjoué leurs desseins meurtriers, qu'ils craignaient qu'il n'eût découvert leur complot contre lui, et ne restât à distance. Ils dissimulaient mal leur anxiété, et se demandaient les uns aux autres : « Qu'en pensez-vous ? Ne viendra-t-il point à la fête ? »

Les prêtres et les pharisiens tinrent conseil. La résurrection de Lazare avait acquis tant de sympathies au Christ qu'il leur parut dangereux de le saisir ouvertement. Les autorités décidèrent donc de s'emparer de lui en secret, et de faire son procès aussi discrètement que possible. Ils pensaient que la vague instable de l'opinion publique se retournerait en leur faveur lorsque sa condamnation serait connue.

C'est ainsi qu'ils se proposaient de faire périr Jésus. Pourtant prêtres et rabbins savaient qu'ils n'auraient point de tranquillité aussi longtemps que Lazare vivrait. L'existence d'un homme rendu à la vie par une parole de Jésus, après avoir passé quatre jours dans la tombe, suffirait, tôt ou tard, à provoquer une réaction. Le peuple ferait payer cher à ses chefs le meurtre d'un être capable d'accomplir un tel miracle. Le sanhédrin décida donc que Lazare devait mourir, lui aussi. Voilà jusqu'où peuvent conduire l'envie et le préjugé ! La haine et l'incrédulité des chefs juifs étaient telles qu'ils étaient prêts à tuer un homme que la puissance infinie venait d'arracher au sépulcre.

Tandis que ces complots se tramaient à Jérusalem, Jésus et ses amis étaient invités au banquet de Simon. Le Sauveur se tenait à table, ayant à l'un de ses côtés Simon, qu'il avait guéri d'une maladie repoussante ; à l'autre, Lazare, qu'il avait relevé d'entre les morts. Marthe servait tandis que Marie écoutait avec ferveur chaque parole sortant des lèvres du Maître. Dans sa miséricorde, Jésus lui avait pardonné ses péchés et avait rappelé du tombeau son frère bien-aimé : le cœur de Marie était donc rempli de gratitude. Elle avait entendu Jésus parler de sa mort prochaine ; son profond amour et sa grande tristesse lui inspirèrent le désir de lui rendre des honneurs anticipés. En s'imposant un grand sacrifice, elle réussit à se procurer un vase d'albâtre, plein « d'un parfum de nard pur de grand prix », afin d'oindre le corps du Christ. Mais maintenant que plusieurs assuraient qu'il allait être couronné roi, sa douleur se changeait en joie et elle était impatiente d'apporter les premiers hommages à son Seigneur. Ayant brisé son vase de parfum, elle en répandit le contenu sur la tête et sur les pieds de Jésus et ensuite, s'étant agenouillée, elle arrosa ceux-ci de ses larmes et les essuya avec ses longs cheveux flottants.

Elle avait espéré passer inaperçue, mais le parfum, en se répandant dans la salle, attira l'attention de tous les assistants. Judas jugea sévèrement cet acte et, sans attendre que le Christ eût manifesté son opinion, il se mit à murmurer et se plaignit à ceux qui se trouvaient près de lui, se risquant même à blâmer son Maître d'avoir permis un tel gaspillage. Par d'habiles insinuations, il tenta de communiquer son mécontentement.

Judas, trésorier des disciples, avait secrètement soutiré, pour son propre usage, de l'argent à la bourse commune, diminuant ainsi leurs ressources déjà si modestes. Il était toujours pressé de mettre dans la bourse tout ce qu'il pouvait obtenir. On puisait souvent dans la caisse pour soulager les pauvres ; et, chaque fois qu'on achetait quelque chose qui ne lui paraissait pas indispensable, Judas disait : A quoi bon cette perte ? Pourquoi n'en a-t-on pas mis le prix dans la bourse destinée aux pauvres ? L'action de Marie offrait un tel contraste avec l'égoïsme de Judas que ce dernier en fut honteux ; selon son habitude, il essaya de légitimer son blâme. S'adressant aux disciples, il demanda : « Pourquoi n'a-t-on pas vendu ce parfum trois cents deniers, pour les donner aux pauvres ? – Il disait cela, non qu'il se mît en peine des pauvres, mais parce qu'il était voleur et que, tenant la bourse, il prenait ce qu'on y mettait. » Judas n'avait pas de tendresse pour les pauvres. Si on lui avait remis le prix de la vente du parfum de Marie, les pauvres n'en auraient reçu aucune part.

Judas avait une haute opinion de ses aptitudes d'homme pratique. Au point de vue financier, il se croyait très supérieur à ses collègues, à qui il avait inspiré la même idée. Ayant gagné leur confiance, il exerçait sur eux une grande influence. Il les trompait par sa feinte sympathie pour les pauvres, et ses insinuations habiles leur firent juger avec méfiance l'acte de dévotion accompli par Marie. Un murmure courut tout autour de la table : « A quoi bon cette perte ? On aurait pu vendre ce parfum très cher et en donner le prix aux pauvres. »

Marie fut émue par ces paroles désobligeantes. Elle craignit que sa sœur ne lui reprochât sa prodigalité. Peut-être que le Maître, lui aussi, la jugeait imprévoyante. Elle allait se retirer, sans se défendre ni présenter d'excuse, lorsque la voix de son Seigneur se fit entendre : « Laissez-la. Pourquoi lui faites-vous de la peine ? » Il avait vu son embarras et sa détresse, il savait qu'elle avait désiré, par son acte, exprimer sa gratitude pour le pardon de ses péchés, et il voulut ramener le calme dans son esprit. Elevant la voix au-dessus des murmures de médisance, il dit : « Elle a accompli une bonne action à mon égard ; car vous avez toujours les pauvres avec vous, et vous pouvez leur faire du bien quand vous le voulez, mais moi, vous ne m'avez pas toujours. Elle a fait ce qu'elle a pu ; elle a d'avance embaumé mon corps pour la sépulture. »

Le don odoriférant que Marie s'était proposé de prodiguer sur la dépouille du Sauveur, elle le répandit sur lui pendant qu'il vivait encore. Lors de l'ensevelissement, la douceur de ce parfum eût simplement rempli sa tombe, tandis que son cœur fut réjoui par ce témoignage de foi et d'amour. Joseph d'Arimathée et Nicodème n'offrirent pas leurs dons d'amour à Jésus pendant sa vie. Ils apportèrent à son corps froid et inconscient leurs coûteuses essences. Les femmes qui apportèrent des aromates au tombeau firent une démarche inutile, car Jésus était ressuscité. Mais, en répandant son amour sur le Sauveur alors qu'il pouvait l'apprécier, Marie l'oignait en vue de sa sépulture et lorsque, plus tard, il s'enfoncera dans les ténèbres de la suprême épreuve, il emportera avec lui le souvenir de cet acte comme un gage de l'amour dont il sera l'objet de la part de ses rachetés, pendant l'éternité.

Beaucoup n'apportent qu'aux morts leurs dons précieux. D'abondantes paroles d'amour sont prononcées près du cadavre. On prodigue, à celui qui n'entend plus, les paroles de tendresse et d'estime. Quel parfum précieux eussent été ces paroles si elles avaient été dites alors que l'esprit fatigué en avait tant besoin ; quand l'oreille pouvait encore entendre et le cœur sentir.

Marie ne comprenait pas toute la signification de son acte d'amour. Elle n'était pas capable de répondre à ses accusateurs et n'aurait su expliquer pourquoi elle avait choisi cette occasion-là pour oindre Jésus. Le Saint-Esprit avait tout disposé pour elle, et elle obéissait simplement à ses suggestions. L'inspiration ne s'abaisse pas à donner des raisons ; elle se justifie d'elle-même. C'est une présence invisible qui parle à l'esprit et à l'âme et qui pousse le cœur à agir.

En expliquant à Marie la portée de son acte, le Christ lui donna plus qu'il n'avait reçu d'elle. « En répandant ce parfum sur mon corps, dit-il, elle l'a fait pour ma sépulture. » De même que ce vase d'albâtre brisé avait inondé la maison de son parfum, de même le Christ allait mourir, son corps serait rompu ; mais il sortirait du tombeau et remplirait la terre du parfum de sa vie. « Le Christ nous a aimés et s'est livré lui-même à Dieu pour nous en offrande et en sacrifice comme un parfum de bonne odeur [3]. »

« En vérité je vous le dis, déclara le Christ, partout où l'Évangile sera prêché dans le monde entier, on racontera aussi en mémoire de cette femme ce qu'elle a fait. » Plongeant son regard dans l'avenir, le Sauveur parlait de l'Evangile avec une certitude absolue. Cet Evangile devait être prêché dans le monde entier. Et partout où il se propagerait, le don de Marie répandrait son parfum et cet acte spontané serait une source de bénédiction pour beaucoup de cœurs. Des royaumes s'élèveraient et s'écrouleraient ; des noms de monarques et de conquérants tomberaient dans l'oubli ; mais les pages de l'histoire sainte rendraient immortel le geste de cette femme. Jusqu'à la fin des siècles ce vase d'albâtre brisé dirait le grand amour dont Dieu a aimé une race coupable.

L'acte de Marie faisait un contraste violent avec celui que Judas était sur le point d'accomplir. Quelle dure leçon le Christ aurait pu donner à cet homme qui déposait des germes de médisance et de malice dans l'esprit des disciples ! Avec quel à-propos l'accusateur aurait pu être accusé à son tour ! Celui qui discerne les mobiles de tous les cœurs et qui comprend chacune de nos actions aurait pu découvrir de sombres chapitres de l'expérience de Judas devant ceux qui assistaient à la fête. Il eût été facile de dévoiler la vanité des prétentions du traître ; car loin d'aimer les pauvres, il dérobait l'argent destiné à les soulager. Il eût été facile de soulever l'indignation contre lui en montrant comment il opprimait la veuve, l'orphelin et le mercenaire. Mais si le Christ avait démasqué Judas, on l'aurait rendu responsable de la trahison. Et si Judas avait été accusé de vol, il aurait trouvé des sympathies même parmi les disciples. Le Sauveur ne lui adressa aucun reproche, évitant ainsi d'offrir un prétexte à sa perfidie.

Mais Judas comprit, par le regard de Jésus, que le Sauveur discernait son hypocrisie et voyait combien son caractère était vil et méprisable. De plus, faire l'éloge de l'acte de Marie, c'était blâmer Judas. Jusqu'alors, le Sauveur ne l'avait jamais repris directement. Cette réprimande rongeait le cœur du mauvais disciple qui résolut de se venger. En sortant du souper il se rendit directement au palais du souverain sacrificateur, où il trouva le conseil réuni, et il s'offrit à livrer Jésus entre leurs mains.

Les prêtres furent au comble de la joie. Le privilège leur avait été offert de recevoir le Christ comme leur Sauveur sans rien payer. Mais ils avaient refusé le précieux don qui leur était offert avec un amour plein de tendresse. Après avoir refusé le salut qui vaut beaucoup plus que de grandes quantités d'or, ils achetaient maintenant leur Seigneur pour trente pièces d'argent.

Judas avait cultivé l'avarice au point que tous les bons traits de son caractère en avaient été neutralisés. Il enviait ce qui était offert à Jésus. L'envie dévorait son cœur en voyant le Sauveur recevoir un don digne d'un monarque terrestre. Il vendit son Maître pour une somme inférieure à celle qu'avait coûté le vase de parfum.

Les autres disciples ne ressemblaient pas à Judas. Ils aimaient le Sauveur, mais ils n'appréciaient pas suffisamment son noble caractère. S'ils avaient compris ce qu'il avait fait pour eux, rien de ce qui lui était donné n'eût été considéré comme une perte. Les mages d'Orient, qui savaient si peu de choses au sujet de Jésus, avaient mieux compris quels honneurs lui étaient dus. Ils avaient apporté au Sauveur leurs dons précieux, et s'étaient prosternés devant lui alors qu'il n'était encore qu'un tout petit enfant, couché dans une crèche.

Le Christ apprécie les hommages qui viennent du cœur. Chaque fois qu'un service lui a été rendu, cet acte a été récompensé avec une générosité céleste. Il ne refusait pas la plus simple fleur cueillie par une main d'enfant et offerte avec bonté. Il acceptait les offrandes des enfants et récompensait les donateurs en inscrivant leurs noms dans le livre de la vie. L'onction de Jésus par Marie est mentionnée dans l'Ecriture pour distinguer celle-ci des autres Marie. Des actes d'amour et de respect pour Jésus accompagnent la foi au Fils de Dieu. Le Saint-Esprit veut que la femme, pour prouver sa fidélité au Christ, ait « lavé les pieds des saints, secouru les malheureux, et recherché toute œuvre bonne [4] ».

Le Christ ressentait de la joie à voir Marie si empressée à faire la volonté de son Seigneur. Il acceptait la richesse d'une affection pure que ses disciples étaient incapables de comprendre. Plus que les onctions du monde les plus précieuses, le désir de Marie avait une valeur aux yeux du Christ, parce qu'il montrait combien cette femme vénérait le Rédempteur de l'humanité. Elle était pressée par l'amour du Christ. La beauté immaculée du caractère de Jésus remplissait son âme d'admiration. Le parfum qu'elle offrit était une image de son cœur. C'était la démonstration extérieure d'un amour que des courants célestes faisaient déborder.

Les disciples avaient besoin de cet acte de Marie pour comprendre que l'expression de leur amour serait agréable au Christ. Il avait été tout pour eux, et ils ne comprenaient pas qu'ils seraient bientôt privés de sa présence, qu'ils ne pourraient bientôt plus lui donner des marques de gratitude, en échange de son grand amour. Les disciples n'ont jamais compris comme ils l'auraient dû la nostalgie que le Christ éprouvait en vivant, d'une vie purement humaine, loin des parvis célestes. Il était souvent peiné de ne pas obtenir de ses disciples ce qu'il était en droit d'attendre d'eux. S'ils avaient subi l'influence des anges célestes qui l'accompagnaient, eux non plus n'auraient trouvé aucune offrande suffisante pour traduire l'affection spirituelle de leurs cœurs.

Ce n'est que plus tard qu'ils comprirent vraiment combien de choses ils auraient pu faire pour manifester à Jésus, alors qu'il était près d'eux, l'amour et la reconnaissance de leurs cœurs. Quand Jésus ne fut plus avec eux, et qu'ils se trouvèrent comme des brebis sans berger, ils commencèrent à comprendre quelles attentions ils auraient pu lui témoigner pour réjouir son cœur. Ils cessèrent de blâmer Marie, pour se blâmer eux-mêmes et regretter les reproches faits par eux ; déplorant d'avoir représenté les pauvres comme étant plus dignes que le Christ du don de Marie. Leurs remords furent profonds au moment où ils emportèrent, de la croix, le corps meurtri de leur Maître.

Un semblable besoin se fait sentir dans le monde aujourd'hui. Bien peu parmi nous comprennent tout ce que le Christ est pour eux. Autrement, ils montreraient le même amour que Marie, et l'onction serait généreusement accordée. Ils ne considéreraient pas le parfum coûteux comme une perte. La plus belle offrande faite au Christ ne serait pas jugée trop coûteuse ; aucun renoncement, aucun sacrifice, consenti pour lui, ne paraîtrait trop grand.

Les paroles indignées : « A quoi bon cette perte ? » rappelèrent au Christ d'une manière frappante le plus grand sacrifice qui ait jamais été fait : le don de sa personne comme victime de propitiation pour le monde perdu. Le Seigneur a été si généreux envers la famille humaine, qu'il est impossible de supposer qu'il eût pu faire davantage. Dieu a donné le ciel tout entier en donnant Jésus. D'un point de vue humain, un tel sacrifice pouvait sembler avoir été fait en pure perte, et le plan du salut tout entier être un gaspillage de grâces et de ressources. Nous bénéficions constamment du renoncement et du sacrifice consenti avec joie par la divinité. Ce n'est pas sans surprise que l'armée céleste voit la famille humaine refuser d'être relevée et enrichie par l'amour illimité qui s'est manifesté en Christ. Les anges auraient bien des raisons de s'écrier : A quoi bon cette perte ?

Mais l'expiation offerte pour un monde perdu devait être abondante et complète. L'offrande du Christ devait abonder suffisamment pour atteindre toute âme créée par Dieu. Il n'était pas question de la restreindre au nombre de ceux qui accepteraient le don précieux. Tous les hommes ne sont pas sauvés ; mais si le plan de la rédemption ne produit pas tout ce qui était généreusement prévu, ce n'est pas pour cela un gaspillage.

Simon, qui avait invité Jésus, subit l'influence des critiques de Judas, au sujet du don de Marie, et, blessé dans son orgueil de pharisien, il fut surpris par l'attitude du Maître. Il savait que beaucoup, parmi les invités, éprouvaient de la méfiance et du mécontentement à l'égard du Christ. Il se dit en lui-même « Si cet homme était le prophète, il saurait qui est la femme qui le touche et ce qu'elle est : une pécheresse. »

En guérissant Simon de sa lèpre, le Christ avait rendu la vie à une sorte de cadavre ; pourtant, en ce moment, Simon doutait que le Sauveur fût un prophète. Le Christ permettait à cette femme de s'approcher de lui, au lieu de la repousser avec indignation comme coupable de péchés trop grands pour être pardonnés ; il ne laissait pas voir qu'il avait connaissance de sa chute, et Simon était tenté de penser qu'il n'était pas un prophète. Jésus, se disait-il, ne sait rien de cette femme qui prend tant de libertés ; autrement, il ne se laisserait pas toucher par elle.

Mais c'est parce que Simon ne connaissait ni Dieu ni le Christ qu'il raisonnait ainsi. Il ne comprenait pas que le Fils de Dieu doit agir d'une manière divine, avec compassion, tendresse et miséricorde. Simon, lui, ne faisait aucun cas de l'hommage par lequel Marie montrait sa repentance. Son cœur endurci était exaspéré de la voir baiser et oindre les pieds du Christ. Il pensait que si le Christ avait été un prophète, il aurait reconnu les pécheurs et les aurait repoussés.

Bien que cette pensée n'eût pas été exprimée, le Sauveur y répondit : « Simon, j'ai quelque chose à te dire. ... Un créancier avait deux débiteurs : l'un devait cinq cents deniers, et l'autre cinquante. Comme ils n'avaient pas de quoi payer, il leur fit grâce de leur dette à tous deux. Lequel l'aimera le plus ? Simon répondit : Celui, je suppose, auquel il a fait grâce de la plus grosse somme. Jésus lui dit : Tu as bien jugé. »

Comme Nathan parlant à David, le Christ dissimula, sous le voile d'une parabole, le coup qu'il désirait porter. Il laissa à son hôte le soin de prononcer sa propre sentence. C'est Simon qui avait fait pécher la femme, aujourd'hui objet de son mépris. Il lui avait fait beaucoup de tort. Le but de la parabole des deux débiteurs était de représenter Simon et Marie. Jésus ne voulait pas dire que ces deux personnes devaient éprouver de la reconnaissance dans des proportions différentes, car toutes deux avaient une dette de gratitude qu'elles ne pourraient jamais acquitter. Mais Simon se croyait plus juste que Marie, et Jésus voulait lui faire voir combien il était coupable ; lui montrer que son péché dépassait celui de Marie comme la dette de cinq cents deniers dépassait celle de cinquante.

Simon commençait à se considérer sous un nouveau jour. Il vit que Marie était estimée par celui qu'il jugeait plus grand qu'un prophète et il comprit que le regard prophétique et si pénétrant du Christ discernait l'amour et le dévouement remplissant le cœur de Marie. Il se sentit confus et se rendit compte enfin qu'il était en présence d'un Etre supérieur à lui.

« Je suis entré dans ta maison, poursuivit le Christ, et tu ne m'as pas donné d'eau pour mes pieds », mais Marie, avec des larmes de repentir que l'amour lui a fait verser, a lavé mes pieds, et les a essuyés avec ses cheveux. « Tu ne m'as pas donné de baiser ; mais elle », – cette femme que tu méprises, – « depuis que je suis entré, elle n'a pas cessé de me baiser les pieds. » Le Christ rappelait à Simon les occasions qu'il avait eues de montrer son amour pour son Maître et sa reconnaissance pour ce que le Maître avait fait en sa faveur. Le Sauveur dit clairement à ses disciples, mais avec un tact délicat, que ses enfants lui font de la peine quand ils négligent de lui témoigner de la gratitude par des paroles et des actes d'amour.

Celui qui sonde les cœurs discernait le mobile qui faisait agir Marie ; il voyait aussi quel esprit inspirait les paroles de Simon. « Vois-tu cette femme ? » demanda-t-il. C'est une pécheresse. « Je te le dis, ses nombreux péchés sont pardonnés, puisqu'elle a beaucoup aimé. Mais celui à qui l'on pardonne peu aime peu. »

Par sa froideur et sa négligence à l'égard du Sauveur, Simon avait montré combien peu il appréciait la grâce dont il avait été l'objet. Il avait cru que c'était un honneur suffisant que d'inviter Jésus dans sa maison. Mais maintenant il se vit tel qu'il était. Alors qu'il croyait lire dans le cœur de son hôte, son hôte avait lu dans le sien. Il trouva juste le jugement que le Christ avait prononcé sur lui. Sa religion avait consisté en un vêtement pharisaïque. Il avait méprisé la compassion de Jésus. Il n'avait pas reconnu en lui le représentant de Dieu, Marie était une pécheresse pardonnée, lui était un pécheur non pardonné. La règle inflexible de justice qu'il avait voulu appliquer à Marie servait à le condamner.

Jésus s'était montré bon en ne réprimandant pas ouvertement Simon en présence des invités : Simon en fut touché. Il n'avait pas été traité comme il eût voulu voir traiter Marie. Il vit que Jésus n'avait pas l'intention de dévoiler ses fautes à d'autres, mais qu'il s'efforçait simplement de le convaincre en lui présentant son véritable état, et de soumettre son cœur en lui témoignant une bonté miséricordieuse. Un blâme sévère infligé à Simon n'aurait fait que l'endurcir et rendre son repentir plus difficile, tandis qu'un avertissement, donné avec douceur, eut pour effet de le convaincre de son erreur. Il vit l'immensité de sa dette envers le Maître. Sa fierté fut humiliée, il se repentit, et l'orgueilleux pharisien devint un disciple humble, prêt au sacrifice.

Marie avait été considérée comme une grande pécheresse, mais le Christ connaissait les circonstances qui avaient influencé sa vie. Il eût pu éteindre dans son âme les dernières étincelles d'espoir, mais il s'en garda bien. C'est lui qui l'avait sauvée du désespoir et de la ruine. Par sept fois il avait chassé les démons qui dominaient son cœur et son esprit. Elle avait entendu les prières qu'il avait adressées au Père, avec de grands cris, en sa faveur. Elle savait combien le péché paraissait odieux à sa pureté immaculée, et, par la force divine, elle avait remporté la victoire.

Alors que son cas paraissait désespéré, à vues humaines, le Christ, discernant les meilleurs traits de sa nature, aperçut, en Marie, des possibilités de relèvement. Le plan de la rédemption a ouvert devant l'humanité la perspective de grandes réalisations auxquelles Marie serait appelée. Sa grâce a rendu la pécheresse capable de participer à la nature divine. Après être tombée, après être devenue la demeure des démons, elle fut initiée à la communion et au service du Sauveur. C'est Marie qui s'asseyait à ses pieds pour recevoir ses instructions. C'est elle qui répandit sur sa tête l'huile précieuse et arrosa ses pieds de larmes. Elle fut la première à courir au tombeau après la résurrection. C'est Marie qui, la première aussi, annonça le Sauveur ressuscité.

Jésus connaît les circonstances de chacun. Vous direz : Je suis un pécheur, un très grand pécheur. C'est possible ; mais plus votre état est désespéré, plus vous avez besoin de Jésus. Personne n'est repoussé s'il vient à lui pleurant et contrit. Il ne raconte à personne ce qu'il pourrait révéler à votre sujet ; il inspire du courage à toute âme tremblante. Il pardonne généreusement à tous ceux qui cherchent auprès de lui le pardon et le relèvement.

Le Christ pourrait ordonner aux anges du ciel de verser sur notre monde les coupes de sa colère afin de détruire ceux qui sont remplis de haine à l'égard de Dieu. Il pourrait faire disparaître cette tache de l'univers. Il ne le fait pas. Il se tient aujourd'hui près de l'autel des parfums, présentant à Dieu les prières de ceux qui implorent son secours.

Jésus élève au-dessus des accusations et des coups de langues les âmes qui cherchent en lui leur refuge. Aucun homme, aucun mauvais ange ne peut mettre en accusation ces âmes. Le Christ les associe à sa nature divine et humaine. Elles se tiennent auprès de celui qui porte les péchés, dans la lumière qui émane du trône de Dieu. « Qui accusera les élus de Dieu ? Dieu est celui qui justifie ! Qui les condamnera ? Le Christ-Jésus est celui qui est mort ; bien plus, il est ressuscité, il est à la droite de Dieu, et il intercède pour nous [5]. »

---

[1] Ce chapitre est basé sur Matthieu 26.6-13 ; Marc 14.3-11 ; Luc 7.36-50 ; Jean 11.55-57 ; 12.1-11.
[2] Ecclésiaste 9.5, 6. [3] Ephésiens 5.2. [4] 1 Timothée 5.10. [5] Romains 8.33, 34.

CHAPITRE 63

Ton roi vient

« TRESSAILLE de joie, fille de Sion ! Pousse des cris d'allégresse, fille de Jérusalem ! Voici que ton roi vient à toi ; il est juste et victorieux, humble et monté sur un âne, sur le poulain d'une ânesse [2]. »

C'est ainsi que le prophète Zacharie avait annoncé la venue du Roi d'Israël, cinq siècles avant la naissance du Christ. Cette prophétie va maintenant s'accomplir. Après avoir si longtemps refusé les honneurs de la royauté, Jésus vient à Jérusalem comme l'héritier promis du trône de David.

C'est le premier jour de la semaine que le Christ fit son entrée solennelle. Des foules accourues à Béthanie l'accompagnaient maintenant, impatientes d'assister à son triomphe. Beaucoup de personnes, qui se rendaient à la ville pour célébrer la Pâque, se joignirent à la foule qui entourait Jésus. La nature entière paraissait en fête. Les arbres étaient revêtus de verdure, et leurs fleurs répandaient dans l'atmosphère un parfum subtil. Une vie et une fête nouvelles animaient le peuple. On se reprenait à espérer un nouveau royaume.

En vue de son entrée à Jérusalem, Jésus avait chargé deux de ses disciples de lui amener une ânesse avec son ânon. A sa naissance, le Sauveur avait accepté l'hospitalité auprès de personnes étrangères. La crèche dans laquelle il avait été déposé avait dû être empruntée. Et maintenant, bien que le bétail de mille collines lui appartienne, il se voit obligé de recourir à l'amabilité d'un étranger pour obtenir la monture sur laquelle il entrera à Jérusalem en qualité de roi. Toutefois sa divinité se manifeste jusque dans les moindres instructions qu'il donne aux disciples chargés de cette mission. Comme il l'avait prédit, il leur suffit de dire : « Le Seigneur en a besoin », pour obtenir ce qu'ils désiraient. Jésus se servit de l'ânon que personne n'avait jamais monté. Avec un joyeux enthousiasme, les disciples étendirent leurs vêtements sur la bête, et y installèrent leur Maître. Jésus ayant toujours voyagé à pied, les disciples, en apprenant qu'il désirait cette fois-ci se servir d'une monture, furent d'abord étonnés : mais une espérance joyeuse vint réconforter leurs cœurs : celle de le voir entrer dans la capitale, se proclamer roi, et affirmer son pouvoir royal. Tout en obéissant aux ordres du Maître, ils firent part aux amis de Jésus de leurs brillantes espérances ; l'effervescence se propagea auprès et au loin, portant à son paroxysme l'attente du peuple.

Par cette entrée royale, le Christ se conformait à une ancienne coutume hébraïque. La monture était semblable à celle des rois d'Israël ; c'était celle que la prophétie avait désignée comme devant servir au Messie venant dans son royaume. Dès que Jésus se fut assis sur l'ânon, un immense cri de triomphe déchira les airs. La multitude l'acclamait comme Messie et comme Roi. Jésus accepta, cette fois-ci, les hommages qu'il n'avait jamais tolérés auparavant et les disciples en conclurent que leurs joyeuses espérances allaient se réaliser, et qu'ils allaient le voir monter sur le trône. La foule était convaincue que l'heure de l'émancipation nationale allait sonner. Leur imagination voyait déjà les armées romaines chassées de Jérusalem, et Israël redevenu une nation indépendante. Tous étaient transportés de joie ; c'était à celui qui lui apporterait les hommages les plus dignes. Il n'était pas en leur pouvoir de faire étalage de pompe et de splendeur, mais ils lui apportaient le culte de cœurs joyeux. Dans l'impossibilité de lui offrir des dons magnifiques, ils étendaient comme un tapis leurs vêtements sous ses pas, et répandaient aussi, sur le chemin, des branches d'oliviers et des feuilles de palmiers. Ils ne pouvaient faire flotter des étendards royaux devant le cortège triomphal, mais ils coupaient des branches de palmiers, emblème naturel de victoire, et les agitaient avec de puissantes acclamations et des hosannas retentissants.

A mesure qu'ils avançaient, la foule augmentait : ceux qui avaient appris l'arrivée de Jésus se joignaient en hâte au cortège. Des spectateurs se mêlaient constamment à la foule et demandaient : Qui est celui-ci ? Que signifie toute cette agitation ? Ils avaient tous entendu parler de Jésus, et s'attendaient à le voir à Jérusalem ; mais ils savaient qu'il avait toujours dissuadé ceux qui voulaient le placer sur le trône, et ils étaient très étonnés d'apprendre que c'était lui. Ils se demandaient ce qui avait pu amener ce revirement chez celui qui avait déclaré que son royaume n'était pas de ce monde.

Leurs questions se perdent au milieu des acclamations. La foule ne se lasse pas de réitérer ses cris de triomphe ; ceux qui sont éloignés font retentir les mêmes cris, les collines et les vallées environnantes en renvoient l'écho. Et voici que d'autres foules, venant de Jérusalem, se joignent au cortège. Des milliers de personnes, qui se trouvent dans la ville pour célébrer la Pâque, accourent pour souhaiter au Messie la bienvenue. Elles l'acclament en agitant des branches de palmiers et en chantant des hymnes sacrés. Dans le temple les prêtres annoncent au son de la trompette le service du soir, mais il en est peu qui y répondent, et les chefs, alarmés, se disent les uns aux autres : « Le monde s'en est allé près de lui. »

Au cours de sa vie terrestre, Jésus n'avait encore jamais autorisé une démonstration pareille. Il en prévoyait nettement le résultat. Cela devait le conduire à la croix. Mais son dessein était de se présenter ainsi, d'une manière officielle, en qualité de Rédempteur. Il voulait attirer l'attention sur le sacrifice dont il couronnerait sa mission auprès d'un monde déchu. Tandis que les gens se rassemblaient à Jérusalem pour célébrer la Pâque, lui, l'Agneau symbolisé par la Pâque, s'offrait en oblation par un acte volontaire. Au cours des siècles, l'Eglise éprouverait le besoin de faire de sa mort expiatoire un sujet de méditation profonde et d'étude. Tout ce qui se rattache à ce fait serait vérifié avec soin. Il fallait donc que tous les regards fussent maintenant dirigés sur lui ; les événements qui précéderaient son grand sacrifice devaient être de nature à attirer l'attention sur le sacrifice lui-même. Après une pareille démonstration accompagnant son entrée à Jérusalem, tous les yeux suivraient sa marche rapide vers le dénouement final.

Les événements associés à cette entrée triomphale deviendraient le sujet de toutes les conversations, et obligeraient tous les esprits à s'occuper de Jésus. Après la crucifixion, plusieurs se rappelleraient ces événements, en rapport avec son procès et avec sa mort. On serait ainsi amené à étudier les prophéties, et l'on acquerrait la conviction que Jésus est le Messie ; le nombre des convertis à la foi nouvelle se multiplierait en tous pays.

Dans cette scène triomphale, unique dans sa vie terrestre, le Sauveur aurait pu se montrer escorté d'anges célestes et se faire annoncer par la trompette de Dieu ; mais une telle manifestation eût été contraire au but de sa mission, contraire aussi à la loi qui avait gouverné sa vie. Il resta fidèle à l'humble sort qu'il s'était fait. Il devait porter le fardeau de l'humanité jusqu'au moment où sa vie serait offerte pour la vie du monde.

Ce jour, qui semblait aux disciples le plus beau de leur vie, eût été obscurci de sombres nuages s'ils avaient pu prévoir que ces réjouissances n'étaient que le prélude des souffrances et de la mort de leur Maître. Bien qu'il leur eût souvent parlé de son sacrifice inévitable, dans le joyeux triomphe du moment présent, ils oubliaient ses tristes paroles, et préféraient s'attendre à le voir jouir d'un règne prospère, sur le trône de David.

Le cortège s'accroissait continuellement, et presque tous étaient saisis par l'inspiration du moment et contribuaient à faire retentir les hosannas, de colline en colline, et de vallée en vallée. Sans cesse éclataient ces cris : « Hosanna au Fils de David ! Béni soit celui qui vient au nom du Seigneur ! Hosanna dans les lieux très hauts ! »

On n'avait jamais vu un cortège aussi glorieux. Il ne ressemblait pas à celui des plus célèbres conquérants de la terre. Aucune suite de captifs gémissants ne figurait comme trophée de victoire. Mais le Sauveur était entouré des glorieux trophées de son travail d'amour en faveur de l'homme pécheur. Ils étaient là, les captifs qu'il avait arrachés au pouvoir de Satan, et ils louaient Dieu de leur délivrance. Les aveugles auxquels il avait rendu la vue montraient le chemin. Les muets dont il avait délié la langue faisaient entendre les hosannas les plus retentissants. Les estropiés qu'il avait guéris sautaient de joie et se montraient plus empressés que les autres à rompre des branches de palmiers et à les agiter devant le Sauveur. Des veuves et des orphelins célébraient le nom de Jésus à cause des œuvres de miséricorde qu'il avait accomplies en leur faveur. Les lépreux qu'il avait purifiés étalaient sur son chemin leurs vêtements – vêtements qui n'étaient plus souillés par la maladie – et l'acclamaient comme le Roi de gloire. Ceux que sa voix avait réveillés du sommeil de la mort étaient présents dans la foule. Lazare, dont le corps avait senti la corruption dans le sépulcre, et qui, maintenant, était en possession d'une pleine vigueur, conduisait l'animal sur lequel le Sauveur était assis.

Bon nombre de pharisiens présents, dévorés d'envie et de malice, cherchaient à donner une autre direction au courant populaire en faisant usage de toute leur autorité pour calmer le peuple ; mais leurs appels et leurs menaces ne faisaient qu'accroître l'enthousiasme. En désespoir de cause et craignant que la multitude, ayant la force du nombre, ne voulût couronner Jésus roi, ils se frayèrent un passage à travers la foule, jusqu'à l'endroit où se trouvait le Sauveur, et l'accostèrent avec des paroles de reproches et de menaces : « Maître, reprends tes disciples. » Ils prétendaient que d'aussi bruyantes démonstrations étaient illégales et ne seraient pas permises par les autorités. Mais Jésus les réduisit au silence par cette réplique : « Je vous le dis, s'ils se taisent, les pierres crieront ! » Cette scène de triomphe prédite par le prophète était conforme au dessein de Dieu et l'homme était impuissant à faire échouer le plan divin. Dieu aurait prêté une voix aux pierres inanimées pour qu'elles saluassent son Fils de leurs louanges si les hommes s'y étaient refusés. Les pharisiens durent se retirer, et des centaines de voix répétèrent les paroles de Zacharie : « Tressaille de joie, fille de Sion ! Pousse des cris d'allégresse, fille de Jérusalem ! Voici que ton roi vient à toi ; il est juste et victorieux, humble et monté sur un âne, sur le poulain d'une ânesse. »

Quand le cortège eut atteint le sommet de la colline, Jésus s'arrêta, avec la foule, avant de descendre dans la ville. Jérusalem s'étendait devant eux dans sa gloire, baignée par la lumière du soleil couchant. Le temple attirait tous les regards ; sa grandeur majestueuse dominait tout le reste et il paraissait montrer le ciel comme pour diriger le peuple vers le seul Dieu vivant et vrai. Pendant longtemps ce temple avait été l'orgueil et la gloire de la nation d'Israël. Les Romains eux-mêmes se glorifiaient de sa magnificence. Un roi établi par les Romains avait joint ses efforts à ceux des Juifs pour le reconstruire et l'embellir, et l'empereur de Rome l'avait enrichi de ses dons. Par sa solidité, sa richesse et sa splendeur, il était l'une des merveilles du monde.

Alors que le soleil couchant jetait des reflets d'or sur les cieux, sa gloire resplendissante éclairait les marbres blancs des murs du temple et étincelait sur ses piliers dorés. A le voir du haut de la colline où se tenait Jésus avec ses disciples, il avait l'aspect d'une construction massive de neige, surmontée de faîtes dorés. A l'entrée du temple se trouvait un cep de vigne en or et en argent, avec des feuilles vertes et de grandes grappes exécutées par d'habiles artistes. Ce symbole représentait Israël comme un cep prospère. L'or, l'argent, le feuillage vert étaient combinés avec un art exquis ; gracieusement enroulé autour des piliers blancs et luisants, s'accrochant aux ornements dorés par ses vrilles brillantes, il reflétait la splendeur du soleil couchant, resplendissant d'une gloire qui semblait empruntée au ciel.

Jésus contemple la scène qui est devant lui, et la foule immense, charmée par cette brusque vision de beauté, cesse ses acclamations. Tous les regards cherchent sur le visage du Sauveur l'expression de l'admiration commune et ne voient sur son front qu'un nuage de tristesse. On est surpris et déçu par les larmes qui emplissent ses yeux ; son corps tressaille comme un arbre secoué par la tempête, et des lamentations douloureuses, paraissant sortir des profondeurs d'un cœur brisé, jaillissent de ses lèvres tremblantes. Quelle vue pour les anges ! Leur Chef aimé dans une agonie de larmes ! Quelle vue pour la foule joyeuse qui, poussant des cris de joie et agitant des branches de palmiers, l'escortait vers la cité glorieuse où l'on espérait qu'il allait régner. Quand Jésus avait pleuré auprès du sépulcre de Lazare, ses larmes avaient été provoquées par sa sympathie pour la misère humaine, tandis que la tristesse soudaine de ce moment-ci faisait l'effet d'une note douloureuse au milieu d'un grand chœur triomphal. Alors que tout le monde, au comble de la joie, lui adressait ses hommages, le Roi d'Israël versait des larmes ; non pas des larmes silencieuses de joie, mais des larmes accompagnées de gémissements qu'il ne pouvait contenir. Une tristesse soudaine s'empara de la foule. Les acclamations cessèrent. Beaucoup pleuraient, partageant une douleur qu'ils ne pouvaient comprendre.

Ce n'est pas la pensée des souffrances qui l'attendaient qui arrachait des larmes à Jésus. A peu de distance, devant lui, se trouvait Gethsémané, où bientôt l'horreur de profondes ténèbres allait l'envelopper. On apercevait aussi la porte des brebis, par laquelle, pendant de longs siècles, on avait fait passer les animaux devant servir aux sacrifices. Cette porte allait s'ouvrir pour lui, le grand Antitype, dont le sacrifice pour les péchés du monde avait été annoncé par toutes ces offrandes. Tout près se trouvait le Calvaire, où il allait bientôt agoniser. Néanmoins, ce n'était pas la pensée de la mort douloureuse qui faisait pleurer et gémir le Rédempteur. Sa douleur n'était pas une douleur égoïste. Le pressentiment de son agonie n'intimidait pas cette âme noble, pleine d'abnégation. Ce qui transperçait le cœur de Jésus, c'était la vue de Jérusalem – cette Jérusalem qui avait rejeté le Fils de Dieu et dédaigné son amour, qui avait refusé de se laisser convaincre par ses œuvres puissantes, et qui se préparait à lui ôter la vie. Il vit ce qu'elle était pour s'être rendue coupable du rejet de son Rédempteur ; et ce qu'elle aurait pu être si elle avait accepté celui qui, seul, pouvait guérir sa blessure. Il était venu pour la sauver ; comment pouvait-il l'abandonner à son sort ?

Israël avait été un peuple privilégié ; Dieu avait établi sa demeure dans le temple de Jérusalem, sur cette montagne de Sion, qui « s'élève avec grâce », et qui est la « joie de toute la terre [3] ». Il était là ce temple qui, pendant plus de mille ans, avait été l'objet de la vigilance paternelle et du tendre amour du Christ. Les prophètes y avaient fait entendre les avertissements les plus solennels. On y avait agité des encensoirs contenant des charbons ardents, faisant monter l'encens vers Dieu avec les prières des adorateurs. Le sang des animaux y avait coulé en représentation du sang du Christ. Jéhovah avait manifesté sa gloire au-dessus du propitiatoire. Les prêtres y avaient exercé leur ministère, et des rites symboliques pompeux y avaient été accomplis, de siècle en siècle. Mais tout cela touchait à sa fin.

Jésus étendit la main – cette main qui, si souvent, avait béni les malades et les affligés – et, l'agitant vers la ville condamnée, il s'écria, la voix coupée de sanglots : « Si tu connaissais, toi aussi, en ce jour, le chemin de la paix ! » Le Sauveur se tut, s'abstenant de dire quelle eût pu être la condition de Jérusalem si elle avait accepté le secours que Dieu voulait lui accorder – le don de son Fils bien-aimé. Si Jérusalem avait su ce qu'elle pouvait savoir, si elle avait reçu la lumière envoyée du ciel, elle se serait avancée fièrement, au comble de la prospérité, comme la reine des royaumes, en pleine possession de la puissance que Dieu lui avait donnée. Plus de soldats armés stationnant à ses portes, ni d'enseignes romaines sur ses murailles ! La destinée glorieuse dont Jérusalem eût pu jouir si elle avait accepté son Rédempteur se présentait aux yeux du Fils de Dieu. Il voyait que, grâce à lui, elle aurait pu être guérie de ses cruelles maladies, délivrée de l'esclavage et devenir la puissante métropole de la terre. La colombe de la paix se serait envolée de ses murs pour se rendre auprès de toutes les nations. Jérusalem eût été le diadème de gloire du monde entier.

Mais voici que s'efface le brillant tableau. Le Sauveur se rend compte de ce qu'elle est maintenant sous le joug romain, objet de la colère de Dieu, menacée de ses jugements. Il reprend donc le fil interrompu de ses lamentations : « Mais maintenant il est caché à tes yeux. Il viendra sur toi des jours où tes ennemis t'environneront de tranchées, t'encercleront et te presseront de toutes parts ; ils t'écraseront, toi et tes enfants au milieu de toi, et ne laisseront pas en toi pierre sur pierre, parce que tu n'as pas connu le temps où tu as été visitée. »

Le Christ était venu pour sauver Jérusalem et ses enfants ; mais l'orgueil pharisaïque, l'hypocrisie, l'envie et la malice firent obstacle à son dessein. Jésus savait quel terrible châtiment frapperait la ville condamnée. Il voyait Jérusalem investie, les habitants assiégés mourant d'inanition ou massacrés, des mères se nourrissant des cadavres de leurs propres enfants, parents et enfants s'arrachant la dernière bouchée de nourriture, les affections naturelles détruites par les tortures de la faim. Il voyait que cette obstination des Juifs, qui leur avait fait rejeter le salut, les empêcherait aussi de se soumettre aux armées envahissantes. Il apercevait le Calvaire, sur lequel il allait être élevé, recouvert de croix aussi nombreuses que les arbres d'une forêt. Il voyait ses malheureux habitants soumis à la torture et crucifiés, ses magnifiques palais détruits, le temple en ruines, pas une pierre de ses murailles massives restant debout, et la ville labourée comme un champ. Le Sauveur pouvait bien pleurer devant une scène aussi effroyable.

Jérusalem avait été l'enfant dont il avait pris soin, et, comme un tendre père s'afflige sur un fils égaré, ainsi Jésus pleurait sur la cité bien-aimée. Comment puis-je t'abandonner à ton sort ? Comment puis-je assister à ta destruction ? Dois-je te permettre de remplir la coupe de tes iniquités ? Une âme seule vaut plus que tous les mondes, et il y avait ici toute une nation courant à sa perte. Quand le soleil couchant aurait disparu du ciel, le jour de grâce de Jérusalem serait arrivé à son terme. Alors que le cortège était arrêté au sommet du mont des Oliviers, Jérusalem avait une dernière occasion de se repentir. L'ange de la miséricorde se préparait à replier ses ailes et à descendre du trône d'or pour faire place à la justice et au jugement imminent. Mais le Christ, au grand cœur d'amour, continuait de plaider en faveur de Jérusalem, bien qu'elle eût dédaigné ses grâces, méprisé ses avertissements et qu'elle fût sur le point de tremper les mains dans son sang. Si seulement Jérusalem voulait se repentir : ce n'était pas trop tard. Tandis que les derniers rayons du soleil couchant s'attardaient sur le temple, sur la tour, sur le faîte, est-ce que quelque bon ange n'allait pas la ramener à l'amour du Sauveur, l'arrachant à la ruine ? Ville splendide et profane, qui avait lapidé les prophètes et rejeté le Fils de Dieu, qui par son impénitence rivait sur elle les chaînes de l'esclavage – le jour de sa grâce était presque écoulé !

L'Esprit de Dieu essaie encore de s'adresser à Jérusalem. Avant la fin du jour, un nouveau témoignage est rendu au Christ, répondant à l'appel d'un passé prophétique. Si Jérusalem veut entendre l'appel, et recevoir le Sauveur qui entre par ses portes, elle peut encore être sauvée.

Les chefs qui se trouvent à Jérusalem apprennent que Jésus s'approche, escorté d'une grande foule. Mais ils ne songent pas à souhaiter la bienvenue au Fils de Dieu. Craintifs, ils s'en vont au-devant de lui, dans l'espoir de disperser la foule. Au moment où le cortège descend du mont des Oliviers, les chefs lui barrent le passage. Ils demandent quelle est la cause de ces réjouissances tumultueuses. A leur question : « Qui est celui-ci ? » les disciples répondent, remplis de l'Esprit qui a inspiré les prophètes, répétant avec un accent éloquent les prophéties se rapportant au Christ :

Adam vous dira : C'est la postérité de la femme qui écrasera la tête du serpent.

Interrogez Abraham ; il vous dira : C'est Melchisédec, roi de Salem, roi de paix [4].

Jacob vous dira : C'est le Pacificateur de la tribu de Juda.

Esaïe vous dira : C'est Emmanuel, « le Conseiller admirable, le Dieu fort, le Père d'éternité, le Prince de la paix [5] ».

Jérémie vous dira : C'est le rameau de David, « l'Eternel notre justice [6] ».

Daniel vous dira : C'est le Messie.

Osée vous dira : C'est « le Dieu des armées ; son nom est l'Eternel [7] ».

Jean-Baptiste vous dira : C'est « l'Agneau de Dieu, qui ôte le péché du monde [8] ».

Le grand Jéhovah, du haut de son trône, l'a proclamé : « Celui-ci est mon Fils bien-aimé [9]. »

Nous, ses disciples, nous déclarons : C'est Jésus, le Messie, le Prince de la vie, le Rédempteur du monde.

Le prince de la puissance des ténèbres le reconnaît, en disant : « Je sais qui tu es : le Saint de Dieu [10]. »

---

[1] Ce chapitre est basé sur Matthieu 21.1-11 ; Marc 11.1-10 ; Luc 19.29-44 ; Jean 12.12-19. [2] Zacharie 9.9. [3] Psaume 48.2. [4] Genèse 14.18. [5] Esaïe 7.14 ; 9.6. [6] Jérémie 23.6. [7] Osée 12.6. [8] Jean 1.29. [9] Matthieu 3.17. [10] Marc 1.24.

Chapitre 64

Un peuple condamné

L'ENTRÉE triomphale du Christ à Jérusalem représentait faiblement sa venue sur les nuées des cieux avec puissance et gloire, au milieu des anges triomphants et des saints pleins d'allégresse [1]. C'est à ce moment que se rapportent les paroles du Christ aux prêtres et aux pharisiens : « Vous ne me verrez plus désormais, jusqu'à ce que vous disiez : Béni soit celui qui vient au nom du Seigneur [2] » Ce jour de triomphe final avait été montré à Zacharie dans une vision prophétique, ainsi que la condamnation de ceux qui ont rejeté le Christ à son premier avènement : « Ils tourneront leurs regards vers moi, celui qu'ils ont percé. Ils prendront le deuil en mémoire de moi, comme on prend le deuil d'un fils unique, et ils pleureront amèrement sur moi, comme on pleure sur un enfant premier-né [3]. » Cette scène se présenta au Christ au moment où il contemplait la ville et pleurait sur elle. Dans la ruine temporelle de Jérusalem il aperçut la destruction finale de ce peuple qui s'était chargé du sang du Fils de Dieu.

Les disciples constataient la haine dont le Christ était l'objet de la part des Juifs, sans voir encore à quoi cela conduirait. Ils ne comprenaient pas encore la véritable condition d'Israël et ne savaient pas quel châtiment allait fondre sur Jérusalem. Le Christ leur fit saisir cela par une leçon de choses très significative. C'est en vain qu'avait retenti le dernier appel à Jérusalem. Les prêtres et les principaux avaient entendu la foule faire écho à la voix prophétique du passé en réponse à la question : « Qui est celui-ci ? » Mais ils ne reconnurent pas la voix de l'inspiration. Irrités et stupéfaits, ils s'efforcèrent d'imposer silence à la foule. Des officiers romains étant présents, Jésus leur fut dénoncé comme l'auteur d'une rébellion. On assura qu'il allait s'emparer du temple et s'établir comme roi à Jérusalem.

D'une voix calme, Jésus fit le silence au sein de la foule tumultueuse, et il déclara une fois de plus que son intention n'était pas d'établir un gouvernement temporel ; il allait monter vers son Père, et ses accusateurs ne le verraient plus jusqu'au moment où il reviendrait dans la gloire. Alors ils le reconnaîtraient, mais trop tard. Jésus prononça ces paroles tristement et avec une énergie toute particulière. Les officiers romains, subjugués, se turent. Bien qu'ils fussent étrangers à l'influence divine, leurs cœurs étaient émus plus qu'ils ne l'avaient jamais été. Sur le visage calme et solennel de Jésus ils lisaient l'amour, la bienveillance et une dignité paisible. Ils éprouvaient une sympathie dont ils ignoraient la cause, et se montraient plus disposés à rendre hommage à Jésus qu'à l'arrêter. Se retournant vers les prêtres et les scribes, ils les rendirent responsables du désordre. Ces chefs, furieux et décontenancés, firent entendre leurs plaintes au peuple et se disputèrent violemment entre eux.

Sur ces entrefaites, Jésus arriva au temple sans être remarqué. Là tout était tranquille, car la foule était accourue sur le mont des Oliviers. Jésus resta un instant près du temple, le considérant avec tristesse. Puis il se retira à Béthanie avec ses disciples. Quand on le chercha pour le placer sur le trône, on ne le trouva plus.

Jésus pria toute la nuit ; au matin il revint au temple. En chemin il passa près d'un verger. Ayant faim et apercevant de loin un figuier qui avait des feuilles, il alla voir s'il y trouverait du fruit. Il s'en approcha, mais « il n'y trouva que des feuilles, car ce n'était pas la saison des figues ».

Ce n'était pas encore la saison des figues mûres, excepté dans quelques localités ; et, sur les hauts plateaux entourant Jérusalem, on pouvait dire que ce n'était pas encore « la saison des figues ». Mais dans le verger où Jésus entra, il y avait un figuier qui paraissait plus avancé que les autres et déjà recouvert de feuilles. On sait que, chez le figuier, le fruit précède la feuille. Cet arbre promettait donc du fruit déjà formé. Pourtant l'apparence trompait. Ayant cherché dans ses branches, depuis les rameaux les plus bas jusqu'au sommet de l'arbre, Jésus ne trouva que des feuilles. Il n'y avait qu'un feuillage prétentieux, rien de plus.

Le Christ prononça une malédiction : « Que jamais personne ne mange de ton fruit », dit-il. Le lendemain, comme le Sauveur passait de nouveau à cet endroit, pour se rendre à la ville, avec ses disciples, les branches aux feuilles flétries attirèrent leur attention. « Rabbi, regarde, dit Pierre, le figuier que tu as maudit a séché. »

Les disciples avaient été étonnés en voyant le Christ maudire le figuier. Cela ne leur paraissait pas conforme à sa manière habituelle. Ils l'avaient souvent entendu dire qu'il n'était pas venu pour condamner le monde mais pour le sauver, et se souvenaient de ses paroles : « Le Fils de l'homme est venu, non pour perdre les âmes des hommes, mais pour les sauver [4]. » Ses œuvres merveilleuses avaient servi à relever, et non pas à détruire. Les disciples ne l'avaient connu que comme régénérateur et guérisseur. Ils se demandaient quel était le but de cet acte isolé.

Dieu « prend plaisir à faire grâce ». « Aussi vrai que je suis vivant, dit le Seigneur, l'Eternel, je prends plaisir non pas à la mort du méchant, mais à sa conversion et à son salut [5]. » L'œuvre de destruction et de condamnation est pour lui une « œuvre étrange [6] ». Mais c'est avec miséricorde et avec amour qu'il soulève le voile qui cache l'avenir, et qu'il révèle aux hommes les conséquences d'une vie de péché.

La malédiction du figuier était une parabole en action. Cet arbre stérile, dont le feuillage prétentieux paraissait jeter un défi au Christ, était un symbole de la nation juive. Le Sauveur voulait faire connaître aux disciples la cause du jugement d'Israël et l'impossibilité d'échapper à celui-ci. C'est pour cela qu'il prêta des qualités morales à cet arbre et s'en servit pour exposer une vérité divine. Les Juifs, faisant profession d'être fidèles à Dieu, se tenaient à l'écart de toutes les autres nations. Ils avaient été l'objet de faveurs spéciales de sa part, et ils s'attribuaient une justice supérieure à celle des autres peuples. Bien que contaminés par l'amour du monde et par la soif du gain, ils se vantaient de leurs connaissances et, pleins d'hypocrisie, ils ignoraient les vraies exigences de Dieu. Comme l'arbre stérile, ils exhibaient leurs branches orgueilleuses, à l'aspect luxuriant et magnifique, qui ne portaient que des feuilles. La religion juive, avec son temple splendide, ses autels sacrés, ses prêtres mitrés et ses cérémonies impressionnantes, avait vraiment une belle apparence-sous laquelle l'humilité, l'amour, la bienveillance faisaient défaut.

Tous les figuiers du verger n'avaient point de fruit, cependant les arbres qui n'avaient pas de feuilles ne suscitaient ni désir ni déception. Ces arbres-là représentaient bien les païens. La piété leur manquait aussi bien qu'aux Juifs ; mais ils ne faisaient pas profession de servir Dieu. Ils ne se vantaient pas de leur bonté. Ils ignoraient les œuvres et les voies de Dieu. Pour eux, la saison des figues n'était pas encore arrivée. Ils attendaient encore le jour qui leur apporterait la lumière et l'espérance. Tandis que les Juifs, qui avaient reçu de Dieu de plus grandes bénédictions, devaient rendre compte du mauvais usage qu'ils avaient fait de ces dons. Les privilèges dont ils se glorifiaient ne servaient qu'à aggraver leur culpabilité.

Jésus, ayant eu faim, s'était approché du figuier pour y chercher de la nourriture. Désireux de trouver des fruits de justice, il s'était également approché d'Israël et avait prodigué ses dons aux Juifs afin qu'ils portassent du fruit pour le bonheur du monde. En retour des avantages qu'il leur avait accordés, il sollicitait leur amour et leur collaboration à l'œuvre de sa grâce. Il désirait voir en eux l'esprit de renoncement et de compassion, du zèle pour Dieu, et un ardent besoin de travailler au salut de leurs semblables. En observant la loi divine, ils eussent accompli la même œuvre désintéressée que le Christ. Malheureusement l'orgueil étouffait en leur cœur l'amour pour Dieu et pour les hommes. En refusant de se mettre au service des autres, en ne communiquant pas au monde les trésors de vérité que Dieu leur avait confiés, ils allèrent au-devant de leur ruine. Et, maintenant, ils pouvaient voir sur le figuier stérile l'image de leurs propres péchés et de leur châtiment. Flétri, les racines desséchées, foudroyé par la malédiction du Sauveur, le figuier annonçait ce que deviendrait le peuple juif quand la grâce de Dieu lui serait retirée. Pour avoir refusé de transmettre la bénédiction, ils cesseraient eux-mêmes d'en bénéficier. C'est « ce qui t'a perdu, ô Israël [7] ».

Cet avertissement est pour tous les temps. En maudissant le figuier créé par sa propre puissance, le Christ a donné un avertissement à toutes les églises et à tous les chrétiens. Personne ne peut mettre en pratique la loi de Dieu sans se placer au service d'autrui. Beaucoup ne se conforment pas à la vie miséricordieuse et désintéressée du Christ. Tout en se croyant d'excellents chrétiens, ils ne savent pas en quoi consiste le service de Dieu. Ils recherchent leur propre plaisir et n'agissent qu'en vue du moi. Le temps n'a de valeur, à leurs yeux, que s'ils l'emploient à amasser dans leur intérêt. C'est là leur préoccupation constante. Ils ne sont pas au service d'autrui, mais d'eux-mêmes. Dieu les a créés pour un service désintéressé, pour qu'ils viennent en aide à leurs semblables par tous les moyens possibles, mais leur égoïsme est si démesuré qu'il absorbe toute leur activité ; ils ne se tiennent pas en contact avec l'humanité. Ceux qui vivent ainsi pour eux-mêmes ressemblent au figuier qui avait beaucoup de prétention et point de fruit. Ils respectent les formes du culte et n'ont ni repentance, ni foi. Ils prétendent honorer la loi de Dieu, l'obéissance leur fait défaut. Ils disent, mais ne font pas. Par la sentence prononcée contre le figuier, le Christ a montré combien de vaines prétentions sont odieuses à ses yeux. Le pécheur avéré, d'après lui, est moins coupable que celui qui, tout en faisant profession de servir Dieu, ne porte aucun fruit à sa gloire.

La parabole d'un autre figuier stérile, donnée avant la visite du Christ à Jérusalem, se rattache étroitement à la leçon enseignée par la malédiction prononcée sur le figuier qui n'avait pas de fruit parmi ses feuilles. Le vigneron plaida en faveur de l'arbre stérile : « Maître, laisse-le encore cette année ; d'ici-là je creuserai tout autour et j'y mettrai du fumier. Peut-être à l'avenir produira-t-il du fruit ; sinon, tu le couperas [8]. » L'arbre qui ne donnait pas de fruit allait être l'objet de soins plus attentifs. Aucun avantage ne lui serait refusé. Si malgré tout il restait sans fruit, rien ne le sauverait de la destruction. La parabole n'annonçait pas quel serait le résultat de l'effort du vigneron. Tout dépendait de ceux à qui le Christ adressait la parole. Ils étaient représentés par le figuier stérile : à eux de décider de leur destinée. Le ciel leur accorda tous les avantages dont il pouvait disposer, mais cette abondance de bénédictions ne leur profita pas. L'acte par lequel le Christ maudit le figuier sans fruit faisait prévoir le résultat. Ils s'étaient rendus responsables de leur propre destruction.

Pendant plus de mille ans, la nation juive, abusant de la grâce de Dieu, rejetant les avertissements divins et mettant à mort les prophètes, avait appelé sur elle les jugements de Dieu. Les contemporains du Christ assumèrent la responsabilité de ces péchés en suivant la même ligne de conduite. La faute de cette génération-là riva sur elle les chaînes forgées par la nation au cours des siècles.

Pour chaque homme il est un jour favorable où la lumière illumine sa route, un temps de grâce où il peut se réconcilier avec Dieu. Mais cette grâce a une limite ; la miséricorde continuera à intercéder pendant des années, tout en étant méconnue et repoussée, cependant un moment vient où elle fait entendre son dernier appel. Le cœur s'endurcit à tel point qu'il cesse de répondre à l'Esprit de Dieu. Alors la voix douce et insinuante cesse de supplier le pécheur, les reproches et les avertissements ne sont plus entendus.

Ce jour-là était arrivé pour Jérusalem. Jésus pleura amèrement sur la cité condamnée qu'il ne pouvait plus délivrer. Il avait épuisé ses moyens. En rejetant les avertissements de l'Esprit de Dieu, Israël avait refusé les seuls moyens de salut. Il ne restait pas d'autre pouvoir qui pût le délivrer.

La nation juive représente ceux qui, dans tous les âges, dédaignent les appels de l'Amour infini. C'est en pensant aux péchés de tous les temps que le Christ versait des larmes sur Jérusalem. Ceux qui méprisent les réprimandes et les appels du Saint-Esprit de Dieu peuvent lire leur propre condamnation dans les jugements prononcés sur Israël.

Il y en a beaucoup, en notre génération qui, témoins des manifestations de la puissance de Dieu, suivent les traces des Juifs incrédules. Le Saint-Esprit a parlé à leurs cours ; néanmoins ils résistent dans leur incrédulité, ne voulant pas confesser leurs erreurs ; ils repoussent le message et le messager. Les moyens mêmes que Dieu emploie pour les relever deviennent pour eux une pierre d'achoppement.

Les prophètes de Dieu qui mettaient en lumière les péchés cachés, étaient l'objet de la haine de l'Israël apostat. Le roi Achab considérait Elie comme son ennemi parce que le prophète lui reprochait fidèlement les iniquités qu'il commettait en secret. De même, actuellement, le serviteur du Christ qui censure le péché s'attire le dédain et les railleries. La vérité biblique, la religion du Christ, doit lutter contre un fort courant d'impuretés morales. Le préjugé est même plus puissant dans les cœurs, aujourd'hui, qu'au temps du Christ. Jésus n'a pas répondu à l'attente des hommes ; sa vie condamnait leurs péchés : c'est pourquoi ils l'ont rejeté. De nos jours, la vérité de la Parole de Dieu ne s'accorde pas davantage avec les agissements et avec les inclinations naturelles des hommes : des milliers refusent sa lumière. Poussés par Satan, des hommes jettent le doute sur la Parole de Dieu et préfèrent exercer leur propre jugement d'une manière indépendante. C'est au péril de leur âme qu'ils préfèrent les ténèbres à la lumière. Ceux qui ergotaient au sujet des paroles du Christ, trouvèrent toujours de nouvelles raisons de chicaner et ils finirent par se détourner de la Vérité et de la Vie. Il en est de même aujourd'hui. Dieu n'a pas l'intention de supprimer toutes les objections qu'un cœur charnel peut opposer à sa vérité. Les mystères de la Parole de Dieu resteront toujours cachés aux yeux de ceux qui refusent les précieux rayons de lumière qui dissiperaient les ténèbres. Ils marchent en aveugles, sans apercevoir la ruine qui les attend.

Du haut de la colline des Oliviers, le regard du Christ embrassait le monde à travers tous les âges. Ses paroles s'appliquent à toute âme qui ne tient pas compte des appels de la grâce divine. C'est à vous qu'il s'adresse aujourd'hui, à vous qui dédaignez son amour. Vous devriez, vous aussi, connaître les choses qui pourraient vous donner la paix. Le Christ répand des larmes amères pour vous qui ne pleurez pas sur vous-mêmes. Déjà se manifeste, en vous, ce fatal endurcissement du cœur qui amena la ruine des pharisiens. Chaque manifestation de la grâce de Dieu, chaque rayon de lumière divine, ont nécessairement pour effet, ou bien d'attendrir et de subjuguer l'âme, ou alors de la confirmer dans une impénitence sans remède.

Le Christ prévoyait que Jérusalem resterait obstinée et impénitente ; cependant toutes les conséquences du rejet de la grâce la guettaient à la porte. Il en sera ainsi de toute âme qui suit la même voie. Le Seigneur déclare : « Ce qui t'a perdu, ô Israël, c'est que tu t'es révolté contre moi. » « Terre, écoute ! Je vais faire venir sur ce peuple le malheur, fruit de sa conduite, parce qu'il n'a pas été attentif à mes paroles et qu'il a rejeté ma loi [9]. »

---

[1] Ce chapitre est basé sur Matthieu 21.17-19 ; Marc 11.11-14, 20, 21. [2] Matthieu 23.39. [3] Zacharie 12.10. [4] Luc 9.56, version Lausanne. [5] Michée 7.18 ; Ezéchiel 33.11. [6] Esaïe 28.21, version Lausanne. [7] Osée 13.9. [8] Luc 13.8, 9. [9] Jérémie 6.19.

Chapitre 65

Le temple purifié à nouveau

AU COMMENCEMENT de son ministère, le Christ avait chassé du temple ceux qui le souillaient par un trafic sacrilège ; son attitude sévère, divine, avait jeté l'effroi dans le cœur des marchands rusés. Jésus, au terme de sa mission, revint au temple et le trouva profané, comme auparavant [1]. Les conditions avaient même empiré. Le parvis extérieur du temple ressemblait à un parc à bétail. Aux cris des animaux et au tintement sonore des pièces de monnaie, se mêlait le bruit des altercations irritées, non seulement entre trafiquants, mais parfois même parmi les hommes chargés d'un ministère sacré. Les dignitaires du temple s'occupaient eux-mêmes d'acheter, de vendre et de changer la monnaie. Aux yeux de Dieu, ils ne valaient pas mieux que des voleurs, tant était grande, chez eux, la soif du gain.

Les prêtres et les chefs étaient loin de comprendre la solennité de l'œuvre qu'ils avaient à accomplir. A chaque Pâque et à chaque fête des tabernacles, on mettait à mort des milliers d'animaux, et le sang en était recueilli par les prêtres et répandu sur l'autel. Les Juifs, familiarisés avec l'offrande du sang, avaient presque perdu de vue le fait que toute cette effusion de sang animal était rendue nécessaire par le péché. Ils n'y voyaient pas une figure anticipée du sang du Fils de Dieu, qui devait être versé pour la vie du monde ; et ils ne concevaient pas le but de ces sacrifices, qui était d'amener les hommes à un Rédempteur crucifié.

Jésus jeta un regard sur les victimes innocentes destinées au sacrifice, et il vit que les Juifs avaient transformé ces grandes assemblées en scènes de tuerie et de cruauté. Au lieu de témoigner d'un repentir sincère pour leurs péchés, ils avaient multiplié les sacrifices d'animaux, comme si Dieu pouvait être honoré par un culte d'où le cœur était absent. Prêtres et chefs avaient endurci leurs cœurs à force d'égoïsme et d'avarice. Les symboles annonçant l'Agneau de Dieu étaient même devenus entre leurs mains des moyens de s'enrichir ; le caractère sacré du service sacrificiel s'était effacé, dans une grande mesure, aux yeux du peuple. Ceci souleva l'indignation de Jésus ; il savait que son sang, qui allait bientôt être répandu pour les péchés du monde, ne serait pas plus estimé par les prêtres et les anciens que ne l'était le sang des bêtes qu'ils voyaient couler constamment.

Le Christ s'était élevé contre ces abus quand il faisait dire au prophète Samuel : « L'Eternel prend-il autant de plaisir aux holocaustes et aux sacrifices qu'à l'obéissance due à sa voix ? Or l'obéissance vaut mieux que le sacrifice ; la soumission vaut mieux que la graisse des béliers. » Esaïe, d'autre part, apercevant l'apostasie des Juifs dans une vision prophétique, leur avait dit : « Ecoutez la parole de l'Eternel, chefs de Sodome ! Prêtez l'oreille à la loi de notre Dieu, peuple de Gomorrhe ! Que m'importe la multitude de vos sacrifices ? dit l'Eternel. Je suis rassasié des holocaustes de béliers et de la graisse des veaux gras. Je ne prends point plaisir au sang des taureaux, des agneaux et des boucs. Quand vous venez vous présenter devant ma face, qui vous a demandé de fouler mes parvis ?... Lavez-vous, purifiez-vous. Ecartez de mes yeux vos méchantes actions. Cessez de mal faire. Apprenez à bien faire, recherchez la justice ; soutenez l'opprimé, faites droit à l'orphelin, défendez la veuve [2]. »

Celui qui avait donné autrefois ces prophéties renouvelait l'avertissement, pour la dernière fois. En conformité avec la prophétie, le peuple avait proclamé Jésus Roi d'Israël. Le Christ avait reçu leurs hommages, et accepté le titre de roi. Il devait maintenant agir comme tel. Il savait bien qu'il tenterait en vain de réformer un sacerdoce corrompu ; néanmoins, il devait accomplir son œuvre ; il devait prouver sa mission divine à un peuple incrédule.

Une fois de plus, le regard perçant de Jésus se promena à travers le parvis profané du temple. Tous les yeux étaient fixés sur lui. Prêtres et chefs, pharisiens et païens, considéraient, avec étonnement et avec crainte, celui qui se tenait devant eux, dans toute la majesté d'un roi céleste. La divinité transparaissait à travers son humanité, conférant au Christ une dignité et une gloire qu'il n'avait encore jamais manifestées. Ceux qui se trouvaient près de lui s'éloignèrent autant que le leur permit la foule. Le Sauveur resta seul avec quelques-uns de ses disciples. Il se fit un grand silence, un silence oppressant. Avec une puissance qui secouait la foule, comme une tempête violente, le Christ dit : « Il est écrit : Ma maison sera appelée une maison de prière. Mais vous, vous en faites une caverne de voleurs. » Sa voix résonnait comme le son d'une trompette à travers le temple. L'indignation qui se reflétait sur son visage lui donnait l'aspect d'un feu consumant. Il commanda avec autorité : « Otez cela d'ici [3]. »

Trois années auparavant, les chefs du temple s'étaient trouvés mortifiés d'avoir fui sur l'ordre de Jésus. Depuis, ils avaient pensé avec surprise à leur crainte, et à la façon dont ils s'étaient soumis sans résistance, à un seul homme, et à un homme de condition humble. Une telle abdication ne pouvait se renouveler. Cependant leur effroi fut plus grand encore, à cette heure, et ils s'empressèrent d'exécuter l'ordre qui leur était donné. Personne n'osa contester l'autorité du Christ. Prêtres et commerçants s'enfuirent hors de sa présence, chassant leur bétail devant eux. En s'éloignant du temple ils rencontrèrent une foule de gens qui, avec leurs malades, étaient à la recherche du grand Guérisseur. En entendant ce qui s'était passé, quelques-uns de ceux-ci rebroussèrent chemin, craignant de paraître devant le Maître puissant dont un seul regard avait suffi à chasser les prêtres et les chefs. Beaucoup d'autres, impatients d'arriver auprès de celui qui était leur seul espoir, se frayèrent un passage à travers la cohue des fuyards. Plusieurs, restés en arrière quand la multitude était sortie du temple, se joignirent aux nouveaux arrivés ; le parvis se trouva rempli de malades et de mourants qui reçurent les soins de Jésus.

Pourtant, après un moment, les prêtres et les chefs s'enhardirent et revinrent au temple. La panique une fois passée, ils étaient anxieux de savoir ce que Jésus allait faire. Ils s'attendaient à le voir s'emparer du trône de David. Etant rentrés sans bruit, ils entendirent des voix d'hommes, de femmes et d'enfants, louant Dieu, et furent émerveillés à la vue du tableau qui s'offrait à leurs regards. Des malades guéris, des aveugles ayant recouvré la vue, des sourds, l'ouïe, et des estropiés sautant de joie. Les enfants se livraient à la gaieté, la plus démonstrative. Jésus les avait guéris de leurs maladies, il les avait serrés dans ses bras, il avait reçu leurs baisers de reconnaissance affectueuse ; quelques-uns même s'étaient endormis sur sa poitrine pendant qu'il enseignait le peuple. Maintenant leurs petites voix joyeuses célébraient ses louanges. Ils répétaient les hosannas de la veille, en agitant triomphalement des branches de palmiers devant le Sauveur. Le temple retentissait de leurs acclamations ininterrompues : « Béni soit celui qui vient au nom de l'Eternel ! » « Voici que ton roi vient à toi ; il est juste et victorieux ! » « Hosanna au Fils de David ! [4] »

Le son de ces voix joyeuses et libres était un scandale pour les chefs du temple qui voulurent faire cesser ces démonstrations en affirmant au peuple que la maison de Dieu était profanée par les pieds des enfants et les cris de réjouissance. Voyant que leurs paroles ne faisaient aucune impression sur la foule, les chefs s'adressèrent au Christ : « Entends-tu ce qu'ils disent ? Oui, leur répondit Jésus. N'avez-vous jamais lu ces paroles : Tu as tiré des louanges de la bouche des enfants et de ceux qui sont à la mamelle ? » La prophétie avait annoncé que le Christ devait être proclamé roi : elle devait s'accomplir. Les prêtres et les chefs d'Israël ayant refusé de lui servir de hérauts, Dieu suscita des enfants pour être ses témoins. Si ces voix d'enfants étaient restées silencieuses, les colonnes mêmes du temple eussent fait entendre les louanges du Sauveur.

Les pharisiens se trouvaient complètement désemparés. Quelqu'un qui ne se laissait pas intimider avait la haute main. Jésus avait pris position en qualité de gardien du temple. Il n'avait jamais auparavant assumé une telle autorité royale. Jamais encore ses paroles et ses œuvres n'avaient revêtu une si grande puissance. Sans doute il avait accompli des œuvres merveilleuses dans tout Jérusalem, mais jamais encore avec autant de solennité et d'une manière aussi impressionnante. Les prêtres et les chefs n'osaient pas montrer ouvertement leur hostilité en présence de la foule qui venait d'assister à ses œuvres merveilleuses. Bien que fous de rage et confondus par la réponse du Christ, ils ne purent rien faire de plus ce jour-là.

Le lendemain matin le sanhédrin tint conseil à nouveau au sujet de Jésus. Trois années auparavant, on avait réclamé de lui un signe de sa messianité. Depuis lors, dans tout le pays, il avait guéri des malades, rassasié miraculeusement des milliers de personnes, marché sur les flots, et apaisé la mer agitée. A plusieurs reprises il avait lu dans les cœurs, comme dans un livre ouvert ; il avait chassé des démons, ressuscité des morts. Les chefs avaient eu des preuves de sa messianité. Aussi décidèrent-ils, non pas de lui demander un nouveau signe, mais de lui arracher quelque aveu ou quelque affirmation qui pût servir à le condamner.

Etant venus au temple où il enseignait, ils l'interrogèrent ainsi : « En vertu de quelle autorité fais-tu cela, et qui t'a donné cette autorité ? » Ils s'attendaient à ce qu'il déclarât que son autorité venait de Dieu. Dans ce cas, ils se proposaient de contester son affirmation, mais Jésus leur répondit par une autre question, paraissant sans rapport avec le sujet, et il leur dit qu'il ne leur donnerait d'explication que s'il recevait d'abord une réponse à sa question. « Le baptême de Jean, demanda-t-il, d'où venait-il, du ciel ou des hommes ? » Les prêtres se virent pris dans un dilemme d'où aucun sophisme ne pourrait les faire sortir. S'ils reconnaissaient que le baptême de Jean était du ciel, ils faisaient éclater leur inconséquence. Car alors le Christ leur dirait : Pourquoi n'avez-vous donc pas cru en lui ? Jean, en effet, avait rendu ce témoignage au Christ : « Voici l'Agneau de Dieu, qui ôte le péché du monde. » Si les prêtres acceptaient le témoignage de Jean, comment pouvaient-ils nier la messianité de Jésus ? Et s'ils avouaient que le ministère de Jean était une chose toute humaine, ils soulèveraient une tempête d'indignation ; car le peuple croyait que Jean était un prophète.

La foule attendait la décision avec la plus vive curiosité. On savait que les prêtres avaient fait profession d'accepter le ministère de Jean, et l'on supposait qu'ils admettraient, sans hésitation, qu'il était envoyé de Dieu. Mais les prêtres, s'étant consultés en secret, décidèrent de ne pas se compromettre. Prétextant, avec hypocrisie, leur ignorance, ils dirent : « Nous ne savons. » « Moi non plus, dit le Christ, je ne vous dis pas en vertu de quelle autorité je fais cela. »

Scribes, prêtres et chefs étaient réduits au silence. Déjoués et déçus, ils tenaient les yeux baissés, n'osant pas poser de nouvelles questions. Leur lâcheté et leur indécision leur avaient, en grande mesure, aliéné le respect du peuple, qui assistait maintenant, amusé, à la défaite de ces hommes orgueilleux qui se croyaient justes.

Tous ces faits et dires du Christ avaient leur importance, et devaient exercer une influence croissante, après la crucifixion et l'ascension. Plusieurs de ceux qui avaient attendu, avec anxiété, le résultat de l'interrogation de Jésus, deviendraient plus tard ses disciples, attirés à lui, principalement, par les paroles entendues en ce jour remarquable. Ce qui s'était passé dans les parvis du temple ne s'effacerait jamais des mémoires. On remarquait, au cours de leur entretien, un contraste frappant entre Jésus et le souverain sacrificateur. L'orgueilleux dignitaire du temple, vêtu de vêtements riches et coûteux, portait sur la tête une tiare resplendissante. Son apparence majestueuse, rehaussée par ses cheveux argentés et sa longue barbe flottante, inspirait la crainte. Devant cet auguste personnage se tenait la Majesté du ciel, sans ornement et sans faste. Ses vêtements portaient la trace du voyage ; son visage pâle exprimait une tristesse résignée, une dignité et une bienveillance qui faisaient un contraste étrange avec l'air orgueilleux et courroucé du grand prêtre. Plusieurs parmi les témoins des paroles et des actes de Jésus, dans le temple, gardèrent dans le cœur la conviction qu'il était un prophète de Dieu. En constatant la faveur du courant populaire vis-à-vis de Jésus, la haine des prêtres s'accrut. La sagesse avec laquelle il échappait à leurs pièges, donnant une preuve nouvelle de sa divinité, alimentait leur colère.

En discutant avec les rabbins, l'intention du Christ n'était pas d'humilier ses adversaires ; il ne jouissait pas de leur embarras, mais il voulait donner une importante leçon et confondre ses ennemis en les prenant au filet qu'ils avaient tendu sous ses pas. L'ignorance dont ils faisaient l'aveu concernant le caractère du baptême de Jean, lui offrait l'occasion de parler, et il en profita pour leur montrer leur vraie position et pour ajouter un nouvel avertissement à ceux qu'il leur avait déjà donnés.

« Qu'en pensez-vous ? dit-il. Un homme avait deux fils ; il s'adressa au premier et dit : Mon enfant, va travailler aujourd'hui à ma vigne. Il répondit : J'y vais Seigneur ; mais il n'y alla pas. Il s'adressa alors au deuxième et lui donna le même ordre ; celui-ci répondit : Je ne veux pas ; puis il se repentit, et il y alla. Lequel des deux fils a fait la volonté du père ? »

Cette question inattendue prit ses auditeurs au dépourvu. Ils avaient écouté attentivement et ils s'empressèrent de répondre : « Le dernier. » Fixant sur eux des regards sévères, Jésus leur dit avec solennité : « En vérité, je vous le dis, les péagers et les prostituées vous devanceront dans le royaume de Dieu. Car Jean est venu à vous dans la voie de la justice, et vous n'avez pas cru en lui. Mais les péagers et les prostituées ont cru en lui ; et vous, qui avez vu cela, vous ne vous êtes pas ensuite repentis pour croire en lui. »

Les prêtres et les chefs ne pouvaient éviter de répondre correctement au Christ ; il put ainsi connaître leur opinion favorable au second fils, qui représentait les péagers méprisés et haïs des pharisiens. Les péagers avaient mené une vie immorale ; ils avaient transgressé la loi de Dieu et résisté violemment à ses exigences. Ils avaient été ingrats et impies ; invités à aller travailler dans la vigne du Seigneur ils avaient refusé dédaigneusement. Mais quand Jean se présenta, prêchant la repentance, ils avaient reçu son message et son baptême.

Le premier fils représentait les conducteurs de la nation juive. Quelques pharisiens s'étaient repentis et avaient reçu le baptême de Jean, mais les chefs ne voulurent pas le reconnaître comme venant de Dieu. Ses avertissements et ses menaces ne les amenèrent pas à se réformer. « En ne se faisant pas baptiser par lui », ils rejetèrent « le dessein de Dieu à leur égard ». Ils traitèrent son message avec mépris. Comme le premier fils qui avait dit, en réponse à l'appel, « j'y vais, Seigneur », mais n'alla pas, les prêtres et les chefs faisaient profession d'obéissance et désobéissaient néanmoins. Ils affichaient une grande piété, déclaraient vouloir obéir à la loi divine, mais ils n'obéissaient pas vraiment. Les péagers, quoique dénoncés et maudits comme infidèles par les pharisiens, montraient par leur foi et leurs œuvres qu'ils devançaient dans le royaume des cieux ces propre-justes favorisés par de grandes lumières mais dont les œuvres n'étaient pas à la hauteur de leur profession de piété.

Peu désireux d'entendre ces vérités pénétrantes, les prêtres et les chefs restèrent silencieux ; ils espéraient que Jésus dirait quelque chose dont ils pussent se servir contre lui ; ils durent encore entendre autre chose.

« Ecoutez une autre parabole : Il y avait un maître de maison qui planta une vigne. Il l'entoura d'une haie, y creusa un pressoir et y bâtit une tour. Puis il la loua à des vignerons et partit en voyage. A l'approche des vendanges, il envoya ses serviteurs vers les vignerons pour recevoir les fruits de sa vigne. Les vignerons prirent ses serviteurs, frappèrent l'un, tuèrent l'autre et lapidèrent le troisième. Il envoya encore d'autres serviteurs en plus grand nombre que les premiers, et les vignerons les traitèrent de la même manière. Enfin il envoya vers eux son fils en disant : Ils respecteront mon fils. Mais quand les vignerons virent le fils, ils se dirent entre eux : C'est lui l'héritier ; venez, tuons-le et nous aurons son héritage. Et ils le prirent, le jetèrent hors de la vigne et le tuèrent. Maintenant, lorsque le maître de la vigne viendra, que fera-t-il à ces vignerons ? »

Jésus s'adressait à toutes les personnes présentes. La réponse fut donnée par les prêtres et les chefs : « Il fera périr misérablement ces misérables, et il louera la vigne à d'autres vignerons qui lui en donneront les fruits en leur saison. » Ceux qui parlaient ainsi n'avaient pas tout d'abord deviné l'application de la parabole, mais ils ne tardèrent pas à comprendre qu'ils venaient de prononcer leur propre condamnation. Dans cette parabole le maître de maison représente Dieu, la vigne la nation juive, la haie la loi divine qui les protégeait. La tour symbolisait le temple. Le maître de la vigne avait tout fait pour assurer la prospérité de cette vigne. « Qu'y avait-il à faire à ma vigne que je n'aie fait pour elle [5] ? » disait-il. Ainsi étaient rappelés les soins infatigables prodigués à Israël. De même que les vignerons devaient donner au propriétaire la proportion convenue des fruits de la vigne, le peuple de Dieu aurait dû l'honorer par une vie qui correspondît à leurs privilèges sacrés. Mais de même que les vignerons avaient tué les serviteurs envoyés pour recevoir le fruit, les Juifs avaient mis à mort les prophètes que Dieu leur avait envoyés pour les inviter à la repentance. Un messager après l'autre avait été mis à mort. Jusqu'ici l'application de la parabole ne pouvait être contestée ; la suite allait être aussi évidente. Dans ce fils bien-aimé envoyé à la fin par le maître de la vigne à ses serviteurs désobéissants, qu'ils saisirent et tuèrent, les prêtres et les chefs n'eurent pas de peine à distinguer Jésus et le sort qui l'attendait. Car déjà ils formaient le projet de mettre à mort celui que le Père leur avait envoyé, chargé de leur adresser un suprême appel. La punition infligée aux vignerons ingrats annonçait la condamnation des meurtriers du Christ.

Le Sauveur les considéra avec pitié et continua : « N'avez-vous jamais lu dans les Ecritures :

« La pierre qu'ont rejetée ceux qui bâtissaient
Est devenue la pierre angulaire.
C'est du Seigneur que cela est venu,

Et c'est admirable à nos yeux » ?

C'est pourquoi je vous le dis, le royaume de Dieu vous sera enlevé et sera donné à une nation qui en produira les fruits. [Quiconque tombera sur cette pierre s'y brisera, et celui sur qui elle tombera, elle l'écrasera.] »

Les Juifs avaient souvent répété cette prophétie dans leurs synagogues et en avaient fait l'application au Messie à venir. Le Christ était la pierre angulaire de l'économie juive et du plan du salut tout entier. Les constructeurs juifs, prêtres et chefs d'Israël, rejetaient maintenant cette pierre du fondement. Le Sauveur appelait leur attention sur les prophéties qui signalaient le danger qu'ils couraient. Par tous les moyens en son pouvoir il s'efforçait de leur faire comprendre la portée des actes qu'ils étaient sur le point d'accomplir.

Ses paroles cachaient encore un autre dessein. En demandant : « Lorsque le maître de la vigne viendra, que fera-t-il à ces vignerons ? » Jésus voulait arracher aux pharisiens la réponse qu'ils donnèrent en effet, et qui les condamnait. Ses avertissements n'ayant pas été suivis de repentance, il voulait leur montrer qu'ils avaient scellé leur propre condamnation et préparé leur ruine. Il se proposait de leur montrer que Dieu était juste en leur retirant leurs privilèges nationaux, comme il avait déjà commencé à le faire, ce qui allait aboutir à la destruction du temple et de leur cité, et à la dispersion de la nation.

L'avertissement fut compris des auditeurs. Cependant, malgré la sentence qu'ils venaient de prononcer sur eux-mêmes, les prêtres et les chefs étaient prêts à se conformer au tableau présenté par Jésus : « C'est lui l'héritier ; venez, tuons-le. » « Mais tout en cherchant à le saisir, ils craignirent les foules, parce qu'elles le tenaient pour un prophète. » L'opinion publique était favorable au Christ.

En citant la prédiction relative à la pierre rejetée, le Christ faisait allusion à un incident de l'histoire d'Israël. Bien que cela s'appliquât spécialement à la première venue du Christ et constituât un puissant appel pour les Juifs, il y a là aussi une leçon pour nous. Lors de la construction du temple de Salomon, les immenses pierres qui devaient entrer dans les murs et les fondations étaient entièrement préparées dans la carrière ; il n'y avait plus lieu de les travailler quand elles arrivaient sur l'emplacement ; les ouvriers n'avaient qu'à les mettre à leur place. On avait amené une pierre de grandeur inhabituelle qui devait trouver place dans le fondement, mais les ouvriers ne trouvèrent pas sa place et la mirent de côté. Elle les gênait au passage et resta longtemps sans emploi. Cependant, quand on arriva à l'angle, les constructeurs cherchèrent en vain une pierre suffisamment grande et solide, de dimensions convenables, susceptible d'occuper cette place et de supporter le poids de l'édifice. Un choix peu judicieux eût mis en péril l'équilibre de tout l'édifice. Il fallait une pierre capable de supporter la chaleur du soleil, le gel et la tempête. Les diverses pierres qu'on avait essayées s'étaient effritées sous le poids auquel elles avaient été soumises. D'autres ne supportaient pas les changements atmosphériques soudains. Pour finir, l'attention se porta sur la pierre qui avait été rejetée. Exposée à l'air, au soleil, à la tempête, elle avait résisté sans la moindre fêlure. Les constructeurs examinèrent cette pierre, qui avait supporté toutes les épreuves sauf une. On décida de l'accepter comme pierre angulaire si elle résistait à une forte pression. L'épreuve réussit, la pierre fut acceptée, amenée à la place prévue, et l'on vit qu'elle répondait exactement au besoin.

Dans une vision prophétique, Esaïe avait vu que cette pierre était un symbole du Christ. Voici ses paroles :

« Sanctifiez l'Eternel des armées ; c'est lui seul que vous devez craindre et redouter. Il sera un sanctuaire, mais aussi une pierre d'achoppement, un rocher de scandale pour les deux maisons d'Israël, un piège et un filet pour les habitants de Jérusalem. Beaucoup d'entre eux trébucheront ; ils tomberont et se briseront ; ils seront enlacés et pris au filet. » Transporté au temps du premier avènement, dans sa vision prophétique, le prophète voit que le Christ doit être soumis aux épreuves figurées par le traitement réservé à la pierre angulaire du temple de Salomon. « C'est pourquoi ainsi parle le Seigneur, l'Eternel : Voyez ! J'ai mis pour fondement en Sion une pierre, une pierre angulaire, choisie et précieuse, solidement posée ; celui qui s'appuiera sur elle ne sera pas réduit à s'enfuir [6]. »

Avec une sagesse infinie Dieu a choisi la pierre de fondement et l'a placée lui-même. Il l'a déclaré : c'est un fondement sûr. Le monde entier peut déposer sur elle ses fardeaux et ses chagrins : elle peut les supporter. Le Christ est une pierre éprouvée. Il ne déçoit jamais ceux qui se confient en lui. Il a supporté toutes les épreuves. La faute d'Adam a pesé sur lui, ainsi que celle de ses descendants ; il en est sorti plus que vainqueur sur les puissances du mal. Il a porté les fardeaux jetés sur lui par chaque pécheur repentant. En Christ le cœur coupable trouve le soulagement. Il offre un fondement sûr. Tous ceux qui dépendent de lui reposent dans une sécurité parfaite.

La prophétie d'Esaïe présente le Christ à la fois comme un fondement sûr et comme une pierre d'achoppement. Inspiré par le Saint-Esprit, l'apôtre Pierre montre pour qui le Christ est une pierre angulaire et pour qui un rocher de scandale :

« Si vous avez goûté que le Seigneur est bon, approchez-vous de lui, pierre vivante, rejetée par les hommes, mais choisie et précieuse devant Dieu, et vous-mêmes, comme des pierres vivantes, édifiez-vous pour former une maison spirituelle, un saint sacerdoce, en vue d'offrir des victimes spirituelles, agréables à Dieu par Jésus-Christ ; car il y a dans l'Ecriture : Voici, je pose en Sion une pierre angulaire, choisie, précieuse, et celui qui croit en elle ne sera point confondu. L'honneur est donc pour vous qui croyez. Mais, pour les incrédules, la pierre qu'ont rejetée ceux qui bâtissaient est devenue la pierre angulaire et une pierre d'achoppement et un rocher de scandale. Ils s'y achoppent pour avoir désobéi à la parole [7]. »

Pour ceux qui croient, le Christ est un sûr fondement. Car ils sont tombés sur le Rocher et s'y sont brisés. Ceci veut dire soumission au Christ et foi en lui. Tomber sur le Rocher et s'y briser signifie renoncer à la propre-justice, aller au Christ avec une humilité enfantine, en se repentant de ses transgressions, en croyant à l'amour qui pardonne. C'est aussi par la foi et l'obéissance que nous sommes édifiés sur le fondement du Christ.

Juifs et Gentils peuvent également bâtir sur cette pierre vivante. Elle est assez large et assez forte pour soutenir le poids et le fardeau du monde entier. Unis au Christ, la pierre vivante, tous ceux qui sont édifiés sur ce fondement deviennent autant de pierres vivantes. Bien des personnes veulent se façonner, se polir, s'embellir par leurs propres efforts ; elles ne peuvent devenir des pierres vivantes faute d'être unies au Christ. Personne ne peut être sauvé en dehors de cette union. Impossible de résister à la violence des tentations si l'on ne possède en soi la vie du Christ. Il n'y a de sécurité éternelle que pour celui qui construit sur le fondement solide. Aujourd'hui, quantité de gens construisent sur des fondements non éprouvés. Quand la pluie tombe, et que la tempête fait rage, produisant une inondation, la maison s'écroule, n'étant pas fondée sur le Rocher éternel, la pierre angulaire, le Christ-Jésus.

Pour ceux qui « s'y achoppent pour avoir désobéi à la parole », le Christ est un rocher de scandale. Mais « la pierre qu'ont rejetée ceux qui bâtissaient est devenue la pierre angulaire ». Tout comme la pierre rejetée, au cours de sa mission terrestre le Christ a été négligé et maltraité. « Il était méprisé, abandonné des hommes. Homme de douleurs, connaissant la souffrance, il inspirait le mépris ... et nous n'avons fait aucun cas de lui [8]. » Mais le moment de sa glorification approchait. Par sa résurrection d'entre les morts il allait être « déclaré Fils de Dieu avec puissance [9] ». Il sera manifesté en qualité de Seigneur du ciel et de la terre à sa seconde venue. Ceux qui étaient sur le point de le crucifier le reconnaîtront alors dans sa véritable grandeur. A la vue de l'univers, la pierre rejetée deviendra la pierre angulaire.

« Et celui sur qui elle tombera, elle l'écrasera. » Le peuple qui rejetait le Christ assisterait bientôt à la destruction de sa capitale et de sa nation. Sa gloire s'évanouirait, dispersée à tous les vents comme de la poussière. Or qu'est-ce qui a amené la destruction des Juifs ? C'est le rocher sur lequel ils eussent pu bâtir en toute sécurité. Mais la bonté de Dieu a été méprisée, la justice bravée, la miséricorde dédaignée. Les hommes se sont mis en opposition avec Dieu ; tout ce qui aurait pu contribuer à leur salut a été changé en un moyen de destruction. Tout ce qui tendait à la vie, dans la pensée de Dieu, est devenu instrument de mort. Le sang versé au Calvaire a entraîné leur ruine présente et future. Il en sera de même au grand jour final, quand le jugement frappera ceux qui auront rejeté la grâce divine. Le Christ, rocher de scandale, leur semblera alors une montagne vengeresse. La gloire de son visage, qui apportera la vie aux justes, sera un feu consumant pour les méchants. Le pécheur sera détruit pour avoir rejeté l'amour et méprisé la grâce.

Par des images variées et des avertissements répétés Jésus montra ce qui arriverait aux Juifs qui rejetaient le Fils de Dieu. Ses paroles s'adressent à tous ceux qui, dans tous les siècles, refusent de le recevoir comme leur Rédempteur. Tous ces avertissements les concernent. Le temple profané, le fils désobéissant, les méchants vignerons, les constructeurs dédaigneux : tous ont leur contrepartie dans l'expérience de chaque pécheur qui, s'il ne se repent, subira la condamnation annoncée.

---

[1] Ce chapitre est basé sur Matthieu 21.12-16, 23-46 ; Marc 11.15-19, 27-33 ; 12.1-12 ; Luc 19.45-48 ; 20.1-19. [2] 1 Samuel 15.22 ; Esaïe 1.10-12, 16, 17. [3] Jean 2.16. [4] Psaume 118.26 ; Zacharie 9.9. [5] Esaïe 5.4. [6] Esaïe 8.13-15 ; 28.16. [7] 1 Pierre 2.3-8. [8] Esaïe 53.3. [9] Romains 1.4.

Chapitre 66

Controverses

Les prêtres et les chefs avaient écouté en silence les vives réprimandes que le Christ leur adressait. Impossible de réfuter ses accusations. Mais ils n'en étaient que plus décidés à le prendre au piège ; à cet effet ils lui « envoyèrent des espions qui se donnaient l'allure d'être justes, pour le prendre à l'une de ses paroles et le livrer au pouvoir et à l'autorité du gouverneur [1] ». Au lieu d'envoyer les pharisiens d'âge mûr que Jésus avait souvent rencontrés, ils dépêchèrent de jeunes hommes ardents et zélés, pensant que le Christ ne les connaîtrait pas. Ces hommes étaient accompagnés de quelques hérodiens chargés d'enregistrer ses paroles afin de pouvoir témoigner contre lui lors de son procès. Les pharisiens et les hérodiens, qui avaient entretenu une violente inimitié les uns contre les autres, étaient maintenant unis dans leur haine contre le Christ.

Les pharisiens ne supportaient qu'impatiemment le tribut exigé par les Romains. Ils y voyaient une entorse à la loi de Dieu. Mais une occasion s'offrait maintenant à eux de tendre un piège à Jésus. Les espions vinrent auprès de lui et avec une apparente sincérité, comme s'ils eussent désiré être instruits concernant leur devoir, ils dirent : « Maître, nous savons que tu parles et enseignes avec droiture, et que tu ne fais pas de considération de personne, mais que tu enseignes la voie de Dieu selon la vérité. Nous est-il permis, ou non, de payer le tribut à César ? »

« Nous savons que tu parles et enseignes avec droiture. » Dites avec sincérité, ces paroles eussent constitué une magnifique admission. Bien qu'elles eussent pour but de tromper, elles étaient néanmoins un témoignage vrai. Les pharisiens savaient que le Christ parlait et enseignait avec droiture, aussi seront-ils jugés d'après leur propre témoignage.

Ceux qui interrogeaient Jésus s'imaginaient avoir suffisamment dissimulé leur intention ; mais Jésus lisait dans leurs cœurs comme dans un livre ouvert et sondait leur hypocrisie. « Pourquoi me mettez-vous à l'épreuve ? » dit-il, leur offrant un signe qu'ils n'avaient pas demandé, en montrant qu'il avait découvert leur dessein caché. Ils furent d'autant plus confus qu'il leur dit : « Montrez-moi la monnaie de l'impôt. Et ils lui présentèrent un denier. Il leur demanda : De qui sont cette effigie et cette inscription ? De César, lui répondirent-ils. » Alors, leur montrant l'inscription, il leur dit : « Rendez donc à César ce qui est à César, et à Dieu ce qui est à Dieu. »

Les espions avaient attendu de Jésus une réponse directe, affirmative ou négative. S'il avait répondu : Il n'est pas permis de payer le tribut à César, on l'aurait accusé auprès des autorités romaines et fait arrêter comme incitant à la rébellion. Si en revanche il avait déclaré qu'il est permis de payer le tribut, on se proposait de l'accuser auprès du peuple comme s'opposant à la loi de Dieu.

Mais ils se trouvèrent déjoués et déconfits. Leurs plans étaient dérangés. La solution sommaire que leur question avait reçue ne leur laissait rien à dire.

La réponse du Christ, loin d'être une échappatoire, était une réponse candide. Tenant dans sa main la monnaie romaine, avec le nom et l'effigie de César, il déclara que puisqu'ils vivaient sous la protection du pouvoir romain ils avaient le devoir de lui rendre ce qui lui était dû aussi longtemps que cela n'entrait pas en conflit avec un devoir supérieur. Cependant, tout en vivant en sujets paisibles sous les lois du pays, ils devaient en tout temps rester d'abord fidèles à Dieu.

Les paroles du Sauveur : « Rendez ... à Dieu ce qui est à Dieu », étaient un blâme à l'adresse de ces Juifs intrigants. S'ils avaient fidèlement rempli leurs obligations envers Dieu, ils ne seraient pas devenus une nation courbée sous un joug étranger. Aucune enseigne romaine ne se serait levée sur Jérusalem, aucun gouverneur romain n'aurait commandé dans ses murs. La nation juive devait alors faire face au coût de son apostasie.

« Etonnés de cette réponse » de Jésus, les pharisiens « le quittèrent et s'en allèrent ». Il leur avait reproché leur hypocrisie et leur présomption ; en même temps, il avait établi un grand principe qui définit clairement les limites entre les devoirs de l'homme à l'égard du gouvernement civil et ses devoirs envers Dieu. Une question qui troublait bien des esprits avait été résolue. Dès lors on s'en tint à ce principe si juste. Malgré le mécontentement de plusieurs, on voyait que le principe qui se trouvait à la base de la question avait été clairement établi et l'on s'étonnait de la clairvoyance du Christ.

A peine les pharisiens avaient-ils été réduits au silence que les sadducéens s'avancèrent avec des questions captieuses. Les pharisiens adhéraient strictement à la tradition, se conformaient ponctuellement aux cérémonies, pratiquaient avec diligence leurs jeûnes et leurs ablutions, prononçaient de longues prières et faisaient l'aumône avec ostentation. Mais le Christ leur reprochait d'annuler la loi de Dieu en lui substituant des commandements d'homme. Ils formaient une classe fanatique et hypocrite. Il y avait néanmoins parmi eux des personnes sincèrement pieuses qui acceptèrent les enseignements du Christ et devinrent ses disciples. Les sadducéens rejetaient les traditions des pharisiens. Ils disaient croire à la plus grande partie des Ecritures, et en faire la règle de leurs actions ; en réalité, ils étaient sceptiques et matérialistes.

Les sadducéens niaient l'existence des anges, la résurrection des morts, la vie future avec ses récompenses et ses châtiments. Sur tous ces points ils différaient des pharisiens. Le principal sujet de controverse entre eux était la question de la résurrection. Les pharisiens croyaient fermement à la résurrection, mais leurs vues sur l'état futur étaient confuses. La mort leur paraissait un mystère impénétrable. Leur incapacité à répondre aux arguments des sadducéens provoquait de constantes colères. Les discussions entre les deux partis donnaient lieu à des disputes furieuses qui creusaient un fossé toujours plus large entre eux.

Les sadducéens étaient bien moins nombreux que leurs adversaires et ils n'avaient pas la même influence sur le commun peuple ; cependant beaucoup étaient riches et jouissaient du prestige que procure la richesse. La plupart des prêtres militaient dans leurs rangs et c'est parmi eux que l'on choisissait habituellement le souverain pontife. Il était entendu, toutefois, qu'ils devaient mettre la sourdine à leurs opinions sceptiques. Compte tenu du nombre et de la popularité des pharisiens, les sadducéens devaient leur faire des concessions doctrinales pendant qu'ils étaient en fonction, mais le simple fait qu'ils pouvaient être élus à de telles fonctions conférait un certain prestige à leurs erreurs.

Les sadducéens rejetaient l'enseignement de Jésus ; ils ne voulaient pas reconnaître l'esprit dont il était animé ; son enseignement touchant Dieu et la vie future contredisait leurs théories. Ils voyaient en Dieu le seul être supérieur à l'homme ; mais ils prétendaient que le gouvernement d'une providence et la prescience divine priveraient l'homme de son libre arbitre et le réduiraient en esclavage. Ils pensaient que Dieu, après avoir créé l'homme, l'avait laissé à lui-même, en pleine indépendance. Ils soutenaient que l'homme est libre d'ordonner sa vie et de diriger les événements, sa destinée étant entre ses mains. Ils refusaient à l'Esprit de Dieu la possibilité d'agir par des instruments humains ou des moyens naturels. Ils affirmaient néanmoins que, grâce à un usage convenable de ses facultés naturelles, l'homme pouvait s'élever et s'éclairer ; que par une discipline rigoureuse il lui était donné de se purifier.

La formation de leur caractère était influencée par les idées qu'ils se faisaient de Dieu. Etant donné qu'à leurs yeux il ne s'intéressait nullement à l'homme, ils n'avaient que peu d'égards pour autrui et ils vivaient désunis. Leur refus de reconnaître l'influence du Saint-Esprit sur la conduite des hommes les privait de son pouvoir. Comme les autres Juifs, ils se vantaient de leur droit de naissance en tant qu'enfants d'Abraham et de la fidélité avec laquelle ils se conformaient aux exigences de la loi ; le véritable esprit de la loi et de la foi, ainsi que la bienveillance d'Abraham, leur faisaient entièrement défaut. Leurs sympathies naturelles s'exerçaient dans un cercle étroit ; ils pensaient que tout homme peut s'assurer le bien-être et les bienfaits de la vie ; les besoins et les souffrances d'autrui les laissaient indifférents. Ils vivaient pour eux-mêmes.

Par ses paroles et par ses œuvres, le Christ attestait la présence d'une puissance divine produisant des effets surnaturels, d'une vie dans l'au-delà, d'un Dieu, père des hommes, toujours vigilant et préoccupé de leurs intérêts vitaux. Il révélait la bienveillance et la compassion divines qui se manifestaient puissamment dans ses actes pour condamner l'exclusivisme égoïste des sadducéens. Il affirmait que le Saint-Esprit agit sur les cœurs en vue du bien temporel et de la félicité éternelle des hommes. Il montrait combien on se trompe en comptant sur les forces humaines pour obtenir une transformation du caractère que seul l'Esprit de Dieu peut opérer.

Les sadducéens étaient bien décidés de discréditer cet enseignement. En discutant avec Jésus ils espéraient lui faire perdre sa réputation, même si l'on ne pouvait obtenir sa condamnation. La résurrection fut le sujet choisi pour l'interroger. S'il leur donnait raison il offenserait encore davantage les pharisiens. S'il les contredisait, ils avaient l'intention de ridiculiser son enseignement.

Le raisonnement des sadducéens se résumait ainsi : si le corps futur, immortel, doit être composé des mêmes particules de matière que le corps mortel, le corps ressuscité doit donc comporter chair et sang et doit continuer dans le monde à venir la vie interrompue sur la terre. Dans ce cas, disaient-ils, les relations terrestres doivent être reprises, des mariages consommés entre maris et femmes, tout devant continuer comme avant la mort, les infirmités et les passions de cette vie devant être perpétuées dans celle à venir.

En réponse à leurs questions Jésus souleva le voile qui cache la vie future. « A la résurrection, dit-il, les hommes ne prendront pas de femmes, ni les femmes de maris, mais ils seront comme les anges dans le ciel. » Il montra combien la croyance des sadducéens était erronée. Leurs prémisses étaient fausses. Il ajouta : « Vous êtes dans l'erreur, parce que vous ne comprenez ni les Ecritures, ni la puissance de Dieu. » Il ne les accusa pas d'hypocrisie, comme il l'avait fait pour les pharisiens, mais d'erreur doctrinale.

Les sadducéens se flattaient d'être les plus fidèles interprètes des Ecritures. Jésus leur montra qu'ils n'en connaissaient pas la vraie signification. Cette connaissance ne s'acquiert que par l'illumination du Saint-Esprit. Il déclara que leur ignorance des Ecritures et de la puissance de Dieu était la cause de leur confusion doctrinale et de l'obscurcissement de leur esprit. Ils tentaient de ramener les mystères de Dieu dans les limites étroites de leur raisonnement borné. Le Christ les invita à ouvrir leurs esprits aux vérités sacrées capables d'élargir et d'affermir leur compréhension. Des milliers d'individus deviennent incrédules parce que leurs esprits bornés sont incapables de comprendre les mystères de Dieu. Ils ne peuvent expliquer l'étonnante puissance divine qui se manifeste dans sa providence ; ils repoussent en conséquence les preuves qui attestent cette puissance, préférant les attribuer à des forces naturelles qu'ils comprennent encore moins. La seule clé ouvrant les mystères dont nous sommes entourés consiste à reconnaître partout la présence et l'action divines. Il faut que les hommes reconnaissent Dieu en tant que Créateur de l'univers, qui commande et qui exécute toutes choses. Ils doivent avoir une vue plus large de son caractère et du mystère de ses agissements.

Le Christ déclara à ses auditeurs que s'il n'y avait pas de résurrection des morts les Ecritures auxquelles ils prétendaient croire ne seraient d'aucune utilité. Il dit : « Pour ce qui est de la résurrection des morts, n'avez-vous pas lu ce que Dieu vous a dit : Moi je suis le Dieu d'Abraham, le Dieu d'Isaac, et le Dieu de Jacob ? Dieu n'est pas le Dieu des morts, mais des vivants. » Pour Dieu les choses qui ne sont pas sont comme si elles étaient. Il voit la fin dès le commencement et il contemple le résultat de son œuvre comme s'il était déjà obtenu. Précieux aux yeux de Dieu, ceux qui sont morts depuis Adam et tous les saints qui mourront encore entendront la voix du Fils de Dieu et sortiront du sépulcre pour une vie immortelle. Dieu sera leur Dieu et ils seront son peuple. Il existera une union très intime entre Dieu et les saints ressuscités. Cet état de choses, prévu dans son dessein, il le contemple à l'avance comme déjà réalisé. Pour lui les morts sont vivants.

Les sadducéens furent réduits au silence par les paroles du Christ. Ils ne savaient que répondre. Et pas un mot n'avait été dit dont on pût se servir pour le faire condamner. Ses ennemis n'avaient rien gagné si ce n'est le mépris du peuple.

Les pharisiens, cependant, ne désespéraient pas de lui arracher quelque parole dont ils pussent se faire une arme contre lui. Ils persuadèrent un savant scribe d'interroger Jésus pour savoir lequel des dix commandements était le plus important.

Les pharisiens estimaient que les quatre premiers commandements, ceux qui prescrivent le devoir de l'homme envers son Créateur, avaient une valeur beaucoup plus considérable que les six autres, qui définissent le devoir de l'homme envers son prochain. Il en résultait une piété étriquée. Jésus avait montré au peuple ses déficiences ; il avait montré la nécessité des bonnes œuvres, l'arbre se reconnaissant à son fruit. On l'avait donc accusé de placer les six derniers commandements au-dessus des quatre premiers.

Le légiste s'approcha de Jésus avec cette question directe : « Quel est le premier de tous les commandements ? » La réponse de Jésus fut tout aussi directe et péremptoire : « Voici le premier : Ecoute, Israël, le Seigneur notre Dieu est l'unique Seigneur ; et tu aimeras le Seigneur, ton Dieu, de tout ton cœur, de toute ton âme, de toute ta pensée et de toute ta force. » Le second est semblable au premier, dit le Christ, car il en découle : « Tu aimeras ton prochain comme toi-même. Il n'y a pas d'autre commandement plus grand que ceux-là. » « De ces deux commandements dépendent toute la loi et les prophètes. »

Les quatre premiers commandements se résument dans le grand précepte : « Tu aimeras le Seigneur, ton Dieu, de tout ton cœur. » Les six derniers sont inclus dans cet autre : « Tu aimeras ton prochain comme toi-même. » Ces deux commandements expriment également le principe de l'amour. On ne saurait observer le premier en violant le second, ni observer le second en violant le premier. Si l'on donne à Dieu la place qui lui revient dans le cœur, on donnera aussi au prochain la place qui lui appartient. Nous l'aimerons comme nous-mêmes. Aimer Dieu par-dessus tout permet d'aimer le prochain d'une manière impartiale.

Puisque tous les commandements se résument dans l'amour pour Dieu et pour l'homme, il s'ensuit que l'on ne peut transgresser un seul de ces préceptes sans en violer le principe. Ainsi le Christ montra à ses auditeurs que la loi de Dieu n'est pas faite de préceptes séparés, d'importance variable, dont l'un ou l'autre pourrait être ignoré impunément. Notre Seigneur présente les quatre premiers et les six derniers commandements comme formant un tout divin, et il nous enseigne que notre amour pour Dieu se manifeste par l'obéissance à tous ses commandements.

Le scribe qui avait interrogé Jésus était versé dans la loi et il fut étonné en l'entendant. Il ne s'attendait pas à trouver en lui une connaissance des Ecritures aussi profonde et aussi parfaite. Il voyait s'ouvrir devant lui une vision plus large des principes qui sont à la base des préceptes sacrés. En présence des prêtres et des chefs assemblés il reconnut loyalement que le Christ avait bien interprété la loi. Voici quelle fut sa déclaration :

« Bien, maître, tu as dit avec vérité que Dieu est unique et qu'il n'y en a pas d'autre que lui, et que l'aimer de tout son cœur, de toute son intelligence et de toute sa force, ainsi qu'aimer son prochain comme soi-même, c'est plus que tous les holocaustes et tous les sacrifice »

La sagesse de la réponse du Christ avait convaincu le scribe. Il savait que la religion juive consistait en cérémonies extérieures plutôt qu'en piété intérieure. Il était conscient de l'inutilité des simples offrandes cérémonielles et de l'effusion du sang en vue de l'expiation du péché en l'absence de la foi. Aimer Dieu et lui obéir, avoir pour l'homme une considération désintéressée lui paraissait valoir plus que tous ces rites. En se montrant si disposé à reconnaître la justesse du raisonnement du Christ, et en donnant une si prompte réponse devant le peuple, cet homme manifestait un esprit entièrement différent de celui des prêtres et des chefs. Le cœur de Jésus prit en pitié ce scribe honnête qui avait osé exprimer sa conviction en dépit de la désapprobation des prêtres et des menaces des chefs. « Jésus, voyant qu'il avait répondu avec intelligence, lui dit : Tu n'es pas loin du royaume de Dieu. »

Ce scribe n'était pas loin du royaume de Dieu puisqu'il avouait que des actes de justice étaient plus agréables à Dieu que des holocaustes et des sacrifices. Il avait encore besoin de reconnaître le caractère divin du Christ et de recevoir par la foi en lui la force nécessaire pour accomplir des œuvres de justice. Le service rituel n'avait de valeur que si une foi vivante le rattachait à la personne du Christ. La loi morale elle-même manque son but si elle est comprise indépendamment du Sauveur. Le Christ avait montré à maintes reprises que la loi de son Père allait plus loin que la lettre des commandements. La loi recèle le même principe qui est révélé dans l'Evangile. La loi enseigne à l'homme son devoir et lui montre ses fautes. C'est au Christ qu'il faut regarder pour obtenir le pardon et la force d'accomplir ce qu'elle réclame.

Les pharisiens s'étaient rapprochés de Jésus alors qu'il répondait à la question du scribe. Il se tourna maintenant vers eux et leur posa à son tour une question : « Que pensez-vous du Christ ? De qui est-il fils ? » Cette question allait les obliger à exprimer leur conviction au sujet du Messie – le regardaient-ils comme un simple homme ou comme le Fils de Dieu ? Ils répondirent en chœur : « De David. » C'était en effet le titre par lequel la prophétie avait désigné le Messie. Alors que Jésus manifestait sa divinité par de puissantes opérations, guérissant des malades et ressuscitant des morts, on s'était interrogé : « N'est-ce pas le fils de David ? » La femme syro-phénicienne, l'aveugle Bartimée, beaucoup d'autres avaient imploré son secours : « Aie pitié de moi, Seigneur, fils de David [2] ! » Alors qu'il chevauchait en direction de Jérusalem on l'avait salué joyeusement : « Hosanna au fils de David ! Béni soit celui qui vient au nom du Seigneur [3] ! » Le même cri avait été jeté par de petits enfants dans le temple. Mais beaucoup de ceux qui appelaient Jésus le fils de David ne reconnaissaient pas sa divinité. On ne comprenait pas que le fils de David était en même temps le Fils de Dieu.

Faisant suite à la déclaration suivant laquelle le Christ était fils de David, Jésus dit : « Comment donc David, (animé) par l'Esprit, l'appelle-t-il Seigneur, lorsqu'il dit :

« Le Seigneur a dit à mon Seigneur :
Assieds-toi à ma droite,
Jusqu'à ce que je place tes ennemis sous tes pieds » ?

Si donc David l'appelle Seigneur, comment est-il son fils ? Nul ne put lui répondre un mot. Et, depuis ce jour, personne n'osa plus le questionner. »

[1] Ce chapitre est basé sur Matthieu 22.15-46 ; Marc 12.13-40 ; Luc 20.20-47. [2] Matthieu 15.22. [3] Matthieu 21.9.

Chapitre 67

Malheur à vous, pharisiens !

C'ETAIT la dernière fois que le Christ enseignait dans le temple. Il avait concentré sur lui l'attention des vastes foules assemblées à Jérusalem. On s'était pressé dans les parvis, assistant aux discussions qui s'y déroulaient et saisissant chaque parole qui tombait de ses lèvres. On n'avait jamais vu une scène pareille. Le jeune Galiléen était là, ne portant aucune marque extérieure de sa royauté. Autour de lui se tenaient des prêtres richement vêtus, des chefs dont les robes et les insignes montraient la haute position, des scribes tenant à la main des rouleaux dont ils faisaient un fréquent usage. Calme au milieu d'eux, se sentant revêtu d'une autorité céleste, Jésus regardait avec une dignité royale ses adversaires bien que ceux-ci eussent rejeté et méprisé ses enseignements, et qu'ils cherchassent à lui ôter la vie. Un grand nombre d'entre eux l'avaient attaqué, mais toutes les manœuvres par lesquelles ils avaient essayé de le surprendre avaient échoué. Répondant à tous leurs défis, opposant la pure et brillante lumière de la vérité aux ténèbres et aux erreurs des prêtres et des pharisiens, montrant à ces conducteurs leur vraie condition et le châtiment qui les frapperait infailliblement s'ils persévéraient dans leurs mauvaises actions, il les avait fidèlement mis en garde. Cependant il lui restait une œuvre à faire.

L'intérêt que le peuple portait au Christ et à son œuvre n'avait pas cessé d'augmenter. On était en même temps conquis et troublé par ses enseignements. On respectait les prêtres et les rabbins à cause de leur intelligence et de leur piété apparente ; on se soumettait, sans réserve, à leur autorité, dans toutes les questions religieuses, mais on voyait maintenant que ces hommes s'efforçaient de discréditer Jésus, le Maître dont la vertu et la connaissance sortaient plus lumineuses de chaque nouvel assaut. On lisait la déroute et la confusion sur les visages humiliés des prêtres et des anciens. On s'étonnait du refus des chefs de croire à Jésus, malgré la clarté et la simplicité de ses enseignements. On ne savait plus que faire et on surveillait, avec anxiété, les mouvements de ceux que l'on considérait habituellement comme des modèles.

Par des paraboles, le Christ s'était efforcé d'avertir les chefs, et en même temps d'instruire ceux d'entre ses auditeurs qui étaient dociles. Mais il fallait parler encore plus clairement. Jésus devait briser les chaînes qui maintenaient le peuple dans l'esclavage, à cause de son attachement à la tradition et de sa confiance aveugle en un sacerdoce corrompu. Il lui fallait dévoiler le caractère des prêtres, des chefs et des pharisiens.

« Les scribes et les pharisiens, dit-il, sont assis dans la chaire de Moïse. Faites donc et observez tout ce qu'ils vous diront ; mais n'agissez pas selon leurs œuvres. Car ils disent et ne font pas [1]. » Les scribes et les pharisiens se prétendaient revêtus, comme Moïse, d'une autorité divine. Ils prenaient la place de ce législateur en qualité de docteurs de la loi et de juges du peuple et réclamaient une déférence et une obéissance absolues. Jésus invita ses auditeurs à faire ce que les rabbins enseignaient conformément à la loi, mais sans suivre pourtant leur exemple, car eux-mêmes ne pratiquaient pas les choses qu'ils prêchaient.

Ils enseignaient aussi bien des choses contraires aux Ecritures. Jésus dit : « Ils lient des fardeaux pesants et les mettent sur les épaules des hommes, mais eux-mêmes ne veulent pas les remuer du doigt. » Les pharisiens avaient établi une foule de règles fondées sur la tradition et qui apportaient des limites déraisonnables à la liberté individuelle ; ils donnaient, de certaines parties de la loi, des explications tendant à imposer des observances qu'en secret ils ne pratiquaient pas eux-mêmes, et dont ils se jugeaient exempts, selon leurs convenances.

Ils étaient constamment préoccupés de faire montre de leur piété. Rien ne leur paraissait trop sacré pour atteindre ce but. Dieu avait dit à Moïse, à propos de ses commandements : « Tu les attacheras sur ta main, pour te servir de signe, et tu les porteras en fronteau entre tes yeux [2]. » Ces paroles revêtent une signification profonde. Méditée et mise en pratique, la Parole de Dieu ennoblit l'homme tout entier. Les mains occupées à des actes de justice et de miséricorde deviennent un cachet qui manifeste les principes de la loi divine. Elles seront préservées de toute vénalité, de tout ce qui est corrompu et mensonger. Elles s'emploieront à des œuvres d'amour et de compassion. Les yeux, dirigés vers un noble but, seront vigilants et fidèles. L'expression du visage et le langage des yeux attesteront le caractère irréprochable de quiconque aime et honore la Parole de Dieu. Les Juifs contemporains du Christ ne discernaient rien de tout ceci. Le commandement donné à Moïse était interprété dans le sens que les préceptes de l'Ecriture devaient être portés sur la personne. On les écrivait sur des bandes de parchemin et on les liait d'une manière ostensible autour de la tête et des poignets, ce qui ne contribuait pas à leur assurer une emprise sur l'esprit et le cœur. Ces parchemins étaient portés uniquement à titre d'insignes, pour attirer l'attention. Ceux qui les portaient se donnaient ainsi un air de dévotion qui commandait le respect. Jésus attaqua cette vaine prétention :

« Ils font toutes leurs actions pour être vus des hommes. Ainsi, ils portent de larges phylactères, et ils ont de longues franges à leurs vêtements ; ils aiment la première place dans les repas, et les premiers sièges dans les synagogues ; ils aiment à être salués sur les places publiques et à être appelés par les hommes : Rabbi. Mais vous, ne vous faites pas appeler Rabbi, car un seul est votre Maître, et vous êtes tous frères. Et n'appelez personne sur la terre votre père, car un seul est votre Père, celui qui est dans les cieux. Ne vous faites pas appeler conducteurs, car un seul est votre conducteur, le Christ. » Ces paroles du Sauveur exposaient assez clairement l'ambition égoïste toujours à la recherche des positions et des honneurs, affichant une fausse humilité, alors que le cœur était plein d'avarice et d'envie. Quand on était invité à un festin les hôtes étaient placés d'après leur rang, et ceux qui étaient désignés pour occuper la place la plus honorable étaient l'objet d'attentions et de faveurs particulières. Les pharisiens s'ingéniaient pour s'assurer ces honneurs et ils en furent réprimandés par Jésus.

Il blâma aussi la vanité qui poussait à convoiter le titre de rabbi, ou maître. Un tel titre, déclarait-il, n'appartient pas aux hommes ; il est réservé au Christ. Prêtres, scribes, chefs, docteurs de la loi, tous étaient frères, fils d'un même Père. Jésus insistait pour qu'on ne donnât à personne un titre qui conférât un droit sur les consciences ou sur la foi d'autrui.

Si le Christ était sur la terre aujourd'hui, entouré de personnages portant le titre de Révérend et de Révérendissime, ne répéterait-il pas son dire : « Ne vous faites pas appeler conducteurs, car un seul est votre conducteur, le Christ » ? L'Ecriture déclare, au sujet de Dieu : « Son nom est saint et redoutable [3]. » A quel homme un tel titre saurait-il convenir ? On trouve chez lui si peu de la sagesse et de la justice que ce titre comporte. Nombreux sont ceux qui, en assumant ce titre, trahissent le nom et le caractère de Dieu. Hélas ! bien souvent les ambitions mondaines, le despotisme et de vils péchés se sont cachés sous les broderies d'hommes remplissant de hautes fonctions sacrées. Le Sauveur continua :

« Le plus grand parmi vous sera votre serviteur. Qui s'élèvera sera abaissé, et qui s'abaissera sera élevé. » A maintes reprises le Christ avait enseigné que la véritable grandeur se mesure d'après la valeur morale. Aux yeux du ciel la grandeur du caractère consiste en une vie dédiée à la bienfaisance, à l'accomplissement d'œuvres d'amour et de miséricorde. Le Christ, le Roi de gloire, a été le serviteur de l'humanité déchue.

Jésus dit : « Malheur à vous, scribes et pharisiens hypocrites ! qui fermez aux hommes le royaume des cieux ; vous n'y entrez pas vous-mêmes, et vous ne laissez pas entrer ceux qui le voudraient. » Par une fausse interprétation des Ecritures, les prêtres et les scribes aveuglaient l'esprit de ceux qui sans cela auraient eu la connaissance du royaume du Christ et cette vie intérieure, divine, qui est essentielle à une vraie sainteté.

« Malheur à vous, scribes et pharisiens hypocrites ! parce que vous dévorez les maisons des veuves et faites pour l'apparence de longues prières ; à cause de cela, vous subirez une condamnation particulièrement sévère. » Les pharisiens mettaient au service de leurs propres intérêts la grande influence qu'ils exerçaient sur le peuple. Ils captaient la confiance de veuves pieuses, et leur faisaient croire qu'elles avaient le devoir de consacrer leurs biens à des entreprises religieuses. Une fois que cet argent était en leur pouvoir, ces vils intrigants s'en servaient pour leur propre usage. Pour couvrir leurs actes malhonnêtes, ils offraient de longues prières en public, et faisaient grande ostentation de leur piété. Le Christ déclara que cette hypocrisie attirerait sur eux une plus grande condamnation. Le même reproche pourrait être adressé aujourd'hui à beaucoup de ceux qui font étalage de leur piété. Leurs vies sont souillées par l'égoïsme et l'avarice, mais ils dissimulent tout cela sous un vêtement de pureté apparente et réussissent ainsi à tromper momentanément leurs semblables. Mais Dieu ne se laisse pas tromper. Il connaît les pensées du cœur et il jugera chaque homme selon ses œuvres.

Tout en condamnant leurs abus sans désemparer, le Christ veillait à ne point amoindrir les obligations de ses auditeurs. Il condamnait l'égoïsme qui extorquait des dons aux veuves pour en faire un mauvais usage, mais en même temps il faisait l'éloge de la veuve qui apporta son offrande dans le trésor de Dieu. Même si l'homme abuse du don, le donateur n'est pas privé de la bénédiction divine.

Jésus se tenait dans les parvis à l'endroit où étaient les troncs destinés à recevoir les offrandes, et il surveillait ceux qui apportaient leurs offrandes. Bien des riches présentaient avec beaucoup d'ostentation de fortes sommes et Jésus les regardait tristement sans commenter d'aucune façon leurs actes de libéralité. Tout à coup son visage s'illumina en voyant approcher une pauvre veuve, hésitant comme si elle craignait d'être observée. Tandis que les riches et les orgueilleux s'avançaient hardiment, elle se tenait en arrière avec humilité. Cependant elle désirait faire quelque chose, si peu que ce fût, pour la cause qu'elle chérissait. Elle regarda le don qu'elle tenait à la main, fort peu de chose en comparaison des somptueux présents des autres, mais c'était tout ce qu'elle possédait. A la première occasion, elle jeta, à la hâte, ses deux pites et se retourna pour s'en aller ; en faisant ce mouvement, elle rencontra le regard de Jésus, intensément fixé sur elle.

Le Sauveur appela à lui ses disciples, et leur fit remarquer la pauvreté de cette veuve. Celle-ci entendit la parole d'éloge : « Je vous le dis en vérité, cette pauvre veuve a mis plus que tous les autres. » Ses yeux se remplirent de larmes de joie quand elle vit son acte compris et apprécié. D'autres lui auraient conseillé de garder pour elle sa maigre obole ; dans les mains des prêtres bien nourris, cette faible somme serait perdue parmi de riches offrandes. Mais Jésus discernait le mobile qui l'avait fait agir. Elle croyait le service du temple établi par Dieu lui-même et elle voulait faire tout ce qui dépendait d'elle pour y participer. Elle fit ce qu'elle put ; son acte est resté comme un monument élevé à sa mémoire, à travers les siècles, et il sera sa joie, dans l'éternité. Elle donna son cœur avec son offrande ; celle-ci ne fut pas évaluée en proportion de sa valeur monétaire, mais en raison de l'amour de la donatrice pour. Dieu et de son intérêt pour son œuvre.

Jésus dit, en parlant de cette pauvre veuve, qu'elle avait donné plus que tous ceux qui avaient mis dans le tronc. Beaucoup de ces riches avaient donné de leur superflu, dans l'intention d'être vus et estimés des hommes. Leurs dons, quelque considérables qu'ils fussent, ne les privaient d'aucun confort, même d'aucun luxe ; ils n'étaient pas le prix d'un sacrifice et n'avaient, par conséquent, aucune valeur comparable à celle de la pite de la veuve.

Ce sont nos motifs qui donnent à nos actes leur véritable valeur, les marquant au coin de l'ignominie, ou leur conférant la plus haute dignité morale. Les grandes choses que tous les yeux voient et que toutes les langues célèbrent ne sont pas les plus précieuses aux regards de Dieu. De petits devoirs joyeusement accomplis, de modestes dons faits sans vanité, bien qu'insignifiants aux yeux des hommes, ont souvent la plus haute valeur aux yeux de Dieu. Dieu préfère un cœur plein de foi et d'amour au don le plus précieux. Si peu qu'elle eût donné, la pauvre veuve avait donné ce qui lui était nécessaire pour vivre. Elle s'était privée de nourriture pour donner avec foi ses deux pites, assurée que son Père céleste ne la délaisserait pas dans son grand besoin. C'est cet esprit désintéressé et cette foi enfantine qui lui valurent l'éloge du Sauveur.

Il y a bien des pauvres qui désirent manifester à Dieu leur gratitude pour sa grâce et pour sa vérité et contribuer à l'entretien de son service avec leurs frères plus favorisés. On ne devrait pas décourager de telles personnes. Qu'on leur permette de placer leurs pites dans la banque du ciel. Ces sommes, si elles proviennent d'un cœur rempli de l'amour divin, deviennent, même si elles sont modiques, des dons consacrés, des offrandes du plus grand prix, qui attirent le sourire et la bénédiction de Dieu.

Les paroles de Jésus concernant la veuve s'appliquaient non seulement au mobile, mais aussi au résultat de l'offrande. Les « deux petites pièces faisant un quart de sou », ont amené beaucoup plus d'argent dans le trésor de Dieu que les contributions de ces riches Juifs. L'influence de ce petit don peut être comparée à un cours d'eau, faible à son point de départ et qui va en s'élargissant et en s'approfondissant à mesure qu'il s'écoule à travers les âges. Il a contribué, de mille manières, à soulager les pauvres et à propager l'Evangile ; l'exemple de ce sacrifice a agi et réagi sur des milliers de cœurs, dans tous les pays et dans tous les siècles. Il a influencé des riches et des pauvres, dont les offrandes sont venues gonfler la valeur de ce don. Grâce à la bénédiction divine, la pite de la veuve a produit les plus grands résultats. Il en est de même de tout don offert et de tout acte accompli avec le désir sincère de contribuer à la gloire de Dieu. Cela rentre dans les desseins de la Toute Puissance. Il en résulte un bien qu'aucun homme ne saurait apprécier.

Le Sauveur continua à dénoncer les scribes et les pharisiens : « Malheur à vous, conducteurs aveugles ! qui dites : Si quelqu'un jure par le temple, cela ne compte pas ; mais, si quelqu'un jure par l'or du temple, il est engagé. Insensés et aveugles ! lequel est le plus grand, l'or, ou le temple qui sanctifie l'or ? Si quelqu'un, dites-vous encore, jure par l'autel, cela ne compte pas ; mais, si quelqu'un jure par l'offrande qui est sur l'autel, il est engagé. Aveugles ! lequel est le plus grand, l'offrande, ou l'autel qui sanctifie l'offrande ? » Les prêtres interprétaient les exigences de Dieu d'après leurs règles fausses et étroites. Ils croyaient pouvoir établir d'habiles distinctions entre des péchés de diverse gravité, passant légèrement sur certains et jugeant impardonnables d'autres qui en réalité étaient moins coupables. Une personne ayant fait un vœu pouvait se dispenser de l'accomplir moyennant de l'argent. Des crimes pouvaient être compensés par de fortes sommes. Dans d'autres cas, les prêtres et les chefs prononçaient des jugements sévères pour des fautes insignifiantes.

« Malheur à vous, scribes et pharisiens hypocrites ! parce que vous payez la dîme de la menthe, de l'aneth et du cumin, et que vous laissez de côté ce qu'il y a de plus important dans la loi : le droit, la miséricorde et la fidélité ; c'est là ce qu'il fallait pratiquer, sans laisser de côté le reste. » Le but de ces paroles du Christ n'est pas de condamner un devoir sacré, mais d'en combattre l'abus. Le principe de la dîme a été établi par Dieu, et était observé depuis les temps les plus reculés. Abraham, le père des croyants, paya la dîme de tout ce qu'il possédait. Les chefs de la nation juive avaient raison de reconnaître le devoir de payer la dîme ; mais ils auraient dû laisser au peuple le soin de se conformer à leurs convictions dans l'accomplissement de ce devoir. Au lieu de cela, des règles arbitraires furent établies, prévoyant tous les cas possibles. Les exigences étaient devenues telles qu'on ne pouvait plus y suffire. Personne ne pouvait savoir s'il avait fait face à toutes ses obligations. Le principe juste et raisonnable donné par Dieu devint par les exigences des prêtres et des rabbins un fardeau insupportable.

Tout ce que Dieu commande a de l'importance. Le Christ a reconnu le devoir de payer la dîme ; cependant il a montré que cela ne devait pas dispenser de l'accomplissement d'autres devoirs. Les pharisiens se montraient scrupuleux dans le paiement de la dîme des herbes de leurs jardins, telles que la menthe, l'aneth et le cumin ; ils se faisaient ainsi, à bon compte, une réputation de fidélité et de sainteté et, en même temps, leurs restrictions inutiles opprimaient le peuple et lui enlevaient tout respect pour le principe sacré fondé par Dieu lui-même. Les esprits, occupés par des distinctions insignifiantes, se trouvaient distraits des vérités essentielles. On négligeait les choses les plus importantes de la loi : la justice, la miséricorde et la fidélité. « C'est là ce qu'il fallait pratiquer, sans laisser de côté le reste. »

D'autres lois avaient été dénaturées, de la même façon, par les rabbins. Moïse avait interdit de manger de tout animal impur. La chair de porc, comme celle de quelques autres animaux, avait été prohibée, parce que l'usage de ces viandes tend à remplir le sang d'impuretés et a pour effet d'abréger la vie. Les pharisiens avaient dépassé les bornes du bon sens. Toute l'eau employée devait être filtrée avec soin, de peur qu'elle ne contînt le plus petit insecte pouvant être classé parmi les animaux impurs. Ces exigences puériles contrastaient tellement avec la grandeur de leurs péchés, que Jésus dit aux pharisiens : « Conducteurs aveugles ! qui retenez au filtre le moucheron et avalez le chameau. »

« Malheur à vous, scribes et pharisiens hypocrites ! parce que vous ressemblez à des sépulcres blanchis, qui au dehors ont belle apparence, mais qui, au dedans, sont pleins d'ossements de morts et de toute espèce d'impuretés. » Tout comme les tombeaux blanchis à la chaux et magnifiquement ornés cachaient des restes en putréfaction, de même une sainteté extérieure dissimulait l'iniquité chez les prêtres et les principaux. Jésus poursuivit :

« Malheur à vous, scribes et pharisiens hypocrites ! parce que vous bâtissez les sépulcres des prophètes et ornez les tombeaux des justes, et que vous dites : Si nous avions été là au temps de nos pères, nous ne nous serions pas associés à eux pour répandre le sang des prophètes. Vous témoignez ainsi contre vous-mêmes que vous êtes les fils de ceux qui ont tué les prophètes. » Pour montrer leur vénération à l'égard des anciens prophètes, les Juifs mettaient le plus grand zèle à embellir leurs tombeaux ; mais ils ne tiraient aucun profit de leurs enseignements et n'écoutaient pas leurs réprimandes.

A l'époque du Christ les lieux de repos des morts étaient l'objet d'un culte superstitieux, et l'on dépensait de fortes sommes d'argent pour les orner. Aux yeux de Dieu ceci était une idolâtrie. En accordant aux morts des honneurs exagérés, les hommes montraient qu'ils n'aimaient pas Dieu par-dessus tout et leur prochain comme eux-mêmes. La même idolâtrie se donne libre cours aujourd'hui. Beaucoup négligent les veuves et les orphelins, les malades et les pauvres, alors qu'ils construisent des monuments dispendieux pour les morts. On emploie, à cet effet, beaucoup de temps, d'argent et d'efforts, et l'on néglige, envers les vivants, des devoirs que le Christ a clairement ordonnés.

Les pharisiens bâtissaient des tombeaux aux prophètes, ornaient leurs sépulcres et se disaient les uns aux autres : Si nous avions vécu du temps de nos pères, nous ne nous serions pas joints à eux pour répandre le sang des serviteurs de Dieu. Et pendant qu'ils parlaient ainsi, ils projetaient d'enlever la vie à son Fils. Ceci devrait nous servir de leçon, et nous ouvrir les yeux sur l'habileté avec laquelle Satan a réussi à tromper ceux qui se détournent de la lumière de la vérité. Ils sont nombreux ceux qui suivent les traces des pharisiens, révèrent ceux qui sont morts pour la foi et s'étonnent, en constatant l'aveuglement des Juifs qui ont rejeté le Christ. S'ils avaient vécu à ce temps-là, assurent-ils, ils auraient reçu avec joie ses enseignements, et n'auraient pas participé au meurtre du Sauveur. Mais ces mêmes personnes étouffent leurs convictions et refusent d'obéir lorsque l'obéissance à Dieu entraîne des renoncements et l'humiliation. En agissant ainsi elles font preuve de l'esprit qui animait ces pharisiens contre lesquels le Christ s'élevait avec tant d'énergie.

Les Juifs étaient loin de comprendre l'immense responsabilité qu'ils assumaient en repoussant le Christ. Depuis le moment où le premier sang innocent a été répandu, où le juste Abel est tombé sous les coups de Caïn, la même histoire n'a cessé de se répéter, avec une culpabilité croissante. Chaque génération a eu ses prophètes dont la voix s'est élevée contre les péchés des rois, des magistrats et du peuple, communiquant les messages de Dieu et se conformant à sa volonté au péril de leur vie. De siècle en siècle, un châtiment effroyable est allé en s'accumulant sur ceux qui refusent la lumière et la vérité. Les ennemis du Christ attiraient maintenant ce châtiment sur leur propre tête. Le péché des prêtres et des principaux surpassait celui de toutes les générations précédentes. En rejetant le Sauveur, ils se rendaient responsables du sang de tous les justes égorgés depuis Abel jusqu'au Christ. Ils allaient faire déborder la coupe de leurs iniquités et celles-ci retomberaient sur leurs têtes sous la forme d'une justice rétributive. C'est de cela que Jésus les avertit par ces paroles :

« ... Afin que retombe sur vous tout le sang innocent répandu sur la terre, depuis le sang d'Abel le juste jusqu'au sang de Zacharie, fils de Barachie, que vous avez tué entre le temple et l'autel. En vérité, je vous le dis, tout cela retombera sur cette génération. » Les scribes et les pharisiens qui écoutaient Jésus savaient que ces paroles étaient vraies. Ils se rappelaient comment le prophète Zacharie avait été mis à mort. Des paroles divines d'avertissement étaient encore sur ses lèvres quand une fureur satanique s'empara du roi apostat : sur son ordre le prophète fut mis à mort. Son sang avait laissé une empreinte ineffaçable sur les pierres mêmes du parvis du temple en témoignage constant de l'apostasie d'Israël. Aussi longtemps que durerait le temple, les taches du sang de ce juste crieraient à Dieu pour obtenir vengeance. Un frisson d'horreur parcourut la multitude quand Jésus mentionna ces péchés effroyables.

Plongeant ses regards dans l'avenir, le Christ annonça que les Juifs continueraient, comme par le passé, à faire preuve d'impénitence et d'intolérance vis-à-vis des serviteurs de Dieu :

« C'est pourquoi, je vous envoie des prophètes, des sages et des scribes. Vous tuerez et crucifierez les uns, vous flagellerez les autres dans vos synagogues, et vous les persécuterez de ville en ville. » Des prophètes et des sages, remplis de foi et de Saint-Esprit – Etienne, Jacques, ainsi que beaucoup d'autres –allaient être condamnés et mis à mort. Une main levée vers le ciel, le Christ s'adressait, comme un juge, à ceux qui étaient devant lui. Sa voix, généralement tendre et suppliante, faisait maintenant entendre des reproches et des condamnations. Ses auditeurs frissonnaient. L'impression produite par ses paroles et par son regard ne devait jamais s'effacer.

Le Christ s'indignait de l'hypocrisie et des péchés scandaleux par lesquels ces hommes détruisaient leurs âmes, séduisaient le peuple et déshonoraient Dieu. Sous les arguments spécieux et trompeurs des prêtres et des chefs, il discernait l'influence des instruments de Satan. Bien qu'il stigmatisât le péché avec la plus grande énergie, et qu'il éprouvât une sainte colère contre le prince des ténèbres, il ne manifesta aucune impatience et ne prononça aucune parole de vengeance. De même, le chrétien qui vit en harmonie avec Dieu et possède les douces qualités de l'amour et de la compassion pourra éprouver une juste indignation à l'égard du péché, mais la passion ne le fera pas maltraiter ceux qui le maltraitent. Même s'il doit affronter ceux qu'une puissance inférieure pousse à maintenir l'erreur, il trouvera, en Christ, la force nécessaire pour rester calme et maître de lui-même.

Une pitié divine paraissait sur le visage du Fils de Dieu tandis qu'il jetait un dernier regard sur le temple et sur ses auditeurs. La voix brisée par l'émotion, il s'écria avec des larmes amères : « Jérusalem, Jérusalem, qui tues les prophètes et qui lapides ceux qui te sont envoyés, combien de fois ai-je voulu rassembler tes enfants, comme une poule rassemble ses poussins sous ses ailes, et vous ne l'avez pas voulu ! » C'est ici la lutte qui précède la séparation. Le cœur de Dieu lui-même semble se répandre dans cette lamentation du Christ. C'est l'adieu mystérieux de l'amour divin si plein de longanimité.

Pharisiens et sadducéens étaient également muets. Jésus rappela ses disciples et se prépara à quitter le temple, non pas comme un vaincu chassé par des adversaires, mais victorieux de la lutte et ayant achevé son œuvre.

Bien des cœurs devaient garder, comme un trésor, les joyaux de vérité qui tombaient en ce jour mémorable des lèvres du Sauveur. Ils suscitaient parmi eux de nouvelles pensées, de nouvelles aspirations : une expérience nouvelle commençait. Après la crucifixion et la résurrection du Christ, ces personnes s'avancèrent et remplirent leur mission divine avec une sagesse et un zèle proportionnés à la grandeur de l'œuvre. Les vérités du Christ renfermaient un message qui touchait les cœurs et dissipait les anciennes superstitions qui avaient amoindri des milliers de vies. En présence de leur témoignage, les théories et les philosophies humaines n'étaient plus que des fables vaines. Les paroles du Sauveur produisirent un immense effet sur la foule émerveillée et saisie de crainte qui l'écoutait dans le temple de Jérusalem.

Mais Israël en tant que nation avait répudié son Dieu. Les branches naturelles de l'olivier étaient retranchées. Jetant un dernier regard à l'intérieur du temple, Jésus prononça ces paroles pathétiques : « Voici, votre maison vous sera laissée déserte ; car, je vous le dis, vous ne me verrez plus désormais, jusqu'à ce que vous disiez : Béni soit celui qui vient au nom du Seigneur. » Jusqu'à ce moment-ci il avait appelé le temple la maison de son Père ; mais à partir du moment où le Fils de Dieu aurait franchi ses murailles la présence de Dieu se retirerait pour toujours de ce temple bâti à sa gloire. Désormais ses cérémonies perdaient toute signification, ses services devenaient une dérision.

---

[1] Ce chapitre est basé sur Matthieu 23 ; Marc 12.41-44 ; Luc 20.45-47 ; 21 : 1-4. [2] Deutéronome 6.8. [3] Psaume 111.9. [Les versions anglaises emploient le mot « révérend » pour rendre l'expression que les versions françaises traduisent par « redoutable ».]

Chapitre 68

Dans le parvis extérieur

« Il y avait quelques Grecs parmi les gens qui étaient montés pour adorer pendant la fête. Ils abordèrent Philippe, de Bethsaïda en Galilée, et lui demandèrent : Seigneur, nous voudrions voir Jésus. Philippe alla le dire à André, puis André et Philippe allèrent le dire à Jésus [1]. »

A ce moment-là, l'œuvre du Christ paraissait en pleine déroute. Sorti vainqueur de ses discussions avec les prêtres et les pharisiens, il ne serait pourtant jamais reçu par eux comme le Messie. La rupture finale s'était produite. Aux yeux des disciples, la situation semblait désespérée. Mais l'œuvre du Christ approchait de sa consommation. Le grand événement qui intéressait non seulement la nation juive, mais le monde entier, était sur le point de se produire. A l'ouïe de cette requête pressante : « Nous voudrions voir Jésus », qui était comme l'écho du cri d'un monde en détresse, le visage du Sauveur s'illumina, et il dit : « L'heure est venue où le Fils de l'homme doit être glorifié. » La demande de ces Grecs se présentait à lui comme le gage des fruits de son grand sacrifice.

Ces hommes étaient accourus de l'occident pour voir le Sauveur, à la fin de sa vie, comme au commencement les mages étaient venus d'orient. A l'époque de la naissance du Christ, les Juifs, trop absorbés par leurs ambitions, n'avaient pas eu connaissance de sa venue. Mais les mages venus d'un pays païen auprès de la crèche avaient apporté leurs dons et adoré le Sauveur. Maintenant ces Grecs, représentant les nations, les tribus et les peuples du monde, venaient également voir Jésus. C'est ainsi que des gens de tous les pays et de tous les siècles seraient attirés par la croix du Sauveur. Ainsi « plusieurs viendront de l'orient et de l'occident et se mettront à table avec Abraham, Isaac et Jacob dans le royaume des cieux [2] ».

Ces Grecs avaient entendu parler de l'entrée triomphale du Christ à Jérusalem. On avait fait courir le bruit qu'il avait chassé les prêtres et les chefs du temple, afin de prendre possession du trône de David et de régner sur Israël. Les Grecs désiraient connaître la vérité concernant sa mission. « Nous voudrions voir Jésus », dirent-ils. Leur désir fut exaucé. Jésus, quand on lui transmit leur requête, se trouvait dans la partie du temple où les Juifs seuls pouvaient pénétrer ; mais il alla au-devant des Grecs dans le parvis extérieur et leur accorda un entretien.

L'heure était arrivée où le Christ devait être glorifié. En ce moment où l'ombre de la croix s'étendait déjà sur lui, la démarche de ces Grecs vint lui prouver que son sacrifice imminent susciterait à Dieu beaucoup de fils et de filles. Il savait que ces Grecs allaient le voir bientôt plus méprisé que Barrabas, voleur et meurtrier, qu'on relâcherait de préférence au Fils de Dieu ; qu'ils allaient voir le peuple faire, sous l'inspiration des prêtres et des chefs, un choix et répondre à la question :

« Que ferai-je donc de Jésus appelé Christ ? » – « Qu'il soit crucifié [3]. » Mais le Christ savait aussi que, grâce à cette propitiation offerte pour les péchés des hommes, son royaume serait consommé et s'étendrait au monde entier. Il accomplirait l'œuvre d'un réparateur et son Esprit triompherait. Pendant un instant, il considéra l'avenir, et il entendit des voix, proclamant dans toutes les parties de la terre : « Voici l'Agneau de Dieu, qui ôte le péché du monde [4]. » Il aperçut, en ces étrangers, les prémices de l'abondante moisson qui aurait lieu après que le mur de séparation, dressé entre les Juifs et les païens, serait abattu, et que toutes nations, langues et peuples entendraient le message du salut. C'est l'attente de cette réalisation de ses espérances qu'il exprima dans ces paroles : « L'heure est venue où le Fils de l'homme doit être glorifié. » Pourtant le Christ n'oubliait, à aucun moment, de quelle manière cette glorification devait se produire. Le rassemblement des païens suivrait sa mort prochaine. Par la mort seule du Fils de l'homme le monde pouvait être sauvé ; il serait déposé en terre, comme un grain de blé ; il mourrait et serait enseveli, mais il revivrait.

Le Christ se servit des choses de la nature pour illustrer l'avenir et le faire comprendre aux disciples. Le véritable résultat de sa mission serait rendu possible par sa mort. « En vérité, en vérité, je vous le dis, expliqua-t-il, si le grain de blé ne tombe en terre et ne meurt, il reste seul ; mais s'il meurt, il porte beaucoup de fruit. » Après que le grain de blé est tombé dans la terre et y a trouvé la mort, il germe et porte du fruit. C'est ainsi que la mort du Christ devait produire des fruits pour le royaume de Dieu. En accord avec la loi du monde végétal, la vie devait être le résultat de sa mort.

Ceux qui cultivent le sol ont toujours cette image devant eux. Année après année, l'homme assure sa provision de blé en en jetant au vent la meilleure partie, apparemment. Il faut que le grain reste caché quelque temps sous la glèbe, confié à la surveillance du Seigneur. Ensuite paraît l'herbe, puis l'épi, puis le grain tout formé dans l'épi. Mais tout ceci n'est possible que si le grain est enseveli, hors de la vue, et, selon toute apparence, perdu.

Le grain, semé en terre, produit du fruit et celui-ci est semé à son tour. Ainsi la moisson se trouve multipliée. De même la mort que le Christ a subie, sur la croix du Calvaire, est destinée à porter du fruit pour la vie éternelle. La vue de ce sacrifice fera la joie de ceux qui, grâce à lui, vivront pendant l'éternité. Le grain de blé qui conserve sa propre vie ne peut produire aucun fruit. Il reste seul. Le Christ aurait pu, s'il l'avait voulu, échapper à la mort, mais il serait resté seul. Il n'aurait pu amener à Dieu des fils et des filles. Ce n'est qu'en renonçant à sa vie qu'il pouvait communiquer la vie à l'humanité. Ce n'est qu'en tombant en terre, pour mourir, qu'il pouvait devenir la semence qui produirait une vaste moisson – la multitude des rachetés de Dieu de toutes nations, tribus, langues et peuples.

Le Christ a mis cette vérité en relation avec un enseignement destiné à chacun, touchant le renoncement : « Celui qui aime sa vie la perd, et celui qui a de la haine pour sa vie dans ce monde la conservera pour la vie éternelle. » Tous ceux qui désirent porter du fruit, en tant que collaborateurs du Christ, doivent d'abord tomber en terre et mourir. La vie doit être jetée dans le sillon des nécessités humaines ; l'amour du moi, l'intérêt personnel doivent périr. La loi du sacrifice est en même temps la loi de la conservation. Le cultivateur conserve son grain en le dispersant. Ainsi en est-il dans la vie humaine. Donner, c'est vivre. Cette vie-là sera préservée qui est généreusement dépensée au service de Dieu et de l'homme. Ils jouiront de la vie éternelle ceux qui sacrifient leur vie, en ce monde, pour l'amour du Christ.

Une vie dépensée pour soi-même est comme le grain que l'on mange et qui disparaît sans s'accroître. Un homme accumulera tout ce qu'il peut dans son propre intérêt ; il vivra, pensera et fera des projets pour lui-même ; mais sa vie s'écoule, et il ne lui restera rien. La loi de l'égoïsme, c'est la loi de la destruction de soi-même.

« Si quelqu'un me sert, dit Jésus, qu'il me suive, et là où je suis, là aussi sera mon serviteur. Si quelqu'un me sert, le Père l'honorera. » Tous ceux qui portent la croix du sacrifice, avec Jésus, seront rendus participants de sa gloire. La joie du Christ, au milieu de ses humiliations et de ses souffrances, était dans la pensée que ses disciples seraient glorifiés avec lui. Ils sont le fruit de son sacrifice. La reproduction, en eux, de son caractère et de son esprit : voilà sa récompense, voilà sa joie pendant l'éternité. Ils partageront cette joie avec lui, en constatant chez d'autres le fruit de leurs efforts et de leurs sacrifices. Ils sont les collaborateurs du Christ, et le Père les honorera comme il honore son Fils.

Le message des Grecs, en faisant pressentir le rassemblement des païens, présentait à l'esprit de Jésus sa mission tout entière. Toute l'œuvre de la rédemption passa devant lui, depuis le moment où le plan fut établi dans le ciel, jusqu'à sa mort, maintenant imminente. Une nuée mystérieuse semblait envelopper le Fils de Dieu, assombrissant tous ceux qui se trouvaient près de lui. Il était comme ravi dans ses pensées. Enfin il rompit le silence par ces paroles mélancoliques : « Maintenant mon âme est troublée. Et que dirai-je ? ... Père, sauve-moi de cette heure ? » Le Christ buvait déjà par anticipation à la coupe amère. Son humanité reculait devant l'heure de l'abandon, où Dieu lui-même, selon toute apparence, allait le délaisser ; où, aux yeux de tous, il paraîtrait puni, frappé par Dieu et humilié. Il reculait à la pensée d'être livré en spectacle comme le pire des criminels et de souffrir une mort infâmante. Le pressentiment du conflit qu'il allait engager avec les puissances des ténèbres, le poids effroyable de la transgression humaine, la colère du Père provoquée par le péché : tout cela faisait défaillir l'esprit de Jésus et donnait une pâleur mortelle à son visage.

Un sentiment de soumission à la volonté du Père finit par l'emporter. « Mais c'est pour cela, dit-il, que je suis venu jusqu'à cette heure. Père, glorifie ton nom ! » Seule, la mort du Christ pouvait renverser le royaume de Satan. Par ce moyen seul l'homme pouvait être racheté, et Dieu glorifié. Jésus consentit donc à l'agonie. Il accepta le sacrifice. La Majesté du ciel voulut bien porter nos péchés. « Père, glorifie ton nom ! » dit-il. Une voix sortant de la nuée qui planait sur sa tête fit entendre cette réponse aux paroles du Christ : « Je l'ai glorifié et je le glorifierai de nouveau. » Dieu avait été glorifié par la vie entière du Christ, depuis la crèche jusqu'au moment où ces paroles furent prononcées ; dans l'épreuve qui allait survenir, ses souffrances, divines et humaines à la fois, glorifieraient certainement le nom du Père.

Au moment où la voix se fit entendre, une lumière jaillit de la nuée et enveloppa le Christ, comme si les bras de la puissance infinie voulaient l'entourer d'une muraille de feu. Les assistants contemplaient cette scène avec épouvante. Personne n'osait parler. Tous, muets et la respiration suspendue, avaient les yeux fixés sur Jésus. Quand le témoignage du Père eut été rendu, la nuée s'éleva et se dispersa dans les cieux. Pour le moment la communion visible du Père et du Fils avait cessé.

« La foule, qui se tenait là et qui avait entendu, disait que c'était le tonnerre. D'autres disaient : Un ange lui a parlé. » Quant aux Grecs venus à la recherche de Jésus, ils avaient vu la nuée, entendu la voix, compris sa signification, et reconnu le Christ qui s'était révélé à eux comme l'Envoyé de Dieu.

La voix divine s'était fait entendre à l'occasion du baptême de Jésus, au commencement de son ministère ; puis de nouveau, lors de la transfiguration, sur la montagne. Elle se faisait entendre maintenant pour la troisième fois à la fin de son ministère, en présence d'un plus grand nombre de personnes, et dans des circonstances tout à fait particulières. Jésus venait d'exprimer les vérités les plus solennelles concernant la condition des Juifs. Il leur avait adressé un dernier appel et avait prononcé leur condamnation. Maintenant Dieu appose, une fois de plus, son sceau sur la mission de son Fils. Il reconnaît celui qu'Israël a rejeté. « Ce n'est pas à cause de moi que cette voix s'est fait entendre, dit-il, c'est à cause de vous. » C'était la preuve décisive de sa messianité, le signe donné par le Père pour qu'on reconnût que Jésus avait dit la vérité et qu'il était le Fils de Dieu.

« C'est maintenant le jugement de ce monde, poursuivit le Christ ; maintenant le prince de ce monde sera jeté dehors. Et moi, quand j'aurai été élevé de la terre, j'attirerai tous les hommes à moi. Il disait cela pour indiquer de quelle mort il devait mourir. » C'est le moment critique pour le monde. Si Jésus devient une victime de propitiation pour le péché des hommes, le monde sera éclairé. Satan perdra son emprise sur les âmes. L'image de Dieu, effacée par le péché, sera rétablie dans l'humanité, et une famille de croyants sanctifiés entrera finalement dans l'héritage des demeures célestes. Ceci sera le résultat de la mort du Christ. Le Sauveur est comme perdu dans la contemplation de la scène de triomphe qu'il a évoquée. Il aperçoit la croix, la croix sanglante et ignominieuse, resplendissante de gloire malgré toute son horreur.

Mais l'œuvre de la rédemption humaine n'est pas le seul résultat de la croix. L'amour de Dieu est manifesté à l'univers. Le prince de ce monde est jeté dehors. Les accusations que Satan a lancées contre Dieu sont réfutées. L'opprobre qui a été jeté sur le ciel est enlevé pour toujours. Les anges, aussi bien que les hommes, sont attirés vers le Rédempteur. « Et moi, quand j'aurai été élevé de la terre, dit-il, j'attirerai tous les hommes à moi. »

L'une des nombreuses personnes qui entouraient le Christ, au moment où il prononça ces paroles, dit alors : « Nous avons appris par la loi que le Christ demeure éternellement ; comment donc dis-tu : Il faut que le Fils de l'homme soit élevé ? Qui est ce Fils de l'homme ? » Alors Jésus leur répondit : « La lumière est encore pour un peu de temps parmi vous. Marchez pendant que vous avez la lumière, afin que les ténèbres ne vous surprennent pas: celui qui marche dans les ténèbres ne sait pas où il va. Pendant que vous avez la lumière, croyez en la lumière, afin que vous deveniez des enfants de lumière. »

« Malgré tant de miracles qu'il avait faits devant eux, ils ne croyaient pas en lui. » A une certaine occasion ils avaient demandé au Sauveur : « Quel miracle fais-tu donc,... afin que nous le voyions et que nous te croyions [5] ? » Des signes innombrables avaient été donnés ; mais les Juifs avaient fermé leurs yeux et endurci leurs cœurs. Même après que le Père avait parlé, et qu'ils ne pouvaient plus demander d'autres signes, ils s'obstinaient à ne pas croire.

« Cependant, même parmi les chefs, plusieurs crurent en lui ; mais à cause des pharisiens, ils ne le confessaient pas, pour ne pas être exclus de la synagogue. » Ils préféraient la gloire humaine à l'approbation divine. Pour échapper à l'opprobre et à la honte, ils renièrent le Christ et rejetèrent l'offre de la vie éternelle. Nombreux sont ceux qui, à travers les siècles, ont fait de même. Le Sauveur leur adresse à tous ces paroles d'avertissement : « Celui qui aime sa vie la perdra. » « Celui qui me rejette et qui ne reçoit pas mes paroles, a son juge : la parole que j'ai prononcée, c'est elle qui le jugera au dernier jour [6]. »

Malheur à ceux qui n'ont pas connu le temps où ils ont été visités ! Lentement et avec regret, le Christ quitta pour toujours les abords du temple.

---

[1] Ce chapitre est basé sur Jean 12.20-43. [2] Matthieu 8.11. [3] Matthieu 27.22. [4] Jean 1.29. [5] Jean 6.30. [6] Jean 12.48.

Chapitre 69

Sur le mont des Oliviers

Les prêtres et les chefs [1] avaient été remplis de frayeur par ces paroles du Christ : « Voici, votre maison vous sera laissée déserte [2]. » Tout en affectant une parfaite indifférence, ils se sentaient menacés par un danger invisible et ne pouvaient s'empêcher de réfléchir à la portée de ces paroles. Ce temple magnifique, qui faisait la gloire de la nation, allait-il vraiment être réduit à un amas de ruines ? Les disciples attendaient anxieusement que Jésus leur donnât des explications ultérieures et ils partageaient ces sombres pressentiments. Comme ils sortaient du temple, ils attirèrent l'attention du Christ sur la solidité et la beauté de cet édifice. Les pierres de marbre étaient d'une blancheur immaculée, et quelques-unes avaient des dimensions énormes. Une partie de la muraille avait résisté au siège de l'armée de Nébucadnetsar. Le travail de construction était si parfait que tout l'édifice avait l'apparence d'une pierre unique tirée de la carrière. Les disciples ne pouvaient comprendre comment des murs aussi puissants pourraient être renversés.

Quelles n'ont pas dû être les pensées intimes du Christ, rejeté au moment où l'on attirait son attention sur la magnificence du temple ! Malgré le spectacle admirable qui s'offrait à lui il dit avec tristesse : Je vois tout cela. Cet édifice est une merveille. Ces murailles vous semblent indestructibles ; mais écoutez bien ceci : Le jour viendra où « il ne restera pas ici pierre sur pierre qui ne soit renversée ».

Ces paroles du Christ avaient été entendues par un grand nombre de personnes ; quand il fut seul, sur le mont des Oliviers, Pierre, Jean, Jacques et André vinrent auprès de lui et lui demandèrent : « Dis-nous, quand cela arrivera-t-il, et quel sera le signe de ton avènement et de la fin du monde ? » Dans sa réponse, Jésus ne considéra pas séparément la destruction de Jérusalem et le grand jour de sa venue. Il fondit en un même tableau la description de ces deux événements, laissant aux disciples le soin d'approfondir le sujet. Ceux-ci n'eussent pas été capables de supporter la vue de l'avenir, si Jésus le leur avait dévoilé tel qu'il l'apercevait lui-même. Alors qu'il faisait allusion à la destruction de Jérusalem, ses paroles prophétiques dépassaient cet événement pour atteindre la conflagration finale qui se produira au jour où le Seigneur, sortant de sa retraite, punira l'iniquité du monde, et où la terre laissera voir le sang dont elle a été arrosée et ne dérobera plus aux regards les morts qu'elle contient. Tout ce discours n'était pas destiné aux disciples seuls, mais à ceux qui vivraient dans la dernière période de l'histoire du monde.

S'adressant aux disciples, le Christ leur dit : « Prenez garde que personne ne vous séduise. Car plusieurs viendront sous mon nom, et diront : C'est moi qui suis le Christ. Et ils séduiront beaucoup de gens. » Plusieurs faux christs devaient paraître, avec la prétention de faire des miracles, assurant que le temps de la délivrance était arrivé pour la nation juive. Ils allaient séduire beaucoup de gens. Ces paroles du Christ ont été accomplies. Plusieurs faux christs apparurent dans l'intervalle qui s'écoula entre sa mort et le siège de Jérusalem. Cet avertissement s'adresse aussi à la génération actuelle. Les mêmes séductions qui ont précédé la destruction de Jérusalem ont entraîné les hommes à travers les âges et les entraîneront encore.

« Vous allez entendre parler de guerres et de bruits de guerres : gardez-vous de vous alarmer, car cela doit arriver. Mais ce ne sera pas encore la fin. » Avant la destruction de Jérusalem, les hommes luttaient pour obtenir la suprématie. Des empereurs étaient assassinés ; on massacrait les héritiers du trône ; il y avait des guerres et des bruits de guerres. Il faut que ces choses arrivent, dit le Christ. Mais ce ne sera pas encore la fin (de la nation juive comme telle). « Une nation s'élèvera contre une nation et un royaume contre un royaume, et il y aura par place des famines et des tremblements de terre. Tout cela ne sera que le commencement des douleurs... » Le Christ disait : Quand les rabbins verront ces signes, ils diront que ce sont les jugements de Dieu sur les nations coupables de retenir dans l'esclavage son peuple élu. Ils diront que ces signes annoncent la venue du Messie. Ne vous laissez pas séduire ; ces choses sont, au contraire, le commencement de ses jugements. Les gens n'ont regardé qu'à eux-mêmes. Ils n'ont pas voulu se repentir pour que je les guérisse. Ce qu'ils prennent pour des signes de délivrance prochaine, ce sont les signes précurseurs de leur destruction.

« Alors on vous livrera aux tourments, et l'on vous fera mourir ; et vous serez haïs de toutes les nations, à cause de mon nom. Et ce sera pour beaucoup une occasion de chute, ils se trahiront, se haïront les uns les autres. » Les chrétiens ont eu à endurer toutes ces souffrances. Des parents ont trahi leurs enfants, des enfants leurs parents. Des amis ont livré leurs amis au sanhédrin. Etienne, Jacques, et beaucoup d'autres chrétiens ont été victimes de la persécution.

Au moyen de ses serviteurs, Dieu a donné au peuple juif une dernière occasion de se repentir. Il s'est manifesté, par l'intermédiaire de ses témoins, au moment de leur arrestation, de leur procès et de leur emprisonnement. Cependant les juges les ont condamnés à mort. En faisant mourir ces hommes, dont le monde n'était pas digne, les Juifs ont crucifié, à nouveau, le Fils de Dieu. Ceci se renouvellera. Les autorités édicteront des lois contraires à la liberté religieuse, s'arrogeant un droit qui n'appartient qu'à Dieu, s'imaginant pouvoir contraindre les consciences, dont Dieu seul est le Maître. On voit déjà maintenant le commencement de ces choses ; cette œuvre se poursuivra jusqu'à ce qu'elle ait atteint la limite qui ne peut être dépassée. Dieu interviendra en faveur de son peuple fidèle, obéissant à ses commandements.

Chaque fois que sévit la persécution, ceux qui en sont les témoins prennent position soit pour le Christ soit contre lui. Faire preuve de sympathie à l'égard de ceux qui sont condamnés injustement, c'est montrer de l'attachement pour le Christ. D'autres sont scandalisés parce que les principes de la vérité viennent contrarier leurs habitudes. Plusieurs chancellent et tombent, renonçant à la foi qu'ils défendaient autrefois. Il en est qui, devenus apostats à l'heure de l'épreuve, pour se mettre en sûreté, porteront de faux témoignages et trahiront leurs frères. Le Christ nous a mis en garde, afin que nous ne soyons pas surpris par l'absence de pitié et de sentiments naturels chez ceux qui rejettent la lumière.

Le Christ donna à ses disciples un signe destiné à annoncer la ruine de Jérusalem, et leur dit comment ils pourraient y échapper : « Lorsque vous verrez Jérusalem investie par des armées, sachez alors que sa dévastation est proche. Alors, que ceux qui seront en Judée fuient dans les montagnes, que ceux qui seront au milieu de Jérusalem s'en retirent, et que ceux qui seront dans les campagnes n'entrent pas dans la ville. Car ce seront des jours de vengeance, pour l'accomplissement de tout ce qui est écrit. » Cet avertissement fut donné quarante ans avant la destruction de Jérusalem. Le moment venu, les chrétiens y prirent garde et pas un d'entre eux ne périt dans la chute de la ville.

« Priez pour que votre fuite n'arrive pas en hiver, ni un jour de sabbat », dit le Christ. Celui qui a établi le sabbat ne l'a pas aboli en le clouant à la croix. Sa mort n'a pas eu pour effet de l'abroger. Il devait conserver son caractère sacré, quarante ans après la crucifixion. Pendant quarante ans les disciples devaient prier pour que leur fuite n'eût pas lieu en un jour de sabbat.

De la destruction de Jérusalem, le Christ passa rapidement à un événement plus important qui constitue le dernier anneau de la chaîne de l'histoire humaine : la venue du Fils de Dieu avec majesté et avec gloire. Entre ces deux événements, le regard du Christ apercevait de longs siècles de ténèbres, marqués pour son Eglise par le sang, les larmes et l'agonie. Les disciples n'étaient pas préparés à supporter cette vue, aussi Jésus se borna-t-il à une courte mention. « Car alors, la détresse sera si grande qu'il n'y en a pas eu de pareille depuis le commencement du monde jusqu'à présent, et qu'il n'y en aura jamais plus. Et, si ces jours n'étaient abrégés, personne ne serait sauvé ; mais, à cause des élus, ces jours seront abrégés. » Des persécutions, comme le monde n'en avait encore point vues, devaient atteindre les disciples du Christ pendant plus d'un millier d'années. Des millions et des millions de fidèles témoins allaient être mis à mort. Et si Dieu n'avait pas étendu la main pour protéger son peuple, tous auraient péri. « Mais, à cause des élus, ces jours seront abrégés. » Maintenant le Seigneur parle de sa seconde venue, dans un langage qui ne prête à aucune équivoque, et il les met en garde contre les dangers qui précéderont son avènement. « Si quelqu'un vous dit alors : Le Christ est ici, ou : Il est là, ne le croyez pas. Car il s'élèvera de faux christs et de faux prophètes ; ils opéreront de grands signes et des prodiges, au point de séduire si possible même les élus. Je vous l'ai prédit. Si donc on vous dit : Voici, il est dans le désert, n'y allez pas ; voici, il est dans les chambres, ne le croyez pas. En effet, comme l'éclair part de l'orient et luit jusqu'à l'occident, ainsi sera l'avènement du Fils de l'homme. » Le Christ avait indiqué ce signe comme devant annoncer la destruction de Jérusalem : « Plusieurs faux prophètes s'élèveront et séduiront beaucoup de gens. » De faux prophètes s'élevèrent en effet, séduisant beaucoup de gens, les entraînant au désert. Des magiciens et des sorciers, qui s'attribuaient un pouvoir miraculeux, attiraient des foules dans les montagnes. Mais cette prophétie concerne aussi les derniers jours. Le même signe doit annoncer le second avènement. En ce moment-même, de faux christs et de faux prophètes opèrent des signes et des prodiges en vue de séduire les disciples. N'entendons-nous pas dire : « Le voici dans le désert ? » Des milliers de personnes ne se sont-elles pas rendues au désert avec l'espoir d'y trouver le Christ ? Et dans les innombrables réunions où les gens prétendent entrer en communion avec des esprits désincarnés, n'entendons-nous pas dire : « Voici, il est dans les chambres » ? C'est là ce que prétend le spiritisme. Mais le Christ dit : « Ne le croyez pas. En effet, comme l'éclair part de l'orient et luit jusqu'à l'occident, ainsi sera l'avènement du Fils de l'homme. »

Non content de donner des signes de sa venue, le Sauveur fixe le moment précis où le premier de ces signes doit paraître : « Aussitôt après la détresse de ces jours-là, le soleil s'obscurcira, la lune ne donnera plus sa lumière, les étoiles tomberont du ciel, et les puissances des cieux seront ébranlées. Alors le signe du Fils de l'homme paraîtra dans le ciel, toutes les tribus de la terre se lamenteront, et elles verront le Fils de l'homme venir sur les nuées du ciel avec beaucoup de puissance et de gloire. Il enverra ses anges avec la trompette retentissante, et ils rassembleront ses élus des quatre vents, depuis une extrémité des cieux jusqu'à l'autre. »

Le Christ déclare qu'au terme de la grande persécution papale, le soleil doit s'obscurcir et la lune ne plus donner sa lumière. Ensuite les étoiles doivent tomber du ciel. Puis il ajoute : « Recevez l'enseignement de la parabole du figuier. Dès que ses branches deviennent tendres, et que les feuilles poussent, vous savez que l'été est proche. De même, vous aussi, quand vous verrez tout cela, sachez que le Fils de l'homme est proche, à la porte. »

Le Christ a donné des signes de sa venue. Il affirme que nous pouvons savoir quand il est proche, à la porte. Il dit, en parlant de ceux qui verront ces signes : « Cette génération ne passera point, que tout cela n'arrive. » Ces signes ont paru. Nous savons de science certaine que la venue du Seigneur est proche. « Le ciel et la terre passeront, dit-il, mais mes paroles ne passeront point. »

Le Christ vient sur les nuées avec une grande gloire, accompagné d'une multitude d'anges resplendissants. Il vient pour ressusciter les morts et pour glorifier les saints qui seront trouvés vivants. Il vient pour honorer ceux qui l'ont aimé, et pour prendre avec lui ceux qui ont gardé ses commandements. Il ne les a pas oubliés, non plus que sa promesse. La chaîne brisée de la famille est ressoudée. Nous pouvons, en considérant nos morts, penser au matin où retentira la trompette de Dieu, où « les morts ressusciteront incorruptibles, et nous, nous serons changés [3] ». Encore un peu de temps, et nous verrons le Roi dans sa beauté. Encore un peu de temps, et il essuiera toute larme de nos yeux. Encore un peu de temps, et il nous fera « paraître devant sa gloire, irréprochables dans l'allégresse [4] ». C'est pourquoi il ajoute, après avoir indiqué les signes de sa venue : « Quand cela commencera d'arriver, redressez-vous et levez la tête, parce que votre délivrance approche. »

Cependant le Christ n'a pas fait connaître aux disciples le jour et l'heure de sa venue. Il leur dit clairement qu'il ne lui était pas donné de les révéler. S'il avait pu le faire, il n'aurait pas eu besoin de les exhorter à une attente constante. Il en est qui prétendent connaître le jour et l'heure précis de l'apparition de notre Seigneur. Ils dressent le plan de l'avenir avec beaucoup de zèle. Mais Jésus les a mis en garde contre cette erreur. Le temps précis de la seconde venue du Fils de l'homme est un mystère divin.

Le Christ indique ensuite les conditions qui doivent prévaloir dans le monde, au moment de sa venue : « Comme aux jours de Noé, ainsi en sera-t-il à l'avènement du Fils de l'homme. Car dans les jours qui précédèrent le déluge, les hommes mangeaient et buvaient, se mariaient et mariaient leurs enfants, jusqu'au jour où Noé entra dans l'arche ; et ils ne se doutèrent de rien, jusqu'à ce que le déluge vienne et les emporte tous : il en sera de même à l'avènement du Fils de l'homme. » On voit que le Christ ne promet pas un millénium temporel, mille ans pendant lesquels on pourra se préparer en vue de l'éternité. Il nous dit qu'il en sera du temps où reviendra le Fils de l'homme comme des jours de Noé.

Qu'en était-il aux jours de Noé ? – « L'Eternel vit que la méchanceté de l'homme était grande sur la terre, et que toutes les pensées de son cœur étaient chaque jour dirigées vers le mal [5]. » Les antédiluviens s'étaient détournés de Jéhovah, refusant de se conformer à sa sainte volonté. Ils avaient voulu suivre les idées perverties de leur propre imagination profane. Cette méchanceté amena leur destruction ; aujourd'hui le monde suit la même voie. Rien n'annonce un millénium de gloire. Les transgresseurs de la loi de Dieu remplissent la terre de leurs mauvaises actions. Courses de chevaux, paris, jeux de hasard, dissipation, volupté, passions indomptables auront bientôt rempli le monde de violence.

Le Christ avait dit, en annonçant la destruction de Jérusalem : « En raison des progrès de l'iniquité, l'amour du plus grand nombre se refroidira. Mais celui qui persévérera jusqu'à la fin sera sauvé. Cet Evangile du royaume sera prêché dans le monde entier, pour servir de témoignage à toutes les nations. Alors viendra la fin. » Cette prophétie aura un second accomplissement. L'iniquité abondante de ce jour-là a son pendant en notre génération. Il en est de même de la prédiction relative à la proclamation de l'Evangile. Dès avant la chute de Jérusalem, Paul, poussé par le Saint-Esprit, pouvait déjà écrire que l'Evangile avait « été prêché à toute créature sous le ciel [6] ». De même aujourd'hui, avant la venue du Fils de l'homme, l'Evangile éternel doit être annoncé « à toute nation, tribu, langue et peuple [7] ». Dieu « a fixé un jour où il va juger le monde selon la justice [8] ». Le

Christ nous fait savoir quand ce jour viendra. Il ne dit pas que tout le monde se convertira, mais que « cet Evangile du royaume sera prêché dans le monde entier, pour servir de témoignage à toutes les nations. Alors viendra la fin. » En annonçant l'Evangile au monde, il nous est donné de hâter le retour de notre Seigneur. Nous ne devons pas seulement attendre le jour de Dieu, mais nous devons le hâter [9]. Si l'Eglise du Christ avait fidèlement accompli la tâche assignée par le Seigneur, le monde entier serait déjà averti, et le Seigneur Jésus revenu, avec puissance et grande gloire.

Après avoir indiqué les signes de sa venue, le Christ dit : « Quand vous verrez ces choses arriver, sachez que le Fils de l'homme est proche, à la porte. » « Veillez donc en tout temps et priez. » Dieu a toujours averti les hommes quand des jugements allaient survenir. Ceux qui ont reçu le message donné pour leur temps, et qui ont agi d'après leurs convictions, obéissant à ses commandements, ont pu échapper aux jugements qui ont fondu sur les rebelles et sur les incrédules. L'ordre fut donné à Noé : « Entre dans l'arche, toi et toute ta famille, car j'ai vu que tu es juste devant moi au milieu de cette génération. » Noé obéit et fut sauvé. Ce message parvint à Lot : « Levez-vous, sortez d'ici ; car l'Eternel va détruire la ville [10]. » Lot se plaça sous la garde des messagers célestes et fut sauvé. C'est ainsi également que la destruction de Jérusalem fut annoncée aux disciples du Christ. Ceux qui veillèrent pour reconnaître le signe de la ruine imminente purent s'enfuir de la ville et échapper à la catastrophe. Aujourd'hui la seconde venue du Christ et la destruction dont le monde est menacé nous sont annoncées de la même manière. Ceux qui y prennent garde seront sauvés.

Etant donné que nous ne pouvons connaître le moment précis de sa venue, l'ordre nous est donné de veiller. « Heureux ces serviteurs que le Maître, à son arrivée, trouvera veillant ! » Ceux qui attendent avec vigilance la venue du Seigneur ne restent pas oisifs. L'attente de la venue du Christ leur inspire la crainte du Seigneur, la crainte des jugements qui frapperont la transgression, et leur fait comprendre quel grand péché il y a à rejeter les offres de la grâce. Ceux qui attendent le Seigneur avec vigilance purifient leurs âmes en obéissant à la vérité et joignent à cette attente une activité intense. Ils savent que le Seigneur est à la porte : aussi désirent-ils vivement collaborer avec les intelligences divines en vue du salut des âmes. Tels sont les économes fidèles et prudents qui donnent aux domestiques du Seigneur « leur ration de blé au moment convenable [11] ». Ils annoncent la vérité qui s'applique particulièrement à notre temps. Tout comme Enoch, Noé, Abraham, Moïse, qui ont donné la vérité pour leur temps respectif, les serviteurs du Christ donnent actuellement l'avertissement particulier dont leur génération a besoin.

Mais le Christ nous présente une autre classe de personnes : « Si c'est un mauvais serviteur qui se dise en lui-même : Mon maître tarde à venir ; s'il se met à battre ses compagnons de service, s'il mange et boit avec les ivrognes, le maître de ce serviteur viendra le jour où il ne s'y attend pas et à l'heure qu'il ne connaît pas. »

Le méchant serviteur dit en son cœur : « Mon maître tarde à venir. » Il ne dit pas que le Christ ne viendra pas. Il ne se moque pas de l'idée de son retour ; il déclare, par ses actions comme par les pensées de son cœur, que le Seigneur tarde à venir. Il enlève à d'autres la conviction que le Seigneur vient bientôt. Son influence tend à rendre les hommes présomptueux et négligents, à les confirmer dans leur mondanité et leur torpeur. Des passions terrestres, des pensées corrompues s'emparent de l'esprit. Le mauvais serviteur mange et boit avec les ivrognes, et recherche les plaisirs du monde. Il frappe ses compagnons de travail, il accuse et condamne ceux qui sont fidèles à leur Maître. Ceux qui se ressemblent s'unissent pour transgresser la loi divine. Il y a là une association redoutable ; le mauvais serviteur sera pris au piège du monde. « Le maître de ce serviteur viendra le jour où il ne s'y attend pas et à l'heure qu'il ne connaît pas ; il le mettra en pièces et lui fera partager le sort des hypocrites. »

« Si tu ne veilles pas, je viendrai comme un voleur et tu ne sauras point à quelle heure je viendrai te surprendre [12]. » Les faux docteurs seront surpris par l'avènement du Christ. Ils disent : « Paix et sûreté. » Comme les prêtres et les docteurs le faisaient avant la chute de Jérusalem, ils promettent à l'Eglise des jours de prospérité et de gloire terrestres. C'est ainsi qu'ils interprètent les signes des temps. Mais que dit l'inspiration ?

« Soudainement la ruine fondra sur eux [13]. » Le jour de Dieu viendra comme un filet sur tous ceux qui habitent la surface de la terre, sur tous ceux qui considèrent ce monde comme leur demeure permanente. Il viendra sur eux comme un voleur qui rôde dans la nuit.

Le monde, plein de débauches et de plaisirs impies, est endormi dans une sécurité charnelle. Les hommes renvoient bien loin la venue du Seigneur. Ils se rient de ses avertissements. On affirme avec insolence que « tout demeure comme depuis le commencement de la création ». « Demain comme aujourd'hui, nous ferons bonne chère [14] ! » Nous nous livrerons de plus en plus aux plaisirs. Mais le Christ dit : « Voici, je viens comme un voleur [15]. » Au moment même où le monde demande avec mépris : « Où est la promesse de son avènement ? » les signes s'accomplissent. Quand le moqueur, qui rejette la vérité, est devenu présomptueux ; quand chacun cherche à gagner de l'argent sans scrupule ; quand on étudie tout, excepté sa Bible : alors le Christ vient comme un voleur.

Une grande agitation règne dans le monde. Les signes des temps sont visibles. Les événements qui vont se produire projettent déjà leur ombre sur nous. L'Esprit de Dieu se retire de la terre et des calamités succèdent aux calamités, sur terre et sur mer. Il y a des tempêtes, des tremblements de terre, des incendies, des inondations, des meurtres de tous genres. Qui peut deviner l'avenir ? Où est-on en sécurité ? Rien n'est sûr de ce qui est humain ou terrestre. Les hommes prennent rapidement position sous le drapeau de leur choix. Ils attendent avec impatience le signal de leurs chefs. D'un côté sont ceux qui attendent l'apparition du Seigneur, dans la vigilance et l'activité ; de l'autre, ceux qui se rangent sous les ordres du premier grand apostat. Il y en a peu qui croient, de tout leur cœur, qu'il y a un enfer à éviter et un ciel à gagner.

La crise s'approche graduellement. Le soleil poursuit sa course habituelle et les cieux proclament toujours la gloire de Dieu. Les hommes mangent et boivent, plantent et bâtissent, se marient et donnent en mariage, comme par le passé. Les commerçants continuent d'acheter et de vendre. Les hommes rivalisent entre eux pour obtenir les meilleures places. Les amateurs de plaisirs assiègent les théâtres, les champs de courses, les salles de jeux. Tandis que règne la plus grande agitation, l'heure de la grâce arrive à son terme, et l'avenir de chacun est sur le point d'être fixé pour l'éternité. Satan voit que son temps est court. Il a mobilisé tous ses serviteurs pour séduire les hommes, les tromper, les absorber et les ensorceler jusqu'au moment où le jour de la grâce sera écoulé et où les portes de la miséricorde seront fermées pour toujours.

A travers les siècles, l'avertissement solennel, donné par notre Seigneur sur le mont des Oliviers, arrive jusqu'à nous : « Prenez garde à vous-mêmes, de crainte que vos cœurs ne s'appesantissent par les fumées du vin et de l'ivresse et par les soucis de la vie, et que ce jour ne fonde sur vous à l'improviste comme un filet.... Veillez donc et priez en tout temps, afin que vous ayez la force d'échapper à tout ce qui doit arriver, et de paraître debout devant le Fils de l'homme. »

---

[1] Ce chapitre est basé sur Matthieu 24 ; Marc 13 ; Luc 21.5-38 [2] Matthieu 23.38. [3] 1 Corinthiens 15.52. [4] Jude 24. [5] Genèse 6.5. [6] Colossiens 1.23. [7] Apocalypse 14.6, 14. [8] Actes 17.31. [9] 2 Pierre 3.12. [10] Genèse 7.1 ; 19.14. [11] Luc 12.37, 42. [12] Apocalypse 3.3. [13] 1 Thessaloniciens 5.3. [14] 2 Pierre 3.4.Esaïe 56.12. [15] Apocalypse 16.15.

CHAPITRE 70

L'un de ces plus petits

« LORSQUE le Fils de l'homme viendra dans sa gloire avec tous les anges, il s'assiéra sur le trône de sa gloire. Toutes les nations seront assemblées devant lui. Il séparera les uns d'avec les autres [1]. » C'est ainsi que le Christ décrivit à ses disciples la scène du grand jour du jugement, alors qu'il se tenait sur le mont des Oliviers. Il montra que sa décision dépendrait d'un seul facteur. Quand les nations seront rassemblées devant lui, il n'y aura que deux classes, dont la destinée respective sera déterminée par ce qui aura été fait ou négligé par rapport à lui dans la personne des pauvres et des affligés.

En ce jour-là, au lieu de présenter aux hommes la grande œuvre accomplie en leur faveur par le don de sa vie pour leur rédemption, il présentera l'œuvre qu'ils auront accomplie pour lui avec fidélité. A ceux qui seront placés à sa droite il dira : « Venez, vous qui êtes bénis de mon Père ; recevez en héritage le royaume qui est préparé pour vous dès la fondation du monde. Car j'ai eu faim, et vous m'avez donné à manger ; j'ai eu soif, et vous m'avez donné à boire ; j'étais étranger, et vous m'avez recueilli ; j'étais nu, et vous m'avez vêtu ; j'étais malade, et vous m'avez visité ; j'étais en prison, et vous êtes venus vers moi » Mais ceux à qui le Christ adresse ces éloges ne savent pas qu'ils lui ont rendu des services. A leurs questions inquiètes il répond : « Dans la mesure où vous avez fait cela à l'un des plus petits de mes frères, c'est à moi que vous l'avez fait. »

Jésus avait dit à ses disciples qu'ils seraient haïs de tout le monde, persécutés et affligés. Plusieurs seraient chassés hors de leurs maisons et réduits à l'indigence. Beaucoup d'entre eux seraient jetés dans la détresse par la maladie et par les privations. Plusieurs seraient incarcérés. A tous ceux qui par amour pour lui abandonnaient amis ou foyer il avait promis le centuple en cette vie-ci. Maintenant il promet une bénédiction particulière à tous ceux qui exerceraient un ministère d'amour en faveur de leurs frères. En chacun de ceux qui souffrent pour mon nom, dit Jésus, vous devez me reconnaître moi-même. Ce que vous feriez pour moi, faites-le pour eux. Vous prouverez ainsi que vous êtes vraiment mes disciples.

Tous ceux qui par la nouvelle naissance sont entrés dans la famille céleste sont tout spécialement les frères de notre Seigneur. L'amour du Christ lie les uns aux autres les membres de sa famille ; partout où cet amour se manifeste, cette relation divine est établie. « Quiconque aime est né de Dieu et connaît Dieu [2]. »

Il se peut que ceux qui sont loués par le Christ au jour du jugement ne soient pas très versés dans les sciences théologiques, mais ils ont cultivé les principes divins. Grâce à l'influence de l'Esprit divin ils ont exercé une action bienfaisante sur leur entourage. Il s'en trouve même parmi les païens qui ont cultivé un esprit de bonté ; avant même d'avoir entendu les paroles de vie, ils ont eu des amabilités pour les missionnaires et les ont même servis au péril de leur vie. Il est des païens qui dans leur ignorance adorent Dieu, bien que la lumière ne leur ait jamais été apportée par des agents humains ; ils ne périront pas. S'ils ignorent la loi écrite, ils ont entendu la voix divine leur parlant au moyen de la nature, et ils ont fait ce qu'exige la loi. Leurs œuvres démontrent que leurs cœurs ont été touchés par le Saint-Esprit : aussi sont-ils reconnus comme des enfants de Dieu.

Quelles ne seront pas la surprise et la joie de ces humbles parmi les nations et même parmi les païens, quand ils entendront ces paroles sortir de la bouche du Sauveur : « Dans la mesure où vous avez fait cela à l'un des plus petits de mes frères, c'est à moi que vous l'avez fait. » Et quelle ne sera pas la joie qui remplira le cœur de l'Amour infini quand ses disciples surpris et joyeux accueilleront ses paroles d'approbation.

Mais que l'on ne croie pas que le Christ réserve son amour à une seule classe. Il s'identifie avec chaque enfant de l'humanité. Il est devenu membre de la famille terrestre pour que nous pussions devenir membres de la famille céleste. En tant que Fils de l'homme il est le frère de tout fils et de toute fille d'Adam. Ses disciples ne doivent pas se sentir détachés du monde qui périt autour d'eux. Ils font partie du grand tissu de l'humanité ; le ciel les considère comme les frères des pécheurs aussi bien que des saints. L'amour du Christ embrasse les êtres déchus, errants, pécheurs ; tout acte de bonté tendant à relever une âme tombée, tout acte de miséricorde, est accepté comme fait en sa faveur.

Les anges du ciel sont envoyés pour exercer un ministère en faveur de ceux qui doivent hériter du salut. Nous ne savons pas encore qui sont ceux-là ; on ne voit pas encore qui sera le vainqueur, appelé à partager l'héritage des saints dans la lumière ; mais les anges du ciel parcourent la terre en tous sens, cherchant à réconforter les affligés, à protéger ceux qui sont en péril, à gagner les cœurs au Christ. Personne n'est négligé ou oublié. Dieu, qui ne fait pas acception de personnes, prend également soin de toutes les âmes qu'il a créées.

Quand vous ouvrez votre porte aux membres du Christ qui sont dans le besoin ou la souffrance, c'est comme si vous souhaitiez la bienvenue à des anges invisibles. Vous vous préparez à jouir de la compagnie d'êtres célestes. Ils créent autour de vous une atmosphère sacrée de joie et de paix. Ils viennent avec des paroles de louange sur leurs lèvres, et des accords mélodieux se font entendre dans le ciel. Tout acte de miséricorde accompli ici-bas se traduit là-haut par de la musique. Assis sur son trône, le Père place les ouvriers désintéressés parmi ses plus précieux trésors.

Ceux qui seront placés à la gauche du Christ pour l'avoir négligé dans la personne du pauvre et de l'affligé ne sont pas conscients de leur faute. Aveuglés par Satan, ils n'ont pas compris ce qu'ils devaient à leurs frères. Absorbés par leurs intérêts personnels, ils ne se sont pas souciés des besoins d'autrui.

Dieu a confié des richesses aux riches pour qu'ils puissent soulager et réconforter ses enfants affligés ; trop souvent ils sont indifférents aux besoins d'autrui. Ils se croient supérieurs à leurs frères pauvres. Ils ne savent pas se mettre à leur place. Ils ne comprennent pas les tentations et les luttes du pauvre et aucune pitié ne trouve place dans leur cœur. Dans des demeures coûteuses et des temples splendides les riches s'enferment loin du pauvre ; les moyens accordés par Dieu en vue de la bienfaisance sont gaspillés pour satisfaire l'orgueil et l'égoïsme. Jour après jour les pauvres sont privés de l'instruction qu'ils devraient recevoir concernant les compassions infinies de Dieu ; car Dieu a pourvu abondamment aux nécessités de la vie. Les pauvres souffrent de ce qui rétrécit leur vie ; ils risquent de devenir envieux, jaloux, pleins de méfiance. Ceux qui n'ont jamais éprouvé le poids du besoin traitent souvent le pauvre avec mépris et lui font sentir cruellement son infériorité sociale.

Mais le Christ voit tout cela et il dit : C'est moi qui étais affamé et assoiffé. C'est moi qui étais en prison, ou étranger, ou malade. Tandis que vous avez festoyé autour d'une table richement servie, je mourais de faim dans un bouge ou dans la rue déserte. Tandis que vous étiez à votre aise dans une maison de luxe, je n'avais pas un endroit où reposer ma tête. J'étais dénué de tout tandis que vous entassiez de riches vêtements dans votre garde-robe. Je languissais en prison tandis que vous étiez à la poursuite de vos plaisirs.

Quand vous distribuiez avec parcimonie votre pain au pauvre mourant de faim, quand vous donniez de misérables loques pour couvrir ceux qui étaient exposés à un vent glacial, avez-vous songé que vous offriez cela au Roi de gloire ? Pendant tous les jours de votre vie j'étais près de vous en la personne de ces affligés, mais vous ne m'avez pas cherché. Vous avez refusé de communier avec moi ; je ne vous connais pas.

Il en est qui estimeraient un grand privilège de pouvoir visiter les lieux où le Christ a vécu, de fouler les chemins où il a marché, de contempler le lac au bord duquel il aimait à enseigner, les collines et les vallées sur lesquelles ses regards se sont posés. Mais point n'est besoin d'aller à Nazareth, à Capernaüm, ou à Béthanie, pour marcher sur les traces de Jésus. Nous trouverons l'empreinte de ses pas près du lit d'un malade, dans les cabanes du pauvre, dans les rues fréquentées de nos grandes villes, partout où un cœur humain a besoin de consolation. En imitant ce que faisait Jésus sur la terre nous marcherons sur ses traces.

Il y a du travail pour chacun. « Vous aurez toujours les pauvres avec vous [3] », dit Jésus ; personne ne doit penser qu'il n'y a pas de place pour lui à son service. Des millions d'êtres humains sont prêts à périr, enchaînés dans l'ignorance et le péché, n'ayant jamais entendu parler de l'amour du Christ. Si nous étions à la place de ces gens-là, que désirerions-nous que l'on fît pour nous ? Cela nous avons le devoir impérieux de le faire, dans toute la mesure de nos possibilités. La règle établie par le Christ, qui nous maintiendra debout ou nous fera tomber au jour du jugement, c'est : « Tout ce que vous voulez que les hommes fassent pour vous, vous aussi faites-le de même pour eux [4]. »

Le Sauveur a donné sa vie précieuse afin d'établir une Eglise capable de s'occuper des âmes affligées et tentées. Un groupe de croyants pauvres, sans instruction et ignorés, peut avec l'aide du Christ accomplir une œuvre au foyer, dans le voisinage, dans l'église, et même au loin, dont les résultats seront visibles jusque dans l'éternité.

C'est parce que cette œuvre est négligée que tant de jeunes disciples ne dépassent jamais l'*abc* de l'expérience chrétienne. Cette lumière qui a brillé dans leur cœur quand Jésus leur a dit : « Tes péchés te sont pardonnés », ils eussent pu l'entretenir en aidant les nécessiteux. Les énergies turbulentes qui souvent mettent en danger la jeunesse pourraient recevoir une direction utile et bienfaisante. Le moi serait oublié alors qu'on travaillerait avec ardeur au bien d'autrui.

Le Souverain Berger servira ceux qui se placent au service d'autrui. Ils boiront de l'eau de la vie et seront désaltérés. Ils ne rechercheront pas des divertissements excitants ou des changements dans leur vie. Tout leur intérêt se portera sur les moyens de sauver ceux qui vont périr. Les rapports sociaux deviendront profitables. L'amour du Rédempteur rapprochera et unira tous les cœurs.

Quand nous aurons compris que nous sommes les collaborateurs de Dieu nous ne rappellerons pas ses promesses d'une manière indifférente. Elles brûleront dans nos cœurs et brilleront sur nos lèvres. Quand Moïse fut appelé à servir un peuple ignorant, indiscipliné et rebelle, Dieu lui fit cette promesse : « Je serai moi-même ton guide et j'assurerai ta sécurité. » Et encore : « Je serai avec toi [5]. » Cette promesse s'applique à quiconque travaille pour le Christ en faveur des affligés et des souffrants.

L'amour pour le prochain est la manifestation terrestre de l'amour pour Dieu. C'est pour nous communiquer cet amour, et faire de nous des membres de la même famille, que le Roi de gloire s'est identifié avec nous. Quand nous nous conformons à sa dernière recommandation : « Aimez-vous les uns les autres, comme je vous ai aimés [6] », quand nous aimons le monde comme il l'a aimé, alors sa mission est remplie en ce qui nous concerne. Nous sommes qualifiés pour le ciel, ayant déjà le ciel dans nos cœurs.

« Délivre ceux qu'on entraîne à la mort et sauve ceux qui vont en chancelant au supplice. Si tu dis : Nous n'en avons rien su, celui qui pèse les cœurs ne le discernera-t-il point ? Celui qui veille sur ton âme ne le saura-t-il point ? Et ne rendra-t-il pas à chacun selon son œuvre [7] ? » Au grand jour du jugement ceux qui n'auront pas travaillé pour le Christ, qui se seront esquivés, uniquement préoccupés d'eux-mêmes, ne pensant qu'à eux, seront placés par le Juge de toute la terre avec ceux qui auront fait le mal. Ils recevront la même condamnation.

Une charge est confiée à chacun. A chacun le Souverain Berger demandera : « Où est le troupeau qui t'avait été donné ? » Et : « Que diras-tu de ce qu'il te châtie [8] ? »

---

[1] Ce chapitre est basé sur Matthieu 25.31-46. [2] 1 Jean 4.7. [3] Jean 12.8. [4] Matthieu 7.12. [5] Exode 33.14 ; 3.12. [6] Jean 15.12. [7] Proverbes 24.11, 12. [8] Jérémie 13.20, 21.

Chapitre 71

Serviteur des serviteurs

LE CHRIST était assis à table avec ses disciples dans la chambre haute d'une maison de Jérusalem [1]. Ils s'étaient réunis pour célébrer la Pâque. Le Sauveur désirait être seul avec les douze pour cette fête. Il savait que son heure était venue ; véritable Agneau pascal, il allait être offert en sacrifice le jour de la Pâque. Il était sur le point de vider la coupe de la colère ; il allait bientôt recevoir le baptême final de la souffrance. Mais il lui restait quelques heures paisibles, qu'il voulait employer pour le bien de ses chers disciples.

La vie entière du Christ avait été un service désintéressé. « Non pour être servi, mais pour servir [2] » voilà la leçon qui s'était dégagée de chacun de ses actes. Cependant les disciples n'avaient pas encore appris cette leçon. C'est pourquoi Jésus répéta cet enseignement à l'occasion du dernier souper de Pâque, en l'illustrant de manière à laisser une impression indélébile dans les esprits et dans les cœurs.

Les entrevues que Jésus avait avec ses disciples, appréciées d'eux tous, étaient habituellement caractérisées par une joie calme. Les soupers de Pâque avaient revêtu un intérêt tout particulier ; mais cette fois-ci Jésus était troublé. Il se sentait oppressé, et son visage était assombri. Quand il se trouva dans la chambre haute avec ses disciples, ceux-ci s'aperçurent qu'un fardeau pesait lourdement sur son esprit, et sans en connaître la cause, ils sympathisaient avec sa douleur.

Au moment où ils s'assemblaient autour de la table, il leur dit avec les accents d'une tristesse émue : « J'ai désiré vivement manger cette Pâque avec vous, avant de souffrir ; car, je vous le dis, je ne la mangerai plus, jusqu'à ce qu'elle soit accomplie dans le royaume de Dieu. Il prit une coupe, rendit grâces et dit : Prenez cette coupe, et distribuez-la entre vous ; car, je vous le dis, je ne boirai plus désormais du fruit de la vigne, jusqu'à ce que le royaume de Dieu soit venu. »

Le Christ savait que le temps était venu où il devait s'en aller du monde vers son Père. Ayant aimé les siens qui étaient dans le monde, il les aima jusqu'à la fin. L'ombre de la croix s'étendait déjà sur lui, et son cœur ressentait déjà les tortures de la douleur. Il prévoyait qu'il serait abandonné à l'heure où on le trahirait. Il savait qu'il devait endurer la mort la plus humiliante que l'on pût infliger à des criminels. Il voyait l'ingratitude et la cruauté de ceux qu'il était venu sauver. Il savait combien grand était le sacrifice qui lui était demandé, et que, pour un très grand nombre, ce sacrifice serait offert en vain. Il voyait tout ce qui l'attendait, et il eût été bien naturel qu'il se sentît accablé par le poids de ses souffrances. Mais il considérait les douze, qui lui avaient été étroitement associés, qui auraient à se débattre dans le monde lorsque sa passion serait achevée. Il n'oubliait jamais ses disciples quand il songeait à ses propres souffrances. Il ne pensait pas à lui-même. Sa sollicitude pour eux absorbait complètement son esprit.

Jésus avait beaucoup de choses à dire à ses disciples, en ce dernier soir qu'il passait avec eux. S'ils avaient été préparés à recevoir ce qu'il désirait leur donner, ils auraient pu s'éviter une angoisse mortelle, le désappointement et l'incrédulité. Mais Jésus comprenait qu'ils n'étaient pas prêts à supporter ce qu'il avait à leur dire. Les paroles d'avertissement et de consolation s'arrêtaient sur ses lèvres quand il regardait leurs visages. Quelques moments s'écoulèrent dans le silence. Jésus paraissait attendre. Les disciples se sentaient mal à l'aise. La sympathie et la tendresse que la douleur du Christ avait éveillées en eux paraissaient dissipées. Les paroles mélancoliques par lesquelles il avait fait allusion à ses propres souffrances, n'avaient produit qu'une faible impression. Ils jetaient les uns aux autres des regards envieux et irrités.

« Il s'éleva aussi parmi eux une contestation : lequel d'entre eux devait être estimé le plus grand ? » Le Christ était profondément affligé par cette dispute qui s'élevait en sa présence. Les disciples se cramponnaient à l'idée qui leur était chère : ils pensaient que le Christ allait affirmer sa puissance en prenant possession du trône de David. Et chacun d'eux souhaitait obtenir la première place dans le royaume. Ils s'étaient comparés les uns aux autres, et, loin de considérer leurs frères comme plus excellents qu'eux-mêmes, ils se jugeaient les meilleurs. En sollicitant l'honneur d'être assis l'un à la droite et l'autre à la gauche du trône de Christ, Jacques et Jean avaient provoqué l'indignation des autres disciples. Un sentiment de haine risquait de se glisser dans le cœur des dix, quand ils pensaient que les deux frères avaient osé réclamer les premières places. Ils avaient le sentiment qu'on les méconnaissait, et qu'on n'appréciait pas suffisamment leur fidélité et leurs talents. C'est Judas qui se montrait le plus sévère à l'égard de Jacques et de Jean.

Le cœur rempli de ressentiment, les disciples étaient entrés dans la salle du souper. Judas s'empara de la place qui se trouvait à la gauche du Christ, Jean se trouvait à droite. Judas était bien décidé à obtenir la première place, immédiatement après celle du Christ. Et Judas était un traître !

Un autre sujet de dispute avait surgi. Lors d'une fête, un serviteur était habituellement chargé de laver les pieds des hôtes, et des préparatifs avaient été faits en vue de ce service. La cruche, le bassin, le linge étaient là, prêts pour le lavement des pieds ; aucun serviteur n'étant présent, c'eût été aux disciples de se charger de ce soin. Mais aucun d'eux n'était assez humble pour assumer le rôle d'un serviteur. Tous se montrèrent parfaitement indifférents, comme s'ils n'avaient rien à faire. Par un silence obstiné ils refusaient de s'humilier.

Comment le Christ pourrait-il empêcher Satan d'obtenir sur eux une complète victoire ? Comment pourrait-il leur faire comprendre que le simple titre de disciple ne suffisait pas pour faire d'eux de vrais disciples et pour leur assurer une place dans son royaume ? Comment pourrait-il leur montrer que la vraie grandeur consiste en un service d'amour, en une véritable humilité ? Comment réussirait-il à faire naître l'amour dans leurs cœurs et à les rendre capables de comprendre ce qu'il désirait si ardemment leur dire ? Les disciples ne manifestaient aucun désir de se rendre un service mutuel. Jésus attendit un instant pour voir ce qu'ils feraient. Ensuite il se leva de table, lui, le Maître divin. Après s'être dépouillé du vêtement de dessus qui eût gêné ses mouvements, il se ceignit d'un linge. Les disciples, dont la curiosité était éveillée, regardaient en silence. « Ensuite il versa de l'eau dans un bassin et se mit à laver les pieds des disciples et à les essuyer avec le linge qu'il avait comme ceinture. » Alors leurs yeux s'ouvrirent. Leurs cœurs se remplirent de honte et d'humiliation. Ils comprirent le reproche silencieux, et se virent eux-mêmes sous un jour tout nouveau.

C'est ainsi que le Christ témoigna son amour envers ses disciples. Leur égoïsme l'affligeait profondément, mais il ne voulut pas entrer en discussion à ce sujet avec eux et préféra leur donner un exemple qu'ils ne devaient jamais oublier. Son amour pour eux ne se laissait pas facilement troubler ou anéantir. Il savait que le Père lui avait remis toutes choses, et que lui-même procédait de Dieu et s'en allait à Dieu. Pleinement conscient de sa divinité, il avait cependant mis de côté sa couronne et son vêtement royal, pour prendre la forme d'un serviteur. Ce fut l'un des derniers actes de sa vie sur la terre.

Avant la Pâque, Judas avait rencontré pour la seconde fois les prêtres et les scribes, et le contrat, aux termes duquel il devait livrer Jésus entre leurs mains, avait été définitivement arrêté. Cela ne l'empêcha pas de se mêler ensuite aux disciples comme s'il avait été parfaitement innocent et comme s'il s'intéressait aux préparatifs de la fête. Les disciples ignoraient totalement le dessein de Judas. Jésus seul devinait son secret, mais il ne le dévoila pas. Jésus désirait ardemment sauver son âme. Il éprouvait à son égard les mêmes sentiments qui l'avaient fait verser des larmes sur la ville condamnée. Comment puis-je t'abandonner à ton sort ? disait-il en son cœur. Judas ressentait la puissance contraignante de cet amour. Au moment où les mains du Sauveur lavaient ses pieds souillés et les essuyaient avec le linge, un frémissement parcourut le cœur de Judas, qui éprouva le besoin de confesser sa faute, en ce moment-même. Mais il ne voulait pas s'humilier. Il endurcit son cœur pour ne point se repentir ; ses anciens penchants, un instant refoulés, reprirent le dessus. Judas se scandalisa de ce que le Christ lavait les pieds des disciples. Si Jésus pouvait ainsi s'humilier, pensait-il, c'est qu'il n'était pas le Roi d'Israël. Tout espoir d'honneurs terrestres, dans un royaume temporel, s'évanouissait. Judas voyait qu'il n'avait rien à gagner en suivant le Christ. Il lui semblait que Jésus se dégradait, et il se trouvait confirmé dans son dessein de le désavouer et de reconnaître qu'il s'était trompé. Un démon s'était emparé de lui, lui inspirant la résolution d'exécuter l'engagement qu'il avait pris de livrer son Maître.

Judas, ayant essayé d'occuper la première place en se mettant à table, se trouva donc être servi le premier par le Christ qui avait pris l'attitude d'un serviteur. Jean, envers qui Judas avait manifesté tant d'amertume, fut laissé le dernier ; mais il ne s'en offensa pas. Les disciples furent profondément émus en voyant le Christ agir ainsi. Quand vint le tour de Pierre, celui-ci s'écria avec étonnement : « Toi, Seigneur, tu me laverais les pieds ! » La condescendance du Christ lui brisait le cœur. Il était tout honteux de penser qu'aucun d'eux n'avait voulu rendre ce service. Jésus lui répondit : « Ce que je fais, tu ne le sais pas maintenant, mais tu le comprendras dans la suite. » Pierre ne pouvait se résoudre à voir le Maître, qu'il considérait comme le Fils de Dieu, jouer ce rôle inférieur. Son âme se révoltait contre une pareille humiliation. Il ne comprenait pas que c'était pour cela que le Christ était venu dans le monde. Il s'écria avec énergie : « Non, jamais tu ne me laveras les pieds. »

Alors le Christ dit à Pierre avec solennité : « Si je ne te lave, tu n'as point de part avec moi. » Le service que Pierre refusait était l'image d'une purification plus importante. Le Christ était venu pour laver les cœurs de la souillure du péché. En ne permettant pas à Jésus de lui laver les pieds, Pierre refusait la purification plus importante symbolisée par cet acte. Il rejetait virtuellement son Maître. Ce n'est pas humilier le Sauveur que de lui laisser opérer notre purification. La vraie humilité consiste à accepter avec reconnaissance tout ce qui est offert et à s'employer avec zèle au service du Christ.

En entendant les paroles : « Si je ne te lave, tu n'as point de part avec moi », Pierre renonça à son orgueil et à sa propre volonté. Il ne pouvait supporter la pensée d'être séparé du Christ, ce qui eût été sa mort. « Non seulement les pieds, dit-il, mais encore les mains et la tête. Jésus lui dit : Celui qui s'est baigné n'a pas besoin de se laver [les pieds exceptés], mais il est entièrement pur. »

Ces paroles impliquent plus que la pureté du corps. Le Christ continue à parler de la purification plus importante qui est symbolisée par l'ablution des pieds. Celui qui sortait du bain était propre, mais les pieds chaussés de sandales ne tardaient pas à se recouvrir de poussière, ce qui nécessitait une ablution. Pierre et ses frères avaient été lavés à la grande source ouverte pour nettoyer du péché et de l'impureté. Le Christ les reconnaissait comme les siens. Mais la tentation les avait entraînés au mal, de sorte qu'ils avaient, à nouveau, besoin de sa grâce purifiante. En se ceignant d'un linge pour laver la poussière de leurs pieds, Jésus voulait ôter de leurs cœurs tout sentiment de haine, d'envie et d'orgueil. Ceci importait beaucoup plus que le simple lavement des pieds poussiéreux. Etant donné leurs sentiments, pas un d'entre eux n'était préparé à communier avec le Christ. Ils ne seraient prêts à participer au souper pascal ou au service de commémoration que le Christ allait instituer que lorsque Jésus aurait fait naître en eux des sentiments d'humilité et d'amour. Leurs cœurs devaient être nettoyés. L'orgueil et la recherche du moi engendrent les dissensions et la haine, mais Jésus enleva toutes ces choses en leur lavant les pieds. Leurs sentiments se trouvèrent changés. Jésus pouvait dire, en les regardant : « Vous êtes purs. » L'union des cœurs était rétablie, ainsi que l'amour mutuel. Ils étaient redevenus humbles et dociles. Chacun était disposé, à l'exception de Judas, à céder la première place à un autre. Ils pouvaient maintenant accueillir les paroles du Christ, avec un cœur soumis et reconnaissant.

Nous aussi, comme Pierre et ses frères, nous avons été lavés dans le sang du Christ ; cependant la pureté de notre cœur est souvent contaminée par le contact du mal. Il faut que nous venions au Christ pour obtenir sa grâce purifiante. Alors que Pierre ne pouvait se faire à l'idée que ses pieds souillés fussent touchés par les mains de son Seigneur et Maître, souvent nous permettons à nos cœurs, remplis de péchés et de souillures, d'entrer en contact avec le cœur du Christ. Combien alors il se trouve affligé par notre caractère, notre vanité et notre orgueil ! Néanmoins il faut que nous lui apportions nos infirmités et nos souillures, car lui seul peut nous laver parfaitement. C'est seulement lorsque nous sommes purifiés par son pouvoir que nous sommes préparés à jouir de sa communion.

Jésus dit aux disciples : « Vous êtes purs, mais non pas tous. » Il avait bien lavé les pieds de Judas, mais le cœur ne s'était pas donné à lui, et n'avait pas été purifié. Judas ne s'était pas rendu au Christ.

Quand le Maître eut lavé les pieds des disciples, il reprit son vêtement, s'assit et leur dit : « Comprenez-vous ce que je vous ai fait ? Vous m'appelez : le Maître et le Seigneur, et vous dites bien, car je le suis. Si donc je vous ai lavé les pieds, moi le Seigneur et le Maître, vous aussi vous devez vous laver les pieds les uns aux autres ; car je vous ai donné un exemple, afin que, vous aussi, vous fassiez comme moi je vous ai fait. En vérité, en vérité, je vous le dis, le serviteur n'est pas plus grand que son seigneur, ni l'apôtre plus grand que celui qui l'a envoyé. »

Le Christ voulait faire comprendre aux disciples qu'en leur lavant les pieds, il n'avait aucunement dérogé à sa dignité. « Vous m'appelez : le Maître et le Seigneur, et vous dites bien, car je le suis. » Il communiquait d'autant plus de grâce et de signification à ce service qu'il leur était infiniment supérieur. Bien que personne ne fût aussi grand que lui, le Christ s'abaissa pour accomplir le plus humble devoir. Il a lui-même donné un exemple d'humilité, afin que son peuple ne se laisse pas fourvoyer par l'égoïsme qui règne dans le cœur naturel et qui se développe par le service du moi. Il ne voulait pas laisser à un homme le soin de donner cet enseignement. Il y attachait une si grande importance, que lui-même, l'égal de Dieu, voulut jouer le rôle de serviteur auprès de ses disciples. Alors qu'eux se disputaient la première place, lui, devant qui tout genou fléchira, et que les anges glorieux s'estiment heureux de pouvoir servir, il s'inclina pour laver les pieds de ceux qui l'appelaient leur Seigneur. Il lava même les pieds du traître.

Par sa vie et ses enseignements, le Christ a donné un exemple parfait du ministère désintéressé qui a sa source en Dieu. Dieu ne vit pas pour lui-même. En créant le monde, en soutenant toutes choses, il exerce un ministère constant en faveur de ses créatures. « Il fait lever son soleil sur les méchants et sur les bons et fait pleuvoir sur les justes et sur les injustes [3]. » Dieu a mis devant son Fils cet idéal du service. Jésus a été placé à la tête de l'humanité pour être son modèle et lui apprendre ce que c'est que de servir.

Sa vie entière fut gouvernée par la loi du service. Il fut au service de tout le monde. C'est ainsi qu'il mit en pratique la loi de Dieu et montra, par son exemple, comment nous devons lui obéir. A maintes reprises, Jésus s'était efforcé d'établir ce principe parmi les disciples. Quand Jacques et Jean avaient sollicité la prééminence, il leur avait dit : « Quiconque veut être grand parmi vous, qu'il soit votre serviteur [4]. » Dans son royaume, il n'y a point de place pour le privilège et la suprématie. On n'y reconnaît qu'une grandeur : celle de l'humilité. La seule distinction consiste à se dévouer au service d'autrui.

Après avoir lavé les pieds des disciples, il leur dit : « Je vous ai donné un exemple, afin que, vous aussi, vous fassiez comme moi je vous ai fait. » Par ces paroles le Christ ne s'est pas contenté de recommander l'hospitalité. Il ne s'agissait pas seulement de laver les pieds des autres pour en enlever la poussière du voyage. Le Christ instituait là un service religieux. L'acte de notre Seigneur a fait de cette cérémonie humiliante une ordonnance sacrée que les disciples devaient observer pour se remémorer ses leçons d'humilité et de service.

Cette ordonnance a été établie par le Christ comme le seul moyen de nous préparer en vue du sacrement. Un cœur ne peut entrer en communion avec le Christ aussi longtemps qu'il entretient des pensées d'orgueil, de discorde et de rivalité. Nous ne sommes pas préparés à recevoir la communion de son corps et de son sang. C'est la raison pour laquelle Jésus nous demande de faire précéder la cène du mémorial de son humiliation.

En pratiquant cette ordonnance, les enfants de Dieu devraient se rappeler les paroles du Seigneur de vie et de gloire : « Comprenez-vous ce que je vous ai fait ? Vous m'appelez le Maître et le Seigneur, et vous dites bien, car je le suis. Si donc je vous ai lavé les pieds, moi le Seigneur et le Maître, vous aussi vous devez vous laver les pieds les uns aux autres ; car je vous ai donné un exemple, afin que, vous aussi, vous fassiez comme moi je vous ai fait. En vérité, en vérité, je vous le dis, le serviteur n'est pas plus grand que son seigneur, ni l'apôtre plus grand que celui qui l'a envoyé. Si vous savez cela, vous êtes heureux, pourvu que vous le fassiez. » L'homme a une tendance à se considérer comme plus excellent que son frère, à travailler pour soi, à rechercher la première place ; ceci engendre fréquemment de mauvais soupçons et de l'amertume. L'ordonnance qui précède la cène du Seigneur a pour but de dissiper ces malentendus, d'arracher l'homme à son égoïsme, de lui inspirer l'humilité du cœur qui le disposera à servir son frère.

Celui qui veille du haut des cieux est présent dans ces occasions pour nous aider à sonder nos cœurs, à éprouver la conviction du péché et à obtenir l'heureuse assurance du pardon. Le Christ est là, avec la plénitude de sa grâce, pour donner un cours différent à nos pensées qui suivent habituellement une direction égoïste. Le Saint-Esprit éveille la sensibilité de ceux qui agissent à l'exemple de leur Maître. Quand nous nous rappelons l'humiliation du Sauveur, une pensée en évoque une autre, et il se forme une chaîne de souvenirs de la grande bonté de Dieu et de l'affection dévouée de nos amis terrestres. Les bénédictions oubliées, les grâces dont on a abusé, les bienfaits méconnus se présentent à l'esprit. Des racines d'amertume, qui ont banni de nos cœurs la plante précieuse de l'amour, sont mises en évidence. Les défauts de caractère, les devoirs négligés, l'ingratitude envers Dieu, la froideur à l'égard de nos frères, tout cela est rappelé à notre souvenir. Le péché paraît alors tel que Dieu le voit. Nous cessons de nous complaire en nous-mêmes, pour exercer une censure sévère envers nous et nous humilier. Nous avons la force de briser toutes les barrières qui se sont élevées contre les frères. Les mauvaises pensées et les médisances sont rejetées. Les péchés sont confessés et pardonnés. La grâce conquérante du Christ entre dans l'âme, et l'amour du Christ resserre les cœurs dans une heureuse unité.

Ce service préparatoire, par les leçons qu'il enseigne, a pour effet d'engendrer le désir d'une vie spirituelle plus haute, désir exaucé par le Témoin céleste. L'âme sera relevée et participera à la communion avec le sentiment que ses péchés sont pardonnés. Le temple de l'âme sera inondé par le resplendissement de la justice du Christ. Nous contemplerons « l'Agneau de Dieu, qui ôte le péché du monde [5] ».

Ceux qui entrent vraiment dans l'esprit de ce service n'y verront pas une simple cérémonie. Il s'en dégagera constamment cet enseignement : « Par l'amour, soyez serviteurs les uns des autres [6]. » En lavant les pieds des disciples, le Christ a prouvé qu'il était prêt à offrir même les services les plus humbles, afin de les rendre participants avec lui de l'éternelle richesse du trésor céleste. En se conformant au même rite, les disciples prennent l'engagement de servir leurs frères de la même manière. Chaque fois que cette ordonnance est célébrée convenablement, les enfants de Dieu contractent une relation sacrée les uns avec les autres, pour s'entraider et se faire du bien mutuellement. Ils promettent solennellement de consacrer leur vie à un ministère désintéressé, non seulement les uns pour les autres, mais aussi dans le vaste champ d'activité qui a été celui du Maître. Le monde est rempli de personnes ayant besoin de notre ministère. De tous côtés, il y a des pauvres, des nécessiteux, des ignorants. Ceux qui ont communié avec le Christ, dans la chambre haute, en sortiront pour servir comme il a servi.

Jésus, qui était servi de tous, vint pour se mettre au service de tous. Et parce qu'il a exercé son ministère en faveur de tous, il sera de nouveau servi et honoré de tous. Ceux qui voudraient participer à ses attributs divins, et partager avec lui la joie de voir des âmes rachetées, doivent, à son exemple, exercer un ministère désintéressé.

Tout ceci était impliqué dans les paroles de Jésus : « Je vous ai donné un exemple, afin que, vous aussi, vous fassiez comme moi je vous ai fait. » C'est dans cette intention qu'il a établi ce service. Et lui-même nous dit : « Si vous savez cela » – si vous comprenez le but de ces leçons – « vous êtes heureux, pourvu que vous le fassiez. »

---

[1] Ce chapitre est basé sur Luc 22.7-18, 24 ; Jean 13.1-17. [2] Matthieu 20.28. [3] Matthieu 5.45. [4] Matthieu 20.26. [5] Jean 1.29. [6] Galates 5.13.

Chapitre 72

En mémoire de moi

« Le Seigneur Jesus, dans la nuit où il fut livré, prit du pain et, après avoir rendu grâces, le rompit et dit : Ceci est mon corps, qui est pour vous ; faites ceci en mémoire de moi. De même, après avoir soupé, il prit la coupe et dit : Cette coupe est la nouvelle alliance en mon sang ; faites ceci en mémoire de moi, toutes les fois que vous en boirez. Car toutes les fois que vous mangez ce pain et que vous buvez cette coupe, vous annoncez la mort du Seigneur, jusqu'à ce qu'il vienne [2]. »

Jésus se tenait au point de transition qui séparait deux économies ayant leur grande fête respective. L'Agneau sans tache allait s'offrir lui-même en oblation pour le péché ; il fallait donc mettre fin à l'ensemble des symboles et des cérémonies qui avaient annoncé sa mort pendant quatre mille ans. Pendant qu'il mangeait la Pâque avec ses disciples, Jésus institua le service qui devait remplacer cette fête et commémorer son grand sacrifice. La fête nationale des Juifs devait passer pour toujours. Le service établi par le Christ devait être observé par ses disciples dans tous les pays et dans tous les siècles.

La Pâque avait été établie pour commémorer la délivrance d'Israël de l'esclavage de l'Egypte. D'après les instructions du Seigneur, chaque année le récit de cette délivrance devait être répété en réponse à la question des enfants sur le sens de cette ordonnance. Ainsi le souvenir de cet affranchissement merveilleux serait conservé dans tous les esprits. L'ordonnance de la cène du Seigneur fut donnée pour commémorer la grande délivrance opérée par la mort du Christ ; elle serait célébrée jusqu'à ce qu'il revienne avec puissance et avec gloire. C'est par ce moyen que nos esprits doivent conserver le souvenir de son œuvre importante.

En Egypte, à la veille de leur libération, les enfants d'Israël mangèrent la Pâque debout, les reins ceints, le bâton à la main, prêts à partir. La manière dont ils célébraient cette ordonnance s'accordait avec leur condition ; en effet, ils allaient être chassés hors d'Egypte ; ils allaient entreprendre un voyage long et périlleux à travers le désert. Au temps du Christ la situation était différente. On n'était pas sur le point d'être chassé dans un pays étranger ; on habitait dans son pays. On jouissait du repos accordé et c'est couché que l'on participait au souper pascal. Des coussins étaient placés autour de la table ; étendus sur ces coussins les hôtes s'appuyaient sur le bras gauche et se servaient de la main droite pour manger. Ainsi placé un hôte pouvait poser sa tête sur le sein de celui qui se trouvait à sa gauche. Les pieds, qui dépassaient les coussins, pouvaient être lavés par quelqu'un qui passait autour du cercle.

Le Christ se tient à la table sur laquelle a été servi le souper pascal. Les pains sans levain en usage à cette occasion sont devant lui. Le vin non fermenté de la Pâque est sur la table. Le Christ se sert de ces emblèmes pour représenter son sacrifice immaculé. Rien de ce qui a subi la fermentation, symbole de péché et de mort, ne peut représenter « l'Agneau sans défaut et sans tache [3] ».

« Pendant qu'ils mangeaient, Jésus prit du pain, et, après avoir prononcé la bénédiction, il le rompit, le donna aux disciples, en disant : Prenez, mangez, ceci est mon corps. Il prit ensuite une coupe ; et, après avoir rendu grâces, il la leur donna, en disant : Buvez-en tous, car ceci est mon sang, le sang de l'alliance, qui est répandu pour beaucoup, pour le pardon des péchés. Je vous le dis, je ne boirai plus désormais de ce fruit de la vigne, jusqu'au jour où j'en boirai avec vous du nouveau dans le royaume de mon Père. »

Judas, le traître, était présent au sacrement. Il reçut de Jésus les emblèmes de son corps rompu et de son sang versé. Il entendit les paroles : « Faites ceci en mémoire de moi. » Et tandis qu'il était assis en la présence de l'Agneau de Dieu, le traître méditait sur ses sombres desseins, caressant des pensées de vengeance obstinée.

Pendant le lavement des pieds, le Christ avait montré, d'une manière convaincante, qu'il connaissait le caractère de Judas. « Vous n'êtes pas tous purs [4] », avait-il dit. Ces paroles avaient fait comprendre au faux disciple que le Christ avait découvert son dessein secret. Maintenant le Christ s'expliqua plus ouvertement. Comme ils étaient assis à table, il dit, en regardant les disciples : « Ce n'est pas de vous tous que je le dis ; je connais ceux que j'ai choisis. Mais il faut que l'Ecriture s'accomplisse : Celui qui mange avec moi le pain, a levé son talon contre moi. »

Les disciples ne soupçonnaient pas encore Judas, mais ils constataient le trouble de leur Maître. Un nuage de tristesse les enveloppa, présage de quelque sombre calamité, dont ils ne comprenaient pas la nature. Pendant qu'ils mangeaient en silence, Jésus dit : « En vérité, en vérité, je vous le dis, l'un de vous me livrera. » Ces paroles les remplirent d'étonnement et de consternation. Ils ne pouvaient admettre que l'un d'eux pût agir avec perfidie à l'égard de leur divin Maître. Pour quelle raison l'aurait-il trahi ? Et auprès de qui ? Chez lequel d'entre eux un tel dessein aurait-il pu prendre naissance ? Certainement pas chez l'un des douze, qui, mieux que tous les autres, avaient eu l'occasion d'entendre ses enseignements, avaient été l'objet de son amour extraordinaire, et à qui il avait fait l'honneur de les admettre dans sa communion intime

Quand ils eurent compris la portée des paroles du Christ, ils furent saisis de crainte et de défiance en songeant à la véracité constante de ses déclarations. Ils sondèrent leurs cœurs pour voir si quelque pensée d'animosité à l'égard de leur Maître s'y trouvait cachée. Ils demandaient l'un après l'autre, avec une émotion douloureuse : « Seigneur, est-ce moi ? » Judas seul gardait le silence. Jean, fort angoissé, finit par demander : « Seigneur, qui est-ce ? » Alors Jésus répondit : « C'est celui pour qui je tremperai le morceau et à qui je le donnerai. » « Le Fils de l'homme s'en va, selon ce qui est écrit de lui. Mais malheur à cet homme-là par qui le Fils de l'homme est livré ! Mieux vaudrait pour cet homme ne pas être né. » Les disciples s'étaient interrogés des yeux en demandant : « Seigneur, est-ce moi ? » Le silence de Judas attira l'attention de tous. Au milieu de la confusion provoquée par les questions et les expressions d'étonnement, Judas n'avait pas entendu les paroles prononcées par Jésus en réponse à la question de Jean. Mais maintenant, pour échapper aux regards inquisiteurs des autres disciples, il demanda, lui aussi : « Maître, est-ce moi ? » Jésus affirma avec solennité : « Tu l'as dit. »

Surpris et confus de ce que son dessein avait été dévoilé, Judas se leva en hâte, pour quitter la pièce. « Jésus lui dit : Ce que tu fais, fais-le vite... Judas prit le morceau et sortit aussitôt. Il faisait nuit. » La nuit était dans le cœur du traître au moment où il s'éloignait du Christ pour s'enfoncer dans les ténèbres du dehors.

Jusqu'à ce moment-là, Judas n'avait pas fait de démarche qui lui rendît la repentance impossible. Mais lorsqu'il sortit hors de la présence de son Maître et de ses collègues, la décision finale était prise. Il avait franchi la limite.

Jésus avait fait preuve d'une longanimité étonnante envers cette âme tentée. Rien n'avait été négligé de ce qui eût pu sauver Judas. Même après qu'il s'était engagé, par deux fois, à trahir son Maître, Jésus lui donna, avec l'occasion de se repentir, une preuve décisive de sa divinité, en dévoilant l'intention secrète que le traître dissimulait en son cœur. Ce fut, pour le faux disciple, le dernier appel à la repentance. Le cœur du Christ, divin et humain à la fois, n'avait épargné aucun appel. Les vagues de la miséricorde, refoulées par un orgueil obstiné, revenaient à l'assaut avec plus de force pour le vaincre par l'amour. Mais Judas était d'autant plus décidé qu'il avait été surpris et alarmé par la découverte de son crime. Il sortit du souper sacramentel pour achever son œuvre de trahison.

En prononçant ce malheur sur Judas, le Christ avait aussi un dessein d'amour envers ses disciples. Il voulait leur donner la preuve finale de sa messianité. Il leur déclara : « Dès à présent, je vous le dis, avant que la chose arrive, afin que, lorsqu'elle arrivera, vous croyiez que moi, JE SUIS. » Si Jésus avait gardé le silence et paru ignorer qu'on allait le livrer entre les mains d'une populace avide de sang, les disciples auraient pu en conclure que leur Maître n'avait aucune prescience divine. Une année auparavant, Jésus avait dit aux disciples qu'il en avait choisi douze, mais que l'un d'entre eux était un démon. Les paroles que Jésus adressait maintenant à Judas, tout en montrant que la perfidie de ce dernier était parfaitement connue du Maître, auraient pour effet d'affermir la foi des vrais disciples du Christ, pendant son humiliation. Et, à l'heure où Judas terminerait sa vie d'une façon si effroyable, ils se rappelleraient la sentence de malheur prononcée par Jésus sur le traître.

Le Sauveur avait encore une autre intention. Il ne s'était pas abstenu d'exercer son ministère en faveur de celui dont il connaissait la trahison. Les disciples n'avaient pas compris ce que Jésus avait dit, à l'occasion du lavement des pieds : « Vous n'êtes pas tous purs », ni les paroles qu'il avait prononcées, étant à table : « Celui qui mange avec moi le pain, a levé son talon contre moi [5]. » Mais, plus tard, quand le sens de ces paroles devint clair pour eux, ils purent réfléchir à la patience et à la miséricorde de Dieu envers les plus dévoyés.

Jésus lava les pieds de Judas, bien qu'il le connût dès le commencement, et le traître eut l'avantage de participer, avec le Christ, au sacrement. Un Sauveur plein de longanimité usa des moyens les plus persuasifs pour amener le pécheur à le recevoir, à se repentir, à se laisser nettoyer de la souillure du péché. Quel exemple pour nous ! Nous ne devons pas répudier celui que nous croyons dans l'erreur et dans le péché. Il ne faut pas qu'entre lui et nous, une barrière dressée par l'indifférence le pousse à devenir la proie de la tentation ou le conduise sur le terrain de Satan. Ce n'est pas là la méthode du Christ. C'est justement parce que les disciples étaient égarés ou coupables qu'il leur lava les pieds, et les douze, à l'exception d'un seul, furent ainsi amenés à la repentance.

L'exemple du Christ nous interdit de nous montrer trop exclusifs en ce qui concerne la cène du Seigneur. Il est vrai qu'un péché public justifie l'exclusion ; c'est ce que le Saint-Esprit enseigne clairement [6]. En dehors de ce cas, aucun jugement ne doit être prononcé. Dieu n'a pas laissé aux hommes le soin de décider qui doit se présenter dans de telles occasions. Qui d'entre nous peut lire dans les cœurs ? Qui sait distinguer entre l'ivraie et le froment ? « Que chacun donc s'éprouve soi-même, et qu'ainsi il mange du pain et boive de la coupe. » En effet, « quiconque mangera le pain ou boira la coupe du Seigneur indignement, sera coupable envers le corps et le sang du Seigneur ».

« Celui qui mange et boit sans discerner le corps du Seigneur, mange et boit un jugement contre lui-même [7]. »

Des messagers, bien qu'invisibles aux yeux humains, se mêlent aux croyants rassemblés pour célébrer les ordonnances sacrées. Un Judas peut se trouver au sein de l'assemblée ; dans ce cas, il y aura alors des envoyés du prince des ténèbres, car ceux-ci se tiennent auprès des âmes qui refusent de se laisser conduire par le Saint-Esprit. Les anges du ciel, ces visiteurs invisibles, sont aussi toujours présents dans de telles occasions. Certaines personnes, sans être de vrais serviteurs de la vérité et de la sainteté, désirent parfois prendre part au service ; il ne faut pas les en empêcher. Des témoins sont là qui étaient présents lorsque Jésus lava les pieds des disciples, Judas compris. Des yeux, qui n'étaient pas des yeux d'hommes, ont vu aussi.

Le Christ est là pour apposer son sceau, par le Saint-Esprit, sur l'ordonnance qu'il a établie. Il est là pour convaincre et attendrir le cœur. Il n'est pas un regard, pas une pensée de contrition qui échappe à son observation.

Il attend qu'il y ait un cœur repentant et brisé. Tout est prêt pour recevoir ce cœur. Celui qui a lavé les pieds de Judas désire ardemment laver tous les cœurs de la souillure du péché.

Personne ne devrait se priver de la communion parce qu'il y a, près de lui, un être qui n'en est pas jugé digne. Chaque disciple est appelé à y participer publiquement, pour témoigner ainsi du fait qu'il accepte le Christ comme son Sauveur personnel. Dans de telles réunions, que le Christ a lui-même convoquées, il rencontre les siens pour les galvaniser par sa présence. Même si ce sont des cœurs et des mains indignes qui administrent le sacrement, le Christ est pourtant là, officiant lui-même en faveur de ses enfants. Tous ceux qui s'approchent en plaçant en lui leur confiance se trouveront richement bénis. Et tous ceux qui négligent des avantages divins en subiront une perte. C'est à ces derniers que s'appliquent ces paroles : « Vous n'êtes pas tous purs. »

En participant au pain et au vin avec ses disciples, le Christ a pris l'engagement d'être leur Rédempteur. Il leur a confié la nouvelle alliance, grâce à laquelle tous ceux qui le reçoivent deviennent enfants de Dieu et cohéritiers du Christ. Cette alliance les a mis en possession de toutes les grâces que le ciel peut accorder, pour la vie présente et pour la vie à venir. Ce pacte devait être ratifié par le sang du Christ. L'administration du sacrement rappellera constamment aux disciples le sacrifice infini, consenti pour chacun d'eux, comme membre de l'humanité déchue.

Le service de communion ne doit pas faire naître la tristesse ; ce n'est pas dans cette intention qu'il a été établi. Il ne faut pas, quand les disciples du Seigneur se réunissent autour de sa table, qu'ils passent leur temps à se lamenter au sujet de leurs déficits spirituels ; ni qu'ils s'arrêtent à considérer leur expérience religieuse passée, encourageante ou non. Ils ne doivent pas davantage se souvenir de leurs différends. Tout cela a été effacé par le service préparatoire. On s'est examiné soi-même, on a confessé ses péchés, tous se sont réconciliés. Maintenant on va au-devant du Christ. On ne se tient pas à l'ombre de la croix, mais sous la lumière salvatrice de celle-ci. Chacun doit ouvrir son âme aux rayons lumineux du Soleil de justice. Le cœur purifié par le précieux sang du Christ, dans la pleine conscience de sa présence invisible, on écoutera ses paroles : « Je vous laisse la paix, je vous donne la paix qui est la mienne. Moi, je ne vous donne pas comme le monde donne [8]. » Le Seigneur nous dit : Quand le sentiment du péché vous étreint, rappelez-vous que je suis mort pour vous. Quand vous êtes opprimés, persécutés et affligés, à cause de moi et de l'Evangile, souvenez-vous que je vous ai aimés d'un amour si grand que j'ai donné ma vie pour vous. Quand vos devoirs vous paraissent austères, et vos fardeaux trop lourds, rappelez-vous que pour vous j'ai souffert la croix et méprisé l'ignominie. Quand votre cœur recule devant l'épreuve, rappelez-vous que votre Rédempteur est vivant pour intercéder en votre faveur.

Le service de communion fait penser au retour du Christ. Il était destiné à ranimer cette espérance dans l'esprit des disciples. Toutes les fois qu'ils se réunissaient, en vue de commémorer la mort de Jésus, ceci leur revenait à l'esprit : « Il prit ensuite une coupe ; et, après avoir rendu grâces, il la leur donna, en disant : Buvez-en tous, car ceci est mon sang, le sang de l'alliance, qui est répandu pour beaucoup, pour le pardon des péchés. Je vous le dis, je ne boirai plus désormais de ce fruit de la vigne, jusqu'au jour où j'en boirai avec vous du nouveau dans le royaume de mon Père. » L'espérance du retour du Seigneur était un réconfort dans les afflictions. Cette pensée leur était précieuse au-delà de tout ce que l'on peut imaginer : « Toutes les fois que vous mangez ce pain, et que vous buvez cette coupe, vous annoncez la mort du Seigneur, jusqu'à ce qu'il vienne [9]. »

Voilà des choses que nous ne devons jamais oublier. L'amour de Jésus, qui nous presse, doit toujours être présent à notre esprit. Le Christ a institué ce service afin de parler à nos sens de l'amour que Dieu a manifesté à notre égard. Il ne peut y avoir d'union, entre nos âmes et Dieu, que par le Christ. C'est l'amour de Jésus qui doit cimenter et rendre éternels l'union et l'amour qui existent entre les frères. Il ne fallait rien moins que la mort du Christ pour donner de l'efficacité à son amour pour nous. Grâce à cette mort nous pouvons attendre avec joie son retour. Son sacrifice est le centre de notre espérance et l'objet de notre foi.

On considère trop comme une simple forme les ordonnances qui rappellent l'humiliation et les souffrances du Seigneur. Elles ont été instituées à dessein. Nos sens doivent être éveillés pour que nous puissions saisir les mystères de la piété. Il nous est donné de comprendre, beaucoup mieux que nous ne le faisons, les souffrances expiatoires du Christ. « Comme Moïse éleva le serpent dans le désert », le Fils de l'homme a été élevé de la même manière, « afin que quiconque croit en lui ne périsse pas, mais qu'il ait la vie éternelle [10] ». Il faut que nous regardions à la croix du Calvaire, sur laquelle le Sauveur expire. Nos intérêts éternels exigent que nous manifestions notre foi en Christ.

Le Seigneur a dit : « Si vous ne mangez la chair du Fils de l'homme et si vous ne buvez son sang, vous n'avez pas la vie en vous. ... Car ma chair est vraiment une nourriture et mon sang est vraiment un breuvage [11]. » Ceci est vrai de la vie physique. C'est à la mort du Christ que nous devons même la vie terrestre. Le pain que nous mangeons nous a été acquis au prix de son corps rompu. L'eau que nous buvons a été payée de son sang répandu. Personne, qu'il soit saint ou pécheur, ne mange sa nourriture quotidienne sans être nourri du corps et du sang du Christ. Chaque miche de pain porte l'empreinte de la croix du Calvaire. Cette croix se reflète dans chaque source d'eau. Le Christ a enseigné toutes ces choses en établissant les emblèmes de son grand sacrifice. La lumière qui émane de ce service de communion, célébré dans la chambre haute, communique un caractère sacré aux provisions de notre vie quotidienne. La table de famille devient la table du Seigneur, et chaque repas est élevé à la hauteur d'un sacrement.

Les paroles du Christ s'appliquent encore mieux à la vie spirituelle. Il déclare : « Celui qui mange ma chair et qui boit mon sang a la vie éternelle. » C'est en recevant la vie répandue pour nous sur la croix du Calvaire, que nous sommes rendus capables de vivre dans la sainteté. Et c'est en acceptant la Parole du Christ, en faisant ce qu'il a commandé, que nous recevons cette vie. Nous devenons ainsi un avec lui. « Celui qui mange ma chair et boit mon sang, dit-il, demeure en moi, et moi en lui. Comme le Père qui est vivant m'a envoyé et que je vis par le Père, ainsi celui qui me mange vivra par moi [12]. » Ce passage s'applique particulièrement à la sainte communion. Quand nous contemplons, par la foi, le grand sacrifice du Seigneur, notre âme s'assimile la vie spirituelle du Christ. Dans de telles conditions, chaque service de communion nous communique une force spirituelle. Il s'établit ainsi une relation vivante entre le croyant et le Christ, et, par lui, entre le croyant et le Père. Ce service forme un lien entre les êtres humains dépendants de leur Dieu.

Quand nous prenons le pain et le vin, symboles du corps rompu du Christ et de son sang répandu, nous ne pouvons nous empêcher d'évoquer par la pensée le souvenir de la communion célébrée dans la chambre haute. Il nous semble que nous visitons le jardin qui a été consacré par l'agonie de celui qui porta les péchés du monde. Nous assistons à la lutte par laquelle a été obtenue notre réconciliation avec Dieu. Le Christ est comme crucifié à nouveau au milieu de nous.

En regardant au Rédempteur crucifié, nous comprenons mieux la grandeur et la signification du sacrifice consenti par la Majesté du ciel. Le plan du salut est glorifié devant nous, et le souvenir du Calvaire éveille dans nos cœurs de vivantes et saintes émotions. Des louanges à Dieu et à l'Agneau jailliront de nos cœurs et de nos lèvres ; l'orgueil et le culte du moi ne peuvent prospérer dans une âme qui garde le souvenir des scènes du Calvaire.

Celui qui contemple l'amour immaculé du Sauveur aura des pensées nobles, un cœur purifié, un caractère transformé. Il ira dans le monde pour y être une lumière, pour refléter, dans une certaine mesure, ce mystérieux amour. Plus nous contemplerons la croix du Calvaire, plus nous nous approprierons le langage de l'apôtre : « Quant à moi, certes non ! Je ne me glorifierai de rien d'autre que de la croix de notre Seigneur Jésus-Christ, par qui le monde est crucifié pour moi, comme je le suis pour le monde [13] ! »

---

[1] Ce chapitre est basé sur Matthieu 26.20-29 ; Marc 14.17-25 ; Luc 22.14-23 ; Jean 13.18-30. [2] 1 Corinthiens 11.23-26. [3] 1 Pierre 1.19. [4] Jean 13.11. [5] Jean 13.11, 18. [6] 1 Corinthiens 5.11. [7] 1 Corinthiens 11.27-29. [8] Jean 14.27. [9] 1 Corinthiens 11.26. [10] Jean 3.14, 15. [11] Jean 6.53-55. [12] Jean 6.54, 56, 57. [13] Galates 6.14.

Chapitre 73

Que votre cœur ne se trouble pas

JETANT sur ses disciples un regard qui exprimait tout son amour divin et sa tendre sympathie, le Christ dit : « Maintenant, le Fils de l'homme a été glorifié, et Dieu a été glorifié en lui [1]. » Judas ayant quitté la chambre haute, le Christ se trouvait seul avec les onze. Avant de s'entretenir avec eux de son prochain départ il voulut d'abord leur parler du but de sa mission, constamment présent à ses yeux. Dans toutes ses humiliations et ses souffrances, il lui était consolant de penser que le nom du Père en serait glorifié. C'est vers ce but qu'il commença par diriger la pensée des disciples.

Ensuite il leur dit avec affection : « Petits enfants, je suis encore pour peu de temps avec vous. Vous me chercherez ; et comme j'ai dit aux Juifs : Là où je vais, vous ne pourrez venir, à vous aussi je le dis maintenant. »

En entendant ces paroles, les disciples ne pouvaient pas se réjouir. Ils furent saisis de frayeur et se serrèrent autour du Sauveur, leur Maître et Seigneur, leur Ami fidèle, plus cher que leur propre vie. C'est à lui qu'ils s'étaient adressés dans toutes leurs difficultés ; c'est auprès de lui qu'ils avaient cherché la consolation de leurs douleurs et de leurs désappointements. Il allait maintenant les laisser seuls et dans le besoin. De sombres pressentiments remplissaient leurs cœurs.

Mais le Sauveur leur adressa des paroles pleines d'espérance. Il savait qu'ils allaient subir les attaques de l'ennemi et que les ruses de Satan ont plus de succès auprès de ceux qui sont déprimés par les difficultés. C'est pourquoi il s'efforça de détourner leurs regards des « choses visibles » et de les attirer vers les « invisibles [2] ». De la terre de l'exil il dirigera leurs pensées vers la demeure céleste.

« Que votre cœur ne se trouble pas, dit-il. Vous croyez en Dieu, croyez aussi en moi. Il y a beaucoup de demeures dans la maison de mon Père. Sinon, je vous l'aurais dit ; car je vais vous préparer une place. Et, lorsque je serai allé vous préparer une place, je reviendrai et je vous prendrai avec moi, afin que là où je suis, vous y soyez aussi. L'endroit où je vais, vous en savez le chemin. » C'est par amour pour vous que je suis venu dans le monde, pour me révéler à vous et vous amener à la foi. C'est pour vous que je travaille. Absent, je continuerai de travailler pour vous avec zèle. Je vais au Père pour coopérer avec lui en votre faveur. Le départ du Christ avait un tout autre but que celui que les disciples redoutaient. Il ne s'agissait pas d'une séparation définitive. Jésus allait leur préparer une place, afin de pouvoir revenir et les prendre avec lui. Et tandis qu'il leur préparerait des demeures, eux devraient se préparer des caractères conformes au modèle divin.

Néanmoins les disciples restaient perplexes. Thomas, toujours assailli par le doute, dit : « Seigneur, nous ne savons où tu vas, comment en saurions-nous le chemin ? Jésus lui dit Moi, je suis le chemin, la vérité et la vie. Nul ne vient au Père que par moi. Si vous me connaissiez, vous connaîtriez aussi mon Père. Et dès maintenant, vous le connaissez et vous l'avez vu. »

Il n'y a pas plusieurs chemins conduisant au ciel. Chacun n'a pas le droit de choisir son chemin. Le Christ dit : « Je suis le chemin... Nul ne vient au Père que par moi. » Depuis le jour où le premier sermon évangélique a été prêché – quand, en Eden, il fut annoncé que la postérité de la femme écraserait la tête du serpent – le Christ a été présenté comme étant le chemin, la vérité et la vie. Il était le chemin alors qu'Adam vivait encore, et qu'Abel offrit à Dieu le sang de l'agneau immolé symbolisant le sang du Rédempteur. Le Christ était le chemin par lequel les patriarches et les prophètes ont pu être sauvés. Il reste le seul chemin qui nous donne accès auprès de Dieu.

« Si vous me connaissiez, dit le Christ, vous connaîtriez aussi mon Père. Et dès maintenant, vous le connaissez et vous l'avez vu. » Les disciples ne comprenaient pas encore. « Seigneur, montre-nous le Père, s'écria Philippe, et cela nous suffit. »

Etonné de les voir si lents à comprendre, le Christ ajouta, avec une expression de surprise douloureuse : « Il y a si longtemps que je suis avec vous, et tu ne m'as pas connu, Philippe ! » Est-ce possible que vous ne reconnaissiez pas le Père dans les œuvres qu'il accomplit par mon intermédiaire ? Ne croyez-vous pas que je suis venu pour rendre témoignage au Père ? « Comment dis-tu : Montre-nous le Père ? ... Celui qui m'a vu, a vu le Père. » En devenant homme, le Christ n'avait pas cessé d'être Dieu. Quoiqu'il se fût humilié jusqu'à revêtir l'humanité, il avait gardé sa divinité. Le Christ seul pouvait représenter le Père auprès des hommes, et les disciples avaient été témoins de cette représentation pendant plus de trois années.

« Croyez-moi, je suis dans le Père, et le Père est en moi. Sinon, croyez à cause des œuvres mêmes. » Leur foi pouvait s'appuyer, sans crainte, sur la démonstration contenue dans les œuvres du Christ, ces œuvres qu'aucun homme, de lui-même, n'avait jamais faites et ne pourra jamais faire. Les œuvres du Christ attestaient sa divinité. Le Père s'était révélé par lui.

Si les disciples croyaient à cette relation vitale existant entre le Père et le Fils, leur foi ne les abandonnerait point quand ils verraient le Christ souffrir et mourir pour sauver un monde perdu. Le Maître voulait les amener de la foi inférieure à l'expérience possible lorsqu'ils comprendraient ce qu'il était réellement : Dieu dans une chair humaine. Il voulait élever leur foi jusqu'à Dieu et la fixer en lui comme une ancre sûre. Avec quelle ardeur et quelle persévérance notre Sauveur miséricordieux s'efforçait de préparer ses disciples en vue de l'orage de tentations qui allait fondre sur eux ! Il voulait les cacher avec lui en Dieu.

Tandis que le Christ prononçait ces paroles, la gloire de Dieu resplendissait sur son visage, et tous ceux qui, ravis, l'écoutaient, ressentaient une crainte sacrée. Leurs cœurs étaient plus que jamais attirés à lui, d'une manière irrésistible ; et, tandis qu'un plus grand amour les entraînait vers le Christ, ils se sentaient aussi rapprochés davantage les uns des autres. Il leur semblait que le ciel était tout près d'eux, et les paroles qu'ils entendaient leur paraissaient être un message venant du Père céleste.

« En vérité, en vérité, je vous le dis, ajouta le Christ, celui qui croit en moi fera, lui aussi, les œuvres que moi je fais. » Le Sauveur désirait vivement que ses disciples comprissent pour quel but sa divinité s'était unie à l'humanité. Il était venu dans le monde pour y déployer la gloire de Dieu, afin que l'homme fût relevé par son pouvoir régénérateur. Dieu se manifestait en lui pour que lui se manifestât en eux. Jésus n'a montré aucune qualité et n'a exercé aucun pouvoir que l'homme ne soit capable d'obtenir par la foi en lui. Tous ses disciples peuvent atteindre à son humanité parfaite s'ils veulent se soumettre à Dieu comme il l'a fait.

« Et il en fera de plus grandes, parce que je m'en vais vers le Père. » Le Christ ne voulait pas dire, par là, que les œuvres des disciples auraient plus de valeur que les siennes, mais simplement qu'elles auraient une plus grande extension. Il ne parlait pas seulement des miracles, mais de tout ce qui s'effectuerait par l'opération du Saint-Esprit.

Cette promesse se réalisa, pour les disciples, après l'ascension du Seigneur. La crucifixion, la résurrection et l'ascension du Christ devinrent pour eux de vivantes réalités. Ils constatèrent l'accomplissement littéral des prophéties. Ils sondèrent les Ecritures et en acceptèrent le contenu avec une foi et une assurance qu'ils n'avaient pas eues auparavant. Ils savaient maintenant que leur divin Maître était tout ce qu'il avait déclaré être. Quand ils racontaient leurs expériences, proclamant l'amour de Dieu, les cœurs étaient attendris et subjugués et des multitudes croyaient en Jésus.

La promesse que le Sauveur a faite aux disciples s'applique à son Eglise, jusqu'à la fin des temps. Dieu ne veut pas que le plan magnifique qu'il a conçu pour le salut des hommes ne produise que des résultats insignifiants. Tous ceux qui se mettront à l'œuvre, se fiant non pas à ce qu'ils peuvent faire par eux-mêmes, mais à ce que Dieu peut faire pour eux et par eux, verront certainement l'accomplissement de sa promesse : « Il en fera de plus grandes [des œuvres], parce que je m'en vais vers le Père. »

Les disciples ne connaissaient pas encore les ressources et la puissance illimitées du Sauveur. Il leur dit : « Jusqu'à présent, vous n'avez rien demandé en mon nom [3]. » Il leur expliqua que le secret de leur succès résidait en ceci : demander force et grâce, en son nom. Il se tiendrait auprès du Père pour prier en leur faveur. Il s'approprie la prière de celui qui supplie humblement, comme étant son propre désir en faveur de cette âme. Toute prière sincère est entendue dans le ciel. Même si elle n'est pas dite avec éloquence, pourvu que le cœur y soit, elle montera jusqu'au sanctuaire où Jésus officie, et avec une parfaite assurance il la présentera au Père, magnifique et toute parfumée de l'encens de sa propre perfection.

Le sentier de la sincérité et de l'intégrité n'est pas exempt d'obstacles ; mais dans chaque difficulté nous devons reconnaître une invitation à la prière. Aucun être vivant ne possède une puissance qu'il n'ait reçue de Dieu ; la source d'où procède cette puissance est accessible à l'être humain le plus faible. « Tout ce que vous demanderez en mon nom, je le ferai, dit Jésus, afin que le Père soit glorifié dans le Fils. Si vous demandez quelque chose en mon nom, je le ferai. »

Le Christ a recommandé à ses disciples de prier en son nom. C'est en son nom que les disciples du Christ doivent se présenter devant Dieu. C'est le sacrifice qui a été fait pour eux qui leur donne de la valeur aux yeux du Seigneur. Ils lui sont devenus précieux parce que la justice du Christ leur a été imputée. C'est pour l'amour du Christ que le Seigneur pardonne à ceux qui le craignent. Il ne voit pas en eux la bassesse du pécheur, mais leur ressemblance avec son Fils, en qui ils ont cru.

Le Seigneur est désappointé quand les siens montrent peu de respect pour eux-mêmes. Il désire que ses élus s'estiment en proportion de la valeur de leur rachat. Si Dieu ne s'était pas soucié d'eux, il n'aurait pas envoyé son Fils pour accomplir une mission aussi douloureuse assurant leur salut. Il sait que faire d'eux, et il aime à recevoir d'eux les requêtes les plus importantes pour que son nom soit glorifié. Ils peuvent s'attendre à de grandes choses s'ils ont confiance en ses promesses.

Cependant cela implique beaucoup que de prier au nom du Christ. Cela nous engage à accepter son caractère, à manifester son Esprit, à exécuter ses œuvres. La promesse du Sauveur est conditionnelle. « Si vous m'aimez, dit-il, vous garderez mes commandements. » Il sauve les hommes, non pas dans le péché, mais du péché ; et ceux qui l'aiment montreront leur amour par l'obéissance.

Toute vraie obéissance procède du cœur. Le Christ mettait tout son cœur dans ce qu'il faisait. Si nous le voulons, il s'identifiera tellement avec nos pensées et nos aspirations, il rendra nos cœurs et nos esprits tellement conformes à sa volonté, qu'en lui obéissant nous ne ferons que suivre nos propres impulsions. La volonté, épurée et sanctifiée, trouvera son plus grand bonheur à le servir. Quand nous connaîtrons Dieu comme il est possible de le connaître, notre vie deviendra une obéissance continuelle. Si nous apprécions le caractère du Christ, si nous sommes en communion avec Dieu, le péché nous devient odieux.

De même que le Christ, dans son humanité, a observé la loi, nous pouvons également le faire si nous nous saisissons de sa force. Mais nous ne devons pas nous décharger de notre responsabilité sur d'autres, attendant que ceux-là nous disent comment nous devons agir. Il ne faut pas que nous demandions conseil aux hommes ; c'est le Seigneur qui nous enseignera notre devoir. Si nous venons à lui avec foi, il nous révélera ses mystères, à nous personnellement. Nos cœurs brûleront souvent au-dedans de nous quand il s'approchera pour communier avec nous, comme il le faisait avec Enoch. Ceux qui sont décidés à ne rien faire, en quelque domaine que ce soit, qui puisse déplaire à Dieu, sauront quelle ligne de conduite ils doivent suivre en toute occasion. Ils recevront non seulement de la sagesse, mais de la force. Comme le Christ l'a promis, il leur communiquera l'énergie nécessaire pour obéir et pour servir. Tout ce qui a été donné au Christ – toutes les choses indispensables aux hommes déchus – lui a été donné en tant que chef et représentant de l'humanité. « Quoi que ce soit que nous demandions, nous le recevons de lui, parce que nous gardons ses commandements et que nous faisons ce qui lui est agréable [4]. »

Avant de s'offrir comme victime pour le sacrifice, le Christ chercha le don le plus essentiel et le plus riche qu'il pût dispenser à ses disciples, un don qui leur rendrait accessibles les ressources illimitées de sa grâce. « Je prierai le Père, dit-il, et, il vous donnera un autre Consolateur qui soit éternellement avec vous : l'Esprit de vérité, que le monde ne peut pas recevoir, parce qu'il ne le voit pas et ne le connaît pas ; mais vous, vous le connaissez, parce qu'il demeure auprès de vous et qu'il sera en vous. Je ne vous laisserai pas orphelins, je viendrai vers vous. »

L'Esprit avait déjà été dans le monde, auparavant ; dès les premiers commencements de l'œuvre de la rédemption il avait agi sur les cœurs. Pourtant aussi longtemps que le Christ vécut sur la terre, les disciples ne sentirent pas la nécessité d'un autre soutien. C'est seulement après qu'ils furent privés de sa présence qu'ils éprouvèrent le besoin de l'Esprit, et alors celui-ci leur fut donné.

Le Saint-Esprit est le représentant du Christ, mais dépouillé de la personnalité humaine et indépendant de celle-ci. Embarrassé d'un corps humain, le Christ ne pouvait pas se trouver partout en personne. Il leur était donc avantageux qu'il s'en allât au Père et leur envoyât l'Esprit pour lui succéder sur la terre. Dès lors personne n'aurait un avantage découlant de sa présence dans un endroit plutôt que dans un autre, ou de son contact personnel avec le Christ. Grâce à l'Esprit, le Sauveur serait accessible à tous ; de sorte qu'il serait plus près de ses disciples que s'il n'était pas monté au ciel.

« Celui qui m'aime sera aimé de mon Père, moi aussi je l'aimerai et je me manifesterai à lui. » Jésus voyait l'avenir de ses disciples. Il en suivait un à l'échafaud, un autre vers la croix, un exilé parmi les rochers solitaires de la mer, d'autres encore persécutés et mis à mort. Il les encouragea en leur assurant qu'il serait avec eux dans toutes leurs épreuves. Cette promesse n'a rien perdu de son efficacité. Le Seigneur connaît tout ce qui concerne ses fidèles serviteurs qui, à cause de lui, sont prisonniers ou bannis en des îles désertes. Il les réconforte par sa présence. Lorsque, à cause de la vérité, un croyant se tient à la barre d'un tribunal inique, le Christ se trouve à ses côtés. L'opprobre qui atteint le disciple retombe sur Jésus qui est condamné à nouveau, dans la personne de son disciple. Si l'un des siens est incarcéré, le Sauveur, par son amour, lui donne des ravissements de joie. Quelqu'un endure-t-il la mort à cause de lui, le Christ dit : « Je suis ... le Vivant ! J'étais mort, et me voici vivant aux siècles des siècles. Je tiens les clés de la mort et du séjour des morts [5]. » La vie qui est offerte en sacrifice pour moi sera conservée pour la gloire éternelle.

En tous temps et en tous lieux, dans toutes nos douleurs et dans toutes nos afflictions, quand les perspectives paraissent sombres et l'avenir angoissant, quand nous nous sentons dénués de tout et délaissés, le Consolateur nous est envoyé en réponse à la prière faite avec foi. Les circonstances peuvent nous éloigner de tous nos amis terrestres ; mais aucun événement, aucune distance, ne peuvent nous séparer du Consolateur céleste. Où que nous soyons, où que nous allions, il est toujours à notre droite pour nous soutenir et nous encourager.

Les disciples ayant quelque peine à saisir le sens spirituel de ses paroles, le Christ dut s'expliquer. Par son Esprit, ajouta-t-il, il se manifesterait à eux. « Le Consolateur, le Saint-Esprit que le Père enverra en mon nom, c'est lui qui vous enseignera toutes choses. » Vous ne direz plus : Je ne comprends pas. Vous ne verrez plus confusément, comme à travers un verre obscur. Vous pourrez « comprendre avec tous les saints quelle est la largeur, la longueur, la profondeur et la hauteur » de l'amour du Christ, « qui surpasse toute connaissance [6] ».

Les disciples devaient rendre témoignage à la vie et à l'œuvre du Christ. Par leur intermédiaire il allait s'adresser à tous les peuples de la terre. Mais l'humiliation et la mort du Christ allaient leur procurer une grande épreuve et une déception. Pour qu'après une telle expérience leur parole fût correcte Jésus leur promit : « Le Consolateur, le Saint-Esprit ... vous rappellera tout ce que moi je vous ai dit. »

« J'ai encore beaucoup à vous dire, poursuivit-il, mais vous en seriez maintenant accablés. Quand il viendra, lui, l'Esprit de vérité, il vous conduira dans toute la vérité ; car ses paroles ne viendront pas de lui-même, mais il parlera de tout ce qu'il aura entendu et vous annoncera les choses à venir. » Jésus avait ouvert, devant ses disciples, un vaste champ de vérité. Cependant il leur était difficile de ne pas confondre ses enseignements avec les traditions et les maximes des scribes et des pharisiens. On leur avait appris à considérer les enseignements des rabbins comme la voix de Dieu même : leurs esprits et leurs cœurs gardaient la première empreinte reçue. Les idées terrestres et les choses temporelles occupaient une grande partie de leurs pensées. Ils ne comprenaient pas la nature spirituelle du royaume du Christ, malgré les fréquentes explications qu'il leur avait données. Leurs esprits étaient devenus confus. Ils ne voyaient pas la valeur des Ecritures présentées par le Christ. Il semblait que bon nombre des leçons qu'il leur avait données étaient perdues pour eux. Jésus vit qu'ils ne saisissaient pas la vraie signification de ses paroles. Avec compassion il leur promit que le Saint-Esprit leur rappellerait ses enseignements. Il avait aussi omis de leur dire des choses qu'ils n'étaient pas en état de recevoir. Ces choses leur seraient également enseignées par l'Esprit. Cet Esprit devait vivifier leur entendement et leur faire apprécier les choses célestes. « Quand il viendra, lui, l'Esprit de vérité, dit Jésus, il vous conduira dans toute la vérité. »

Le Consolateur est appelé l'Esprit de vérité. Son œuvre consiste à établir et à maintenir la vérité. Il commence par habiter dans le cœur en tant qu'Esprit de vérité, et c'est ainsi qu'il devient un consolateur. La consolation et la paix procèdent de la vérité ; il ne peut y avoir de vraie paix, de vraie consolation dans l'erreur. C'est par de fausses théories et de vaines traditions que Satan acquiert son influence sur les esprits ; en dirigeant les hommes vers de faux idéals, il déforme les caractères. Le Saint-Esprit, dans les Ecritures, parle à l'intelligence et grave la vérité dans le cœur ; il dévoile ainsi l'erreur et l'expulse de l'âme. C'est par l'Esprit de vérité, agissant par le moyen de la Parole de Dieu, que le Christ se soumet son peuple élu.

En décrivant aux disciples le ministère du Saint-Esprit, Jésus cherchait à leur communiquer la joie et l'espérance qui remplissaient son cœur. Il se réjouissait en pensant au puissant secours qu'il avait préparé pour son Eglise. Le Saint-Esprit était le plus excellent de tous les dons qu'il pût solliciter de son Père, pour le bien de son peuple. Il devait être donné comme un moyen de régénération sans lequel le sacrifice du Christ resterait inefficace. Le pouvoir du mal était allé grandissant, pendant des siècles, et les hommes se soumettaient à cette captivité diabolique avec une docilité étonnante. La résistance au péché et la victoire ne seraient rendues possibles qu'au moyen de la troisième Personne de la Divinité, qui viendrait, non pas avec un pouvoir amoindri mais avec la plénitude de la puissance divine. C'est l'Esprit qui nous permet de bénéficier de l'œuvre accomplie par le Rédempteur du monde. C'est l'Esprit qui rend le cœur pur ; c'est par l'Esprit que le croyant devient participant de la nature divine. Le Christ a donné la plénitude de la puissance divine de son Esprit pour que nous puissions vaincre nos défauts, héréditaires ou acquis, et pour que l'Eglise reçoive l'empreinte de son caractère.

Jésus dit, en parlant de l'Esprit : « Lui me glorifiera. » De même que le Sauveur est venu pour glorifier le Père par la démonstration de son amour, ainsi l'Esprit devait glorifier le Christ en faisant connaître sa grâce au monde. L'image de Dieu doit se reproduire au sein de l'humanité. L'honneur de Dieu et du Christ exige que son peuple atteigne la perfection divine.

« Quand il sera venu – l'Esprit de vérité, – il convaincra le monde de péché, de justice et de jugement. » La prédication de la Parole ne servirait à rien sans la présence continuelle et l'assistance du Saint-Esprit. Il est seul capable d'enseigner, avec efficacité, la vérité divine. La vérité ne réveille la conscience et ne transforme la vie que si l'Esprit la fait pénétrer dans le cœur. On peut être à même de présenter la lettre de la Parole de Dieu, on peut être familiarisé avec tous les commandements et les promesses qu'elle renferme, mais si le Saint-Esprit n'établit pas la vérité dans le cœur, on ne sera pas brisé sur le Rocher. Aucun degré d'instruction, aucun avantage, si grand qu'il soit, ne peut permettre à quelqu'un de transmettre la lumière, sans la coopération de l'Esprit de Dieu. On ne répandra la semence de l'Evangile, avec succès, que si elle est vivifiée par la rosée du ciel. Avant qu'aucun des livres du Nouveau Testament n'eût été rédigé, avant qu'aucun sermon évangélique n'eût été prononcé à la suite de l'ascension du Christ, le Saint-Esprit est descendu sur les apôtres en prière. Alors leurs ennemis furent obligés de leur rendre ce témoignage : « Vous avez rempli Jérusalem de votre enseignement [7]. »

Le Christ a promis à son Eglise de lui accorder le don du Saint-Esprit : cette promesse est pour nous tout aussi bien que pour les premiers disciples. Mais, comme toutes les autres promesses, celle-ci est conditionnelle. Il y en a un grand nombre qui font profession de croire à la promesse du Seigneur ; ils parlent du Christ et du Saint-Esprit, mais n'en retirent aucun bien. Ils ne consentent pas à être vidés et dominés par les instruments divins. On ne peut pas se servir du Saint-Esprit. Le Saint-Esprit doit se servir de nous. C'est par l'Esprit que Dieu opère chez les siens « le vouloir et le faire pour l'accomplissement de son dessein d'amour [8] ». Beaucoup ne consentent pas à se soumettre à cette action parce qu'ils veulent garder leur liberté. C'est pour cela qu'ils ne reçoivent pas le don céleste. L'Esprit n'est donné qu'à ceux qui s'attendent humblement à Dieu et qui recherchent sa direction et sa grâce. La puissance de Dieu attend d'être réclamée et reçue. Cette bénédiction promise, quand elle est demandée avec foi, apporte à sa suite toutes les autres bénédictions. Elle est accordée en proportion des richesses de la grâce du Christ, toujours prêt à approvisionner l'âme dans la mesure où celle-ci est capable de recueillir ses dons.

Dans ce discours adressé aux disciples, Jésus ne fit aucune allusion mélancolique à ses souffrances et à sa mort. Le dernier héritage qu'il leur légua fut la paix. Il dit : « Je vous laisse la paix, je vous donne la paix qui est la mienne. Moi, je ne vous donne pas comme le monde donne. Que votre cœur ne se trouble pas et ne s'effraie pas. »

Avant de quitter la chambre haute, le Sauveur chanta un cantique de louanges avec ses disciples. Sa voix fit entendre non pas une complainte mélancolique, mais les notes joyeuses de cet hymne pascal :

Nations, louez toutes l'Eternel !
Peuples, célébrez-le tous !
Car sa bonté envers nous est grande,
Et la fidélité de l'Eternel demeure à perpétuité.
Louez l'Eternel [9] !

Après ce chant, ils quittèrent la chambre haute et, se frayant un chemin à travers la foule qui encombrait les rues, ils sortirent par la porte donnant sur le mont des Oliviers. Ils avançaient lentement, chacun absorbé dans ses propres pensées. Comme ils approchaient de la colline, Jésus dit, avec les accents de la plus profonde tristesse : « Je serai pour vous tous, cette nuit, une occasion de chute ; car il est écrit : Je frapperai le berger, et les brebis du troupeau seront dispersées [10]. » Les disciples écoutaient, tristement étonnés. Ils se rappelaient le scandale causé par la déclaration du Christ lorsque, dans la synagogue de Capernaüm, il se présenta comme le Pain de vie. Mais les douze ne s'étaient pas montrés infidèles. Au nom de ses frères, Pierre avait assuré le Christ de leur loyauté à tous. Alors le Sauveur leur avait dit : « N'est-ce pas moi qui vous ai choisis, vous les douze ? Et l'un de vous est un démon [11] ! » Dans la chambre haute Jésus avait dit que l'un des douze le trahirait et que Pierre le renierait. Mais cette fois ils étaient tous visés par ses paroles.

Pierre protesta alors avec véhémence : « Quand tu serais pour tous une occasion de chute, tu ne le seras jamais pour moi. » Il avait déjà déclaré, dans la chambre haute : « Je donnerai ma vie pour toi ! » Jésus le prévint que, cette nuit-même, il renierait son Sauveur. Maintenant le Christ renouvelle son avertissement : « En vérité je te le dis, aujourd'hui cette nuit même, avant que le coq chante deux fois, toi tu me renieras trois fois. Mais Pierre n'en affirmait que plus fort : Quand il me faudrait mourir avec toi, je ne te renierai point. Et tous disaient de même [12]. » Ils étaient si confiants en eux-mêmes qu'ils osaient contredire l'affirmation renouvelée de celui qui savait toutes choses. Ils n'étaient pas prêts en vue de l'épreuve et ne comprendraient leur faiblesse qu'en face de la tentation.

Pierre était parfaitement sincère lorsqu'il se déclarait prêt à suivre le Seigneur en prison et à la mort, mais il ne se connaissait pas lui-même. Les circonstances allaient faire éclore les germes du mal cachés dans son cœur ; à moins qu'il ne prît conscience du danger qui le menaçait, sa ruine éternelle en résulterait. Le Sauveur apercevait en lui un amour du moi et une assurance qui contrebalanceraient même son amour pour le Christ. Beaucoup d'infirmités, de péchés non mortifiés, d'insouciance, de tendances non sanctifiées, de dispositions à s'exposer sans nécessité à la tentation, s'étaient manifestés dans son expérience. Par son avertissement solennel, le Christ l'invitait à sonder son cœur. Pierre avait besoin de se défier de lui-même et de posséder une foi plus profonde en Christ. S'il avait accueilli cet avertissement avec humilité, il aurait supplié le Berger du troupeau de garder sa brebis. Alors qu'il avait risqué d'être submergé dans le lac de Galilée, il avait crié : « Seigneur, sauve-moi [13] » et le Christ lui avait tendu la main. De même il eût été gardé cette fois encore s'il avait crié à Jésus : Sauve-moi de moi-même. Mais Pierre avait l'impression que le Maître manquait de confiance en lui, et cela lui paraissait une injustice. Scandalisé par ce doute, il s'obstina dans sa fausse sécurité.

Jésus considère ses disciples avec compassion. Il ne peut leur éviter l'épreuve, mais il ne les laisse pas sans consolation. Il leur donne l'assurance qu'il brisera les chaînes de la mort, et que son amour pour eux ne faillira pas. « Après ma résurrection, dit-il, je vous précéderai en Galilée [14]. » L'assurance du pardon leur est donnée avant même que le reniement se produise. Après sa mort et sa résurrection, ils savaient qu'ils avaient été pardonnés et qu'ils pouvaient toujours compter sur la tendresse du Christ.

Jésus se trouvait avec ses disciples sur la route qui mène à Gethsémané, un endroit retiré, au pied du mont des Oliviers, où il se rendait fréquemment pour méditer et prier. Le Sauveur venait d'expliquer à ses disciples quelle était sa mission dans le monde, et quelles relations spirituelles ils devaient entretenir avec lui. Puis il cherche à illustrer son enseignement. La lune projette sa clarté sur un cep en fleur. Jésus attire l'attention des disciples sur ce tableau et s'en sert comme d'un symbole.

« Je suis le vrai cep », dit-il. Au lieu de choisir le palmier gracieux, le cèdre majestueux ou le chêne puissant pour se représenter lui-même, Jésus se sert du cep, aux vrilles enroulées. Le palmier, le cèdre et le chêne se dressent seuls et sans appui, tandis que le cep s'enroule autour de la treille, et grimpe ainsi vers le ciel. De même le Christ, dans son humanité, se sentait dépendant de la puissance divine. « Je ne peux rien faire par moi-même [15] », avait-il déclaré.

« Je suis le vrai cep. » Chez les Juifs, la vigne avait toujours été considérée comme la plus noble des plantes et le symbole de tout ce qui est puissant, excellent et fructueux. Israël avait été comparé à une vigne plantée par Dieu dans la terre promise. Pour les Juifs, le fondement de l'espérance du salut c'était d'appartenir à Israël. Mais Jésus dit : Je suis le vrai cep. Ne pensez pas qu'il suffise d'appartenir à Israël pour participer à la vie de Dieu et pour hériter de ses promesses. La vie spirituelle ne s'obtient que par moi.

« Je suis le vrai cep, et mon Père est le vigneron. » Notre Père céleste avait planté cet excellent Cep sur les collines de la Palestine, et lui-même était le vigneron. Beaucoup, attirés par la beauté de ce Cep, avaient reconnu son origine céleste. Mais aux yeux des conducteurs d'Israël il n'avait paru qu'un faible arbrisseau sortant d'une terre desséchée. Ils saisirent la plante, l'écrasèrent et la foulèrent de leurs pieds profanes avec l'intention de la détruire pour toujours. Mais le céleste Vigneron ne perdit jamais de vue sa plante. Après que les hommes pensèrent l'avoir tuée, il la prit et la replanta de l'autre côté de la muraille. Ainsi le tronc était invisible et inaccessible aux rudes assauts des hommes. Mais les sarments retombant par-dessus la muraille avaient pour mission de représenter le Cep. Par leur moyen, des greffes pouvaient être ajoutées au Cep. Ces sarments ont porté du fruit. Il y a eu une récolte que les passants ont pillée.

« Je suis le cep ; vous, les sarments », dit le Christ aux disciples. Il allait leur être enlevé, mais le lien spirituel qui les unissait à lui devait rester intact. Comme le sarment est uni au cep, dit-il, vous devez être unis à moi. La greffe est insérée, et fibre par fibre, veine par veine, elle s'incorpore au cep. La vie du cep devient la vie du sarment. L'âme morte par ses fautes et par ses péchés obtient la vie par sa relation avec le Christ. L'union se forme par la foi en lui en tant que Sauveur personnel. Le pécheur unit sa faiblesse à la force du Christ, sa nullité à la plénitude du Christ, sa fragilité à la puissance endurante du Christ. Dès lors il possède l'esprit du Christ. L'humanité du Christ est entrée en contact avec notre humanité, et notre humanité avec sa divinité. C'est ainsi, que par le moyen du Saint-Esprit, l'homme devient participant de la nature divine. Il est accepté en son Bien-Aimé.

Une fois que cette union avec le Christ s'est formée, il faut la maintenir. Le Christ dit : « Demeurez en moi, comme moi en vous. De même que le sarment ne peut de lui-même porter du fruit, s'il ne demeure sur le cep, de même vous non plus, si vous ne demeurez en moi. » Il ne s'agit pas d'un contact occasionnel, d'une relation intermittente. Le sarment fait partie du cep ; entre la racine et les sarments il y a une communion ininterrompue de vie, de force et de fécondité. Détaché du cep, le sarment ne saurait vivre. Vous ne sauriez davantage vivre en étant séparés de moi. La vie que vous avez reçue de moi ne peut se conserver que par une communion continuelle. Sans moi vous ne pouvez vaincre un seul péché, ni résister à une seule tentation.

« Demeurez en moi, comme moi en vous. » Demeurer en Christ c'est recevoir constamment son Esprit, c'est vivre dans une parfaite soumission à son service. La voie de communication entre l'homme et Dieu doit être continuellement libre ; ainsi que le sarment tire constamment la sève du cep vivant, nous devons rester attachés à Jésus, et recevoir de lui, par la foi, la force et la perfection de son caractère. La racine envoie la nourriture par le moyen des sarments jusqu'aux dernières ramilles. De même le Christ communique à chaque croyant un courant d'énergie spirituelle. Aussi longtemps qu'une âme reste unie au Christ, elle ne risque pas de se dessécher ou de se corrompre.

La vie du cep se manifeste dans les sarments par des fruits odorants. « Celui qui demeure en moi, dit Jésus, comme moi en lui, porte beaucoup de fruits ; car, sans moi, vous ne pouvez rien faire. » Si, par la foi, nous vivons de la vie du Fils de Dieu, tous les fruits de l'Esprit paraîtront dans notre vie.

« Mon Père est le vigneron. Tout sarment qui est en moi et qui ne porte pas de fruit, il le retranche. » Même alors que le scion est uni extérieurement au cep, il se peut qu'il n'y ait entre eux aucune relation vitale ; donc pas de croissance ni de fécondité. Il peut aussi y avoir un rapport apparent avec le Christ, sans l'union réelle de la foi. Une profession de piété introduit les hommes dans l'Eglise, mais seul leur caractère et leur conduite prouvent leur intimité avec le Christ. S'ils ne portent pas de fruits, ce sont de faux sarments. Leur séparation d'avec le Christ les expose à une ruine aussi complète que celle qui attend le sarment desséché. « Si quelqu'un ne demeure pas en moi, dit le Christ, il est jeté dehors, comme le sarment, et il sèche ; puis l'on ramasse les sarments, on les jette au feu et ils brûlent. »

« Tout sarment qui porte du fruit, il l'émonde afin qu'il porte encore plus de fruits. » Parmi les douze qui avaient suivi Jésus, il en était un qui allait être retranché comme un sarment stérile ; les autres passeraient sous le sécateur d'une épreuve amère. Avec une tendresse solennelle, Jésus fit connaître le dessein du vigneron. L'émondage occasionne une douleur, mais c'est le Père qui manie le sécateur. Il ne travaille pas d'une main brutale ou d'un cœur indifférent. Il y a des sarments qui se traînent sur le sol et qu'il faut détacher des supports terrestres auxquels leurs vrilles se sont fixées, afin de les diriger vers le ciel pour qu'ils trouvent leur appui en Dieu. L'excès de feuillage, qui accapare la vie dont le fruit aurait besoin, doit être élagué pour laisser pénétrer les rayons vivifiants du soleil de la justice. Le vigneron retranche les pousses nuisibles pour obtenir un fruit plus riche et plus abondant.

« Mon Père est glorifié en ceci, dit Jésus : que vous portiez beaucoup de fruit. » Dieu désire manifester, par votre intermédiaire, la sainteté, la bienveillance et la compassion qui le caractérisent. Cependant le Sauveur ne demande pas à ses disciples de faire des efforts pour porter du fruit. Il leur dit simplement de demeurer en lui. « Si vous demeurez en moi, dit-il, et que mes paroles demeurent en vous, demandez tout ce que vous voudrez, et cela vous sera accordé. » C'est par sa Parole que le Christ habite chez ses disciples. C'est la même union vitale dont il parlait en disant qu'il faut manger sa chair et boire son sang. Les paroles du Christ sont esprit et vie. En les recevant on reçoit la vie du Cep. On vit « de toute parole qui sort de la bouche de Dieu [16]. » La vie du Christ produit en vous les mêmes fruits qu'elle a produits en lui. En vivant en Christ, en adhérant au Christ, en vous appuyant sur le Christ, en tirant du Christ votre nourriture, vous portez des fruits semblables à ceux qu'il a portés.

Au cours de son dernier entretien avec les disciples, Jésus a exprimé l'ardent désir de les voir s'aimer les uns les autres comme il les avait aimés. Il insista particulièrement sur ce sujet. Ce que je vous commande, dit-il à plusieurs reprises, c'est de vous aimer les uns les autres. La première recommandation qu'il leur avait faite dans la chambre haute avait été celle-ci : « Je vous donne un commandement nouveau : Aimez-vous les uns les autres ; comme je vous ai aimés, vous aussi, aimez-vous les uns les autres. » Ce commandement était nouveau pour les disciples ; car jusque-là ils ne s'étaient pas aimés les uns les autres comme le Christ les avait aimés. Jésus jugeait qu'ils avaient besoin d'être dirigés par de nouvelles idées et de nouveaux mobiles ; qu'ils devaient se conformer à de nouveaux principes : que sa vie et sa mort, à la lumière de son sacrifice, allaient leur donner une nouvelle conception de l'amour. L'œuvre de la grâce tout entière est un service continuel d'amour, de renoncement, de sacrifice de soi-même. A chaque heure de son séjour sur la terre, des courants irrésistibles d'amour divin découlaient du Christ. Tous ceux que pénètre son Esprit aimeront comme il a aimé. Le même principe qui a inspiré le Christ inspirera aussi leurs relations les uns avec les autres.

C'est à cet amour que l'on reconnaît les vrais disciples. « A ceci, dit Jésus, tous reconnaîtront que vous êtes mes disciples, si vous avez de l'amour les uns pour les autres. » Quand des hommes sont liés les uns aux autres, non par la force ou l'intérêt, mais par l'amour, ils montrent qu'ils sont sous une influence supérieure à toutes les influences humaines. Là où cette unité existe, on a la preuve que l'image de Dieu est rétablie dans l'humanité, et qu'un nouveau principe de vie a été communiqué. Il est ainsi démontré que la nature divine est capable de résister aux forces surnaturelles du mal, et que la grâce de Dieu peut vaincre l'égoïsme inhérent au cœur humain.

Un tel amour, manifesté au sein de l'Eglise, provoquera sûrement la colère de Satan. Le Christ n'a pas tracé devant ses disciples un sentier facile. « Si le monde a de la haine pour vous, dit-il, sachez qu'il m'a haï avant vous. Si vous étiez du monde, le monde aimerait ce qui est à lui ; mais parce que vous n'êtes pas du monde, et que je vous ai choisis du milieu du monde, à cause de cela, le monde a de la haine pour vous. Souvenez-vous de la parole que je vous ai dite : Le serviteur n'est pas plus grand que son maître. S'ils m'ont persécuté, ils vous persécuteront aussi ; s'ils ont gardé ma parole, ils garderont aussi la vôtre. Mais tout cela, ils vous le feront à cause de mon nom, parce qu'ils ne connaissent pas celui qui m'a envoyé. » L'Evangile se propage au prix d'une lutte agressive au milieu de l'opposition, de périls, de pertes, et de souffrances. Mais ceux qui accomplissent cette œuvre ne font que marcher sur les traces de leur Maître.

En tant que Rédempteur du monde, le Christ n'a eu apparemment que des insuccès. Messager de la grâce auprès de notre monde, il semble qu'il ne lui a été donné d'accomplir qu'une faible partie de l'œuvre qu'il désirait faire en vue de relever et de sauver. Des influences diaboliques étaient continuellement à l'œuvre s'opposant à lui. Mais il ne se laissait pas décourager. Il déclare par le prophète Esaïe : « J'ai travaillé en vain, j'ai consumé ma force inutilement et sans fruit. Mais mon droit est auprès de l'Eternel et mon salaire auprès de mon Dieu. Et maintenant, l'Eternel parle, lui qui m'a formé dès ma naissance pour être son serviteur, pour ramener à lui Jacob et pour rassembler Israël autour de lui ; car je suis honoré aux yeux de l'Eternel et mon Dieu est ma force. » C'est au Christ que cette promesse est faite : « Ainsi parle l'Eternel, le Rédempteur, le Saint d'Israël, à celui qui est méprisé des hommes, détesté du peuple. ... Ainsi parle l'Eternel :... Je veillerai sur toi ; je ferai de toi le Médiateur de mon alliance avec le peuple, pour relever le pays et partager les héritages dévastés ; pour dire aux prisonniers : Sortez ! – et à ceux qui sont dans les ténèbres : Montrez-vous ! ... Ils n'auront plus faim, ils n'auront plus soif ; ni le hâle brûlant, ni l'ardeur du soleil ne les frapperont plus : car celui qui les a pris en pitié les conduira et les mènera près des sources d'eaux [17]. »

Jésus s'appuyait sur cette parole, et n'accordait aucun avantage à Satan. Au moment où il allait descendre jusqu'au fond de l'humiliation, où la tristesse la plus accablante enveloppait son âme, le Christ dit aux disciples : « Le prince du monde vient. Il n'a rien en moi. » « Le prince de ce monde est jugé. » Il va être « jeté dehors [18] ». L'œil prophétique du Christ apercevait les événements qui devaient marquer la grande lutte finale. Il savait que le ciel entier triompherait quand il pourrait s'écrier : « Tout est accompli. » Il entendait déjà les sons éloignés de la musique et des cris de victoire retentissant dans les parvis célestes. Il savait que le glas allait sonner sur l'empire de Satan, et que le nom du Christ serait proclamé, de monde en monde, à travers l'immensité de l'univers.

Le Christ se réjouissait à la pensée qu'il pourrait faire pour ses disciples plus qu'ils n'étaient capables de demander ou même de penser. Il s'exprimait avec assurance, car il savait qu'un décret tout puissant avait été promulgué, dès avant la création du monde. Il savait que la vérité, accompagnée de la toute puissance du Saint-Esprit, remporterait la victoire sur le mal et que la bannière ensanglantée flotterait triomphalement sur ses disciples. Il savait que la vie de ses disciples confiants serait semblable à la sienne : une série ininterrompue de victoires, non considérées comme telles, icibas, mais dans l'au-delà.

« Je vous ai parlé ainsi, dit-il, pour que vous ayez la paix en moi. Vous aurez de l'affliction dans le monde ; mais prenez courage, moi, j'ai vaincu le monde. » Le Christ n'a eu ni défaillance ni découragement : ses disciples doivent manifester une foi aussi persévérante. Ils doivent vivre comme il a vécu et travailler comme il a travaillé, en comptant sur lui comme sur leur Chef suprême. Il leur faut du courage, de l'énergie et de la persévérance pour s'avancer coûte que coûte, par sa grâce, même si des obstacles infranchissables paraissent leur barrer la route ; pour surmonter les difficultés, au lieu de les déplorer ; pour espérer contre toute espérance. Le Christ les a attachés au trône de Dieu par les chaînes d'or de son amour immaculé. Il veut qu'ils possèdent la plus puissante influence qui soit dans l'univers, celle qui émane de la source de la Toute-Puissance. Pour résister au mal, ils disposent d'un pouvoir que ni la terre, ni la mort, ni l'enfer ne peuvent dominer, et qui les rendra capables de vaincre comme le Christ a vaincu.

Jésus veut que l'ordre du ciel, le plan du gouvernement céleste, la divine harmonie soient représentés dans son Eglise, sur la terre. Ainsi il sera glorifié par son peuple ; ainsi le Soleil de justice brillera, dans le monde, de l'éclat le plus vif. Le Christ a pourvu son Eglise de moyens abondants, en vue d'obtenir un riche revenu de gloire, du domaine qu'il s'est acquis. Il a accordé aux siens des talents et des bienfaits pour qu'ils soient à même de représenter dignement celui qui possède toutes les capacités. L'Eglise, dotée de la justice du Christ, se trouve être son dépositaire : en elle doivent paraître, dans leur plénitude, et se déployer, largement, les richesses de sa grâce et de son amour. Dans la pureté et dans la perfection de son peuple, le Christ voit la récompense de son humiliation, et le complément de sa gloire. Il reste, lui, le grand centre d'où émane toute gloire.

Le Sauveur acheva ses instructions par des paroles pleines de fermeté et d'espérance. Ensuite, levant les yeux au ciel, il répandit son âme dans une prière prononcée en faveur de ses disciples : « Père, l'heure est venue. Glorifie ton Fils, afin que le Fils te glorifie, selon que tu lui as donné pouvoir sur toute chair, afin qu'il donne la vie éternelle à tous ceux que tu lui as donnés. Or, la vie éternelle, c'est qu'ils te connaissent, toi, le seul vrai Dieu, et celui que tu as envoyé, Jésus-Christ. »

Le Christ avait achevé l'œuvre qui lui avait été assignée. Il avait glorifié Dieu sur la terre. Il avait fait connaître le nom de son Père. Il avait recruté ceux qui étaient appelés à continuer son œuvre parmi les hommes. Et il dit : « Je suis glorifié en eux. Je ne suis plus dans le monde ; eux sont dans le monde, et moi je vais à toi. Père saint, garde-les en ton nom que tu m'as donné, afin qu'ils soient un comme nous. » « Ce n'est pas pour eux seulement que je prie, mais encore pour ceux qui croiront en moi par leur parole, afin que tous soient un. ... Moi en eux, et toi en moi, afin qu'ils soient parfaitement un, et que le monde reconnaisse que tu m'as envoyé et que tu les as aimés, comme tu m'as aimé. »

Par ces paroles qui portent l'empreinte d'une autorité divine, le Christ remet ses élus entre les bras de son Père. Il intercède en faveur de son peuple, en qualité de Souverain Sacrificateur consacré. Berger fidèle, il rassemble son troupeau à l'ombre du Tout-Puissant, dans un sûr refuge. Il lui reste à livrer encore une bataille contre Satan, et il s'élance au-devant de l'ennemi.

---

[1] Ce chapitre est basé sur Jean 13.31-38 ; 14 ; 15 ; 16 ; 17. [2] 2 Corinthiens 4.18. [3] Jean 16.24. [4] 1 Jean 3.22. [5] Apocalypse 1.18. [6] Ephésiens 3.18, 19. [7] Actes 5.28. [8] Philippiens 2.13. [9] Psaume 117. [10] Matthieu 26.31. [11] Jean 6.70. [12] Marc 14.29-31. [13] Matthieu 14.30. [14] Matthieu 26.32. [15] Jean 5.30. [16] Matthieu 4.4. [17] Esaïe 49.4, 5, 7-10. [18] Jean 14.30 ; 16.11 ; 12.31.

Chapitre 74

Gethsémané

SUIVI de ses disciples, le Sauveur s'achemine lentement vers le jardin de Gethsémané [1]. La lune est dans son plein elle resplendit dans un ciel sans nuage. Les tentes des pèlerins sont plongées dans le silence.

Jésus avait eu, avec ses disciples, une conversation animée cependant, à mesure qu'ils s'approchaient de Gethsémané, son attitude devenait étrangement silencieuse. Souvent il était venu méditer et prier là. En cette nuit où devait avoir lieu sa dernière agonie, il éprouvait une douleur qu'il n'avait jamais ressentie. Durant toute sa vie terrestre, il avait marché dans la lumière de la présence divine. Alors qu'il se trouvait en conflit avec des hommes qu'inspirait l'esprit de Satan, il pouvait dire « Celui qui m'a envoyé est avec moi ; il ne m'a pas laissé seul, parce que je fais toujours ce qui lui est agréable [2]. » Mais cette fois il paraissait privé de la présence réconfortante de la lumière divine. Il était maintenant compté parmi les transgresseurs. Il lui fallait porter le poids de la culpabilité de l'humanité déchue. L'iniquité de nous tous devait reposer sur celui qui n'avait pas connu le péché. Le péché lui paraît si redoutable, le fardeau de la faute est si lourd, qu'il a lieu de craindre de se trouver, pour toujours, privé de l'amour de son Père. Sachant quelle aversion Dieu éprouve pour le péché, il s'écrie : « Mon âme est triste jusqu'à la mort. »

En approchant du jardin, les disciples avaient remarqué le changement soudain qui s'était produit chez le Maître. Ils ne l'avaient encore jamais vu aussi abattu et silencieux et n'osaient lui demander la cause de sa tristesse. A mesure qu'il avançait, cette angoisse augmentait. Il chancelait comme s'il allait tomber. Les disciples cherchèrent au jardin l'endroit où il avait coutume de se retirer, pensant que le Maître pourrait s'y reposer. Chaque pas lui coûtait un effort. Comme accablé par un fardeau écrasant, il faisait entendre des gémissements. Par deux fois ses compagnons durent le soutenir, sans quoi il se serait écroulé sur le sol.

A l'entrée du jardin, Jésus laissa tous ses disciples, à l'exception de trois, leur recommandant de prier pour eux et pour lui. Accompagné de Pierre, Jacques et Jean, il pénétra dans le lieu le plus retiré. Ces trois disciples, compagnons les plus intimes du Christ, avaient contemplé sa gloire sur la montagne de la transfiguration et vu Moïse et Elie s'entretenant avec lui ; ils avaient entendu la voix du ciel. Le Christ désirait jouir de leur présence immédiate pendant sa grande lutte. Ils avaient souvent passé la nuit avec lui dans cette retraite. Après avoir veillé et prié un moment, ils s'endormaient paisiblement à quelque distance du Maître, et celui-ci les réveillait au matin pour retourner au travail. Mais cette fois il désirait qu'ils passassent avec lui la nuit en prière, sans cependant vouloir leur imposer la vue de son agonie.

« Restez ici, dit-il, et veillez avec moi. »

Il s'éloigna à quelque distance, – pas si loin qu'ils ne pussent le voir et l'entendre, – et tomba à genoux. Il sentait que le péché le séparait de son Père. L'abîme était si large, si noir, si profond, que son esprit frissonnait. Il ne devait pas faire usage de sa puissance divine pour échapper à cette agonie. En tant qu'homme il devait supporter les conséquences du péché de l'homme ; il devait subir la colère dont Dieu frappe la transgression.

L'attitude du Christ était bien différente de celle qu'il avait eue auparavant. Ses souffrances trouvent leur meilleure description dans ces paroles du prophète : « Epée, lève-toi contre mon berger, contre l'homme dont j'ai fait mon compagnon, dit l'Eternel des armées [3] ! » En tant que substitut et garant de l'homme pécheur, le Christ subissait la justice divine. Il voyait ce que signifie cette justice. Jusqu'ici il avait intercédé pour d'autres ; maintenant il eût voulu trouver un intercesseur pour lui-même.

Sentant que son union avec le Père était brisée, le Christ craignait de ne pouvoir, dans sa nature humaine, sortir victorieux du conflit avec la puissance des ténèbres. Au désert de la tentation, la destinée de la race humaine avait été en jeu et le Christ avait vaincu. Maintenant le tentateur s'approchait pour la lutte finale, lutte formidable à laquelle Satan s'était préparé pendant les trois années du ministère du Christ. Tout était en jeu pour lui. S'il échouait maintenant, tout espoir de domination était perdu pour lui ; les royaumes du monde appartiendraient enfin au Christ ; Satan serait renversé et jeté dehors. Mais s'il pouvait remporter la victoire sur Jésus, la terre deviendrait son royaume et la race humaine serait pour toujours en son pouvoir.

En pensant aux conséquences possibles de la lutte, le Christ redoutait une séparation d'avec Dieu. Satan lui disait que cette séparation serait éternelle s'il devenait le garant d'un monde pécheur. Il serait assimilé aux sujets du royaume de Satan et ne retrouverait plus jamais la communion divine.

Et qu'avait-il à gagner par son sacrifice ? La faute et l'ingratitude des hommes ne paraissaient-elles pas sans remède ? Satan dépeignait au Rédempteur la situation sous son jour le plus sombre : le peuple qui se croit au-dessus de tous les autres, à cause de ses avantages temporels et spirituels, l'a rejeté. Il cherche à le détruire, lui qui est le fondement, le centre et le sceau des promesses faites au peuple particulier. L'un de ses propres disciples, qui a écouté ses instructions, et qui a joué l'un des premiers rôles dans l'Eglise, va le trahir ; un autre, des plus zélés, va le renier. Tous l'abandonneront. Le Christ reculait d'effroi à cette pensée. Que ceux qu'il s'était efforcé de sauver et qu'il avait tant aimés pussent devenir les complices de Satan, son âme en était transpercée. La lutte était effroyable. La mesure en était donnée par la culpabilité de sa nation, de ses accusateurs et du traître, par la culpabilité d'un monde plongé dans l'iniquité : Les péchés des hommes pesaient lourdement sur le Christ, qui se sentait écrasé par le sentiment de la colère dont Dieu frappe le péché.

Il voit le prix qu'il doit payer pour l'âme humaine. Dans son agonie il contemple le sol nu, comme pour ne pas s'éloigner davantage de Dieu. La froide rosée nocturne tombe sur son corps prosterné sans qu'il y prête attention. De ses lèvres pâles jaillit ce cri plein d'amertume : « Mon Père, s'il est possible, que cette coupe s'éloigne de moi ! » Cependant il ajoute immédiatement : « Toutefois, non pas comme je veux, mais comme tu veux. »

Le cœur humain a besoin de sympathie quand il souffre. Le Christ éprouvait ce besoin dans les profondeurs de son être. Dans l'agonie suprême de son âme il s'approcha des disciples avec un désir intense de recevoir quelque parole de consolation de ceux qu'il avait si souvent réconfortés et protégés au sein de la douleur et de la détresse. Celui qui, toujours, avait eu, pour eux, des paroles de sympathie, endurait maintenant une agonie surhumaine, et il désirait les voir prier pour lui et pour eux-mêmes. Combien la malignité du péché lui paraissait grande ! Il était fortement tenté de laisser la race humaine porter les conséquences de son propre péché et de garder, lui, son innocence devant Dieu. Si seulement il se sentait compris et apprécié par les disciples, il en serait fortifié.

S'étant levé péniblement, il vint, en chancelant, à l'endroit où il avait laissé ses compagnons. Mais il « les trouva endormis ». S'il les avait vus en prière, cherchant leur refuge en Dieu pour échapper aux influences de Satan, il eût éprouvé un soulagement ; la fermeté de leur foi l'eût réconforté. Mais ils n'avaient pas tenu compte de l'avertissement réitéré : « Veillez et priez. » Tout d'abord, fort troublés en voyant leur Maître, d'habitude si calme et si digne, en proie à une douleur incompréhensible, ils avaient prié tandis que leurs oreilles étaient frappées par les cris de l'homme de douleur. Ils n'avaient pas l'intention d'abandonner leur Maître, mais ils semblaient paralysés par une sorte de torpeur qu'ils auraient pu secouer s'ils avaient continué de plaider auprès de Dieu. Ils ne comprirent pas la nécessité de veiller et de prier avec ferveur afin de pouvoir résister à la tentation. Immédiatement avant de se diriger vers le jardin, Jésus avait dit aux disciples : « Vous trouverez tous une occasion de chute. » Ils avaient assuré avec la dernière énergie, qu'ils étaient prêts à l'accompagner en prison et à la mort. Ce pauvre Pierre, toujours plein de lui-même, avait ajouté : « Quand tous trouveraient une occasion de chute, moi pas [4]. » Mais les disciples se fiaient à eux-mêmes ; malgré les conseils du Christ, ils ne regardaient pas vers leur puissant soutien. C'est ainsi qu'ils se trouvèrent endormis au moment où le Sauveur avait le plus grand besoin de leur tendresse et de leurs prières. Pierre lui-même dormait !

Jean, le disciple bien-aimé, qui s'était appuyé sur le sein de Jésus, dormait, lui aussi ! L'amour que Jean avait pour son Maître aurait dû, pourtant, le tenir éveillé ! A cette heure de douleur suprême il aurait dû joindre ses ferventes prières à celles de son cher Sauveur. Le Rédempteur avait passé des nuits entières en prière pour que la foi de ses disciples n'eût pas à défaillir. Si Jésus avait maintenant posé cette question à Jacques et à Jean : « Pouvez-vous boire la coupe que je vais boire ? » ils n'auraient pas osé répondre : « Nous le pouvons [5]. »

Les disciples se réveillèrent en entendant la voix de Jésus, mais c'est à peine s'ils purent le reconnaître, tant l'angoisse altérait son visage. S'adressant à Pierre, Jésus dit : « Simon, tu dors ! Tu n'as pas été capable de veiller seulement une heure ! Veillez et priez, afin de ne pas entrer en tentation ; l'esprit est bien disposé, mais la chair est faible. » La faiblesse des disciples éveillait la compassion de Jésus. Il craignait qu'ils ne fussent pas capables de supporter l'épreuve de la trahison, et sa mort. Sans leur faire de reproche, il leur dit : « Veillez et priez, afin de ne pas entrer en tentation. » Même dans cette grande agonie, il cherchait une excuse à leur faiblesse. « L'esprit est bien disposé, dit-il, mais la chair est faible. » Le Fils de Dieu fut ressaisi par l'agonie et, défaillant, épuisé, il retourna, en chancelant, au point qu'il venait de quitter. Sa souffrance était encore plus intense. Son angoisse était telle que « sa sueur devint comme des grumeaux de sang, qui tombaient à terre ». Les cyprès et les palmiers étaient les témoins silencieux de son angoisse. Leur feuillage laissait tomber une épaisse rosée sur son corps exténué comme si la nature pleurait sur son Auteur, se débattant seul contre la puissance des ténèbres.

Peu de temps auparavant, Jésus avait semblé un cèdre puissant, résistant à l'orage de l'opposition déchaînée contre lui. Des volontés opiniâtres, des cœurs pleins d'une malice subtile, avaient cherché en vain à le confondre et à l'accabler. Il s'était tenu debout, revêtu d'une majesté divine, comme Fils de Dieu. Maintenant il était semblable à un roseau battu et ployé par une violente tempête. Il s'était approché de la consommation de son œuvre en conquérant, remportant à chaque pas une nouvelle victoire sur la puissance des ténèbres. Comme s'il eût été déjà glorifié, il avait proclamé son unité avec Dieu. Sa voix, maintenant, dans le silence du soir, n'avait pas des accents de triomphe ; elle était pleine d'une angoisse toute humaine. Ces paroles du Sauveur parvenaient aux oreilles des disciples assoupis : « Père, si tu le veux, éloigne de moi cette coupe ! Toutefois, non pas ma volonté, mais que la tienne soit faite. »

Les disciples auraient voulu aller vers lui ; mais il leur avait dit de demeurer là, veillant et priant. Quand Jésus revint à eux, il les trouva de nouveau endormis. Il ressentait un même besoin de compagnie ; il désirait entendre de la part des disciples quelques paroles qui pussent le soulager et dissiper les ténèbres qui l'accablaient. Mais « leurs yeux étaient appesantis. Ils ne savaient que lui répondre. » Réveillés par sa présence, ils virent son visage recouvert d'une sueur sanglante, et ils en furent tout effrayés. Ils ne pouvaient comprendre son angoisse. Il était un « sujet d'étonnement, tant son visage était défait, méconnaissable ; tant son aspect différait de celui des autres hommes [6] ».

Jésus retourna vers sa retraite, et vaincu par l'horreur de ténèbres profondes, tomba à genoux. A cette heure de l'épreuve, l'humanité du Fils de Dieu était tremblante. En ce moment, il ne priait plus pour que la foi des disciples ne défaillît point, mais pour sa propre âme tentée et agonisante. Le moment redoutable était arrivé où devait se décider la destinée du monde. Le sort de l'humanité oscillait dans la balance. Le Christ pouvait encore refuser de boire la coupe préparée pour l'homme coupable. Il n'était pas trop tard. Jésus pouvait essuyer la sueur sanglante de son visage et laisser périr l'homme dans son iniquité. Il pouvait dire : Que le transgresseur subisse la peine de son péché ; moi, je retournerai vers mon Père. Le Fils de Dieu allait-il consentir à boire la coupe amère de l'humiliation et de l'agonie ? L'innocent allait-il subir les conséquences de la malédiction du péché pour sauver le coupable ? Les lèvres pâles et tremblantes de Jésus murmurèrent ces paroles : « Mon Père, s'il n'est pas possible que cette coupe s'éloigne sans que je la boive, que ta volonté soit faite ! »

Trois fois il répéta cette prière. Par trois fois l'humanité de Jésus a hésité devant le dernier sacrifice, le sacrifice suprême. Maintenant l'histoire de la race humaine se présente à l'esprit du Rédempteur du monde. Il voit qu'abandonnés à eux-mêmes les transgresseurs de la loi sont destinés à périr. Il voit l'homme dans un état désespéré. Il aperçoit la puissance du péché. Le malheur et les lamentations d'un monde condamné se dressent devant lui. Sa décision est prise. Il sauvera l'homme à n'importe quel prix. Il accepte le baptême du sang, pourvu que des millions d'êtres humains obtiennent la vie éternelle. Il a quitté les parvis célestes, où tout est pureté, bonheur, gloire, pour sauver l'unique brebis perdue, le seul monde qui soit tombé dans le péché. Il ne renoncera pas à sa mission. Il deviendra une victime de propitiation pour une race vouée au péché. Sa prière ne respire plus que la soumission : « S'il n'est pas possible que cette coupe s'éloigne sans que je la boive, que ta volonté soit faite ! »

Ayant pris sa décision, il tomba inanimé sur le sol d'où il avait essayé de se relever. Où étaient maintenant ses disciples, qui eussent dû soutenir de leurs mains le Maître défaillant et baigner son visage à l'aspect si différent de celui des autres hommes ? Le Sauveur était seul à fouler au pressoir, et personne parmi les siens n'était avec lui.

Mais Dieu partageait les souffrances de son Fils. Les anges contemplaient l'agonie du Sauveur, entouré de légions diaboliques et en proie à un effroi mystérieux qui le faisait frissonner. Le silence régnait dans le ciel. Aucune harpe ne vibrait. Si les mortels avaient pu voir l'étonnement et la douleur silencieuse de l'armée angélique alors que le Père retirait de son Fils bien-aimé ses rayons de lumière, d'amour et de gloire, ils comprendraient mieux combien le péché lui est odieux.

Les mondes qui n'ont pas connu le péché et les anges du ciel ont assisté avec un intérêt passionné à la fin du conflit. Satan et ses confédérés, les légions de rebelles, ont également assisté avec le plus grand intérêt à cette crise de l'œuvre de la rédemption. Les puissances du bien et du mal attendaient anxieusement la réponse de Dieu à la prière du Christ, trois fois répétée. Des anges avaient désiré apporter un soulagement à cet Etre divin qui souffrait, mais cela ne pouvait se faire. Aucune issue ne s'ouvrait devant le Fils de Dieu. Pourtant au plus fort de cette crise effroyable où tout était en jeu, alors que la coupe mystérieuse tremblait dans la main de l'homme de douleur, les cieux s'ouvrirent enfin, une lumière resplendit à travers les ténèbres de cette heure unique, et l'ange puissant qui occupe, en la présence de Dieu, la position d'où Satan a été exclu, vint se placer à côté du Christ. Cet ange ne venait pas pour enlever la coupe des mains du Christ, mais pour le fortifier, afin qu'il pût la boire, en lui donnant l'assurance de l'amour de son Père. Il venait pour donner des forces à l'Etre divin et humain qui était en prière. Il lui montra le ciel ouvert et lui parla des âmes qui seraient sauvées par ses souffrances. Il lui rappela que son Père est plus puissant que Satan, que sa mort aurait pour effet la défaite totale de celui-ci et que le royaume de ce monde serait donné aux saints du Très-Haut. Il lui dit qu'il pourrait contempler le fruit de ses labeurs et qu'il serait rassasié de joie en voyant des multitudes d'êtres humains sauvés pour l'éternité.

L'agonie du Christ n'avait pas cessé, mais il ne se sentait plus découragé. La tempête n'était pas apaisée, mais il était assez fort pour y résister. Il sortait de l'épreuve, calme et serein. Une paix céleste reposait sur son visage taché de sang. Il avait enduré ce qu'aucun être humain ne pourra jamais endurer ; car il avait goûté les souffrances de la mort à la place de tous les hommes.

Les disciples endormis avaient été subitement réveillés par la lumière qui enveloppait le Sauveur. Ils virent l'ange penché sur leur Maître prosterné, appuyer la tête du Sauveur sur sa poitrine et lui montrer le ciel. Ils entendirent sa voix, semblable à la plus douce musique, prononçant des paroles de consolation et d'espérance. Les disciples se rappelèrent ce qui s'était passé sur la montagne de la transfiguration, la gloire qui avait inondé Jésus dans le temple, et la voix de Dieu qui s'était fait entendre, du sein de la nue. Cette même gloire se manifestait à nouveau, dissipant toutes les craintes qu'ils entretenaient au sujet de leur Maître. Il se trouvait sous la protection divine ; un ange puissant avait été envoyé pour le garder. Les disciples fatigués retombèrent sous la torpeur qui les accablait. Une fois encore, Jésus les trouva endormis.

Les regardant avec tristesse, il leur dit : « Dormez maintenant, et reposez-vous ! Voici, l'heure est proche où le Fils de l'homme va être livré aux mains des pécheurs. »

En prononçant ces paroles, il entendit déjà le bruit des pas de la populace qui le cherchait, et il dit : « Levez-vous, allons ; celui qui me livre s'approche. » Jésus ne montrait plus aucune trace d'agonie lorsqu'il s'avança au-devant du traître. Ayant distancé ses disciples, il demanda : « Qui cherchez-vous ? Ils lui répondirent : Jésus de Nazareth. Il leur dit : C'est moi. » A cet instant l'ange qui était venu à son secours se plaça entre lui et la foule. Une lumière divine éclairait le visage du Sauveur et une forme de colombe le recouvrait. La foule sanguinaire ne pouvait supporter la présence de cette gloire. Tous reculèrent. Prêtres, anciens, soldats, Judas lui-même, tombèrent à terre, comme morts.

L'ange se retira et la lumière s'évanouit. Jésus avait l'occasion de s'enfuir, mais il resta calme et maître de lui-même. Il se tenait, glorifié, au milieu de cette bande endurcie, étendue sans force à ses pieds. Les disciples regardaient, muets de saisissement et d'épouvante.

Soudain la scène changea d'aspect. La foule se releva. Les soldats romains, les prêtres, avec Judas, se rassemblèrent autour du Christ. Ils paraissaient honteux de leur faiblesse, et craignaient que Jésus ne voulût s'échapper. Le Rédempteur renouvela sa question : « Qui cherchez-vous ? » Tout prouvait que celui qui se tenait devant eux était le Fils de Dieu, mais ils ne voulaient pas se laisser convaincre. Ils répondirent encore une fois : « Jésus de Nazareth. » Alors Jésus reprit : « Je vous ai dit que c'est moi. Si donc c'est moi que vous cherchez, laissez partir ceux-ci », et ce disant il montrait les disciples. Sachant combien leur foi était faible, il s'efforçait de leur épargner la tentation et l'épreuve. Il était prêt à se sacrifier pour eux.

Judas n'oublia pas son rôle de traître. C'est lui qui, suivi de près par le souverain sacrificateur, avait introduit la foule dans le jardin. Il avait donné ce signe à ceux qui poursuivaient Jésus : « Celui à qui je donnerai un baiser, c'est lui : saisissez-le [7]. » Maintenant il feignait de ne rien avoir de commun avec eux. S'approchant de Jésus, il lui prend familièrement la main, comme un ami. Il le baise plusieurs fois en lui disant : « Salut, Rabbi ! » et il simule pleurer de sympathie pour lui, dans le danger.

Jésus lui dit : « Ami, ce que tu es venu faire, fais-le. » Et sa voix vibrait de douleur, tandis qu'il ajoutait : « Judas, c'est par un baiser que tu livres le Fils de l'homme ! » Un tel appel aurait dû réveiller la conscience du traître, toucher son cœur obstiné ; mais tout sentiment d'honneur, de loyauté, et de tendresse humaine l'avait abandonné. Il se montrait hardi, avec un air de défi, ne manifestant aucune disposition à revenir en arrière. Il s'était donné à Satan, et n'avait plus de force pour lui résister. Jésus ne refusa pas le baiser du traître.

La foule s'enhardit quand elle vit que Judas osait toucher la personne de celui qui venait de se montrer glorifié à leurs yeux. On se saisit alors de Jésus, et on se mit en devoir de lier ces mains qui avaient été sans cesse occupées à faire du bien.

Les disciples s'étaient imaginé que le Maître ne se laisserait pas prendre. Ils pensaient que la puissance qui avait jeté à terre ces gens pouvait les y maintenir jusqu'à ce que Jésus et ses compagnons se fussent mis en sûreté. Ils éprouvèrent du désappointement et de l'indignation quand on apporta des cordes pour lier les mains de celui qu'ils aimaient. Saisi de colère, Pierre tira brusquement son épée et voulut défendre son Maître, mais il ne réussit qu'à couper une oreille au serviteur du souverain sacrificateur. A cette vue Jésus dégagea ses mains, bien qu'elles fussent fermement tenues par les soldats romains, et il leur dit : « Tenez-vous en là ! » Il toucha l'oreille blessée, et la guérit à l'instant même. Ensuite il dit à Pierre : « Remets ton épée à sa place ; car tous ceux qui prendront l'épée périront par l'épée. Penses-tu que je ne puisse pas invoquer mon Père, qui me donnerait à l'instant plus de douze légions d'anges ? » – une légion pour chacun des disciples. Pourquoi, pensaient les disciples, ne se sauve-t-il pas lui-même et nous avec lui ? Pour répondre à cette pensée cachée, Jésus ajouta : « Comment donc s'accompliraient les Ecritures d'après lesquelles il doit en être ainsi ? » « La coupe que le Père m'a donnée, ne la boirai-je pas ? »

La dignité officielle dont étaient revêtus les conducteurs juifs ne les avait pas empêchés de se joindre à ceux qui poursuivaient Jésus. Son arrestation était une affaire trop importante pour être confiée à des subordonnés ; ces prêtres et ces anciens rusés accompagnaient la police du temple et la racaille qui suivait Judas, à Gethsémané. Quelle société pour ces dignitaires – une tourbe avide de sensations et pourvue de tout l'attirail nécessaire à la capture d'une bête sauvage !

Se tournant vers les prêtres et les anciens, le Christ fixa sur eux son regard pénétrant. Ils ne devaient jamais oublier, aussi longtemps qu'ils vivraient, les paroles qu'il prononça à cette occasion. Ses paroles étaient les flèches acérées du Tout-Puissant. Il leur dit avec dignité : « Vous êtes venus comme après un brigand, avec des épées et des bâtons, pour vous emparer de moi. J'étais tous les jours parmi vous, j'enseignais dans le temple, et vous ne vous êtes pas saisis de moi. » La nuit convient mieux à votre œuvre. « Mais c'est ici votre heure et le pouvoir des ténèbres. »

La terreur s'empara des disciples quand ils virent que Jésus se laissait prendre et lier. Ils étaient scandalisés de ce qu'il tolérait que cette humiliation fût infligée à lui-même et à eux. Ils ne pouvaient comprendre sa conduite, sa passivité devant la foule qui le maltraitait. Dominés par l'indignation et la peur, ils suivirent le conseil de Pierre, qui leur proposa de songer à leur propre salut. « Alors tous l'abandonnèrent et prirent la fuite. » Le Christ avait annoncé cette désertion. « Voici, l'heure vient, avait-il dit, et même elle est venue, où vous serez dispersés chacun de son côté, et où vous me laisserez seul ; mais je ne suis pas seul, car le Père est avec moi [8]. »

---

[1] Ce chapitre est basé sur Matthieu 26.36-56 ; Marc 14.32-50 ; Luc 22.39-53 ; Jean 18.1-12. [2] Jean 8.29. [3] Zacharie 13.7. [4] Marc 14.27, 29. [5] Matthieu 20.22. [6] Esaïe 52.14. [7] Matthieu 26.48. [8] Jean 16.32.

Chapitre 75

Devant Anne et devant Caïphe

On poussa Jésus de l'autre côté du torrent du Cédron, par-delà les jardins et les bosquets d'oliviers, à travers les rues silencieuses de la ville endormie. Il était plus de minuit, et les cris de la foule qui le suivait en le huant rompaient brusquement le silence nocturne. Le Sauveur, étroitement lié et gardé, s'avançait avec peine. Ceux qui l'avaient arrêté le conduisirent, en toute hâte, au palais d'Anne [1], qui avait précédé Caïphe dans l'office du souverain sacrificateur.

Anne était à la tête du sacerdoce, et, par déférence pour son âge, on lui accordait les honneurs dus au grand prêtre. On recherchait ses conseils et on les suivait comme la voix de Dieu. C'est à lui qu'on voulut, en tout premier lieu, montrer Jésus, captif du pouvoir sacerdotal. On voulait qu'il assistât à l'interrogatoire du prisonnier, car on craignait que Caïphe, moins expérimenté, ne réussît pas à atteindre le but qu'on se proposait ; l'habileté, la ruse et la finesse d'Anne étaient nécessaires pour obtenir à tout prix la condamnation du Christ.

Jésus devait paraître devant le sanhédrin ; mais il fut d'abord soumis à un examen préliminaire, en présence d'Anne. La domination romaine ne laissait pas au sanhédrin la faculté d'exécuter les condamnations à mort. On ne pouvait qu'examiner le prisonnier et prononcer sur lui une sentence soumise ensuite à la ratification des autorités romaines. Il fallait donc mettre au compte du Christ des actes qui fussent considérés comme des délits par les Romains, et, en même temps, trouver une accusation qui justifiât sa condamnation aux yeux des Juifs. Un bon nombre de prêtres et d'anciens avaient été convaincus par l'enseignement du Christ, et seule la crainte de l'excommunication les empêchait de le confesser. Les prêtres se rappelaient fort bien la question de Nicodème : « Notre loi juge-t-elle un homme avant qu'on l'ait entendu et qu'on sache ce qu'il a fait [2] ? » Cette question avait suffi, à ce moment-là, pour mettre la division dans le conseil et pour déjouer le plan échafaudé. Joseph d'Arimathée et Nicodème ne devaient pas être convoqués cette fois-ci, mais il pouvait s'en trouver d'autres qui oseraient parler en faveur de la justice. Le procès devait être dirigé de manière à rallier tous les membres du sanhédrin contre le Christ. Les prêtres désiraient surtout maintenir deux chefs d'accusation. Si l'on pouvait démontrer que Jésus était un blasphémateur, il serait condamné par les Juifs. Si l'on pouvait le convaincre de sédition, on obtiendrait sa condamnation par les Romains. Anne s'efforça d'abord d'établir la seconde accusation. Il interrogea Jésus au sujet de ses disciples et de sa doctrine, dans l'espoir que le prisonnier serait amené à dire quelque chose qui lui offrît une prise. Il espérait le faire avouer qu'il s'efforçait de fonder une société secrète dont le but était d'établir un nouveau royaume. Ainsi les prêtres pourraient le livrer aux Romains, comme coupable d'avoir troublé la paix et fomenté l'insurrection.

Le Christ lisait ce dessein dans l'âme du prêtre comme dans un livre ouvert. Découvrant la pensée la plus intime de celui qui l'interrogeait, il nia qu'un pacte occulte le liât à ses disciples ou qu'il les réunît secrètement, dans les ténèbres, pour dissimuler ses intentions ; celles-ci et ses doctrines n'avaient rien de mystérieux. « J'ai parlé ouvertement au monde, dit-il ; j'ai toujours enseigné dans la synagogue et dans le temple, où tous les Juifs s'assemblent, et je n'ai parlé de rien en secret. »

Le Sauveur fit ressortir le contraste existant entre sa manière de travailler et les méthodes employées par ses accusateurs. Des mois durant ils l'avaient poursuivi, cherchant à le prendre au piège et à l'amener devant un tribunal secret où ils obtiendraient par un parjure ce qu'ils n'obtenaient pas par des moyens honnêtes. Maintenant ils réalisaient leur dessein. Le faire saisir de nuit par une troupe, l'accabler de moqueries et de mauvais traitements avant qu'il eût été condamné ni même accusé, voilà leur comportement, qui différait du sien. Leur manière d'agir constituait une violation de la loi. Leurs propres règlements demandaient que tout homme fût traité en innocent aussi longtemps que sa culpabilité n'avait pas été établie. Ces règlements condamnaient donc les prêtres.

S'adressant à son examinateur, Jésus dit : « Pourquoi m'interroges-tu ? » Les prêtres et les anciens n'avaient-ils pas envoyé des espions pour surveiller ses mouvements et rapporter chacune de ses paroles ? Ces hommes n'avaient-ils pas été présents toutes les fois que le peuple s'était assemblé, et n'avaient-ils pas renseigné les prêtres sur tout ce qu'il disait et faisait ? « Demande à ceux qui m'ont entendu de quoi je leur ai parlé ; voici, ils savent, eux, ce que moi j'ai dit. »

Anne fut réduit au silence par cette réponse si catégorique. Il craignait que le Christ ne révélât, au sujet de sa conduite, quelque chose qu'il préférait garder caché : c'est pourquoi il ne lui dit rien de plus, à cette occasion. Rempli de colère, en voyant qu'Anne avait eu la bouche fermée, l'un de ses agents frappa Jésus au visage, en lui disant : « Est-ce ainsi que tu réponds au grand-prêtre ? »

Le Christ répondit : « Si j'ai mal parlé, prouve ce qu'il y a de mal ; et si j'ai bien parlé, pourquoi me frappes-tu ? » Il ne laissa échapper aucune parole de vengeance. Sa réponse, empreinte du plus grand calme, venait d'un cœur sans péché, qui ne se laissait pas emporter par la colère.

Le Christ était très sensible aux mauvais traitements et aux injures. Aucun outrage ne lui était épargné par des êtres qu'il avait créés et en faveur desquels il avait consenti un sacrifice infini. Il souffrait en proportion de sa sainteté et de sa haine à l'égard du péché. C'était pour lui un grand sacrifice que d'être questionné par des hommes qui le traitaient en ennemi, et il lui répugnait de se sentir entouré d'êtres humains dominés par Satan. Il savait que par la puissance divine il aurait pu renverser dans la poussière ceux qui le tourmentaient. Et cette connaissance ne faisait que rendre son épreuve plus dure.

Les Juifs attendaient un Messie qui se manifesterait avec un éclat extérieur, et qui, par un acte de volonté souveraine, modifierait le cours des pensées humaines et contraindrait les hommes à reconnaître sa suprématie. De cette manière, pensaient-ils, il s'élèverait au-dessus de tous et réaliserait leurs espoirs ambitieux. Le Christ était donc fortement tenté, sous le fouet du mépris, de manifester son caractère divin. Un mot, un regard de lui, pouvait contraindre ses persécuteurs à reconnaître le Seigneur des rois et des gouverneurs, des prêtres et du temple. Il lui était difficile de rester dans la position qu'il avait choisie en s'identifiant avec l'humanité.

Les anges du ciel observaient tout ce qui se faisait contre leur bien-aimé Chef. Ils désiraient ardemment le délivrer. Les anges, aux ordres de Dieu, sont tout-puissants ; en une certaine occasion, commandés par le Christ, ils avaient fait mourir cent quatre-vingt-cinq mille hommes de l'armée assyrienne. Il eût été facile à ces anges, témoins des scènes honteuses qui accompagnaient le procès du Christ, de manifester leur indignation en consumant les ennemis de Dieu, mais aucun ordre de ce genre ne leur fut donné. Celui qui pouvait exterminer ses ennemis préférait supporter leur cruauté. L'amour qu'il avait pour son Père et le souvenir de l'engagement pris, dès avant la fondation du monde, de porter les péchés de l'humanité, lui faisaient accepter, sans se plaindre, les grossièretés de ceux qu'il était venu sauver. Il considérait comme une partie de sa mission d'endurer, dans son humanité, toutes les injures et tous les mauvais traitements. L'espérance de l'humanité reposait sur la soumission du Christ à tout ce que des mains et des cœurs d'hommes lui feraient subir.

Bien que le Christ n'eût fourni aucun prétexte à ses accusateurs, il était lié et faisait figure de condamné. Il fallait, cependant, sauver au moins les apparences de la justice, respecter les formes d'un procès conduit d'après les règles. Les autorités, décidées à faire vite, savaient de quelle estime Jésus jouissait auprès du peuple, et elles craignaient qu'une tentative fût faite pour le délivrer, si la nouvelle de son arrestation était ébruitée. De plus, la célébration de la Pâque amènerait un délai d'une semaine si le procès et l'exécution ne pouvaient avoir lieu immédiatement. Ainsi leur projet serait frustré. Pour obtenir la condamnation de Jésus, on comptait surtout sur les clameurs de la populace à laquelle se mêlait la racaille de Jérusalem. Un retard d'une semaine amènerait peut-être un apaisement de l'effervescence et rendrait possible une réaction. La meilleure partie du peuple pourrait alors prendre parti pour le Christ, et plusieurs lui apporteraient un témoignage favorable, en faisant connaître ses œuvres extraordinaires. Ceci aurait attiré sur le sanhédrin l'indignation du peuple. On blâmerait alors les poursuites dont Jésus avait été l'objet, et le Christ, remis en liberté, recevrait de nouveaux hommages de la foule. Les prêtres et les principaux décidèrent donc de livrer Jésus aux Romains avant que leur dessein ne fût rendu public.

Mais il fallait tout d'abord trouver un chef d'accusation. Jusqu'ici on n'avait abouti à rien. Anne donna l'ordre de conduire Jésus auprès de Caïphe. Celui-ci appartenait au parti des sadducéens, dont quelques-uns étaient les ennemis les plus acharnés de Jésus. Caïphe, quoique manquant de force de caractère, était aussi dur, aussi impitoyable et aussi dépourvu de scrupules que ne l'était Anne. Il n'allait épargner aucun moyen pour supprimer Jésus. C'était de très bonne heure, et il faisait encore sombre ; éclairée par la lumière des torches et des lanternes, la bande armée conduisit son prisonnier au palais du souverain sacrificateur. Là, pendant que les membres du sanhédrin s'assemblaient, Anne et Caïphe recommencèrent à interroger Jésus, mais sans succès.

Quand le conseil se fut rassemblé dans la salle du tribunal, Caïphe prit place sur le fauteuil présidentiel. A ses côtés se tenaient les juges et ceux qui s'intéressaient plus particulièrement au procès. Des soldats romains montaient la garde sur l'estrade au-dessous du siège au pied duquel se tenait Jésus ; tous les regards étaient fixés sur lui. L'agitation était extrême. Jésus, seul, calme et serein, paraissait entouré d'une atmosphère de sainte influence.

Caïphe avait considéré Jésus comme un rival. L'empressement du peuple à écouter le Sauveur et, au moins en apparence, à accepter ses enseignements, avait excité l'envie du souverain sacrificateur. Cependant, en regardant son prisonnier, Caïphe ne pouvait, maintenant, s'empêcher d'admirer son attitude noble et digne, ni se dérober à la conviction que l'homme qui se tenait devant lui était de race divine. Mais, rejetant bientôt cette pensée, il demanda, sur un ton moqueur et hautain, que Jésus accomplît devant ses juges l'un de ses miracles puissants. Le Sauveur parut ne pas l'entendre. Les assistants ne pouvaient s'empêcher d'établir une comparaison entre l'excitation et la malice d'Anne et de Caïphe, et l'attitude douce et majestueuse de Jésus. La foule endurcie se demandait si cet homme, à l'aspect d'un Dieu, devrait être condamné comme un criminel.

Caïphe, s'étant rendu compte que les choses prenaient une tournure favorable à Jésus, précipita le dénouement. Les ennemis de Jésus étaient très perplexes. Ils étaient bien décidés à le faire condamner, mais comment y arriver, c'est ce qu'ils ne savaient pas. Une partie des membres du conseil était composée de pharisiens, l'autre de sadducéens. Une grande animosité régnait entre eux ; il y avait des sujets de controverse que l'on n'osait aborder de crainte de susciter une querelle. Il eût suffi à Jésus de quelques mots pour éveiller les préjugés qu'ils nourrissaient les uns envers les autres et pour détourner leur colère de sa personne. Caïphe le savait et il tenait à éviter toute dispute. Il ne manquait pas de témoins pour dire que le Christ avait dénoncé les prêtres et les scribes, les accusant d'hypocrisie et de meurtre, mais il ne convenait pas d'exploiter ce témoignage. En effet, les sadducéens avaient usé du même langage à l'endroit des pharisiens à l'occasion de leurs violents débats. D'ailleurs un tel témoignage ne serait d'aucun poids auprès des Romains, qui n'éprouveraient que dégoût pour les prétentions des pharisiens. Il était évident que Jésus avait méconnu les traditions des Juifs et parlé d'une manière irrespectueuse de plusieurs de leurs ordonnances ; mais, sans compter que les pharisiens et les sadducéens étaient en conflit au sujet de la tradition, ceci ne serait d'aucun poids à l'égard des Romains. Les ennemis du Christ n'osaient pas l'accuser d'avoir violé le sabbat, de crainte qu'une enquête ne révélât le caractère de son œuvre. Si ses miracles de guérison étaient mis en lumière, les prêtres obtiendraient l'effet opposé à celui cherché.

On avait acheté de faux témoins pour accuser Jésus d'avoir provoqué des rébellions et de s'être efforcé d'établir un gouvernement indépendant ; mais pressés de questions, ils durent se rétracter, leurs témoignages étant vagues et contradictoires.

Dans les commencements de son ministère, le Christ avait dit : « Détruisez ce temple, et en trois jours je le relèverai. » Dans ce langage prophétique figuré, il avait annoncé sa mort et sa résurrection. « Il parlait du temple de son corps [3]. » Les Juifs, donnant à ces paroles un sens littéral, les avaient appliquées au temple de Jérusalem. C'était la seule chose, parmi toutes les déclarations du Christ, dont les prêtres pussent se servir contre lui. Ils espéraient obtenir un avantage en falsifiant cette déclaration. Les Romains s'étaient intéressés à la reconstruction et à l'embellissement du temple. Toute parole de mépris à son sujet provoquerait donc leur orgueilleuse indignation. Sur ce terrain, les Romains et les Juifs, les pharisiens et les sadducéens pouvaient se rencontrer, car tous professaient la plus grande vénération pour le temple. On finit par trouver deux témoins qui ne se contredisaient pas autant que leurs prédécesseurs. L'un d'eux, que l'on avait corrompu à prix d'argent, porta cette accusation : « Cet homme a dit : Je puis détruire le temple de Dieu et le rebâtir en trois jours. » C'était altérer les paroles du Christ. Si celles-ci avaient été rapportées fidèlement, elles n'auraient pas obtenu du sanhédrin une sentence de condamnation. Si Jésus n'était qu'un homme, comme le prétendaient les Juifs, une déclaration semblable eût trahi une folle présomption sans qu'on pût la transformer en un blasphème. Même sous la forme que lui donnaient les faux témoins, cette parole ne contenait rien que les Romains pussent considérer comme un crime digne de mort.

Jésus, sans prononcer une seule parole pour sa défense, écoutait patiemment ces fausses dépositions. A la fin, ses accusateurs, embarrassés, confondus, devinrent furieux. Le procès n'avançait pas : leur complot paraissait sur le point d'échouer. A Caïphe, désespéré, il ne restait plus qu'une ressource : obliger le Christ à se condamner lui-même. Le grand prêtre se leva de son siège, le visage décomposé par la passion ; sa voix et son maintien montraient assez qu'il aurait volontiers abattu le prisonnier qui se tenait devant lui. « Ne réponds-tu rien ? s'écria-t-il. Qu'est-ce que ces gens déposent contre toi ? »

Jésus garda le silence. « Il est maltraité et il s'humilie : il n'ouvre point la bouche. Comme l'agneau qu'on mène à la boucherie, comme la brebis muette devant ceux qui la tondent, il n'a pas ouvert la bouche [4]. »

Alors Caïphe, levant vers le ciel la main droite, s'adressa à Jésus avec la plus grande solennité : « Je t'adjure, par le Dieu vivant, de nous dire si tu es le Christ, le Fils de Dieu. »

Devant un tel appel, le Christ ne pouvait plus se taire. S'il y a un temps pour se taire, il y a aussi un temps pour parler. Il n'avait pas parlé tant qu'il n'avait pas été pris à partie directement. Il savait qu'une réponse donnée maintenant rendrait sa mort certaine. Mais l'appel venant de la plus haute autorité reconnue par la nation, et fait au nom du Très-Haut, le Christ ne voulut pas manquer au respect dû à la loi. D'autre part sa relation avec le Père était en question. Il devait donc attester clairement son caractère et sa mission. Jésus avait dit aux disciples : « Quiconque me confessera devant les hommes, je le confesserai, moi aussi, devant mon Père qui est dans les cieux [5]. » Il voulut, à cette heure, confirmer cet enseignement par son propre exemple. Toutes les oreilles étaient tendues, et tous les yeux étaient fixés sur son visage tandis qu'il répondait : « Tu l'as dit. » Une lumière céleste parut éclairer sa figure lorsqu'il ajouta : « De plus, je vous le déclare, vous verrez désormais le Fils de l'homme assis à la droite de la Puissance de Dieu et venant sur les nuées du ciel. »

Un instant la divinité du Christ éclata à travers le déguisement de son humanité. Le souverain sacrificateur trembla devant le regard pénétrant du Sauveur. Ce regard semblait lire ses pensées secrètes et mettait son cœur en feu. Il ne put jamais oublier, par la suite, ce regard inquisiteur du Fils de Dieu persécuté.

« Vous verrez désormais le Fils de l'homme assis à la droite de la Puissance de Dieu et venant sur les nuées du ciel », déclara Jésus. Dans ce tableau tracé par ces paroles du Christ les rôles seront intervertis. Alors, le Seigneur de la vie et de la gloire sera assis à la droite de Dieu. Il sera le Juge de toute la terre ; ses décisions seront sans appel. Toutes les choses secrètes seront alors amenées à la lumière de la face de Dieu, et chacun sera jugé selon ses œuvres. Ces paroles du Christ firent frémir le souverain sacrificateur. La pensée qu'il pût y avoir une résurrection des morts, quand tous comparaîtraient à la barre de Dieu pour recevoir leur rétribution, remplissait Caïphe de terreur. Il n'aimait pas à penser qu'un moment viendrait où il aurait à rendre compte de ses œuvres. Les scènes du jugement final s'offrirent à son esprit comme dans un panorama. Il eut un instant le spectacle effroyable des sépulcres rendant leurs morts avec les secrets qu'il imaginait enterrés pour toujours. Il se crut devant le Juge éternel, dont le regard, qui voit toutes choses, lisait dans son âme, faisant jaillir à la lumière des mystères qu'il supposait ensevelis éternellement avec les morts.

Mais bientôt cette scène s'effaça de son esprit. Le sadducéen, qui avait nié la doctrine de la résurrection, du jugement et de la vie future, était blessé au vif ; une fureur satanique l'emportait. Cet homme, qui se tenait devant lui, dans l'attitude d'un prisonnier, allait-il s'attaquer à ses théories les plus chères ? Feignant une indignation sacrée, il déchira sa robe et demanda que le prisonnier fût, sans autre forme de procès, condamné comme blasphémateur. « Qu'avons-nous encore besoin de témoins ? dit-il. Vous venez d'entendre le blasphème. Qu'en pensez-vous ? » Tous furent d'accord pour le condamner.

La conviction qui s'était emparée de lui, mêlée à la passion, détermina la conduite de Caïphe. Furieux de ne pouvoir s'empêcher de croire aux paroles du Christ, au lieu de déchirer son cœur sous l'impression produite par la vérité et de confesser la messianité de Jésus, il déchira sa robe sacerdotale, décidé à résister. Ce geste revêtait une signification profonde. Par cet acte, qui visait à influencer les juges et assurer la condamnation du Christ, le souverain sacrificateur s'est condamné lui-même. Au regard de la loi de Dieu il s'était disqualifié en vue du sacerdoce. Il avait prononcé une sentence de mort sur lui-même.

Le souverain sacrificateur ne devait pas déchirer ses vêtements. La loi lévitique le lui défendait sous peine de mort. Aucune circonstance, aucune occasion, n'autorisait un prêtre à déchirer sa robe. Les Juifs avaient la coutume de déchirer leurs vêtements à la mort de leurs amis, mais il était interdit au prêtre de se conformer à cet usage. Le Christ avait donné à Moïse un commandement positif à cet égard [6].

Tout ce que le prêtre portait devait être entier et sans tache. Ses beaux vêtements officiels représentaient le caractère de Jésus-Christ, le grand Antitype. Dieu ne pouvait rien accepter qui ne fût parfait, soit dans le vêtement et l'attitude, soit en paroles et en esprit. Il est saint, et le service terrestre devait donner une idée de sa gloire et de sa perfection. La sainteté du service céleste ne pouvait être représentée convenablement par quoi que ce soit qui ne fût parfait. L'homme borné peut déchirer son propre cœur pour montrer un esprit humble et contrit. Dieu apprécie cela. Mais aucune déchirure ne devait être faite aux vêtements sacerdotaux, car cela eût faussé la représentation des choses célestes. Le souverain sacrificateur qui eût osé paraître, dans l'exercice de ses fonctions sacrées, et vaquer au service du sanctuaire avec une robe déchirée, eût été considéré comme ayant rompu avec Dieu. En déchirant son vêtement il perdait son caractère représentatif et cessait d'être accepté par Dieu en qualité de prêtre officiant. La conduite de Caïphe était donc le fruit d'une passion humaine et révélait l'imperfection de son caractère.

En déchirant ses vêtements, Caïphe anéantissait la loi de Dieu, au profit d'une tradition humaine. Une loi établie par les hommes permettait, en effet, au prêtre qui avait entendu un blasphème, de déchirer impunément son vêtement pour montrer son horreur. Ainsi les lois humaines avaient supplanté la loi divine.

La curiosité du peuple s'attachait aux moindres actes du souverain sacrificateur ; et Caïphe visait à l'effet en faisant étalage de piété. Mais, par cet acte, dirigé contre le Christ, il injuriait celui dont Dieu a dit : « Mon nom est en lui [7]. » C'est lui qui se rendait coupable de blasphème. Et au moment même où il était l'objet de la condamnation divine, il condamnait le Christ comme blasphémateur.

En déchirant son vêtement, Caïphe annonçait, sans le vouloir, quelle serait désormais la position de la nation juive à l'égard de Dieu. Le peuple, jusque-là l'élu de Dieu, rompait avec lui, et Jéhovah allait bientôt cesser de le reconnaître. Quand le Christ s'écria sur la croix : « Tout est accompli [8] », et que le voile du temple se déchira en deux, celui qui veille du haut des cieux annonça que le peuple juif avait rejeté l'Antitype vers lequel convergeaient tous les symboles, toutes les figures de leur culte. Israël avait consommé sa rupture avec Dieu. Caïphe pouvait bien déchirer sa robe officielle, qui attestait sa prétention à représenter le grand Souverain Sacrificateur ; en effet, ce vêtement n'avait plus aucune signification ni pour lui ni pour le peuple. Le souverain sacrificateur pouvait bien exprimer l'horreur qu'il éprouvait pour lui-même et pour la nation en déchirant son vêtement.

Le sanhédrin avait déclaré que Jésus était digne de mort ; cependant la loi juive ne permettait pas de juger un prisonnier, de nuit. Une condamnation légale ne pouvait avoir lieu qu'à la lumière du jour et dans une séance plénière du conseil. Malgré cela le Sauveur fut traité comme un criminel, condamné et livré aux mauvais traitements des êtres les plus vils. Les soldats et la foule s'étaient rassemblés dans la cour du palais du souverain sacrificateur. A travers cette foule, Jésus fut conduit dans la loge du corps de garde, tandis que de tous côtés on se moquait de son titre de Fils de Dieu. On tournait en dérision les paroles dont il s'était servi, « assis à la droite de la Puissance de Dieu et venant sur les nuées du ciel ». Tandis qu'il attendait, là, le jugement légal, il n'était l'objet d'aucune protection. La tourbe ignorante, qui avait vu avec quelle sévérité il avait été traité dans le conseil, en profita pour déchaîner tous les éléments diaboliques de sa nature. La noblesse du Christ et son aspect divin ne faisaient qu'exciter la fureur de ces misérables. Sa douceur, son innocence, sa patience majestueuse leur inspiraient une haine démoniaque. La miséricorde et la justice étaient foulées aux pieds. Aucun criminel n'a jamais été traité avec autant d'inhumanité que le Fils de Dieu.

Mais une douleur plus vive déchirait le cœur de Jésus ; ce ne fut pas une main ennemie qui lui porta le coup le plus sensible. Tandis qu'il subissait les apparences d'un interrogatoire devant Caïphe, le Christ avait été renié par l'un de ses disciples.

Après avoir abandonné leur Maître dans le jardin, deux des disciples s'étaient enhardis à suivre, à quelque distance, la cohue qui entraînait Jésus. C'étaient Pierre et Jean. Jean était bien connu des prêtres en tant que disciple de Jésus, et on l'introduisit dans la salle. On espérait qu'après avoir été témoin de l'humiliation de son chef, il ne pourrait plus croire à sa divinité. Grâce à une démarche de Jean, Pierre put entrer, lui aussi.

Un feu avait été allumé dans la cour, car c'était l'heure la plus froide de la nuit, celle qui précède immédiatement le lever du soleil. Un groupe se tenait autour du feu, et Pierre eut la présomption d'y prendre place. Il ne désirait pas qu'on le reconnût ; en se mêlant à la foule d'un air indifférent, il espérait être pris pour l'un de ceux qui avaient amené Jésus dans la salle.

Mais tandis que la lumière de la flamme éclairait le visage de Pierre, la portière l'examinait avec la plus vive curiosité ; elle l'avait vu entrer avec Jean, et ayant remarqué son regard abattu elle supposa que c'était un disciple de Jésus. Comme elle était au service de Caïphe, elle désirait éclaircir ses soupçons et demanda à Pierre : « Toi aussi, n'es-tu pas des disciples de cet homme ? » Pierre éprouva de la crainte et de la confusion. A l'instant tous les yeux se fixèrent sur lui. Bien qu'il assurât ne pas comprendre, la femme insista, disant aux personnes présentes que cet homme-là avait été vu avec Jésus. Pierre dut répondre, et il dit avec colère : « Femme, je ne le connais pas. » C'était le premier reniement, et immédiatement le coq chanta. O Pierre ! tu as déjà honte de ton Maître ? Et tu renies ton Seigneur !

En entrant dans la salle du tribunal, Jean n'avait pas essayé de dissimuler sa qualité de disciple de Jésus. Il ne rechercha pas la compagnie des gens grossiers qui injuriaient son Maître. On ne l'interrogea pas, parce qu'il ne s'était pas donné une fausse attitude et n'avait pas prêté aux soupçons. Il se retira dans un coin où il pût rester inaperçu, mais aussi près que possible de Jésus. De là il pouvait voir et entendre tout ce qui se faisait, pendant le procès du Seigneur.

Pierre n'avait pas voulu se faire connaître. Par son air détaché il s'était placé sur le terrain de l'ennemi, et il fut une proie facile pour la tentation. Appelé à combattre pour le Maître, il eût été un soldat courageux ; cependant il se montra lâche lorsqu'un doigt méprisant se dirigea vers lui. Bien des personnes, qui n'hésitent pas à lutter pour leur Maître, renient pourtant leur foi dès qu'elles sont l'objet du ridicule. En entrant dans la société de ceux que l'on devrait éviter, on se place sur le chemin de la tentation. On invite, en quelque sorte, le tentateur, et on arrive à dire et à faire des choses dont on ne se serait jamais rendu coupable dans d'autres circonstances. Le disciple du Christ qui, de nos jours, dissimule sa foi, par crainte des souffrances ou de l'opprobre, renie son Maître tout aussi sûrement que ne l'a fait Pierre dans la cour du grand prêtre.

Bien que Pierre semblât ne pas s'intéresser au procès de son Maître, il avait le cœur torturé par les injures odieuses et les mauvais traitements dont Jésus était l'objet. De plus, il était surpris et irrité de voir que Jésus se laissait humilier, et ses disciples avec lui. C'est pour cacher ses vrais sentiments qu'il essaya de se dissimuler dans la foule des persécuteurs de Jésus. Mais son allure n'était pas naturelle. Il mentait par ses actes, et, tout en s'efforçant de parler comme un indifférent, il ne pouvait s'empêcher de manifester son indignation à la vue des insultes dont son Maître était abreuvé.

L'attention fut attirée sur lui une seconde fois, et, de nouveau, il fut accusé d'être un disciple de Jésus. Il déclara alors avec serment « Je ne connais pas l'homme dont vous parlez. » Une autre occasion lui fut encore accordée. Une heure plus tard, l'un des serviteurs du grand prêtre, parent de celui à qui Pierre avait coupé l'oreille, lui dit : « Ne t'ai-je pas vu avec lui dans le jardin ? » « Peu après, ceux qui étaient là s'approchèrent et dirent à Pierre : Certainement toi aussi, tu es de ces gens-là, car ton langage te trahit. » Ceci fit bondir Pierre. Comme les disciples de Jésus étaient connus pour la correction de leur langage, Pierre, qui voulait tromper ceux qui l'interrogeaient et persévérer dans son rôle, se mit à renier son Maître en proférant des malédictions accompagnées de jurements. De nouveau, le coq chanta. Pierre, l'ayant entendu cette fois, se souvint des paroles de Jésus : « Avant que le coq chante deux fois, toi tu me renieras trois fois [9]. »

Ces jurements avilissants étaient encore sur les lèvres de Pierre, et les cris perçants du coq retentissaient encore à ses oreilles, lorsque le Sauveur se détourna de ses juges pour regarder fixement le pauvre disciple. Au même instant les yeux de Pierre furent attirés vers le Maître. Sur le tendre visage de celui-ci on ne lisait aucune colère, mais seulement la pitié et la douleur.

Le cœur du renégat fut percé comme par une flèche à la vue de ce visage pâle et souffrant, de ces lèvres tremblantes, de ce regard exprimant la compassion et le pardon. Sa conscience se réveilla. Les souvenirs affluèrent à son esprit. Il se rappela comment, quelques heures auparavant, il avait promis à son Maître de l'accompagner en prison et à la mort ; comment il avait été offensé en entendant le Sauveur lui dire, dans la chambre haute, qu'il renierait trois fois son Maître cette nuit même. Pierre venait d'affirmer qu'il ne connaissait pas Jésus, mais il voyait, maintenant, avec douleur, combien le Seigneur, lui, le connaissait, et avec quelle assurance il lisait dans son cœur, ce cœur dont lui-même ne devinait pas toute la fourberie.

Pierre se souvint de la tendre miséricorde du Sauveur, de sa bonté, de sa longanimité, de sa patience envers les disciples égarés et de l'avertissement donné : « Simon, Simon, Satan vous a réclamés, pour vous passer au crible comme le blé. Mais j'ai prié pour toi, afin que ta foi ne défaille pas [10] » Il réfléchissait avec horreur à son ingratitude, à sa fausseté, à son parjure. Une fois de plus il dirigea ses regards vers le Maître et aperçut une main sacrilège qui se levait pour le frapper au visage. Incapable de supporter plus longtemps la vue de cette scène, le cœur brisé, il se précipita hors de la cour.

S'enfonçant dans la solitude et les ténèbres, sans savoir où il allait, il finit par se retrouver à Gethsémané. Ce qu'il avait vu quelques heures auparavant se présenta avec force à son esprit : Jésus pleurant et luttant seul, en prière, tandis que dormaient ceux qui auraient dû s'unir à lui à cette heure d'épreuve ; le visage souffrant du Seigneur, taché d'une sueur de sang et décomposé par l'angoisse. Il se rappela la recommandation solennelle : « Veillez et priez, afin de ne pas entrer en tentation [11]. » La scène du tribunal repassa devant lui. Quel supplice pour son cœur saignant de penser qu'il avait contribué à accroître l'humiliation et la douleur du Sauveur ! A l'endroit même où Jésus avait répandu son âme agonisante devant son Père, Pierre tomba la face contre terre et souhaita mourir.

Jésus lui avait recommandé de veiller et de prier ; au lieu de cela, Pierre s'était endormi, frayant ainsi la voie à son grand péché. Tous les disciples éprouvèrent une grande perte en dormant à cette heure critique. Le Christ savait par quelle dure épreuve ils devaient passer. Il savait que Satan s'efforcerait de paralyser leurs sens, pour qu'ils ne fussent pas prêts en vue de l'épreuve. C'est pour cela qu'il leur donna cet avertissement. S'ils avaient passé dans le jardin ces heures à veiller et à prier, Pierre n'eût pas été abandonné à ses faibles forces ; il n'eût pas renié son Maître. Si les disciples avaient veillé avec le Christ pendant son agonie, ils eussent été préparés aux souffrances de la croix. Ils auraient compris, dans une certaine mesure, la nature de l'angoisse qui terrassa leur Maître ; ils se seraient rappelé les paroles par lesquelles il avait prédit ses souffrances, sa mort et sa résurrection. Quelques rayons d'espérance eussent percé les ténèbres de cette heure d'épreuve et soutenu leur foi.

Dès qu'il fit jour, le sanhédrin se rassembla à nouveau et Jésus fut ramené dans la salle du conseil. Il s'était déclaré le Fils de Dieu, et l'on s'était emparé de ses paroles pour en faire un chef d'accusation contre lui. Mais cela ne suffisait pas à le faire condamner, car plusieurs, n'ayant pas assisté à la séance nocturne, n'avaient, par conséquent, pas entendu ses paroles. On savait aussi que le tribunal romain n'y verrait rien qui fût digne de mort. Mais si l'on pouvait recueillir une seconde fois de ses lèvres les paroles qu'il avait prononcées, le but serait atteint. On ferait passer ses prétentions à la messianité pour une tentative de sédition politique.

« Ils dirent : Si tu es le Christ, dis-le nous. » Mais Jésus garda le silence. On continua de l'accabler de questions. Il finit par leur répondre, avec les accents de la plus profonde tristesse : « Si je vous le dis, vous ne le croirez point ; et si je vous interroge, vous ne répondrez point. » Et afin de les laisser sans excuse, le Sauveur ajouta cet avertissement solennel : « Désormais le Fils de l'homme sera assis à la droite de la puissance de Dieu [12]. »

« Tu es donc le Fils de Dieu ? » s'écrièrent-ils tous d'une seule voix. Il leur répondit : « Vous le dites, je le suis. » Alors ils s'écrièrent : « Qu'avons-nous encore besoin de témoignage ? Nous l'avons entendu nous-mêmes de sa bouche. »

Ainsi, condamné pour la troisième fois par les autorités juives, Jésus devait mourir. Il ne fallait plus qu'une chose, pensait-on : obtenir des Romains la ratification de cette sentence et le livrer entre leurs mains.

Suivit une troisième scène de mauvais traitements et de moqueries pires encore que ceux dont l'avait abreuvé une tourbe ignorante. Ceci eut lieu en présence même des prêtres et des principaux, et avec leur approbation. Tout sentiment de pitié et d'humanité avait abandonné leurs cœurs. Si leurs arguments n'avaient pas de poids, et s'ils n'avaient pas réussi à lui imposer le silence, ils disposaient d'autres armes, celles dont on s'est servi à toute époque pour réduire les hérétiques : la souffrance, la violence et la mort.

Quand les juges eurent prononcé la condamnation de Jésus, une fureur diabolique s'empara de la foule. C'était comme un rugissement de bêtes féroces. La populace se précipita vers Jésus en criant : Il est coupable, qu'on le mette à mort ! Sans l'intervention des soldats romains, Jésus n'aurait pas vécu assez longtemps pour être cloué à la croix du Calvaire. Il eût été mis en pièces en présence de ses juges, si les autorités romaines n'avaient opposé la force armée à la violence de la populace.

Des païens étaient irrités par les traitements brutaux infligés à un homme contre lequel rien n'avait été prouvé. Les officiers romains déclaraient qu'en condamnant Jésus les Juifs avaient porté atteinte au pouvoir romain et que d'ailleurs condamner à mort un homme sur son propre témoignage seulement était une chose incompatible avec la loi juive. Cette intervention ralentit momentanément la procédure, mais les chefs juifs étaient totalement insensibles à la pitié comme à la honte.

Oubliant la dignité de leur office, les prêtres et les principaux lancèrent contre le Fils de Dieu les épithètes les plus abjectes. On se moquait de sa parenté. On disait qu'en se proclamant le Messie il s'était rendu coupable de présomption et qu'il méritait la mort la plus ignominieuse. Les hommes les plus corrompus infligeaient au Sauveur des traitements infâmes. On jeta sur sa tête un vieux vêtement et ses persécuteurs le frappèrent au visage en disant : « Christ, devine, dis-nous qui t'a frappé. » Quand on lui ôta son vêtement, un misérable lui cracha au visage. Les anges de Dieu enregistraient fidèlement chaque regard, chaque parole et chaque acte injurieux dont leur Chef bien-aimé était l'objet. Le jour viendra où ces vils moqueurs qui ont craché sur le visage calme et pâle du Christ le verront dans sa gloire, plus resplendissant que le soleil.

---

[1] Ce chapitre est basé sur Matthieu 26.57-75 ; 27.1 ; Marc 14.53-72 ; 15.1 ; Luc 22.54-71 ; Jean 18.13-27.
[2] Jean 7.51. [3] Jean 2.19, 21. [4] Esaïe 53.7. [5] Matthieu 10.32. [6] Lévitique 10.6. [7] Exode 23.21. [8] Jean 19.30.
[9] Marc 14.30. [10] Luc 22.31, 32. [11] Matthieu 26.41. [12] Luc 22.68, version Lausanne.

Chapitre 76
Judas

JUDAS aurait pu être honoré de Dieu ; au lieu de cela, il finit misérablement sa vie. S'il était mort avant le dernier voyage à Jérusalem, il aurait laissé le souvenir d'un homme digne d'avoir sa place parmi les douze, et sa disparition eût fait un grand vide. L'infamie qui est restée attachée à son nom, à travers les siècles, est due aux vices qu'il a manifestés vers la fin de sa vie. Mais c'est à dessein que son caractère a été dévoilé. Il devait servir d'avertissement à tous ceux qui, comme lui, trahiraient leur mission sacrée.

Peu de temps avant la Pâque, Judas avait renouvelé son contrat avec les prêtres, à l'effet de leur livrer Jésus. On décida d'arrêter le Sauveur dans l'un des endroits où il se retirait pour méditer et prier. Après le banquet célébré chez Simon, Judas avait eu l'occasion de réfléchir sur l'acte qu'il s'était engagé à accomplir, mais il resta ferme dans son dessein. Pour trente pièces d'argent – le prix d'un esclave – il livra le Seigneur de gloire à l'ignominie et à la mort.

Par nature, Judas était fort attaché à l'argent. Il n'avait pas toujours été assez corrompu pour accomplir une action aussi noire, mais à force de cultiver l'esprit d'avarice, celui-ci avait fini par dominer complètement sa vie. L'amour de Mammon dépassait chez lui l'amour du Christ. En devenant l'esclave d'un vice, il s'était livré à Satan, qui devait l'entraîner jusque dans les bas-fonds du péché.

Judas s'était joint aux disciples alors que le Christ avait les foules pour lui. L'enseignement du Sauveur remplissait les cœurs d'émotion tandis qu'on l'écoutait, ravi, dans les synagogues, au bord de la mer, ou sur la montagne. Des villes et des villages Judas avait vu accourir les malades, les infirmes, les aveugles ; il avait vu déposer aux pieds de Jésus des mourants ; il avait été témoin des œuvres puissantes du Sauveur, alors qu'il guérissait ces malades, chassait les démons et ressuscitait les morts. Il avait ressenti en lui-même la puissance du Christ. L'enseignement divin lui avait paru supérieur à tout ce qu'il avait jamais entendu. Il avait aimé le grand Maître, et désiré l'accompagner. Il avait souhaité un changement de caractère et de vie, et espéré que ce changement résulterait de sa relation avec Jésus. Le Sauveur ne repoussa pas Judas et lui accorda une place parmi les douze. Il lui confia l'œuvre d'un évangéliste, lui communiquant le pouvoir de guérir les malades et de chasser les démons. Mais Judas ne s'abandonna jamais totalement à l'influence du Christ. Il ne renonça pas à son ambition mondaine et à son amour de l'argent. Bien qu'il eût accepté d'exercer un ministère auprès du Maître, il ne voulut jamais se laisser façonner par l'action divine. Entretenant une disposition à la critique et à la médisance, il pensait pouvoir garder sa liberté de jugement et d'opinions.

Judas jouissait d'une haute estime auprès des disciples sur qui il exerçait une profonde influence. Lui-même avait assez bonne opinion de ses qualités, et considérait ses frères comme lui étant très inférieurs, sous le rapport du jugement et de l'habileté. Il lui semblait qu'ils ne savaient pas saisir les occasions et tirer parti des circonstances favorables. L'Eglise, pensait-il, ne pourrait jamais prospérer avec des chefs dont la vue était aussi bornée. L'impétueux Pierre agirait sans réflexion. Jean, qui thésaurisait les vérités sortant des lèvres du Christ, était considéré par Judas comme un pauvre financier. Matthieu, qui avait pris l'habitude de l'ordre, était très scrupuleux sous le rapport de l'honnêteté, et si absorbé dans la méditation des paroles du Christ, que Judas n'aurait jamais voulu lui confier des affaires où il fallait un esprit vif et pénétrant. Judas faisait donc la revue de tous les disciples et s'imaginait que l'Eglise se trouverait souvent perplexe et embarrassée sans son habileté d'administrateur. Il se considérait comme un homme capable, sans égal. Il ne cessait pas de penser que sa présence était un honneur pour la cause.

Judas était complètement aveugle en ce qui concernait ses faiblesses de caractère ; pour cette raison le Christ lui donna l'occasion de les apercevoir et de s'en corriger. En tant que trésorier des disciples, il se trouvait appelé à pourvoir aux nécessités du groupe et à distribuer des secours aux pauvres. Quand Jésus lui avait dit, dans la chambre pascale : « Ce que tu fais, fais-le vite [1] », les disciples avaient pensé que le Maître lui donnait l'ordre d'acheter ce qui était nécessaire pour la fête ou de donner quelque chose aux pauvres. En travaillant au service d'autrui, Judas aurait pu se former un esprit désintéressé. Mais, tout en écoutant tous les jours les leçons du Christ et en voyant sa vie exempte d'égoïsme, Judas caressait sa propre cupidité. Les petites sommes d'argent qui passaient entre ses mains étaient pour lui une tentation continuelle. Souvent, lorsqu'il avait rendu au Christ un petit service, ou consacré du temps à quelque activité religieuse, il se dédommageait en puisant dans les maigres fonds communs. S'il parvenait à s'excuser à ses propres yeux, au regard de Dieu il était un voleur.

Scandalisé, en entendant le Christ répéter si souvent que son royaume n'était pas de ce monde, Judas avait tracé un plan d'après lequel le Christ devait travailler. D'après lui, Jean-Baptiste aurait dû être délivré de sa prison. Mais voici que Jean avait été décapité. Au lieu d'affirmer son droit royal et de venger la mort de Jean, Jésus s'était retiré à la campagne avec ses disciples. Judas préconisait une attitude plus agressive et pensait que l'œuvre eût mieux réussi si Jésus n'avait pas empêché les disciples de suivre leurs projets. Il observait l'inimitié croissante des conducteurs juifs et s'étonnait de voir leurs défis rester sans réponse quand ils demandaient au Christ un signe venant du ciel. Son cœur était accessible à l'incrédulité, et l'ennemi lui suggérait des pensées de doute et de révolte. Pourquoi Jésus insistait-il tellement sur des pensées décourageantes ? Pourquoi prédisait-il des épreuves et des persécutions pour lui et ses disciples ? C'est la perspective d'obtenir une haute situation dans le nouveau royaume qui avait amené Judas à épouser la cause du Christ. Ses espérances allaient-elles être déçues ? Judas n'était pas convaincu que Jésus ne fût pas le Fils de Dieu, mais il doutait, et il cherchait quelque autre explication à ses œuvres miraculeuses.

En dépit de l'enseignement du Sauveur, Judas avançait continuellement l'idée que le Christ allait régner à Jérusalem. Lorsque cinq mille hommes furent rassasiés, il essaya de réaliser son dessein ; ayant participé à la distribution de la nourriture faite à la multitude affamée, il avait eu l'occasion de voir le bien qu'il lui était donné de faire à d'autres. Il avait goûté la satisfaction que l'on éprouve toujours au service de Dieu et s'était employé à amener au Christ les malades et les affligés qui se trouvaient dans la foule. Il avait vu quel soulagement, quelle joie, quel bonheur apporte au cœur humain la puissance vivifiante du Guérisseur et il aurait été capable de comprendre les méthodes du Christ ; mais il était aveuglé par ses désirs égoïstes. Il voulait d'abord tirer parti de l'enthousiasme qu'avait provoqué le miracle de la multiplication des pains. C'est lui qui avait mis sur pied le projet de s'emparer du Christ, par la force, pour le couronner Roi. Sa déception avait été d'autant plus grande que ses espérances étaient plus vastes.

Le discours prononcé par le Christ, dans la synagogue, au sujet du Pain de vie, fut décisif dans l'histoire de Judas. Il entendit les paroles : « Si vous ne mangez la chair du Fils de l'homme et si vous ne buvez son sang, vous n'avez pas la vie en vous [2]. » Il vit que le Christ offrait plutôt des biens spirituels que des biens matériels. Se croyant intelligent, il lui semblait deviner que Jésus n'obtiendrait point d'honneurs et ne pourrait pas accorder de hautes positions à ses disciples et il décida qu'il ne s'unirait pas au Christ d'une façon si intime qu'il ne pût se dégager. Il allait surveiller les événements.

Dès lors, il exprima des doutes qui jetèrent la confusion dans l'esprit des disciples ; il égarait ceux-ci en provoquant des discussions, en répétant les arguments que les scribes et les pharisiens opposaient aux prétentions du Christ. Toutes les difficultés et les contrariétés petites ou grandes, ainsi que les obstacles qui paraissaient retarder les progrès de l'Evangile, étaient pour Judas autant de raisons de douter. Il citait des passages de l'Ecriture qui n'avaient point de rapport avec les vérités que le Christ enseignait. Ces passages, isolés de leur contexte, troublaient les disciples et augmentaient le découragement dont ils étaient sans cesse menacés. Judas laissait croire qu'il obéissait à sa conscience. Et pendant que ses compagnons cherchaient des preuves qui vinssent confirmer les paroles du grand Maître, Judas les conduisait insensiblement sur d'autres sentiers. C'est ainsi qu'avec une apparence de piété et de sagesse il présentait les choses sous un autre jour que celui sous lequel Jésus les avait présentées et donnait à ses paroles une signification qu'elles n'avaient pas. Les suggestions de Judas avaient pour effet de pousser constamment les disciples dans la voie des ambitions temporelles et de les détourner ainsi des choses importantes dont ils auraient dû s'occuper. C'est lui qui, en général, provoquait des discussions pour savoir lequel d'entre eux était le plus grand.

Lorsque Jésus dit au jeune homme à quelle condition il le prendrait pour disciple, Judas en éprouva du déplaisir. Il crut qu'une erreur avait été commise. Des hommes comme ce chef, recrutés parmi les croyants, auraient puissamment soutenu la cause du Christ. Judas se croyait capable de donner des conseils et suggérait bien des plans qu'il prétendait avantageux pour la petite Eglise. Ses principes et ses méthodes ne seraient pas tout à fait ceux du Christ, mais il se jugeait à ce sujet plus sage que son Maître.

Il y avait toujours quelque chose que Judas ne pouvait accepter dans tout ce que le Christ disait aux disciples. Sous l'influence du traître, un levain de mécontentement agissait rapidement. Les disciples ne se rendaient pas compte du danger, mais Jésus s'apercevait que Satan faisait endosser à Judas sa livrée et faisait de lui un instrument pour influencer les autres disciples. C'est ce que le Christ avait donné à entendre une année auparavant. « N'est-ce pas moi qui vous ai choisis, vous les douze ? avait-il dit. Et l'un de vous est un démon [3]. »

Cependant Judas ne s'opposait pas d'une manière ostensible aux enseignements du Sauveur. C'est au banquet offert par Simon qu'il osa, pour la première fois, exprimant ses sentiments d'avarice, murmurer ouvertement, lorsque Marie oignit les pieds du Sauveur. Le reproche de Jésus le remplit de fiel. L'amour-propre blessé et le désir de vengeance rompirent leurs digues et la cupidité qu'il avait si longtemps caressée prit complètement possession de lui. La même chose arrivera à tous ceux qui s'obstinent à jouer avec le péché. Les principes mauvais, non combattus et vaincus, offrent une prise aux tentations, et l'âme devient captive de la volonté de Satan.

Judas n'était cependant pas encore complètement endurci. Même alors qu'à deux reprises il avait pris l'engagement de trahir le Sauveur, il lui restait encore la possibilité de se repentir. Pendant le souper de Pâque, Jésus avait montré sa divinité en dévoilant le dessein du traître. Il avait eu la bonté d'inclure Judas dans le ministère exercé en faveur des disciples. Mais le dernier appel de l'amour resta sans réponse. Alors le destin de Judas fut fixé irrévocablement, et les pieds que Jésus venait de laver s'en allèrent accomplir l'œuvre du traître.

Judas raisonnait ainsi : Si Jésus doit être crucifié, il faut que la chose arrive. L'acte par lequel le Sauveur serait trahi ne changerait rien au résultat. Et si Jésus ne doit pas mourir, il se verra forcé de se délivrer lui-même. De toute manière, Judas tirerait profit de sa perfidie. Il pensait donc faire une bonne affaire en livrant son Maître.

Judas ne pensait pas que le Christ se laisserait arrêter. Il se proposait, en le trahissant, de lui donner une leçon et voulait obliger le Sauveur à le traiter dorénavant avec respect. Judas ne savait pas qu'il livrait le Christ à la mort. Combien de fois, par les illustrations frappantes qui accompagnaient ses paraboles, le Sauveur avait réussi à mettre hors de la voie les scribes et les pharisiens et les avait forcés à se condamner eux-mêmes. Souvent, quand la vérité les avait blessés au cœur, pleins de rage, ils avaient saisi des pierres pour le lapider ; mais toujours il leur avait échappé. Il s'était évadé de tant de pièges, que Judas était certain qu'il ne se laisserait jamais prendre ; il décida de risquer l'aventure. Si Jésus était vraiment le Messie, les gens auxquels il avait fait tant de bien se rallieraient sous son drapeau et le proclameraient Roi. Ceci contraindrait bien des esprits indécis à prendre parti. Judas aurait l'honneur d'avoir placé le Roi sur le trône de David ; et cet acte lui assurerait la première place, immédiatement après le Christ, dans le nouveau royaume.

Le faux disciple joua son rôle : il trahit Jésus. Lorsque, dans le jardin, il avait dit à l'entraîneur de la foule : « Celui à qui je donnerai un baiser, c'est lui : saisissez-le [4] », il croyait fermement que le Christ s'échapperait de leurs mains. Et si on lui avait adressé des reproches, il se serait défendu en disant : Ne vous ai-je pas dit de bien le tenir ?

On le prit au mot, et Jésus fut lié fortement. Judas eut la surprise de constater que le Sauveur se laissait emmener. Il le suivit, anxieux, depuis le jardin jusqu'au lieu où se tint le procès devant les chefs de la nation juive. Il s'attendait à tout moment à ce qu'il se manifestât, à la grande surprise de ses ennemis, comme le Fils de Dieu, et à ce qu'il anéantît les desseins ourdis contre lui. Mais, à mesure que les heures s'écoulaient, Jésus subissant tous les mauvais traitements qu'on lui infligeait, le traître commença à redouter d'avoir livré son Maître à la mort.

Vers la fin du procès, Judas ne pouvait supporter plus longtemps les tortures de sa conscience. Soudain une voix rauque retentit dans la salle, et jeta dans tous les cœurs un frémissement de terreur : Il est innocent ; Caïphe, épargne-le !

On vit Judas – c'était un homme de haute stature – se frayer un passage à travers la foule étonnée. Il était pâle et hagard, et de grosses gouttes de sueur ruisselaient de son front. Se précipitant devant le siège du juge, il jeta à terre, en présence du grand prêtre, les trente pièces d'argent, reçues pour livrer son Maître. Puis, saisissant vivement la robe de Caïphe, il le supplia de relâcher Jésus, assurant qu'il n'avait rien fait qui fût digne de mort. Caïphe, bien que confus et hésitant, se dégagea avec colère. La perfidie des prêtres était manifeste. On voyait clairement qu'ils avaient corrompu le disciple pour qu'il trahît son Maître.

« J'ai péché, s'écria Judas, en livrant le sang innocent. » Mais le grand prêtre, qui s'était ressaisi, lui répondit d'un ton méprisant : « Que nous importe ? Cela te regarde [5]. » Les prêtres avaient bien voulu se servir de Judas comme d'un instrument, mais ils méprisaient sa bassesse. Quand il se présenta pour confesser sa faute, ils le repoussèrent.

Alors Judas se jeta aux pieds de Jésus, le reconnaissant comme Fils de Dieu, et le suppliant de se délivrer. Le Sauveur ne fit aucun reproche au traître. Il savait cependant que Judas n'éprouvait pas une vraie repentance ; un sentiment intolérable de réprobation et la perspective du jugement avaient arraché cette confession à son âme coupable ; mais son cœur n'était pas brisé de douleur à la pensée d'avoir trahi le Fils immaculé de Dieu et renié le Saint d'Israël. Néanmoins Jésus ne prononça aucune parole de condamnation. Il jeta sur Judas un regard de pitié, et dit : « C'est pour cette heure que je suis venu dans le monde. »

Un murmure de surprise parcourut l'assemblée. La patience du Christ à l'égard du traître était un sujet d'étonnement pour tous. On eut, une fois de plus, la conviction que cet homme n'était pas un simple mortel. Mais on ne pouvait comprendre pourquoi, s'il était vraiment le Fils de Dieu, il ne se dégageait pas de ses liens et ne triomphait pas de ses accusateurs.

Voyant que ses supplications restaient vaines, Judas se précipita hors de la salle en s'écriant : C'est trop tard ! c'est trop tard ! Il ne se sentait pas capable de vivre pour voir Jésus crucifié, et, dans son désespoir, il alla se pendre.

Un peu plus tard, ce même jour, sur la route qui du palais de Pilate conduisait au Calvaire, les cris tumultueux et les moqueries de la foule méchante qui accompagnait Jésus au lieu de l'exécution furent interrompus. En passant près d'un endroit retiré on vit au pied d'un arbre desséché le corps de Judas. C'était un spectacle horrible. Sous le poids de son corps la corde avec laquelle il s'était pendu à l'arbre s'était rompue. Sous l'effet de la chute le corps s'était déchiqueté et des chiens étaient occupés à le dévorer. Ses restes furent immédiatement ensevelis pour les soustraire à la vue ; mais il y eut dès lors moins de moqueries dans la foule, et chez plus d'une personne la pâleur du visage révélait les pensées intérieures. Déjà la rétribution semblait atteindre ceux qui s'étaient rendus coupables du sang de Jésus.

---

[1] Ce chapitre est basé sur Jean 13.27. [2] Jean 6.53. [3] Jean 6.70. [4] Matthieu 26.48. [5] Matthieu 27.4.

Chapitre 77

Dans le prétoire de Pilate

Le Christ, lié comme un prisonnier et entouré de soldats chargés de le garder, se tient dans la salle du tribunal de Pilate, le gouverneur romain [1]. La salle ne tarde pas à se remplir de spectateurs. Dehors, tout près de l'entrée, se trouvent les juges du sanhédrin, les prêtres, les chefs, les anciens et la populace.

Après avoir condamné Jésus, le conseil du sanhédrin s'était adressé à Pilate pour qu'il confirmât et exécutât la sentence ; ces fonctionnaires juifs se gardaient bien d'entrer dans le prétoire romain : aux termes de la loi cérémonielle, cela eût constitué une souillure ayant pour effet de les empêcher de prendre part à la fête de Pâque. Ils ne voyaient pas, dans leur aveuglement, qu'une haine sanguinaire avait déjà souillé leurs cœurs et qu'en rejetant le Christ, le véritable Agneau pascal, cette grande fête perdait pour eux toute signification.

Quand le Sauveur fut introduit auprès de Pilate, celui-ci le regarda d'un œil sévère. Le gouverneur romain avait dû sortir en hâte de sa chambre à coucher, et il était décidé à traiter son prisonnier avec rigueur, s'acquittant de sa tâche le plus rapidement possible. Il dévisagea avec dureté cet homme pour qui l'on avait interrompu son repos à une heure aussi matinale et que les autorités juives désiraient voir examiné et puni en toute hâte.

Pilate considéra ceux qui avaient amené Jésus ; puis son regard pénétrant se fixa à nouveau sur Jésus. Il avait eu affaire à toutes sortes de criminels ; jamais pourtant on ne lui avait amené un homme ayant une telle expression de bonté et de noblesse. Sur son visage, aucun signe de culpabilité, aucune marque de frayeur, d'audace ou de défi. Pilate avait devant lui un homme à l'attitude calme et digne qui, loin de porter l'empreinte du crime, reflétait au contraire quelque chose de céleste.

L'apparence du Christ produisit sur Pilate une impression favorable qui réveilla ce qu'il y avait de meilleur en lui. Il avait entendu parler de Jésus et de ses œuvres. Sa femme l'avait entretenu des actes étonnants accomplis par le prophète galiléen qui guérissait des malades et ressuscitait des morts. Ces choses revinrent, comme un songe, à l'esprit de Pilate. Il se rappela les rumeurs qui lui étaient parvenues de différentes sources. Il exigeait que les Juifs fournissent des preuves contre le prisonnier.

Qui est cet homme, et pourquoi me l'avez-vous amené ? dit-il. Quelle accusation pouvez-vous faire valoir contre lui ? Les juifs, décontenancés, ne souhaitaient pas un interrogatoire public, sachant bien qu'ils ne pourraient prouver leurs accusations contre le Christ. Ils répondirent donc qu'il s'agissait d'un imposteur du nom de Jésus de Nazareth.

Pilate insista : « Quelle accusation portez-vous contre cet homme ? » Au lieu de répondre directement, les prêtres manifestèrent leur mécontentement par ces paroles : « Si ce n'était pas un malfaiteur, nous ne te l'aurions pas livré. » Lorsque des membres du sanhédrin, les premiers hommes de la nation, t'amènent un homme qu'ils jugent digne de mort, est-il besoin de demander de quoi cet homme est accusé ? Ils supposaient que Pilate, par égard pour leur charge, prendrait en considération leur requête sans trop prolonger les préliminaires. Ils étaient impatients d'obtenir confirmation de leur sentence, car ils savaient fort bien que ceux qui avaient été témoins des œuvres merveilleuses du Christ pourraient faire un récit tout différent de celui que les prêtres avaient forgé.

Etant donné le caractère faible et indécis de Pilate, les prêtres pensaient réaliser leur dessein sans difficulté. Il lui était déjà arrivé auparavant de signer des condamnations à mort non motivées. Il faisait peu de cas de la vie d'un prisonnier ; que ce dernier fût innocent ou coupable, cela lui était indifférent. Les prêtres espéraient que Pilate infligerait à Jésus, sans l'avoir entendu, la peine de mort, et ils sollicitaient cela comme une faveur, à l'occasion de leur grande fête nationale.

Mais il y avait en ce prisonnier quelque chose qui retenait Pilate et l'empêchait d'agir ainsi. Il devinait le dessein des prêtres et se rappelait que, peu de temps auparavant, Jésus avait ramené à la vie Lazare, enseveli depuis quatre jours ; il voulait donc, avant de signer la sentence de mort, savoir de quelles accusations Jésus était chargé et connaître les preuves justifiant celles-ci.

Si, votre jugement suffit, dit-il, pourquoi m'amenez-vous le prisonnier ? « Prenez-le vous-mêmes et jugez-le selon votre loi. » Les prêtres durent alors avouer qu'ils l'avaient déjà condamné, mais qu'il leur fallait l'approbation de Pilate pour rendre valide leur condamnation. Quel a été votre verdict ? demanda Pilate. La mort, répondirent-ils, mais il ne nous est pas permis de faire mourir personne. Ils demandaient à Pilate de reconnaître sur leur parole la culpabilité du Christ et de donner force de loi à leur arrêt ; ils prendraient la responsabilité des conséquences.

Pilate n'était pas un juge consciencieux et juste ; mais, si grande que fût sa faiblesse de caractère, il ne voulait condamner Jésus que si une accusation valable était produite contre lui.

Les prêtres se trouvaient dans une impasse, comprenant qu'ils devaient cacher leur hypocrisie sous le voile le plus épais. Il ne fallait pas laisser voir que le Christ avait été arrêté pour des motifs religieux, autrement leurs poursuites n'auraient aucune valeur aux yeux de Pilate. Il fallait donner à entendre que Jésus agissait contre la loi commune, et qu'il pouvait être puni pour un délit politique. Des tumultes et des insurrections contre le gouvernement romain éclataient à tout moment parmi les Juifs. Les Romains avaient coutume d'exercer une répression implacable pour étouffer dans l'œuf toute tentative de révolte.

Quelques jours auparavant, les pharisiens avaient essayé de prendre Jésus au piège, en lui posant cette question : « Nous est-il permis, ou non, de payer le tribut à César ? » Mais Jésus avait démasqué leur hypocrisie. Les Romains qui se trouvaient présents avaient assisté à la défaite totale de ces intrigants, grâce à sa réponse : « Rendez donc à César ce qui est à César [2]. »

Les prêtres prêtèrent au Christ la réponse qu'ils avaient espéré obtenir de lui et pour sortir d'embarras ils firent appel à de faux témoins. Alors « ils se mirent à l'accuser, en disant : Nous avons trouvé celui-ci qui incitait notre nation à la révolte, empêchait de payer le tribut à César et se disait lui-même Christ, roi. » Trois accusations, toutes moins fondées les unes que les autres. Les prêtres le savaient bien, mais ils étaient décidés à atteindre leur but, fût-ce au prix d'un parjure.

Pilate pénétra leur intention. Il ne croyait pas que le prisonnier eût conspiré contre le gouvernement. Son apparence pleine de douceur et d'humilité suffisait à démentir ces accusations. Convaincu qu'une trame avait été ourdie en vue de supprimer un innocent qui gênait les dignitaires juifs, Pilate, se tournant vers Jésus, lui demanda : « Es-tu le roi des Juifs ? » Le Sauveur répondit : « Tu le dis. » Et ce disant son visage s'illumina comme s'il reflétait un rayon de soleil.

Ayant entendu la réponse, Caïphe et ses associés prirent Pilate à témoin que Jésus avait avoué le crime dont on l'accusait. Avec des cris tumultueux, prêtres, scribes et pharisiens demandèrent qu'il fût condamné à mort. La populace leur faisait écho et le vacarme était assourdissant. Pilate ne savait que faire. Voyant que Jésus ne répondait pas à ses accusateurs, il lui dit : « Ne réponds-tu rien ? Vois tout ce dont ils t'accusent. Et Jésus ne fit plus aucune réponse. »

Le Christ se tenait derrière Pilate, à la vue de tous ceux qui se trouvaient dans la cour, et il entendait les insultes. Cependant il ne répondit pas aux accusations mensongères dirigées contre lui. Toute son attitude disait assez qu'il avait le sentiment de son innocence. Les vagues furieuses qui déferlaient sur lui le laissaient impassible. On aurait dit qu'une houle impétueuse, s'élevant toujours plus haut, comme les vagues de l'océan soulevées par la tempête, se brisait autour de lui, sans le toucher. Il restait silencieux, mais son silence était éloquent. Une lumière, venant de l'intérieur, illuminait toute sa personne.

L'attitude de Jésus étonnait Pilate. Il se demandait : Cet homme se désintéresse-t-il des poursuites dirigées contre lui parce qu'il ne se soucie pas de sauver sa vie ? Voyant Jésus supporter les injures et les moqueries sans se défendre, il sentait bien que l'accusé ne pouvait être aussi injuste que les prêtres en fureur. Pour savoir la vérité et se soustraire en même temps au tumulte de la foule, Pilate prit Jésus à part, et l'interrogea de nouveau : « Es-tu le roi des Juifs ? »

Jésus ne répondit pas directement. Il savait que le Saint-Esprit s'efforçait de gagner Pilate, aussi lui donna-t-il l'occasion d'exprimer sa conviction. « Est-ce de toi-même que tu dis cela, demanda-t-il, ou d'autres te l'ont-ils dit de moi ? » En d'autres termes, la question de Pilate s'inspirait-elle des accusations formulées par les prêtres, ou du désir d'obtenir du Christ de la lumière ? Pilate comprit, mais un sentiment d'orgueil s'éleva en son cœur ; il n'avoua pas la conviction qui s'était emparée de lui. « Moi, suis-je donc Juif ? dit-il. Ta nation et les grands-prêtres t'ont livré à moi ; qu'as-tu fait ? »

Pilate avait laissé passer une occasion unique. Néanmoins Jésus ne voulut pas le laisser sans lui donner plus de lumière. Sans répondre directement à la question de Pilate, il définit clairement sa mission, faisant comprendre au gouverneur qu'il n'était pas à la recherche d'un trône terrestre.

Jésus dit : « Mon royaume n'est pas de ce monde. Si mon royaume était de ce monde, mes serviteurs auraient combattu pour moi, afin que je ne sois pas livré aux Juifs ; mais maintenant, mon royaume n'est pas d'ici-bas. Pilate lui dit : Tu es donc roi ? Jésus répondit : Tu le dis : je suis roi. Voici pourquoi ... je suis venu dans le monde : pour rendre témoignage à la vérité. Quiconque est de la vérité écoute ma voix. »

Le Christ déclara que sa Parole est la clé du mystère pour ceux qui sont préparés à la recevoir. Cette Parole se recommandait elle-même, et le secret des progrès du royaume de vérité résidait dans la puissance de cette Parole. Jésus désirait faire comprendre à Pilate que son âme ruinée ne pouvait être restaurée qu'à une condition : recevoir et s'approprier la vérité.

Pilate désirait connaître la vérité. Il y avait de la confusion dans son esprit. Il écoutait attentivement les paroles du Sauveur et un vif désir naissait en son cœur de savoir ce qu'était vraiment la vérité et comment il pourrait l'obtenir. « Qu'est-ce que la vérité ? » demanda-t-il. Mais il n'attendit pas la réponse. Rappelé aux préoccupations du moment par le tumulte du dehors, car les prêtres réclamaient une décision immédiate, il sortit au-devant des Juifs et leur dit avec solennité : « Moi, je ne trouve aucun motif contre lui. »

De telles paroles, prononcées par un juge païen, étaient un violent reproche à l'adresse des chefs d'Israël qui accusaient le Sauveur avec perfidie. Quand les prêtres et les anciens eurent entendu Pilate, leur déception et leur colère ne connurent plus de bornes. Ils s'étaient donné tant de peine et avaient si longtemps attendu cette occasion !

En voyant que Jésus avait quelque chance d'être relâché, ils furent prêts à le mettre en pièces. Bruyamment ils menacèrent Pilate des censures du gouvernement romain, lui reprochant de refuser de condamner Jésus qui, disaient-ils, s'était élevé contre César. On entendit des voix irritées déclarer que l'influence séditieuse de Jésus était connue dans tout le pays. Les prêtres disaient : « Il soulève le peuple, en enseignant dans toute la Judée, depuis la Galilée où il a commencé, jusqu'ici. »

Pilate n'avait aucunement l'intention de condamner Jésus. Il savait que les juifs étaient poussés par la haine et par leurs préjugés ; il connaissait son devoir : la justice voulait que le Christ fût immédiatement relâché. Mais Pilate redoutait le mauvais vouloir du peuple. S'il refusait de leur livrer Jésus, une révolte éclaterait, et cette perspective l'effrayait. Apprenant que le Christ venait de Galilée, il pensa l'envoyer à Hérode, le gouverneur de cette province, qui se trouvait alors à Jérusalem. Pilate espérait ainsi se décharger sur Hérode de la responsabilité du procès. Il y voyait, en même temps, une bonne occasion de mettre fin à une vieille querelle qui existait entre lui et Hérode. En effet, ses prévisions se réalisèrent : les deux magistrats devinrent amis, à l'occasion du procès du Sauveur.

Pilate remit Jésus entre les mains des soldats, et une foule moqueuse et insultante l'accompagna au tribunal d'Hérode. « Lorsqu'Hérode vit Jésus, il en eut une grande joie. » Il ne s'était encore jamais trouvé en présence du Sauveur, mais « depuis quelque temps il désirait le voir à cause de ce qu'il avait entendu dire de lui, et il espérait lui voir faire quelque miracle ». Cet Hérode s'était souillé les mains en répandant le sang de Jean-Baptiste. Quand pour la première fois il avait entendu parler de Jésus, il avait été frappé de terreur et avait dit : « Ce Jean que j'ai fait décapiter, c'est lui qui est ressuscité » ; « c'est pour cela qu'il a le pouvoir de faire des miracles [3] ». Cependant Hérode désirait voir Jésus. Il voyait là une occasion de sauver la vie de ce prophète ; le roi espérait ainsi bannir pour toujours de sa mémoire le souvenir de cette tête ensanglantée qu'on lui avait apportée sur un plateau. Il désirait aussi satisfaire sa curiosité ; il pensait que si on faisait entrevoir au Christ la possibilité d'une délivrance il serait disposé à faire tout ce qu'on lui demanderait.

Un groupe nombreux de prêtres et d'anciens avaient accompagné Jésus chez Hérode. Quand le Sauveur fut introduit, ces dignitaires, très excités, formulèrent leurs accusations contre lui. Mais Hérode ne leur prêta guère d'attention. Il ordonna le silence, voulant interroger Jésus. Il fit délier le Christ et blâma ses ennemis de l'avoir si cruellement traité. Considérant avec pitié le visage serein du Rédempteur du monde, il n'y vit que sagesse et pureté. Tout comme Pilate, il était convaincu que le Christ avait été accusé par malice et par envie.

Hérode posa diverses questions au Christ, mais celui-ci garda un silence absolu. Le roi ordonna que l'on amenât des infirmes et des impotents, et Jésus fut mis en demeure d'établir ses assertions en opérant un miracle. On prétend que tu peux guérir les malades, dit Hérode. Je désire voir si l'on n'a pas surfait ta réputation. Comme Jésus ne répondait pas, Hérode insista : Si tu es capable d'opérer des miracles pour d'autres, agis maintenant en ta faveur et il t'en résultera du bien. Puis, sur un ton de commandement, il dit : Prouve-nous, par un signe, que tu as réellement la puissance que l'on t'attribue. Mais le Christ était semblable à quelqu'un qui ne voit et n'entend rien. Le Fils de Dieu avait revêtu la nature humaine. Il devait se comporter comme un autre homme, dans de pareilles circonstances. Il ne lui appartenait pas d'accomplir un miracle, pour éviter la douleur et l'humiliation que doit endurer tout homme placé dans une situation semblable.

Hérode promit à Jésus de le relâcher s'il voulait accomplir quelque miracle en sa présence. Les accusateurs du Christ avaient vu, de leurs yeux, les œuvres extraordinaires qu'il accomplissait. Ils l'avaient entendu ordonner au sépulcre de rendre le mort qu'il renfermait. Ils avaient vu le mort obéir à sa voix. Ils craignaient maintenant que Jésus n'accomplît un miracle, redoutant, par-dessus tout, une démonstration de sa puissance. Une telle manifestation eût porté le coup de grâce à leurs plans, et leur aurait peut-être coûté la vie à eux. Pleins d'anxiété, les prêtres et les principaux renouvelèrent leurs accusations. Enflant la voix, ils disaient : C'est un traître, un blasphémateur. C'est par la puissance de Béelzébul, le prince des démons, qu'il accomplit ses miracles. Toute la salle était dans la confusion, les uns criant d'une manière, les autres de l'autre.

La conscience d'Hérode était maintenant beaucoup moins sensible que lorsqu'il avait reculé d'effroi en entendant Hérodiade lui réclamer la tête de Jean-Baptiste. Pendant quelque temps il avait senti les aiguillons du remords ; mais sa vie licencieuse avait, de plus en plus, affaibli son sens moral. Son cœur s'était endurci à tel point qu'il osait se vanter d'avoir puni Jean-Baptiste de sa hardiesse. Maintenant il menaçait Jésus, déclarant à plusieurs reprises qu'il était en son pouvoir de le relâcher ou de le condamner. Mais Jésus ne semblait pas entendre.

Ce silence, qui paraissait montrer de l'indifférence pour son autorité, irrita profondément Hérode. Ce roi vain et gonflé d'orgueil eût été moins offensé par un violent reproche. Il redoubla de menaces, mais Jésus persista dans son silence.

Le Christ n'était pas venu dans le monde pour satisfaire une vaine curiosité, mais pour guérir les cœurs brisés. S'il avait pu, par une parole, guérir une âme des atteintes du péché, il ne serait pas resté silencieux. Il n'avait rien à dire à ceux qui étaient prêts à fouler la vérité sous des pieds profanes.

Le Christ pouvait transpercer, par ses paroles, le roi endurci, le frapper de terreur en lui exposant toute l'iniquité de sa vie ainsi que l'horrible sort qui l'attendait. Jésus lui infligea, par son silence, la réprimande la plus sévère. Hérode avait rejeté la vérité que lui avait apportée le plus grand des prophètes : aucun autre message ne lui serait donné. La Majesté du ciel n'avait pas un mot à lui dire. Cette oreille qui avait toujours été ouverte pour accueillir les cris des malheureux restait insensible aux commandements d'Hérode. Ces yeux qui n'avaient jamais cessé d'exprimer la pitié, l'amour et le pardon au pécheur repentant, ne daignaient pas gratifier Hérode d'un regard. Les lèvres qui avaient formulé les vérités les plus frappantes, et plaidé, avec la plus grande tendresse, auprès des êtres les plus coupables et les plus dégradés, restaient fermées devant un roi orgueilleux qui n'éprouvait aucun besoin d'un Sauveur.

La passion assombrissait le visage d'Hérode. S'adressant à la foule, il déclara, avec colère, que Jésus était un imposteur. Puis il dit au Christ : Si tu renonces à prouver tes prétentions, je te livrerai aux soldats et au peuple. Peut-être réussiront-ils à te faire parler. Si tu n'es qu'un imposteur, tu mérites la mort ; si tu es le Fils de Dieu, sauve-toi en opérant un miracle.

Il avait à peine dit cela que l'on se précipita sur le Christ. Les spectateurs, semblables à des bêtes féroces, se jetèrent sur Jésus, se l'arrachant des mains. Hérode, pour humilier le Fils de Dieu, se joignit à la populace. Si les soldats romains n'avaient repoussé ces furieux, le Sauveur eût été mis en pièces.

« Hérode, avec son escorte militaire, le traita avec mépris et, après s'être moqué de lui et l'avoir revêtu d'un habit magnifique, il le renvoya à Pilate. » Les soldats romains ajoutaient leurs mauvais traitements à tous ceux déjà subis. Mais la divine patience de Jésus ne faillit point.

Les persécuteurs du Christ avaient jugé Jésus à leur mesure ; ils se l'étaient représenté aussi vil qu'eux-mêmes. Derrière toutes les apparences du moment, une autre scène se présenta, une scène glorieuse qu'ils apercevront tous un jour. Il s'en trouva quelques-uns qui tremblèrent en la présence du Christ. Tandis que la foule grossière s'inclinait devant lui par dérision, quelques-uns de ceux qui s'étaient avancés, avec la même intention, s'en retournèrent, muets de frayeur. Hérode se sentait convaincu. Les derniers rayons de la lumière de la grâce brillaient sur son cœur insensible. Il sentait qu'il n'avait pas devant lui un homme ordinaire ; car la divinité éclatait à travers l'humanité. Au moment même où le Christ était entouré de moqueurs, d'adultères et de meurtriers, Hérode avait l'impression de contempler un Dieu sur son trône.

Si endurci qu'il fût, Hérode n'osa pas ratifier la condamnation du Christ et préféra se décharger de cette terrible responsabilité, en renvoyant Jésus au tribunal romain.

Pilate éprouva beaucoup de déception et de déplaisir lorsque les Juifs revinrent avec leur prisonnier ; il leur demanda d'un ton impatient ce qu'ils voulaient de lui, leur rappelant qu'il avait déjà interrogé Jésus et n'avait trouvé en lui aucun mal ; il leur dit qu'ils s'étaient bornés à formuler des plaintes à son sujet, sans réussir à établir une seule preuve à sa charge. Hérode, le tétrarque de la Galilée, qui était de leur nation, n'avait, lui non plus, rien trouvé dans l'accusé qui méritât la mort. « Je le relâcherai donc, après l'avoir fait châtier », ajouta Pilate. C'est ici que Pilate fit preuve de faiblesse. Tout en déclarant que Jésus était innocent, il consentit à le faire battre de verges pour accorder une satisfaction à ses accusateurs. Il préférait un compromis et sacrifiait la justice et les principes pour apaiser la foule. En agissant ainsi, il se mettait dans une position désavantageuse. Profitant de son indécision, la foule réclamait, plus bruyamment encore, la vie du prisonnier. Si Pilate s'était montré ferme dès le début, refusant de condamner un homme dont il avait constaté l'innocence, il eût brisé la chaîne fatale qui devait le retenir toute sa vie sous le poids de la faute et du remords. S'il s'était conformé à ses convictions, les Juifs n'auraient pas osé lui imposer leur volonté. Le Christ n'eût pas évité la mort, mais Pilate n'aurait pas porté la responsabilité du crime. Pilate avait, peu à peu, violé sa conscience. Il avait trouvé des prétextes pour ne pas juger selon la justice et l'équité, et il était maintenant impuissant aux mains des prêtres et des principaux. Son indécision lui fut fatale.

Pourtant, en ce moment même, Pilate ne fut pas abandonné à son aveuglement. Un message divin le mit en garde contre l'acte qu'il était sur le point d'accomplir. En réponse à la prière du Christ, la femme de Pilate avait reçu la visite d'un ange du ciel : le Sauveur lui était apparu en songe et elle avait conversé avec lui. Bien qu'elle ne fût pas juive, la femme de Pilate n'avait eu aucun doute au sujet du caractère et de la mission de Jésus. Elle savait qu'il était le prince de Dieu. Elle l'avait vu dans la salle du tribunal pendant qu'on l'interrogeait, alors que les mains divines étaient étroitement liées comme celles d'un criminel. Elle avait été témoin de la besogne impie accomplie par Hérode et ses soldats et avait entendu les accusations furieuses des prêtres et des anciens, remplis d'envie et de malice. Elle avait entendu les paroles : « Nous avons une loi, et d'après cette loi, il doit mourir. » Elle avait vu Pilate livrer Jésus à la flagellation après avoir déclaré : « Je ne trouve aucun motif contre lui. » Elle l'avait vu condamner le Christ et le remettre à ses meurtriers. Elle avait vu la croix dressée sur le Calvaire, dans l'obscurité répandue soudain sur la terre, tandis que retentissait le cri mystérieux : « Tout est accompli. » Ensuite une autre scène s'était présentée à ses yeux : le Christ assis sur le grand trône blanc, alors que la terre chancelait dans l'espace et que les meurtriers du Sauveur s'enfuyaient loin de sa présence glorieuse. Elle se réveilla en poussant un cri d'horreur, et écrivit aussitôt à Pilate un message d'avertissement.

Alors que Pilate hésitait sur ce qu'il devait faire, un messager traversa la foule et lui remit la lettre de sa femme, ainsi conçue : « Ne te mêle pas de l'affaire de ce juste ; car aujourd'hui j'ai beaucoup souffert en songe à cause de lui. »

Pilate pâlit. Il ne savait que décider au milieu de ses émotions contradictoires. Mais pendant qu'il différait ainsi, les prêtres et les principaux en profitaient pour enflammer davantage les esprits. Pilate, se voyant forcé d'agir, songea à une coutume dont il pensa faire un expédient pour relâcher le Christ. Il était d'usage, à cette fête, de relâcher un prisonnier, au choix du peuple. C'était une coutume d'invention païenne ; et bien qu'il n'y eût pas une ombre de justice en cela, les Juifs y tenaient beaucoup. Un prisonnier du nom de Barabbas se trouvait alors sous le coup d'une condamnation à mort, entre les mains des autorités romaines. Cet homme s'était donné pour le Messie. Il se faisait fort d'établir un ordre de choses nouveau en faisant triompher la justice dans le monde. Trompé par Satan, il prétendait que tout ce qu'il pouvait se procurer par le vol et le brigandage lui appartenait. Il avait fait de grandes choses par le pouvoir de Satan et s'était ainsi donné une suite nombreuse avec laquelle il avait provoqué une sédition contre le gouvernement romain. Sous le couvert de l'enthousiasme religieux c'était un scélérat endurci qui s'acharnait à commettre des actes de rébellion et de cruauté. Pilate espérait éveiller dans le peuple un sentiment de justice en lui laissant le choix entre cet homme et le Sauveur innocent ; il comptait susciter à Jésus des sympathies, en opposition avec les prêtres et les chefs. Il s'adressa donc à la foule et lui dit avec véhémence : « Lequel voulez-vous que je vous relâche : Barabbas, ou Jésus appelé Christ ? »

Comme un rugissement de fauves, éclata la réponse : Relâche-nous Barabbas. Toujours plus fort retentissait le cri : Barabbas ! Barabbas ! Pensant qu'on n'avait pas compris sa question, Pilate demanda : « Voulez-vous que je vous relâche le roi des Juifs ? » Mais ils crièrent plus violemment : « Fais mourir celui-ci, et relâche-nous Barabbas ! » « Que ferai-je donc de Jésus, qu'on appelle Christ ? » demanda Pilate. De nouveau la foule houleuse poussa des rugissements démoniaques. De vrais démons en forme humaine se trouvaient dans la foule ; quelle autre réponse eût-on pu attendre de celle-ci : « Qu'il soit crucifié ! »

Pilate n'avait pas prévu que les choses en arriveraient là. Il lui répugnait de livrer un innocent à la mort la plus ignominieuse et la plus cruelle. Lorsque le tumulte se fut apaisé, il dit au peuple « Mais quel mal a-t-il fait ? » Il était trop tard pour argumenter encore ; ce qu'on voulait, ce n'était pas des preuves de l'innocence de Christ, c'était sa condamnation.

Pilate fit un nouvel effort pour le sauver. Il « leur dit pour la troisième fois : Quel mal a-t-il fait ? Je n'ai rien trouvé en lui qui mérite la mort. Je le relâcherai donc, après l'avoir fait châtier. » Ces paroles ne firent que décupler la frénésie du peuple. « Crucifie-le ! Crucifie-le ! » crièrent-ils. L'orage soulevé par l'indécision de Pilate grondait toujours plus fort.

On se saisit de Jésus, exténué de fatigue et tout couvert de meurtrissures, et on le frappa de verges, en présence de la multitude. « Les soldats amenèrent Jésus dans l'intérieur de la cour, c'est-à-dire dans le prétoire et appelèrent toute la cohorte. Ils le revêtirent de pourpre et posèrent sur sa tête une couronne d'épines tressée. Puis ils se mirent à le saluer : Salut, roi des Juifs ! Et ils ... crachaient sur lui et fléchissaient les genoux pour se prosterner devant lui. » De temps en temps quelque énergumène lui arrachait le roseau qu'on avait placé entre ses mains et en frappait la couronne qui entourait son front, enfonçant les épines dans ses tempes et en faisant jaillir du sang qui inondait son visage.

Cieux, tressaillez ! Terre, sois étonnée ! Voici les oppresseurs et l'opprimé. Une foule furieuse entoure le Sauveur du monde. Les moqueries et les sarcasmes se mêlent aux jurons les plus grossiers. La foule insensible déblatère sur sa naissance humble et sa vie modeste. On tourne en ridicule son titre de Fils de Dieu ; la plaisanterie vulgaire et le rire insultant passent de bouche en bouche.

Satan est à la tête de la foule qui maltraite cruellement le Sauveur. Son but était de pousser Jésus à la vengeance, si possible, ou de l'obliger à se sauver par un miracle, détruisant ainsi le plan du salut. Une seule tache sur sa vie humaine, une défaillance de son humanité devant l'épreuve redoutable, et l'Agneau de Dieu n'était plus qu'une offrande imparfaite : la rédemption de l'homme échouait. Mais celui qui aurait pu appeler l'armée céleste à son aide – celui qui aurait pu chasser la foule terrorisée par le déploiement de sa majesté divine – se soumit, dans le calme le plus parfait, aux injures et aux outrages les plus grossiers.

Les ennemis du Christ lui avaient demandé d'accomplir un miracle, prouvant sa divinité. Ils avaient devant eux une démonstration bien plus concluante que celle qu'ils avaient cherchée. La cruauté faisait descendre ces tortionnaires au-dessous du niveau de l'humanité et les rendait semblables à Satan, tandis que la douceur et la patience de Jésus l'élevaient bien au-dessus de l'humanité et prouvaient sa parenté avec Dieu. Son abaissement était le gage de son exaltation. Les gouttes de sang qui, de ses tempes blessées, coulaient sur son visage, annonçaient qu'il serait « oint avec une huile d'allégresse [4] » en qualité de Souverain Sacrificateur.

La fureur de Satan était grande de voir que tous les mauvais traitements infligés au Sauveur ne lui arrachaient pas le moindre murmure. Bien qu'ayant revêtu la nature humaine, Jésus était soutenu par une force divine, et ne s'écartait, en aucune façon, de la volonté de son Père.

En livrant Jésus à la flagellation et aux moqueries, Pilate espérait provoquer la pitié de la foule ; il supposait que ce châtiment lui paraîtrait suffisant. Même la malice des prêtres, se disait-il, serait satisfaite. Les Juifs avaient le sentiment bien net de la faiblesse de celui qui punissait ainsi un homme qu'il venait de déclarer innocent. Il était clair que Pilate s'efforçait de sauver la vie du prisonnier, mais ils étaient bien décidés à s'opposer à ce que Jésus fût relâché. Ils se disaient : Pour nous plaire Pilate l'a fait battre de verges ; si nous tenons bon, nous finirons par obtenir gain de cause.

Pilate fit amener Barabbas dans la cour. Puis il présenta les deux prisonniers côte à côte, et désignant le Sauveur il dit d'une voix suppliante et solennelle : « Voici l'homme ! » « Je vous l'amène dehors, afin que vous sachiez que je ne trouve aucun motif contre lui. »

Le Fils de Dieu était là, portant la couronne d'épines et le vêtement royal dont par dérision on l'avait couvert. Nu jusqu'à la ceinture, son dos montrait les marques des coups de verges : longues et profondes plaies d'où le sang coulait en abondance. L'épuisement et la douleur se lisaient sur sa face ensanglantée, mais l'expression de celle-ci n'avait jamais été aussi belle. Le Sauveur n'offrait pas à ses ennemis la vue d'un visage troublé. Chacun de ses traits traduisait la bonté, la résignation et la plus tendre pitié à l'égard de ses bourreaux. Aucune ombre de lâcheté dans ses manières, mais la force et la noblesse de la longanimité. Le prisonnier qui se tenait à ses côtés présentait un vif contraste avec lui. Toute l'apparence de Barabbas trahissait aux yeux de tous le scélérat endurci qu'il était. Quelques-uns des spectateurs ne pouvaient retenir leurs larmes. Leurs cœurs se remplissaient de sympathie pour Jésus. Il n'était pas jusqu'aux prêtres et aux chefs qui ne fussent convaincus que le Christ était vraiment ce qu'il déclarait être.

Tous les soldats romains qui entouraient le Christ n'étaient pas également endurcis ; quelques-uns cherchaient vainement sur son visage la preuve qu'il était coupable ou dangereux. De temps en temps ils jetaient un regard de mépris à Barabbas qu'il ne fallait pas beaucoup de perspicacité pour juger ; puis leurs yeux se posaient de nouveau sur celui dont on faisait le procès. On contemplait, avec des sentiments de pitié profonde, le divin Martyr. La soumission silencieuse du Christ laissa dans les esprits un souvenir ineffaçable ; chacun devait, un jour, ou bien le reconnaître comme le Christ, ou bien sceller sa propre destinée en le rejetant.

La patience du Sauveur, lequel ne faisait entendre aucune plainte, remplissait Pilate d'étonnement. Il était sûr que la vue de cet homme, en contraste avec Barabbas, susciterait la compassion des Juifs. Il ne connaissait pas la haine fanatique des prêtres pour celui qui, étant la lumière du monde, avait dévoilé leurs ténèbres et leurs erreurs. Tous vociféraient éperdument, avec les prêtres et les principaux qui avaient excité leur fureur : « Crucifie-le ! Crucifie-le ! » Impatienté par cette cruauté rebelle à tous les raisonnements, Pilate cria, désespéré : « Prenez-le vous-mêmes et crucifiez-le ; car moi, je ne trouve pas de motif contre lui. »

Bien qu'habitué à des scènes de cruauté, le gouverneur romain était touché de sympathie pour ce prisonnier accablé de souffrances, qui, condamné et flagellé, le front saignant et le dos lacéré, gardait l'attitude d'un roi sur le trône. Mais les prêtres firent cette déclaration : « Nous avons une loi, et selon la loi, il doit mourir, parce qu'il s'est fait Fils de Dieu. »

Pilate eut un frémissement. Il n'avait pas une juste conception du Christ et de sa mission ; pourtant il croyait vaguement en un Dieu et en des êtres supérieurs à l'humanité. Une pensée qui avait déjà traversé son esprit prit maintenant, à ses yeux, une forme plus définie. Il se demandait s'il n'avait pas devant lui un être divin, revêtu, par ironie, d'une robe de pourpre et couronné d'épines.

Etant rentré dans la salle du tribunal, il dit à Jésus : « D'où es-tu ? Mais Jésus ne lui donna pas de réponse. » Le Sauveur avait parlé ouvertement à Pilate, lui expliquant sa mission en tant que témoin de la vérité. Pilate ne s'était pas soucié de la lumière ; il avait abusé de ses hautes fonctions de juge en sacrifiant ses principes et son autorité aux exigences de la foule. Jésus n'avait pas d'autre lumière à lui donner. Blessé par son silence, Pilate lui dit avec hauteur :

« A moi, tu ne parles pas ? Ne sais-tu pas que j'ai le pouvoir de te relâcher, et que j'ai le pouvoir de te crucifier ? Jésus répondit : Tu n'aurais sur moi aucun pouvoir, s'il ne t'avait été donné d'en-haut. C'est pourquoi celui qui me livre à toi est coupable d'un plus grand péché. »

Le Sauveur miséricordieux, au milieu des souffrances les plus intenses, s'efforçait d'excuser autant que possible le gouverneur romain qui allait le livrer à la mort. Quel exemple donné aux siècles à venir ! Et quelle lumière il jette sur le caractère du Juge de toute la terre !

« Celui qui me livre à toi est coupable d'un plus grand péché », dit Jésus. Ces paroles du Christ faisaient allusion à Caïphe, le souverain sacrificateur et le représentant de la nation juive. Les Juifs savaient de quels principes s'inspiraient les autorités romaines. Ils connaissaient les prophéties qui rendaient témoignage au Christ, à ses enseignements et à ses miracles. Les juges juifs avaient eu des preuves non équivoques de la divinité de celui qu'ils condamnaient à mort. Ils devaient donc être jugés selon leurs lumières.

Les plus grands coupables et les plus responsables étaient les chefs de la nation qui trahissaient lâchement le dépôt sacré, à eux confié. Pilate, Hérode et les soldats romains, en maltraitant le Christ, voulaient se rendre agréables aux prêtres et aux chefs ; ils savaient peu de chose concernant Jésus et ne jouissaient pas de la lumière reçue, en si grande abondance, par la nation juive. Si les soldats avaient possédé cette lumière, ils n'auraient pas agi avec tant de cruauté.

Pilate proposa, encore une fois, de relâcher le Sauveur. « Mais les Juifs crièrent : Si tu le relâches, tu n'es pas ami de César. » Ces hypocrites feignaient d'être soucieux de l'autorité de l'empereur. Les Juifs étaient les adversaires les plus acharnés de la domination romaine. Quand il n'y avait pour eux aucun danger, ils faisaient valoir leurs exigences nationales et religieuses de la manière la plus tyrannique ; mais ils exaltaient le pouvoir de César alors qu'il s'agissait de réaliser un dessein sanguinaire. Pour obtenir la mort du Christ ils étaient prêts à se déclarer des sujets loyaux d'un gouvernement étranger, haï.

« Quiconque se fait roi, se déclare contre César » poursuivaient-ils. C'était toucher Pilate à un point sensible. Déjà suspect auprès du gouvernement romain, il savait qu'un tel rapport occasionnerait sa ruine. Il savait que si les Juifs se voyaient frustrés dans leur dessein, leur rage se tournerait contre lui. Ils ne négligeraient rien pour satisfaire leur vengeance. L'exemple qu'il avait devant lui montrait avec quel acharnement ils cherchaient à ôter la vie à celui qu'ils haïssaient sans cause.

Pilate reprit sa place au tribunal et, une fois de plus, présenta Jésus au peuple, en disant : « Voici votre roi ! » Des cris furieux s'élevèrent : « A mort ! A mort ! Crucifie-le ! » Pilate demanda d'une voix retentissante : « Crucifierai-je votre roi ? » Mais des lèvres profanes et blasphématoires prononcèrent ces paroles : « Nous n'avons de roi que César. »

En se plaçant, de leur propre choix, sous un gouvernement païen, les Juifs se retiraient de la théocratie. Ayant rejeté Dieu pour qu'il ne régnât pas sur eux, ils n'avaient pas de libérateur. Ils n'avaient d'autre roi que César. Voilà jusqu'où les prêtres et les docteurs avaient conduit le peuple. Ils étaient responsables de cela et de toutes les conséquences qui allaient en résulter. Les conducteurs religieux étaient les auteurs d'une ruine nationale.

« Pilate, voyant qu'il n'arrivait à rien, mais que le tumulte augmentait, prit de l'eau, se lava les mains en présence de la foule et dit : Je suis innocent du sang de ce juste, cela vous regarde. » Avec un sentiment de crainte et de propre condamnation, Pilate regardait le Sauveur. Lui seul restait paisible au milieu de cette vaste mer de visages convulsionnés. Une douce lumière paraissait envelopper sa tête. Pilate pensait : C'est un Dieu. Se tournant vers la foule il dit : je suis innocent de son sang. Prenez-le, et crucifiez-le. Mais remarquez, vous, les prêtres et les principaux, que je le déclare juste. Puisse celui qu'il revendique comme son Père vous rendre responsables, plutôt que moi, de l'œuvre de ce jour. Puis il dit à Jésus : Pardonne-moi ; je ne puis te sauver. Lorsqu'il eut soumis Jésus à une seconde flagellation, il le livra pour être crucifié.

Pilate désirait délivrer Jésus. Mais il voyait bien qu'il ne pouvait pas le faire en conservant sa position et ses honneurs. Il préféra sacrifier une vie innocente plutôt que de perdre sa puissance mondaine. Combien il y en a qui, pour éviter une perte ou une souffrance, sacrifient les principes de la même manière. La conscience et le devoir montrent un chemin, l'intérêt personnel en montre un autre. On est entraîné par le courant dans une mauvaise direction, et quiconque accepte des compromis avec le mal est précipité dans les épaisses ténèbres du crime.

Pilate céda aux exigences de la foule. Plutôt que de risquer sa situation il livra Jésus pour qu'il fût crucifié. Cependant, en dépit de ses précautions, il fut dépouillé de ses honneurs, privé de ses hautes fonctions ; bourrelé de remords et blessé dans son orgueil, il mit fin à sa vie peu de temps après la crucifixion. Tous ceux qui transigent avec le péché ne récolteront que douleur et ruine. « Il y a telle voie qui semble droite à l'homme, et dont l'issue aboutit à la mort [5]. »

Quand Pilate se fut déclaré innocent du sang du Christ, Caïphe s'écria sur un ton de défi : « Que son sang retombe sur nous et sur nos enfants ! » Les prêtres et les chefs d'abord, puis la foule entière firent écho à ce cri terrible et ce fut comme un rugissement inhumain. « Tout le peuple répondit : Que son sang retombe sur nous et sur nos enfants ! »

Le peuple d'Israël avait fait son choix. Désignant Jésus il avait dit : « Non, pas lui, mais Barabbas. » Barabbas, le brigand et le meurtrier, représentait Satan. Le Christ représentait Dieu. Le Christ avait été rejeté, Barabbas avait été choisi. Ils allaient avoir Barabbas. En faisant un tel choix ils acceptaient celui qui a été menteur et homicide dès le commencement. Satan était désormais leur chef. C'est lui qui allait dicter ses volontés à la nation. Ils accompliraient ses œuvres. Ils auraient à supporter son gouvernement. Ce peuple qui préférait Barabbas au Christ devait éprouver la cruauté de Barabbas aussi longtemps que le temps durerait.

En regardant l'Agneau de Dieu, battu et humilié, les Juifs avaient dit : « Que son sang retombe sur nous et sur nos enfants ! » Ce terrible cri monta jusqu'au trône de Dieu. Cette sentence, prononcée sur eux-mêmes, fut inscrite dans le ciel. Cette prière a été entendue. Le sang du Fils de Dieu est resté, comme une malédiction perpétuelle, sur leurs enfants et sur les enfants de leurs enfants.

Ceci s'est accompli, d'une manière effroyable, lors de la destruction de Jérusalem, et d'une façon non moins affreuse dans les conditions de vie imposées à la nation juive pendant dix-huit siècles : un sarment retranché du cep, un sarment mort et stérile, bon seulement à être ramassé et jeté au feu. D'un pays à l'autre à travers le monde, et de siècle en siècle, mort, mort par ses fautes et par ses péchés !

Cette prière sera exaucée d'une manière encore plus effroyable au grand jour du jugement. Les hommes verront le Christ revenir sur la terre, non plus comme un prisonnier entouré de canailles, mais comme le Roi du ciel. Le Christ viendra avec sa propre gloire, avec la gloire de son Père, et avec la gloire de ses saints anges. Des myriades d'anges, fils de Dieu magnifiques et triomphants, revêtus d'un charme et d'un éclat incomparables, formeront son escorte. Il s'assiéra sur le trône de sa magnificence et les nations seront rassemblées devant lui. Alors tout œil le verra, même ceux qui l'ont percé. Au lieu d'une couronne d'épines, il portera une couronne de gloire. Le vieux vêtement de pourpre sera remplacé par des vêtements « d'une telle blancheur qu'il n'est pas de foulon sur terre qui puisse blanchir ainsi [6] ». Il aura « sur son manteau et sur sa cuisse un nom écrit : Roi des rois et Seigneur des seigneurs [7] ». Ils seront là ceux qui l'ont tourné en dérision, ceux qui l'ont frappé. Les prêtres et les chefs reverront la scène qui s'est déroulée dans le tribunal. Chaque circonstance se présentera à eux comme gravée en lettres de feu. Alors ceux qui ont dit : « Que son sang retombe sur nous et sur nos enfants », recevront l'exaucement de leur prière. Tout l'univers saura et comprendra. Les hommes verront contre qui ils ont fait la guerre, eux, êtres pauvres, faibles et bornés. Dans leur détresse et leur épouvante ils diront aux montagnes et aux rochers : « Tombez sur nous, et cachez-nous loin de la face de celui qui est assis sur le trône, et de la colère de l'Agneau, car le grand jour de leur colère est venu, et qui pourrait subsister [8] ? »

---

[1] Ce chapitre est basé sur Matthieu 27.2, 11-31 ; Marc 15.1-20 ; Luc 23.1-25 ; Jean 18.28-40 ; 19.1-16. [2] Luc 20.22-25. [3] Marc 6.16 ; Matthieu 14.2. [4] Hébreux 1.9. [5] Proverbes 14.12. [6] Marc 9.3. [7] Apocalypse 19.16. [8] Apocalypse 6.16, 17.

Chapitre 78

Le Calvaire

« Lorsqu'ils furent arrivés au lieu appelé le Crâne, ils le crucifièrent là[1]. »

« Pour sanctifier le peuple par son propre sang », le Christ « a souffert hors de la porte ». Pour avoir transgressé la loi de Dieu, Adam et Eve furent chassés d'Eden. Le Christ, notre substitut, devait souffrir hors des limites de Jérusalem. Il mourut hors de la porte, à l'endroit où étaient exécutés les traîtres et les assassins. On comprend dès lors la profonde signification de ces paroles : « Christ nous a rachetés de la malédiction de la loi, étant devenu malédiction pour nous[2]. »

Une foule nombreuse accompagna Jésus du tribunal au Calvaire. La nouvelle de sa condamnation s'était répandue dans tout Jérusalem ; des gens, appartenant à toutes les classes de la société, affluèrent au lieu de l'exécution. Les prêtres et les chefs avaient promis de ne pas inquiéter les disciples du Christ si celui-ci leur était livré ; les disciples et les croyants qui se trouvaient dans la ville et dans les environs purent donc se mêler à la foule qui accompagnait le Sauveur.

Lorsque Jésus fut sorti du tribunal de Pilate, on plaça sur ses épaules, meurtries et saignantes, la croix qui avait été préparée pour Barabbas. Deux compagnons de Barabbas devaient subir la peine de mort en même temps que Jésus, et eux aussi durent se charger de leur croix. Le Sauveur était trop faible et souffrant pour porter ce lourd fardeau. Depuis le moment où il avait participé, avec les disciples, au souper de Pâque, il n'avait ni bu ni mangé. Pendant son agonie au jardin de Gethsémané, Jésus avait lutté contre les instruments de Satan, puis subi les angoisses de la trahison et vu les disciples l'abandonner et s'enfuir. On l'avait conduit à Anne, puis à Caïphe, ensuite à Pilate. Pilate l'avait envoyé à Hérode, Hérode l'avait renvoyé à Pilate. Les injures avaient succédé aux injures, les moqueries aux moqueries ; par deux fois le Christ avait subi le supplice de la flagellation. Tout ce qui s'était passé au cours de cette nuit-là était de nature à soumettre à la plus rude épreuve l'âme d'un homme. Lui, pourtant, n'avait pas défailli. Il n'avait pas prononcé un seul mot qui ne fût à la gloire de Dieu. Pendant tout ce procès qui n'avait été qu'une farce ridicule, il s'était conduit avec fermeté et dignité. Mais lorsque la croix fut posée sur lui, après la seconde flagellation, la nature humaine ne pouvait pas en supporter davantage ; Jésus tomba sans connaissance, sous le faix.

La foule qui suivait le Sauveur le vit chanceler, sans éprouver la moindre compassion. Elle se moqua du fait qu'il ne pouvait porter cette lourde croix. Cependant, on lui imposa de nouveau le fardeau et, de nouveau, il tomba évanoui, sur le sol. Ses persécuteurs virent qu'il ne pouvait le porter plus loin, et ils se demandèrent qui consentirait à prendre cette charge humiliante. Les Juifs ne pouvaient le faire, de crainte de contracter une souillure qui les empêcherait d'observer la Pâque. Personne, même parmi la populace, ne voulait s'abaisser à porter la croix.

Mais voici qu'un étranger, Simon de Cyrène, qui venait des champs, se trouve sur le passage de la foule. Il entend les paroles injurieuses et ordurières, il entend répéter avec mépris : Faites place au roi des Juifs. Il s'arrête étonné, et comme il laisse voir quelque compassion, on le saisit et on place la croix sur ses épaules.

Simon avait entendu parler de Jésus. Ses fils étaient croyants, mais lui-même n'était pas au nombre des disciples. Ce fut pour Simon une bénédiction de porter la croix au Calvaire, et il en garda une reconnaissance éternelle à la Providence. Il fut amené, par là, à se placer volontairement et joyeusement sous la croix du Christ.

Un certain nombre de femmes se trouvent dans la foule qui accompagne l'innocent jusqu'au lieu du supplice. Leur attention est fixée sur Jésus. Quelques-unes l'ont déjà vu auparavant et lui ont amené des malades et des affligés. Il y en a même qui ont été guéries. On raconte ce qui vient de se passer. Elles s'étonnent en voyant tant de haine s'acharner contre celui pour qui elles éprouvent une pitié si profonde. La fureur de la foule et les paroles irritées des prêtres et des principaux n'empêchent pas ces femmes d'exprimer leur sympathie. Elles poussent des lamentations lugubres en voyant Jésus défaillant sous la croix.

Ce fut la seule chose qui attira l'attention du Christ. Malgré toutes ses souffrances, malgré le poids des péchés du monde, ce témoignage de sympathie ne le laissa pas indifférent. Il considéra ces femmes avec une tendre miséricorde. Elles ne croyaient pas en lui ; il savait qu'elles ne pleuraient pas sur lui comme sur un envoyé de Dieu, mais qu'elles étaient mues par un sentiment de pitié toute humaine. Il ne dédaigna pas leur sympathie, cependant il éprouva pour elles une sympathie plus profonde. « Filles de Jérusalem, dit-il, ne pleurez pas sur moi ; mais pleurez sur vous et sur vos enfants. » Les regards du Christ se détachaient de la scène présente pour se fixer sur la destruction de Jérusalem, où plusieurs d'entre celles qui pleuraient maintenant sur lui allaient périr avec leurs enfants.

De la chute de Jérusalem, les pensées de Jésus s'élevèrent vers un jugement plus vaste. Dans la destruction de la ville impénitente il voyait un symbole de la destruction finale du monde. Il dit : « Alors on se mettra à dire aux montagnes : Tombez sur nous ! et aux collines : Couvrez-nous ! Car, si l'on fait cela au bois vert, qu'arrivera-t-il au bois sec ? » Le bois vert représentait Jésus lui-même, le Rédempteur innocent. Dieu permit que la colère dont il frappe la transgression vînt tomber sur son Fils bien-aimé. Jésus devait être crucifié pour les péchés des hommes. Quel châtiment, alors, était réservé au pécheur qui persévérerait dans le péché ? Tous les rebelles et les incrédules seraient exposés à des souffrances et à des misères qu'aucun langage ne peut exprimer.

Parmi ceux qui suivent le Sauveur au Calvaire, il s'en trouve qui, avec de joyeux hosannas, en agitant des branches de palmiers, ont formé le glorieux cortège lors de son entrée triomphale à Jérusalem. Bon nombre de ceux qui, par entraînement, ont ce jour-là célébré ses louanges, font à cette heure entendre le cri : « Crucifie-le ! Crucifie-le ! » Les espérances des disciples avaient atteint le plus haut degré d'intensité, au moment où le Christ avait fait son entrée dans Jérusalem. Ils s'étaient serrés autour du Maître, fiers de lui appartenir. Maintenant, dans son humiliation, remplis de douleur et accablés de déception, ils marchent à distance. Avec quelle exactitude s'accomplissent les paroles de Jésus : « Je serai pour vous tous, cette nuit, une occasion de chute ; car il est écrit : Je frapperai le berger, et les brebis du troupeau seront dispersées[3]. »

Parvenus au lieu de l'exécution, les prisonniers sont attachés aux instruments du supplice. Les deux larrons se débattent entre les mains de ceux qui veulent les placer sur la croix ; mais Jésus ne fait aucune résistance. Sa mère, s'appuyant sur Jean, le disciple bien-aimé, est venue au Calvaire sur les traces de son fils. Elle l'a vu s'affaisser sous le poids de la croix ; elle voudrait soutenir, de sa main, la tête meurtrie, baigner le front qui, si souvent, s'est appuyé sur son sein. Mais cette consolation lui est refusée. Comme les disciples, elle avait gardé l'espoir que Jésus manifesterait sa puissance, en échappant à ses ennemis. Son cœur chavire en se rappelant les paroles par lesquelles il a annoncé les événements qui se produisent. Elle le regarde dans une attente douloureuse, tandis que les larrons sont fixés à la croix. Va-t-il se laisser crucifier, celui qui a rendu la vie aux morts ? Le Fils de Dieu va-t-il subir une mort cruelle ? Doit-elle renoncer à croire que Jésus est le Messie ? Doit-elle être témoin de son opprobre et de sa douleur, sans même pouvoir le servir dans sa détresse ? Elle voit ses mains étendues sur la croix ; on apporte un marteau et des clous ; quand les pointes s'enfoncent dans les chairs tendres, les disciples, le cœur brisé, emmènent loin de cette scène lamentable le corps défaillant de la mère de Jésus.

Le Sauveur ne fait entendre aucun murmure. Son visage reste calme et serein, mais de grosses gouttes de sueur emperlent son front. Pas une main secourable pour essuyer la sueur mortelle de son visage, pas une parole de sympathie et d'attachement inébranlable ne vient réconforter son cœur humain. Pendant que les soldats accomplissent leur besogne barbare, Jésus prie pour ses ennemis : « Père, pardonne-leur, car ils ne savent pas ce qu'ils font. » Son esprit se détache de ses propres souffrances pour songer au péché de ses persécuteurs et à la rétribution terrible qui les attend. Aucune malédiction n'est prononcée sur les soldats qui le traitent avec tant de dureté. Aucun sentiment de vengeance n'est exprimé à l'adresse des prêtres et des chefs qui se réjouissent de leur œuvre. Le Christ a pitié de leur ignorance et de leur culpabilité. Il se contente d'implorer leur pardon, comme dans un souffle – « car ils ne savent pas ce qu'ils font ».

Ils eussent été saisis de remords et d'horreur s'ils avaient su qu'ils mettaient à la torture un Etre venu sauver une race coupable de la ruine éternelle. Leur ignorance n'enlève pas leur culpabilité ; car ils auraient pu connaître et accepter Jésus, en tant que Sauveur. Quelques-uns d'entre eux, plus tard, connaîtront leur péché, se repentiront et se convertiront. D'autres, par leur impénitence, empêcheront l'exaucement de la prière que le Christ a prononcée en leur faveur. D'une manière ou de l'autre, le dessein de Dieu s'accomplira. Jésus est en voie d'acquérir le droit de devenir l'avocat des hommes auprès du Père.

En priant pour ses ennemis, le Christ englobe le monde entier, avec tous les pécheurs qui ont vécu ou qui vivront, depuis le commencement jusqu'à la fin des temps. Tous sont coupables du crucifiement du Fils de Dieu. A tous, le pardon est gratuitement offert. « Quiconque » le veut peut obtenir la paix avec Dieu, et l'héritage de la vie éternelle.

Dès que Jésus est cloué à la croix, des hommes robustes se saisissent de celle-ci, la dressent, la plantent brutalement à l'endroit qui a été préparé et le Fils de Dieu en éprouve une excessive souffrance. Ensuite Pilate rédige une inscription en hébreu, en grec et en latin, et la fait placer sur la croix, au-dessus de la tête de Jésus. On y lit : « Jésus de Nazareth, le Roi des Juifs. » Cette inscription mécontente les Juifs. Ils ont crié, dans la cour du tribunal de Pilate : « Crucifie-le ! » « Nous n'avons de roi que César », affirmant ainsi que celui qui reconnaît un autre roi est un rebelle. Pilate s'est donc inspiré du sentiment exprimé par eux. Aucun délit n'est mentionné, si ce n'est que Jésus est le roi des Juifs. Cette inscription est une reconnaissance virtuelle de la fidélité que les Juifs doivent au pouvoir romain. Elle donne à entendre qu'ils jugent digne de la peine de mort quiconque prend le titre de roi d'Israël. Les prêtres se sont dupés eux-mêmes. Alors qu'ils tramaient la mort du Christ, Caïphe avait déclaré qu'il était convenable qu'un homme mourût pour sauver la nation. Maintenant leur hypocrisie est dévoilée. Pour supprimer le Christ ils se montrent prêts à sacrifier même leur existence nationale.

Comprenant ce qu'ils ont fait, les prêtres demandent à Pilate de modifier l'inscription : « N'écris pas : Le roi des Juifs ; mais : Il a dit : Je suis le roi des Juifs. » Pilate, honteux de la faiblesse qu'il a montrée, n'a que du mépris pour la fourberie de ces prêtres et de ces chefs. Il répond froidement : « Ce que j'ai écrit, le l'ai écrit. »

Une puissance supérieure à Pilate et aux juifs a voulu que cette inscription fût placée au-dessus de la tête de Jésus. Par ce moyen, la Providence divine fera réfléchir les hommes et les poussera à sonder les Ecritures. Le Calvaire s'élevant à proximité de la ville, une telle proclamation de la messianité de Jésus de Nazareth, vérité vivante, transcrite par une main que Dieu a dirigée, va être remarquée par des milliers de personnes venues à Jérusalem de toutes les contrées.

Les souffrances que le Christ endure sur la croix sont l'accomplissement de la prophétie. Plusieurs siècles avant la crucifixion, le Sauveur avait prédit le traitement qui lui était réservé. Il avait dit : « Des chiens m'ont environné ; une bande de malfaiteurs m'a entouré ; ils ont percé mes mains et mes pieds. Je pourrais compter tous mes os ! ... Mes ennemis me regardent et m'observent : ils partagent entre eux mes vêtements et ils tirent au sort ma robe. » La prédiction relative au partage de ses vêtements s'accomplit sans l'intervention des amis ou des ennemis du Crucifié. Ses vêtements sont distribués aux soldats qui l'ont cloué à la croix. Le Christ entend se disputer les hommes qui font le partage. Comme sa robe est sans couture, tout entière d'un seul tissu, ils se disent les uns aux autres : « Ne la déchirons pas, mais que le sort désigne celui à qui elle sera. »

Le Sauveur avait dit dans une autre prophétie : « Les outrages m'ont brisé le cœur et je suis anéanti. J'attendais un ami qui eût pitié de moi, mais en vain ; des consolateurs, mais je n'en ai pas trouvé ! Mes adversaires mettaient du fiel dans ma nourriture, et pour apaiser ma soif, ils m'abreuvent de vinaigre[4]. » On permettait de donner à ceux qui devaient endurer le supplice de la croix un breuvage narcotique, destiné à endormir les sens. On en offre à Jésus, mais dès qu'il y a goûté, il refuse cette boisson. Il ne veut rien prendre qui puisse obscurcir son intelligence. Sa foi en Dieu doit rester ferme ; c'est sa seule force. En affaiblissant ses sens il donnerait un avantage à Satan.

Les ennemis de Jésus exhalent leur fureur sur celui qui est suspendu à la croix. Prêtres, principaux et scribes se joignent à la foule pour insulter le Sauveur mourant. A l'occasion du baptême et de la transfiguration, Dieu avait proclamé que le Christ était son Fils. Une fois encore, peu de temps avant la trahison, le Père avait rendu témoignage à sa divinité. Mais à présent la voix céleste reste silencieuse. Aucun témoignage ne se fait entendre en faveur du Christ. Il est abandonné aux mauvais traitements et aux moqueries des méchants.

« Si tu es le Fils de Dieu, disaient-ils, descends de la croix. » « Qu'il se sauve lui-même, s'il est le Christ élu de Dieu ! » Au désert de la tentation, Satan avait dit à Jésus : « Si tu es le Fils de Dieu, ordonne que ces pierres deviennent des pains. » « Si tu es le Fils de Dieu, jette-toi en bas[5] » – du haut du faîte du temple. Satan et ses anges se tiennent, sous forme humaine, près de la croix ; l'armée des rebelles offre sa collaboration aux prêtres et aux principaux. Les docteurs ont poussé la foule ignorante à prononcer un jugement contre celui que plusieurs n'ont jamais vu auparavant. Mus par une frénésie satanique, prêtres, principaux, pharisiens, se sont coalisés avec la racaille endurcie. Les chefs religieux s'unissent à Satan et à ses anges, et obéissent à leurs ordres.

Au milieu de ses souffrances et de son agonie, Jésus entend chacune des paroles des prêtres : « Il a sauvé les autres, il ne peut se sauver lui-même ; il est roi d'Israël ! Qu'il descende de la croix, et nous croirons en lui. » Le Christ pourrait descendre de la croix, mais c'est précisément parce qu'il a refusé de se sauver lui-même que le pécheur peut obtenir pardon et grâce auprès de Dieu.

En se moquant du Sauveur, les hommes qui se donnent comme les interprètes de la prophétie répètent les paroles mêmes que l'inspiration leur a attribuées. Cependant leur aveuglement ne leur permet pas de voir qu'ils accomplissent la prophétie. Ceux qui disent sur un ton de raillerie : « Il s'est confié en Dieu, que Dieu le délivre maintenant s'il l'aime. Car il a dit : Je suis le Fils de Dieu », sont loin de penser que leur témoignage se répercutera à travers les siècles. Ces paroles, bien que prononcées avec ironie, pousseront les hommes à sonder les Ecritures comme ils ne l'ont jamais fait. Ceux qui sont sages entendront, chercheront, réfléchiront et prieront. Quelques-uns ne se donneront aucun repos jusqu'à ce que, ayant comparé un passage à un autre, ils découvrent la signification de la mission du Christ. Jésus n'a jamais eu une aussi grande célébrité qu'au moment où il se trouve cloué sur la croix. La lumière de la vérité resplendit dans le cœur de plusieurs de ceux qui assistent à la crucifixion et qui entendent les paroles du Christ.

Un rayon de consolation vient ranimer Jésus agonisant : c'est la prière du larron repentant. Les deux hommes qui ont été crucifiés avec Jésus ont commencé par le railler. A mesure que ses souffrances augmentent, l'un d'entre eux devient toujours plus agressif et plus méprisant. Il n'en est pas de même de son compagnon. Cet homme n'est pas un criminel endurci entraîné par de mauvaises compagnies, il est moins coupable que bon nombre de ceux qui se tiennent sous la croix, outrageant le Sauveur. Il a vu et écouté Jésus, et a été gagné par ses enseignements ; il s'est pourtant détourné de lui, sous l'influence des prêtres et des chefs. Pour étouffer ses convictions, il s'est plongé de plus en plus profondément dans le péché, jusqu'à ce qu'il soit arrêté, jugé comme un criminel, et condamné à mourir sur la croix. Il s'est trouvé près de Jésus dans la salle du tribunal et sur la route du Calvaire. Il était là lorsque Pilate déclara : « Je ne trouve aucun motif contre lui. » Il a remarqué l'attitude divine du Sauveur et sa longue patience à l'égard de ses tortionnaires. Du haut de la croix, il voit ceux qui font profession de piété hocher la tête, claquer la langue avec mépris, tourner en dérision le Seigneur Jésus. Il entend son compagnon adresser au Christ cette parole de reproche : « N'es-tu pas le Christ ? Sauve-toi toi-même, et sauve-nous ! » Parmi les passants, plusieurs prennent la défense de Jésus, répétant ses paroles et racontant ses œuvres. Le brigand a la conviction qu'il se trouve en présence du Christ. Se tournant vers son compagnon coupable, il lui dit : « Ne crains-tu pas Dieu, toi qui subis la même condamnation ? » Les malfaiteurs mourants n'ont plus rien à craindre des hommes. Mais l'un d'eux est persuadé qu'il y a un Dieu à craindre et un avenir redoutable. Sa vie toute souillée de péché arrive à son terme. « Pour nous, gémit-il, c'est justice, car nous recevons ce qu'ont mérité nos actes ; mais celui-ci n'a rien fait de mal. »

Plus de doutes, plus de reproches. Condamné à cause de son crime, le brigand était tombé dans le désespoir ; maintenant de nouvelles pensées naissent dans son cœur attendri. Il se rappelle tout ce qu'il connaît de Jésus, comment il a guéri les malades et pardonné les péchés. Il a entendu les paroles de ceux qui croient en Jésus et qui le suivent en pleurant. Il a aperçu et déchiffré l'inscription placée sur la tête du Sauveur. Les passants la lisent, les uns d'une voix tremblante et douloureuse, d'autres avec des railleries. Le Saint-Esprit éclaire son esprit, et, peu à peu, la chaîne des preuves se complète à ses yeux. En ce Jésus, meurtri, attaché à la croix, objet des moqueries, il reconnaît l'Agneau de Dieu qui ôte le péché du monde. D'une voix qui exprime à la fois l'espoir et l'angoisse, ce moribond réduit à l'impuissance se recommande au Sauveur mourant : « Jésus, souviens-toi de moi, quand tu viendras dans ton règne. » La réponse ne se fait pas attendre, réponse pleine d'amour, de compassion et de puissance : En vérité, je te le dis aujourd'hui, tu seras avec moi dans le paradis.

Pendant les longues heures d'agonie, les oreilles de Jésus ont été frappées par les injures, les quolibets, les imprécations. Son cœur anxieux attendait quelque expression de foi venant des disciples, mais il n'a entendu que ces tristes paroles : « Nous espérions que ce serait lui qui délivrerait Israël. » Quelle joie, pour le Sauveur, d'entendre le malfaiteur mourant manifester sa foi et son amour ! Alors que les chefs de la nation juive le renient et que les disciples eux-mêmes doutent de sa divinité, ce pauvre larron, sur le seuil de l'éternité, reconnaît Jésus comme son Seigneur. Plusieurs ont été disposés à le reconnaître comme leur Seigneur alors qu'il opérait des miracles ou quand il fut sorti victorieux du tombeau ; seul, le coupable sauvé à la onzième heure, le reconnaît pendant qu'il agonise sur la croix.

Les paroles de cet homme repentant attirèrent l'attention des curieux. Ceux qui se sont querellés au pied de la croix au sujet du partage des vêtements du Christ, et qui ont jeté le sort sur sa robe, s'arrêtent, silencieux, pour écouter. Retenant leur souffle, ils regardent le Christ, attendant la réponse qui va sortir des lèvres du mourant.

Le sombre nuage qui paraît envelopper la croix est déchiré par un brillant rayon de lumière quand Jésus adresse au larron ses paroles de promesse. Le malfaiteur repentant, se sentant accepté de Dieu, éprouve une paix parfaite. Le Christ est glorifié au sein de son humiliation. Il est vainqueur, celui qui aux yeux de tous a paru vaincu. Il est reconnu comme portant le péché du monde. Les hommes peuvent maltraiter son corps, enfoncer la couronne d'épines dans ses tempes saintes, le dépouiller de ses vêtements et se les disputer ; ils ne peuvent pas lui enlever le pouvoir de pardonner les péchés. En mourant, Jésus rend témoignage à sa propre divinité et à la gloire de son Père. Son oreille ne s'est pas appesantie pour ne point entendre, et son bras ne s'est point raccourci pour ne plus pouvoir sauver. Il exerce le droit royal de sauver parfaitement tous ceux qui s'approchent de Dieu par lui.

En vérité, je te le dis aujourd'hui : tu seras avec moi dans le paradis. Le Christ n'a pas promis au larron qu'il serait avec lui dans le paradis, ce jour-là, car lui-même n'y est pas allé. Il a dormi dans la tombe, et il dira au matin de la résurrection : « Je ne suis pas encore monté vers mon Père[6]. » Mais la promesse est donnée au jour de la crucifixion, jour de défaite apparente et de ténèbres. « Aujourd'hui », au moment où il meurt, sur la croix, comme un malfaiteur, le Christ donne cette assurance au pauvre pécheur : « Tu seras avec moi dans le paradis. »

Les malfaiteurs crucifiés avec Jésus avaient été placés « un de chaque côté, et Jésus au milieu ». Ceci avait été fait à l'instigation des prêtres et des principaux. On voulait, en plaçant le Christ entre les deux bandits, montrer qu'il était le plus grand criminel des trois. Ainsi se trouva vérifié ce passage de l'Ecriture : « Il a été mis au nombre des malfaiteurs[7]. » Mais les prêtres ne comprirent pas toute la signification de leur acte. De même que Jésus, crucifié avec deux malfaiteurs, fut placé « au milieu », ainsi sa croix a été dressée au milieu d'un monde gisant dans le péché. Les paroles adressées au malfaiteur repentant ont fait jaillir une lumière qui resplendira jusqu'aux extrémités de la terre.

Les anges considéraient avec étonnement l'amour infini de Jésus, qui, endurant les souffrances les plus intenses dans son esprit et dans son corps, ne pensait qu'aux autres, et exhortait à la foi l'âme repentante. Dans son humiliation il avait adressé des paroles prophétiques aux filles de Jérusalem ; il avait exercé ses fonctions sacerdotales en intercédant auprès du Père en faveur de ses meurtriers ; Sauveur miséricordieux, il avait pardonné les péchés du malfaiteur repentant.

Tandis que ses regards se promenaient sur la foule qui l'entourait, une silhouette attira son attention. Au pied de la croix se tenait sa mère, soutenue par Jean. Elle n'avait pu se résigner à rester éloignée de son fils ; sachant que la fin était proche, Jean l'avait ramenée auprès de la croix. A sa dernière heure, le Christ se souvint de sa mère. Regardant son visage ravagé de douleur, puis celui du disciple, il dit à sa mère : « Femme, voici ton fils. » Puis il dit à Jean : « Voici ta mère. » Jean comprit les paroles du Christ et accepta le dépôt qui lui était confié. Il emmena tout de suite Marie chez lui, et dès ce moment il en prit un tendre soin. O quel Sauveur plein de compassion et d'amour ! Au milieu de ses souffrances physiques et de l'angoisse de son esprit, il avait une pensée de sollicitude pour sa mère. Il n'avait pas d'argent à lui laisser ; mais il était lui-même dans le cœur de Jean comme un joyau enchâssé dans un écrin ; et il fit à son disciple un legs précieux, sa mère, assurant à Marie ce dont elle avait le plus grand besoin : la tendresse d'un être qui l'aimait parce qu'elle aimait Jésus. En l'accueillant comme un dépôt sacré, Jean obtenait une riche bénédiction. Marie devait lui rappeler, sans cesse, son Maître bien-aimé.

L'exemple parfait de l'amour filial du Christ brille d'un éclat toujours aussi vif à travers les siècles. Pendant environ trente années Jésus s'était efforcé de porter sa part des fardeaux du foyer, en travaillant chaque jour de ses mains. Et maintenant, jusque dans sa dernière agonie, il pense aux besoins de sa mère, restée seule dans la douleur. Tout disciple du Seigneur manifestera le même esprit. Ceux qui suivent le Christ doivent sentir qu'une partie de leur religion consiste à respecter leurs parents et à subvenir à leurs besoins. Quiconque garde en son cœur l'amour du Christ ne refusera jamais à son père et à sa mère la sollicitude et la tendresse auxquelles ils ont droit.

Le Seigneur de gloire allait mourir pour la rançon de l'humanité. Au moment où il abandonnait sa vie précieuse, le Christ n'était pas soutenu par une joie triomphante. L'obscurité l'enveloppe et l'oppresse. Ce n'était pas la peur de la mort qui l'accablait. Ce n'était pas la douleur ou l'ignominie de la croix qui lui causaient cette agonie inexprimable. Le Christ était le Prince des martyrs. Ce qui le faisait souffrir par-dessus tout, c'était de sentir la malignité du péché, dont l'homme a cessé d'apercevoir l'énormité en se familiarisant avec lui. Le Christ constatait la puissante emprise du mal sur le cœur humain, et prévoyait qu'un petit nombre d'hommes seraient disposés à s'y soustraire. Il savait que, sans l'aide de Dieu, l'humanité périrait, et il voyait des multitudes perdues malgré le secours abondant qui leur est offert.

Le Christ s'est substitué à nous, il a porté l'iniquité de tous. Il a été mis au nombre des transgresseurs, afin de pouvoir nous racheter de la condamnation de la loi. La culpabilité de tous les descendants d'Adam pesait sur son cœur ; l'effroyable manifestation de la colère que Dieu éprouve contre le péché remplissait de consternation l'âme de Jésus. Pendant toute sa vie, le Christ n'avait pas cessé de publier à un monde perdu la bonne nouvelle de la grâce du Père et de l'amour qui pardonne. Son thème constant, c'était le salut du plus grand pécheur. Maintenant, sous le poids de la culpabilité qui l'accable, il ne lui est pas donné d'apercevoir le visage miséricordieux du Père. Personne ne comprendra jamais la douleur mortelle qu'éprouva le Sauveur en cette heure d'angoisse suprême où la présence divine lui était retirée. Son agonie morale était si grande qu'il en oubliait ses tortures physiques.

Satan assiégeait Jésus de ses tentations redoutables. Le Sauveur ne voyait pas au-delà de la tombe. L'espérance ne lui montrait plus la victoire sur le sépulcre ; il ne possédait plus l'assurance que son sacrifice était agréé de son Père. Sachant que le péché est odieux à la divinité, il redoutait que la séparation ne fût éternelle. Le Christ ressentit l'angoisse que tout pécheur devra éprouver quand la grâce cessera d'intercéder en faveur d'une race coupable. Le sentiment du péché, qui faisait reposer la colère du Père sur lui en tant que substitut de l'homme, voilà ce qui rendit sa coupe si amère, ce qui brisa le cœur du Fils de Dieu.

Les anges qui assistaient à l'agonie désespérée du Sauveur se voilaient la face devant cet effrayant spectacle. La nature elle-même exprimait sa sympathie à son Auteur injurié et mourant. Le soleil refusait d'éclairer une scène aussi atroce. En plein midi, alors qu'il brillait auparavant de tout son éclat, il parut disparaître soudain. Une obscurité complète, semblable à un suaire, enveloppait la croix. « Jusqu'à la neuvième heure, il y eut des ténèbres sur toute la terre. » Aucune éclipse, aucune cause naturelle n'expliquait ces ténèbres, aussi épaisses que celles de minuit quand ne brillent ni la lune ni les étoiles. C'était un témoignage miraculeux que Dieu donnait pour confirmer la foi des générations à venir.

Ces épaisses ténèbres cachaient la présence de Dieu. Il fait des ténèbres son pavillon, et il dérobe sa gloire aux yeux des humains. Dieu et ses saints anges se tenaient près de la croix. Le Père restait, invisible, près de son Fils ; sa gloire, en éclatant à travers la nuit, eût anéanti tous les spectateurs humains. A cette heure redoutable le Christ ne devait pas être réconforté par la présence de son Père. Il devait être seul à fouler au pressoir, et personne, parmi les siens, ne devait se trouver avec lui.

La dernière agonie humaine du Fils de Dieu fut voilée par cette brume opaque. Tous ceux qui avaient contemplé le Christ au milieu de ses souffrances avaient été convaincus de sa divinité. Son visage devait laisser un souvenir ineffaçable dans l'âme de tous ceux qui ne l'avaient aperçu qu'une fois. Le visage de Caïn portait la trace du crime ; le visage du Christ exprimait l'innocence, la sérénité, la bienveillance – l'image de Dieu. Pourtant ses accusateurs ne voulaient pas voir la signature du ciel. Pendant de longues heures d'agonie le Christ avait été l'objet de la curiosité d'une foule railleuse. Maintenant Dieu le couvrait, miséricordieusement, de son manteau.

Un silence sépulcral semblait descendre sur le Calvaire. Une terreur indescriptible remplissait la foule rassemblée autour de la croix. Les malédictions et les moqueries moururent sur leurs lèvres. Hommes, femmes et enfants tombèrent sur le sol. De temps en temps des éclairs fulgurants sillonnaient la nue, laissant apercevoir la croix et le Rédempteur crucifié. Prêtres, chefs, scribes, bourreaux, et la foule entière : tous croyaient que l'heure de la rétribution avait sonné pour eux. Après un moment quelqu'un murmura que Jésus allait peut-être descendre de la croix. Plusieurs cherchèrent, en tâtonnant, le chemin de la ville, et se frappaient la poitrine, en gémissant.

Vers la neuvième heure les ténèbres s'élevèrent au-dessus des assistants, sans cesser d'envelopper le Sauveur : symbole de l'agonie et de l'horreur qui pesaient sur son cœur. Aucun œil ne pouvait percer l'obscurité qui enveloppait la croix, et moins encore celle qui entourait l'âme souffrante du Christ. De furieux éclairs flambaient autour de lui. Alors « Jésus cria d'une voix forte : *Eh, Eli, lama sabachthani ?...* Mon Dieu, mon Dieu, pourquoi m'as-tu abandonné ? » Voyant la fureur des éléments déchaînés contre le Sauveur, quelques voix s'écrièrent : La vengeance du ciel l'atteint. La foudre de la colère divine est lancée contre lui parce qu'il a prétendu être le Fils de Dieu. Plusieurs de ceux qui avaient cru en lui perdirent tout espoir en entendant son cri désespéré. Si Dieu avait abandonné Jésus, en qui ses disciples pouvaient-ils se confier ? Quand les ténèbres qui oppressaient l'esprit du Christ se furent retirées, il fut ressaisi par le sentiment de ses souffrances physiques, et il dit : « J'ai soif. » Un soldat romain, ému de pitié à la vue de ses lèvres desséchées, prit une éponge qu'il plaça au bout d'une tige d'hysope, et, l'ayant trempée dans du vinaigre, il la tendit à Jésus. Mais les prêtres se moquaient de son agonie. Ils avaient éprouvé une véritable terreur lorsque les ténèbres avaient recouvert la terre ; maintenant que leur frayeur était dissipée, ils se reprenaient à craindre que Jésus ne leur échappât. Ils se méprirent sur le sens de ses paroles : « *Eli, Eli, lama sabachthani ?* » Ils dirent avec dédain : « Il appelle Elie. » Et négligeant cette dernière occasion de soulager ses souffrances, ils ajoutaient : « Laisse, voyons si Elie viendra le sauver. »

Le Fils immaculé de Dieu était là, suspendu à la croix, les chairs lacérées de coups ; ses mains qui s'étaient si souvent étendues pour bénir étaient clouées au bois ; ses pieds, toujours infatigables au service de l'amour, étaient cloués, eux aussi ; sa tête royale était meurtrie par une couronne d'épines ; ses lèvres tremblantes laissaient échapper un cri de douleur. Tout ce qu'il a souffert – les gouttes de sang qui ont coulé de sa tête, de ses mains, de ses pieds, l'agonie qui a secoué son corps, l'angoisse inexprimable qui a rempli son âme quand le Père lui a dérobé son visage –, tout parle à chaque enfant de l'humanité : C'est pour toi que le Fils de Dieu consent à porter ce fardeau de culpabilité ; pour toi il a dépouillé la mort et ouvert les portes du paradis. Celui qui a calmé les flots irrités et marché sur les vagues écumantes, qui faisait trembler les démons et fuir la maladie, qui ouvrait les yeux des aveugles et rendait la vie aux morts, s'offre sur la croix, en sacrifice par amour pour toi. Il a porté le péché, il a subi la colère de la justice divine ; pour toi, il a été traité comme le péché même.

Les assistants attendaient en silence la fin de cette scène redoutable. Le soleil brillait, mais la croix restait enveloppée de ténèbres. Les prêtres et les chefs regardèrent dans la direction de Jérusalem ; voici qu'une nuée épaisse s'étendait sur la ville et sur les plaines de la Judée. Le Soleil de justice, la Lumière du monde, retirait ses rayons à la ville de Jérusalem, autrefois privilégiée. Les terribles éclairs de la colère de Dieu étaient dirigés contre la cité vouée à la ruine.

Tout à coup l'obscurité qui enveloppait la croix se dissipa, et Jésus s'écria, d'une voix claire et retentissante : « Tout est accompli. » « Père, je remets mon esprit entre tes mains.» Une lumière enveloppa la croix, et le visage du Sauveur resplendit comme le soleil. Sa tête retomba sur sa poitrine, et il expira.

Le Christ avait vidé, jusqu'à la lie, la coupe de la souffrance humaine. Pendant ces heures effroyables, il s'était reposé, par la foi, sur celui à qui il avait toujours accordé une joyeuse obéissance, et dont il connaissait la justice, la miséricorde et le grand amour. Au moment où il se confia à Dieu dans une entière soumission, il cessa de se sentir privé de la faveur de son Père. Le Christ remporta la victoire par la foi.

Jamais auparavant la terre n'avait contemplé un tel spectacle. La foule paralysée, retenant son souffle, contemplait le Sauveur. Les ténèbres réapparurent, un sourd grondement de tonnerre se fit entendre, la terre trembla. Les gens furent précipités les uns sur les autres. Il y eut une scène inouïe de confusion et d'affolement. Des rochers se détachèrent des montagnes environnantes et roulèrent avec fracas dans la plaine. Des sépulcres furent ouverts, et les cadavres qu'ils renfermaient, jetés au dehors. La création paraissait sur le point d'être pulvérisée. Les prêtres, les chefs, les soldats et les bourreaux, ainsi que tout le peuple, muets de terreur, restaient abattus sur le sol.

Quand ce cri puissant : « Tout est accompli » jaillit des lèvres du Christ, des prêtres officiaient dans le temple. C'était l'heure du sacrifice du soir. On allait immoler l'agneau représentant le Christ. Toutes les personnes présentes avaient les yeux fixés sur le prêtre, paré de ses vêtements magnifiques, si pleins de signification, et tenant le couteau à la main, comme Abraham se disposant à immoler son fils. Mais voilà que la terre oscille, car le Seigneur s'approche. Le voile intérieur du temple, comme sous l'effet d'une main invisible, se déchire avec bruit, du haut en bas, et les regards de la foule pénètrent dans le lieu autrefois rempli de la présence de Dieu. C'est là que Dieu avait manifesté sa gloire au-dessus du propitiatoire. Personne, excepté le grand prêtre, ne soulevait le voile qui séparait ce lieu du reste du temple. Lui seul y entrait une fois par an afin de faire propitiation pour les péchés du peuple. Mais voici que le voile est déchiré en deux. Le lieu très saint du sanctuaire terrestre a perdu son caractère sacré.

L'effroi et le désordre règnent partout. Le couteau s'échappe de la main inerte du prêtre qui est sur le point d'immoler la victime, et l'agneau s'enfuit. Le symbole a trouvé sa réalité dans la mort du Fils de Dieu. Le grand sacrifice est consommé. La voie qui donne accès au lieu très saint est ouverte. Un chemin nouveau et vivant est préparé pour tous. L'humanité coupable et souffrante n'a plus besoin d'attendre la venue du grand prêtre. Dès ce moment, le Sauveur devait officier dans les cieux des cieux, en tant que prêtre et avocat. On eût dit qu'une voix vivante disait aux adorateurs : Tous les sacrifices et toutes les offrandes pour le péché ont pris fin. Le Fils de Dieu est venu conformément à sa parole : « Voici je viens... pour faire, ô Dieu, ta volonté. » « Il est entré une fois pour toutes dans le sanctuaire ... avec son propre sang. C'est ainsi qu'il nous a obtenu une rédemption éternelle [8]. »

[1] Ce chapitre est basé sur Matthieu 27.31-53 ; Marc 15.20-38 ; Luc 23.26-46 ; Jean 19.16-30. [2] Hébreux 13.12 ; Galates 3.13. [3] Matthieu 26.31. [4] Psaumes 22.17-19 ; 69.21, 22. [5] Matthieu 4.3, 6. [6] Jean 20.17. [7] Esaïe 53.12. [8] Hébreux 10.7 ; 9.12.

Chapitre 79

Tout est accompli

Le Christ ne renonça à la vie que lorsqu'il eut accompli son œuvre et cette exclamation accompagna son dernier souffle : « Tout est accompli [1]. » La bataille était gagnée. Sa droite et le bras de sa sainteté avaient remporté la victoire. Il avait planté l'étendard sur les hauteurs éternelles. Quelle joie parmi les anges ! Le ciel tout entier s'associait au triomphe du Sauveur. Satan, vaincu, se rendait compte que la partie était perdue pour lui.

Les paroles : « Tout est accompli », revêtaient la plus haute signification aux yeux des anges et des habitants des autres mondes. Cette grande œuvre de rédemption avait été accomplie non seulement pour nous, mais aussi pour eux. Ils partagent avec nous les fruits de la victoire du Christ.

Ce n'est qu'après la mort de Jésus que le caractère de Satan fut clairement révélé aux anges et aux habitants des autres mondes. Le chef des rebelles s'était déguisé avec tant d'habileté que même des êtres saints n'avaient pu comprendre ses mobiles. Ils n'avaient pas aperçu clairement la nature de sa révolte.

Il était extrêmement puissant et glorieux l'être qui s'était révolté contre Dieu. Le Seigneur dit, en parlant de Lucifer : « Tu étais le couronnement de l'édifice, plein de sagesse, parfait en beauté [2]. » Après qu'il eut péché, son pouvoir de séduction était d'autant plus grand, et il était d'autant plus difficile de dévoiler son caractère, qu'il avait occupé une position plus élevée auprès du Père.

Dieu aurait pu détruire Satan et ceux qui sympathisaient avec lui aussi aisément que nous pouvons jeter un caillou : il ne l'a pas fait car la révolte ne devait pas être écrasée par la force. Il n'y a que le gouvernement de Satan qui ait recours à la contrainte. Les principes du Seigneur sont tout différents, son autorité a pour fondement la bonté, la miséricorde et l'amour ; le seul moyen qu'il emploie, c'est de faire connaître ses principes. Le gouvernement de Dieu est un gouvernement moral ; ce sont la vérité et l'amour qui lui assurent la victoire.

Le dessein de Dieu était d'établir toutes choses sur une hase éternelle de sécurité ; il fut donc décidé, dans les conseils du ciel, qu'un délai serait accordé à Satan pour lui permettre d'expérimenter les principes qui étaient à la base de son système de gouvernement puisqu'il prétendait que ceux-ci étaient supérieurs aux principes divins. L'occasion lui fut donc offerte de les mettre en œuvre, à la vue de l'univers céleste.

Satan entraîna les hommes dans le péché, et le plan de la rédemption commença de produire ses effets. Pendant quatre mille ans, le Christ s'efforça de relever l'homme, tandis que Satan le précipitait dans la ruine et la dégradation. L'univers céleste voyait tout cela.

Lorsque Jésus vint dans le monde, la puissance de Satan se dressa contre lui. Dès le moment où il parut, tout petit enfant à Bethléhem, l'usurpateur s'efforça de le faire périr. Par tous les moyens possibles il voulut empêcher Jésus de réaliser une enfance et une jeunesse parfaites, un saint ministère et un sacrifice sans tache. Il échoua, ne pouvant réussir à entraîner Jésus dans le péché, ni à le décourager, ni à le détourner de l'œuvre qu'il était venu accomplir sur la terre. Depuis le désert jusqu'au Calvaire, la colère de Satan se déchaîna sans pitié contre lui ; mais le Fils de Dieu serra d'autant plus fort la main de son Père et s'avança résolument sur son sentier ensanglanté. Tous les efforts de Satan en vue de l'opprimer et de le vaincre n'eurent d'autre effet que celui de faire paraître, dans une lumière plus pure, son caractère immaculé.

Le ciel tout entier, ainsi que les habitants des mondes qui n'ont pas connu le péché, avaient été témoins du conflit. Le dénouement avait été suivi avec un intérêt poignant. On avait vu le Sauveur entrer au jardin de Gethsémané, l'âme courbée sous l'horreur d'épaisses ténèbres. On avait entendu son cri douloureux : « Mon Père, s'il est possible, que cette coupe s'éloigne de moi [3] ! » On l'avait vu privé de la présence de son Père, en éprouvant une douleur qui surpassa celle de sa dernière agonie et fit jaillir de ses pores une sueur de sang. Par trois fois les lèvres du Christ laissèrent échapper une prière, appelant la délivrance. Le ciel ne pouvant pas supporter ce spectacle plus longtemps, un messager d'espérance avait été envoyé au Fils de Dieu.

Le ciel avait contemplé la Victime alors qu'elle était livrée aux mains d'une foule meurtrière et entraînée violemment d'un tribunal à l'autre, sous les moqueries des spectateurs. On avait entendu les quolibets de ses persécuteurs au sujet de son humble naissance et l'un des disciples préférés le renier avec des imprécations et des serments. On avait vu la frénésie de Satan et son influence sur les cœurs humains. Quelle scène effroyable ! Le Sauveur arrêté à minuit en Gethsémané, traîné du palais au tribunal, traduit deux fois devant les prêtres, deux fois devant le sanhédrin, deux fois devant Pilate, une fois devant Hérode, raillé, flagellé, condamné, conduit au lieu d'exécution, traînant sa lourde croix au milieu des lamentations des filles de Jérusalem et des railleries de la racaille.

C'est avec douleur et avec étonnement que le ciel avait contemplé le Christ suspendu à la croix, le sang découlant de ses tempes meurtries, le front couvert d'une sueur mêlée de sang. Des mains et des pieds, dont les blessures s'élargissaient sous le poids du corps, le sang goutte à goutte tombait sur le rocher, creusé pour y enfoncer la croix. La respiration pénible devenait plus rapide et plus profonde à mesure que l'âme du Sauveur haletait, chargée des péchés du monde. Tout le ciel avait été rempli de stupeur en entendant la prière du Christ au milieu de ses terribles souffrances : « Père, pardonne-leur, car ils ne savent pas ce qu'ils font [4]. » Et il y avait là des hommes, formés à l'image de Dieu, unis pour anéantir la vie de son Fils unique. Quel spectacle pour l'univers céleste !

Les principautés et les puissances des ténèbres étaient réunies autour de la croix, projetant sur les cœurs des hommes une ombre d'infernale incrédulité. Ces êtres, créés par le Seigneur pour se tenir devant son trône, avaient été autrefois magnifiques et glorieux, leur beauté et leur sainteté proportionnées au degré d'élévation de leur position. Enrichis de la sagesse de Dieu et revêtus de la panoplie du ciel, ils avaient été les ministres de Jéhovah. Mais qui pouvait maintenant reconnaître, dans ces anges déchus, les splendides séraphins qui, autrefois, exerçaient un ministère dans les parvis célestes ?

Des anges, au service de Satan, s'étaient alliés à des hommes pleins de méchanceté pour tromper le peuple et exciter toutes les haines contre le Christ, en l'accusant d'être le plus grand des pécheurs. Ils étaient tout remplis de l'esprit du grand rebelle, ceux qui se moquaient du Sauveur attaché à la croix. C'est Satan qui leur suggérait des discours abjects et repoussants. C'est lui qui inspirait leurs railleries. Il n'y avait rien gagné, cependant. Si un seul péché s'était trouvé en Christ, s'il avait cédé à Satan sur un seul point, afin d'échapper à ses horribles tortures, l'ennemi de Dieu et des hommes eût triomphé. Le Christ inclina la tête et expira, mais jusqu'à la fin il garda sa foi et resta soumis à Dieu. « J'entendis dans le ciel une voix forte qui disait : Maintenant est arrivé le salut, ainsi que la puissance et le règne de notre Dieu, et l'autorité de son Christ. Car il a été précipités l'accusateur de nos frères, celui qui les accusait devant notre Dieu jour et nuit [5]. »

Satan se vit démasqué. Son système de gouvernement était dévoilé aux yeux des anges qui n'ont pas péché et devant tout l'univers céleste. Il s'était fait connaître comme un meurtrier. En versant le sang du Fils de Dieu, il avait perdu les dernières sympathies des êtres célestes. Désormais son activité allait être restreinte. Quelle que fût son attitude, il ne pourrait plus accompagner les anges dans les parvis célestes, et accuser auprès d'eux les frères du Christ comme étant couverts de vêtements souillés par le péché. Le dernier lien unissant Satan au monde céleste était rompu.

Toutefois Satan ne fut pas détruit à ce moment-là. Même alors, les anges ne comprenaient pas encore tout ce qui était engagé dans le grand conflit. Il fallait que les principes en jeu fussent manifestés plus complètement. Pour le bien de l'homme, l'existence de Satan devait être prolongée afin que le contraste existant entre le prince de la lumière et le prince des ténèbres devînt évident. Chacun servirait alors celui qu'il aurait choisi.

Lorsque le grand conflit éclata, Satan avait déclaré que la loi de Dieu ne peut être observée, que la justice est incompatible avec la miséricorde, et, qu'au cas où la loi serait transgressée, il n'y aurait pas de pardon pour le pécheur. Chaque péché doit recevoir son châtiment, affirmait Satan ; un Dieu qui ferait grâce au pécheur ne serait pas un Dieu de vérité et de justice. Satan exulta quand les hommes eurent violé la loi de Dieu et foulé aux pieds son commandement. Il était donc démontré, assurait-il, que la loi ne peut être observée ; il n'y avait pas de pardon pour l'homme. Ayant été chassé du ciel après sa révolte, il prétendait que la race humaine devait être privée à toujours de la faveur de Dieu. Dieu ne pouvait être juste, assurait-il, et se montrer en même temps compatissant envers le pécheur.

Mais, bien que pécheur, l'homme était dans une situation différente de celle de Satan. Dans le ciel, Lucifer avait péché à la pleine lumière de la gloire de Dieu. L'amour divin lui avait été révélé mieux qu'à toute autre créature. Satan avait préféré suivre sa volonté égoïste et indépendante. Après ce choix irrévocable, Dieu ne pouvait rien faire de plus pour le sauver. En revanche, l'homme a été trompé, l'esprit obscurci par les sophismes de Satan. Il ne connaissait pas la hauteur et la profondeur de l'amour de Dieu. Une possibilité subsistait : lui faire connaître cet amour. On était en droit d'espérer qu'en contemplant le caractère divin l'homme serait attiré vers lui.

Par Jésus, la grâce de Dieu a été révélée aux hommes ; mais la grâce n'exclut pas la justice. La loi a pour but de faire connaître les attributs du caractère divin ; pas un iota ou un trait de lettre de cette loi ne pouvait être modifié pour excuser la chute de l'homme. Au lieu de changer sa loi, Dieu s'est offert lui-même en sacrifice, dans la personne du Christ, pour la rédemption de l'homme. « Dieu était en Christ, réconciliant le monde avec lui-même [6]. »

La loi exige la justice – une vie juste, un caractère parfait : or l'homme ne peut se conformer aux exigences de la sainte loi de Dieu. Mais le Christ, venu sur la terre en tant qu'homme, a vécu dans la sainteté et a formé un caractère parfait. Il offre ces choses gratuitement à tous ceux qui veulent les recevoir. Sa vie se substitue à celle des hommes. De cette manière ceux-ci obtiennent la rémission des péchés commis auparavant, au temps de la patience de Dieu. Plus encore : le Christ communique aux hommes les attributs même de Dieu. Il façonne le caractère humain à la ressemblance du divin : un magnifique chef-d'œuvre de force et de beauté spirituelle. Ainsi la justice qu'exige la loi se trouve réalisée chez celui qui croit en Christ. Dieu « a voulu montrer sa justice dans le temps présent, de manière à être reconnu juste, tout en justifiant celui qui a la foi en Jésus [7] ».

L'amour de Dieu se traduit par sa justice aussi bien que par sa miséricorde. La justice est la base de son trône et le fruit de son amour. Satan s'était proposé de consommer le divorce entre la miséricorde d'un côté, la vérité et la justice de l'autre. Il s'efforçait de montrer que la justice de là loi divine est l'ennemie de la paix. Le Christ montre que ces choses sont indissolublement unies dans le plan de Dieu, et que l'une ne peut exister sans l'autre. « La bonté et la vérité se sont rencontrées ; la justice et la paix se sont embrassées [8]. »

Le Christ a prouvé, par sa vie et par sa mort, que la justice de Dieu n'exclut pas sa miséricorde, mais que le péché peut être pardonné et que la loi parfaite peut être observée parfaitement. Ainsi les accusations de Satan sont réfutées. Dieu a donné à l'homme des preuves non équivoques de son amour.

Une autre erreur allait maintenant se répandre. Satan affirmait que la miséricorde avait supprimé la justice, et que la mort du Christ avait eu pour effet l'abolition de la loi du Père. Mais si la loi avait pu être modifiée ou abrogée, la mort du Christ n'eût pas été nécessaire. Abolir la loi, c'eût été perpétuer la transgression et placer le monde sous la domination de Satan. Jésus a été élevé sur la croix parce que la loi est immuable et parce que l'homme ne peut être sauvé qu'en obéissant à ses préceptes. Satan s'efforce de montrer que la loi a été détruite par les moyens mêmes que le Christ a employés pour l'établir. C'est sur ce terrain que sera livrée la dernière bataille entre Christ et Satan.

La loi que Dieu a proclamée de sa bouche est défectueuse, elle a dû être modifiée dans quelqu'une de ses parties : voilà ce que Satan affirme aujourd'hui. C'est là la dernière grande erreur qu'il s'efforce de propager dans le monde. Pas n'est besoin qu'il s'attaque à la loi tout entière ; s'il peut amener les hommes à négliger l'un des préceptes, son but est atteint. « Car quiconque observe toute la loi, mais pèche contre un seul commandement, devient justiciable de tous [9]. » En consentant à enfreindre un commandement, les hommes se placent sous la domination de Satan.

En substituant une loi humaine à la loi divine, Satan s'efforce d'assumer la direction du monde. Cette œuvre est décrite dans la prophétie. Il est dit au sujet du grand pouvoir rebelle qui représente Satan dans le monde : « Il proférera des paroles contre le Très-Haut ; il opprimera les saints du Très-Haut et formera le dessein de changer les temps et la Loi, et les saints seront livrés en son pouvoir [10]. »

Les hommes ne manqueront pas de promulguer des lois pour contrecarrer les lois de Dieu. Ils voudront contraindre les consciences et dans leur zèle pour faire exécuter ces lois ils opprimeront leurs semblables.

La lutte engagée contre la loi de Dieu a commencé dans le ciel et elle se poursuivra jusqu'à la fin des temps. Tout homme doit être mis à l'épreuve. Obéir ou désobéir : telle est l'alternative devant laquelle se trouve le monde entier. Tous devront choisir entre la loi divine et les lois humaines. C'est ce qui établira une ligne de démarcation. Il n'y aura que deux classes de personnes. Chaque caractère devra s'affirmer dans un sens ou dans l'autre ; et tous les hommes devront montrer s'ils se sont rangés parmi les fidèles ou parmi les rebelles.

Alors la fin viendra. Dieu vengera sa loi et délivrera son peuple. Satan sera retranché avec tous ceux qui auront participé à sa révolte. Péché et pécheurs périront également, racine et rameaux [11] – Satan, la racine ; ses affiliés, les rameaux. Alors s'accomplira cette parole adressée au prince du mal : « Puisque tu as voulu te persuader que tu étais un dieu ... je te précipiterai donc de la montagne de Dieu, je te ferai périr, ô chérubin protecteur, au milieu des pierres aux feux éclatants ! ... Te voilà devenu un objet d'épouvante et c'en est fait de toi pour toujours ! » « Encore un peu de temps et le méchant ne sera plus ; tu regarderas la place où il était et il aura disparu. » Les nations coupables « disparaîtront comme si elles n'avaient jamais existé [12] ».

Ceci ne sera pas un acte arbitraire de la part de Dieu. Ceux qui rejettent sa grâce ne feront que moissonner ce qu'ils auront semé. Dieu est la source de la vie ; si quelqu'un se met, de propos délibéré, au service du péché, il se sépare de Dieu et se prive ainsi de la vie. Il devient « étranger à la vie de Dieu ». Le Christ dit : « Tous ceux qui me haïssent aiment la mort [13]. » Dieu accorde aux hommes l'existence, pendant un certain temps, afin de leur donner l'occasion de former leur caractère et d'affirmer leurs principes. Une fois que ce but est atteint, les hommes récoltent les conséquences de leur choix. Satan, ainsi que tous ses disciples, se trouvent, après une vie de révolte, si peu en harmonie avec Dieu, que la présence divine seule est, pour eux, un feu consumant. Ils seront détruits par la gloire de celui qui est amour.

Les anges ne comprenaient pas cela au moment où éclata le grand conflit. Si Satan et son armée avaient dû subir alors toutes les conséquences de leur péché, ils auraient péri ; les êtres célestes n'eussent pas vu en cela le résultat inévitable du péché. Un doute concernant la bonté de Dieu serait resté comme une mauvaise semence dans leur esprit, et y aurait produit des fruits mortels de péché et de malheur.

Il n'en sera plus ainsi quand le grand conflit sera terminé. Le plan de la rédemption étant alors pleinement réalisé, le caractère de Dieu sera manifeste aux yeux de toutes les intelligences créées. On verra que les préceptes de sa loi sont parfaits et immuables. Le péché aura révélé sa nature, Satan son caractère. L'extermination du péché aura pour effet de justifier l'amour de Dieu et de le réhabiliter devant un univers composé d'êtres qui, ayant sa loi dans leurs cœurs, trouveront leurs délices à faire sa volonté.

Les anges avaient donc de bonnes raisons de se réjouir en contemplant le Sauveur sur sa croix ; car bien qu'ils ne fussent pas encore à même de tout saisir, ils savaient que la destruction du péché et de Satan était assurée pour toujours, que la rédemption de l'homme était un fait accompli, et que l'univers était pour l'éternité à l'abri de toute surprise. Quant au Christ, il comprenait parfaitement les résultats du sacrifice accompli sur le Calvaire. Il embrassait toutes ces choses de son regard quand, sur la croix, il s'écria : « Tout est accompli ! »

---

[1] Jean 19.30. [2] Ezéchiel 28.12. [3] Matthieu 26.39. [4] Luc 23.34. [5] Apocalypse 12.10. [6] 2 Corinthiens 5.19. [7] Romains 3.26. [8] Psaume 85.11. [9] Jacques 2.10. [10] Daniel 7.25. [11] Malachie 4.1. [12] Ezéchiel 28.6-19 ; Psaume 37.10 ; Abdias 16. [13] Ephésiens 4.18 ; Proverbes 8.36.

Chapitre 80

Dans le tombeau de Joseph

JESUS était enfin entré dans son repos. Ce jour interminable d'opprobre et de supplice avait pris fin. Au moment où les derniers rayons du soleil couchant annoncèrent le sabbat, le Fils de Dieu reposait paisiblement dans le tombeau de Joseph. Son œuvre achevée, les mains jointes, en une attitude de paix, il se reposa pendant les heures sacrées du sabbat.

Au commencement, après avoir achevé l'œuvre de la création, le Père et le Fils s'étaient reposés le jour du sabbat. Quand eurent été achevés « les cieux et la terre, avec toute leur armée [1] », le Créateur se réjouit avec tous les êtres célestes dans la contemplation de ce glorieux spectacle, « pendant que les étoiles du matin entonnaient des chants d'allégresse et que les fils de Dieu poussaient des acclamations [2] ». Maintenant Jésus se reposait, ayant accompli l'œuvre de la rédemption ; et bien qu'il y eût de la tristesse parmi ceux qu'il avait aimés sur la terre, le ciel était dans la joie. De brillantes perspectives d'avenir apparaissaient aux yeux des êtres célestes. Une création restaurée, une race rachetée, incapable de tomber après avoir vaincu le péché – voilà ce que Dieu et les anges voyaient comme résultat de l'œuvre achevée par le Christ. Ce tableau reste à jamais associé au jour où Jésus s'est reposé... Car son « œuvre est parfaite » ; et « tout ce que Dieu fait subsiste à toujours [3] ». Quand aura lieu le « rétablissement de tout ce dont Dieu a parlé par la bouche de ses saints prophètes d'autrefois [4] », le sabbat de la création, le jour où Jésus s'est reposé dans le tombeau de Joseph, sera encore un jour de repos et de réjouissances. Le ciel et la terre uniront leurs louanges quand, « de sabbat en sabbat [5] », les nations rachetées se prosterneront dans une adoration joyeuse devant Dieu et devant l'Agneau.

Les derniers événements du jour de la crucifixion apportèrent de nouvelles preuves de l'accomplissement des prophéties, et rendirent un nouveau témoignage à la divinité du Christ. Lorsque les ténèbres se furent dissipées autour de la croix, et que le Sauveur mourant eut prononcé son dernier cri, on entendit immédiatement une autre voix qui disait : « Cet homme était vraiment le Fils de Dieu. »

Ces paroles furent prononcées d'une voix forte. Tout le monde se détourna pour voir d'où elle venait. Qui avait parlé ? C'était le centenier romain. La patience divine du Sauveur, sa mort soudaine, précédée d'un cri de victoire, avaient fait impression sur ce païen. Dans ce corps meurtri et brisé suspendu à la croix, le centenier reconnut la forme du Fils de Dieu. Il ne put s'empêcher de confesser sa foi. On voyait ainsi, une fois de plus, qu'il serait donné au Rédempteur de contempler le fruit de ses labeurs. Le jour même de sa mort, trois hommes, très différents les uns des autres, avaient confessé leur foi – celui qui commandait la garde romaine, celui qui avait porté la croix du Sauveur et celui qui était mort, sur la croix, à côté de lui.

Comme le soir approchait, un calme céleste entourait le Calvaire. La foule s'était dispersée, et plusieurs étaient retournés à Jérusalem avec des sentiments bien différents de ceux qu'ils avaient éprouvés le matin. Beaucoup, accourus pour voir la crucifixion et poussés plutôt par la curiosité que par la haine du Christ, avaient cru, néanmoins, aux accusations des prêtres et considéraient le Christ comme un malfaiteur. Ils s'étaient joints à la populace moqueuse sous l'influence d'une excitation anormale, mais quand ils virent la terre enveloppée de ténèbres, leurs consciences les accusèrent et ils se reconnurent coupables d'un grand péché. On n'entendait plus ni railleries, ni rires moqueurs au milieu de cette obscurité effrayante quand celle-ci se fut dissipée, ils rentrèrent chez eux dans un silence solennel, et convaincus de la fausseté des accusations des prêtres. Jésus n'était plus, à leurs yeux, un charlatan ; au jour de la Pentecôte, quelques semaines plus tard, lorsque Pierre prononça son discours, ils se trouvèrent parmi les milliers de personnes qui se convertirent au Christ.

Les sentiments des chefs de la nation n'avaient pas changé, malgré les événements dont ils avaient été les témoins. Ils vouaient à Jésus la même haine qu'auparavant. Les ténèbres qui avaient recouvert la terre, au moment de la crucifixion, n'étaient pas plus épaisses que celles qui continuaient d'envelopper l'esprit des prêtres et des chefs. L'étoile avait reconnu le Christ à sa naissance, et conduit les mages auprès de la crèche. Les armées célestes l'avaient reconnu et avaient chanté ses louanges au-dessus des plaines de Bethléhem. La mer avait reconnu sa voix, et obéi à son commandement. La maladie et la mort avaient reconnu son autorité et restitué leurs proies. Le soleil l'avait reconnu, et avait caché sa lumière pour ne pas voir son angoisse mortelle. Les rochers l'avaient reconnu, et s'étaient brisés, en entendant son cri. La nature inanimée avait reconnu le Christ et rendu témoignage à sa divinité. Mais les prêtres et les chefs d'Israël ne reconnaissaient pas le Fils de Dieu. Néanmoins ils éprouvaient un certain malaise. Ils avaient réussi à mettre à mort le Christ ; mais ils n'éprouvaient pas le sentiment de victoire auquel ils s'étaient attendus. A l'heure même de leur triomphe apparent, ils étaient troublés par des doutes au sujet de ce qui allait suivre. Ils avaient entendu le cri : « Tout est accompli. » « Père, je remets mon esprit entre tes mains [6]. » Ils restaient inquiets après avoir vu les rochers se fendre et la terre trembler. Pendant que le Christ vivait, ils avaient envié son influence sur le peuple et ils l'enviaient même après sa mort. Ils redoutaient le Christ plus qu'ils ne l'avaient redouté pendant sa vie. Ils craignaient que l'attention du peuple ne s'attachât aux événements qui avaient accompagné la crucifixion et appréhendaient les conséquences de l'œuvre de ce jour. Ils n'auraient voulu, pour rien au monde, que le corps du Christ restât sur la croix, pendant le sabbat, ce qui eût été une profanation. Saisissant ce prétexte, les principaux des Juifs demandèrent à Pilate de hâter la mort des victimes et de faire enlever leurs corps, avant le coucher du soleil.

Pilate étant de leur avis, son consentement fut donné ; on brisa les jambes aux deux larrons afin de hâter leur mort ; mais l'on constata que Jésus était déjà mort. Ces rudes soldats, attendris par ce qu'ils avaient entendu et vu du Christ, s'abstinrent de lui rompre les membres. Ainsi la loi de la Pâque se trouva observée dans l'offrande de l'Agneau de Dieu « Ils n'en laisseront rien pour le lendemain matin et ils n'en briseront pas les os ; ils la célébreront conformément à toutes les prescriptions relatives à la Pâque [7]. »

Les prêtres et les chefs furent surpris en voyant que le Christ avait expiré. La mort des crucifiés était généralement très lente et il était difficile de déterminer le moment du décès. C'était une chose inouïe qu'une mort si prompte, seulement six heures après la crucifixion. Les prêtres voulurent s'assurer de la réalité de cette mort : à leur instigation un soldat perça de sa lance le côté du Sauveur. Deux flots abondants et distincts, l'un de sang, l'autre d'eau, coulèrent de la blessure. Ce phénomène fut remarqué par tous les assistants, et Jean l'a noté d'une manière précise. Il dit : « Un des soldats lui perça le côté avec une lance, et aussitôt, il sortit de l'eau et du sang. Celui qui l'a vu en a rendu témoignage, et son témoignage est vrai ; et lui, il sait qu'il dit vrai, afin que vous croyiez, vous aussi. Cela est arrivé, pour que l'Ecriture soit accomplie : Aucun de ses os ne sera brisé. Et ailleurs, l'Ecriture dit encore : Ils regarderont à celui qu'ils ont percé [8]. »

Après la résurrection, les prêtres et les chefs firent circuler le bruit que le Christ n'était pas mort sur la croix, qu'il s'était simplement évanoui, et qu'ensuite il avait repris connaissance. D'autres affirmaient qu'on n'avait pas enseveli un vrai corps de chair et d'os, mais un simulacre. Par leur acte, les soldats romains ont mis à nu la fausseté de ces rapports. Ils ne lui ont pas rompu les jambes, parce qu'il était déjà mort. Pour donner une satisfaction aux prêtres, ils lui ont percé le côté. S'il avait été encore vivant, cette blessure eût causé une mort instantanée.

Mais la mort de Jésus n'a été causée ni par le coup de lance, ni par les souffrances endurées sur la croix. Le grand cri [9] jeté au moment de la mort, le flot de sang et d'eau qui s'écoula de son côté disent assez qu'il est mort d'une rupture du cœur. Son cœur se rompit sous l'effet de l'angoisse morale. Il a été tué par le péché du monde.

A la mort du Christ, les espérances des disciples s'évanouirent. Ils regardaient ses paupières closes, et sa tête inclinée, ses cheveux collés par le sang, ses mains et ses pieds percés, et ils éprouvaient une inexprimable angoisse. Jusqu'au dernier moment, ils n'avaient pas cru qu'il mourrait : c'est à peine s'ils pouvaient croire qu'il fût réellement mort. Vaincus par la douleur, ils ne pouvaient se rappeler les paroles par lesquelles il avait prédit cette scène. Rien de ce qu'il leur avait dit ne venait maintenant les réconforter. Ils ne voyaient qu'une chose : la croix avec sa victime sanglante. L'avenir leur paraissait désespérément sombre. Leur foi en Jésus avait disparu ; cependant ils n'avaient jamais autant aimé leur Maître. Jamais ils n'avaient aussi bien compris sa valeur et senti combien sa présence leur était nécessaire.

Même après sa mort, les disciples éprouvaient le plus grand respect pour le corps du Christ et ils désiraient lui donner une sépulture honorable, mais ne savaient comment faire. Jésus avait été condamné comme rebelle au gouvernement romain ; les condamnés de cette catégorie étaient ensevelis dans un lieu qui leur était spécialement destiné. Jean s'attardait auprès de la croix avec les femmes venues de la Galilée. Ils ne voulaient pas que le corps du Seigneur restât aux mains de soldats insensibles et fût jeté, sans honneurs, dans une fosse commune. Mais ils ne pouvaient l'empêcher. Ils n'avaient aucune faveur à obtenir des autorités juives et ne jouissaient d'aucune influence auprès de Pilate.

Dans cette conjoncture, Joseph d'Arimathée et Nicodème vinrent au secours des disciples. Tous deux riches et influents, membres du sanhédrin, en relation avec Pilate, ils étaient bien décidés à donner au corps de Jésus une sépulture honorable.

Joseph alla hardiment auprès du gouverneur romain et sollicita l'autorisation de prendre le corps de Jésus. Pilate apprit alors, pour la première fois, que Jésus était réellement mort. Des rapports contradictoires concernant les événements qui avaient accompagné la crucifixion étaient parvenus jusqu'à lui, mais on lui avait caché, à dessein, la mort du Christ. Les prêtres et les chefs avaient averti Pilate que les disciples du Christ pourraient bien se rendre coupables d'un subterfuge à l'égard du corps du Christ. Ayant entendu la requête de Joseph, Pilate fit appeler le centenier qui avait été envoyé à la croix, et obtint de lui la certitude que Jésus était bien mort. Il entendit aussi de sa bouche un récit, des scènes du Calvaire qui confirmait le témoignage de Joseph.

Joseph obtint l'objet de sa requête. Tandis que Jean était inquiet au sujet de l'ensevelissement de son Maître, Joseph, nanti de l'ordre de Pilate, venait chercher le corps du Christ et Nicodème apportait un mélange coûteux de myrrhe et d'aloès, du poids d'environ cent livres, afin de l'embaumer. Les personnes les plus influentes de Jérusalem n'auraient pu recevoir de plus grands honneurs à leurs funérailles. Les disciples furent surpris en voyant que ces hommes riches et puissants s'intéressaient, autant qu'eux-mêmes, à l'ensevelissement de leur Maître.

Ni Joseph ni Nicodème n'avaient ouvertement accepté le Sauveur pendant qu'il vivait. Ils savaient qu'une telle démarche les ferait exclure du sanhédrin, et ils espéraient pouvoir le protéger grâce à l'influence qu'ils exerçaient dans les conseils. Ils avaient cru réussir pendant un certain temps ; mais les prêtres rusés, connaissant la sympathie de ces hommes pour le Christ, avaient déjoué leur plan. C'est en leur absence que Jésus avait été condamné et livré à la crucifixion. Maintenant qu'il était mort, ils n'avaient plus de raison pour cacher leur attachement ; alors que les disciples craignaient de se faire connaître ouvertement, Joseph et Nicodème vinrent hardiment à leur aide. L'intervention de ces hommes riches et honorés était bien nécessaire à ce moment-là. Ils pouvaient faire pour le Maître, après sa mort, ce que les pauvres disciples étaient dans l'impossibilité de faire ; leur fortune et leur influence les mettaient à l'abri, dans une grande mesure, de la malice des prêtres et des chefs.

De leurs propres mains ils prirent délicatement et avec respect le corps de Jésus et le descendirent de la croix. Leurs larmes coulaient abondamment tandis qu'ils regardaient ce corps meurtri et déchiré. Joseph s'était fait creuser un tombeau tout neuf, dans le roc, non loin du Calvaire. Ce tombeau fut mis à la disposition de Jésus. Le corps du Rédempteur, soigneusement enveloppé dans un drap de lin, avec les aromates apportés par Nicodème, fut transporté jusqu'à la tombe. Là, les trois disciples remirent en place les membres déchirés, et joignirent les mains de Jésus sur sa poitrine inerte. Les femmes galiléennes vinrent s'assurer que l'on avait fait tout ce qui était possible pour la dépouille mortelle de leur Maître bien-aimé. Ensuite elles virent rouler la lourde pierre à l'entrée de la tombe, et le Sauveur fut laissé à son repos. Restées les dernières auprès de la croix, les femmes restèrent aussi les dernières près du tombeau du Christ. Les ombres du soir descendaient déjà, que Marie-Madeleine et les autres Marie s'attardaient encore, versant des larmes amères sur le sort de celui qu'elles aimaient. Puis elles « s'en retournèrent pour préparer des aromates », mais « pendant le sabbat, elles observèrent le repos, selon le commandement [10] ».

Ce sabbat-là ne devait jamais être oublié, ni par les disciples attristés, ni par les prêtres, les chefs, les scribes et le peuple. Au coucher du soleil, le soir de la préparation, les trompettes résonnèrent, annonçant le commencement du sabbat. La Pâque fut observée comme elle l'avait été depuis des siècles, alors que celui qu'elle annonçait avait été mis à mort par des méchants et qu'il gisait dans le tombeau de Joseph. Le jour du sabbat, les adorateurs remplissaient les parvis du temple. Le grand prêtre qui s'était trouvé à Golgotha était là, revêtu de ses magnifiques vêtements sacerdotaux. Les prêtres, la tête enveloppée d'un turban blanc, vaquaient activement à leurs occupations. Cependant quelques-unes des personnes présentes se trouvaient mal à l'aise tandis que le sang des taureaux et des boucs était offert pour le péché. Elles ne se rendaient pas compte du fait que la réalité remplaçait les symboles, et qu'un sacrifice infini venait d'être consommé en faveur des péchés du monde. Elles ne savaient pas que le service rituel avait perdu toute valeur. Néanmoins on n'avait jamais assisté au service avec des sentiments aussi partagés. Le son des trompettes et des autres instruments musicaux ainsi que la voix des chanteurs s'élevaient aussi haut que d'habitude. Pourtant un sentiment étrange planait sur toutes choses. Chacun s'informait au sujet d'un événement extraordinaire qui venait de se produire. Jusqu'alors le lieu très saint était resté caché à tout regard profane ; maintenant le lourd tapis de lin pur magnifiquement ouvragé d'or, d'écarlate et de pourpre, qui servait de voile, était déchiré de haut en bas. Le lieu où Jéhovah s'était rencontré avec le souverain sacrificateur pour révéler sa gloire, le lieu sacré qui servait à Dieu de salle d'audience, était accessible à tous les regards, comme un lieu que le Seigneur ne reconnaissait plus. Les prêtres, avec de sombres pressentiments, exerçaient leurs fonctions devant l'autel. Le dévoilement du mystère sacré que renfermait le lieu très saint leur faisait redouter les pires calamités. Bien des personnes avaient l'esprit plein de pensées suscitées par les scènes du Calvaire. Dans l'intervalle qui devait s'écouler entre la crucifixion et la résurrection, bien des yeux restèrent sans sommeil, sans cesse occupés à sonder les prophéties. On s'efforçait de saisir la signification de la fête que l'on célébrait à ce moment-là, ou de trouver les preuves que Jésus n'était pas ce qu'il avait prétendu être, ou bien encore de découvrir des preuves de sa messianité. Malgré que ces recherches fussent entreprises avec des préoccupations différentes, la même conviction s'établissait chez tous : la prophétie avait trouvé son accomplissement dans les événements qui venaient de se produire, et le Crucifié était bien le Rédempteur du monde. Plusieurs de ceux qui participaient à ce service ne devaient plus jamais célébrer le rite pascal. Bon nombre de prêtres reconnaissaient le véritable caractère de Jésus. Ce ne fut pas en vain qu'ils sondèrent les prophéties : après sa résurrection ils reconnurent en lui le Fils de Dieu.

Quand Nicodème vit Jésus élevé sur la croix, il se rappela les paroles qui lui avaient été dites, de nuit, sur le mont des Oliviers : « Comme Moïse éleva le serpent dans le désert, il faut, de même, que le Fils de l'homme soit élevé, afin que quiconque croit en lui ait la vie éternelle [11]. » Pendant le sabbat que le Christ passa dans le sépulcre, Nicodème eut le temps de réfléchir. Une vive lumière éclaira son esprit, et les paroles que Jésus lui avait dites cessèrent d'être un mystère. Il comprit qu'il avait beaucoup perdu en ne se rattachant pas au Sauveur pendant qu'il vivait encore. Il se rappela les événements du Calvaire. La prière que le Christ avait fait entendre en faveur de ses meurtriers, la réponse qu'il avait donnée à la supplication du malfaiteur mourant, parlaient au cœur du savant sénateur. Il revoyait le Sauveur, dans son agonie ; il entendait, à nouveau, le dernier cri : « Tout est accompli », qui avait retenti pareil à celui d'un conquérant. Il revoyait la terre vacillante, les cieux obscurcis, le voile déchiré, les rochers brisés, et sa foi triompha pour toujours. Les mêmes événements qui avaient anéanti les espérances des disciples eurent pour effet de convaincre Joseph et Nicodème de la divinité de Jésus. Leurs craintes firent place au courage d'une foi ferme et inébranlable.

Jésus n'avait jamais autant attiré l'attention des foules que depuis qu'il était dans sa tombe. Les gens continuaient d'amener des malades et des personnes souffrantes dans les parvis du temple, et demandaient : Qui peut nous dire où se trouve Jésus de Nazareth ? On venait de très loin pour trouver celui qui avait guéri des malades et ressuscité des morts. De tous côtés on entendait dire : Nous voulons voir le Christ, le Guérisseur. A cette occasion, ceux qui présentaient les symptômes de la lèpre étaient examinés par les prêtres. Plusieurs avaient la douleur d'entendre déclarer lépreux, soit leurs maris, soit leurs femmes, soit leurs enfants. Ces malheureux devaient quitter leur foyer, cesser d'être l'objet des soins de leurs amis, et tenir tout le monde à distance en criant : Impur, impur ! Les mains bienveillantes de Jésus de Nazareth, qui n'avaient jamais refusé l'attouchement guérisseur aux lépreux les plus repoussants, étaient jointes sur sa poitrine. Les lèvres qui, en réponse à la supplication du lépreux, avaient prononcé ces paroles consolantes : « Je le veux, sois purifié [12] », étaient maintenant silencieuses. Plusieurs faisaient appel, mais en vain, à la pitié des principaux sacrificateurs et des chefs pour obtenir quelque soulagement. On eût dit qu'ils étaient décidés à obtenir que le Christ fût de nouveau vivant au milieu d'eux. Ils le réclamaient avec persistance et ne voulaient pas se laisser congédier ; on les chassa des parvis du temple, et des soldats furent placés aux portes pour refuser l'entrée aux foules qui affluaient avec des malades et des mourants. L'espoir des affligés, accourus pour chercher la guérison auprès du Sauveur, sombrait dans une amère déception. Les rues retentissaient de lamentations. Des malades mouraient faute de l'attouchement de Jésus. En vain l'on consultait des médecins ; personne ne possédait l'habileté de celui qui reposait dans le tombeau.

En entendant les gémissements de tant d'êtres souffrants, des milliers de personnes comprenaient qu'une grande lumière venait de quitter le monde. Sans le Christ, la terre n'était plus qu'obscurité et ténèbres. Beaucoup de ceux qui avaient crié : « Crucifie-le ! Crucifie-le ! » voyaient maintenant de quelle calamité ils étaient frappés, et si Jésus eût été encore vivant, ils eussent crié tout aussi volontiers : Relâche-nous Jésus !

Quand le peuple eut appris que Jésus avait été mis à mort par les prêtres, on s'enquit au sujet de cette mort, et, bien que le secret fût gardé le mieux possible, le nom du Christ passait sur des milliers de bouches, et partout l'on parlait de son procès, qui n'avait été qu'une parodie, et de l'inhumanité dont avaient fait preuve ses juges. Des hommes intelligents s'adressaient aux prêtres et aux chefs pour avoir l'explication des prophéties de l'Ancien Testament concernant le Messie : ces docteurs essayaient d'inventer une réponse mensongère ; ils paraissaient atteints de folie et étaient incapables d'expliquer les prophéties se rapportant aux souffrances et à la mort du Christ, de sorte que beaucoup de chercheurs furent convaincus que les Ecritures étaient accomplies.

Les prêtres s'étaient promis une douce vengeance, mais déjà celle-ci leur était amère. Ils se voyaient l'objet des censures sévères du peuple, qu'ils avaient influencé contre Jésus et qui était maintenant rempli d'horreur à la pensée de la honteuse action commise. Ces prêtres s'étaient vainement efforcés de croire que Jésus était un séducteur. Quelques-uns avaient été témoins de la résurrection de Lazare et ils frémissaient à la pensée que le Christ pourrait ressusciter, lui aussi, d'entre les morts et réapparaître devant eux. Ils l'avaient entendu dire qu'il avait le pouvoir de donner sa vie et de la reprendre. Ils se rappelaient ces paroles : « Détruisez ce temple, et en trois jours je le relèverai [13]. » Judas leur avait rapporté les paroles que Jésus avait dites au cours de son dernier voyage à Jérusalem : « Voici, nous montons à Jérusalem, et le Fils de l'homme sera livré aux grands-prêtres et aux scribes. Ils le condamneront à mort et le livreront aux païens, pour qu'ils se moquent de lui, le flagellent et le crucifient ; et le troisième jour il ressuscitera [14]. » Ils avaient ridiculisé ces affirmations, mais maintenant ils constataient que déjà la plupart des prédictions du Christ s'étaient accomplies. Qui pouvait garantir qu'il ne ressusciterait pas, au troisième jour, comme il l'avait proclamé ? Ils cherchaient sans y parvenir à se débarrasser de ces pensées. Comme leur père, le diable, ils croyaient et tremblaient.

Maintenant que l'effervescence était calmée, l'image du Christ s'imposait à leur esprit. Ils le revoyaient devant ses ennemis, serein, ne faisant entendre aucune plainte, endurant, sans un murmure, les injures et les mauvais traitements qu'on lui infligeait ; ils se souvenaient des moindres particularités du procès et de la crucifixion, et en eux s'établissait la conviction que celui qu'ils avaient crucifié était le Fils de Dieu. Ils sentaient qu'il pouvait à tout instant se dresser devant eux, d'accusé devenir leur accusateur, de condamné leur juge, et exiger la mort de ses meurtriers.

Au cours de ce sabbat, ils n'eurent guère de repos. Ceux-là même qui n'avaient pas voulu franchir le seuil d'un païen par crainte de se souiller, tinrent un conseil à propos du corps du Christ. La mort et le sépulcre devaient garder celui qu'ils avaient crucifié. « Les grands-prêtres et les pharisiens allèrent ensemble trouver Pilate et dirent : Seigneur, nous nous souvenons que cet imposteur a dit quand il vivait encore : Après trois jours, je ressusciterai. Ordonne donc que le sépulcre soit gardé jusqu'au troisième jour, afin que ses disciples ne viennent pas dérober Jésus et dire au peuple : Il est ressuscité des morts. Cette dernière imposture serait pire que la première. Pilate leur dit : Tenez, voici une garde. Allez, assurez-vous de lui comme vous l'entendrez [15]. »

Les prêtres donnèrent des instructions pour la surveillance du sépulcre. Une grande pierre avait été placée devant l'ouverture. Ils mirent, en travers de cette pierre, une corde dont les bouts furent fixés au rocher, et ils y apposèrent le sceau romain. Il était impossible de déplacer la pierre sans rompre le sceau. On posta une centaine de soldats aux alentours du tombeau pour empêcher tout subterfuge. Les prêtres firent tout ce qui était en leur pouvoir pour garder le corps du Christ à l'endroit où il avait été placé. Il était enfermé dans sa tombe comme s'il devait y rester à toujours.

Ainsi raisonnaient et agissaient les hommes, dans leur faiblesse. Ces meurtriers ne se rendaient pas compte de l'inutilité de leurs précautions. Mais Dieu devait être glorifié par leur moyen. Les efforts tentés en vue d'empêcher la résurrection du Christ fournissent les arguments les plus convaincants à l'appui de sa réalité. Plus nombreux étaient les soldats autour de la tombe, plus puissant serait le témoignage en faveur de la résurrection. Le Saint-Esprit avait déclaré par l'intermédiaire du psalmiste, des centaines d'années avant la mort du Christ : « Pourquoi les nations s'agitent-elles ? Pourquoi les peuples forment-ils de vains projets ? Les rois de la terre se sont soulevés et les princes conspirent ensemble contre l'Eternel et contre son Oint. ... Celui qui habite dans les cieux en rira [16]. » La garde romaine et les armes romaines étaient impuissantes à retenir, dans la tombe, le Seigneur de la vie. L'heure de la délivrance approchait.

---

[1] Genèse 2.1. [2] Job 38.7. [3] Deutéronome 32.4 ; Ecclésiaste 3.14. [4] Actes 3.21. [5] Esaïe 66.23. [6] Jean 19.30 ; Luc 23.46. [7] Nombres 9.12. [8] Jean 19.34-37. [9] Matthieu 27.50 ; Luc 23.46. [10] Luc 23.56. [11] Jean 3.14, 15. [12] Matthieu 8.3. [13] Jean 2.19. [14] Matthieu 20.18, 19. [15] Matthieu 27.62-65. [16] Psaume 2.1-4.

Chapitre 81

Le Seigneur est ressuscité

LA NUIT du premier jour de la semaine [1] s'était écoulée lentement. On était à l'heure la plus sombre, celle qui précède l'aube. Le Christ restait prisonnier dans sa tombe étroite ; le sceau romain était intact sur la grande pierre ; les sentinelles romaines veillaient. Il y avait là des spectateurs invisibles. Des armées de mauvais anges entouraient ce lieu. Si la chose eût été possible, le prince des ténèbres, aidé de sa troupe d'apostats, aurait retenu pour toujours le Fils de Dieu dans sa tombe scellée. Mais une phalange d'anges forts et vaillants entouraient le sépulcre et se préparaient à souhaiter la bienvenue au Prince de la vie.

« Et voici qu'il se fit un grand tremblement de terre ; car un ange du Seigneur descendit du ciel. » Cet ange avait quitté les parvis célestes revêtu de la panoplie de Dieu. Les rayons resplendissants de la gloire divine le précédaient, éclairant son chemin. « Son aspect était comme l'éclair et son vêtement blanc comme la neige. La crainte bouleversa les gardes qui devinrent comme morts. »

Où est maintenant la puissance de votre garde, prêtres et chefs ? – Ces soldats courageux qui n'ont jamais reculé devant un pouvoir humain, sont maintenant comme des captifs, pris sans épées et sans lances. Ils regardent un visage qui n'est pas celui d'un guerrier mortel, mais celui de l'être le plus puissant que renferme l'armée du Seigneur. Ce messager occupe la position que Satan a perdue par sa chute. C'est lui qui a annoncé la naissance du Christ sur les collines de Bethléhem. La terre frémit à son approche, les démons prennent la fuite, et le ciel paraît s'abaisser tandis que l'ange roule la pierre, comme un simple caillou, et qu'ils l'entendent crier : Fils de Dieu, sors ; ton Père t'appelle. Ils voient Jésus se dresser hors du sépulcre ouvert, et proclamer : « Je suis la résurrection et la vie. » Tandis qu'il s'avance revêtu de majesté et de gloire, l'armée angélique s'incline profondément pour adorer le Rédempteur, et l'accueille par ses chants de louanges.

Un tremblement de terre avait marqué le moment où le Christ avait abandonné sa vie ; un autre tremblement de terre signala son triomphe. Celui qui avait vaincu la mort et le sépulcre sortit du tombeau avec l'allure d'un conquérant, au milieu des convulsions du globe, du jaillissement des éclairs et du grondement du tonnerre. Quand il reviendra sur la terre, il ébranlera « non seulement la terre, mais aussi le ciel [2] ». « La terre chancelle comme un homme ivre ; elle vacille comme une cabane. » « Les cieux seront roulés comme un livre. » « Les éléments embrasés se dissoudront, et la terre, avec les œuvres qu'elle renferme, sera consumée. » « Mais l'Eternel est un refuge pour son peuple, une forteresse pour les enfants d'Israël [3]. »

A la mort de Jésus, les soldats avaient vu la terre enveloppée de ténèbres en plein midi ; à la résurrection, ils virent la nuit illuminée par la splendeur des anges, et ils entendirent les habitants du ciel chanter d'une voix joyeuse et triomphante : Tu as vaincu Satan et les puissances des ténèbres ; tu as englouti la mort dans la victoire !

Le Christ sortit glorifié de la tombe, à la vue de la garde romaine. Les soldats, les regards rivés sur celui qu'ils avaient récemment raillé et tourné en dérision, reconnurent, dans cet Etre glorifié, le prisonnier pour qui, au tribunal, ils avaient tressé une couronne d'épines ; celui qui n'avait offert aucune résistance à Pilate et à Hérode, et dont le corps avait été lacéré par les verges ; celui qui avait été cloué à la croix, et devant qui les prêtres et les chefs satisfaits avaient hoché la tête, en disant : « Il a sauvé les autres, il ne peut se sauver lui-même [4]. » C'était bien celui qui avait été déposé dans le tombeau neuf de Joseph. Un décret du ciel avait rendu la liberté au captif. Des montagnes accumulées sur son sépulcre n'eussent pu l'empêcher d'en sortir.

A la vue des anges et du Sauveur glorifié, les soldats romains étaient tombés comme morts. Ils se relevèrent quand le cortège céleste eut disparu à leurs yeux, et gagnèrent l'entrée du jardin aussi rapidement que leurs membres tremblants le leur permirent. Chancelants comme des hommes ivres, ils rentrèrent précipitamment dans la ville, racontant la nouvelle étonnante à ceux qu'ils rencontraient sur leur chemin. Ils se rendaient chez Pilate, mais les autorités juives ayant eu vent de la chose, les appelèrent en leur présence. Ces soldats avaient une étrange apparence. Tremblants et pâles de frayeur, ils affirmèrent la résurrection du Christ ; ils racontèrent tout ce qu'ils avaient vu ; le temps leur avait manqué pour penser ou pour dire autre chose que la vérité. Ils dirent, en s'exprimant avec peine : C'est le Fils de Dieu qui a été crucifié ; nous avons entendu un ange déclarer qu'il était la Majesté du ciel et le Roi de gloire.

Les prêtres avaient un visage cadavérique. Caïphe essaya de parler, mais de ses lèvres ne sortit aucun son. Les soldats allaient quitter la salle du conseil quand une voix les rappela. Caïphe avait enfin recouvré la parole. Attendez, attendez, dit-il. Ne dites à personne ce que vous avez vu.

Les soldats furent chargés d'un rapport mensonger. Les prêtres leur donnèrent cet ordre : « Vous direz : Ses disciples sont venus de nuit le dérober, pendant que nous dormions. » Les prêtres se dupaient eux-mêmes. Comment les soldats pouvaient-ils dire que les disciples avaient dérobé le corps pendant qu'ils dormaient ? S'ils avaient dormi, qu'en savaient-ils ? Et s'il avait été démontré que les disciples s'étaient rendus coupables d'avoir dérobé le corps du Christ, les prêtres n'eussent-ils pas été les premiers à les condamner ? D'ailleurs, si les sentinelles avaient dormi près du sépulcre, les prêtres ne se seraient-ils pas empressés de les accuser auprès de Pilate ?

Les soldats étaient terrifiés à la pensée de s'accuser eux-mêmes d'avoir dormi à leur poste. C'était là un délit passible de la peine de mort. Allaient-ils rendre un faux témoignage, tromper le peuple, et exposer leur vie ? N'avaient-ils pas exercé une vigilance inlassable ? Comment pouvaient-ils commettre un parjure pour quelques pièces d'argent ?

Afin d'obtenir d'eux le silence, les prêtres donnèrent aux soldats une garantie de sécurité : Pilate, assuraient-ils, ne tenait pas plus qu'eux-mêmes à ce que ce rapport fût répandu. Les soldats romains vendirent aux Juifs leur intégrité pour quelques pièces d'argent. Ils avaient comparu devant les prêtres avec un fardeau : celui d'un message véridique des plus étonnants ; ils s'en allèrent avec un autre fardeau : de l'argent, et, sur la langue, un mensonge inventé par les prêtres.

Sur ces entrefaites, Pilate avait entendu parler de la résurrection du Christ. Bien qu'il eût la responsabilité d'avoir livré Jésus à la mort, Pilate était resté assez indifférent. Tout en ayant condamné le Sauveur à contrecœur, et même avec un sentiment de pitié, il n'avait éprouvé jusqu'à ce moment aucun vrai repentir. Après cette nouvelle, terrorisé, il s'enferma dans sa maison, décidé à ne voir personne. Néanmoins les prêtres réussirent à s'introduire auprès de lui et lui contèrent l'histoire qu'ils avaient imaginée, lui demandant de fermer les yeux sur la négligence des sentinelles. Avant d'y consentir, Pilate voulut interroger les soldats en particulier ; ceux-ci, craignant pour leur vie, n'osèrent rien cacher, et le gouverneur obtint d'eux le récit de tout ce qui s'était passé. Il ne poussa pas les choses plus loin, mais dès ce moment il ne connut plus de repos.

Satan avait triomphé lorsque Jésus fut déposé dans le sépulcre. Il avait osé espérer que le Sauveur ne reviendrait pas à la vie. Il revendiquait le corps du Seigneur comme sa propriété ; s'efforçant de retenir le Christ dans sa prison, il plaça sa garde autour du tombeau. Quand ses anges prirent la fuite à l'approche du messager céleste, il devint fou de colère. En voyant le Christ sortir triomphant, il comprit que son royaume à lui était destiné à prendre fin et que lui-même devrait périr.

En mettant le Christ à mort, les prêtres s'étaient faits les instruments de Satan. Ils étaient maintenant entièrement en son pouvoir, pris dans un filet d'où ils ne pouvaient sortir ; il ne leur restait qu'une chose à faire : poursuivre la lutte engagée contre le Christ. En apprenant la nouvelle de sa résurrection, ils redoutèrent la colère du peuple et se virent en danger. Une seule chance de salut leur restait: soutenir, en niant la résurrection, que le Christ avait été un imposteur. Ils corrompirent donc les soldats et, ayant obtenu le silence de Pilate, ils répandirent auprès et au loin leur faux rapport. Mais il y avait des témoins qu'ils ne pouvaient réduire au silence : plusieurs avaient entendu le témoignage rendu par les soldats à la résurrection du Christ. D'autre part, quelques-uns des morts qui étaient ressuscités avec le Christ apparurent à plusieurs, déclarant qu'il était ressuscité. On vint dire aux prêtres que certaines personnes avaient vu ces ressuscités et entendu leurs témoignages. Les prêtres et les chefs vivaient dans une crainte continuelle de se trouver, face à face, avec le Christ, soit dans les rues, soit chez eux. Ils ne se sentaient en sûreté nulle part. Les verrous et les barres offraient un faible abri contre le Fils de Dieu. Jour et nuit se représentait à leur esprit la scène du tribunal avec les paroles qu'ils avaient proférées : « Que son sang retombe sur nous et sur nos enfants [5]. » Cette scène ne devait jamais s'effacer de leur mémoire. Ils ne devaient jamais plus goûter un sommeil paisible.

Quand l'ange avait fait entendre sa voix puissante près du tombeau du Christ, en disant : Ton Père t'appelle ! le Sauveur était sorti du sépulcre grâce à la vie qu'il possédait en lui-même. Ainsi se trouvaient vérifiées ses paroles : « Je donne ma vie, afin de la reprendre. ... J'ai le pouvoir de la donner et j'ai le pouvoir de la reprendre. » La prédiction qu'il avait faite aux prêtres et aux chefs était accomplie : « Détruisez ce temple, et en trois jours je le relèverai [6]. »

Le Christ avait proclamé triomphalement, sur le sépulcre ouvert : « Je suis la résurrection et la vie. » Un Dieu seul pouvait parler ainsi. Toutes les créatures ne vivent que grâce à la volonté et à la puissance de Dieu. Elles vivent dans un état de dépendance à l'égard de la vie divine. Depuis le séraphin le plus élevé jusqu'à l'être animé le plus humble, tous sont alimentés par la source de la vie. Celui-là seul qui est un avec Dieu pouvait dire : J'ai le pouvoir de donner ma vie, et j'ai le pouvoir de la reprendre. Le Christ possédait, dans sa divinité, la puissance qui lui permettrait de briser les liens de la mort.

Le Christ s'est relevé d'entre les morts, comme les prémices de ceux qui dorment. Il était l'antitype de la gerbe que l'on agitait dans le temple, et sa résurrection eut lieu le jour même où cette gerbe était présentée devant le Seigneur. Cette cérémonie symbolique avait été célébrée pendant plus de mille ans. On ramassait les premiers épis mûrs dans les champs, et quand le peuple accourait à Jérusalem pour la Pâque, la gerbe des prémices était agitée devant le Seigneur comme une offrande de reconnaissance. C'était seulement après cette cérémonie que les blés pouvaient être fauchés et liés. La gerbe consacrée à Dieu représentait la moisson. De la même manière, le Christ, en tant que prémices, représentait la grande moisson spirituelle qui doit être introduite dans le royaume de Dieu. Sa résurrection est le type et le gage de celle de tous les justes. « Si nous croyons que Jésus est mort et qu'il est ressuscité, croyons que Dieu ramènera aussi par Jésus, et avec lui, ceux qui se sont endormis [7]. »

En se relevant d'entre les morts, le Christ entraîna avec lui une multitude de captifs. Des sépulcres s'étaient ouverts sous l'effet du tremblement de terre qui accompagna sa mort ; quand Jésus sortit du tombeau, des collaborateurs de Dieu qui avaient rendu témoignage à la vérité, au prix de leur vie, sortirent avec lui. Ils devaient maintenant être les témoins de celui qui les avait ressuscités des morts.

Pendant son ministère, Jésus avait ressuscité des morts. Il avait rendu à la vie le fils de la veuve de Naïn, la fille d'un chef et Lazare. Mais ces ressuscités n'avaient pas été revêtus de l'immortalité. Ils restaient, après leur retour à la vie, sujets à la mort, tandis que ceux qui sortirent du sépulcre lors de la résurrection du Christ, ressuscitèrent pour la vie éternelle. Ils l'accompagnèrent au ciel ainsi que des trophées de sa victoire sur la mort. Ceux-ci, dit le Christ en les présentant, né sont plus captifs de Satan : je les ai rachetés. Je les ai fait sortir du sépulcre comme les prémices de ma puissance, afin qu'ils soient là où je suis et qu'ils n'aient plus à subir ni la mort ni la douleur.

Ces ressuscités entrèrent dans la ville et se montrèrent à plusieurs, en disant : Le Christ s'est relevé d'entre les morts, et nous sommes ressuscités avec lui. Rendus à la vie, ces saints attestaient la vérité de ces paroles : « Fais donc revivre tes morts ; que les cadavres des miens se relèvent ! » Par leur résurrection cette prophétie commençait de s'accomplir : « Réveillez-vous, entonnez des cantiques de joie, habitants de la poussière ! Car ta rosée, ô Dieu, est comme la rosée de l'aurore et la terre fera renaître les trépassés [8]. »

Pour tout croyant, le Christ est la résurrection et la vie. Par le Sauveur nous retrouvons la vie que le péché nous a fait perdre ; car il possède en lui-même une vie qui lui permet de ressusciter qui il veut. Il a le droit de communiquer l'immortalité. Il reprend possession de la vie qu'il a donnée étant homme, et il la communique à l'humanité. « Je suis venu, dit-il, afin que les brebis aient la vie et qu'elles l'aient en abondance. » « Celui qui boira de l'eau que je lui donnerai, n'aura jamais soif, et l'eau que je lui donnerai deviendra en lui une source d'eau qui jaillira jusque dans la vie éternelle. » « Celui qui mange ma chair et qui boit mon sang a la vie éternelle, et je le ressusciterai au dernier jour [9]. »

La mort est peu de chose pour le croyant. Le Christ, en parlant d'elle, a dit : « Si quelqu'un garde ma parole, il ne verra jamais la mort. » La mort du chrétien n'est qu'un sommeil, un repos dans le silence et l'obscurité. Si vous croyez, votre vie est cachée avec le Christ en Dieu, et « quand le Christ, votre vie, paraîtra, alors vous paraîtrez aussi avec lui dans la gloire [10] ».

Le cri qui a retenti sur la croix : « Tout est accompli » a été entendu même parmi les morts. Il a traversé les parois des sépulcres et ordonné à ceux qui dormaient de se relever. Il en sera de même quand la voix du Christ se fera entendre du ciel. Cette voix pénétrera jusque dans les sépulcres, elle en brisera les barres, et ceux qui sont morts en Christ se lèveront. Quelques sépulcres seulement furent ouverts lors de la résurrection du Sauveur ; mais, lors de son retour, tous les morts qui lui sont précieux entendront sa voix et seront revêtus d'une vie glorieuse, immortelle. La même puissance qui a ressuscité le Christ d'entre les morts fera revivre son Eglise et la glorifiera avec lui, au-dessus de toute principauté, de toute puissance, et de tout nom qu'on peut nommer non seulement en ce siècle-ci, mais aussi dans le siècle à venir.

---

[1] Ce chapitre est basé sur Matthieu 28.2-4, 11-15. [2] Hébreux 12.26. [3] Esaïe 24.20 ; 34.4 ; 2 Pierre 3.10 ; Joël 3.16. [4] Matthieu 27.42. [5] Matthieu 27.25. [6] Jean 10.17, 18 ; 2.19. [7] 1 Thessaloniciens 4.14. [8] Esaïe 26.19. [9] Jean 10.10 ; 4.14 ; 6.54. [10] Jean 8.51 ; Colossiens 3.4.

Chapitre 82

Pourquoi pleures-tu ?

Les femmes qui s'étaient tenues près de la croix du Christ attendirent impatiemment que les heures du sabbat fussent écoulées. Le premier jour de la semaine, de très bonne heure, elles se rendirent au tombeau, apportant des aromates précieux pour oindre le corps du Sauveur [1]. Elles étaient loin de s'imaginer qu'il fût ressuscité d'entre les morts. Le soleil de leur espérance s'était couché, et la nuit s'était faite dans leurs cœurs. Tout en marchant, elles s'entretenaient des œuvres de miséricorde du Christ et de ses paroles de consolation. Mais elles oubliaient qu'il leur avait dit : « Je vous verrai de nouveau [2]. »

Ignorant ce qui se passait à ce moment même, elles s'approchèrent du jardin en se disant « Qui nous roulera la pierre de l'entrée du tombeau ? » Elles savaient bien qu'elles n'auraient pas la force d'enlever la pierre, néanmoins elles poursuivirent leur chemin. Mais voici que, soudain, les cieux furent illuminés d'une gloire qui ne provenait pas du soleil levant. La terre trembla. Elles virent que la grande pierre avait été roulée. Le sépulcre était vide.

Ces femmes ne venaient pas toutes de la même direction. Marie-Madeleine, arrivée la première, ayant constaté que la pierre avait été enlevée, s'empressa d'aller le raconter aux disciples. Pendant ce temps les autres femmes survenaient. Une lumière brillait autour du tombeau, mais le corps de Jésus n'y était pas. Comme elles s'attardaient en cet endroit, elles s'aperçurent, tout à coup, qu'elles n'étaient pas seules. Un jeune homme vêtu de vêtements resplendissants se tenait assis au bord du tombeau. C'était l'ange qui avait roulé la pierre. Il avait pris une apparence humaine pour ne point effrayer ces amies de Jésus. Toutefois une lumière céleste resplendissait encore autour de lui, et les femmes prirent peur. Comme elles s'enfuyaient, l'ange les arrêta. « Pour vous, dit-il, soyez sans crainte ; car je sais que vous cherchez Jésus, le crucifié. Il n'est pas ici ; en effet il est ressuscité comme il l'avait dit. Venez, voyez l'endroit où il était couché, et allez promptement dire à ses disciples qu'il est ressuscité des morts. » Elles regardèrent de nouveau dans la tombe, et elles entendirent une fois de plus la nouvelle merveilleuse. Un autre ange sous forme humaine était là, qui leur dit : « Pourquoi cherchez-vous parmi les morts celui qui est vivant ? Il n'est pas ici, mais il est ressuscité. Souvenez-vous de quelle manière il vous a parlé, lorsqu'il était encore en Galilée et qu'il disait : Il faut que le Fils de l'homme soit livré entre les mains des pécheurs, qu'il soit crucifié et qu'il ressuscite le troisième jour. »

Il est ressuscité, il est ressuscité ! Les femmes ne se lassaient pas de répéter ces paroles. Il n'était plus besoin d'aromates. Le Sauveur n'était plus mort, il était vivant. Elles se rappelèrent alors comment, en leur annonçant sa mort, il leur avait dit qu'il ressusciterait. Quel jour pour le monde ! Les femmes s'éloignèrent en hâte du sépulcre, « remplies de crainte et d'une grande joie, et coururent porter la nouvelle à ses disciples ».

Marie n'avait pas entendu la bonne nouvelle. Elle se rendit donc auprès de Pierre et de Jean et leur dit avec tristesse : « On a enlevé du tombeau le Seigneur, et nous ne savons pas où on l'a mis. » Les disciples accoururent au sépulcre et trouvèrent les choses comme Marie les avait dites. Ils virent le linceul et le linge, mais leur Maître n'était plus là. On pouvait voir, cependant, qu'il était ressuscité. Les linges mortuaires n'avaient pas été jetés de côté négligemment, mais pliés avec soin et mis chacun à sa place. Jean « vit et il crut ». Il ne comprenait pas encore les passages de l'Ecriture déclarant que le Christ devait ressusciter d'entre les morts ; mais il se souvint des paroles par lesquelles le Sauveur avait annoncé sa résurrection.

C'est le Christ lui-même qui avait placé avec un si grand soin ces suaires. Lorsque l'ange puissant s'était approché de la tombe, il avait été rejoint par un autre ange qui monta la garde avec sa milice autour du corps du Seigneur. Tandis que l'ange descendu du ciel roulait la pierre, l'autre entrait dans la tombe et déliait le corps de Jésus. Mais ce fut le Sauveur lui-même qui plia ses linges mortuaires et les mit à leur place. Rien n'est insignifiant aux yeux de celui qui dirige les étoiles et les atomes. L'ordre et la perfection caractérisent toutes ses œuvres.

Marie avait suivi Jean et Pierre au tombeau ; elle y resta quand ils retournèrent à Jérusalem. La douleur remplissait son cœur tandis qu'elle regardait dans la tombe vide. S'étant approchée, elle aperçut deux anges, l'un à la tête, l'autre au pied de la fosse où Jésus avait été étendu. « Femme, pourquoi pleures-tu ? » demandèrent-ils. Elle leur répondit : « Parce qu'on a enlevé mon Seigneur, et je ne sais où on l'a mis. »

Alors elle se détourna pour chercher quelqu'un qui pût la renseigner sur ce qu'on avait fait du corps de Jésus. Elle entendit une autre voix qui lui disait : « Femme, pourquoi pleures-tu ? Qui cherches-tu ? » A travers ses larmes elle aperçut la forme d'un homme, et, pensant que c'était le jardinier, elle demanda : « Seigneur, si c'est toi qui l'as emporté, dis-moi où tu l'as mis, et je le prendrai. » Si le tombeau du riche était considéré comme un lieu d'ensevelissement trop honorable pour Jésus, elle-même se chargerait de lui en trouver un autre. Il y avait un tombeau dans lequel la voix du Christ avait fait le vide : c'était celui où Lazare avait reposé. Ne pourrait-elle pas y ensevelir son Maître ? Dans sa douleur elle eût éprouvé une grande consolation si elle avait pu prendre soin du précieux corps du Crucifié.

Mais Jésus lui dit de sa voix familière : « Marie ! » Elle comprit alors que celui qui lui parlait n'était pas un étranger, et s'étant retournée elle vit devant elle le Christ vivant. Dans sa joie, elle oublia qu'il avait été crucifié. Elle s'élança pour embrasser ses pieds, et s'écria : « Rabbouni. » Mais le Christ leva la main et lui dit : Ne me retiens pas ; « car je ne suis pas encore monté vers mon Père. Mais va vers mes frères et dis-leur que je monte vers mon Père et votre Père, vers mon Dieu et votre Dieu. » Et Marie alla porter ce joyeux message aux disciples.

Jésus refusa les hommages des siens avant d'être certain que son sacrifice avait été accepté par le Père. Il s'éleva jusqu'aux parvis célestes, et reçut de Dieu lui-même l'assurance que la propitiation offerte pour les péchés des hommes était suffisante et que tous pourraient, par son sang, obtenir la vie éternelle. Le Père confirma l'alliance qu'il avait faite avec le Christ, s'engageant à accueillir les hommes repentants et obéissants et à les aimer comme il aime son propre Fils. Le Christ devait achever son œuvre et rendre « les hommes plus rares que l'or fin [3] ». Tout pouvoir dans le ciel et sur la terre fut donné au Prince de la vie, et il revint dans un monde de péché, auprès de ses disciples, pour leur communiquer sa puissance et sa gloire.

Pendant que le Sauveur se tenait en la présence de Dieu, recevant de lui des dons en faveur de son Eglise, les disciples réfléchissaient au sujet de la tombe vide, ils s'affligeaient et pleuraient. Ce jour, qui était pour tout le ciel un jour de réjouissances, était, pour les disciples, un jour d'incertitude et de confusion. L'incrédulité avec laquelle ils accueillirent le témoignage des femmes montre assez à quel niveau leur foi était descendue. La nouvelle de la résurrection du Christ était si différente de ce qu'ils avaient attendu qu'ils ne pouvaient y croire. C'était trop beau pour être vrai, se disaient-ils. Les oreilles rebattues des doctrines et des théories prétendues scientifiques des sadducéens, ils n'avaient qu'une vague idée de la résurrection. Ils savaient à peine ce que pouvait être la résurrection d'entre les morts et étaient incapables de saisir ce sujet si important.

Les anges avaient dit aux femmes : « Allez dire à ses disciples et à Pierre qu'il vous précède en Galilée : c'est là que vous le verrez, comme il vous l'a dit. » Ces anges, gardiens du Christ pendant toute sa vie terrestre, avaient assisté à son procès et à sa crucifixion et entendu ce que Jésus avait dit aux disciples. C'est ce qui ressort du message qu'ils envoyèrent à ceux-ci, et qui aurait dû suffire pour les convaincre. De telles paroles ne pouvaient provenir que des messagers du Ressuscité.

« Allez dire à ses disciples et à Pierre », dirent les anges. Depuis la mort du Christ, Pierre, poursuivi par le regard plein d'amour et de détresse que le Sauveur avait jeté sur lui, était accablé de remords. Il ne pouvait oublier la manière honteuse dont il avait renié son Maître ; il souffrait plus qu'aucun autre disciple. Maintenant il est mentionné par son nom, on l'assure ainsi que son repentir est accepté et son péché pardonné.

« Allez dire à ses disciples et à Pierre qu'il vous précède en Galilée : c'est là que vous le verrez. » Tous les disciples avaient abandonné Jésus ; la convocation s'adresse à tous. Le Maître ne les a pas rejetés ! Lorsque Marie-Madeleine leur raconta qu'elle avait vu le Seigneur, elle leur répéta l'invitation à se rendre en Galilée. Le même message leur fut envoyé une troisième fois. Après qu'il fut monté vers le Père, Jésus apparut aux autres femmes, disant : « Je vous salue. Elles s'approchèrent, lui embrassèrent les pieds et l'adorèrent. Alors Jésus leur dit : Soyez sans crainte ; allez dire à mes frères de se rendre en Galilée ; c'est là qu'ils me verront. »

La première chose que fit le Christ après sa résurrection fut de convaincre ses disciples que son amour et sa sollicitude pour eux n'avaient pas diminué. Pour leur donner la preuve qu'il était leur Sauveur vivant, qu'il avait brisé les chaînes du tombeau, que la mort, cet ennemi, ne pouvait le retenir plus longtemps, et pour leur révéler qu'il gardait pour eux les mêmes sentiments qu'à l'époque où il était leur Maître bien-aimé, il leur apparut à diverses reprises. Il voulait resserrer autour d'eux les liens de son amour. Allez dire à mes frères, dit-il, de se rendre en Galilée ; c'est là qu'ils me verront !

Ce rendez-vous si précis rappela aux disciples les termes dans lesquels le Christ avait annoncé sa résurrection. Néanmoins, ils ne pouvaient pas encore se réjouir et ne réussissaient pas à rejeter leurs doutes et leurs perplexités. Ils ne pouvaient croire les femmes qui leur affirmaient qu'elles avaient vu le Seigneur. Ils pensaient qu'elles avaient eu une hallucination.

Les difficultés s'ajoutaient aux difficultés. Leur Maître était mort le sixième jour de la semaine, et au premier jour de la semaine suivante les disciples se trouvaient privés de son corps, et accusés de l'avoir dérobé pour tromper le peuple. Ils désespéraient de réussir jamais à corriger les fausses impressions qui gagnaient du terrain autour d'eux. Ils redoutaient la haine des prêtres et la colère du peuple et soupiraient après la présence du Christ qui les avait secourus dans toutes leurs inquiétudes.

Il leur arrivait souvent de redire : « Nous espérions que ce serait lui qui délivrerait Israël. » Un sentiment de mélancolie s'emparait d'eux quand ils se rappelaient ces paroles : « Si l'on fait cela au bois vert, qu'arrivera-t-il au bois sec [4] ? » Ils se réunirent dans la chambre haute, fermèrent et verrouillèrent les portes, pressentant pour eux-mêmes un sort pareil à celui de leur Maître bien-aimé.

Et dire que pendant tout ce temps ils auraient pu se réjouir dans la connaissance d'un Sauveur ressuscité ! Dans le jardin, Marie avait pleuré alors que Jésus se tenait tout près d'elle. Ses yeux aveuglés par les larmes ne le reconnaissaient pas. Les cœurs des disciples étaient si remplis de douleur qu'ils ne croyaient pas au message des anges, ni même aux paroles du Christ.

Il y en a beaucoup qui agissent encore comme les disciples. Combien font écho au cri désespéré de Marie : « On a enlevé ... le Seigneur, et nous ne savons pas où on l'a mis. » A combien ne pourrait-on pas répéter les paroles du Sauveur : « Pourquoi pleures-tu ? Qui cherches-tu ? » Il se tient tout près d'eux, mais leurs yeux aveuglés par les larmes ne le reconnaissent pas. Il leur parle, mais eux ne comprennent pas.

Oh ! si l'on pouvait lever la tête, si les yeux pouvaient s'ouvrir pour le contempler, si les oreilles pouvaient écouter sa voix ! « Allez promptement dire à ses disciples qu'il est ressuscité des morts. » Dites-leur de ne plus regarder vers la tombe de Joseph, fermée par une grande pierre et scellée du sceau romain. Le Christ n'est plus là, le sépulcre est vide. Ne pleurez pas comme ceux qui n'ont pas d'espérance ni de secours. Jésus vit, et parce qu'il vit, nous vivrons, nous aussi. Que nos cœurs reconnaissants, que nos lèvres purifiées par le charbon ardent, fassent retentir ce chant joyeux : Le Christ est ressuscité ! Il est vivant, et il intercède pour nous. Saisissez cette espérance, et cramponnez-vous-y comme à une ancre sûre et ferme. Croyez, et vous verrez la gloire de Dieu.

---

[1] Ce chapitre est basé sur Matthieu 28.1, 5-8 ; Marc 16.1-8 ; Luc 24.1-12 ; Jean 20.1-18. [2] Jean 16.22. [3] Esaïe 13.12. [4] Luc 24.21 ; 23.31.

Chapitre 83

Sur le chemin d'Emmaüs

A UNE HEURE avancée de l'après-midi du jour de la résurrection, deux disciples se trouvaient sur la route qui mène à Emmaüs [1], petite ville située à douze kilomètres environ de Jérusalem. Ces disciples n'avaient pas pris une part importante à l'œuvre du Christ ; néanmoins c'étaient des croyants zélés. Venus dans la ville pour célébrer la Pâque, ils étaient fort préoccupés par les événements qui venaient d'avoir lieu. Ayant entendu la nouvelle, qui s'était répandue le matin, concernant la disparition du corps du Christ, ainsi que le rapport des femmes qui avaient vu les anges et qui s'étaient trouvées en présence de Jésus, ils rentraient chez eux pour méditer et prier. Ils s'en allaient tristement, devisant sur les scènes du procès et de la crucifixion. Jamais ils n'avaient éprouvé un aussi profond découragement. Ils marchaient sans espoir et sans foi, à l'ombre de la croix.

Ils n'avaient pas fait un long bout de chemin qu'un étranger les rejoignait, mais, absorbés dans leur tristesse et leur désappointement, ils négligèrent de l'observer de près et continuèrent leur conversation, exprimant les pensées de leurs cœurs, s'entretenant des leçons que le Christ leur avait données et qu'ils ne réussissaient pas à comprendre. Tandis qu'ils parlaient des événements récents, Jésus désirait ardemment les réconforter. Il avait vu leur douleur ; il comprenait les idées contradictoires et angoissantes qui les amenaient à se demander : Se peut-il que cet homme, qui s'est laissé humilier à un tel point, soit le Christ ? Ne pouvant contenir leur douleur, ils pleuraient. Jésus savait que leurs cœurs étaient remplis d'amour pour lui, il attendait avec impatience le moment d'essuyer leurs larmes et de les remplir de joie et de bonheur. Mais il crut devoir leur donner d'abord des leçons qu'ils n'oublieraient jamais.

« Il leur dit : Quels sont ces propos que vous échangez en marchant ? Et ils s'arrêtèrent, l'air attristé. L'un d'eux, nommé Cléopas, lui répondit : Es-tu le seul qui séjourne à Jérusalem et ne sache pas ce qui s'y est produit ces jours-ci ? » Ils lui racontèrent comment ils avaient été désappointés au sujet de leur Maître, un prophète puissant en œuvres et en paroles, aux yeux de Dieu et de tout le peuple ; mais, ajoutèrent-ils, « nos grands-prêtres et nos chefs l'ont livré pour être condamné à mort, et l'ont crucifié ». Ils poursuivirent, le cœur débordant d'une déception amère, et les lèvres tremblantes : « Nous espérions que ce serait lui qui délivrerait Israël ; mais avec tout cela, voici le troisième jour que ces événements se sont produits. »

N'est-il pas étrange que ces disciples aient oublié les paroles par lesquelles le Christ leur avait annoncé les événements qui devaient survenir ? Ils ne comprenaient pas que la dernière partie de ces révélations devait s'accomplir tout aussi bien que la première, et que, par conséquent, Jésus ressusciterait le troisième jour. C'est justement cela qu'ils auraient dû se rappeler. Les prêtres et les chefs ne l'avaient pas oublié. « Le lendemain, c'est-à-dire le jour après la préparation, les grands-prêtres et les pharisiens allèrent ensemble trouver Pilate et dirent : Seigneur, nous nous souvenons que cet imposteur a dit quand il vivait encore : Après trois jours, je ressusciterai [2]. » Mais les disciples ne se souvenaient pas de ces paroles.

« Alors Jésus leur dit : Hommes sans intelligence, et dont le cœur est lent à croire tout ce qu'ont dit les prophètes ! Le Christ ne devait-il pas endurer ces souffrances et entrer dans sa gloire ? » Les disciples se demandaient avec étonnement qui pouvait être cet étranger, qui pénétrait jusque dans leurs âmes, et leur parlait avec tant de ferveur, de tendresse, de sympathie et d'optimisme. Pour la première fois, depuis la trahison, l'espérance renaissait dans leurs cœurs. A la dérobée, ils considéraient attentivement leur compagnon ; ses paroles étaient précisément celles que le Christ aurait prononcées à sa place. Ils étaient remplis d'étonnement et leurs cœurs tressaillaient d'allégresse.

En commençant par Moïse, qui est l'alpha de l'histoire biblique, le Christ exposa tout ce qui, dans les Ecritures, se rapportait à lui. S'il s'était fait aussitôt connaître à eux, leurs cœurs eussent été satisfaits, et dans la plénitude de leur joie, ils n'eussent pas souhaité autre chose. Mais il était nécessaire qu'ils comprissent le témoignage que les symboles et les prophéties de l'Ancien Testament ont apporté au Christ. C'est sur ce témoignage que leur foi devait être établie. Le Christ n'accomplit aucun miracle pour les convaincre ; il commença par leur expliquer les Ecritures. Sa mort leur avait semblé anéantir toutes leurs espérances. Il leur montrait maintenant, en se fondant sur les prophètes, que cette mort devait justement constituer la base de leur foi.

En instruisant ses disciples, Jésus montra l'importance du témoignage que l'Ancien Testament a rendu à sa mission. Aujourd'hui beaucoup de chrétiens de profession mettent de côté l'Ancien Testament, comme ayant perdu toute valeur. Tel n'est pas l'enseignement du Christ. Bien au contraire ; il a montré combien il l'estimait quand il a dit : « S'ils n'écoutent pas Moïse et les prophètes, ils ne se laisseront pas persuader, même si quelqu'un ressuscitait d'entre les morts [3]. »

C'est la voix du Christ qui parle par les patriarches et les prophètes, depuis les jours d'Adam jusqu'à la fin des temps. Le Sauveur est révélé aussi clairement dans l'Ancien Testament que dans le Nouveau. La lumière qui jaillit du passé prophétique fait éclater la clarté et la beauté de la vie du Sauveur et des enseignements du Nouveau Testament. Les miracles du Christ peuvent servir à prouver sa divinité ; mais le fait qu'il est le Rédempteur du monde ressort avec plus d'évidence encore quand on compare les prophéties de l'Ancien Testament avec l'histoire du Nouveau.

Argumentant au moyen des prophéties, le Christ fit comprendre aux disciples ce qu'il devait être dans son humanité. Ils s'étaient trompés en attendant un Messie qui, selon l'opinion générale, monterait sur le trône et s'emparerait du pouvoir royal. Cette idée les avait empêchés d'admettre qu'il devait quitter les plus hauts sommets pour occuper la position la plus basse et boire la coupe de souffrances qui lui était destinée. Le Christ désirait que ses disciples eussent sur toutes choses des idées justes. Il leur montra que la lutte effroyable qu'il avait soutenue et qu'ils n'étaient pas à même de concevoir, était le résultat de l'alliance qu'il avait contractée avant la fondation du monde. Le Christ devait mourir comme doit mourir tout transgresseur de la loi qui persévère dans le péché. Tout cela était inévitable et devait aboutir, non pas à une défaite, mais à une victoire glorieuse, éternelle. Jésus leur dit qu'il ne fallait épargner aucun effort pour sauver le monde du péché. Ses disciples doivent, en déployant une énergie intense et persévérante, vivre comme il a vécu, travailler comme il a travaillé.

Tels étaient les discours que le Christ adressait à ses disciples, ouvrant leurs esprits à l'intelligence des Ecritures. Bien qu'ils fussent las, la conversation ne languissait pas. Des paroles de vie et d'assurance tombaient des lèvres du Sauveur. Mais leurs yeux étaient encore retenus. Pendant qu'il leur annonçait la destruction de Jérusalem, ils regardaient, en pleurant, vers la ville condamnée. Ils étaient encore loin de deviner qui était leur compagnon de route. Ils ne s'imaginaient pas que celui qui était le sujet de leur conversation marchait près d'eux ; car le Christ parlait de lui-même comme s'il s'était agi d'une autre personne. Ils croyaient qu'il était un de ceux qui avaient assisté à la grande fête et reprenait le chemin du retour. Comme eux, il marchait avec précaution sur le chemin raboteux, s'arrêtant de temps à autre pour prendre quelque repos. Ils s'avançaient ainsi sur cette route de montagne, tandis que marchait à côté d'eux celui qui bientôt allait s'asseoir à la droite de Dieu, et qui pouvait dire : « Tout pouvoir m'a été donné dans le ciel et sur la terre[4]. »

Le soleil était descendu à l'horizon ; avant que les voyageurs eussent atteint leur destination, ceux qui travaillaient dans les champs avaient quitté leur ouvrage. Au moment où les disciples arrivèrent chez eux, l'étranger parut vouloir continuer sa route. Mais les disciples se sentaient attirés vers lui et désiraient l'entendre encore. « Reste avec nous », dirent-ils. Et comme il ne paraissait pas disposé à accepter leur invitation, ils insistèrent : « Le soir approche, le jour est déjà sur son déclin. » Le Christ finit par céder. « Il entra, pour rester avec eux. »

Si les disciples n'avaient pas renouvelé leur offre, ils n'auraient pas su que leur compagnon de voyage était le Seigneur ressuscité. Le Christ n'impose jamais sa présence à personne. Il s'intéresse à ceux qui ont besoin de lui. Il se fait un plaisir d'entrer dans la maison la plus humble, et de réjouir le cœur le plus simple. Mais il passe outre lorsque les hommes se montrent indifférents envers l'hôte céleste et qu'ils négligent de l'inviter à rester avec eux. C'est ainsi que plusieurs éprouvent une grande perte. Ils ne connaissent pas mieux que les disciples le Christ qui les accompagnait sur le chemin d'Emmaüs.

Le simple repas du soir fut vite préparé. On le plaça devant l'hôte qui s'était assis à l'extrémité de la table. Jésus étend ses mains pour bénir les aliments. Les disciples reculent d'étonnement. Ils reconnaissent le geste habituel de leur Maître. Ils le regardent à nouveau, et ils découvrent dans ses mains la marque des clous. Tous deux s'écrient à la fois : C'est le Seigneur Jésus ! Il est ressuscité d'entre les morts !

Ils se lèvent pour se jeter à ses pieds et l'adorer, mais il a disparu de leurs yeux. Ils regardent le siège qui a été occupé par celui dont le corps gisait naguère dans le sépulcre, et ils se disent l'un à l'autre : « Notre cœur ne brûlait-il pas au dedans de nous, lorsqu'il nous parlait en chemin et nous expliquait les Ecritures ? »

Ils sont trop pressés de communiquer cette grande nouvelle pour pouvoir rester assis à causer. Ils ont oublié la fatigue et la faim. Sans toucher à leur repas, impatients d'apporter la nouvelle aux disciples, ils se remettent joyeusement en route et retournent à la ville par le chemin qu'ils viennent de parcourir. La route n'est pas toujours sûre, mais ils gravissent les endroits escarpés en glissant sur les pierres polies. Ils ne voient pas et ne savent pas qu'ils sont protégés par celui qui a fait le voyage avec eux. Le bâton du pèlerin à la main, ils s'avancent et voudraient aller plus vite qu'il n'est prudent de le faire. Ils perdent leur chemin et le retrouvent. Tantôt courant, tantôt trébuchant, ils avancent, ayant toujours à côté d'eux leur invisible compagnon.

La nuit est sombre, mais le Soleil de justice resplendit sur eux. Leurs cœurs bondissent de joie. Ils se croient dans un monde nouveau. Le Christ est un Sauveur vivant. Ils ont cessé de pleurer sur sa mort. Le Christ est ressuscité – ils le répètent sans se lasser. Voilà le message qu'ils apportent aux affligés. Ils vont leur raconter l'histoire étrange du chemin d'Emmaüs. Il faut qu'ils disent qui les a rejoints en chemin. Ils emportent avec eux le message le plus important qui ait jamais été donné au monde, une bonne nouvelle qui servira de fondement aux espérances de la famille humaine pour le temps et pour l'éternité.

[1] Ce chapitre est basé sur Luc 24.13-33. [2] Matthieu 27.62, 63. [3] Luc 16.31. [4] Matthieu 28.18.

Chapitre 84

La paix soit avec vous

Arrives à Jérusalem [1] les deux disciples entrent par la porte orientale qui, pendant les fêtes, reste ouverte la nuit. Les maisons sont plongées dans l'obscurité et le silence, mais les voyageurs se dirigent à travers les rues étroites, à la lumière de la lune naissante. Ils se rendent à la chambre haute, où Jésus a passé la soirée qui a précédé sa mort. Ils savent que malgré l'heure avancée ils y rencontreront leurs frères ; ceux-ci ne se livreront pas au sommeil avant d'avoir acquis une certitude au sujet de la disparition du corps du Seigneur. Ils constatent que la porte de la chambre est barrée avec soin. Ils frappent, mais n'obtiennent pas de réponse ; tout est silencieux. Alors ils disent leurs noms. On ouvre avec prudence ; ils entrent, et un Autre entre avec eux, invisible. Puis la porte est vite refermée car on redoute les espions.

Les nouveaux arrivés trouvent tout le monde dans l'agitation et la surprise. On entend, dans la salle, des exclamations de reconnaissance et de louanges. Des voix s'écrient : « Le Seigneur est réellement ressuscité, et il est apparu à Simon. » Ensuite les deux voyageurs, encore tout essoufflés de la course qu'ils viennent d'effectuer, racontent comment Jésus leur est apparu. Ils ont à peine terminé, et quelques-uns font remarquer qu'ils ne peuvent y croire tant c'est beau, quand une autre personne se dresse devant eux. Tous les yeux se fixent sur l'étranger. Personne n'a frappé à la porte ; aucun bruit de pas n'a été perçu. Les disciples tressaillent d'étonnement. Puis ils reconnaissent la voix de leur Maître, claire et distincte : « La paix soit avec vous. »

Mais eux, « saisis de frayeur et de crainte, ... croyaient voir un esprit. ... Il leur dit Pourquoi êtes-vous troublés, et pourquoi ces raisonnements s'élèvent-ils dans vos cœurs ? Voyez mes mains et mes pieds, c'est bien moi ; touchez-moi et voyez : un esprit n'a ni chair ni os, comme vous voyez que j'en ai. Et en disant cela, il leur montra ses mains et ses pieds. »

Ils crurent en voyant, à ses mains et à ses pieds, l'empreinte cruelle des clous ; en entendant sa voix à nulle autre pareille. « Comme, dans leur joie, ils ne croyaient pas encore, et qu'ils étaient dans l'étonnement, il leur dit : Avez-vous ici quelque chose à manger ? Ils lui présentèrent un morceau de poisson grillé et un rayon de miel. Il le prit et le mangea devant eux [2]. » « Les disciples se réjouirent en voyant le Seigneur. » La foi et la joie succédèrent à l'incrédulité, et, avec des sentiments qu'aucune parole humaine ne saurait traduire, ils reconnurent leur Sauveur ressuscité.

A la naissance de Jésus, l'ange avait dit : Paix sur la terre, bienveillance envers les hommes. Maintenant que le Sauveur apparaît, pour la première fois, aux disciples, après sa résurrection, il leur adresse ces paroles joyeuses : « La paix soit avec vous. » Jésus est toujours disposé à parler de paix aux hommes qui ploient sous le fardeau du doute et de la crainte. Il attend seulement que nous ouvrions la porte de nos cœurs et que nous lui disions : Demeure avec nous. Il dit : « Voici, je me tiens à la porte, et je frappe. Si quelqu'un entend ma voix et ouvre la porte, j'entrerai chez lui, je souperai avec lui et lui avec moi [3]. » La résurrection de Jésus est un symbole de la résurrection finale de tous ceux qui dorment en lui. L'aspect du Sauveur ressuscité, ses manières, son langage : tout cela était familier à ses disciples. De la même manière que Jésus est ressuscité d'entre les morts, ainsi se relèveront ceux qui dorment en lui. Nous reconnaîtrons nos amis, comme les disciples ont reconnu Jésus. Si, dans leur vie mortelle, ils ont été difformes, infirmes, ou défigurés, ils ressusciteront avec un corps parfaitement sain et harmonieux, mais leur identité sera parfaitement conservée dans ce corps glorifié. Alors nous connaîtrons comme nous sommes connus [4]. Sur le visage où se reflètera la lumière qui resplendit sur la face de Jésus, nous retrouverons les traits de ceux que nous aimons.

En revoyant les disciples, Jésus leur rappela les paroles qu'il leur avait dites avant sa mort : que tout ce qui était écrit à son égard, dans la loi de Moïse, dans les prophètes et dans les psaumes, devait s'accomplir. « Alors il leur ouvrit l'intelligence pour comprendre les Ecritures. Et il leur dit : Ainsi il est écrit que le Christ souffrirait, qu'il ressusciterait d'entre les morts le troisième jour, et que la repentance en vue du pardon des péchés serait prêchée en son nom à toutes les nations, à commencer par Jérusalem. Vous en êtes témoins. »

Les disciples commencèrent de comprendre la nature et l'étendue de leur œuvre. Ils devaient proclamer au monde les vérités admirables que le Christ leur avait confiées. Les événements de sa vie, sa mort et sa résurrection, les prophéties qui annonçaient ces choses, le caractère sacré de la loi de Dieu, les mystères du plan du salut, le pouvoir que Jésus possède de remettre les péchés – ils devaient attester toutes ces choses et les faire connaître au monde. Ils devaient annoncer cette bonne nouvelle : la paix et le salut s'obtiennent par la repentance et par le pouvoir du Sauveur.

« Après ces paroles, il souffla sur eux et leur dit : Recevez l'Esprit-Saint. Ceux à qui vous pardonnerez les péchés, ils leur seront pardonnés et ceux à qui vous les retiendrez, ils leur seront retenus. » Le Saint-Esprit ne s'était pas encore manifesté dans sa plénitude, car le Christ n'était pas encore glorifié. L'effusion abondante de l'Esprit n'eut lieu qu'après l'ascension du Christ. Tant que les disciples ne l'avaient pas reçue, ils n'étaient pas à même de prêcher l'Evangile. Mais, dès ce moment, le Christ souffla sur eux son Esprit pour leur permettre de remplir les fonctions officielles dans l'Eglise. Comme il leur confiait un mandat sacré, il tenait à bien graver dans leur esprit la pensée que cette œuvre ne pouvait être accomplie sans le secours du Saint-Esprit.

Le Saint-Esprit est le souffle de la vie spirituelle dans une âme. La communication de l'Esprit, c'est la communication de la vie du Christ. Celui qui le reçoit est mis en possession des attributs du Christ. Ceux-là seuls qui sont enseignés de Dieu, ceux en qui l'Esprit opère, et qui manifestent dans leur propre vie la vie du Christ, sont dignes de représenter l'Eglise et d'exercer un ministère en sa faveur.

« Ceux à qui vous pardonnerez les péchés, dit le Christ, ils leur seront pardonnés ; et ceux à qui vous les retiendrez, ils leur seront retenus. » Personne ne doit se croire autorisé, par ces paroles, à juger ses frères. Ceci a fait l'objet d'une défense renfermée dans le sermon sur la montagne. Ce droit n'appartient qu'à Dieu. Mais l'Eglise, en tant qu'organisation, a une responsabilité à l'égard de chaque membre. Son devoir est d'avertir, d'instruire, et, si possible, de relever ceux qui sont tombés dans quelque faute. « Reprends, censure, exhorte, avec toute patience et en instruisant [5] », dit le Seigneur. Il faut s'occuper avec soin de ceux qui se conduisent mal, avertir toute âme qui se trouve en danger, ne permettre à personne de s'abuser soi-même, appeler chaque péché par son nom, répéter ce que Dieu a dit concernant le mensonge, la violation du sabbat, le vol, l'idolâtrie, et tout autre mal. « Ceux qui commettent de telles fautes n'hériteront pas du royaume de Dieu [6]. » S'ils persistent dans leur péché, le jugement que vous aurez prononcé, conformément à la Parole de Dieu, sera ratifié dans le ciel. En donnant la préférence au péché, ils renient le Christ. L'Eglise doit montrer qu'elle n'approuve pas leurs agissements ; si elle ne le fait pas, elle déshonore elle-même le Seigneur. Elle doit dire, au sujet du péché, ce que Dieu en a dit. Elle doit agir à son égard en se conformant aux directions divines, et alors ses décisions sont ratifiées dans le ciel. Mépriser l'autorité de l'Eglise, c'est mépriser l'autorité du Christ lui-même.

Ce tableau a aussi son beau côté. « Ceux à qui vous pardonnerez leurs péchés, ils leur seront pardonnés. » Que cette pensée soit maintenue au premier plan. Quand on fait des démarches auprès d'un égaré, qu'on lui apprenne à diriger ses yeux vers le Christ. Que les bergers veillent, avec une tendre sollicitude, sur le troupeau du Seigneur. Qu'ils parlent au pécheur de la grâce et du pardon du Sauveur et l'encouragent à se repentir, et à croire en celui qui peut pardonner. Qu'ils déclarent, en s'appuyant sur l'autorité de la Parole de Dieu : « Si nous confessons nos péchés, il est fidèle et juste pour nous pardonner nos péchés et nous purifier de toute injustice [7]. » A tous ceux qui se repentent cette assurance est donnée : « Il aura encore pitié de nous ; il mettra sous ses pieds nos iniquités. Oui, tu jetteras tous leurs péchés au fond de la mer [8]. »

Que l'Eglise accueille, avec des sentiments de reconnaissance envers Dieu, le pécheur repentant. Qu'on le fasse sortir des ténèbres de l'incrédulité pour l'introduire dans la lumière de la foi et de la justice. Qu'on place sa main tremblante dans la main secourable de Jésus. Une telle rémission des péchés sera ratifiée dans le ciel.

C'est seulement dans ce sens que l'Eglise a le pouvoir d'absoudre le pécheur. La rémission des péchés ne s'obtient que par les mérites du Christ. Il n'est donné à aucun individu, à aucune société, d'affranchir une âme de sa culpabilité. Le Christ a chargé ses disciples de prêcher la rémission des péchés, en son nom, à toutes les nations, mais eux-mêmes ne pouvaient enlever une seule tache de péché ; « car il n'y a sous le ciel aucun autre nom donné parmi les hommes, par lequel nous devions être sauvés [9] ».

Lorsque Jésus se retrouva, pour la première fois, avec les disciples, dans la chambre haute, Thomas n'était pas présent. Il entendit les récits de ses compagnons, et eut des preuves abondantes que Jésus était ressuscité ; mais son cœur restait sombre et incrédule. D'entendre les disciples parler des manifestations merveilleuses du Sauveur ressuscité, son désespoir ne faisait qu'augmenter. Si Jésus était réellement ressuscité d'entre les morts, il n'y avait plus lieu d'espérer un royaume terrestre et charnel. La vanité de Thomas était blessée de ce que le Maître se fût révélé à tous les disciples, sauf à lui. Décidé à ne point croire, il passa toute une semaine à ressasser son malheur, qui lui paraissait plus grand en face de l'espérance et de la foi de ses frères.

Pendant ce temps il répétait souvent : « Si je ne vois dans ses mains la marque des clous, si je ne mets mon doigt à la place des clous, et si je ne mets ma main dans son côté, je ne croirai point. » Il ne voulait pas se fier aux yeux de ses frères ni faire dépendre sa foi de leur témoignage. Bien qu'aimant ardemment le Seigneur, il avait laissé l'envie et l'incrédulité prendre possession de son esprit et de son cœur.

Un certain nombre de disciples avaient établi leur domicile provisoire dans la chambre haute, et ils s'y retrouvaient, chaque soir, à l'exception de Thomas. Un soir, cependant, Thomas se décida à rejoindre les autres disciples. Malgré sa défiance, il espérait vaguement que la bonne nouvelle était vraie. Pendant le repas ils s'entretenaient des preuves que le Christ leur avait données, dans les prophéties. « Jésus vint, les portes étant fermées, et debout au milieu d'eux, il leur dit : La paix soit avec vous ! »

Puis le Maître s'adressa directement à Thomas : « Avance ici ton doigt, regarde mes mains, avance aussi ta main et mets-la dans mon côté ; et ne sois pas incrédule, mais crois ! » Ces paroles montraient que Jésus n'ignorait pas les pensées et les remarques de Thomas. Le sceptique savait que ses compagnons, n'ayant pas vu Jésus pendant la semaine, n'avaient pu entretenir le Maître au sujet de son incrédulité. Alors il reconnut le Seigneur dans celui qui se tenait devant lui. Il ne voulait pas d'autre preuve. Le cœur débordant de joie, il se jeta aux pieds de Jésus en s'écriant : « Mon Seigneur et mon Dieu ! »

Jésus, tout en acceptant cet hommage, lui adressa un tendre reproche : « Parce que tu m'as vu, tu as cru. Heureux ceux qui n'ont pas vu et qui ont cru ! » La foi de Thomas eût été plus agréable au Christ s'il s'était montré disposé à accepter le témoignage de ses frères. Si tous voulaient imiter l'exemple de Thomas, personne ne pourrait être sauvé par la foi puisque celle-ci ne peut être fondée que sur le témoignage d'autrui.

Plusieurs de ceux qui s'abandonnent au doute s'excusent en disant qu'ils croiraient s'ils avaient les preuves qu'ont eues Thomas et ses compagnons. Ils ne voient pas qu'ils ont non seulement les mêmes preuves, mais beaucoup d'autres. Bon nombre de ceux qui, comme Thomas, attendent que tout motif de douter ait disparu, ne verront jamais l'exaucement de leurs désirs. Peu à peu ils se verront confirmés dans l'incrédulité. Ils ne savent pas ce qu'ils font ceux qui s'habituent à ne considérer que le côté sombre des choses, à murmurer et à se plaindre. Ils sèment le doute, et c'est le doute qu'ils récolteront. Au moment où la foi et la confiance seront indispensables, plusieurs se trouveront incapables de croire et d'espérer.

Par sa façon d'agir avec Thomas, Jésus a donné une leçon à tous ses disciples. Son exemple nous montre comment nous devons nous conduire à l'égard de ceux dont la foi est faible et qui avancent sans cesse leurs doutes. Jésus n'a pas accablé Thomas de reproches, et il n'a pas engagé de controverse avec lui. Il s'est simplement révélé à celui qui doutait. Thomas était déraisonnable en fixant les conditions de sa foi ; mais Jésus, par un amour généreux et plein d'égards, renversa toutes les barrières. Il arrive rarement que l'incrédulité soit vaincue par la controverse. Au contraire : elle se met sur la défensive et trouve de nouveaux appuis et de nouveaux prétextes. Mais que Jésus se révèle comme le Sauveur crucifié, plein d'amour et de miséricorde, et bien des lèvres laisseront échapper involontairement le cri de Thomas : « Mon Seigneur et mon Dieu ! »

---

[1] Ce chapitre est basé sur Luc 24.33-48 ; Jean 20.19-29. [2] Luc 24.41-43. [3] Apocalypse 3.20. [4] 1 Corinthiens 13.12. [5] 2 Timothée 4.2. [6] Galates 5.21. [7] 1 Jean 1.9. [8] Michée 7.19. [9] Actes 4.12.

Chapitre 85

Une fois de plus au bord du lac

JESUS avait donné rendez-vous à ses disciples en Galilée ; dès que la semaine de Pâque fut écoulée, ils se mirent en route dans cette direction. Leur absence de Jérusalem, pendant la fête, eût été considérée comme une preuve d'indifférence et d'hérésie ; c'est pourquoi ils restèrent jusqu'à la fin ; mais ensuite ils prirent joyeusement le chemin de leur pays pour rencontrer le Sauveur, conformément à ses recommandations [1].

Sept disciples se trouvaient réunis, vêtus simplement, comme des pêcheurs ; pauvres en biens de ce monde, mais riches dans la connaissance et dans l'expérience de la vérité, ce qui, aux yeux du ciel, les classait au premier rang parmi les maîtres. Ils n'avaient pas étudié à l'école des prophètes ; ils avaient été instruits pendant trois années par le plus grand Educateur que le monde ait jamais connu. Grâce aux instructions qu'ils avaient reçues de lui, ils étaient devenus nobles, intelligents, cultivés, capables d'amener les hommes à la connaissance de la vérité.

Une bonne partie du ministère du Christ s'était écoulée au bord de la mer de Galilée. Les disciples, s'étant arrêtés en un lieu où ils espéraient ne pas être dérangés, se virent entourés de ce qui leur rappelait Jésus et ses œuvres puissantes. Lorsque, sur le lac, leurs cœurs avaient été remplis de frayeur, à cause de la violente tempête qui les mettait en péril, Jésus était accouru à leur secours en marchant sur les vagues et l'ouragan avait été apaisé par sa parole. Ils apercevaient la plage où plus de dix mille personnes avaient été rassasiées avec quelques pains et quelques poissons. Non loin se trouvait Capernaüm, où leur Maître avait accompli tant de miracles. Où que les disciples regardassent, les paroles et les actes du Sauveur leur revenaient à l'esprit.

La soirée était agréable, et Pierre, qui n'avait pas perdu le goût des bateaux et de la pêche, proposa à ses compagnons d'aller jeter leurs filets sur le lac. Tous se rallièrent à cette idée, car ils avaient besoin de nourriture et de vêtements, et ils pourraient s'en procurer si la pêche était fructueuse. Ils mirent donc leur barque à la mer, mais ne purent rien prendre de toute la nuit, malgré leurs efforts. Pendant ces longues heures fatigantes ils parlaient du Seigneur absent, et se rappelaient les événements merveilleux dont ils avaient été témoins au cours de son ministère au bord du lac. Ils se posaient toutes sortes de questions au sujet de l'avenir, et s'attristaient des perspectives qui s'ouvraient devant eux.

Pendant tout ce temps, sur la grève, un veilleur solitaire les suivait des yeux, sans être aperçu. Enfin le matin s'annonça. Quand la barque se trouva à quelque distance du rivage, les disciples virent, debout sur la plage, un étranger qui les accueillit avec cette question : « Enfants, n'avez-vous rien à manger ? » Comme ils répondaient : « Non », « il leur dit : Jetez le filet du côté droit de la barque, et vous trouverez. Ils le jetèrent donc ; et ils n'étaient plus capables de le retirer, à cause de la grande quantité de poissons. »

Jean reconnut l'étranger, et dit à Pierre : « C'est le Seigneur ! » Pierre, transporté de joie, et toujours aussi impétueux, se jeta à l'eau et se trouva bientôt à côté de son Maître. Les autres disciples se rapprochèrent avec leur barque, traînant après eux le filet rempli de poissons. « Lorsqu'ils furent descendus à terre, ils virent là un brasier, du poisson posé dessus, et du pain. »

Leur surprise était trop grande pour qu'ils pussent s'enquérir d'où venaient le feu et les aliments. « Jésus leur dit : Apportez des poissons que vous venez de prendre. » Pierre se précipita vers le filet qu'il avait abandonné, pour aider ses frères à le tirer sur la plage. Quand tout fut prêt, Jésus invita les disciples à manger. Il rompit les aliments et les leur distribua, et il fut reconnu par tous les sept. Ils se rappelèrent comment cinq mille personnes avaient été miraculeusement rassasiées sur le flanc de la montagne ; mais une crainte mystérieuse les dominait, et ils contemplaient en silence le Sauveur ressuscité.

Ils se rappelaient, comme si c'eût été la veille, la manière dont Jésus les avait appelés à le suivre alors qu'ils se trouvaient au bord du lac. Ils se rappelaient comment, sur son ordre, ils avaient pris le large et jeté leur filet qui s'était rempli de poissons au point de se rompre. Ensuite Jésus les avait invités à quitter leurs barques de pêche, en leur promettant de faire d'eux des pêcheurs d'hommes. C'était pour leur rappeler ces scènes et pour mieux les graver dans leur esprit qu'il avait accompli ce nouveau miracle. Par cet acte, il renouvelait le mandat des disciples. Il montrait que la mort de leur Maître n'avait en rien amoindri leur devoir d'accomplir l'œuvre qu'il leur avait assignée. Il est vrai qu'ils allaient être privés de sa présence personnelle et des moyens d'entretien qu'ils avaient eus auparavant, mais le Sauveur ressuscité aurait toujours soin d'eux. Aussi longtemps qu'ils accompliraient son œuvre, il pourvoirait à leurs besoins. C'est à bon escient que Jésus leur avait donné l'ordre de jeter le filet à droite de la barque ; c'était, en effet, le côté où il se trouvait, le côté de la foi. Tant qu'ils travailleraient en communion avec lui – sa divine puissance s'ajoutant aux efforts humains –, le succès ne leur ferait pas défaut.

Le Christ voulait leur donner encore une autre leçon, destinée particulièrement à Pierre. En reniant honteusement son Maître, Pierre s'était mis en contradiction avec son ancienne profession de fidélité. Il avait déshonoré le Christ et perdu la confiance de ses frères. Ceux-ci pensaient qu'il ne lui serait pas permis de reprendre la position qu'il avait occupée au milieu d'eux, et lui-même sentait qu'il avait trahi son mandat. Avant d'être rappelé à l'œuvre apostolique, il devait donner des preuves de repentance. Sans cela son péché, bien qu'il l'eût pleuré, aurait neutralisé son influence en tant que ministre du Christ. Le Sauveur lui donna donc l'occasion de regagner la confiance de ses frères, et de laver, dans la mesure où cela était possible, la honte qu'il avait jetée sur l'Evangile.

Ceci renferme une leçon à l'adresse de tous les disciples du Christ. L'Evangile ne fait aucun compromis avec le mal. Il ne peut excuser le péché. Les péchés secrets doivent être confessés à Dieu en secret, mais les péchés publics exigent une confession publique. En péchant, un disciple couvre le Christ d'opprobre. Satan en triomphe, et les âmes vacillantes y trouvent une pierre d'achoppement. En donnant des preuves de repentir, le disciple efface l'ignominie, autant que cela dépend de lui.

Pendant que le Christ mangeait avec les disciples, au bord de la mer, le Sauveur dit à Pierre : « Simon, fils de Jonas, as-tu pour moi plus d'amour que ceux-ci ? » – désignant ses frères. Pierre avait dit un jour : « Quand tu serais pour tous une occasion de chute, tu ne le seras jamais pour moi [2]. » Mais maintenant il se connaissait mieux. « Oui, Seigneur, dit-il, tu sais que je t'aime. » Il ne déclare pas avec véhémence que son amour est plus grand que celui de ses frères. Il n'exprime pas un jugement personnel sur la profondeur de son attachement. Il laisse le soin de juger de sa sincérité à celui qui découvre, dans les cœurs, les mobiles les plus secrets. « Tu sais que je t'aime. » Et Jésus de lui dire : « Fais paître mes agneaux ! » Le Maître mit de nouveau Pierre à l'épreuve, en répétant les paroles : « Simon, fils de Jonas, as-tu de l'amour pour moi ? » Il ne demanda pas, cette fois, si Pierre l'aimait plus que ses frères. La seconde réponse fut, comme la première, exempte de toute forfanterie : « Oui, Seigneur, tu sais que je t'aime. » Jésus lui dit : « Fais paître mes brebis. » Pour la troisième fois le Sauveur renouvela sa question : « Simon, fils de Jonas, m'aimes-tu ? » Pierre en fut affligé, pensant que Jésus doutait de son amour. Mais il savait que le Seigneur avait des raisons de se défier de lui, et il lui dit, d'un cœur attristé « Seigneur, tu sais toutes choses, tu sais que je t'aime. » Jésus lui dit encore : « Fais paître mes brebis. »

Par trois fois, Pierre avait renié ouvertement le Seigneur, et par trois fois Jésus lui arracha le témoignage de son amour et de sa fidélité, enfonçant cette question, telle une flèche barbelée, dans son cœur meurtri. En présence des disciples assemblés, Jésus montra combien le repentir de Pierre était profond, et à quel point ce disciple autrefois fanfaron était devenu humble.

Par nature, Pierre était ardent et impulsif, et Satan en avait profité pour le vaincre. Jésus lui avait dit, peu de temps avant sa chute : « Satan vous a réclamés, pour vous passer au crible comme le blé. Mais j'ai prié pour toi, afin que ta foi ne défaille pas ; et toi, quand tu seras revenu, affermis tes frères [3]. » Ce moment était arrivé, et Pierre avait subi une transformation visible. Les questions si pressantes par lesquelles le Seigneur l'avait mis à l'épreuve n'avaient pas provoqué, une seule fois, une réponse impétueuse ou vaniteuse. A la suite de son humiliation et de son repentir, Pierre était mieux préparé que jamais à exercer les fonctions de berger du troupeau.

Le premier soin que le Christ confia à Pierre, en le rétablissant dans son ministère, fut de paître les agneaux. Pierre n'avait que peu d'expérience et cette œuvre exige beaucoup de prudence et de tendresse, de patience et de persévérance. C'était l'inviter à s'occuper des jeunes dans la foi, à instruire les ignorants, à leur expliquer les Ecritures, à leur apprendre à se rendre utiles au service du Christ. Jusqu'à ce moment-là Pierre n'avait pas été qualifié pour ce ministère spécial, dont il ne comprenait même pas l'importance, mais Jésus l'y appela ; ses souffrances et le repentir qu'il venait d'expérimenter l'y avaient préparé.

Avant sa chute, Pierre avait l'habitude de parler sous l'impression des circonstances, sans réfléchir. Il était toujours prêt à reprendre les autres, à exprimer son opinion, avant même de voir clair en lui-même ou de savoir ce qu'il voulait dire. Une fois converti, Pierre fut tout autre. Il gardait son ancienne ferveur, mais la grâce du Christ dirigeait son zèle. Au lieu d'être impétueux, confiant en soi-même, vaniteux, il était maintenant calme, maître de lui-même, et docile. Il était devenu capable de paître les agneaux comme les brebis du troupeau du Christ.

En agissant ainsi avec Pierre, le Sauveur montrait à tous avec quelle patience, quelle sympathie, il convient de s'occuper des pécheurs. Bien que Pierre l'eût renié, Jésus lui garda un amour inaltérable. C'est de cet amour même que les sous-bergers doivent aimer les brebis et les agneaux confiés à leurs soins. Pierre se rappellera toujours sa faiblesse et sa chute et fera preuve, à leur égard, de la même tendresse que Jésus lui a témoignée.

La question que le Christ adressa à Pierre a une profonde signification. Il n'y a qu'une condition à remplir pour être disciple et pour entrer au service de Jésus. « M'aimes-tu ? » demande-t-il. C'est la chose essentielle. Quand bien même Pierre eût possédé toutes le qualités, il n'aurait pu, sans l'amour du Christ, être un berger fidèle pour le troupeau du Seigneur. La connaissance, la bienveillance, l'éloquence, la reconnaissance et le zèle sont de précieux auxiliaires dans cette bonne œuvre ; mais, si le cœur n'est pas rempli de l'amour de Jésus, l'œuvre du ministre chrétien est vouée à un échec certain.

Jésus se promenait seul avec Pierre, ayant quelque chose à lui communiquer : « Là où je vais, tu ne peux pas maintenant me suivre, mais tu me suivras plus tard. » Pierre avait répondu : « Seigneur, pourquoi ne puis-je pas te suivre maintenant ? Je donnerai ma vie pour toi [4]. » En parlant ainsi, il était loin de s'imaginer à quelles hauteurs et à quelles profondeurs le Christ le conduirait. Pierre n'avait pas su résister à l'épreuve, mais une nouvelle occasion lui avait été accordée de montrer son amour pour le Christ. Voulant affermir sa foi en vue de l'épreuve finale, le Sauveur lui dévoila l'avenir. Après une vie bien remplie, lorsque ses forces diminueront avec l'âge, le disciple sera appelé à suivre réellement le Seigneur. Jésus dit : « Quand tu étais plus jeune, tu mettais toi-même ta ceinture et tu allais où tu voulais ; mais quand tu seras vieux, tu étendras tes mains, et un autre te mettra ta ceinture et te mènera où tu ne voudras pas. Il dit cela pour indiquer par quelle mort Pierre glorifierait Dieu. »

Jésus montrait ainsi de quelle manière Pierre mourrait ; il alla jusqu'à lui indiquer le fait que ses bras seraient étendus sur la croix. Puis il dit encore une fois à son disciple « Suis-moi. » Cette révélation n'enleva pas à Pierre son courage. Il était disposé à subir n'importe quelle mort pour le Seigneur.

Comme beaucoup d'autres, Pierre n'avait jusqu'ici connu le Christ que selon la chair ; mais il n'en serait plus ainsi clans l'avenir. Il l'avait aimé en tant qu'homme, en tant que Maître envoyé du ciel ; maintenant il l'aimait en tant que Dieu. Il avait appris par expérience que le Christ était tout en tous. Il était maintenant préparé à prendre part à la mission de sacrifice du Seigneur. Quand, à la fin de sa vie, on le conduisit à la croix, il demanda à être crucifié la tête en bas. Souffrir de la même manière que son Maître lui paraissait un trop grand honneur.

Les paroles : « Suis-moi », renfermaient pour Pierre de riches instructions. Cet enseignement ne s'appliquait pas seulement à sa mort, mais à chaque détail de sa vie. Jusqu'à ce moment-là, l'esprit indépendant de Pierre avait essayé d'élaborer des plans pour l'œuvre de Dieu, au lieu de se conformer simplement aux plans divins. Mais il n'avait rien gagné en courant devant le Seigneur. Jésus lui dit : « Suis-moi. » Ne cours pas en avant, car tu devrais affronter seul les armées de Satan. Laisse-moi aller devant toi : ainsi tu ne seras pas vaincu par l'ennemi.

Tandis que Pierre marchait auprès de Jésus, il s'aperçut que Jean les suivait. Il eut le désir de savoir ce que l'avenir réservait à cet autre disciple, et il dit à Jésus : « Et celui-ci, Seigneur, que lui arrivera-t-il ? Jésus lui dit : Si je veux qu'il demeure jusqu'à ce que je vienne, que t'importe ? Toi, suis-moi. » Pierre aurait dû penser que le Seigneur lui révélait ce qui lui était le plus utile. C'est le devoir de chacun de suivre le Christ, sans s'inquiéter de la tâche assignée à d'autres. En disant, à propos de Jean : « Si je veux qu'il demeure jusqu'à ce que je vienne », le Seigneur ne s'engageait nullement à le maintenir en vie jusqu'à son retour. Il ne faisait qu'affirmer sa puissance suprême, et remarquer que même s'il lui avait plu d'agir ainsi, cela ne regardait Pierre en aucune façon. L'avenir de Jean et de Pierre était entre les mains du Seigneur. L'un et l'autre n'avaient qu'à le suivre, avec obéissance.

Combien de personnes ressemblent à Pierre aujourd'hui. Elles s'occupent tellement des affaires et des devoirs d'autrui, qu'elles en négligent leur propre devoir. Notre tâche consiste à regarder au Christ et à le suivre. Nous apercevons des fautes et des défauts de caractère chez nos voisins car l'humanité est pleine d'infirmités. Mais nous trouverons la perfection en Christ ; c'est en le contemplant que nous serons transformés.

Jean parvint à un âge très avancé. Il assista à la destruction de Jérusalem, et vit la ruine de son temple majestueux – symbole de la ruine finale du monde. Jusqu'à ses derniers jours Jean suivit de près le Seigneur. Il ne cessa pas d'adresser aux églises cette recommandation pressante : « Bien-aimés, aimons-nous les uns les autres. ... Celui qui demeure dans l'amour demeure en Dieu, et Dieu demeure en lui [5]. »

Pierre fut réintégré dans l'apostolat, mais les honneurs et l'autorité qui lui ont été conférés par le Christ ne lui ont pas donné la suprématie sur ses frères. C'est ce qui ressort de la réponse du Christ à la question de Pierre « Et celui-ci, que lui arrivera-t-il ? » Jésus répond : « Que t'importe ? Toi, suis-moi. » Pierre n'a pas été placé à la tête de l'Eglise. La faveur que le Christ lui a témoignée en lui pardonnant sa défection, et en le chargeant de paître son troupeau, ainsi que la fidélité avec laquelle Pierre a suivi le Christ, lui ont gagné la confiance de ses frères. Grande était son influence dans l'Eglise. Mais Pierre n'oublia jamais l'enseignement que le Christ lui avait donné, près de la mer de Galilée. Ecrivant aux églises sous la direction du Saint-Esprit, il leur dit :

« J'exhorte donc les anciens qui sont parmi vous, moi, ancien comme eux, témoin des souffrances du Christ et participant à la gloire qui doit être révélée : Faites paître le troupeau de Dieu qui est parmi vous, non par contrainte, mais de bon gré selon Dieu ; ni pour un gain sordide, mais avec cordialité ; non en tyrannisant ceux qui vous sont échus en partage, mais en devenant les modèles du troupeau ; et, lorsque le souverain pasteur paraîtra, vous remporterez la couronne incorruptible de la gloire [6]. »

[1] Ce chapitre est basé sur Jean 21.1-22. [2] Matthieu 26.33. [3] Luc 22.31, 32. [4] Jean 13.36, 37. [5] 1 Jean 4.7, 16. [6] 1 Pierre 5.1.4.

Chapitre 86

Allez, enseignez toutes les nations

N'AYANT plus qu'un degré à gravir pour s'asseoir sur son trône céleste, le Christ donna ses ordres aux disciples. « Tout pouvoir m'a été donné dans le ciel et sur la terre [1]. » « Allez, faites de toutes les nations des disciples. » « Allez dans le monde entier et prêchez l'Evangile à toute la création [2]. » Ces paroles furent répétées plusieurs fois pour que les disciples en saisissent la signification. La lumière du ciel devait briller avec force aux yeux de tous les habitants de la terre, grands et petits, riches et pauvres. En collaboration avec leur Rédempteur, les disciples devaient travailler au salut du monde.

L'ordre avait déjà été donné aux douze quand le Christ s'était montré à eux dans la chambre haute ; mais il fut renouvelé devant un plus grand nombre d'auditeurs. Sur une montagne de la Galilée eut lieu une grande assemblée à laquelle assistèrent tous les croyants qui avaient pu se rendre au rendez-vous fixé par Jésus avant sa mort. L'ange qui s'était montré près du tombeau avait rappelé aux disciples la promesse que Jésus avait faite de les rejoindre en Galilée, et celle-ci fut répétée aux croyants qui se trouvaient rassemblés à Jérusalem, pendant la semaine de Pâque, et grâce à eux elle fut portée à beaucoup d'isolés qui s'affligeaient au sujet de la mort du Seigneur. Tous attendaient cette rencontre avec la plus grande impatience. Ils arrivaient de toutes les directions, par des chemins détournés, pour éviter les soupçons des Juifs envieux. Le cœur en suspens, ils s'entretenaient des nouvelles qu'ils avaient reçues concernant le Christ.

Au moment fixé, cinq cents croyants environ, anxieux d'apprendre tout ce qui avait rapport au Christ, après sa résurrection, se trouvaient rassemblés, par petits groupes, sur le flanc de la montagne. Les disciples passaient des uns aux autres, racontant ce qu'ils avaient vu et entendu de Jésus et leur expliquant les Ecritures comme lui les leur avait expliquées. Thomas faisait le récit de son incrédulité et disait comment ses doutes avaient été dissipés. Tout à coup Jésus se montra au milieu d'eux. Personne n'aurait su dire d'où et comment il était venu. Plusieurs des assistants ne l'avaient jamais vu auparavant ; mais ses mains et ses pieds portaient les marques de la crucifixion ; son aspect était divin : quand ils le virent, ils l'adorèrent.

Pourtant quelques-uns doutaient. Il en sera toujours ainsi. Il en est qui ont de la peine à exercer leur foi ; ils se placent toujours du côté du doute. L'incrédulité leur fait perdre un grand avantage.

C'est la seule fois que Jésus se montra à une telle quantité de croyants, après sa résurrection. Il vint et leur dit : « Tout pouvoir m'a été donné dans le ciel et sur la terre. » Les disciples l'avaient adoré avant qu'il eût ouvert la bouche ; mais ses paroles, tombant de lèvres que la mort avait fermées, produisaient en eux un tressaillement singulier. Il était maintenant le Sauveur ressuscité. Plusieurs l'avaient vu se servir de sa puissance pour guérir des malades et chasser des démons. Ils le croyaient en possession d'un pouvoir capable d'établir un royaume à Jérusalem, de vaincre toutes les résistances et de dominer même sur les éléments. Il avait apaisé les eaux agitées ; il avait marché sur les vagues écumantes ; il avait rappelé des morts à la vie. Il affirmait maintenant que « tout pouvoir » lui était donné. Ses paroles élevaient les esprits de ses auditeurs jusqu'aux choses célestes et éternelles et leur donnaient la plus haute idée de sa dignité et de sa gloire.

Sur la montagne, le Christ annonça que son sacrifice en faveur des hommes était complet et définitif. Les conditions de la propitiation avaient été réalisées ; l'œuvre pour laquelle il était venu dans le monde était accomplie. Il se dirigeait vers le trône de Dieu et il allait recevoir les honneurs des anges, des principautés et des puissances. Entré dans son œuvre de médiation et revêtu d'une autorité illimitée, il donnait cet ordre aux disciples : « Allez, faites de toutes les nations des disciples ; baptisez-les au nom du Père, du Fils et du Saint-Esprit, et enseignez-leur à garder tout ce que je vous ai prescrit. Et voici, je suis avec vous tous les jours jusqu'à la fin du monde. »

Le dépôt sacré de la vérité avait été confié au peuple juif ; mais, sous l'influence du pharisaïsme, celui-ci était devenu le plus exclusif et le plus fanatique de tous les peuples. Le vêtement, les coutumes, les cérémonies et les traditions empêchaient les prêtres et les chefs d'être la lumière du monde. La nation juive ne voyait rien en dehors d'elle. Le Christ chargea ses disciples de prêcher une foi et un culte qui n'auraient rien de l'esprit de caste ou de clocher, et qui s'adapteraient à tous les peuples, à toutes les nations, à toutes les classes de la société.

Avant de quitter ses disciples, le Christ leur exposa clairement la nature de son royaume. Il leur rappela ce qu'il leur avait déjà dit à ce sujet : qu'il était venu établir, non pas un royaume temporel, mais un royaume spirituel. Il ne se proposait pas de régner sur le trône de David en roi terrestre. Une fois de plus il ouvrit, devant eux, les Ecritures, leur montrant que tout ce qu'il avait enduré avait été pré ordonné dans le ciel, dans les conseils tenus entre le Père et lui-même. Toutes ces choses avaient été prédites par des hommes inspirés. Il leur dit : Vous voyez que j'ai été rejeté en tant que Messie, comme je vous l'avais prédit. Tout s'est accompli de ce que je vous avais annoncé concernant mon humiliation et ma mort. Et je suis ressuscité le troisième jour. Sondez plus attentivement les Ecritures, et vous verrez que les déclarations de la prophétie à mon sujet se sont réalisées.

Le Christ ordonna à ses disciples de commencer, à Jérusalem même, l'œuvre qu'il leur avait confiée. Jérusalem avait été témoin de sa condescendance étonnante envers la famille humaine. C'est là qu'il avait souffert, qu'il avait été rejeté et condamné. La Judée était son pays natal. Sous les dehors de l'humanité, le Sauveur avait marché parmi les hommes, et bien peu s'étaient rendu compte combien le ciel s'était approché de la terre tandis que Jésus était parmi eux. C'était donc à Jérusalem que devait commencer l'activité des disciples.

En pensant à tout ce que le Christ avait souffert en cet endroit, et à ses vains efforts, les disciples auraient pu réclamer un champ d'action plus prometteur ; mais ils acceptèrent de cultiver le terrain là où le Maître avait répandu la semence de la vérité ; cette semence lèverait et donnerait une moisson abondante. L'envie et la haine des Juifs susciteraient la persécution contre les disciples ; mais le Maître avait passé par là et eux ne devaient pas l'éviter. La grâce devait être offerte, en tout premier lieu, aux meurtriers du Sauveur.

A Jérusalem, bien des personnes croyaient à Jésus, en secret, et beaucoup d'autres furent trompées par les prêtres et les chefs. L'Evangile devait leur être présenté. Un appel à la repentance leur serait adressé. Il fallait établir clairement cette vérité admirable que la rémission des péchés ne peut être obtenue que par le Christ. C'est alors que Jérusalem était encore sous le coup des événements survenus pendant les dernières semaines, que la prédication de l'Evangile serait le plus efficace.

Mais l'œuvre ne devait pas s'arrêter là ; elle s'étendrait jusqu'aux dernières extrémités de la terre. Le Christ dit aux disciples : Vous avez été témoins de ma vie de renoncement en faveur du monde. Vous avez vu mes travaux au milieu d'Israël. Bien qu'ils n'aient pas voulu venir à moi pour avoir la vie, bien que les prêtres et les chefs m'aient fait ce qu'ils ont voulu et m'aient repoussé, selon ce que l'Ecriture avait annoncé, il leur sera encore donné une occasion d'accepter le Fils de Dieu. Vous avez vu comment je reçois tous ceux qui viennent à moi en confessant leurs péchés. Je ne jetterai point dehors celui qui vient à moi. Tous ceux qui le voudront, pourront être réconciliés avec Dieu et obtenir la vie éternelle. A vous, mes disciples, je confie ce message de miséricorde. Il doit être communiqué à Israël tout d'abord, puis à toutes nations, langues et peuples. Il doit être donné aux Juifs et aux païens. Tous ceux qui croiront devront être réunis en une seule Eglise.

Le don du Saint-Esprit devait communiquer aux disciples une puissance extraordinaire. Leur témoignage serait confirmé par des signes et des prodiges. Des miracles allaient être accomplis, non seulement par les apôtres, mais aussi par ceux qui recevraient leur message. Jésus dit : « En mon nom, ils chasseront les démons ; ils parleront de nouvelles langues ; ils saisiront des serpents ; s'ils boivent quelque breuvage mortel, il ne leur fera point de mal ; ils imposeront les mains aux malades et ceux-ci seront guéris [3]. »

A cette époque on se servait fréquemment du poison. Des hommes sans scrupules n'hésitaient pas à se débarrasser, par ce moyen, de ceux qui gênaient leurs ambitions. Jésus savait que la vie de ses disciples se trouverait en péril. On croirait rendre un service à Dieu en mettant à mort ses témoins. C'est pour cela que le Sauveur leur promit sa protection contre le danger.

Les disciples devaient exercer la même puissance que Jésus et, comme lui, guérir « toute maladie et toute infirmité parmi le peuple ». En guérissant en son nom ceux qui étaient atteints de maladies corporelles, ils montreraient qu'il a le pouvoir de guérir les âmes [4]. Un nouveau don leur fut également promis. Ils allaient recevoir la faculté de prêcher à toutes les nations dans leurs langues respectives. Bien que les apôtres et leurs collaborateurs fussent des hommes sans instruction, grâce à l'effusion de l'Esprit, qui eut lieu le jour de la Pentecôte, ils apprirent, soit qu'ils s'exprimassent dans leur propre langue ou dans un idiome étranger, à parler un langage pur, simple et correct.

Tel fut l'ordre que Jésus donna aux disciples. Il fit tout ce qui était nécessaire pour assurer la continuation de son œuvre et il en garantit le succès. Aussi longtemps qu'ils obéiraient à sa Parole et travailleraient en communion avec lui, ils n'essuieraient point d'échec. Allez auprès de toutes les nations, leur dit-il. Allez jusqu'aux extrémités du monde habité et sachez que ma présence vous accompagnera partout. Travaillez avec foi, avec confiance, car je ne vous abandonnerai jamais.

L'ordre donné par le Sauveur s'adresse à tous les croyants, jusqu'à la fin des temps. C'est une erreur fatale de s'imaginer qu'il appartient aux seuls ministres consacrés de travailler au salut des âmes. Tous ceux qui ont reçu l'inspiration céleste sont associés à l'Evangile. Tous ceux qui reçoivent la vie du Christ sont mis à part pour travailler au salut de leurs semblables. C'est en vue de cette œuvre que l'Eglise a été établie, et tous ceux qui entrent dans l'Eglise s'engagent solennellement, par là, à devenir des collaborateurs du Christ.

« L'Esprit et l'épouse disent : Viens ! Que celui qui entend, dise : Viens [5] ! » Quiconque entend l'appel doit le répéter. Quelle que soit la vocation terrestre d'un homme, sa première préoccupation devrait être de gagner des âmes au Christ. Même s'il n'est pas capable de parler à des foules, il peut travailler auprès des individus, leur communiquer les instructions du Seigneur. Le ministère ne consiste pas exclusivement dans la prédication. Ils exercent aussi un ministère, ceux qui soulagent les malades et les souffrants, qui viennent en aide aux nécessiteux, qui adressent des paroles de consolation aux découragés et aux faibles dans la foi. Auprès et au loin, il y a des âmes écrasées par le sentiment du péché. Ce ne sont pas les difficultés, les peines ou la pauvreté qui dégradent l'humanité. C'est le péché, c'est le mal. Voilà ce qui produit du malaise et du mécontentement. Le Christ désire que ses serviteurs portent secours aux âmes atteintes par la maladie du péché.

Les disciples devaient entreprendre leur œuvre à l'endroit même où ils se trouvaient. Le champ le plus dur et le moins propice ne devait pas être abandonné. De même aussi, chaque ouvrier du Christ doit commencer là où il est. Il peut y avoir, dans nos propres familles, des âmes qui ont besoin de sympathie et qui soupirent après le Pain de vie ; des enfants à élever pour le Christ. Il y a des païens à nos portes. Accomplissons fidèlement la tâche la plus proche. Ensuite étendons nos efforts à mesure que la main de Dieu nous conduit. Il peut sembler parfois que ceux-ci soient limités par les circonstances ; mais, s'ils sont accomplis avec foi et avec soin, où que l'on se trouve, l'effet en sera ressenti dans les parties du monde les plus éloignées. Quand le Christ était sur la terre, son action paraissait confinée dans un champ restreint ; néanmoins des multitudes de tous pays entendirent son message. Souvent Dieu emploie les moyens les plus simples pour obtenir les résultats les plus importants. Il entre dans ses plans que chaque partie de son œuvre dépende des autres parties : c'est comme une roue dans une roue, tout le mécanisme fonctionnant d'une manière harmonieuse. L'ouvrier le plus humble, poussé par le Saint-Esprit, touchera des cordes invisibles dont les vibrations se répercuteront jusqu'aux extrémités de la terre et dans l'éternité.

Il ne faut pas perdre de vue le commandement : « Allez dans le monde entier. » Nous sommes invités à lever les yeux vers les pays lointains. Le Christ renverse les murs de séparation, les préjugés nationaux qui divisent les peuples, et nous enseigne à aimer la famille humaine tout entière. Il élève les hommes au-dessus du cercle étroit tracé par leur égoïsme ; il supprime les frontières et les distinctions de classes. Il ne fait aucune différence entre voisins et étrangers, entre amis et ennemis. Il nous apprend à reconnaître un frère en tout être nécessiteux et à considérer le monde comme notre champ d'activité.

Quand le Sauveur eut dit : « Allez, faites de toutes les nations des disciples », il ajouta : « Voici les signes qui accompagneront ceux qui auront cru : En mon nom, ils chasseront les démons ; ils parleront de nouvelles langues ; ils saisiront des serpents ; s'ils boivent quelque breuvage mortel, il ne leur fera point de mal ; ils imposeront les mains aux malades et ceux-ci seront guéris. » La promesse a une portée aussi vaste que l'ordre. Non pas que tous les dons soient accordés à chaque croyant, mais tout cela est l'œuvre d'un seul et même Esprit, qui « opère toutes ces choses, les distribuant à chacun en particulier comme il veut [6] ». Les dons sont promis à chaque croyant, dans la mesure où l'œuvre du Seigneur en a besoin. Cette assurance a gardé toute sa force ; elle mérite autant de confiance aujourd'hui qu'au temps des apôtres. « Voici les signes qui accompagneront ceux qui auront cru. » Ceci est l'apanage de tous les enfants de Dieu, et la foi devrait s'emparer de tout ce qui lui est accessible.

« Ils imposeront les mains aux malades, et ceux-ci seront guéris. » Ce monde est un vaste hôpital ; mais le Christ est venu pour guérir les malades et procurer la délivrance aux captifs de Satan. Il était toute santé et toute force. Il communiquait sa vie aux malades, aux affligés, aux possédés et ne renvoyait aucun de ceux qui accouraient à lui pour obtenir la guérison. Le Sauveur n'ignorait pas que ceux qui imploraient son secours étaient souvent responsables de leurs maux ; néanmoins il ne refusait jamais de leur rendre la santé. Quand une vertu sortait du Christ et se communiquait à ces pauvres âmes, elles étaient convaincues de péché, et plusieurs étaient délivrées de leurs maladies spirituelles aussi bien que de leurs maladies physiques. L'Evangile possède toujours la même puissance ; pourquoi donc ne serions-nous pas témoins aujourd'hui des mêmes résultats ?

Le Christ ressent le contrecoup des malheurs de tous ceux qui souffrent. Lorsque de mauvais esprits tourmentent un corps humain, il éprouve les effets de la malédiction ; si la fièvre dessèche le courant de la vie, il ressent une intense souffrance. Il est tout aussi désireux de guérir les malades aujourd'hui qu'il ne l'était quand il vivait sur la terre. Les serviteurs du Christ sont ses représentants et ses instruments de travail ; par leur intermédiaire il désire exercer son pouvoir guérisseur.

Par sa façon de guérir, le Sauveur voulait instruire ses disciples. Il oignit un jour les yeux d'un aveugle avec de la boue, et lui dit : « Va te laver au réservoir de Siloé... Il y alla, se lava et, quand il revint, il voyait [7]. » Cette cure était l'effet de la puissance du grand Guérisseur ; il y a cependant lieu de remarquer que le Christ s'est servi des moyens de la nature. Bien qu'il n'ait pas encouragé l'usage des médicaments, il a sanctionné l'emploi des remèdes simples et naturels.

Bon nombre des affligés qui obtenaient la guérison entendaient le Christ leur dire : « Ne pèche plus, de peur qu'il ne t'arrive quelque chose de pire [8]. » Jésus montrait par là que la maladie est la conséquence de la transgression des lois divines, aussi bien naturelles que spirituelles. On ne verrait pas tant de misères dans le monde si les hommes vivaient en harmonie avec le plan du Créateur.

Le Christ avait été le guide et l'instructeur de l'ancien Israël, à qui il avait enseigné que la santé est le fruit de l'obéissance aux lois de Dieu. Le grand Médecin qui guérissait les malades en Palestine avait parlé à son peuple du haut de la colonne de nuée, pour lui dire ce qu'il devait faire et ce que Dieu ferait pour lui. « Si tu écoutes la voix de l'Eternel, ton Dieu, dit-il ; si tu fais ce qui est droit à ses yeux, si tu prêtes l'oreille à ses commandements et si tu observes toutes ses lois, je ne t'infligerai aucun des maux dont j'ai accablé l'Egypte ; car je suis l'Eternel qui te guérit [9]. » Le Christ donna à Israël des instructions détaillées sur la manière de vivre, et il lui fit cette promesse : « L'Eternel éloignera de toi toute maladie [10]. » Aussi longtemps que les Israélites se conformèrent aux conditions prescrites, cette promesse s'accomplit pour eux. « Nul dans ses tribus ne fut arrêté par la maladie [11]. »

Ces enseignements sont aussi pour nous. Quiconque veut conserver sa santé doit remplir les conditions. Nous devrions tous connaître ces conditions. Le Seigneur ne veut pas que nous ignorions ses lois, soit naturelles, soit spirituelles. Nous devons collaborer avec Dieu en vue de rendre la santé au corps aussi bien qu'à l'âme.

Notre devoir est d'enseigner comment on peut préserver et recouvrer la santé. Nous devrions appliquer les remèdes que la nature nous offre et diriger l'esprit des malades vers celui qui seul peut les guérir. Notre œuvre consiste à apporter au Christ, sur les bras de la foi, tous ceux qui souffrent en leur apprenant à se confier au grand Guérisseur, à s'appuyer sur sa promesse, et à prier en vue d'obtenir la manifestation de son pouvoir. La guérison est l'essence même de l'Evangile ; le Sauveur veut que nous exhortions les malades, les désespérés et les affligés à se saisir de sa puissance.

La puissance de l'amour inspirait toutes les guérisons du Christ, et ce n'est que dans la mesure où nous partageons cet amour, par la foi, que nous pouvons servir d'instruments à son œuvre. Si nous négligeons la communion vivante avec le Christ, nous ne serons pas à même de transmettre au monde le courant de l'énergie vivifiante. Dans certains endroits le Sauveur lui-même n'a pu faire beaucoup de miracles, à cause de l'incrédulité des habitants. De même aujourd'hui, cette incrédulité sépare de son divin assistant l'Eglise qui saisit trop faiblement les réalités éternelles. Dieu est déçu en voyant notre manque de foi, et sa gloire en est amoindrie.

C'est dans l'accomplissement de l'œuvre du Christ que l'Eglise peut compter sur sa présence. « Allez, dit-il, faites de toutes les nations des disciples... Et voici, je suis avec vous tous les jours jusqu'à la fin du monde. » L'une des premières conditions à remplir pour recevoir la puissance de Jésus c'est de prendre sur soi son joug. La vie même de l'Eglise dépend de la fidélité avec laquelle elle se conforme à l'œuvre du Seigneur. Négliger celle-ci, c'est se préparer inévitablement un état de faiblesse spirituelle et de décadence. Où il n'y a pas une activité intense au service d'autrui, l'amour décline et la foi s'affaiblit.

Il entre dans les intentions du Christ que ses ministres enseignent à l'Eglise à faire un travail évangélique. Les membres doivent apprendre à chercher et sauver ce qui est perdu. Mais est-ce bien là l'œuvre qu'ils accomplissent ? Hélas ! combien peu s'efforcent de ranimer une étincelle de vie dans une église prête à mourir ! Combien peu d'églises sont soignées comme des agneaux malades par ceux qui devraient s'occuper de rechercher les brebis perdues ! Et pendant ce temps des millions d'âmes périssent sans Christ.

L'amour de Dieu s'est ému jusque dans ses profondeurs insondables pour le bien des hommes, et les anges s'étonnent de trouver si peu de gratitude chez ceux qui ont été les objets d'un si grand amour, de voir combien peu l'amour de Dieu est apprécié par les hommes. Le ciel s'indigne de voir les âmes humaines négligées. Voulons-nous savoir ce qu'en pense le Christ ? Quels seraient les sentiments d'un père ou d'une mère dont on aurait laissé périr l'enfant, dans le froid et la neige, alors qu'on eût pu le sauver ? Quelle douleur, quelle indignation ! Ne flétriraient-ils pas ces meurtriers ? Les souffrances d'un homme sont celles d'un enfant de Dieu, et ceux qui ne tendent pas une main secourable à leurs semblables en péril, s'attirent la juste colère de l'Agneau. Au jour du grand jugement, le Christ dira à ceux qui prétendent lui appartenir mais qui se seront montrés indifférents à l'égard de leurs frères nécessiteux : « Je ne sais pas d'où vous êtes ; éloignez-vous de moi, vous tous, qui commettez l'injustice [12]. »

En donnant ses ordres aux disciples, le Christ ne s'est pas contenté de décrire leur tâche, mais il leur a aussi donné le message qu'ils devaient annoncer. Enseignez au monde, dit-il, « à garder tout ce que je vous ai prescrit ». Les disciples devaient enseigner ce que le Christ avait enseigné : non seulement ce qu'il a dit personnellement, mais aussi tout ce qu'il a enseigné par les prophètes et les docteurs de l'Ancien Testament. Tout enseignement humain est exclu. Il n'y a de place ni pour la tradition, ni pour les théories et les conclusions humaines, ni pour une législation ecclésiastique. « La loi et les prophètes », avec le récit destiné à conserver le souvenir de ses paroles et de ses actes : voilà le trésor confié aux disciples pour qu'ils le transmettent au monde. Le nom du Christ est leur mot de passe, leur signe de distinction, leur trait d'union, la légitimation de leur conduite et la source de leur succès. Rien de ce qui ne porte pas sa signature ne doit être reconnu dans son royaume.

L'Evangile doit être présenté, non pas comme une théorie morte, mais comme une force vivante, capable de transformer la vie. Dieu désire que les objets de sa grâce soient des témoins de sa puissance. Il accepte généreusement ceux qui l'ont offensé le plus gravement par leur conduite ; quand ces coupables se repentent, il leur communique son Esprit, il leur confie les plus lourdes responsabilités, et les envoie dans le camp des rebelles pour y proclamer sa miséricorde infinie. Il veut que ses serviteurs attestent ce fait : que les hommes peuvent, par sa grâce, atteindre à un caractère qui ressemble à celui du Christ et jouir de l'assurance de son grand amour. Il veut que nous mettions en lumière ce fait : qu'il n'aura point de repos aussi longtemps que les membres de la famille humaine n'auront pas été réintégrés dans leur saint privilège de fils et de filles de Dieu.

Le Christ possède la tendresse d'un berger, l'affection d'un père, et la grâce immaculée d'un Sauveur compatissant. Il ne se contente pas d'annoncer ses bénédictions ; il les offre de la manière la plus persuasive, afin de faire naître le désir de les posséder. Ses serviteurs doivent s'efforcer de présenter, de la même manière, les richesses glorieuses de son don ineffable. L'amour magnifique du Christ aura pour effet d'attendrir et de subjuguer les cœurs, alors que la simple répétition des doctrines resterait inefficace. « Consolez, consolez mon peuple, dit votre Dieu. » « Monte sur une haute montagne pour annoncer la bonne nouvelle à Sion ! Elève la voix avec force pour annoncer la bonne nouvelle à Jérusalem. Elève la voix ; ne crains point ! Dis aux villes de Juda : Voici votre Dieu ! ... Comme un berger, il paîtra son troupeau. Il recueillera les agneaux entre ses bras et les portera dans son sein [13]. » Parlez de celui qui se « distingue entre dix mille », et dont la « personne est pleine de charme [14] ». Des mots ne suffisent pas pour cela. Nous devons le refléter dans notre caractère et le manifester dans notre vie. Le Christ pose pour que son portrait soit reproduit en chacun de ses disciples. Dieu les a prédestinés « à être semblables à l'image de son Fils [15] ». Ils doivent manifester au monde l'amour persévérant du Christ, sa sainteté, sa douceur, sa miséricorde et sa vérité.

Les premiers disciples s'en allèrent prêcher la Parole. Ils firent connaître le Christ par leur vie. « Le Seigneur travaillait avec eux et confirmait la parole par les signes qui l'accompagnaient [16]. » Ses disciples commencèrent à se préparer en vue de leur œuvre. Pendant les jours qui précédèrent la Pentecôte, ils se rassemblèrent et mirent fin à tous leurs différends. Ils étaient d'un même accord. Sur la promesse du Christ, ils croyaient que la bénédiction serait donnée, et ils priaient avec foi. Ce n'est pas pour eux seuls qu'ils demandaient cette bénédiction car ils avaient le souci du salut des âmes. Afin que l'Evangile fût porté jusqu'aux extrémités de la terre, ils réclamaient la puissance que le Christ leur avait promise. C'est alors que le Saint-Esprit fut répandu sur eux et que des milliers de personnes se convertirent en un jour.

Il peut en être de même aujourd'hui. Qu'on prêche la Parole de Dieu plutôt que des spéculations humaines. Que les chrétiens mettent de côté ce qui les divise, et qu'ils se consacrent à Dieu en vue du salut de ceux qui sont perdus. Qu'ils demandent avec foi la bénédiction de Dieu et elle leur sera donnée. L'effusion de l'Esprit à l'époque apostolique a constitué la pluie de la première saison [17], et les résultats en ont été glorieux. Mais la pluie de la dernière saison sera plus abondante.

Tous ceux qui se consacrent à Dieu, âme, corps et esprit, recevront constamment une nouvelle mesure de forces physiques et mentales. Les ressources inépuisables du ciel sont à leur disposition. Le Christ leur communique le souffle de son Esprit, sa propre vie. Le Saint-Esprit déploie ses énergies les plus puissantes dans leur cœur et dans leur esprit. La grâce de Dieu agrandit et multiplie leurs facultés, et toutes les perfections de la nature divine sont mises à contribution dans l'œuvre dont le but est de sauver les âmes. Grâce à la coopération du Christ, ils sont rendus parfaits, capables, en dépit de la faiblesse humaine, d'accomplir les œuvres du Tout-Puissant.

Le Sauveur désire manifester sa grâce envers tous et mettre, sur le monde entier, l'empreinte de son caractère. Les hommes sont la propriété qu'il s'est acquise ; il désire les rendre libres, purs et saints. Bien que Satan s'efforce d'empêcher la réalisation de ce dessein, des triomphes sont possibles, grâce au sang qui a été répandu pour le monde, à la gloire de Dieu et de l'Agneau. Le Christ n'aura de repos que lorsque la victoire aura été gagnée d'une manière définitive ; alors « il contemplera le fruit de ses labeurs et il en sera rassasié de joie [18] ». Toutes les nations de la terre entendront l'Evangile de sa grâce. Tout le monde n'acceptera pas cette grâce ; mais une « postérité le servira ; on parlera du Seigneur aux générations futures [19] ». « Le règne, la domination et la souveraineté des royaumes qui sont sous tous les cieux, seront accordés au peuple des saints du Très-Haut », et « la terre sera remplie de la connaissance de l'Eternel, comme le fond de la mer est rempli par les eaux qui le couvrent. » « On craindra le nom de l'Eternel depuis l'Occident et sa gloire depuis le soleil levant [20]. »

« Qu'ils sont beaux, sur les montagnes, les pas de celui qui apporte de bonnes nouvelles, de celui qui proclame la paix, qui annonce le bonheur, qui publie le salut, qui dit à Sion : Ton Dieu règne ! ... Eclatez ensemble en cris de joie, ruines de Jérusalem ! ... L'Eternel a manifesté sa puissance et sa sainteté aux yeux de toutes les nations ; et toutes les extrémités de la terre verront le salut de notre Dieu [21] ! »

---

[1] Ce chapitre est basé sur Matthieu 28.16-20. [2] Marc 16.15. [3] Marc 16.17, 18. [4] Matthieu 4.23 ; 9.6. [5] Apocalypse 22.17. [6] 1 Corinthiens 12.11. [7] Jean 9.7. [8] Jean 5.14. [9] Exode 15.26. [10] Deutéronome 7.15. [11] Psaume 105.37, version Crampon. [12] Luc 13.27. [13] Esaïe 40.1, 9-11. [14] Cantique 5.10, 16. [15] Romains 8.29. [16] Marc 16.20. [17] Joël 2.23. [18] Esaïe 53.11. [19] Psaume 22.31. [20] Daniel 7.27 ; Esaïe 11.9 ; 59.19. [21] Esaïe 52.7-10.

Chapitre 87

Vers mon Père et votre Père

Le moment était venu où le Christ devait monter sur le trône de son Père [1]. Tel un conquérant divin il allait retourner, accompagné des trophées de sa victoire, dans les parvis célestes. Il avait, avant sa mort, déclaré à son Père : « J'ai achevé l'œuvre que tu m'as donnée à faire [2]. » Après sa résurrection, il resta quelque temps sur la terre, afin de familiariser ses disciples avec son corps ressuscité et glorieux. Maintenant il était prêt à prendre congé d'eux. Il avait démontré qu'il était un Sauveur vivant. Ses disciples ne devaient plus l'associer à la pensée du tombeau. Ils pouvaient le voir glorifié aux yeux de l'univers céleste.

Jésus choisit, pour son ascension, un endroit qu'il avait sanctifié, à plusieurs reprises, par sa présence alors qu'il vivait au milieu des hommes. Ni la montagne de Sion, où était située la cité de David, ni le mont Morija, où se trouvait le temple, ne reçurent cet honneur, car là le Christ avait été raillé et rejeté. Là les ondes de la grâce et de l'amour, qui affluaient avec toujours plus de force, avaient été refoulées par des cœurs aussi durs que le roc. C'est de là que Jésus, fatigué et le cœur lourd, s'était rendu au mont des Oliviers pour y trouver quelque repos. La sainte Schékinah, avant de s'éloigner du premier temple, s'était arrêtée sur la montagne orientale, comme si elle hésitait à abandonner la cité élue ; de même le Christ s'arrêta sur le mont des Oliviers, regardant avec un cœur plein de désirs dans la direction de Jérusalem. Les bosquets et les vallons de cette montagne avaient été consacrés par ses prières et ses larmes. Les pentes rapides de celle-ci avaient renvoyé l'écho des acclamations triomphales de la foule qui le proclamait Roi. Sur ses flancs, Jésus avait trouvé un foyer auprès de Lazare de Béthanie. A son pied, au jardin de Gethsémané, il avait prié et lutté seul. C'est de là qu'il devait monter au ciel. C'est sur le sommet de cette montagne des Oliviers que ses pieds se poseront quand il reviendra. Il y apparaîtra alors non plus comme l'homme de douleur, mais comme un Roi glorieux et triomphant ; les alléluias des Hébreux et les hosannas des Gentils formeront un concert de louanges, et les voix de l'armée innombrable des rachetés feront retentir cette acclamation : Couronnez-le Seigneur de tous.

Jésus se dirigea avec les onze vers la montagne. Tandis qu'ils passaient sous la porte de Jérusalem, bien des yeux étonnés regardaient curieusement ce petit groupe conduit par celui que les chefs de la nation avaient condamné et crucifié quelques semaines auparavant. Les disciples ignoraient que ce serait leur dernière entrevue avec le Maître. Jésus ne cessa pas de s'entretenir avec eux, leur rappelant ses premières instructions. Il s'arrêta un instant aux abords de Gethsémané, pour leur procurer l'occasion de se rappeler les leçons qu'il leur avait données pendant la nuit de son agonie.

Il considéra à nouveau le cep dont il s'était servi pour illustrer l'union de son Eglise avec lui-même et avec son Père ; il répéta les vérités qu'il leur avait déjà dévoilées. Tout, autour de lui, leur rappelait son amour et leur ingratitude. Même les disciples qui lui étaient si chers l'avaient, à l'heure de son humiliation, couvert d'opprobre, et abandonné.

Le Christ avait passé trente-trois années dans le monde, il avait supporté son mépris, ses injures, ses railleries ; il avait été rejeté et crucifié. Maintenant, sur le point de monter sur son trône de gloire – en pensant à l'ingratitude de ceux qu'il est venu sauver – ne leur retirera-t-il pas sa sympathie et son amour ? Ne va-t-il pas concentrer ses affections sur le royaume où on l'apprécie et où des anges sont prêts à exécuter ses ordres ? – Non ; à ces êtres aimés qu'il laisse sur la terre, il fait cette promesse : « Je suis avec vous tous les jours jusqu'à la fin du monde [3]. »

Arrivé sur le mont des Oliviers, Jésus conduisit ses disciples au-delà du sommet, dans les environs de Béthanie. Là il s'arrêta, et ses compagnons se rapprochèrent de lui. Des rayons de lumière semblaient émaner de sa personne tandis qu'il les regardait avec bonté. Il ne leur reprocha pas leurs fautes et leurs échecs ; les dernières paroles qu'ils entendirent des lèvres du Seigneur furent empreintes de la plus profonde tendresse. Les mains étendues, comme pour les bénir, et leur donner l'assurance de sa sollicitude protectrice, il s'éloigna d'eux lentement, attiré vers le ciel par une force supérieure à toute attraction terrestre. Comme il allait disparaître, les disciples attristés tendaient leurs regards pour apercevoir, une dernière fois, le Seigneur. Une nuée glorieuse le déroba à leur vue, et tandis qu'un chariot d'anges, enveloppé dans la nue, l'accueillait, ils entendirent, une dernière fois, ses paroles : « Voici, je suis avec vous tous les jours jusqu'à la fin du monde ! » Au même instant leur parvint la musique douce et joyeuse du chœur angélique.

Tandis que leurs regards restaient attachés au ciel, les disciples entendirent des voix mélodieuses. Ils se détournèrent et virent deux anges, à forme humaine, qui leur dirent : « Vous, Galiléens, pourquoi vous arrêtez-vous à regarder au ciel ? Ce Jésus, qui a été enlevé au ciel du milieu de vous, reviendra de la même manière dont vous l'avez vu aller au ciel. »

Ces anges faisaient partie du groupe qui, dans une nuée resplendissante, avait escorté Jésus à sa demeure céleste. Ils occupaient le rang le plus élevé parmi cette troupe angélique ; ils s'étaient trouvés au tombeau du Christ, au moment de sa résurrection, après l'avoir accompagné durant toute sa vie. Tout le ciel avait attendu, impatiemment, la fin du séjour de Jésus dans un monde troublé par la malédiction du péché. Le moment était maintenant arrivé où l'univers céleste devait accueillir son Roi. On peut bien penser que les deux anges désiraient se joindre à la troupe qui souhaitait la bienvenue à Jésus. Néanmoins, pleins d'amour pour ceux que le Sauveur avait laissés, ils restèrent pour les consoler. « Ne sont-ils pas tous des esprits au service de Dieu, envoyés pour exercer un ministère en faveur de ceux qui doivent hériter du salut [4] ? »

C'est sous une forme humaine que le Christ est monté au ciel. Les disciples l'ont vu tandis qu'une nuée l'accueillait. Le même Jésus qui avait marché, parlé et prié avec eux ; qui avait rompu le pain avec eux ; qui s'était trouvé, avec eux, dans leur barque sur le lac ; et qui ce jour même avait fait, avec eux, l'ascension pénible du mont des Oliviers – ce même Jésus était allé partager le trône de son Père. Les anges assurent que ce même Etre qu'ils ont vu montant au ciel, en reviendra comme il y est monté. Il viendra « avec les nuées. Tout homme le verra. » « Le Seigneur lui-même, à un signal donné, à la voix d'un archange, au son de la trompette de Dieu, descendra du ciel, et les morts en Christ ressusciteront en premier lieu. » « Lorsque le Fils de l'homme viendra dans sa gloire avec tous les anges, il s'assiéra sur le trône de sa gloire [5]. » Ainsi se trouvera accomplie la promesse que le Seigneur a faite aux disciples : « Lorsque je serai allé vous préparer une place, je reviendrai et je vous prendrai avec moi, afin que là où je suis, vous y soyez aussi [6]. » Les disciples peuvent donc se réjouir dans l'espérance du retour du Seigneur.

Lorsqu'ils revinrent à Jérusalem, on les considéra avec étonnement. On s'attendait, après le procès et la crucifixion du Christ, à les trouver abattus et honteux, à voir sur leurs visages une expression de douleur et de défaite. Au lieu de cela, on n'apercevait sur eux que la joie et le triomphe. Leurs visages resplendissaient d'un bonheur qui n'était pas de la terre. Loin de se lamenter sur leurs espérances déçues, ils ne faisaient que louer et remercier Dieu, racontant avec joie les faits merveilleux de la résurrection du Christ et de son ascension au ciel, et beaucoup de personnes acceptaient leur témoignage.

Les disciples avaient cessé de redouter l'avenir. Ils savaient que Jésus était au ciel et qu'il leur conservait son amour. Sûrs qu'ils avaient en lui près du trône de Dieu un Ami au nom de qui ils présentaient au Père d'ardentes requêtes, ils s'agenouillaient pour prier avec un respect solennel, et se répétaient la promesse : « Ce que vous demanderez au Père, il vous le donnera en mon nom. Jusqu'à présent, vous n'avez rien demandé en mon nom. Demandez et vous recevrez, afin que votre joie soit parfaite [7]. » Ils étendaient la main de la foi toujours plus loin et toujours plus haut, en se servant de cet argument irrésistible : « Le Christ-Jésus est celui qui est mort ; bien plus, il est ressuscité, il est à la droite de Dieu, et il intercède pour nous [8] ! » La Pentecôte leur apporta une plénitude de joie par la présence du Consolateur, comme le Christ l'avait promis.

Le ciel tout entier se préparait à souhaiter la bienvenue au Sauveur à son entrée dans les parvis célestes. Jésus montait le premier, suivi d'une foule de captifs, délivrés au moment de sa résurrection. L'armée angélique, avec des cris, des acclamations de louanges et des chants, faisait la haie au joyeux cortège.

Comme celui-ci approche de la cité de Dieu, l'escorte jette ce cri :

Portes, élevez vos voûtes !
Ouvrez-vous toutes grandes, portes éternelles,
Et le Roi de gloire entrera.

Les sentinelles qui montent la garde interrogent joyeusement :

Qui est-il, ce Roi de gloire ?

Ce n'est pas qu'elles l'ignorent, mais c'est pour avoir l'occasion d'entendre cette réponse élogieuse :

C'est l'Eternel, le fort, le puissant,
L'Eternel, puissant dans les batailles.
Portes, élevez vos voûtes !
Elevez-les, portes éternelles !
Et le Roi de gloire entrera.

Les anges demandent encore une fois :

Qui est-il, ce Roi de gloire ?

car ils ne se lassent pas d'entendre exalter son nom. L'escorte répond :

C'est l'Eternel des armées ;
C'est lui, le Roi de gloire [9] !

Alors la porte de la cité de Dieu s'ouvre toute grande, et la troupe angélique s'y engouffre dans une explosion d'harmonies triomphantes.

Là, se trouve le trône, entouré de l'arc-en-ciel de la promesse. Là, sont les chérubins et les séraphins, les chefs des armées angéliques, les fils de Dieu, les représentants des mondes qui n'ont pas péché. Le conseil céleste devant lequel Lucifer avait accusé Dieu et son Fils, les représentants de ces royaumes exempts de péché auxquels Satan avait espéré étendre sa domination – tous acclament le Rédempteur. Ils sont impatients de célébrer son triomphe et de glorifier leur Roi.

Mais Jésus d'un signe de la main les arrête. Pas encore ; il ne peut recevoir, en ce moment, la couronne de gloire et le manteau royal. Il se présente d'abord à son Père. Il montre sa tête meurtrie, son côté percé, ses pieds blessés, ses mains qui portent l'empreinte des clous. Il présente également les marques de son triomphe, la gerbe des prémices, ceux qui sont ressuscités avec lui et qui représentent la grande multitude qui sortira du sépulcre, à son avènement. Il s'approche de ce Père qui entonne un chant d'allégresse chaque fois qu'un pécheur vient à la repentance. Dès avant la fondation du monde, le Père et le Fils s'étaient engagés, par une alliance solennelle, à racheter l'homme au cas où il deviendrait la victime de Satan. Il avait été arrêté irrévocablement que le Christ se ferait le garant de la famille humaine. Le Christ avait tenu son engagement. C'est à son Père que Jésus s'était adressé lorsque, sur la croix, il s'était écrié : « Tout est accompli. » Le pacte avait porté ses fruits. Maintenant il déclare : Mon Père, tout est accompli. J'ai exécuté ta volonté, ô mon Dieu ! J'ai achevé l'œuvre de la rédemption. Si ta justice a obtenu satisfaction, « je veux que là où je suis, ceux que tu m'as donnés soient aussi avec moi [10] ».

Alors la voix de Dieu proclame que satisfaction a été donnée à la justice. Satan est vaincu. Ceux qui souffrent et qui luttent sur la terre pour le Christ sont acceptés en son Bien-aimé [11]. Ils sont déclarés justes en présence des anges du ciel et des représentants des mondes qui n'ont pas péché. Son Eglise sera un jour où il est. « La bonté et la vérité se sont rencontrées ; la justice et la paix se sont embrassées [12]. » Le Père entoure son Fils de ses bras, et l'ordre est donné : « Que tous les anges de Dieu l'adorent [13]. »

Avec une joie indicible, dominations, principautés et puissances reconnaissent la suprématie du Prince de la vie. L'armée angélique se prosterne devant lui, tandis qu'un chant joyeux remplit les parvis célestes : « L'Agneau qui a été égorgé est digne de recevoir puissance, richesse, sagesse, force, honneur, gloire et louange [14]. »

L'amour a vaincu. Ce qui était perdu est retrouvé. Les harpes angéliques accompagnent des chants de triomphe : le ciel débordant de joie et de reconnaissance retentit de radieux accents : « A celui qui est assis sur le trône et à l'Agneau, la louange, l'honneur, la gloire et la domination aux siècles des siècles [15]. »

Le spectacle de cette joie céleste nous renvoie, à nous qui sommes sur la terre, l'écho de ces admirables paroles du Christ : « Je monte vers mon Père et votre Père, vers mon Dieu et votre Dieu [16]. » La famille du ciel et celle de la terre n'en font qu'une. C'est pour nous que le Seigneur est monté au ciel, et c'est pour nous qu'il vit. « C'est pour cela aussi qu'il peut sauver parfaitement ceux qui s'approchent de Dieu par lui, étant toujours vivant pour intercéder en leur faveur [17]. »

---

[1] Ce chapitre est basé sur Luc 24.50-53 ; Actes 1.9-12. [2] Jean 17.4. [3] Matthieu 28.20. [4] Hébreux 1.14. [5] Apocalypse 1.7 ; 1 Thessaloniciens 4.16 ; Matthieu 25.31. [6] Jean 14.3. [7] Jean 16.23, 24. [8] Romains 8.34. [9] Psaume 24.7-10. [10] Jean 19.30 ; 17.24. [11] Ephésiens 1.6. [12] Psaume 85.11. [13] Hébreux 1.6. [14] Apocalypse 5.12. [15] Apocalypse 5.13. [16] Jean 20.17. [17] Hébreux 7.25.

Index général alphabétique

E